KB220594

그리스신화

THE GREEK MYTHS

ROBERT GRAVES 로버트 그레이브스

옮긴이 | 안우현   감수·해제 | 김진성

그리스 신화

② 영웅의 시대

THE
GREEK
MYTHS

알렙

2권 영웅의 시대

08

오이디푸스의 방랑

105
오이디푸스

라브다코스의 아들 라이오스는 이오카스테와 결혼했으며, 테바이를 다스렸다. 오랫동안 자식이 없자, 그는 남몰래 델포이 신탁을 청했다. 신탁은 이런 외견상의 불행이 축복이라 일러주었다. 이오카스테가 낳은 자식이 나중에 그를 죽일 것이기 때문이다. 이에 라이오스는 아무런 설명도 없이 이오카스테를 멀리했는데, 이 때문에 그녀는 무척 괴로워했다. 그러던 어느 날 이오카스테는 남편을 술에 취하게 만들었고, 밤이 되자 달콤한 말로 그가 자기를 품도록 만들었다. 아홉 달이 지나 이오카스테는 아들을 낳았고, 라이오스는 유모의 품에서 아이를 낚아채 못으로 두 발을 꿰어 묶은 다음 키타이론 산에 내버렸다.

b. 그러나 운명의 여신들은 이 소년이 장수를 누리도록 이미 정해 두었다. 한 코린토스 양치기가 그를 발견했고, 오이디푸스라 이름 지었다. 두 다리가 못으로 난 상처 탓에 부어 있었기 때문이다. 양치기는 소년을 코린토스로 데려갔고, 당시 거기는 폴뤼보스 왕이 다스리고 있었다.[1]

c. 이야기의 다른 판본을 보면, 라이오스는 오이디푸스를 산에 버린 것이 아니라 상자chest에 가둬 배에서 바다로 던지게 했다. 이 상자는 흘러 시

퀴온 해안에 닿았고, 마침 폴뤼보스 왕의 아내 페리보이아는 해안가에서 왕실의 빨래하는 여인들을 감독하고 있었다. 그녀는 오이디푸스를 안고 잡목 숲속으로 들어가, 출산의 고통을 겪는 척했다. 빨래하는 여인들은 바빠서 이런 과정을 보지 못했고, 왕비는 이제 막 오이디푸스를 낳은 것으로 모두를 속일 수 있었다. 페리보이아는 남편 폴뤼보스에게는 진실을 털어놓았다. 그도 역시 자식이 없었기에, 기쁜 마음으로 오이디푸스를 자기 아들로 키웠다.

어느 날, 한 코린토스 젊은이가 부모를 조금도 닮지 않았다면서 오이디푸스를 놀렸다. 그는 델포이 신전을 찾아 어떤 미래가 자신을 기다리고 있을지 물었다. 여사제 퓌티아는 넌더리를 내면서 소리를 질렀다. "이 빌어먹을 놈아, 이곳 성역에서 썩 물러가라!" 그리고 덧붙였다. "너는 네 아비를 죽이고, 어미와 결혼할 것이다!"

d. 오이디푸스는 폴뤼보스와 페리보이아를 사랑했다. 부모에게 재앙을 가져올까 두려워 다시는 코린토스로 돌아가지 않겠다고 결심했다. 그러나 델포이와 다울리스 사이의 산골짜기 좁은 길에서 우연히 라이오스를 만나고 말았다. 라이오스는 그에게 윗사람이 지나갈 수 있게 옆으로 비키라고 거칠게 호통을 쳤다. 빠뜨리지 말아야 할 것이, 라이오스는 전차에 올라 있고 오이디푸스는 걷고 있었다. 오이디푸스는 신들과 부모 외에는 윗사람으로 인정하지 않는다고 쏘아붙였다.

"이런 나쁜 놈 같으니라고!" 라이오스는 소리를 지르고, 전차몰이꾼 폴뤼폰테스에게 계속 마차를 몰 것을 명했다.

한쪽 전차 바퀴가 지나가면서 그의 다리에 생채기를 입혔고, 오이디푸스는 격분해 들고 있던 창으로 폴뤼폰테스를 죽였다. 그리고 라이오스를 길바닥에 내동댕이쳤는데, 이 와중에 노인은 말고삐에 몸이 얽혔다. 이어 오이디푸스는 말에 채찍질을 함으로써 그가 달리는 전차에 끌려가다 죽게 만들었다. 플라타이아이의 왕이 시신 두 구를 묻어야 했다.[2]

e. 라이오스는 당시 어떻게 하면 테바이에서 스핑크스를 몰아낼 수 있을지 신탁을 청하러 가는 길이었다. 이 괴물은 튀폰과 에키드나의 딸인데, 누구는 개 오르트로스와 키마이라의 딸이라 한다. 스핑크스는 에티오피아에서도 제일 먼 곳에서 테바이까지 날아왔으며, 여인의 머리와 사자의 몸통, 뱀의 꼬리, 독수리의 날개를 갖고 있어 누구든 쉽게 알아볼 수 있었다.[3] 헤라가 테바이를 벌하기 위해 스핑크스를 보낸 것인데, 라이오스가 피사에서 크뤼십포스를 납치해 왔기 때문이다. 스핑크스는 도시에 가까운 피키온 산에 자리를 잡고, 길을 지나는 모든 테바이 사람에게 세 무사이가 가르쳐 준 수수께끼를 냈다. "이것은 무엇인가? 목소리는 하나인데, 다리가 때로는 둘, 때로는 셋, 때로는 넷이다. 그리고 다리가 가장 많을 때 가장 약하다." 스핑크스는 수수께끼를 풀지 못하면 목을 졸라 죽이고, 그 자리에서 먹어 치웠다. 이오카스테의 조카 하이몬Haemon도 희생자들 가운데 하나였다. 스핑크스가 그를 정말 '피 흘리는'이라는 뜻의 하이몬haimon으로 만든 것이다.

오이디푸스는 라이오스를 죽이고 얼마 되지 않아 테바이로 가는 길에 스핑크스를 만났고, 수수께끼에 이렇게 답했다. "사람이다. 사람은 아기일 때 손과 발로 기어 다니며, 젊어서는 두 다리로 굳게 서 있고, 나이 들어서는 지팡이에 기댄다." 굴욕을 당한 스핑크스는 피키온 산에서 뛰어내렸고, 저 아래 골짜기에 떨어져 산산이 부서졌다. 이에 테바이인들은 감사의 표시로 그를 왕으로 삼았으며, 오이디푸스는 자기 어머니인지도 모르고 이오카스테와 결혼까지 했다.

f. 테바이에 역병이 돌았다. 한 번 더 델포이 신탁을 청했는데, 이런 답이 나왔다. "라이오스의 살해자를 쫓아내라!" 오이디푸스는 산골짜기 좁은 길

에서 만난 사람이 누구인지 몰랐기에, 라이오스 살해자에게 저주를 퍼붓고 그를 추방한다고 선언했다.

g. 당시 그리스에서 제일 유명한 예언자인 장님의 테이레시아스는 오이디푸스에게 알현을 청했다. 어떤 이는 아테나 여신이 테이레시아스의 눈을 멀게 했다고 전한다. 그가 어쩌다 자신이 목욕하는 모습을 봤기 때문이다. 아테나는 그의 어머니의 간청에 마음이 움직여, 자기 아이기스에 있는 뱀 에리크토니오스에게 명했다. "테이레시아스가 예언하는 새들의 말을 알아들을 수 있게 그의 귀를 혀로 닦아 주어라."

h. 다른 이들은 이렇게 전한다. 언젠가 테이레시아스는 퀼레네 산에서 뱀 두 마리가 짝짓기를 하는 모습을 봤다. 두 마리가 한꺼번에 자기를 공격하자, 그는 지팡이로 내리쳤고 그 바람에 암놈이 죽었다. 그는 곧장 여인으로 바뀌었고, 나중에 유명한 헤픈 여자가 됐다. 그런데 그는 7년 뒤 같은 장소에서 같은 광경을 우연히 보게 됐고, 이번에는 수놈을 죽여 다시 남자가 됐다. 또 다른 이야기도 있다. 아프로디테와 세 카리테스인 파시테아, 칼레, 에우프로쉬네가 모여, 넷 가운데 누가 가장 아름다운지 말다툼을 벌였다. 테이레시아스는 칼레를 꼽았다. 이에 아프로디테는 그를 늙은 여인으로 바꿔 버렸지만, 칼레는 그를 크레테로 데려가 멋진 머리카락을 주었다. 며칠 뒤, 한편으로 헤라는 끊임없는 간통에 제우스에게 분통을 터뜨렸다. 제우스는 어쨌든 자기와 동침하면서 그동안 훨씬 더 즐거운 시간을 보내지 않았느냐면서 응수했다.

"당연히, 여자들은 남자들보다 성행위에서 엄청나게 더 큰 쾌락을 얻는다!" 제우스는 고함을 쳤다.

"완전 헛소리예요! 정반대라고요. 당신이 잘 알고 있잖아요." 헤라도 소리를 질렀다.

테이레시아스가 말다툼의 해결을 위해 불려왔다. 그만의 경험이 있기 때문이다. 그는 답했다.

"만약 사랑의 쾌락을 열 개로 나눠 헤아린다면
셋의 셋은 여인의 몫이요, 하나만 남자의 몫이다."

제우스는 의기양양하여 활짝 웃었고, 헤라는 약이 바짝 올랐다. 이에 헤라는 앙갚음으로 테이레시아스의 눈을 멀게 했다. 그렇지만, 제우스는 그에게 마음의 눈을 줘 보상했고, 수명도 일곱 세대까지 누리게 늘려 주었다.⁴]

i. 테이레시아스는 아테나가 준 층층나무 지팡이를 짚고서 오이디푸스의 궁정에 나타났다. 그리고 신들의 뜻을 오이디푸스에게 전했다. '뿌려진 자들' 가운데 하나가 도시를 위해 죽는다면 역병이 그친다고 했다. 이오카스테의 아버지 메노이케우스가 즉시 성벽에서 뛰어내렸다. 그는 카드모스가 뱀의 이빨을 뿌릴 때 땅에서 솟아난 사람 가운데 하나였다. 모든 테바이인들이 도시를 지키려는 그의 헌신을 칭송했다.

테이레시아스는 더 많은 얘기를 내놓았다. "메노이케우스는 훌륭한 일을 해냈습니다. 이에 역병은 금방 물러날 것입니다. 그러나 신들은 뿌려진 자들 가운데 다른 사람을 염두에 두고 있어요. 이들의 손지 세대 가운데 하나입니다. 그는 자기 아버지를 죽이고 어머니와 결혼했습니다. 이오카스테 여왕님, 그는 바로 여왕님의 남편 오이디푸스입니다!"

j. 처음에는 아무도 테이레시아스의 말을 믿지 않았다. 그러나 그의 말은 금방 진실로 드러났다. 코린토스의 페리보이아가 편지를 보내온 것이다. 그녀는 폴뤼보스 왕이 갑자기 죽어 오이디푸스를 입양했던 상황을 알려 줄 수 있게 됐다고 썼다. 지나칠 정도로 자세하게 알려 주었다. 이오카스테는

부끄러움과 슬픔에 스스로 목을 맸고, 오이디푸스는 그녀의 옷에서 빼낸 핀으로 자기 눈을 찔렀다.[5]

k. 어떤 이는 그의 최후를 이렇게 전한다. 에리뉘에스 자매가 어머니를 죽게 만들었다면서 그를 격심한 고통 속에 몰아넣었지만, 오이디푸스는 한 동안 계속 테바이를 다스렸고 마침내 전투에서 장렬하게 전사했다고 한다.[6] 하지만 다른 이들은 이오카스테의 오라비 크레온이 그를 추방했다고 전한다. 오이디푸스는 쫓겨나기 전에 자신의 아들이자 동시에 형제도 되는 에테오클레스와 폴뤼네이케스에게 저주를 내렸다. 그들이 무례하게도 자신에게 희생 제물의 열등한 부분을 보내 주었기 때문이다. 왕이면 받아야 할 어깻죽지가 아니라 엉덩이 뒷다리 쪽을 보내온 것이다. 오이디푸스가 그 옛날 스핑크스의 재앙에서 구해 냈던 도시를 떠날 때도, 이들은 눈물조차 흘리지 않았다. 오이디푸스는 충실한 딸 안티고네의 손에 이끌려 몇 년 동안이나 여러 나라를 떠돈 다음, 마침내 앗티케의 콜로노스에 이르러 세상을 떠났다. 거기에는 에리뉘에스 자매의 숲이 있었고, 자매가 그를 괴롭혀 죽게 만든 것이다. 테세우스는 안티고네 옆에서 비통해하며 그의 주검을 아테나이에 있는 '엄숙한 여신들'의 구역에 묻어 주었다.[7]

1] 아폴로도로스: 『비블리오테카』 3. 5. 7.
2] 휘기누스: 『신화집』 66; 에우리피데스의 『포이니케 여인들』 13과 26에 대한 고전 주석자; 아폴로도로스: 같은 곳; 파우사니아스: 『그리스 여행기』 10. 5. 2.
3] 아폴로도로스: 3. 5. 8; 헤시오도스: 『신들의 계보』 326; 소포클레스: 『오이디푸스 왕』 391; 아리스토파네스의 『개구리』 1287에 대한 고전 주석자.
4] 아폴로도로스: 3. 6. 7; 휘기누스: 『신화집』 75; 오비디우스: 『변신 이야기』 3. 320; 핀다로스: 『네메아 제전 송가』 1. 91; 체체스: 『뤼코프론에 관하여』 682; 소소스트라토스, 에우스타티오스의 인용: 1665.
5] 아폴로도로스: 3. 5. 8; 소포클레스: 『오이디푸스 왕』 447, 713, 731, 774, 1285 등.
6] 호메로스: 『오뒷세이아』 11. 270과 『일리아스』 23. 679.
7] 소포클레스: 『콜로노스의 오이디푸스』 166과 1375에 대한 고전 주석자; 에우리피데스: 『포이니케 여인들』 서문; 아폴로도로스: 3. 5. 9; 휘기누스: 『신화집』 67; 파우사니아스: 1. 20. 7.

*

1. 라이오스Laius와 이오카스테Iocaste, 오이디푸스Oedipus의 이야기는 일련의 신성한 도상에서 그 의미를 의도적으로 왜곡해 뽑아낸 것이다. 라브다코스Labdacus의 이름('횃불을 들고 돕다')을 설명해 줄 신화는 남아 있지 않다. 그러나 이는 '신적인 아이'가 횃불과 함께 도착했음을 지칭한 것일 수 있다. 아이는 소몰이꾼이나 양치기가 신년 행사에 데려왔으며, 여신 브리모Brimo('격노한')의 아들이라고 인정을 받았다. 이런 도래를 엘레우시스eleusis라 했는데, '엘레우시스의 비밀 의식'에서 가장 중요한 사건이었으며, 아마도 이스트미아의 비밀 의식에서도 이런 신적인 아이의 도래가 있었을 것이다(70. 5 참고). 이렇게 보면, 오이디푸스의 코린토스 궁정 도착 신화가 설명된다. 양치기는 다른 수많은 전설적이거나 절반만 전설적인 아기 왕자를 거둬 기르거나 그에게 경의를 표했다. 힙포투스(49. a 참고), 펠리아스(68. d 참고), 암피온(76. a 참고), 아이기스토스(111. i 참고), 모세, 로물루스, 퀴로스 등이 모두 이런 경우다. 이들은 산에 내버려졌거나, 궤짝ark에 넣어 파도에 맡겨졌다. 두 가지를 모두 당한 경우도 있다. 모세는 파라오의 딸이 시녀들과 함께 물가에 갔을 때 발견됐다. 오이디푸스('부은 발')는 원래 오이디파이스Oedipais('부풀어 오른 바다의 아들')일 가능성이 있다. 오이디푸스에 상응하는 웨일스의 영웅 딜란Dylan의 이름도 이런 뜻이다. 그리고 오이디푸스의 발을 못으로 꿰뚫었다는 대목은 그가 태어날 때가 아니라 죽을 때 벌어진 일일 수도 있다. 발이 꿰뚫려 죽는 크레테의 청동 하인 탈로스 신화에서처럼 말이다(92. m과 154. h 참고).

2. 라이오스 살해는 태양의 왕이 계승자의 손에 의례적인 죽임을 당했던 것에 대한 기록이다. 전차에서 내던져져 말에 끌려다니다 죽었다(71. 1 참고). 그가 크뤼십포스를 납치했다는 것은, 아마도 통치 기간 첫 해가 끝날

때 대리인을 제물로 올린 것을 의미할 것이다(29. 1 참고).

3. 스핑크스의 일화는 테바이의 날개 달린 달의 여신을 담은 도상에서 추론한 것으로 보인다. 여신의 합성된 몸은 테바이 달력의 두 부분을 의미한다. 사자는 커지는 쪽이고, 뱀은 줄어드는 쪽이다. 새로 왕위에 오른 왕은 여신의 여사제, 즉 여왕과 결혼하기 전에 여신에게 기도를 올린다. 스핑크스가 무사 여신들에게 배웠다는 수수께끼는, 그림 속에서 아기, 전사, 노인 등 세 사람이 함께 '세 모습 여신'을 숭배하는 모습을 설명하기 위해 발명한 것으로 보인다. 그림 속에서 세 사람은 여신의 세 위격에 각각 존경을 표시하고 있다. 그러나 스핑크스는 오이디푸스에게 제압당해 스스로 목숨을 끊었다. 스핑크스의 여사제인 이오카스테도 그렇게 했다. 그렇다면 혹시 오이디푸스는 기원전 13세기에 테바이를 침략해, 그곳의 오래된 미노스의 여신 숭배를 탄압하고 역법을 개혁한 인물이지 않을까? 구체제에서 새로운 왕은, 외국에서 왔을지라도, 이론적으로 자신이 죽였고 그 남은 아내와 결혼한 이전 왕의 아들이다. 새로운 왕new king은 이전 왕old king을 죽이고 그의 아내와 결혼한다. 이런 관습을 가부장제의 침략자들은 존속살인과 근친상간으로 잘못 전달했다. 프로이트의 이론, 즉 모든 남자가 보편적으로 '오이디푸스 콤플렉스'라는 본능을 갖고 있다는 주장은, 이렇게 왜곡된 일화에 바탕을 두고 있다. 플루타르코스(『이시스와 오시리스에 관하여』 32)는 하마가 "그의 아비를 죽이고 어미를 강제로 취한다"고 기록했지만, 모든 남자에게 '하마 콤플렉스'가 있다고 얘기하려던 것은 결코 아니었을 것이다.

4. 테바이의 애국자들은 오이디푸스가 자기네 도시를 순식간에 가져간 외국인이라는 것을 인정하기 싫어, 그를 왕국의 잃어버린 상속인으로 생각하려 했다. 그러나 메노이케우스의 죽음으로 진실이 드러나고 말았다. 그는 헬레네스 도래 이전 종족 사람으로, 이 종족은 자기들이 '조물주 오피온'의

이빨에서 생겨났다고 생각해 오피온을 기리는 펠로리아Peloria 축제를 열었다. 그는 여신을 달래려는 간절한 소망 속에 죽음도 불사했는데, 멧투스 쿠르티우스[1]도 로마 포룸Forum의 땅이 벌어지자 그렇게 했다(리비우스: 7. 6). '테바이를 공격한 일곱 장수'의 전쟁 중에도 누가 이렇게 희생 제물이 됐다(106. j 참고). 하지만 그의 죽음은 허사가 됐다. 결국 스핑크스와 그의 여사제장은 어쩔 수 없이 자살을 했다. 이오카스테가 목을 매서 죽었다는 이야기는 오류로 보인다. 올리브나무의 헬레네는 포도나무 숭배의 에리고네와 아리아드네와 마찬가지로 이런 식으로 목을 매 죽었다고 전해진다. 이런 이야기는 아마 달의 여신을 새긴 작은 조각상을 풍작을 기원해 과일나무에 매달아 두는 일을 설명하기 위한 것일 듯하다(79. 2; 88. 10과 98. 5 참고). 테바이에서도 비슷한 작은 조각상을 사용했다. 하지만 이오카스테는 자살할 때 틀림없이 스핑크스처럼 바위에서 뛰어내렸을 것이다.

5. '테이레시아스'는 예언자들이 공유한 호칭이었다. 이 이름이 그리스의 전설적인 역사 기간 전체에 걸쳐 두루 등장한 것은, 테이레시아스가 제우스한테서 놀랄 만큼 긴 수명을 받았기 때문이라고 신화는 설명한다. 뱀의 짝짓기를 보면, 지금도 남부 인도에서는 재수가 없다고 생각한다. 이를 본 사람은 '여자 병'(헤로도토스는 이렇게 불렀다), 즉 동성애의 벌을 받는다는 것이다. 이번 신화에서 그리스 우화 작가들은 여성을 놀림거리로 만들어 사람들을 웃기려고 이야기를 한 단계 더 밀고 나갔다. [테이레시아스가 들고 다닌] 층층나무는 크로노스에게 신성한 예언의 나무이며, 춘분이 있는 네 번째 달을 상징한다(52. 3과 170. 5 참고). 로마는 바로 이맘때, 로물루스의 층

---

1) 멧투스 쿠르티우스Mettus Curtius: 로마 건국 초 이웃 부족의 여인을 납치해 온 '사비니 여인들 납치' 당시 사비니 부족의 장수이다.

층나무 투창이 날아가 꽂힌 지점에 건설됐다. 헤시오도스는 전통적으로 둘이었던 카리테스Charites를 셋으로 늘리면서(13. 3 참고), 에우프로쉬네, 아글라이아Aglaia, 탈리아Thalia라고 불렀다(『신들의 계보』 945). 카리테스 등이 미모를 다툰 일에 대한 소소스트라토스의 설명은 거의 말이 안 된다. 카리테스의 세 이름인 파시테아 칼레 에우프로쉬네Pasithea Cale Euphrosyne는 '모두에게 아름다운 기쁨의 여신'이란 뜻으로 아프로디테 자신의 호칭으로 보이기 때문이다. 그는 '파리스의 심판'에서 이야기를 빌려 왔을 것이다(159. i와 3 참고).

6. 오이디푸스의 최후에 대해 양립할 수 없는 두 가지 설명이 전한다. 호메로스를 보면, 그는 전쟁터에서 장렬하게 죽었다. 아폴로도로스와 휘기누스는 다른 설명을 내놓았다. 오이디푸스는 카드모스의 왕족 가문의 성원이자 이오카스테의 오라비한테 추방당해, 눈먼 거지로서 그리스의 여러 도시를 방황했으며, 앗티케의 콜로노스에 이르러 복수의 여신의 괴롭힘으로 죽었다고 했다. 오이디푸스가 통렬한 후회 속에 자신의 눈을 찌른다는 이야기를, 심리학자들은 거세로 해석해 왔다. 아킬레우스의 스승 포이닉스가 눈이 멀었던 것(160. j 참고)도, 그리스 문법학자들은 성적 무능력에 대한 완곡어법이라고 봤다. 하지만 원시 신화는 항상 에둘러 말하는 법이 없다. 이를테면 우라노스와 앗티스의 거세는 아무 거리낌 없이 고전시대 교과서에 계속 실렸다. 따라서 오이디푸스가 눈을 찌른 것은 본래부터 신화에 있던 게 아닌 무대용 창작일 가능성이 높다. 복수의 여신들은 양심의 인격화였지만, 양심은 아주 제한된 감각이다. 어머니 쪽 금기가 깨졌을 때만 그 눈을 뜬다.

7. 호메로스 쪽과 달리, 다른 쪽에선 오이디푸스가 도시의 여신에 도전하다 추방의 벌을 받는다고 한다. 그리고 마지막에 자신의 미신적인 공포 탓에 죽었다. 대부분의 테바이 보수층이 그가 추진한 개혁을 거부했을 가능성이 있다. 그의 아들이면서도 동생이 되는 이들이 그에게 제물의 어

깻죽지를 주지 않았던 것은, 확실히 그의 신적 권위를 부정한 것이다. 어깻죽지 부분은 예루살렘에서 사제의 특권이었다(「레위기」 7장 32절과 11장 21절 등). 탄탈로스는 신들의 유명한 연회에서 데메테르 여신 앞에 그 한쪽을 바쳤다(108. c 참고). 아칸 족은 지금도 오른쪽 어깨 부위는 통치자의 몫이다.

오이디푸스는 시쉬포스처럼 모계 승계의 법률을 부계 승계로 바꾸려 하다가 신민들에게서 쫓겨나지 않았을까? 그랬을 가능성이 있다. 아테나이의 테세우스는 코린토스 지협 출신의 또 다른 가부장제 혁명가로, 고대에서 내려온 아테나이 팔라스 가문의 씨족을 파괴했다(99. a 참고). 아테나이의 극작가들은 그런 테세우스를 오이디푸스의 장례식에 출연하도록 했다. 무엇보다 테세우스는 그의 통치가 끝나자 오이디푸스처럼 쫓겨났다(104. f 참고).

8. 테이레시아스는 여기에서 극적으로 등장해 오이디푸스에게 최후의 일격을 가했다. 그러나 지금 살아남은 이야기는 안팎이 뒤집힌 것으로 보인다. 한때 이야기는 다음과 같이 흘러갔을 수 있다.

코린토스의 오이디푸스는 테바이를 점령하고, 헤라의 여사제 이오카스테와 결혼함으로써 왕의 자리에 올랐다. 나중에 오이디푸스는 이제부터 왕국을 부계에 따라 아버지가 아들에게 물려주겠다고 선언했다. 이는 코린토스의 관습으로, 왕위는 더는 '목을 조르는 헤라Hera the Throttler'의 선물이 아니라는 것이다. 오이디푸스는 왕이 되는 과정에서 치욕스러웠다고 털어놓았다. 달리는 전차에 매달아 자신의 아버지라고 선언된 라이오스를 죽이고, 재탄생의 의식을 열어 자신을 왕위에 오르게 한 이오카스테와 결혼한 것이 치욕적이었다는 것이다. 그러나 그가 이런 관습을 바꾸려 하자, 이오카스테는 저항의 뜻으로 자살을 했고, 테바이에는 역병이 돌았다. 테바이인들은 신탁의 조언에 따라 그에게 신성한 어깻죽지 살을 주지 않았고, 이어 추방해 버렸다. 그는 전쟁을 일으켜 왕좌를 되찾으려 했지만, 전투에서 죽고 말았다.

106
테바이를 공격한 일곱 장수

수많은 왕자가 아르고스를 찾아와, 아드라스토스 왕의 딸들인 아이게이아나 데이퓔라와 결혼하겠다고 나섰다. 그러나 이들 가운데 두 명만 사위로 고른다면 다른 이들이 모두 적이 될 것이라는 걱정에, 왕은 델포이 신탁을 청했다. 아폴론은 이렇게 답했다. "멧돼지와 사자가 네 궁전에서 싸우면, 이들에 멍에를 씌워 두 바퀴의 전차에 매달아라."

b. 구혼자들 가운데 폴뤼네이케스와 튀데우스는 처지가 불우했다. 폴뤼네이케스와 그의 쌍둥이 에테오클레스는 아버지 오이디푸스가 추방된 뒤 테바이의 공동 왕으로 선출됐다. 이들은 매년 교대로 통치하기로 약속했다. 에테오클레스가 먼저 왕위에 올랐는데, 한 해가 끝났음에도 거기서 내려오지 않았다. 폴뤼네이케스가 보여 온 그릇된 성정을 이유로 들어 그를 도시에서 추방하기까지 했다. 튀데우스는 칼뤼돈의 오이네우스의 아들로, 사냥을 나갔다가 형제인 멜라닙포스를 살해했다. 사고일 뿐이라 주장했지만, 칼뤼돈 사람들은 그를 추방했다. 멜라닙포스가 언젠가 자신을 죽일 것이라는 예언이 있었기에 미리 손을 쓴 것이라고 의심했기 때문이다.

c. 당시 테바이의 표상은 사자였으며, 칼뤼돈은 멧돼지였다. 추방된 처지

의 두 구혼자의 방패에는 각각 사자와 멧돼지의 도안이 그려져 있었다. 그 날 밤 아드라스토스의 궁전에서 이들은 자기 도시의 부와 영예가 더 높다면서 말다툼을 벌이기 시작했다. 아드라스토스 왕이 말리지 않았다면, 누구 하나는 살해됐을 것이다. 이에 왕은 예언을 떠올리고, 아이게이아는 폴뤼네이케스에게, 데이퓔라는 튀데우스에게 아내로 주었다. 또 두 왕자가 자기 왕국으로 돌아갈 수 있게 돕겠다고 약속했다. 다만, 테바이가 더 가까우니 먼저 거기로 진군하겠다고 덧붙였다.[1]

d. 아드라스토스는 아르고스의 족장들을 소집해 전쟁의 채비를 갖추고 동쪽으로 출발하라 명했다. 카파네우스, 힙포메돈, 그의 매부인 예언자 암피아라오스, 그리고 그의 아르카디아 동맹으로 멜레아그로스와 아탈란테의 아들인 파르테노파이오스가 진군의 명을 받았다.[1] 이 장수들 가운데 오직 한 사람, 암피아라오스는 명령에 따르지 않았다. 아드라스토스를 빼고는 테바이와 싸우면서 모두 죽으리라는 것을 미리 내다봤기 때문이다.

e. 예전에도 아드라스토스는 아르고스의 나랏일로 암피아라오스와 다툰 적이 있었다. 만약 아드라스토스의 누이로 암피아라오스와 결혼한 에리퓔레가 없었다면 둘은 화가 나서 서로를 죽였을지도 몰랐다. 그녀는 물레질하던 가락을 움켜쥐고 이들 사이에 뛰어들어 양쪽 모두 칼을 거두게 했다. 그리고 앞으로 다툼이 벌어지면 자기가 내린 판정대로 하겠다고 맹세하게 했다. 이런 맹세가 있다는 얘기를 듣고, 튀데우스는 폴뤼네이케스를 불러 이렇게 말했다. "에리퓔레는 미모를 잃을까 두려워하고 있어요. 마법의 목걸이를 준다면, 그녀는 곧장 암피아라오스와 아드라스토스 사이의 다툼을

1) 일곱 장수의 나머지는 ① 아드라스토스, ② 폴뤼네이케스, ③ 튀데우스이다.

해결하고, 남편이 우리와 함께 가도록 만들 겁니다. 아프로디테가 당신의 조상 카드모스의 아내 하르모니아에게 결혼 선물로 준 목걸이가 있잖아요."

f. 목걸이 일은 신중하게 실행에 옮겨졌고, 일곱 장수가 이끄는 원정이 시작됐다. 폴뤼네이케스, 튀데우스, 그리고 다섯 아르고스 장수가 그들이다.[2] 그런데 어떤 이는 폴뤼네이케스는 이 일곱에 포함되는 것이 아니고, 이피스의 아들인 아르고스의 에테오클로스를 집어넣기도 한다.[3]

g. 이들은 네메아를 지나 행군하면서, 그곳 왕인 뤼쿠르고스에게 군대가 목을 축일 수 있게 해달라고 청했다. 뤼쿠르고스는 이를 허락하면서 여자 노예 휩시퓔레에게 가장 가까운 샘물로 안내해 주도록 했다. 휩시퓔레는 렘노스 섬의 공주였는데, 렘노스 여인들이 자신들이 당한 모욕에 대한 복수로 남자들을 모두 죽이기로 맹세했을 때 자기 아버지 토아스의 목숨을 구했다. 이에 그녀는 노예로 팔렸고, 지금은 여기서 아이 보는 여자로 뤼쿠르고스의 아들 오펠테스를 돌보고 있었다. 그녀는 아이를 잠시 내려놓고, 아르고스의 군대를 샘물까지 안내했다. 그런데 그러는 동안 뱀 한 마리가 아이의 주변에서 꿈틀거리더니 아이를 물어 죽였다. 아드라스토스와 그의 부하들은 샘터에서 너무 늦게 돌아왔기에 뱀을 죽이고 아이를 묻어 주는 것 외에는 할 수 있는 일이 없었다.

h. 암피아라오스가 이들에게 이는 불길한 조짐이라 경고했다. 그러자 이들은 아이를 '처음 죽은 자'라는 뜻의 아르케모로스라 이름 짓고, 그를 기려 네메아 제전[2]을 처음으로 열었다. 일곱 장수는 일곱 종목에서 각각 하나

---

2) 네메아 제전Nemean Games: 그리스 남동부의 아르골리스Argolis에 있는 네메아에서 열린 제전. 이곳에 있는 '제우스 네메이오스' 신전 앞에서 열렸다. 그리스 4대 제전 중 하나로, 나머지 셋은 올륌피아 제전, 퓌티아 제전, 이스트미아 제전 등이다.

씩 우승해 만족스러웠다. 4년마다 열리는 네메아 제전[3]의 심판은 이때부터 오펠테스를 추모해 어두운 옷을 입었으며, 승자의 화관은 불길한 파슬리[4]를 꼬아 만들었다.[4]

i. 아드라스토스는 키타이론에 도착했고, 튀데우스를 테바이에 전령으로 보내 에테오클레스가 왕위를 폴뤼네이케스에게 물려줄 것을 요구했다. 요구가 거절당하자, 튀데우스는 테바이의 족장들에게 하나씩 자신과 일대일로 겨루자고 싸움을 걸었다. 튀데우스가 모든 교전에서 승리하자 테바이 쪽은 누구도 감히 앞으로 나서지 못했다. 이에 아르고스 군대는 성벽으로 접근했고, 장수들은 일곱 개 문을 하나씩 마주해 진지를 구축했다.

j. 예언자 테이레시아스는 에테오클레스의 요청을 받아, 왕실의 왕자 하나가 스스로 아레스의 제물로 되겠다고 나서야만 테바이가 승리할 것이라고 예언했다. 이에 크레온의 아들 메노이케우스가 성문 앞에서 스스로 목숨을 끊었다. 같은 이름의 삼촌이 예전에 성벽에서 곤두박이로 뛰어내렸던 것과 똑같이 했다. 테이레시아스의 예언은 실현됐다. 처음에 테바이 쪽은 소규모 접전에서 패배해 도시 안으로 퇴각했다. 카파네우스가 공성 사다리를 설치하고 성벽을 오르기 시작하자, 제우스가 벼락으로 내리쳐 그를 죽였다. 이에 테바이 병사들은 용기를 얻었고, 전장에 용맹하게 뛰어들어 일곱 장수 가운데 셋을 더 죽였다. 이들의 무리 가운데 하나로, 마침 멜라닙포스[5]라는 사람이 튀데우스의 배에 상처를 입혔다. 아테나는 튀데우스를 어여삐 여기고 있었는데, 그가 절반쯤 죽어 누워 있는 모습이 불쌍했다. 이에

---

3) 2년마다 열렸다는 자료도 있다.
4) 파슬리parsley: 미나리과 두해살이풀. 고대 그리스에서는 제전의 승자에게 주는 화관을 만들기도 했고, 무덤을 장식하는 다발로도 썼다.
5) 튀데우스가 신탁 때문에 죽인 형제와 동명이인이다.

아버지 제우스에게 누구든 살리는 영약을 간청하러 서둘러 달려갔다. 그약만 있으면 그는 다시 생생하게 살아날 것이었다. 그러나 눈치 빠른 암피아라오스가 먼저 움직였다. 아르고스인들을 전쟁에 휘말리게 한 튀데우스를 증오했기 때문이다. 그는 멜라닙포스에게 달려가 그의 머리를 베었다. 그리고 튀데우스에게 주면서 소리쳤다. "여기 복수하시오. 두개골을 쪼개 그의 골을 꿀꺽꿀꺽 삼키시오!" 튀데우스는 그렇게 했고, 마침 영약을 가지고 도착한 아테나이는 혐오스러운 광경에 약을 바닥에 쏟아 버리고 전장을 떠났다.

k. 일곱 장수 가운데 이제는 폴뤼네이케스와 암피아라오스, 아드라스토스만 남았다. 폴뤼네이케스는 더 많은 희생을 막고자 에테오클레스와 일대일 결투를 벌여 왕위 계승을 결정하자고 제안했다. 에테오클레스는 도전을 받아들였고, 격렬한 전투 끝에 두 사람은 상대편에게 치명상을 입혔다. 이들의 삼촌인 크레온이 테바이 군대의 지휘권을 갖게 됐고, 그는 우왕좌왕하는 아르고스 군대를 쳐서 궤멸시켰다. 암피아라오스는 전차를 몰고 이스메노스 강의 기슭을 따라 달아났다. 어깨 사이로 테바이 추적자들의 칼이 날아오는 순간, 제우스가 벼락을 던져 땅을 쪼갰고, 그는 전차와 함께 감쪽같이 사라졌다. 그의 전차를 몰던 바톤도 함께 사라졌다. 암피아라오스는 지금 산 채로 죽은 자들을 다스리고 있다.[5]

l. 승부가 끝난 것을 보고, 아드라스토스는 날개 달린 말 아리온에 올라 탈출했다. 나중에 크레온이 죽은 적들을 매장하지 못하게 했다는 말을 듣고, 그는 아테나이로 가서 테세우스에게 테바이로 진군해 크레온의 불경함을 응징해 줄 것을 간청했다. 테세우스는 기습 공격으로 도시를 점령하고, 크레온을 감옥에 가두었다. 그리고 죽은 장수들의 주검을 친척들에게 돌려주었고, 친척들은 죽은 자를 불태울 화장용 장작을 높이 쌓았다. 그러나 카

파네우스의 아내 에우아드네는 남편이 제우스의 벼락을 맞음으로써 영웅이 된 것을 알고 그와 떨어지려 하지 않았다. 번개를 맞은 사람은 나머지와 떨어져 따로 매장을 하고 무덤에는 울타리를 둘러야 한다는 관습이 있었다. 그녀는 나머지 장수를 함께 태우는 장작더미에 스스로 뛰어들어 산 채로 소멸됐다.[6]

m. 테세우스가 테바이에 도착하기 전의 일이다. 에테오클레스와 폴뤼네이케스의 누이 안티고네는 크레온의 명령을 어기고, 남몰래 장작더미를 쌓고 그 위에 폴뤼네이케스의 주검을 올려놓았다. 크레온은 궁전 창문을 통해 내려다보다 저 멀리 화장 장작이 타고 있는 것처럼 보이는 불빛을 발견했다. 조사를 위해 달려가, 자기 명령에 불복하고 있는 안티고네를 붙잡았다. 그는 아들 하이몬을 불러, 그녀를 폴뤼네이케스의 무덤에 산 채로 묻으라고 명했다. 하이몬은 안티고네와 약혼한 사이였다. 하이몬은 시키는 대로 할 준비를 하는 척하면서, 안티고네와 남몰래 결혼식을 올리고 자기를 따르는 양치기들 사이에 살도록 빼돌렸다. 그녀는 아들을 낳았고, 나중에 세월이 흐른 뒤 아들은 테바이에서 열린 어떤 장례 제전에 참여했다. 여전히 왕위에 있던 크레온은 몸에 있는 뱀 표시를 보고 그의 정체를 알아챘으며, 붙잡아 사형을 선고했다. 카드모스의 후손들은 모두 이런 표시를 몸에 갖고 있었다. 헤라클레스가 끼어들어 목숨을 구하려 했지만, 크레온은 고집을 꺾지 않았다. 이 소식을 듣고 하이몬은 안티고네를 죽이고 스스로 목숨을 끊었다.[7]

1] 휘기누스: 『신화집』69; 에우리피데스: 『포이니케 여인들』408 ff., 409에 대한 고전 주석자와 함께; 『탄원하는 여인들』132 ff.; 아폴로도로스: 『비블리오테카』3. 6. 1.
2] 아이스퀼로스: 『테바이를 공격한 일곱 장수』375 ff.; 호메로스: 『오뒷세이아』11. 326 ff.와 15.

247; 소포클레스: 『엘렉트라』 836 ff.와 「에리퓔레」의 글조각; 휘기누스: 『신화집』 73; 파우사니아스: 『그리스 여행기』 5. 17. 7 ff.와 9. 41. 2; 디오도로스 시켈로스: 『역사총서』 4. 65. 5 ff.; 아폴로도로스: 3. 6. 2-3.

3] 아이스퀼로스: 『테바이를 공격한 일곱 장수』 458 ff.; 소포클레스: 『콜로노스의 오이디푸스』 1316; 파우사니아스: 10. 10. 3.

4] 아폴로도로스: 1. 9. 17과 3. 6. 4; 휘기누스: 『신화집』 74와 273; 핀다로스의 「네메아 제전 송가」의 '줄거리'에 대한 고전 주석자.

5] 아이스퀼로스: 『테바이를 공격한 일곱 장수』 375 ff.; 에우리피데스: 『포이니케 여인들』 105 ff.와 1090 ff.; 디오도로스 시켈로스: 4. 65. 7-9; 아폴로도로스: 3. 6. 8; 휘기누스: 『신화집』 69와 70; 핀다로스의 「네메아 제전 송가」 10. 7에 대한 고전 주석자; 파우사니아스: 9. 18. 1; 오비디우스: 『이비스』 427 ff.와 515 ff.

6] 휘기누스: 『신화집』 273; 아폴로도로스: 같은 곳; 에우리피데스: 『탄원하는 여인들』; 플루타르코스: 『테세우스』 29; 이소크라테스: 『축제 연설』 54-58; 파우사니아스: 1. 39. 2.

7] 소포클레스: 『안티고네』 여러 곳; 휘기누스: 『신화집』 72; 에우리피데스의 『안티고네』 글조각; 아이스퀼로스: 『테바이를 공격한 일곱 장수』 1005 ff.; 아폴로도로스: 3. 7. 1.

*

1. 아폴론의 사자와 멧돼지 신탁은, 원래 이원 왕정 구성의 지혜를 전달하는 것일 터이다. 테바이의 함락 같은 일을 가져올, 신성한 왕과 후계자 사이의 정치적 갈등을 이런 방식으로 막으려 한 것이다(69. 1 참고). 테바이의 표상은 사자였는데, 그들의 예전 여신인 스핑크스가 사자 몸통을 갖고 있었기 때문이다. 칼뤼돈의 표상이 멧돼지인 것은, 아마도 거기 전당이 있는 아레스가 자주 멧돼지로 변신했기 때문일 것이다(18. j 참고). 요컨대 이번 신탁은 다른 상황에 적용된 셈이다. 방패에 짐승 도안을 그리는 일은 고전기 초기에 아주 흔했다(98. 3과 160. n 참고).

2. 신화학자들은 종종 이름 속의 '에리eri' 음절로 약간의 징난을 쳤다. '풍부한'이 아니라, '불화'의 에리스eris를 뜻한다고 풀어간 것이다. 그런 까닭에 헤파이스토스의 정액에서 나온 에리크토니오스Erichthonius(25. 1 참고)와 포도주 사건으로 스스로 목을 맨 에리고네Erigone(79. 3 참고)의 신화가 나왔다. 암피아라오스의 아내 에리퓔레Eriphyle는 원래 '부족 간 불화'가 아니라 '많은 나뭇잎'을 뜻했다. 헤시오도스(『일과 날』 161 ff.)는 제우스가 두 세대의 영웅을 쓸어버렸다고 하면서, 첫 번째는 테바이에서 벌어진 '오이디푸스의

양sheep'을 위한 전쟁이었고, 두 번째는 트로이아에서 벌어진 금발의 헬레네가 촉발한 전쟁이라고 했다. 오이디푸스의 양에 대해서는 아무런 설명이 없지만, 헤시오도스는 테바이의 왕위를 둘러싼 에테오클레스와 폴뤼네이케스의 이번 전쟁을 지칭했음이 틀림없다. 이 전쟁에서 아르고스 쪽은 패배한 후보자를 지원한 것이다. 형제들 사이의 유사한 분쟁으로 그 원인이 황금 양털인 경우가 있었다. 아트레우스Atreus와 튀에스테스Thyestes가 그래서 다퉜다(111. c-d 참고). 그때도 황금 양털을 가진 사람이 뮈케나이의 왕위에 올랐다. 제우스 역시 황금 양털의 숫양을 라퓌스티온Laphystium 산에 갖고 있었는데, 이는 이웃한 오르코메노스에서 왕의 휘장이었으며 이를 둘러싸고 수많은 유혈 충돌이 일어났다(70. 6 참고).

3. 휩시퓔레('높은 문')는 아마도 달의 여신의 호칭이며, 여신이 하늘을 가로질러 높은 아치를 그리면서 지나간다는 뜻에서 이렇게 불렀을 것이다. 네메아 제전은 올림피아 제전과 마찬가지로 신성한 왕의 임기가 끝났을 때, 즉 최고위 여사제의 남편으로서 50번의 태음월 동안 통치한 다음에 열렸을 것이다. 매년 여신에게 소년을 왕의 대리인으로 제물로 바쳤다는 전승이 이번 신화 안에도 포착돼 있다. 오펠테스Opheltes라는 단어는 단순히 '은인'을 뜻하지만, 여기서는 억지로 '뱀에 감긴'이라는 다른 의미를 갖게 됐다. 마치 오피스ophis('뱀')와 에일레인eilein('함께 누르다')에서 비롯된 것처럼 한 것이다. 아르케모로스도 '처음 죽은 자'라는 뜻이 아니라, '본래의 올리브 줄기'이다. 이는 아테나이의 신성한 올리브나무에서 잘라 낸 가지를 지칭하는데(16. c 참고), 아마도 제전에서 각 종목의 우승자에게 씌워 준 관으로 사용했을 것이다. 페르시아 전쟁의 재앙이 끝난 다음, 네메아 제전에서는 올리브나무 사용을 중단하고, 애도의 표시로 파슬리를 썼다(핀다로스의 「네메아 제전 송가」에 대한 고전 주석자). 파슬리는 불길하다 여겼는데, 아마

도 낙태약으로 악명이 높았기 때문일 것이다. 영국 속담에도 나온다. "마누라가 바람난 남편 정원에는 파슬리가 무성하다." 파슬리는 오귀기아Ogygia 라는 죽음의 섬에도 무성하게 자랐다(170. w 참고).

4. 튀데우스가 멜라닙포스의 골을 꿀걱꿀걱 삼키는 장면은 현재는 보통 도덕적 일화로 본다. 그러나 사실 이는 예부터 확립된 전투력 향상 수단으로 헬레네스 자신들이 가져온 것이다. 고전시대에 이르러, 그리스 쪽에서는 야만적이라 여겼지만, 스퀴타이족은 여전히 그렇게 하고 있었다(헤로도토스: 4. 64). 신화학자들이 이 이야기를 추론해 냈던 도상에는, 아마 아테나 여신이 튀데우스의 행동에 찬성하면서 멜라닙포스의 혼령에게 헌주를 부어 주는 장면이 실려 있었을 것이다. 현전하지 않는 서사시 「테바이를 공격한 일곱 장수the Seven Against Thebes」는 고대 인도의 『마하바라타』와 아주 많이 닮았음이 틀림없다. 여기에서 전사 카스트인 마리안누Maryannu는 찬미를 받으며, 한 가문이 다른 가문과 맞붙었다는 동일한 테마가 펼쳐지고, 투사의 행동은 『일리아스』보다 더 고귀하며 더욱 비극적으로 그려지고, 신들은 짓궂은 역할을 하지 않으며, 아내의 순사는 명예를 얻고, 비슈마Bhishma는 튀데우스처럼 적의 피를 마셨다(81. 8 참고).

5. 암피아라오스의 마지막은 신성한 왕이 전차 충돌로 죽는 또 다른 사례이다(71. a; 101. g; 105. d; 109. j 등 참고). [전차를 몰던] 바톤Baton('블랙베리')이 그와 함께 타르타로스로 내려가는 것은, 블랙베리 금기를 설명하려 덧붙인 것으로 보인다. 유럽 전역에서는 블랙베리를 먹으면 죽음이 찾아온다는 금기가 있었다.

6. 에우아드네가 스스로 제물이 된 것은 알케스티스의 신화를 떠올리게 한다(69. d 참고). 뮈케나이 부근 덴드라Dendra의 벌집 무덤 안에서 발견된, 왕을 불태운 흔적은 특이하게도 그곳에 왕과 왕비가 동시에 매장됐음을 암시

한다. A. W. 페르손[6]은 여왕이 자원해 죽었다고 주장하지만, 둘은 함께 어떤 이에게 살해됐거나 같은 병으로 죽었을 수도 있다. 뮈케나이에서 발견된 무덤 가운데 이런 경우는 여기가 유일하다. 아내가 같이 죽는 순사는 사실 헬레네스의 관습이었던 것으로 보이는데, 금방 옛날이야기가 됐다(74. 8 참고). 한편, 그 옛날에 번개는 제우스가 존재한다는 증거였다. 원시종교에서 '신성한'과 '지저분한'은 완전히 같은 뜻이었다. 「레위기」에 금기의 동물은 신성하기 때문에 지지분하다고 나온다. 번개에 맞아 죽은 사람은 오늘날 농장에서 탄저병으로 죽은 송아지에게 하듯이, 무덤에 울타리를 쳐서 외부 출입을 막았다. 그리고 그에게 영웅의 의례를 올렸다. 밀로나스Mylonas 교수가 엘레우시스 부근의 묘지를 발굴한 적이 있다. 파우사니아스가 장수들을 매장한 곳이라 전했던 곳으로, 이번에 지역을 특정한 것이다. 밀로나스 교수는 거기에서 돌로 둘러싼 두 사람이 묻힌 무덤 1기와, 한 사람씩 묻힌 무덤 5기를 발견했다. 기원전 13세기에 널리 퍼져 있던 관습대로, 유골에는 화장의 흔적이 없었다. 주검과 함께 묻었던 청동 무기와 다른 쇠붙이 물건들은 이미 도굴꾼들이 훔쳐간 것으로 보였다. 특이하게도 무덤을 돌로 둘러쌌고 한 무덤에 두 사람의 유골이 들어 있는 것을 보면, 엘레우시스 사람들은 이를 번개로 죽은 카파네우스와 그의 충직한 아내 에우아드네의 무덤이라 생각했던 것으로 보인다.

7. 안티고네와 하이몬, 그리고 양치기의 신화는 아르네(43. d 참고)와 알로페(49. a 참고)의 신화와 같은 도상에서 추론한 것으로 보인다. 여기서는 이야기의 결말이 기대와 다르다. 그가 할아버지 크레온을 원반을 던져 죽인다는 결말이 아니었다(73. p 참고).

---

6) 스웨덴의 고고학자 악셀 페르손Axel W. Persson(1888-1951)을 말하는 것으로 보인다.

107
에피고노이

테바이에서 죽은 일곱 장수의 아들들은 아버지의 원수를 갚겠다고 맹세했다. 이들을 에피고노이라고 일컫는다. 델포이 신탁은 이들에게 암피아라오스의 아들 알크마이온이 지휘한다면 승리할 것이라고 약속했다. 그러나 그는 테바이를 공격할 마음이 전혀 없었고, 전쟁이 적절한지를 두고 형제 암필로코스와 뜨거운 논쟁을 벌였다. 이들은 의견이 계속 엇갈리자, 어머니 에리퓔레에게 결정권을 넘기기로 했다. 폴뤼네이케스의 아들 테르산드로스는 예전과 비슷한 상황이라는 것을 눈치채고, 자기 아버지의 전례를 따랐다. 에리퓔레에게 마법 예복을 뇌물로 준 것이다. 이는 아테나가 그의 조상인 하르모니아에게, 아프로디테가 마법 목걸이를 주었을 때 같이 준 것이다. 에리퓔레는 전쟁을 결정했고, 알크마이온은 마지못해 지휘를 맡았다.

b. 테바이의 성벽 앞에서 벌어진 전투에서, 에피고노이는 아드라스토스의 아들 아이기알레우스를 잃었다. 예언자 테이레시아스는 테바이인들에게 도시가 약탈당할 것이라 경고했다. 테바이 성벽은 원래의 일곱 장수 가운데 하나가 살아 있는 때까지만 건재할 운명인데, 홀로 살아남았던 아드라스토스가 아이기알레우스의 전사 소식에 슬픔으로 죽고 말았던 것이다.

그러니 테바이인들에게 그날 밤 당장 달아나라고, 그것만이 현명한 길이라고 알렸다. 테이레시아스는 사람들이 이런 조언을 듣든 말든, 자기에게는 차이가 없다고 덧붙였다. 자기는 테바이가 아르고스의 손에 떨어지자마자 죽을 운명이라는 것이다. 야음을 틈타, 테바이인들은 아내와 아이들을 데리고 무기와 몇몇 물건을 챙겨 북쪽으로 탈출했다. 안전하다고 생각할 만큼 멀리 왔을 때, 이들은 멈춰 헤스티아이아라는 도시를 건설했다. 이들과 함께하던 테이레시아스는 새벽에 틸풋사의 샘터에서 물을 마시러 잠시 멈췄는데 갑자기 숨을 거두었다.

c. 아드라스토스가 아들의 사망 소식에 슬픔으로 죽은 당일, 아르고스 사람들은 테바이가 텅 비었다는 것을 알게 됐다. 아르고스인들은 도시로 쳐들어가 성벽을 파괴하고 도시를 맘껏 약탈했다. 제일 좋은 것은 델포이의 아폴론에게 보냈는데, 여기에는 뒤에 남아 있던 테이레시아스의 딸인 만토 또는 다프네도 포함됐다. 그녀는 델포이 신전의 여사제 퓌티아가 됐다.[1]

d. 이것으로 일이 끝난 게 아니었다. 테르산드로스는 아르고스의 승리가 자기 덕분이라며 떠벌리며 자랑했다. 아버지 폴뤼네이케스가 예전에 했던 대로 에리퓔레에게 뇌물을 줘서 진군 명령이 나온 것이라 했다. 그런데 이를 알크마이온이 우연히 들었다. 그는 처음으로 아버지가 에리퓔레의 허영심 탓에 죽었으며, 자신마저 죽을 뻔했다는 것을 알게 됐다. 그는 델포이 신탁을 청했고, 아폴론은 그녀가 죽어 마땅하다고 답했다. 알크마이온은 이를 모친살해를 특별히 허락한 것이라 오해하고, 귀환한 다음 당연한 듯 에리퓔레를 죽였다. 어떤 이는 이때 그의 형제 암필로코스도 도왔다고 전한다. 그러나 에리퓔레는 죽어가면서 알크마이온을 저주하면서 이렇게 말했다. "그리스와 아시아, 그리고 세상의 모든 땅들이여, 나를 죽인 자들에게 도피

처를 내주지 말아 주세요!" 복수의 여신 에리뉘에스는 이때부터 그를 추적했고, 결국 광기에 빠지게 만들었다.

e. 알크마이온은 처음엔 테스프로티아로 달아났지만 입국을 거부당해 프소피스로 갔다. 그곳 왕 페게우스는 아폴론의 이름으로 그를 정화해 주었다. 페게우스는 딸 아르시노에를 그의 아내로 주었고, 알크마이온은 가지고 다니던 목걸이와 예복을 그녀에게 주었다. 그러나 에리뉘에스는 이번 정화를 묵살했고, 역병을 퍼뜨려 프소피스의 땅이 황폐해졌다. 델포이 신탁은 이에 알크마이온에게 강의 신 아켈로오스에게 가서 한 번 더 정화를 받으라고 조언했다. 그는 아켈로오스의 딸 칼리로에와 결혼해 새로 만들어진 땅에 정착했다. 이곳은 강에 쓸려온 토사가 쌓여 새로 생긴 땅이라, 에리퓔레의 저주를 벗어날 수 있었다. 그는 거기서 한동안 평화롭게 살았다.

f. 한 해가 지나고, 칼리로에는 자신의 미모를 잃을까 걱정해 남편에게 그 유명한 예복과 목걸이를 가져다 달라고 졸랐다. 가져다주지 않으면 남편을 침실에 들이지 않겠다고 했다. 그는 칼리로에를 사랑했기에 감히 프소피스를 다시 찾아가 페게우스 왕을 속이려 했다. 칼리로에와 결혼했다는 얘기는 입 밖에 내지 않고, 예복과 목걸이를 달라고 했다. 이를 아폴론의 전당에 바치지 않으면 에리뉘에스의 괴롭힘을 끝낼 수 없다는 델포이 신탁을 받았다고 거짓말을 했다. 페게우스는 아르시노에에게 이를 내주라 했고, 딸도 에리뉘에스가 떠나 버리면 알크마이온이 곧장 자기에게 되돌아올 것이라 믿고 기꺼이 내주었다. 그러나 알크마이온의 하인 가운데 하나가 분별없이 재잘거리다 칼리로에에 대한 진실을 털어놓았고, 페게우스 왕은 분노해 아들들에게 매복해 있다가 그가 궁전을 떠날 때 죽이라고 명했다. 아르시노에는 창밖으로 남편이 살해되는 것을 보고, 알크마이온이 양다리를 걸쳤다는 걸 몰랐기에, 큰 소리로 아버지와 오라비들을 거세게 나무랐다. 손

님의 권리도 모르냐면서, 자신을 과부로 만든다고 항의했다. 페게우스는 자초지종을 설명할 테니 잠자코 들어 보라 타일렀다. 그러나 아르시노에는 귀를 막고 다음 초승달이 뜰 때까지 아버지와 오라비들이 죽기를 기원했다. 페게우스는 이런 딸이 괘씸해 상자에 가둬 네메아의 왕에게 노예로 줘 버렸다. 그리고 아들들에게 명했다. "이 예복과 목걸이를 델포이의 아폴론에게 가져가거라. 신께서 이것들이 더는 해악을 끼치지 못하게 할 것이다."

g. 페게우스의 아들들은 명을 따랐다. 하지만 그러는 동안 칼리로에는 프소피스에서 무슨 일이 벌어졌는지 전해 듣고, 아직 아기에 불과한 아들들이 하루 만에 어른이 되어 아버지의 원수를 갚을 수 있게 해달라고 기도했다. 제우스는 이런 간청을 들어 주었고, 아들들은 아주 빨리 어른으로 자랐다. 이들은 무장을 하고 페게우스의 아들들이 있다는 네메아로 떠났다. 페게우스의 아들들은 델포이에서 돌아오는 길에 아르시노에가 저주를 거둬들이도록 설득하려 그곳에 들른 것이다. 그녀는 이번에도 한사코 알크마이온에 대한 이야기를 듣지 않으려 했다. 칼리로에의 아들들은 이들을 기습해 죽였고, 이어 프소피스로 달려가 페게우스 왕도 죽였다. 모두 다음 초승달이 하늘이 나타나기 전에 벌어진 일이다. 그리스에서는 어떤 왕이나 강의 신도 이들의 죄를 씻어 주지 않으려 했기에, 칼리로에의 아들들은 서쪽으로 에페이로스까지 가서, 아카르나니아라는 식민지를 건설했다. 이는 두 형제 가운데 맏이인 아카르난의 이름을 딴 것이다.

h. 예복과 목걸이는 '신성한 전쟁'이 벌어질 때까지 델포이에서 남아 있었다. 전쟁 때 포키스의 노상강도 파윌로스가 이를 훔쳐갔다. 아마토스에 호박이 박혀 있는 황금 목걸이가 있어, 거기 사람들은 이를 에리퓔레의 것이라 주장하지만 진짜인지는 알 길이 없다.[2]

i. 어떤 이는 테이레시아스가 다프네와 만토라는 두 딸을 두었다고 전한

다. 다프네는 처녀로 남아 여자 예언자가 됐다. 그러나 만토는 알크마이온이 자신을 델포이의 아폴론에게 보내기 전에, 그의 자식인 암필로코스와 티시포네를 낳았다. 알크마이온은 두 아이를 코린토스의 크레온 왕에게 맡겼다. 세월이 지나 크레온의 아내는 티시포네의 걸출한 미모를 질투해, 그녀를 노예로 팔아 버렸다. 알크마이온은 자기 딸인지 모른 채 그녀를 몸종으로 사들였지만, 다행히도 근친상간은 벌어지지 않았다. 한편, 아폴론은 만토를 이오니아의 콜로폰에 보냈다. 거기서 그녀는 카리아의 왕 라키오스와 결혼했으며, 이들의 자식이 유명한 예언가 몹소스이다.[3]

1] 디오도로스 시켈로스: 『역사총서』 4. 66; 파우사니아스: 『그리스 여행기』 9. 5. 13 ff.; 9. 8. 6과 9. 9. 4 ff.; 휘기누스: 『신화집』 70; 아이스퀼로스와 소포클레스의 『에피고노이』의 글조각.

2] 아폴로도로스: 『비블리오테카』 3. 7. 5-7; 아테나이오스: 『현자들의 식탁』 6. 22; 오비디우스: 『변신 이야기』 9. 413 ff.; 파우사니아스: 8. 24. 8-10과 9. 41. 2; 파르테니오스: 『에로티카』 25.

3] 아폴로도로스: 3. 7. 7, 에우리피데스의 『알크마이온』을 인용하며; 파우사니아스: 7. 3. 1과 9. 33. 1; 디오도로스 시켈로스: 4. 66.

✳

1. 이번 이야기는 대중적인 중세 음유시인풍의 설화로서, 신화적 요소는 거의 없다. 테바이와 아르고스 어느 쪽도 모욕하지 않으면서도, 프소피스Psophis와 네메아Nemea, 아켈로오스 계곡 사람들 모두 재미있어 할 것이나. 헤스티아이아Hestiaea 건립과 아카르나니아Acarnania 식민화도 설명한다. 강력한 도덕적 풍미는 덤이다. 여인의 판단이 얼마나 불안정한지, 여인의 허영과 탐욕에 장단을 맞출 때 남자들이 얼마나 어리석어지는지 가르치고 있다. 공정한 예언자의 말에 귀를 기울이는 지혜와 신탁을 오해할 때 초래되는 위험도 가르친다. 또 어머니를 살해한 아들에게 떨어지는 저주는 결코 벗어날 수 없다고 전한다. 살해된 아버지의 혼령을 달래기 위한 행동도 예

외는 아니다(114. a 참고).

2. 에리퓔레Eriphyle가 계속해 전쟁과 평화 사이에서 결정권을 행사하는 대목이 이번 이야기에서 가장 흥미로운 부분이다. 그녀 이름의 진짜 의미가 '잎이 매우 무성한'이란 점은, 그녀가 도도나Dodona와 마찬가지로(51. 1 참고) 나무 신탁을 맡은 아르고스의 헤라 여사제라는 것을 암시한다. 정말로 그렇다면, 이 나무는 헤라에게 신성한 배나무일 가능성이 높다(74. 6 참고). 헤시오도스가 '오이디푸스의 양을 위한 전쟁'이라 부른 '테바이를 공격한 일곱 장수의 전쟁'과 이번 이야기에 담긴 그 속편은, 양쪽 모두 아르고 호 원정대와 트로이아 전쟁 이전의 일인 것 같다. 기원전 14세기 일이 아닐까 조심스레 추측해 본다.

108
탄탈로스

탄탈로스의 부모와 근원을 둘러싸고 많은 논란이 있다. 그의 어머니 플루토는 크로노스와 레아의 딸이다. 누구는 플루토가 오케아노스와 테튀스의 딸이라 전한다.[1] 그의 아버지는 제우스 또는 트몰로스이다. 트몰로스는 떡갈나무 화관을 쓴 트몰로스 산의 신으로, 아내 옴팔레와 함께 뤼디아 왕국을 다스렸고, 판과 아폴론 사이의 경연에서 판정을 내린 적이 있다.[2] 하지만 어떤 이는 탄탈로스가 아르고스 또는 코린토스의 왕이라 전한다. 다른 이들은 그가 뤼디아의 시퓔로스에서 북쪽으로 옮겨가, 파플라고니아에서 통치했다고 한다. 거기에서 신들의 노여움을 사는 바람에 프뤼기아의 일로스한테 쫓겨났다. 일로스의 어린 남동생 가뉘메데스를 납치해 유혹했기 때문이다.[3]

b. 탄탈로스의 아내가 누구인지도 말이 엇갈린다. 강의 신 파크톨로스의 딸 에우뤼아낫사, 또는 강의 신 크산토스의 딸 에우뤼테미스타, 또는 암피다만테스의 딸 클뤼티아, 또는 플레이아데스 가운데 하나인 디오네라고 한다. 아내가 누구든, 탄탈로스는 펠롭스와 니오베, 브로테아스를 자식으로 두었다.[4] 어떤 이는 펠롭스가 혼외자이거나 아틀라스와 님프 리노스의 아

들이라 전한다.[5]

c. 탄탈로스는 제우스의 친한 친구였고, 제우스는 그를 올림포스 잔치에 불러 넥타르와 암브로시아를 대접했다. 그러나 그는 이런 행운에 자만해져 제우스의 비밀을 자신의 인간 친구들에게 누설했을 뿐 아니라 신들의 음식까지 훔쳐 나눠 주었다. 이런 죄가 드러나기 전, 그는 더 심한 짓도 했다. 시퓔로스 산 또는 코린토스에서 잔치를 열어 올림포스 신들을 초대했는데, 탄탈로스는 손님들을 대접할 만큼 음식이 충분하지 못하다는 것을 뒤늦게 알게 됐다. 이에 제우스의 전지함을 시험하기 위해 또는 자신의 선의를 과시하기 위해, 아들 펠롭스를 잘게 잘라 신들에게 내놓을 스튜 요리에 집어 넣었다. 뤼카온의 아들들이 아르카디아에서 제우스를 대접할 때 동생 닉티모스에게 했듯이 그렇게 한 것이다.[6] 모든 신이 나무접시에 담긴 음식이 무엇인지 알아채고, 오싹해 주춤했다. 데메테르만 예외였는데, 페르세포네를 잃고 멍한 상태에서 펠롭스의 왼쪽 어깨살을 먹었다.[7]

d. 이런 두 가지 죄로, 탄탈로스는 자신의 왕국이 붕괴하는 벌을 받았다. 제우스의 손에 죽임을 당한 다음에는, 익시온, 시쉬포스, 티튀오스, 다나이데스 등과 함께 영원한 고통의 벌을 받았다. 이제 그는 호수 위로 구부러져 있는 과일나무의 가지에 매달린 채 영원한 갈증과 허기에 시달리고 있다. 호수의 물결은 그의 허리를 찰싹거리고, 어떤 때는 그의 턱까지 올라온다. 하지만 그가 물을 마시려 허리를 숙이면 물결은 빠져나가고 다리엔 검은 진흙만 남는다. 혹시나 그가 두 손으로 물을 떠올리는 데 성공한다 해도, 이는 금방 손가락 사이로 빠져나가 겨우 갈라진 입술을 조금 적실 뿐이라 갈증의 고통만 더 커졌다. 나무에는 배와 반짝이는 사과, 달콤한 무화과, 무르익은 올리브와 석류가 가득 열려 있다. 그의 어깨에 닿아 정도로 가깝게 달랑거린다. 그러나 그가 감미로운 열매에 따려 손을 뻗을 때마다 한바탕 바

람이 불어 열매를 손이 닿지 않을 만큼 떼어 놓는다.[8]

e. 그게 전부가 아니다. 시퓔로스 산에서 가져온 거대한 바윗덩어리가 나무 위로 쑥 나와 있어 언제든 탄탈로스의 두개골을 깨뜨릴 수 있다.[9] 이는 세 번째 죄, 즉 거짓 맹세로 그 죄가 무거워진 도둑질로 인해 받는 벌이다. 아기 제우스가 크레테에서 암염소 아말테이아의 젖을 빨고 있을 때의 일이다. 어느 날 헤파이스토스는 그를 돌볼 황금 매스티프[맹견의 일종]을 만들어 레아에게 주었다. 이는 나중에 딕테에 있는 제우스 신전의 수호자가 됐다. 그런데 메롭스의 아들인 판다레오스가 감히 매스티프를 훔쳤고, 이를 탄탈로스한테 가져가 시퓔로스 산에 안전하게 숨겨 달라고 부탁했다. 판다레오스는 뤼디아 토박이인데, 에베소스가 아니라면 크레테인들이 건설한 밀레토스 사람일 수도 있다. 추적자의 고함과 울부짖음이 잦아들자, 판다레오스는 탄탈로스에게 그것을 돌려 달라 했다. 그러나 탄탈로스는 제우스의 이름을 걸고 황금 개를 보지도 듣지도 못했다고 맹세했다. 이 맹세가 제우스의 귀에 닿았고, 제우스는 헤르메스에게 조사를 명했다. 탄탈로스는 계속 거짓 맹세를 했지만, 헤르메스는 황금 개를 강압적으로 또는 술수를 써서 돌려받았다. 이에 제우스는 탄탈로스를 시퓔로스 산의 바윗덩어리로 눌러 부수었다. 지금도 탄탈로스의 이름이 붙은 호수 근처에 가면 그가 벌을 받은 자리가 남아 있으며, 이곳은 하얀 백조-독수리swan-eggle의 서식지이기도 하다. 판다레오스와 그의 아내 하르모토에는 아테나이로 달아났고, 나중에 시칠리아로 옮겨가 거기서 비참하게 죽었다.[10]

f. 다른 이들은 탄탈로스가 직접 황금 매스티프를 훔쳤다고 전한다. 그리고 판다레오스에게 이를 맡겼는데, 그가 나중에 이를 받은 적이 없다고 부인하자 성난 신들이 그를 아내와 함께 죽였거나 돌로 만들었다고 한다. 고아가 된 판다레오스의 딸들인 메로페와, 누구는 카메이로 또는 클뤼티에라

고 부르는 클레오테라는 아프로디테가 굳은 우유, 벌꿀, 달콤한 포도주를 먹여 길렀다. 헤라는 이들에게 미모와 인간 이상의 지혜를 주었고, 아르테미스는 키가 크고 강하게 자라도록 했다. 아테나는 알려진 모든 기술을 전수했다. 왜 이 여신들이 그렇게나 배려했는지는 이해하기 힘들다. 더구나 여신들은 아프로디테를 선택해 이 고아들을 향한 제우스의 마음을 누그러뜨리도록 했으며, 훌륭한 결혼식까지 마련해 주었다. 다만, 여신들이 판다레오스를 부추겨 황금 개를 훔치게 했다면 여러모로 앞뒤가 맞는다. 제우스는 뭔가 눈치를 챘음이 틀림없다. 아프로디테가 올림포스에서 제우스와 밀담을 나누는 동안, 하르퓌이아이가 제우스의 허락 아래 세 소녀를 잡아채 가서 에리뉘에스에게 넘겼기 때문이다. 에리뉘에스는 죄지은 아버지를 대신해 소녀들에게 벌을 내렸다.[11]

g. 여기 나오는 판다레오스는 아에돈의 아버지이기도 하다. 아에돈은 제토스의 아내로, 이튈로스를 낳았다. 아에돈은 자매인 니오베에 대한 질투로 몹시 괴로웠다. 니오베는 아들 여섯과 딸 여섯의 사랑을 받고 있었기 때문이다. 아에돈은 이들 가운데 첫째인 시퓔로스를 죽이려다, 실수로 이튈로스를 죽이고 말았다. 이에 제우스는 그녀를 나이팅게일로 변신시켰다. 이 새는 초여름 밤이면 죽은 자식을 생각해 슬픈 노래를 부른다.[12]

h. 탄탈로스를 벌한 다음, 제우스는 펠롭스를 되살려 냈다. 제우스는 먼저 헤르메스에게 그의 팔다리를 그러모아 같은 가마솥에 넣고 한 번 더 끓이도록 명하고, 솥에 마법을 걸었다. 운명의 여신 가운데 하나인 클로토가 팔다리를 이었고, 데메테르는 단단한 상아 어깨를 줘서 자기가 먹었던 자리가 깨끗해지게 만들었다. 레아는 생명을 불어넣었고, 그동안 염소 판이 기뻐서 춤을 추었다.[13]

i. 펠롭스는 마법의 가마솥에서 눈부시게 아름다운 모습으로 걸어 나왔

고, 이를 본 포세이돈은 즉시 사랑에 빠졌다. 그는 펠롭스를 황금 말이 끄는 전차에 태워 올림포스로 데려갔다. 거기서 포세이돈은, 제우스가 나중에 가뉘메데스에게 했듯이, 그를 자신의 음료를 따르는 이와 잠자리 친구로 삼았다. 그에게 암브로시아도 먹였다. 펠롭스는 자신의 왼쪽 어깨가 상아로 만든 것임을 누이 니오베를 애도하기 위해 자기 가슴을 드러낼 때 처음 알았다. 펠롭스의 진짜 후손들은 모두 이런 표시가 있다. 그가 죽고 나서는 상아 어깻죽지를 피사에 모셨다.[14]

j. 그러는 동안, 펠롭스의 어머니 에우뤼아낫사는 있는 힘을 다해 아들을 찾아다녔다. 펠롭스가 올림포스에 올라가 있는 것을 몰랐기 때문이다. 그녀는 부엌일 하는 이에게서 그가 솥에 삶겨 신들의 식탁에 올랐다는 말을 들었다. 신들이 그의 살의 마지막 한 조각까지 먹어 치운 것 같다고도 했다. 이런 이야기는 뤼디아에 파다하게 퍼졌다. 많은 사람은 아직도 이를 믿는다. 그래서 나중에 탄탈로스를 계승한 펠롭스는, 예전에 탄탈로스가 가마솥에 넣고 삶았던 펠롭스와 다른 사람이라고 생각한다.[15]

k. 탄탈로스의 못생긴 아들 브로테아스는 '신들의 어머니'의 가장 오래된 모습을 조각했다. 이는 지금도 시퓔로스 산의 북쪽에 있는 '코디니아 바위' 위에 서 있다. 그는 유명한 사냥꾼이지만 아르테미스를 공경하지 않았다. 이에 아르테미스는 그를 광기에 빠지게 만들었다. 어떤 불길도 자신을 태울 수 없다고 크게 외치더니, 불붙은 화장 장작더미에 몸을 던졌고, 불길이 그를 먹어 치웠다. 그러나 누구는 세상 모두가 그의 흉한 생김새를 싫어해 스스로 목숨을 끊었다고 전한다. 브로테아스의 아들이자 상속자는 할아버지를 따라 탄탈로스라고 이름 지었다.[16]

1] 파우사니아스: 『그리스 여행기』 2. 22. 4; 핀다로스의 「올륌피아 제전 송가」 3. 41에 대한 고전 주석자; 헤시오도스: 『신들의 계보』 355, 고전 주석자와 함께.

2] 파우사니아스: 같은 곳; 에우리피데스의 『오레스테스』 5에 대한 고전 주석자; 플리니우스: 『자연 탐구』 5. 30; 오비디우스: 『변신 이야기』 2. 156; 아폴로도로스: 『비블리오테카』 2. 6. 3.

3] 휘기누스: 『신화집』 124; 베르길리우스의 『아이네이스』 6. 603에 대한 세르비오스; 디오도로스 시켈로스: 『역사총서』 4. 74; 체체스: 『뤼코프론에 관하여』 355.

4] 플루타르코스: 『영웅전』 33; 체체스: 『뤼코프론에 관하여』 52; 페레퀴데스, 에우리피데스의 『오레스테스』 11과 관련해 고전 주석자가 인용; 휘기누스: 『신화집』 83; 파우사니아스: 111. 22. 4.

5] 락탄티우스: 『오비디우스의 「변신 이야기」에 나온 이야기들』 6. 6; 베르길리우스의 『아이네이스』 8. 130에 대한 세르비오스.

6] 휘기누스: 『신화집』 82; 핀다로스: 「올륌피아 제전 송가」 1. 38과 60; 베르길리우스의 『아이네이스』 6. 603 ff.에 대한 세르비오스; 락탄티우스: 같은 곳; 베르길리우스의 『농경시』 3. 7에 대한 세르비오스; 체체스: 『뤼코프론에 관하여』 152.

7] 휘기누스: 『신화집』 83; 체체스: 같은 곳; 오비디우스: 『변신 이야기』 6. 406.

8] 디오도로스 시켈로스: 4. 74; 플라톤: 『크라튈로스』 28; 루키아노스: 『죽은 자들의 대화』 17; 호메로스: 『오뒷세이아』 11. 582-592; 오비디우스: 『변신 이야기』 4. 456; 핀다로스: 「올륌피아 제전 송가」 1. 60; 아폴로도로스: 『요약집』 2. 1; 휘기누스: 『신화집』 82.

9] 파우사니아스: 10. 31. 4; 아르킬로코스, 플루타르코스의 인용: 『정치적 교훈』 6; 에우리피데스: 『오레스테스』 7.

10] 안토니노스 리베랄리스: 『변신』 36과 11; 호메로스: 『오뒷세이아』 19. 518에 대한 에우스타티오스와 고전 주석자; 파우사니아스: 10. 30. 1과 7. 7. 3.

11] 파우사니아스: 10. 30. 1; 호메로스의 같은 글에 대한 고전 주석자; 호메로스: 『오뒷세이아』 20. 66 ff.; 안토니노스 리베랄리스: 『변신』. 36.

12] 호메로스: 『오뒷세이아』 19. 518 ff.; 아폴로도로스: 3. 5. 6; 페레퀴데스: 『글조각 모음』 138, 스투르츠 편집.

13] 베르길리우스의 『아이네이스』 6. 603에 대한 세르비오스; 핀다로스: 「올륌피아 제전 송가」 1. 26; 휘기누스: 『신화집』 83; 아리스티데스에 대한 고전 주석자: 216, 프롬멜 편집.

14] 아폴로도로스: 『요약집』 2. 3; 핀다로스: 「올륌피아 제전 송가」 1. 37 ff.; 루키아노스: 『카리데모스』 7; 오비디우스: 『변신 이야기』 6. 406; 체체스: 『뤼코프론에 관하여』 152; 파우사니아스: 5. 13. 3.

15] 핀다로스: 같은 곳; 에우리피데스: 『타우리케의 이피게네이아』 387.

16] 파우사니아스: 3. 22. 4; 아폴로도로스: 『요약집』 2. 2; 오비디우스: 『이비스』 517, 고전 주석자와 함께.

＊

1. 스트라본을 보면(12. 8. 21), 탄탈로스Tantalus와 펠롭스, 니오베는 프뤼기아 사람들이다. 스트라본은 스켑시스의 데메트리오스[1]와 칼리스테네스[2]를 인용하면서, 이 가문은 프뤼기아와 시퓔로스 산의 광산으로 부를 축적했다

---

1) 스켑시스의 데메트리오스Demetrius of Scepsis: 기원전 2세기에 활동한 그리스 문법학자.
2) 칼리스테네스Callisthenes: 알렉산드로스의 동방원정을 따라갔던 역사가.

고 전했다. 아이스퀼로스의 「니오베」(스트라본의 인용: 12. 8. 21)에는, 탄탈로스 가문이 "이다 산에 그들의 아버지 신인 제우스의 제단"을 가지고 있었다고 나온다. 그리고 시퓔로스는 "이다 산의 땅에" 있다고 했다. 스트라본이 간접 인용한 데모클레스[3]는, 그의 통치 기간에 멀리 트로이아까지 영향을 끼칠 정도로 뤼디아와 이오니아에서 큰 지진이 발행했다고 말하면서 탄탈로스 신화를 합리화했다. 마을 전체가 사라지고, 시퓔로스 산이 뒤집히며, 습지가 호수로 변하고, 트로이아가 가라앉았다는 것이다(스트라본: 1. 3. 17). 파우사니아스도 비슷한 이야기를 전했는데, 시퓔로스 산에 있는 도시 하나가 땅이 달라진 틈으로 사라졌으며, 거기에 물이 차면서 살로에Saloë 또는 탄탈리스Tantalis 호수가 됐다고 했다. 산에서 내려오는 물로 토사가 쌓일 때까지, 폐허가 된 도시가 호수 바닥으로 보였다고 했다(파우사니아스: 7. 24. 7). 플리니우스도 탄탈리스가 지진으로 파괴됐다는 데 동의하면서(『자연 탐구』 2. 93), 최종적으로 물에 가라앉기 전에 도시를 같은 자리에 세 번이나 새로 세웠다고 덧붙였다(『자연 탐구』 5. 31).

2. 스트라본의 역사적 접근은 고고학적으로 타당해 보이지만, 탄탈로스가 아르고스, 코린토스, 크레테인들이 건설한 밀레토스와 연결되는 이유를 설명하지 못한다. 타르타로스에서 그의 머리 위로 바위가 금방 떨어질 듯 솟아 있다는 대목을 보면, 탄탈로스가 코린토스의 시쉬포스와 동일하다는 것을 알 수 있다. 시쉬포스도 영원한 벌을 받았다고 하는데, 이는 태양신 티탄이 태양 원판을 하늘의 비탈 위로 힘겹게 밀어 천정까지 올라가는 모습의 도상에서 추론한 것이다(67. 2 참고). 핀다로스에 대한 고전 주석자는 이렇게 탄탈로스와 시쉬포스가 동일하다는 것을 흐릿하게나마 알고 있었지

---

3) 데모클레스Democles: 기원전 4세기에 활동한 아네나이의 연설가이다.

만, 탄탈로스가 받는 벌을 다음과 같이 합리주의적으로 설명했다. "어떤 이
는 바위가 태양을 의미하며, 자연과학자인 탄탈로스가 태양이 하얗고 뜨거
운 쇠붙이에 불과하다는 것을 증명한 것에 대해 벌을 받고 있다고 이해했
다."(핀다로스의「올림피아 제전 송가」1. 97에 대한 고전 주석자) 태양신 티탄이 나
오는 도상을 다른 도상과 결합하면서 혼란이 커졌다. 즉, 한 남자가 고통스
러워하면서 과일 열린 가지를 응시하는데, 그의 턱까지 물이 올라와 있는
모습의 도상과 바위 도상을 짝지은 것이다. 과일나무와 차오르는 물은, 탐
욕스러운 부자는 이런 벌을 받을 운명이라고 수사학자들이 즐겨 사용한 알
레고리였다(베르길리우스의『아이네이스』6. 603에 대한 세르비오스; 풀겐티우스:『신
화』2. 18). 탄탈로스의 어깨 위로 매달려 있는 사과, 배, 무화과 따위를 풀겐
티우스는 "죽음의 바다 열매"라고 불렀다. 이런 열매에 대해 테르툴리아누
스[4]는 "손가락을 대면 곧장 사과는 재로 변한다"고 적었다.

3. 이 장면을 이해하기 위해서는, 탄탈로스의 아버지 트몰로스Tmolus가
떡갈나무 화관을 썼다고 묘사됐으며, 올림피아에서 '제우스의 삼림 관리
자'의 참석 아래 그의 아들 펠롭스Pelops를 기리는 영웅 의례가 열렸다는 점
을 꼭 기억해야 한다. 또 펠롭스의 손자들 가운데 하나가 탄탈로스라는 점
도 중요하다(112. c. 참고). 이제는 다수가 동의하지만, 타르타로스에서 벌을
받고 있는 죄인들은 올림포스 이전 시대의 신과 영웅들이었기에, 탄탈로스
는 매년 파르마코스로서 강에 내던져진 신성한 왕을 의미할 것이다. 이때
신성한 왕은, 오스코포리아Oschophoria에서 들고 다녔던 것과 같은(98. w 참
고), 열매 달린 나뭇가지로 몸을 감은 채 던져졌을 것이다. 이런 관습은 발
칸 반도의 오지에서 거행되는 그린 조지Green George 종교 의식에서 지금도

---

4) 테르툴리아누스Tertullian: 3세기에 활동한 카르타고의 신학자.

이어지고 있다고 프레이저는 전했다. 영어 동사 탠털라이즈tantalize[감질나게 하다]가 이 신화에서 유래했는데, 이 때문에 학자들은 탄탈로스의 고통이 갈증에서 온 게 아니라 익사의 공포에서 왔다는 것을 깨닫지 못했다. 익사의 공포가 아니면, 못생긴 아들 브로테아스Broteas의 운명처럼, 그다음에 장작더미에 제물로 던져질 것을 두려워했다.

4. 플라톤(『크라튈로스』 395e)은 탄탈로스가 탈란타토스talantatos('가장 비참한')에서 비롯됐다고 봤는데, 적절해 보인다. 이는 '고통받은' 또는 '견디는'을 뜻하는 어근 틀라tla에서 왔으며, 떡갈나무 영웅인 아틀라스Atlas와 텔라몬Telamon의 이름도 여기서 나왔다. 그러나 탈란테우에인talanteuein은 '돈의 무게를 재다'는 뜻으로, 아마도 그의 재물을 지칭하는 것일 터이다. 탈란테우에스타이talanteuesthai는 '이쪽에서 저쪽으로 휘청하다'를 뜻할 수 있는데, 이는 신성한 왕이 절뚝거리며 걷는 모습이다(23. 1 참고). 종합하면, 탄탈로스는 태양신 티탄이면서도 동시에 삼림지대의 왕이고, 이에 대한 숭배는 기원전 두 번째 천년기 중반에 소아시아에서 크레테를 거쳐 그리스로 전해졌다 할 것이다. 참고로, 판다레오스도 크레테 사람으로 그려진다. 그리고 기원전 두 번째 천년기가 끝날 무렵, 힛타이트 제국의 붕괴로 소아시아의 부유한 그리스어 사용 주민들이 자기 도시를 버리고 떠나야 할 때 다시 한번 그리스로 수입됐다.

5. 신화학자들이 탄탈로스가 올륌포스를 자주 찾는 손님이었다고 기록했다. 이는 그에 대한 숭배가 한때 펠로폰네소스 반도에서 지배적이었음을 신화학자들도 인정한 것이다. 비록 신들이 탄탈로스를 초대한 잔치와, 반대로 그가 신들을 초대한 잔치가 조심스럽게 구별돼 있지만, 어느 쪽이든 주요 요리는, 떡갈나무를 숭배하는 식인 풍습의 아르카디아 양치기들이 '늑대 같은 제우스'에게 대접했던 것과 똑같은 내장 스프였을 것이다(38. b 참

고). 노르망디에서 '그린 조지'의 제물을 '녹색 늑대'라고 부르는 것은 우연의 일치는 아닐 것이다. 제물은 예전에 한여름 모닥불에 산 채로 던져졌다. 하지만 펠롭스를 먹는 게 곧장 늑대 숭배로 연결되지는 않는다. 펠롭스가 포세이돈의 귀염둥이로 사랑을 받았고, 그의 이름이 '진흙 묻은 얼굴'을 뜻하며, 상아 어깨의 전설까지 있다는 점을 종합적으로 고려하면, 펠롭스는 코린토스 지협의 참돌고래porpoise 숭배 쪽과 연결된다(8. 3과 70. 5 참고). 참고로, 그리스에서 '돌고래'는 참돌고래도 포함한다. 그리고 이런 여러 정황은 펠롭스의 뼈로 만들었다는 팔라디온Palladium(159. 3과 166. h 참고)이 사실 숭배 대상물로 삼은 참돌고래 상아였음을 암시한다. 이렇게 본다면, 핀다로스의 「올륌피아 제전 송가」 1. 37에 대한 고전 주석자의 언급이 설명된다. 고전 주석자는 데메테르가 아니라 바다의 여신 테티스가 펠롭스의 어깨를 먹었다고 전했던 것이다. [아르카디아 남서쪽 끝] 피갈리아Phigalia에 있는 오래된 '암말 머리의 데메테르' 좌상은, 한 손에는 비둘기를, 다른 손에는 돌고래(또는 참돌고래)를 들고 있다. 파우사니아스는 대놓고 말했다. "조각상이 그렇게 만들어진 이유는 신화를 연구한 사람이라면 보통의 지능만 있어도 명백하게 알 수 있다."(8. 43. 3) 그는 데메테르가 말 숭배, 떡갈나무 숭배, 그리고 참돌고래 숭배를 모두 주재했다고 말하고 있는 것이다.

6. 이 고대 신화는 후대의 신화학자들을 난처하게 만들었다. 데메테르가 의도적으로 사람 고기를 먹은 것은 아니며, 다른 모든 신이 분개해 한 조각도 먹지 않았다는 설명으로는 만족하지 못했다. 그래서 지나치게 합리적인 신화 설명을 발명해 냈다. 신화학자들은 탄탈로스가 사제였는데 비입문자들에게 제우스의 비밀을 누설했다고 묘사했다. 이에 따라 신들은 그의 사제직을 박탈하고, 그의 아들이 혐오스러운 병에 걸리게 했다. 외과의사가 병든 부분을 잘라내고 뼈를 이식해 그를 살려냈지만, 흉터가 남아 난도질

뒤 다시 붙인 것처럼 보였다는 설명이다(체체스:『뤼코프론에 관하여』152).

7. 판다레오스가 황금 매스티프mastiff를 훔친 것은 헤라클레스가 케르베로스를 훔친 것의 후속편으로 읽어야 한다. 이는 아카이아족이 개로 상징된 죽음의 저주에 도전했다는 것을 암시하다. 이런 도전은 숭배 대상물을 빼앗아 오는 방식으로 이뤄졌는데, 이 물건은 (탄탈로스의 할머니인) 대지의 여신인 레아에게 신성하며 그 소유자에게 통치권을 부여했다. 올림포스의 여신들이 판다레오스의 절도 행각을 사주했음이 분명하다. 그 개는 레아의 소유물임에도 매년 죽었다가 다시 태어나는 '크레테의 제우스'의 성소를 지켰다. 따라서 이 신화는 원래 아카이아족이 레아의 전당을 침범했던 일이 아니라 여신의 추종자들이 숭배 대상물을 일시적으로 되찾아 왔던 일을 다루고 있다.

8. 훔친 숭배 대상물이 무엇인지는 불확실하다. 펠롭스 왕조의 통치를 상징하는 황금 새끼 양일 수도 있고, 제우스가 헤라한테서 훔친 것으로 알려진 끝에 뻐꾸기가 있는 홀일지도 모른다. 참돌고래 상아의 팔라디온이나 비밀스러운 내용물이 들어 있는 아이기스 주머니일 수도 있다. 다만 황금 개는 아니었을 것이다. 황금 개는 숭배 대상물이 아니라 이를 지키는 수호자였다. 혹시 이 신화가 웨일스의 '아마타온 압 돈Amathaon ap Don' 신화의 변형이라면 그럴 수 있다. 그는 안눔Annwm('타르타로스')의 아론Arawn('웅변') 왕에게서 개를 훔쳐내, 브란 신의 비밀 이름을 알아낼 수 있었다(『하얀 여신』 30쪽과 48-53쪽).

9. 판다레오스의 세 딸은 '세 모습 여신'이며, 여기서는 여신의 추종자들이 반란을 일으키자 제우스가 여신에게 굴욕감을 준 것이다. 세 딸 가운데 하나인 카메이로Cameiro는 로도스 섬의 세 운명의 여신 가운데 막내와 이름이 같다(60. 2 참고). 탄탈로스가 얼마나 이 여신에게 충실했는지는 아들과

딸의 이야기 속에 나온다. 아들 브로테아스는 시퓔로스 산에 여신의 조각상을 깎았고, 딸 니오베Niobe는 하얀 여신의 여사제로서 올륌포스 신들에게 도전했다. 그녀의 새는 탄탈리스 호수의 하얀 백조-독수리였다. 탄탈로스의 어머니 이름인 옴팔레Omphale는 델포이의 그것과 같이 예언을 주는 배꼽의 전당을 암시한다.

10. 매년 파르마코스를 선택할 때는 아주 못생긴 사람을 고르는데, 이런 사정이 브로테아스 이야기에 영향을 끼쳤다. 소아시아에서는 처음에 파르마코스의 생식기를 해총squill(26. 3 참고)으로 뤼디아 아울로스 소리에 맞춰 매질했다는 기록이 있다. 참고로, 탄탈로스(파우사니아스: 9. 5. 4)와 그의 아버지 트몰로스Tmolus(오비디우스: 『변신 이야기』 2. 156)는 양쪽 모두 전설에서 뤼디아 아울로스와 연관이 있다. 파르마코스는 그다음에 산에서 해온 장작더미 위에서 불에 태웠고, 나중에 그 재는 바다에 뿌렸다(체체스: 『역사』 23. 726-756, 히포낙스Hipponax를 인용하며, 기원전 6세기). 유럽에서는 순서가 반대였던 것 같다. '그린 조지'라는 파르마코스는 처음에 물속에 쑥 집어넣고, 다음으로 매질하고, 마지막에 불태웠다.

109
펠롭스와 오이노마오스

펠롭스는 아버지 탄탈로스에게서 파플라고니아의 왕위를 물려받았다. 그는 한동안 흑해 연안에 있는 에네테에 살면서 뤼디아와 프뤼기아도 통치했다. 그러나 그는 조만간 야만인들에 의해 파플라고니아에서 쫓겨나 조상들이 살던 뤼디아의 시퓔로스 산으로 물러났다. 트로이아의 왕 일로스가 거기서도 그를 그냥 내버려 두지 않고 떠나라고 명하자, 펠롭스는 엄청난 재물을 챙겨 에게 해를[1] 건넜다. 그는 자신과 자기를 따르는 거대한 무리를 위해 새로운 거처를 찾겠다고 결심했다.[1] 그러나 그에 앞서 힙포다메이아에게 구혼했다. 그녀는 피사와 엘리스를 다스리는 아르카디아의 오이노마오스 왕의 딸이다.[2]

b. 어떤 이는 오이노마오스를 두고 아레스가 강의 신 아소포스의 딸 하르피나와 함께해 낳은 아들이라고 전한다. 하르피나가 아니라 플레이아데스의 하나인 아스테리에 또는 아스테로페 또는 다나오스의 딸 에우뤼토에일 수도 있다. 다른 이들은 그가 알크시온, 또는 휘페로코스의 아들이라고 한다.[3]

---

1) 원래, 아이가이온 해인데, 굳어진 표기는 그대로 쓴다. 쉬리아 → 시리아도 마찬가지다.

c. 오이노마오스는 아내로 스테로페 또는 아크리시오스의 딸 에우아레테를 얻어, 레우킵포스, 힙포다모스, 뒤스폰티온의 건설자인 뒤스폰테우스를 자식으로 두었다. 그리고 딸을 하나 두었는데, 그녀가 바로 힙포다메이아이다.[4] 오이노마오스는 말을 유난히 아끼는 것으로 유명했다. 그래서 백성들에게 암말을 당나귀와 짝 지으면 저주를 내리겠다고 위협하면서 금지했다. 오늘날까지도 엘리스 사람들은 노새가 필요하면 암말을 나라 밖으로 끌고 나가 짝짓기를 해야 한다.[5]

d. 사위한테 살해당할 것이라는 신탁을 받았기 때문인지, 아니면 자신이 힙포다메이아와 사랑에 빠졌기 때문인지는 논쟁거리지만, 오이노마오스는 딸의 결혼을 막는 새로운 방법을 고안해 냈다. 그는 구혼자들에게 차례로 자신과 전차 경주를 하도록 명했다. 긴 경주로도 만들었는데, 이는 피사에서 출발해 올림피아 건너편의 알페이오스 강을 따라 이어지고, 코린토스 지협의 포세이돈 제단에서 끝났다. 어떤 이는 말 네 마리가 전차를 끌었다고 하고,[6] 다른 이들은 두 마리가 끌었다고 한다. 오이노마오스는 매번 구혼자가 말에 집중하지 못하게 힙포다메이아가 구혼자 옆자리에 타야 한다고 고집했다. 대신 반 시간 정도 일찍 출발하게 해주었고, 그동안 그는 올림피아에서 '전쟁을 좋아하는 제우스'의 제단에 숫양을 제물로 바쳤다. 전차는 코린토스 지협을 향해 달렸는데, 구혼자가 따라잡힐 경우 죽음을 피할수 없었다. 반대로, 경주에서 이기면 힙포다메이아는 그의 차지가 될 것이고 오이노마오스가 죽어야 했다.[7] 그런데 오이노마오스는 자기 아버지 아레스가 준, 바람이 낳은 암말 프쉴라와 하르핀나를 가지고 있었다. 이놈들은 북풍의 신보다 더 빨리 달려, 그리스 안에서는 적수가 없었다.[8] 더구나 그의 전차는 재주 좋은 뮈르틸로스가 몰았으며, 특별히 경주에 맞춰 제작된 것이라 한 번도 경주에서 상대를 따라잡지 못한 적이 없었고, 그때마다

또 다른 아레스의 선물인 창으로 상대를 꿰었다.[9]

e. 이런 방식으로 오이노마오스는 왕자 열두 명을 처리했다. 어떤 이는 열셋이라고 한다. 그는 죽은 왕자의 머리와 팔다리를 궁전의 대문 위에 못으로 박아 두었다. 그들의 몸통은 야만스럽게 땅바닥에 아무렇게나 쌓아두었다. 첫 번째 구혼자인 마르막스를 죽일 때는 그의 암말 파르테니아와 에리파까지 도살해 파르테니아 강가에 묻었는데, 지금도 말 무덤이 남아있다. 어떤 이는 두 번째 구혼자 알카투스의 경우 올림피아의 전차경기장 안에 '말 겁주는 사람' 부근에 묻었으며, 전차몰이꾼들을 겁주는 게 바로 그의 원한 맺힌 혼령이라고 전한다.[10]

f. 오이노마오스의 전차몰이꾼 뮈르틸로스는 헤르메스가 테오불레 또는 클레오불레와 함께해 낳은 아들이다. 다나이데스 파이투사가 어머니일 수도 있다. 하지만 다른 이들은 그가 제우스와 클뤼메네의 아들이라고 한다. 그도 역시 힙포다메이아와 사랑에 빠졌지만, 감히 경쟁에 뛰어들지 못했다.[11] 그러는 동안, 올림포스 신들은 이제는 학살을 끝내기로 결정했다. 오이노마오스가 언젠가 해골로 신전을 짓겠다고 떠벌리며 자랑했기 때문이다. 에우에노스, 디오메데스, 안타이오스가 예전에 그렇게 한 적이 있었다.[12] 이에 펠롭스가 엘리스에 상륙해 해안가에서 제물을 바치면서 자신의 애인 포세이돈을 부르며 간청했다. 힙포다메이아에게 구혼할 수 있게 자기에게 세상에서 가장 빠른 전차를 주거나, 오이노마오스의 놋쇠 창이 날아오는 걸 멈추게 해달라고 빌었다. 포세이돈은 도와줄 수 있어 기뻤다. 펠롭스는 곧장 날개 달린 황금 전차를 받았다. 이 전차는 바다 위도 차축을 적시지 않고 달릴 수 있었고, 날개 달린 불사의 말들이 끌었다.[13]

g. 펠롭스는 시퓔로스 산을 찾아가 '[소아시아 아이올리스의 도시 또는 마을] 템노스의 아프로디테'에게 푸른 도금양 나무로 만든 조각상을 바친 다음,

그는 전차를 시험해 보려 에게 해 너머로 몰았다. 주위를 둘러볼 시간도 제대로 갖기 전에 그는 레스보스 섬에 도착했다. 거기서 전차몰이꾼 킬로스(또는 켈라스 혹은 킬라스)가 죽었다. 전차가 너무 빨랐기 때문이다. 펠롭스는 그날 밤 레스보스에서 묵었는데, 꿈에 킬로스의 혼령이 나타나 제 운명을 한탄하며 영웅의 영예를 받게 해 달라 간청했다. 새벽 동이 트자, 그는 킬로스의 주검을 불태우고 그 위에 무덤을 쌓았으며, 부근에 '킬로스의 아폴론'의 성소를 지었다. 그곳을 떠날 때는 펠롭스 자신이 전차를 몰았다.[14]

h. 피사에 도착하자마자, 펠롭스는 궁전의 대문 위로 줄지어 못 박혀 있는 머리를 보고 놀라지 않을 수 없었다. 여기까지 찾아온 게 후회될 정도였다. 이에 그는 뮈르틸로스에게 약속했다. 만약 그가 주인을 배신한다면 왕국의 절반과 함께, 힙포다메이아와 첫날밤을 보낼 특권도 주겠다고 했다.[15]

i. 경주를 시작하기 전에, 이 장면은 올림피아에 있는 제우스 신전의 박공 정면에 조각돼 있는데, 펠롭스는 '퀴도니아의 아테나'[엘리스의 언덕에 있는 아테나 여신의 신전 이름, 퀴도니아는 크레테의 지명]에게 제물을 바쳤다. 어떤 이는 킬로스의 혼령이 나타나 그를 도왔다고 전하며, 다른 이들은 스파이로스가 그의 전차몰이꾼이었다고 한다. 그러나 보통은 펠롭스가 직접 말들을 몰고, 힙포다메이아가 그 옆에 서 있는 모습이라 믿는다.[16]

j. 그러는 동안, 힙포다메이아는 펠롭스와 사랑에 빠졌다. 그래서 그를 말리기는커녕, 그녀 자신이 나서 아버지의 전차를 무슨 수단을 써서라도 늦춰 주면 따로 보상하겠다고 뮈르틸로스에게 제안했다. 이에 뮈르틸로스는 오이노마오스의 전차의 차축에서 바퀴를 고정하는 쐐기를 뽑아내고 그 자리에 밀랍으로 만든 것을 끼워 넣었다. 전차가 코린토스 지협의 좁은 길목에 이르고, 맹렬히 쫓아오던 오이노마오스가 창을 꺼내 펠롭스의 등을 꿰뚫으려는 순간, 전차 바퀴가 날아가 버렸다. 그는 전차 잔해에 뒤엉켜 끌려

다니다 죽었다. 그의 혼령은 아직도 올림피아에 있는 '말 겁주는 사람' 조각상 주변을 떠돌고 있다.[17] 그러나 일각에서는, 포세이돈의 날개 달린 전차와 말이 워낙 빨라 펠롭스는 쉽게 오이노마오스를 멀리 따돌리고 먼저 코린토스 지협에 도착했다고 전한다. 이에 오이노마오스는 절망 속에 자살했다. 또는 펠롭스가 결승점에서 그를 죽였다. 다른 이들은 경주가 올림피아의 경기장에서 벌어졌고, 펠롭스는 암피온이 준 마법의 물건을 '말 겁주는 사람' 부근에 묻었다고 한다. 이에 오이노마오스의 말들이 날뛰었고, 그의 전차를 박살냈다. 그러나 오이노마오스가 죽기 직전에 뮈르틸로스에게 저주를 내려, 그가 펠롭스의 손에 죽게 해달라 기도했다는 데는 모두의 얘기가 일치한다.[18]

k. 펠롭스와 힙포다메이아, 그리고 뮈르틸로스는 함께 전차를 타고 저녁에 출발해 바다를 건넜다. 힙포다메이아가 말했다. "아아! 종일 아무것도 마시지 못했어요. 갈증으로 입이 바짝 말랐어요." 해가 지고 있었고, 펠롭스는 헬레네라는 무인도에서 전차를 멈추게 했다. 에우보이아 섬에서 그리 멀지 않은 곳이었다. 펠롭스는 물을 찾아 섬으로 들어갔다. 그가 투구에 물을 담아 돌아올 때, 힙포다메이아가 뛰어와 뮈르틸로스가 자기를 범하려 했다고 울며 말했다. 펠롭스는 뮈르틸로스의 얼굴을 때리면서 엄하게 꾸짖었다. 그러나 그는 분개해 항의했다. "첫날밤은 내가 힙포다메이아와 즐길 것이라고 당신이 맹세하지 않았느냐. 지금이 그 첫날밤이다! 정녕 맹세를 깨겠다는 것인가?" 펠롭스는 아무 대답을 못했다. 그리고 뮈르틸로스에게서 고삐를 빼앗아 전차를 몰았다.[19] 그들이 게라이스토스 곶에 접근할 때였다. 이는 에우보이아 섬의 남쪽 끝에 바다 쪽으로 튀어나온 땅인데, 지금은 그 위에 훌륭한 포세이돈 신전이 자리 잡고 있다. 거기서 펠롭스는 갑자기 뮈르틸로스를 걷어찼다. 전차몰이꾼은 전차에서 떨어져 곤두박이로 바

다로 떨어졌다. 뮈르틸로스는 바다에 가라앉으면서 펠롭스와 그의 가문 전체에 저주를 내렸다.[20]

l. 헤르메스는 뮈르틸로스의 모습을 별들 사이에 그려 넣어 마부자리가 됐다. 그의 주검은 에우보이아 섬 해안으로 떠밀려 왔고, 아르카디아의 페네이오스에 있는 헤르메스 신전 뒤편에 묻혔다. 그는 매년 여기에서 밤에 영웅의 제물을 받는다. 에우보이아에서 헬레네 섬을 지나 에게 해까지 이어진 뮈르토아 해는 뮈르틸로스에게서 그 이름이 왔다고 사람들은 보통 생각한다. 에우보이아 쪽에서만 님프 뮈르토에서 왔다고 주장한다.[21]

m. 펠롭스는 계속 달려 오케아노스의 서쪽 해류에 이르렀다. 거기서 그는 헤파이스토스의 도움을 받아 죄의 피를 씻고, 피사로 돌아와 오이노마오스의 왕위를 이었다. 그는 당시 아피아 또는 펠라스기오티스라 불렸던 지역 거의 전부를 금방 복속해, 자기 이름을 따라 '펠롭스의 섬'이란 뜻으로 펠로폰네소스라고 새로 이름을 붙였다. 그는 용기와 지혜, 재물, 많은 자식으로 그리스 전역의 질투와 존경을 한꺼번에 받았다.[22]

n. 펠롭스는 에페이오스 왕에게서 올륌피아를 가져와 자신의 피사 왕국의 일부로 삼았다. 아르카디아의 스튐팔로스 왕은 군사력으로 제압할 수 없었는데, 펠롭스는 그를 우호 회담을 열자고 초대해 죽인 다음 주검을 조각내 팔다리를 멀리 여러 곳에 내버렸다. 이런 범죄로 그리스 전역에 기근이 찾아왔지만, 그는 그 어느 때보다 성대하게 제우스를 기려 올륌피아 제전을 열었다. 이는 엔뒤미온이 제전을 열었을 때로부터 한 세대 이후 벌어진 일이다.

o. 뮈르틸로스 살해를 속죄하고자 펠롭스는 펠로폰네소스에 처음으로 헤르메스 신전을 지었다. 그가 헤르메스의 아들이기 때문이다. 그는 또 올륌피아 경기장에 그의 기념비를 짓고 그에게 영웅 의식을 베풀어 뮈르틸로

스의 영혼을 달래려 했다. 어떤 이는 오이노마오스, 또는 원한에 찬 알카투스, 또는 펠롭스가 파묻었다는 마법의 물건이 진짜 '말 겁주는 사람'은 아니라고 전한다. 진짜는 뮈르틸로스의 혼령이라고 한다.[23]

p. 힙포다메이아에게 구혼했다가 죽은 이들의 무덤은 알페이오스 강의 저쪽 끝에 있었는데, 펠롭스는 무덤을 다시 높이 세우고 그들에게도 영웅 의식을 베풀었다. 그리고 약 1펄롱[200미터] 떨어진 곳에, '코르닥스의 아르테미스Artemis Cordax'의 성역을 만들었다. 펠롭스의 추종자들이 여기서 '밧줄 춤'을 추면서 그의 승리를 기렸기 때문에 이렇게 불렀다. 이 춤은 뤼디아에서 전해진 것이다.[24]

q. 펠롭스의 성소는 그의 손자인 '티륀스의 헤라클레스'가 올륌피아 제전을 거행할 때 바친 것이다. 그곳엔 그의 뼈가 놋쇠 상자에 담겨 보관돼 있다. 그리고 엘리스의 행정 장관은 지금도 펠롭스에게 매년 검은 숫양을 구워 제물로 바친다. 제물은 하얀 포플러 나무로 피운 불로 구웠다. 의식에 참가하는 사람은 목욕을 해야만 제우스 신전에 들어갈 수 있었다. 제물의 목 부위는 전통적으로 그의 삼림 관리자의 몫이었다. 펠롭스의 성소는 매년 방문객으로 붐볐으며, 젊은 남자들은 펠롭스의 제단에서 스스로 매질하면서 자기의 피를 제주로 삼아 펠롭스에게 바쳤다. 그의 전차는 플리아시아에 있는 아낙토리온의 갑岬 꼭대기에 남아 있다. 그의 황금 손잡이 칼은 올륌피아의 보물 창고에, 창 모양의 홀은 카이로네이아에, 시퀴온 사람들이 각각 보관하고 있다. 이 홀은 아마도 유일하게 현존하는 헤파이스토스의 작품일 것이다. 제우스는 이를 헤르메스를 통해 펠롭스에게 보냈고, 펠롭스는 이를 아트레우스 왕에게 물려주었다.[25]

r. 펠롭스는 '크로노스 같은 이' 또는 '말몰이꾼'으로도 일컫는다. 아카이아족은 그가 자기네 선조라고 주장한다.[26]

1] 아폴로니오스 로디오스: 『아르고 호 이야기』 2. 358과 790; 소포클레스: 『아이아스』 1292; 파우사니아스: 『그리스 여행기』 2. 22. 4와 6. 22. 1; 핀다로스: 「올림피아 제전 송가」 1. 24.

2] 베르길리우스의 『농경시』 3. 7에 대한 세르비오스; 루키아노스: 『카리데모스』 19; 아폴로도로스: 『요약집』 2. 4.

3] 디오도로스 시켈로스: 『역사총서』 4. 73; 휘기누스: 『신화집』 250; 『시적 천문학』 2. 21; 아폴로니오스 로디오스에 대한 고전 주석자: 1. 752; 파우사니아스: 5. 1. 5; 체체스: 『뤼코프론에 관하여』 149.

4] 휘기누스: 『시적 천문학』 2. 21; 『신화집』 84; 파우사니아스: 8. 20. 2와 6. 22. 2; 스타티우스의 『테바이스』 6. 336에 대한 락탄티우스; 디오도로스 시켈로스: 같은 곳.

5] 플루타르코스: 『그리스인에 관한 물음』 52; 파우사니아스: 5. 5. 2와 9. 2.

6] 아폴로도로스: 『요약집』 2. 4; 루키아노스: 『카리데모스』 19; 파우사니아스: 5. 10. 2; 5. 17. 4와 6. 21. 6; 디오도로스 시켈로스: 4. 73.

7] 아폴로도로스: 『요약집』 2. 5; 루키아노스: 같은 곳; 파우사니아스: 5. 14. 5; 디오도로스 시켈로스: 같은 곳.

8] 베르길리우스의 『농경시』 3. 7에 대한 세르비오스; 체체스: 『뤼코프론에 관하여』 166; 루키아노스: 같은 곳; 휘기누스: 『신화집』 84; 아폴로도로스: 같은 곳.

9] 파우사니아스: 8. 14. 7; 아폴로니오스 로디오스: 1. 756; 아폴로도로스: 같은 곳.

10] 아폴로도로스: 같은 곳; 핀다로스: 「올림피아 제전 송가」 1. 79 ff.; 오비디우스: 『이비스』 365; 휘기누스: 『신화집』 84; 파우사니아스: 6. 21. 6-7과 20. 8.

11] 휘기누스: 『신화집』 224; 체체스: 『뤼코프론에 관하여』 156과 162; 아폴로니오스 로디오스에 대한 고전 주석자: 1. 752; 에우리피데스의 『오레스테스』 1002에 대한 고전 주석자; 파우사니아스: 8. 14. 7.

12] 루키아노스: 『카리데모스』 19; 체체스: 『뤼코프론에 관하여』 159.

13] 핀다로스: 「올림피아 제전 송가」 1. 65 ff.와 1. 79; 아폴로도로스: 『요약집』 2. 3; 파우사니아스: 5. 17. 4.

14] 파우사니아스: 5. 13. 4와 10. 2; 테온: 「아라토스에 관하여」 21; 호메로스의 『일리아스』 1. 38에 대한 고전 주석자.

15] 휘기누스: 『신화집』 84; 호라티우스의 『서정시』 1. 1에 대한 고전 주석자; 파우사니아스: 8. 14. 7.

16] 파우사니아스: 6. 21. 5와 5. 10. 2; 호메로스의 『일리아스』에 대한 고전 주석자: 같은 곳; 아폴로니오스 로디오스: 1. 753.

17] 아폴로도로스: 『요약집』 2. 7; 체체스: 『뤼코프론에 관하여』 156; 아폴로니오스 로디오스: 1. 752 ff.; 파우사니아스: 6. 20. 8.

18] 핀다로스: 「올림피아 제전 송가」 1. 87; 루키아노스: 『카리데모스』 19; 디오도로스 시켈로스: 4. 73; 아폴로도로스: 같은 곳.

19] 아폴로도로스: 『요약집』 2. 8; 호메로스의 『일리아스』 2. 104에 대한 고전 주석자; 파우사니아스: 8. 14. 8; 휘기누스: 『신화집』 84.

20] 스트라본: 『지리학』 10. 1. 7; 소포클레스: 『엘렉트라』 508 ff.; 아폴로도로스: 같은 곳; 파우사니아스: 8. 14. 7.

21] 휘기누스: 『시적 천문학』 2. 13; 파우사니아스: 같은 곳과 8. 14. 8; 아폴로도로스: 같은 곳.

22] 아폴로도로스: 『요약집』 2. 9; 디오도로스 시켈로스: 4. 73; 투퀴디데스: 『펠로폰네소스 전쟁사』 1. 9; 플루타르코스: 『테세우스』 3.

23] 파우사니아스: 5. 1. 5; 5. 8. 1과 6. 20. 8; 아폴로도로스: 3. 12. 6.

24] 파우사니아스: 6. 21. 7과 22. 1.

25] 파우사니아스: 5. 13. 1-2; 6. 22. 1; 2. 14. 3; 6. 19. 3; 9. 14. 1; 아폴로도로스: 2. 7. 2; 핀다로스: 「올림피아 제전 송가」 1. 90 ff.; 핀다로스의 「올림피아 제전 송가」 1. 146에 대한 고전 주석자; 호메로스: 『일리아스』 2. 100 ff.

26] 핀다로스: 「올림피아 제전 송가」 3. 23; 호메로스: 『일리아스』 2. 104; 파우사니아스: 5. 25. 5.

1. 파우사니아스와 아폴로도로스는 탄탈로스가 소아시아를 떠난 적이 없다고 전했다. 다른 신화학자들은 탄탈로스와 펠롭스가 그리스의 토착 왕들이라고 언급했다. 이를 종합하면, 이들의 이름은 왕조의 호칭이었고, 소아시아로 건너간 초기 그리스 이주민들이 이 호칭을 썼을 가능성이 높다. 소아시아에 이들을 기리는 영웅 전당이 있다는 점이 이런 추측을 뒷받침한다. 그리고 기원전 13세기 아카이아족의 펠로폰네소스 침략 이전에, 이 주민들이 이들의 이름을 다시 그리스로 가져왔을 것으로 보인다. 헬레네스 왕들이 일찍이 기원전 14세기에 [아나톨리아 남부] 팜퓔리아Pamphylia와 레스보스 섬을 통치했다고 힛타이트 비문에 나온다. 펠롭스-탄탈로스 왕조가 크레테 문명을 받아들인 '오이노마오스' 왕조를 펠로폰네소스의 상왕 자리에서 몰아낸 것으로 보인다.

2. 펠라스고이족의 그리스에서 말은 태양신 전차에 대한 숭배 훨씬 이전부터 신성한 동물이었다. 이 말은 토종 유럽 조랑말로, 태양신이 아니라 달의 신에게 바쳤다(75. 3 참고). 카스피 해 너머에서 온 몸집이 큰 말은, 기원전 1850년 휙소스Hyksos 침략자들이 이집트로 들여왔다. 한 세기 뒤 크놋소스의 함락 이전에, 크레테에도 이런 품종의 말이 전해졌다. 참고로, 기원전 1500년경부터 이집트 군대의 전차는 기존의 당나귀를 대신해 말이 끌었다. 오이노마오스Oenomaus가 노새를 종교적으로 금지한 것은, 아마도 킬로스Cillus의 죽음과 관련이 있을 것이다. 즉, 그리스에서도, 로마와 마찬가지로, 태양 전차가 왕의 상징이 되면서 당나귀 숭배가 탄압을 받았다(83. 2 참고). 이와 똑같은 종교 개혁이 예루살렘에서도 일어났다(「열왕기하」 23장 11절). 다만 거기에서는 예전의 당나귀 숭배 전통이 요세푸스[2]의 시대까지 살아

---

2) 요세푸스Josephus: 1세기에 활동한 유대 역사가.

남았다(요세푸스: 『아피온에 반대하며』 2. 7과 10). 아카이아족의 신인 태양 전차의 헬리오스는 당시 다른 도시에서 섬겼던 '태양의 제우스', 태양의 포세이돈과 동일시됐다. 그러는 동안 당나귀의 위상은 뚝 떨어졌다. 제우스와 포세이돈이 왕위에서 몰아낸 크로노스의 짐승이 됐고, 판이나 실레노스, 그 밖의 다른 구식 펠라스고이족 잡신의 짐승이 됐다. 이와 별도로 태양의 아폴론도 있었다. 핀다로스가 아폴론의 당나귀 혐오를 언급한 것으로 보면, 휘페르보레오이Hyperboreans가 당나귀 100마리를 제물로 바친 대상은 '킬라스의 아폴론'이었을 것이다(핀다로스: 「퓌티아 제전 송가」 10. 30. ff.).

3. 오이노마오스는 육화한 태양신으로서 제우스를 의미한다. 이에 비슷한 이름의 플레이아데스 자매보다, 천상Heaven을 다스리는 아스테리에Asterië의 아들이라 한 것이다(88. 1 참고). 그리고 힙포다메이아 여왕은, 그녀와 결혼함으로써 왕의 자리에 오르는 것이므로, 육화한 달의 여신으로서 헤라를 의미한다. 펠로폰네소스에서는 보수적인 농사꾼들의 마음을 얻기 위해 여전히 모계 승계가 지속되고 있었다. 또한 왕의 통치 기간은 마지막 달에 태양력과 태음력이 일치하는 100개월의 '위대한 한 해'를 넘지 않았다. 왕은 통치 기간이 끝나면 말에 의해 죽임을 당할 운명이었다. 피사에서는 매년 한여름에 제우스의 대리인이 그의 후계자에 의해 살해됐다(53. 5 참고). 이런 오래된 의식이 느슨해지면서, 오이노마오스는 7년 동안 연속으로 한겨울에 가짜 죽음의 의식을 치렀다. 그때마다 대리인을 임명해 24시간 동안 자신의 자리를 앉고 여왕의 곁에서 태양 전차를 타도록 했다. 이날이 끝나면, 대리인은 전차 충돌로 죽임을 당했으며, 왕은 그동안 숨어 있던 무덤에서 걸어 나와 자신의 통치를 새로 시작했다(41. 1과 123. 4 참고). 이는 오이노마오스와 구혼자 신화가 무엇을 의미하는지 보여 준다. 에우에노스Evenus 신화도 이런 신화의 한 변형일 뿐이다(74. e 참고). 신화학자들은 "열둘 또는 열

세" 구혼자를 언급할 때 오해한 것이 분명하다. 이 숫자는 대리인들이 아니라 그만큼의 태음월을 제대로 지칭한 것이다. 태양년의 1년은 태음월로 번갈아 12개월과 13개월이다. 올림피아의 전차 경주에서 경기장을 열두 바퀴 도는 것도 달의 여신을 기리기 위해서였다. 펠롭스는 일종의 운이 좋은 여덟 번째 왕자로(81. 8 참고) 전차 충돌을 모면하고 자신의 홀로 쓰는 창sceptre-spear으로 오래된 왕을 해치울 수 있었다.

4. 이런 전차 충돌은 매년 전차 경기장에서 펼쳐졌다. 글라우코스 신화와 같이 전차를 끄는 말들에게 약을 먹여 미친 상태였을지 모르지만(71. a 참고), 아무튼 대리인은 아무 사고 없이 직선 구간에서 똑바로 말을 몰 수 있었다. 그러나 하얀 대리석 조각상을 돌아가는 곡선 구간에 이르러, 고정 쐐기가 없던 탓에 바깥쪽 바퀴가 날아가면서 전차가 부서졌고, 대리인은 말에 끌려 다니다가 죽음에 이르렀다. 곡선 구간에 서 있는 조각상을 '말 겁주는 사람' 또는 마르마라낙스Marmaranax('대리석 왕')라 불렀다. 도금양은 죽음의 나무로서 열세 번째 달을 의미하며, 이 달이 끝날 때 전차 충돌이 벌어졌다(101. 1 참고). 그래서 뮈르틸로스Myrtilus가 쇠로 된 고정 쐐기를 빼고 밀랍으로 만든 것을 끼워 넣었으며, 펠롭스의 가문에 저주도 내렸다고 한 것이다. 참고로, 태양 왕의 대리인인 [하늘을 나는] 이카로스도 밀랍이 녹아 죽음에 이르렀다.

5. 신화의 후반부에서, 뮈르틸로스는 대리인과 혼동을 일으킨다. 대리인은 섭정으로서 그의 통치 기간인 단 하루 동안 여왕의 곁에서 태양 전차를 타고, 밤에는 여왕과 동침할 수 있었다. 그리고 다음 날 새벽, 그는 이전 왕에게 죽임을 당했다. 이전 왕은 이제 비유적 의미에서 태양 전차를 타고 서쪽 끝까지 달려가 거기에서 큰 바다 해류로 정화를 받았다. 뮈르틸로스가 전차에서 바다로 떨어졌다는 대목은 여러 신화가 중첩된 것이다. 이스트미

아 제전이 열렸던 전차 경주장 동쪽으로 몇 킬로미터 가면(71. b 참고), 대리인인 '멜리케르테스Melicertes'가 던져졌던 절벽이 있다(96. 3 참고). 사실, 이스트미아 제전은 그를 기려 시작됐다. 그런데 이와 똑같은 의식이 아마도 뮈르틸로스가 죽은 게라이스토스Geraestus에서도 거행됐을 것이다. '말 접주는 사람'은 테바이와 이올코스에도 있었다고 한다. 이는 거기서도 전차 경기장에서 전차 충돌이 있었음을 암시한다. 태양의 제우스에게 신성한 올륌피아의 전차 경주장과, 태양의 포세이돈에게 신성한 이스트미아의 전차 경주장은, 양쪽 모두 펠롭스 전설과 관련이 있다. 이에, 신화학자들은 펠롭스의 경주가 이들 두 나라의 경계를 넘는 방식으로 진행됐다고 묘사한 것이다. 레스보스 섬이 여기에 등장한 것은 아마도 '오이노마오스'가 레스보스의 왕조 호칭이었기 때문일 것이다.

6. 암피온이 테바이 사람임에도 여기에 등장한 것은, 그가 코린토스 지협의 시퀴온 토박이였기 때문일 것이다(76. a 참고). '뮈르토Myrto'는 파괴자 모습의 바다 여신의 호칭이었을 것이다. 첫 음절은 뮈르테아Myrtea('바다 여신')에서처럼 '바다'를 뜻한다. 뮈르토의 긴 형태인 뮈르토잇사Myrtoessa는 아프로디테의 호칭 가운데 하나이다. 이에 뮈르틸로스Myrtilus는 원래 뮈르-튈로스myr-tylos로서 '바다의 남근'을 뜻했을 것이다.

7. 펠롭스는 자기가 탄탈로스에게 당했다고 전해진 것처럼, 스튐팔로스를 여러 조각으로 잘랐다. 사실, 이는 왕을 제물로 바치는 아주 오래 된 방식이다. 아르카디아 쪽에서 제대로 전해 들은 것이다. 펠롭스 가문은 태양 전차 숭배 이외에도 여러 종류의 지역 숭배를 실제로 후원했던 것으로 보인다. 이를테면 아르카디아 양치기의 떡갈나무와 숫양 숭배를 후원했고, 이는 펠롭스와 탄탈로스가 연결되고 올륌피아에서 검은 숫양을 제물로 바쳤다는 대목에서 입증된다. 그리고 크레테와 트로이아, 팔레스타인의 자고새

숭배를 후원했는데, 이는 코르닥스cordax 춤으로 입증된다. 티탄 신족 숭배에 대한 후원은, 펠롭스의 호칭이 '크로노스 같은 이Cronian One'였다는 점으로 입증된다. 참돌고래 숭배도 그렇다(108. 5 참고). 당나귀 신에 대한 숭배쪽은 킬로스Cillus의 혼령이 경주에서 그를 도왔다는 대목에서 드러난다.

8. 마르막스Marmax의 암말들을 도살했다는 대목은, 암말을 제물로 바쳤던 오이노마오스의 즉위식을 의미할 수 있다(81. 4 참고). 펠롭스가 제물을 바쳤던 '죽음의 여신 아테나'의 손에는 '퀴도니아의 사과', 즉 모과가 들려 있었을 터이다. 이는 '엘뤼시온 평원'으로 들어가는 안전 통행증이다(32. 1; 53. 5와 133. 4 참고). 올림피아에서 열린 그의 영웅 의식에서 불을 피우는 데 사용된 하얀 포플러는, 그가 여러 조각으로 잘린 뒤에도 환생할 것이라는 희망을 상징한다(31. 5와 134. f 참고). 엘뤼시온에 간 사람들은 새로 태어나는 특혜를 받기 때문이다(31. c 참고). 올림피아의 펠롭스 제단에서 피 흘렸다는 대목은, 스파르테 젊은이들이 '꼿꼿한 아르테미스Upright Artemis'의 조각상에 묶인 채 매질을 당했다는 이야기와 아주 유사하다(116. 4 참고). 사실, 펠롭스는 제물이었고, 여신 힙포다메이아를 기려 고통을 받았다(110. 3 참고).

110
펠롭스의 자식들

힙포다메이아는 헤라 여신이 펠롭스와 결혼하게 도와준 것에 감사해, 엘리스의 모든 도시에서 한 사람씩 열여섯 부인을 불러 자신의 '헤라이아 제전' 창설을 돕게 했다. 그때부터 이들을 계승한 '열여섯 부인'이 4년마다 헤라를 위해 예복을 짓고 제전도 진행했다. 경기 종목은 나이가 서로 다른 처녀들의 달리기 경주 하나뿐이었다. 참가자들은 나이에 따라 출발점이 다른데, 제일 어린 이가 맨 앞에 섰다. 이들은 무릎길이보다 짧은 튜닉을 입고, 오른쪽 가슴을 드러낸 채, 머리카락을 자유롭게 풀고 달렸다. 니오베의 유일하게 살아남은 딸 클로리스는 이 경기의 첫 번째 우승자였고, 경주 코스는 올림피아 경주의 6분의 5에 맞춰져 있다. 우승자는 올리브 화관과 헤라에게 제물로 바쳐진 암소의 일부를 상으로 받았으며, 자기 이름으로 자신의 조각상을 바칠 수 있다.[1]

b. '열여섯 부인'은 한때 피사와 엘리스 사람들 사이에서 평화 중재자로 활약했다. 이제 이들은 두 무리로 나눠 춤을 추는데, 한쪽은 힙포다메이아를 기리며, 다른 쪽은 엘리스 사람 퓌스코아를 기린다. 퓌스코아는 디오뉘소스와 함께해 유명한 전사 나르카이오스를 낳았다. 나르카이오스는 '아테

나 나르카이아'의 성역을 설치했으며, 디오뉘소스를 숭배한 첫 번째 엘리스 사람이다. 열여섯 도시 가운데 일부는 중간에 없어져, 열여섯 부인은 이제 여덟 엘리스 부족이 두 사람씩 보내온다. 심판과 마찬가지로, 이들은 경기 시작 전에 알맞은 돼지의 피와 '피에리아 샘'에서 끌어온 물로 스스로를 정화한다. 이 샘은 올륌피아와 엘리스 사이에 난 길을 따라 흘러간다.[2]

c. 다음은 모두 펠롭스와 힙포다메이아의 자식이라 일컬어진다. 트로이젠의 핏테우스, 아트레우스와 튀에스테스, 오이노마오스한테 죽임을 당한 이와 이름이 같은 알카토오스, 아르고 호 원정대의 힙팔코스(또는 힙팔크모스 또는 힙팔키모스), 전령 코프레우스, 노상강도 스키론 등이 이렇게 꼽힌다. 가끔 아폴론의 자식이라고 하지만, 아르고스의 에피다우로스를 꼽기도 한다.[3] 플레이스테네스, 디아스, 퀴보수로스, 코린티오스, 힙파소스, 클레온, 아르게이오스, 아일리노스도 이들의 자식이라 한다. 어떤 이는 암피트뤼온의 어머니라고 하는 아스튀다메이아, 어떤 이는 알크메네의 어머니라고 하는 에우뤼디케, 그리고 니킵페, 안티비아도 이들의 자식이라 한다. 뤼시디케도 꼽히는데, 그녀의 딸 힙포토에는 포세이돈에게 납치돼 에키나데스 섬들로 끌려가 거기서 타피오스를 낳았다.[4] 그리고 마지막으로 에우뤼스테우스와 알퀴오네를 낳은 아르킵페가 여기에 포함된다.[5]

d. 메가라인들은 미노스가 자기 도시를 점령했던 기억을 지우고자 이런 이야기를 내놓았다. 니소스 왕은 사위 메가레우스에게 평화롭게 자리를 물려주었으며, 메가레우스도 자기 차례가 되자 사위인 펠롭스의 아들 알카토오스에게 자리를 물려주었다는 것이다. 그러면서 메가라인들은 메가레우스에게 두 아들이 있었다고 전했다. 첫째 아들 티말코스는 디오스쿠로이의 앗티케 침략 당시 아피드나이에서 죽임을 당했으며, 둘째 아들 에우입포스는 키타이론의 사자한테 죽임을 당했다고 한다. 메가레우스는 누구든 에우

입포스의 원수를 갚는 사람에게 딸 에우아이크메와 왕위를 주겠다고 약속했다. 알카토오스는 곧장 사자를 죽였고, 메가라의 왕이 됐다. 그는 거기에 '사냥꾼 아폴론'과 '여자 사냥꾼 아르테미스'의 신전을 지었다. 그러나 진실은 이와 다르다. 알카토오스는 니소스 왕이 죽고 도시가 약탈당한 직후 곧바로 엘리스에서 메가라로 넘어갔다. 메가레우스는 메가라를 통치한 적이 없다. 알카토오스는 '예전 건설자들'인 아폴론과 포세이돈에게 제물을 바치고, 새로운 기초 위에 성벽을 다시 쌓았다. 예전 성벽은 크레테인들이 흔적 없이 지워 버렸기 때문이다.[6]

e. 알카토오스는 이스케폴리스와 칼리폴리스를 자식으로 두었다. 이피노에도 있었는데, 그녀는 처녀로 죽었다. 메가라의 신부들은 공회당과 알카토오스의 전당 사이에 있는 그녀의 무덤에 제주를 올린다. 델로스 섬의 신부들이 자기 머리카락을 잘라 헤카이르게와 오피스에게 바치는 것과 똑같다. 알카토오스의 자식인 아우토메두사[1]는 이피클레스에게 이올라오스를 낳아 주었고, 페리보이아가 텔라몬과 결혼해 낳은 아들 아이아스가 알카토오스를 계승해 메가라의 왕이 됐다. 알카토오스의 장남 이스케폴리스는 칼뤼돈 멧돼지 사냥에서 죽었다. 칼리폴리스는 이런 슬픈 소식을 맨 처음 듣고, 알카토오스에게 달려갔다. 그는 마침 아크로폴리스에서 아폴론 신에게 제물을 구워 바치고 있었다. 아들은 애도의 표시로 제단에서 장작더미를 내팽개쳤다. 알카토오스는 무슨 일이 있었는지 모르고, 불경하다고 격노해

---

1) 그리스 신화의 등장인물 이름의 어원을 살피는 일은, 필자의 접근처럼, 신화에 새로운 의미를 던져준다. 보통 낯설고 어렵지만, 쉬운 경우도 있다. 이를테면 '아우토메두사Automedusa'는 '스스로 교활한'이며, '에우뤼메두사Eurymedusa'는 '널리 교활한 존재'이다. 두 접두사(Auto, Eury)를 떼어낸, 그 유명한 '메두사Medusa'는 '교활한'을 뜻한다. 사례 하나를 더 들면, '메돈Medon'이 있다. 이는 '통치자ruler'를 뜻하는데, 이로부터 다음 이름들이 한꺼번에 따라나온다. 알키메돈Alcimedon(힘센 통치자), 아우토메돈Automedon(독립한 통치자), 에우뤼메돈Eurymedon(널리 통치하는 자), 힙포메돈Hippomedon(말들의 주인), 이피메돈Iphimedon(힘센 통치자), 라오메돈Laomedon(백성의 통치자).

장작으로 아들을 때려죽였다.[7]

f. 이스케폴리스와 에우입포스는 법원에, 메가레우스는 메가라의 두 번째 아크로폴리스로 올라가는 길 오른쪽에 묻혔다. 알카토오스의 영웅 전당은 지금은 공공 기록보관실로, 티말코스의 전당은 공회당으로 사용하고 있다.[8]

g. 크뤼십포스도 펠롭스와 힙포다메이아의 아들로 통하지만, 사실 그는 펠롭스가 다나이데스 자매인 님프 아스튀오케한테서 얻은 혼외자이다.[9] 라이오스가 테바이에서 추방당했을 때, 그는 피사에서 펠롭스의 환대를 받았다. 그런데 그는 크뤼십포스와 사랑에 빠져, 그에게 전차 모는 기술을 가르치면서 함께 시간을 보냈다. 추방 선고가 무효가 되자마자, 라이오스는 네메아 제전에서 그를 전차로 납치해 자신의 미동으로 삼아 테바이로 데려갔다.[10] 어떤 이는 크뤼십포스가 부끄러움에 자살했다고 하고, 다른 이들은 힙포다메이아가 죽였다면서 이렇게 전한다. 당시 그녀는 펠롭스가 자기 아들들을 제쳐놓고 크뤼십포스를 후계자로 임명하는 것을 막고자 아트레우스와 튀에스테스에게 소년을 우물에 던져 죽이라고 사주했다. 이들이 이를 거부하자, 힙포다메이아는 직접 한밤중에 라이오스의 침실로 숨어들어 그가 잠들어 있는 것을 확인하고 벽에 걸린 칼을 빼들어 잠자리 친구의 배에 내리꽂았다. 처음엔 라이오스가 살인자로 몰렸지만, 크뤼십포스는 힙포다메이아가 달아날 때 얼굴을 봤기에 마지막 숨을 거두면서 그녀를 살인자로 지목했다.[11]

h. 그러는 동안, 펠롭스는 크뤼십포스를 되찾고자 테바이로 진군했는데, 라이오스가 이미 아트레우스와 튀에스테스에 의해 감옥에 갇혔다는 것을 알게 됐고, 강력한 사랑은 환대의 은혜도 저버리게 한다는 것을 인정하면서 그를 너그럽게 용서했다. 이에 어떤 이는 타뮈리스 또는 미노스가 아니

라 라이오스가 첫 번째 남색자라고 한다. 이것이 테바이가 이런 일을 비난하기는커녕, '신성한 무리'라 부르면서 소년들과 그의 연인들로만 구성된 군대를 유지하고 있는 까닭이다.[12]

i. 힙포다메이아는 아르골리스로 달아나 거기서 자살했다. 그러나 신탁의 명령에 따라 그녀의 뼈는 올림피아로 다시 왔으며, 여인들이 1년에 한 번씩 벽으로 둘러쳐진 그녀의 성소에 들어가 제물을 바친다. 전차 경기장의 곡선 구간 가운데 한 곳에 힙포다메이아의 청동상이 세워져 있으며, 그녀는 승리를 기념해 펠롭스를 장식했던 리본을 손에 들고 있다.[13]

1] 파우사니아스: 『그리스 여행기』 5. 16. 2-3.
2] 파우사니아스: 5. 16. 3-5.
3] 아폴로도로스: 『비블리오테카』 3. 12. 7; 2. 5. 1과 2. 26. 3; 『요약집』 2. 10과 1. 1; 휘기누스: 『신화집』 84와 14; 핀다로스의 「올림피아 제전 송가」 1. 144에 대한 고전 주석자.
4] 에우리피데스의 『오레스테스』 5에 대한 고전 주석자; 아폴로도로스: 2. 4. 5; 플루타르코스: 『테세우스』 6; 디오도로스 시켈로스: 『역사총서』 4. 9. 1; 호메로스의 『일리아스』 19. 119에 대한 고전 주석자.
5] 체체스: 『킬리아데스』 2. 172와 192; 투퀴디데스에 대한 고전 주석자: 1. 9; 아폴로도로스: 같은 곳.
6] 파우사니아스: 1. 43. 4; 1. 41. 4-5와 1. 42. 2.
7] 파우사니아스: 1. 42. 2와 7과 1. 43. 4; 아폴로도로스: 2. 4. 11.
8] 파우사니아스: 1. 43. 2와 4; 1. 42. 1과 3.
9] 핀다로스의 「올림피아 제전 송가」 1. 144에 대한 고전 주석자 : 휘기누스: 『신화집』 85; 플루타르코스: 『영웅전』 33.
10] 아폴로도로스: 3. 5. 5; 휘기누스: 『신화집』 85와 271; 아테나이오스: 『현자들의 식탁』 13. 79.
11] 에우리피데스의 『포이니케 여인들』 1760에 대한 고전 주석자; 플루타르코스: 『영웅전』 33; 휘기누스: 『신화집』 85; 에우리피데스의 『오레스테스』 813에 대한 고전 주석자.
12] 휘기누스: 같은 곳; 플루타르코스: 같은 곳; 아일리아노스: 『다양한 역사』 13. 5.
13] 휘기누스: 같은 곳; 파우사니아스: 6. 20. 4와 10.

＊

1. 헤라이아 제전Heraean Games은 올림피아 제전의 전날에 열렸다. 제전에선 소녀들의 달리기 경주가 열렸고, 이는 원래 헤라의 최고위 여사제의 자리를 두고 벌인 시합이었다(60. 4 참고). 여성 우승자는 평화와 다산의 상징

으로 올리브 화관을 썼는데, 신성한 암소를 먹음으로써 여신과 하나가 됐다. '열여섯 부인'은 한때 올림피아드 4년의 열여섯 계절 동안 차례로 최고위 여사제의 조수로 직무를 수행했다. 왕이 타는 전차의 바퀴는 각각 태양년을 상징하며, 불의 바퀴 또는 갈고리 십자가처럼 바큇살을 네 개 가지고 있었다. '나르카이오스Narcaeus'는 죽음의 여신 '아테나 나르카이아Athene Narcaea('마비시키는')'에서 온 역성 단어[2]임이 분명하다. 헤라이아 제전을 조직하는 부인들은 한때 인간 제물을 바쳤지만, 나중에는 돼지의 피로 여신을 달랬으며 그런 다음 흐르는 물에 몸을 씻었다. 힙포다메이아의 많은 자식은 펠롭스 왕조가 이끌었던 국가 연합의 힘을 입증한다. 이들의 이름은 모두 펠로폰네소스 또는 코린토스 지협과 관련이 있다.

2. 알카토오스Alcathous가 둘째 아들 칼리폴리스Callipolis를 아폴론의 제단에서 살해하는 대목은, 아마도 도상에서 추론한 것으로 보인다. 도상에는 그가 메가라를 다시 건립할 때 도시의 신인 멜리케르테스Melicertes 또는 몰록Moloch인 '예전 건설자'에게 자기 아들을 불에 구워 제물로 바치는 모습이 그려져 있었을 것이다. 모아브Moab의 왕도 그렇게 했다(「여호수아」 6장 26절) 게다가 그는 이전에 삼손이나 다윗과 마찬가지로 의례적 전투에서 사자를 죽였다. 코린토스 신화는 팔레스타인 쪽과 유사한 대목이 무척 많다(67. 1 참고).

3. 크뤼십포스 신화는 변질된 형태로만 살아남았다. 그가 전차를 모는 아름다운 피사 소년이며, (비록 올림포스로 끌려간 건 아니지만) 가뉘메데스Ganymedes 또는 펠롭스 자신처럼 납치를 당하고, 힙포다메이아에게 목숨을 잃었다는 이야기는 크뤼십포스가 원래는 전차 충돌로 죽는 왕의 대리인 가

---

2) 기존 단어를 파생어로 잘못 생각해 처음이나 끝부분을 바꿔 새로 만든 단어.

운데 하나였음으로 암시한다. 그러나 이 신화는 다른 여러 요소가 뒤섞여 들어갔다. 테바이의 남색을 정당화하는 대목이 들어갔고, 테바이와 피사 사이에 네메아 제전에 대한 분쟁이 있었다는 전설도 들어갔다. 힙포다메이아, 즉 '말 조련사'는 달의 여신의 호칭이었다. 피갈레이아Phigalia에 있는 그녀의 암말 머리 조각상은 펠롭스 가문의 참돌고래를 손에 쥐고 있었다. 펠롭스의 아들과 딸들 가운데 네 명이 말 이름을 갖고 있다.

111
아트레우스와 튀에스테스

어떤 이는 아트레우스가 크뤼십포스가 죽은 뒤 엘리스에서 달아나 뮈케나이에서 피난처를 얻었다고 전한다. 그는 펠롭스가 알고 있는 것보다 더 깊숙이 동생의 죽음에 연루돼 있을지 모른다. 거기서 운이 그를 따랐다. 그의 조카 에우뤼스테우스는 헤라클레스의 아들들에 맞서 출정하면서 그를 섭정으로 임명했는데, 머지않아 에우뤼스테우스가 패배해 죽었다는 소식이 전해졌다. 이에 뮈케나이의 귀족들은 아트레우스를 자신들의 왕으로 선택했다. 헤라클레이다이에 맞서 자신들을 지켜줄 전사로 생각했기 때문이다. 더구나 그는 이미 서민들의 애정도 한 몸에 받고 있었다. 이렇게 해서 펠롭스 왕가는 페르세우스 왕가보다 더 유명해졌다.[1]

b. 그러나 다른 사람들은 아래와 같이 전하는데, 이쪽이 권위가 더 높다. 에우뤼스테우스의 아버지 스테넬로스가 암피트뤼온을 추방하고 뮈케나이의 왕좌를 차지했으며, 자신의 처남인 아트레우스와 튀에스테스에게 사람을 보내, 이들이 부근의 미데아를 다스리게 했다. 몇 년 뒤 스테넬로스와 에우뤼테우스 둘 모두 죽었고, 신탁이 뮈케나이 사람들에게 펠롭스 가문의 왕자를 골라 왕으로 삼으라고 알려 주었다. 이에 이들은 (언제나 서로 다툴 운

명의 두 사람) 아트레우스와 튀에스테스를 미데아에서 불렀고, 누구를 왕으로 세울지 논쟁을 벌였다.[2]

c. 아트레우스는 언젠가 그의 양 떼 가운데 가장 좋은 놈을 아르테미스에게 제물로 바치겠다고 맹세한 적이 있었다. 헤르메스는 뮈르틸로스의 죽음에 대해 펠롭스 가문에 제대로 앙갚음을 하고 싶어, 오랜 친구인 염소 판과 상의를 했다. 이에 염소 판은 황금 양털의 뿔난 새끼 양이, 펠롭스가 아들 아트레우스와 튀에스테스에게 남긴 아카르나니아 양 떼 가운데 태어나게 했다. 그는 아트레우스가 새끼 양을 제 것이라 주장할 뿐 아니라, 아르테미스에게 돌아갈 영광을 가로챔으로써 튀에스테스와 형제 살해의 전쟁을 벌일 것이라고 미리 내다본 것이다. 어떤 이는 아르테미스가 직접 그를 시험하려 새끼 양을 보냈다고 전한다.[3] 아트레우스는 그 양의 살을 제물로 바침으로써 최소한 맹세의 일부는 지켰지만, 양털의 속을 채운 다음에 상자에 담아 자물쇠를 채웠다. 그는 실물과 똑같은 보물이 너무나 자랑스러워, 장터에서 이를 떠벌이며 자랑하는 실수를 저질렀다. 튀에스테스는 질투심에 사로잡혔는데, 마침 아트레우스의 새로운 아내 아에로페가 그에게 연정을 품고 있었다. 튀에스테스는 그녀에게 새끼 양을 가져다준다면 연인이 되겠다고 동의했다. (그 새끼 양은 원래 전체 양 떼의 절반인 자기 쪽에서 태어났는데, 아트레우스의 양치기들이 훔쳐갔다고 일렀다.) 아르테미스가 이미 새끼 양에 저주를 내려 두었기에, 그녀는 시키는 대로 했다.[4]

d. 아트레우스는 공회당에서 벌어진 논쟁에서 자신이 맏아들일 뿐 아니라 새끼 양의 소유자임을 내세워 뮈케나이의 왕이 되어야 한다고 주장했다. 튀에스테스는 그에게 물었다. "그러면 새끼 양의 소유자가 왕이 된다고 공개적으로 선언할 수 있겠나?" 아트레우스는 답했다. "그렇다." 튀에스테스는 무서운 미소를 지으며 말했다. "나도 선언한다." 전령이 새로운 왕을

맞이하기 위해 뮈케나이인들을 불러 모았다. 신전에는 황금이 내걸렸고, 신전의 문도 일제히 열렸다. 도시 전역에 걸쳐 모든 제단에는 불이 활활 타올랐다. 황금 양털을 가진 뿔이 난 새끼 양을 칭송하는 노래가 넘쳐났다. 그런데 튀에스테스가 예상을 깨고 벌떡 일어서 아트레우스를 허영심 넘치는 허풍쟁이라고 호되게 몰아붙였다. 그리고 행정관들을 자기 집으로 데려가 새끼 양을 보여 주면서 자기가 진짜 소유자임을 입증했다. 튀에스테스가 뮈케나이의 합법적인 왕으로 선언되었다.[5]

e. 하지만 제우스는 아트레우스에게 호의를 갖고 있어, 헤르메스를 보내 이렇게 전했다. "튀에스테스를 불러, 만약 태양이 궤도를 거꾸로 간다면 형을 위해 왕위에서 물러날 것이냐고 물어보라." 아트레우스는 들은 대로 했고, 튀에스테스는 그런 징후가 보인다면 왕위에서 물러나겠다고 동의했다. 이에 제우스는 에리스의 도움을 받아 그때까지 손댈 수 없었던 대자연의 법칙을 뒤집었다. 헬리오스는 이미 궤도의 절반을 달렸지만, 태양 전차를 완전히 틀어 말 머리가 새벽 쪽을 향하게 했다. 일곱 플레이아데스와 다른 모든 별들도 그에 맞춰 왔던 길을 되돌아 갔다. 이에 그날 저녁에는 처음이자 마지막으로 해가 동쪽으로 졌다. 튀에스테스의 속임수와 탐욕이 숨김없이 입증됐고, 아트레우스는 뮈케나이의 왕좌를 넘겨받고 동생을 추방했다.[6]

나중에 아트레우스는 튀에스테스가 아에로페와 불륜을 저질렀다는 사실을 알게 됐다. 분노를 간신히 억누르고 한동안 그녀를 용서해 주는 척했다.[7]

f. 아에로페는, 누구는 그녀를 에우로페라 부르는데, 카트레우스 왕의 딸로 크레테 사람이다. 어느 날 그녀는 궁전에서 한 연인과 즐기다 아버지한테 들키고 말았다. 물고기 밥으로 던져지기 직전에, 나우플리오스의 간청으

로 사형을 면했다. 왕은 그녀를 나우플리오스에게 다른 딸 클뤼메네와 함께 헐값에 노예로 팔았다. 클뤼메네의 경우는 자기 목숨을 노리는 음모를 꾸미고 있다고 의심했기 때문이다. 조건은 이들이 결코 크레테로 되돌아와서는 안 된다는 것뿐이었다. 나우플리오스는 그 뒤에 클뤼메네와 결혼했고, 오이악스와 발명가 팔라메데스를 자식으로 얻었다.[8] 당시 아트레우스는 클레올라가 허약한 아들 플레이스테네스를 낳고 죽은 상황이었다. 아내의 죽음은 맹세를 지키지 않은 것에 대한 아르테미스의 앙갚음이었다. 이에 아트레우스는 아에로페와 결혼해 아가멤논, 메넬라오스, 아낙시비아를 자식으로 얻었다. 플레이스테네스도 일찍 죽었다. 아트레우스가 자기 아들과 이름이 같은 아에로페가 낳은 튀에스테스의 아들을 죽이라고 살인자를 보냈는데, 그가 엉뚱한 아이를 죽였기 때문이다. 튀에스테스가 사전에 준비한 결과였다.[9]

g. 아트레우스는 전령을 보내 튀에스테스가 뮈케나이로 되돌아오도록 꾀었다. 사면과 함께 왕국의 절반도 나눠주겠다고 전했다. 그리고 튀에스테스가 이를 받아들이자마자, 아트레우스는 동생이 나이아데스[물의 님프들] 가운데 하나한테서 얻은 세 아들 아글라오스, 오르코메노스, 칼릴레온을 살육했다. 그것도 이들이 피신해 있던 제우스 제단에서 그렇게 했다. 그다음으로 동생의 쌍둥이 자식으로 아직 아기인 또 다른 플레이스테네스와 또 다른 탄탈로스를 찾아내 죽였다. 그는 이들 모두의 팔다리를 하나씩 잘라내고 살 조각을 골라 가마솥에 넣고 삶았다. 돌아오는 튀에스테스를 환영하기 위해서였다. 튀에스테스가 배불리 먹었을 때, 아트레우스는 피가 뚝뚝 떨어지는 아이들의 머리와 팔, 다리를 접시에 담아 내오게 했다. 동생의 배 안에 무엇이 들어 있는지 보여 준 것이다. 튀에스테스는 뒷걸음질 치면서 먹은 것을 토해냈고, 아트레우스의 자손들에게 피할 수 없는 저주를 내렸다.[10]

h. 한 번 더 망명길에 오른 튀에스테스는 처음에는 시퀴온의 테스프로토스 왕에게 달아났다. 거기에 자기 딸인 펠로피아 또는 펠로페이아가 여사제로 있었다. 어떤 대가를 치르고서도 복수하겠다고 결심하고, 그는 델포이에 가서 신탁을 구했다. 자기 딸한테서 아들을 얻어야 한다는 신탁이 나왔다.[11] 튀에스테스는 펠로피아가 밤에 '아테나 콜로카시아'[시퀴온에 있는 아테나 여신의 신전]에게 제물을 바치고 있는 것을 발견했다. 신성한 제례를 더럽힐까 싶어 그는 우선 부근 숲에 몸을 숨겼다. 잠시 뒤, 엄숙한 춤을 이끌던 펠로피아는 제물인 검은 암양의 목에서 흘러나온 피가 고인 웅덩이로 미끄러져 튜닉을 더럽혔다. 그녀는 즉시 신전의 연못으로 달려가 튜닉을 벗고 얼룩을 씻었는데, 이때 튀에스테스는 숲에서 뛰어나와 그녀를 범했다. 펠로피아는 그가 가면을 쓰고 있어 누구인지 알아보지 못했지만, 용케 그의 칼을 훔쳤다. 그녀는 이를 신전의 아테나 조각상 받침대 아래에 숨겼다. 튀에스테스는 칼집이 비어 있는 것을 발견하고, 들킬까봐 두려워 조상의 땅 뤼디아로 달아났다.[12]

i. 그러는 동안, 아트레우스는 자신이 저지른 죄의 결과가 두려워 델포이에 가서 신탁을 구했다. 신탁은 이러했다. "튀에스테스를 시퀴온에서 불러들여라!" 그는 너무 늦게 시퀴온에 당도해 튀에스테스를 만날 수 없었다. 대신 펠로피아와 사랑에 빠졌고, 그녀를 테스프로토스 왕의 딸이라고 생각해 자신의 세 번째 아내로 달라고 공식적으로 요청했다. 이때는 이미 아에로페를 처형한 다음이다. 강력한 왕과 연대를 맺고 싶었고, 동시에 펠로피아에게 도움을 주겠다는 바람에, 테스프로토스 왕은 아트레우스에게 사실을 밝히지 않았고, 즉시 결혼식이 거행됐다. 이윽고 그녀는 튀에스테스의 아들을 낳았고, 이를 산에 내버렸다. 그렇지만 염소치기들이 아기를 구해 암염소의 젖을 빨게 했다. 이에 그의 이름이 아이기스토스, 즉 '염소의 힘'

이 됐다. 아트레우스는 튀에스테스가 자기가 온다는 소식에 시퀴온에서 달아났으며, 그 아이가 자기 아들이라고 믿었다. 펠로피아의 경우는 가끔 출산한 여인을 사로잡는 일시적인 광기에 영향을 받았다고 생각했다. 이에 그는 아이기스토스를 염소치기들에게서 데려와 자기 상속자로 길렀다.

j. 그 뒤로 뮈케나이에서는 흉년이 이어졌다. 아트레우스는 아들인 아가멤논과 메넬라오스를 델포이로 보내 튀에스테스의 소식을 알아보게 했다. 이들은 우연히 멀리서 신탁소를 찾아왔다가 돌아가던 튀에스테스와 마주쳤다. 이들은 그를 질질 끌어 뮈케나이로 돌아왔고, 아트레우스는 동생을 감옥에 처넣었다. 그리고 그가 잠들어 있을 동안 죽이라고 당시 일곱 살인 아이기스토스에게 명했다.

k. 튀에스테스는 문득 잠에서 깨었는데, 아이기스토스가 손에 칼을 쥐고 자기를 내려다보고 있었다. 재빨리 옆쪽으로 굴러 죽음을 면했다. 그리고 일어나 아이의 손목을 매섭게 걷어차 칼을 빼앗았다. 그런데 그 칼은 여러 해 전에 시퀴온에서 잃어버린 자기 칼이었다! 그는 아이기스토스의 어깨를 움켜잡고 소리쳤다. "어떻게 이 칼을 가지고 있는지 당장 얘기하거라!" 아이기스토스는 말을 더듬었다. "아아, 제 어머니 펠로피아가 준 칼이예요." 튀에스테스는 답했다. "아이야, 네 목숨은 살려주마. 대신 세 가지 명을 따라야 한다." 이제 끝이구나 생각했던 아이기스토스는 울며 답했다. "무엇이든 시켜만 주세요." 튀에스테스가 명했다. "첫 번째 명이다. 너의 어머니를 여기로 데려오너라."

l. 아이기스토스는 이에 펠로피아를 지하 감옥으로 데려왔고, 튀에스테스를 알아본 펠로피아는 그의 목을 껴안고 흐느꼈고, 그를 사랑하는 아버지라 불렀고, 그의 고통에 함께 아파했다. "딸아, 네가 어떻게 이 칼을 갖고 있느냐?" 튀에스테스가 물었다. "시퀴온에서 어느 날 밤 저를 범한 사람의

칼집에서 빼온 거예요." 그녀는 답했다. "이는 내 칼이다." 튀에스테스는 말했다. 펠로피아는 공포에 사로잡혀 그 칼로 자기 가슴을 찔렀다. 아이기스토스는 무슨 말인지 이해하지 못하고 겁에 질려 서 있을 뿐이었다. "이제이 칼을 아트레우스에게 가져다 주거라. 그리고 그에게 너의 임무를 완수했다고 말하고 돌아오거라!" 튀에스테스의 두 번째 명령이었다. 아이기스토스는 말없이 피 묻은 것을 아트레우스에게 가져다주었고, 그는 기뻐하며 해변으로 내려가 제우스에게 감사의 제물을 바쳤다. 드디어 튀에스테스를 제거했다 확신했다.

m. 아이기스토스가 지하 감옥으로 돌아왔을 때, 튀에스테스는 자신이 아버지라고 밝히고 세 번째 명을 내렸다. "내 아들 아이기스토스야, 아트레우스를 죽여라. 이번에는 흔들리지 말아야 한다!" 아이기스토스는 들은 대로 했고, 튀에스테스는 한 번 더 뮈케나이를 통치했다.[13]

n. 황금 양털의 뿔 달린 새끼 양이 튀에스테스의 양 떼 사이에 또 한 마리 태어났고, 자라나 숫양이 됐다. 이때부터 펠롭스 가문의 왕은 새로 왕위에 오를 때 황금 홀을 소유하고 있어야 신에게 인정을 받았다. 이 숫양들은 기어오를 수 없는 벽으로 둘러싸인 작은 방목장에서 한가롭게 풀을 뜯었다. 그러나 어떤 이는 그 왕의 징표는 살아 있는 짐승이 아니라, 바닥에 황금 새끼 양 그림이 상감된 은그릇이라 전한다. 그리고 다른 이들은 아트레우스를 죽인 게 아이기스토스일 리가 없다고 한다. 아가멤논이 튀에스테스에게서 홀을 비틀어 빼앗고 뮈케나이에서 쫓아낼 때, 그는 포대기에 싸여 있는 아기였기 때문이다.[14]

o. 튀에스테스는 뮈케나이에서 아르고스로 가는 길가에 묻혀 있다. 페르세우스의 전당 부근이다. 무덤 위에는 숫양 모양으로 깎은 돌이 서 있다. 아트레우스의 무덤과 그 밑에 묻힌 보물은 지금도 뮈케나이의 폐허 사이에

남아 있다.[15]

p. 튀에스테스가 자기 아이를 요리로 대접받는 마지막 영웅은 아니었다. 몇 년 뒤, 스코이노스의 아르카디아인 아들 클뤼메노스에게도 이런 일이 벌어졌다. 그는 에피카스테가 낳은 자기 딸 하르팔뤼케에게 근친상간의 연정을 품었다. 하르팔뤼케를 유혹한 다음, 그녀를 알라스토르에게 아내로 주었다. 그러나 나중에 그녀를 다시 데려왔다. 하르팔뤼케는 복수를 위해, 그에게 낳아준 아들이자 자신의 남동생을 죽여 클뤼메노스 앞에 요리로 내놓았다. 그녀는 맹금으로 변했고, 클뤼메노스는 스스로 목을 맸다.[16]

1) 에우리피데스의 『오레스테스』 813에 대한 고전 주석자; 투퀴디데스: 『펠로폰네소스 전쟁사』 1. 9.
2) 아폴로도로스: 『비블리오테카』 2. 4. 6과 『요약집』 2. 11; 에우리피데스: 『오레스테스』 12.
3) 아폴로도로스: 『요약집』 2. 10; 에우리피데스: 『오레스테스』 995 ff., 고전 주석자와 함께; 세네카: 『엘렉트라』 699 ff.; 에우리피데스의 『오레스테스』 812, 990, 998에 대한 고전 주석자; 체체스: 『킬리아데스』 1. 433 ff.; 페레퀴데스, 에우리피데스의 『오레스테스』 997과 관련해 고전 주석자가 인용.
4) 아폴로도로스: 『요약집』 2. 11; 에우리피데스의 『오레스테스』 812에 대한 고전 주석자; 호메로스의 『일리아스』 2. 106에 대한 고전 주석자.
5) 체체스: 『킬리아데스』 1. 426; 아폴로도로스: 같은 곳; 호메로스의 『일리아스』 2. 106에 대한 고전 주석자; 에우리피데스: 『엘렉트라』 706 ff.
6) 아폴로도로스: 『요약집』 2. 12; 호메로스에 대한 고전 주석자; 같은 곳; 에우리피데스: 『오레스테스』 1001; 오비디우스: 『사랑의 기술』 327 ff.; 에우리피데스의 『오레스테스』 812에 대한 고전 주석자.
7) 휘기누스: 『신화집』 86; 아폴로도로스: 『요약집』 2. 13.
8) 스타티우스의 『테바이스』 6. 306에 대한 락탄티우스; 아폴로도로스: 3. 2. 2와 『요약집』 2. 10; 소포클레스: 『아이아스』 1295 ff.; 에우리피데스의 『오레스테스』 432에 대한 고전 주석자.
9) 휘기누스: 『신화집』 97과 86; 에우리피데스: 『헬레네』 392; 호메로스: 『일리아스』 2. 131 등.
10) 체체스: 『킬리아데스』 1. 18 ff.; 아폴로도로스: 『요약집』 2. 13; 휘기누스: 『신화집』 88, 246 258; 호라티우스의 『시학』에 대한 고전 주석자; 아이스퀼로스: 『아가멤논』 1590 ff.
11) 아폴로도로스: 『요약집』 2. 13-14; 휘기누스: 『신화집』 87-88; 베르길리우스의 『아이네이스』 2. 262에 대한 세르비우스.
12) 아테나이오스: 『현자들의 식탁』 3. 1; 휘기누스: 같은 곳; 소포클레스의 「튀에스테스」의 글조각; 아폴로도로스: 『요약집』 2. 14.
13) 휘기누스: 같은 곳; 아폴로도로스: 같은 곳.
14) 세네카: 『튀에스테스』 224 ff.; 키케로: 『신들의 본성에 관하여』 3. 26과 68; 헤라클레이아의 헤로도토스, 아테나이오스의 인용: 231 c; 호메로스의 『일리아스』에 대한 에우스타티오스 268과 1319; 아이스퀼로스: 『아가멤논』 1603 ff.
15) 파우사니아스: 2. 16. 5와 2. 18. 2-3.
16) 파르테니오스: 『에로티카』; 휘기누스: 『신화집』 242, 246, 255.

*

1. 아트레우스Atreus-튀에스테스Thyestes 신화는 고도로 연극적인 판본만 남아 있지만, 아르고스의 공동 왕이 최고 권력을 두고 벌인 다툼에 바탕을 두고 있을 것이다. 이런 다툼은 아크리시오스Acrisius와 프로이토스Proetus의 신화에도 나온다(73. a 참고). 이번 신화는 헤라클레스의 아들들 이야기(146. k 참고), 즉 기원전 1050년경 도리에이스족의 펠로폰네소스 침략보다 훨씬 오래된 이야기이다. 참고로, 투퀴디데스는 두 이야기를 연결 짓기도 했다. 아트레우스가 황금 새끼 양을 제물로 바치지 않았다는 대목은, 미노스가 포세이돈의 흰 황소를 비슷한 이유로 바치지 않았던 일을 떠올리게 한다 (88. c 참고). 그러나 아트레우스의 새끼 양은 라퓌스티온Laphystium 산에서 제 우스에게 신성했던, 그리고 크루밋사Crumissa 섬에서 포세이돈에게 신성했 던, 황금 양털의 숫양과 같은 계통이다(70. 1 참고). 양털은 소유한 자가 왕이 라는 표시였다. 왕이 매년 열리는 기우제에서 이를 사용했기 때문이다(70. 2와 6 참고). 새끼 양은 은유적으로 황금이다. 양털은 비를 내리게 하는 마법 의 힘이 있는데, 그리스에서 '물이 황금이다'. 소아시아 강물에서 사금을 모 을 때 양털을 사용했다는 사정으로 인해 이런 은유는 더 큰 힘을 받았다. 지중해 동부 지역에서, 어린 제우스가 이다 산에서 길렀던 놈들의 후손이 라고 하는, 금빛 이빨의 새끼 양이 가끔씩 태어나는 것도 이린 은유에 영향 을 끼쳤다. (18세기 매리 워틀리 몬태규 부인Lady Mary Wortley Montagu[영국 작가, 1689-1762] 이 이런 계속되는 이변을 조사했지만, 그 원인을 찾지는 못했다.) 아르고스 왕의 홀 에는 끝에 황금 숫양이 조각돼 있었을 것이다. 아폴로도로스는 논란의 법 적 근거에 대해 모호한 태도를 보였지만, 튀에스테스는 자기 양 떼에서 태 어난 새끼 양을 저쪽에서 훔쳐갔다고 주장했을 것이다. 아일랜드의 메브 Maeve도 문제가 된 황소에 대해 동일하게 주장했다. 메브가 등장하는 「황소

전쟁」에도 형제 살해가 나온다.

2. 에우리피데스는 이번 이야기에 에리스Eris를 끌어들였지만, 잘못된 지점에 배치했다. 에리스는 형제 사이의 불화를 유발하는 역할을 했을 터이지, 제우스가 해가 동쪽으로 지도록 하는 걸 돕지는 않았을 것이다. 에리스도 태양의 운행에 관여할 힘은 없다. 고전기의 문법학자와 철학자들은 이일을 갖가지 기발한 방식으로 설명했다. 이는 마치 20세기 신교도들이 '아하스의 눈금판the dial of Ahaz'의 그림자가 뒤로 움직이는 것에 대해 과학적으로 설명하려 한 시도를 미리 보여 주는 듯하다(「열왕기하」 20장 1-11절). 루키아노스와 폴뤼비오스는, 아트레우스와 튀에스테스가 승계를 두고 다툴 때 아르고스인들은 이미 타고난 점성가들이라 최고의 천문학자가 왕이 된다는 규칙을 정했다고 썼다. 이어진 시합에서, 튀에스테스는 봄맞이 축제에서는 태양이 항상 양자리 안에서 뜬다고 지적했다. 여기서 황금 새끼 양 이야기가 나왔다. 그런데 예언가 아트레우스는 더 뛰어났다. 태양과 지구가 서로 다른 방향으로 움직이며, 태양이 가라앉는 것처럼 보이는 석양은 사실 지구가 가라앉는 것임을 증명했다는 것이다. 이에 아르고스인들은 그를 왕으로 세웠다(루키아노스: 『점성술에 관하여』 12; 폴뤼비오스, 스트라본의 인용: 1. 2. 15). 휘기누스와 세르비오스도 모두 아트레우스가 천문학자였다는 데 동의했지만, 그가 처음 수학적으로 일식을 예언했다고 전했다. 그리고 그의 계산이 틀리지 않았다는 게 증명됐을 때, 그의 질투심 많은 동생 튀에스테스가 원통해 하면서 도시를 떠났다고 덧붙였다(휘기누스: 『신화집』 258; 베르길리우스의 『아이네이스』 1. 572에 대한 세르비오스). 소크라테스는 이 신화를 더욱 문자 그대로 이해했다. 이를 '우주는 오랜 기간을 주기로 번갈아 스스로 감기고 풀린다'는 자기 이론의 증거로 삼았고, 각 주기가 끝날 때 움직임이 뒤집히면서 많은 동물이 죽었다고 했다(플라톤: 『정치가』 268e).

3. 하지만 이번 이야기를 이해하기 위해서는 은유적 또는 철학적 접근이 아니라 신화적으로 사고할 필요가 있다. 고대에 신성한 왕과 그의 후계자 사이에 벌어진 충돌의 차원에서 봐야 한다는 말이다. 왕은 태양의 궤도가 북쪽 끝에 이르는 하지까지 통치했다. 그러면 후계자가 그를 죽이고, 태양이 매일 남쪽으로 물러나 동지에 이르기까지 그의 자리를 차지한다. 둘의 증오는 성적인 질투심으로 더 날카로워진다. 후계자가 경쟁자의 아내와 결혼하기 때문이다. 이런 증오가 이번에 '위대한 한 해' 동안 통치하는 아르고스의 공동 왕 사이에 새로 반복된 것이다. 이들은 또 아에로페Aerope를 두고 다퉜는데, 아크리시오스와 프로이토스도 다나에를 두고 그렇게 했다. 히즈키야Hezekiah 신화도 비슷하게 흘러간다. 그가 죽게 된 순간에, 여호와가 내린 은혜로 예언자 이사야Isaiah가 '아하스의 눈금판'에서 그림자를 십도 뒤로 돌림으로써 그의 통치 기간에 10년을 더해 주었다(「열왕기하」 20장 8-11절과 「이사야」 38장 7-8절). 이는 히브리에서, 또는 아마도 팔레스타인에서, 어떻게 왕이 그동안 9년째 되는 해에 죽었던 것과 달리 통치 기간을 19년으로 연장할 수 있게 되었는지 암시한다. 다시 말해 이런 변화는 역법 개혁에 따른 것인데, 메톤 주기[1]를 채택함으로써 가능했다. 아트레우스도 뮈케나이에서 이와 비슷한 특별 허가를 받은 것으로 보인다.

4. 탄탈로스 신화에 등장하는, 제우스를 기리면서 인육을 먹는 연회(108. c 참고)는 이번 신화에서 매년 아이를 왕의 대리인으로 삼아 제물로 바치던 일과 뒤섞여 혼동을 일으키고 있다. 크로노스Cronus가 레아Rhea의 아이를 토해 냈다는 이야기도 섞였다(7. d 참고). 튀에스테스Thyestes가 펠로피아Pelopia를

---

1) 메톤 주기metonic cycle: 기원전 5세기에 활동한 아테나이의 천문학자 메톤Meton이 내놓은 것으로, 초승달 또는 보름달이 19년 만에 다시 같은 날에 나타나는 주기를 말한다.

범하는 장면은 키뉘라스Cinyras와 스뮈르나Smyrna의 신화를 떠올리게 하며 (18. h 참고[원문은 '17. h'이다]), 왕이 자신의 수양딸인 여자 상속인과 결혼함으로써 관습적인 한계 이상으로 통치 기간을 연장하려 시도했다고 생각할 때 가장 잘 설명이 된다. 아에로페가 크레테에서 물고기 밥이 될 뻔했다는 대목은, 아에로페를 할아버지 미노스에게 쫓겨 바다에 몸을 던진 딕튄나-브리토마르티스와 동일시하게 만든다(89. b 참고). 암염소의 젖을 먹었던 아이기스토스는 익숙한, 비밀 의식에 나오는 '새해의 아이'다(24. 6; 44. 1; 76. a; 105. 1 등 참고).

5. 클뤼메노스Clymenus와 하르팔뤼케Harpalyce의 이야기는 키뉘라스와 스뮈르나의 신화(18. h 참고)에 테레우스Tereus와 프로크네Procne의 신화(46. a 참고)를 뒤섞은 것이다. 참고로, 하르팔뤼케는 같은 이름의 트라케인물도 있는데, 일종의 아탈란테였다. 이것이 무대 공연을 위한 인위적 창작이 아니라면, 클뤼메노스가 비신화적으로 목을 매 자살하는 대목이 암시하듯, 그는 자신의 통치가 끝난 뒤에 왕좌를 되찾으려 시도했을 것이다. 여자 상속인, 엄밀히 따지면 자기 딸을 섭정에게 아내로 주고 난 다음, 그를 죽이고 그녀를 취하는 방식으로 말이다. 알라스토르Alastor는 '복수자'를 뜻하지만, 그의 복수는 이야기에 나오질 않는다. 아마도 본래 판본에서 알라스토르는 인간 제물로 나왔을 것이다.

112
아가멤논과 클뤼타임네스트라

어떤 이는 아가멤논과 메넬라오스가 성인으로 자라 델포이에서 튀에스테스를 붙잡아 왔다고 전한다. 그러나 다른 이들은 아이기스토스가 아트레우스를 죽일 때, 이들은 아직도 아기였고 이들의 유모가 당황하지 않고 침착하게 구조했다고 전한다. 유모는 쌍둥이를 하나씩 양팔에 끼고 시퀴온의 24번째 왕인 폴뤼페이데스에게 달아났다. 왕은 이들을 아이톨리아의 오이네우스에게 맡겼다. 이들이 오이네우스의 궁정에서 여러 해를 보낸 다음, 스파르테의 튄다레오스 왕이 이들의 자리를 되찾아 주었다. 튄다레오스는 뮈케나이로 진군했고, 헤라 신전으로 피신해 있던 튀에스테스에게 왕의 홀을 아트레우스의 상속자인 아가멤논에게 내어주고 그 자신은 망명을 떠나 다시는 돌아오지 않겠다고 강제로 맹세하게 한 것이다. 튀에스테스는 퀴테라로 떠났고, 아이기스토스는 아가멤논의 복수가 두려워 아르고스의 스테넬로스 왕의 아들 퀼라라베스 왕에게 달아났다.[1]

b. 제우스가 '아이아코스 가문'에 권력을, '아뮈타온 가문'에 지혜를, '아트레우스 가문'에는 재물을 주었다는 말이 있다. 아트레우스 가문에는 정말로 재물이 넘쳐났다. 뮈케나이, 코린토스, 클레오나이, 오르네이아이, 아

라튀레아, 시퀴온, 휘페레시아, 고노잇사, 펠레네, 아이기온, 아이기알로스, 헬리케 등의 모든 왕이 아가멤논에게 선물을 보냈다.[2]

c. 아가멤논은 먼저 못생긴 삼촌 브로테아스의 아들인 피사의 왕 탄탈로스와 전쟁을 일으켰다. 아가멤논은 그를 전투에서 죽이고 강제로 그의 아내 클뤼타임네스트라와 결혼했다. 레다가 스파르테의 튄다레오스 왕에게 낳아 준 그 딸이다. 클뤼타임네스트라의 오라비인 디오스쿠로이는 이에 뮈케나이로 진군했다. 그러나 아가멤논은 자신의 후원자인 튄다레오스에게 달려가 간청했다. 튄다레오스는 그를 용서하고 클뤼타임네스트라와 같이 지낼 수 있게 허락했다. 디오스쿠로이가 죽은 다음, 메넬라오스는 이들의 누이 헬레네와 결혼했고, 튄다레오스는 그에게 왕위를 물려주었다.[3]

d. 클뤼타임네스트라와 아가멤논은 아들 오레스테스와 딸 셋을 낳았다. 딸의 이름은 엘렉트라 또는 라오디케, 이피게네이아 또는 이피아낫사, 그리고 크뤼소테미스이다. 어떤 이는 이피게네이아를 두고 테세우스와 헬레네의 딸로 클뤼타임네스트라의 조카인 셈인데, 그녀를 불쌍하게 여겨 입양했다고 한다.[4]

e. 트로이아의 프리아모스 왕의 아들 파리스가 헬레네를 납치하고, 그 바람에 트로이아 전쟁이 터졌을 때, 아가멤논과 메넬라오스는 10년 동안 집을 비워야 했다. 그러나 아이기스토스는 이 원정에 참여하지 않았고, 아르고스에 남아 아트레우스 가문에 복수할 방법을 찾고 있었다.[5]

f. 클뤼메네의 남편인 나우플리오스는 아가멤논과 다른 그리스 장수들에게 돌에 맞아 죽은 아들 팔라메데스에 대한 보상을 받지 못하자, 트로이아에서 돌아와 앗티케와 펠로폰네소스 반도의 해안을 돌면서 그리스 장수의 외로운 아내들이 불륜을 저지르도록 부추겼다. 클뤼타임네스트라도 나우플리오스에게 설득당했다는 소식을 듣고, 아이기스토스는 그녀의 연인이

되는 것뿐 아니라 그녀의 도움을 받아 트로이아 전쟁을 끝내고 돌아오는 아가멤논을 죽일 계획까지 세웠다.[6]

g. '모든 것을 아는 제우스'는 아이기스토스에게 헤르메스를 보내, 오레스테스가 어른이 되면 아버지의 원수를 갚으려 할 것이니 계획을 포기하라고 경고했다. 헤르메스의 유창한 언변에도 불구하고 아이기스토스는 단념하지 않았다. 아이기스토스는 손에는 화려한 선물을, 그리고 마음속에는 증오를 가지고 뮈케나이로 갔다. 처음에는 클뤼타임네스트라도 그의 구애를 거절했다. 아가멤논이 나우플리오스가 뮈케나이를 방문할 것이라고 알리면서 그의 궁정시인에게 그녀를 주의 깊게 살펴보고 조금이라도 부정의 낌새가 보이면 편지로 보고하라 지시했기 때문이다. 그러나 아이기스토스는 늙은 궁정시인을 붙잡아 음식도 없이 외로운 섬에 내다 버렸고 곧바로 맹금 떼가 날아와 그의 뼈를 떼어 갔다. 그러자 클뤼타임네스트라도 아이기스토스의 품에 몸을 맡겼다. 그는 아프로디테에게 제물을 구워 바치면서 자신이 거둔 뜻밖의 성공을 기념했다. 아르테미스에게는 태피스트리와 황금을 바쳤다. 그녀가 아트레우스 가문을 향한 원한을 마음에 품고 있었기 때문이다.[7]

h. 클뤼타임네스트라는 아가멤논을 사랑할 이유가 별로 없었다. 아가멤논은 자신의 이전 남편 탄탈로스와 품에 안고 있던 갓 태어난 아기를 죽이고 나서 강제로 자신을 아내로 삼았다. 거기에다 언제 끝날지 기약도 없는 전쟁으로 집을 비웠고, 아울리스에서 이피게네이아를 제물로 바치는 일까지 승인했다. 가장 참을 수 없는 일은, 아가멤논이 프리아모스의 딸인 예언자 캇산드라를 이름만 아니지 실제로는 아내로 삼아 데리고 온다는 얘기가 들려온다는 점이다. 캇산드라가 아가멤논에게 텔레다모스와 펠롭스라는 쌍둥이 아들을 낳아 주었다는 건 사실이다. 그러나 그는 클뤼타임네

스트라에게 모욕을 줄 의도는 없었던 것으로 보인다. 그녀에게 이런 소식을 전해준 이는 나우플리오스의 살아남은 아들 오이악스로, 형제의 죽음에 대한 복수로 악의를 갖고 그녀가 살인을 저지르도록 부추긴 것이다.[8]

i. 클뤼타임네스트라는 아이기스토스와 함께 아가멤논과 캇산드라를 죽일 음모를 꽸다. 그들이 예고 없이 돌아올 것을 걱정해, 그녀는 아가멤논에게 트로이아가 함락되면 이다 산에 봉화를 피워 달라고 편지로 부탁했다. 그리고 자신은 이 신호를 아르골리스로 전달할 봉화의 사슬을 만들었다. 신호는 렘노스 섬의 헤르마이온 곶을 거쳐, 아토스와 마키스토스, 멧사피오스, 키타이론, 아이기플란크토스, 아라크네 산으로 이어지도록 했다. 뮈케나이의 궁전 지붕에도 파수를 두었다. 아가멤논의 충실한 하인이 1년 동안 꼬박 개처럼 쭈그리고 앉아 아라크네 산을 뚫어지라 쳐다봤고, 불길한 예감이 깊어 갔다. 마침내 어느 날 밤 하인은 저 멀리 봉화가 오르는 것으로 보고, 클뤼타임네스트라를 깨우러 달려갔다. 그녀는 감사의 제물을 올리면서 이 소식을 축하했다. 그러나 실제로 그녀는 트로이아 전쟁이 영원히 계속되길 바랐는지 모른다. 아이기스토스는 이에 바다 부근의 파수대에 자기 사람 하나를 심어, 2탤런트 무게의 금을 약속하면서 아가멤논이 상륙하면 제일 먼저 알리라고 일렀다.

j. 헤라는 아가멤논을 사나운 폭풍에서 구해 냈다. 이 폭풍으로 귀로의 그리스 배들이 많이 부서졌고, 메넬라오스는 이집트까지 밀려갔다. 그리고 마침내 순풍이 그를 나우플리아로 데려갔다. 배에서 내리자마자 그는 몸을 굽혀 땅에 입을 맞추고 기쁨의 눈물을 흘렸다. 그러는 동안, 파수꾼은 약속한 대가를 챙기려 뮈케나이로 급히 달렸고, 아이기스토스는 제일 용감한 전사들 가운데 20명을 골라 궁전 안에 매복하도록 했다. 성대한 연회를 준

비하도록 명한 다음, 그는 전차에 올라 아가멤논을 환영하러 내려갔다.[9]

k. 클뤼타임네스트라는 여행으로 지친 남편에게 기뻐 어쩔 줄 모르는 듯이 인사를 하고, 그의 앞에 자주색 양탄자를 깔았다. 이어 소녀 노예들이 뜨거운 목욕물을 준비해 놓은 욕실로 이끌었다. 그러나 캇산드라는 예언의 무아지경에 사로잡혀 궁전 밖에 남아 안으로 들어가길 한사코 거부했다. 피 냄새가 난다고, 튀에스테스의 저주가 만찬장을 내리 누른다고 소리를 질렀다. 아가멤논이 목욕을 마치고 한 발을 욕조 밖으로 내디딜 때였다. 식탁 위에 차려진 성대한 연회에 참가하고픈 마음뿐이었다. 클뤼타임네스트라가 그에게 수건으로 감싸 주려는 듯이 다가왔지만, 대신 그물로 된 옷을 그의 머리 위로 던졌다. 그녀가 직접 짠 것으로, 팔과 목을 뺄 구멍도 없었다. 아가멤논은 그물 속 물고기처럼 얽혀 꼼짝할 수 없었고, 아이기스토스는 양날의 검으로 두 차례 내리쳤다.[10] 아가멤논은 뒤쪽의 은으로 옆면을 댄 욕조 안으로 떨어졌고, 클뤼타임네스트라는 도끼로 그의 머리를 잘라 그동안 당한 것에 대해 복수했다.[11] 그녀는 다음으로 도끼를 들고 캇산드라를 죽이려 달려 나갔다. 이때 그녀는 남편의 눈꺼풀이나 입을 닫아 주는 약간의 수고도 하지 않았고, 대신 자신에게 튄 피를 그의 머리카락으로 닦아 냈다.[12]

l. 격렬한 전투가 궁전에서 벌어졌다. 아가멤논의 호위대와 아이기스토스의 지지자들이 맞붙었다. 전사들은 부자의 연회에 도축되는 돼지처럼 죽임을 당했다. 또는 부상을 당해 음식이 가득 쌓인 식탁 옆의 피가 흥건한 바닥에 쓰러져 신음했다. 결국 아이기스토스가 승리했다. 밖에서는 캇산드라의 머리가 바닥으로 떨어졌고, 아이기스토스는 캇산드라와 아가멤논 사이에 난 쌍둥이 아들을 죽일 수 있어 만족스러웠다. 하지만 아가멤논의 다른 혼외자인 할레소스 또는 할리스코스를 없애지는 못했다. 할레소스는 탈

출에 성공해, 망명의 긴 방랑 끝에 이탈리아에서 도시 팔레리오이를 세우고, 주민들에게 헤라의 비밀 의식을 가르쳤다. 아직도 거기에선 아르고스 방식으로 그 의식이 거행되고 있다.[13]

m. 이 학살은 가멜리온 달(1월)의 열세 번째 날에 벌어졌다. 클뤼타임네스트라는 신들의 응징을 두려워하지 않고, 매달 열세 번째 날에 춤을 추고 수호신들에게 양을 제물로 바치는 축제를 열도록 법으로 정했다. 어떤 이는 그녀의 단호함에 박수를 보낸다. 그러나 다른 이들은 그녀가 정숙한 이들까지 포함해 모든 여인에게 지워지지 않는 불명예를 안겼다고 평가한다. 아이기스토스도 자신을 도와준 여신에게 감사의 뜻을 표시했다.[14]

n. 스파르테인들은 아가멤논이 지금은 작은 마을에 불과한 아뮈클라이에 묻혀 있다고 주장한다. 거기엔 클뤼타임네스트라의 무덤과 조각상도 있으며, 캇산드라의 성역과 조각상도 있다. 그곳 주민들은 심지어 그가 그곳에서 죽임을 당했다고 믿는다. 그러나 진짜 아가멤논의 무덤은 뮈케나이의 폐허 사이에 있다. 가까운 곳에 그의 전차몰이꾼과 그와 함께 아이기스토스에게 살해된 전우들, 그리고 캇산드라의 쌍둥이 아들들이 묻혀 있다.[15]

o. 메넬라오스는 나중에 이런 소식을 파로스의 예언자 프로테우스에게서 전해 들었다. 형의 혼령에게 황소 100마리의 제물을 바치고, '이집트 강' 옆에 그를 기리는 전몰자 기념비를 세웠다. 8년 뒤 스파르테로 돌아와, '제우스 아가멤논'에게 바치는 신전을 지었다. 아가멤논이 그곳을 다스린 적이 없음에도, 앗티케의 라페르사이와 이오니아의 클라조메나이에도 이런 신전이 있다.[16]

1] 휘기누스: 『신화집』 88; 에우세비우스: 『연대기』 1. 175-176, 스케오네 편집; 호메로스: 『일리아스』 2. 107-8과 『오뒷세이아』 3. 263; 아이스퀼로스: 『아가멤논』 529; 파우사니아스: 『그리스 여행기』 2. 18. 4; 체체스: 『킬리아데스』 1. 433 ff.

2] 헤시오도스, 수이다스의 '알케' 항목에서 인용; 호메로스: 『일리아스』108과 569-580.

3] 아폴로도로스: 『비블리오테카』 3. 10. 6과 『요약집』 2. 16; 에우리피데스: 『아울리스의 이피게네이아』 1148 ff.

4] 아폴로도로스: 같은 곳; 호메로스: 『일리아스』 9. 145; 두리스, 체체스의 인용: 『뤼코프론에 관하여』 183.

5] 호메로스: 『오뒷세이아』 3. 263.

6] 아폴로도로스: 『요약집』 6. 8-9.

7] 호메로스: 『오뒷세이아』 1. 35 ff.와 3. 263-275.

8] 『아울리스의 이피게네이아』 1148 ff.; 소포클레스: 『엘렉트라』 531; 파우사니아스: 3. 16. 5와 2. 16. 5; 휘기누스: 『신화집』 117.

9] 휘기누스: 같은 곳; 아이스퀼로스: 『아가멤논』 1 ff.와 282 ff.; 에우리피데스: 『엘렉트라』 1076 ff.; 호메로스: 『오뒷세이아』 4. 524-537; 파우사니아스: 2. 16. 5.

10] 아이스퀼로스: 『아가멤논』 1220-1391 ff., 1521 ff.와 『자비로운 여신들』 631-635; 에우리피데스: 『엘렉트라』 157과 『오레스테스』 26; 체체스: 『뤼코프론에 관하여』 1375; 베르길리우스의 『아이네이스』 11. 267에 대한 세르비오스; 소포클레스의 『엘렉트라』 195에 대한 트리클리니우스; 호메로스: 『오뒷세이아』 3. 193 ff.와 303-305; 11. 529-537.

11] 소포클레스: 『엘렉트라』 99; 아이스퀼로스: 『아가멤논』 1372 ff.와 1535.

12] 아이스퀼로스: 같은 곳; 소포클레스: 『엘렉트라』 445-446.

13] 호메로스: 『오뒷세이아』 11. 400과 442; 파우사니아스: 2. 16. 5; 베르길리우스: 『아이네이스』 7. 723; 베르길리우스의 『아이네이스』 7. 695에 대한 세르비오스; 오비디우스: 『사랑의 기술』 3. 13. 31.

14] 소포클레스: 『엘렉트라』 278-281; 호메로스: 『오뒷세이아』 3. 263; 11. 405과 6. 512 ff.

15] 파우사니아스: 2. 16. 5과 3. 19. 5; 핀다로스: 『퓌티아 제전 송가』 1. 32; 호메로스: 『일리아스』 4. 228.

16] 호메로스: 『오뒷세이아』 4. 512 ff.와 581 ff.; 체체스: 『뤼코프론에 관하여』 112-114와 1369; 파우사니아스: 7. 5. 5.

＊

1. 아가멤논Agamemnon, 아이기스토스Aegisthus, 클뤼타임네스트라 Clytaemnestra, 오레스테스Orestes의 신화는 대단히 양식화된 연극의 형태로 전해지는 바람에 그 기원이 거의 지워졌다. 이런 종류의 비극에는 보통 왕이 어떻게 죽느냐가 실마리를 제공한다. 테세우스처럼 절벽에서 던져지느냐, 헤라클레스처럼 산 채로 불태워지느냐, 오이노마오스처럼 전차가 부서지면서 죽느냐, 디오메데스처럼 사나운 말들이 먹어 치우느냐, 탄탈로스처럼 웅덩이에 빠져 죽느냐, 카파네우스처럼 번개에 맞아 죽느냐에 따라 사정이 달라진다. 아가멤논은 독특한 방식으로 죽는다. 머리 위로 그물이 던져지

고, 한쪽 발은 나왔지만 다른 쪽은 아직 욕조 안에 남아 있다. 그리고 욕실이 있는 부속 건물에서 죽었다. 다시 말해 '옷을 입은 것도 벗은 것도 아니고, 물속도 마른 땅 위도 아니며, 궁전 안도 밖도 아닌' 상황이다. 이는 『마비노기온』에 나오는 신성한 왕 루 로의 죽음을 떠올리게 한다. 루 로는 배신한 아내 블로드웨드Blodeuwedd와 그녀의 연인 그론Gronw의 손에 한여름에 살해당한다. 덴마크의 역사가 삭소 그라마티쿠스Saxo Grammaticus도 12세기 후반 『덴마크 역사』에서 비슷한 이야기를 들려준다. 이를 보면, 클뤼타임네스트라는 아가멤논에게 사과도 주고, 그가 이를 입술로 가져갔을 때 죽었을지 모른다. 그렇게 되면 그는 '먹은 것도, 먹지 않은 것도 아니다'(『하얀 여신』 308과 401쪽). 이에 이번 이야기는 기본적으로 익숙한 신성한 왕의 신화이다. 왕은 한여름에 죽임을 당하고, 여신은 그를 배신하며, 후계자는 왕을 승계하고, 아들은 그의 복수를 한다. 클뤼타임네스트라가 사용한 도끼는 크레테에서 왕권의 상징이었으며, 이번 신화는 미노스 살해와 밀접하게 관련돼 있다. 미노스도 욕조에서 살해됐다. 아이기스토스가 산 위에 설치한 봉화대는, 한여름 희생의식에서 피웠던 모닥불이다. 봉화대 가운데 하나를 아이스퀼로스는 히드로 지었다고 했다(18. 3 참고). 아가멤논이 어떤 여신을 기려 제물로 바쳐진 것인데, 그 여신은 그의 '딸들'로서 셋이 짝을 이뤄 등장한다. 엘렉트라Electra('호박'), 이피게네이아Iphigeneia('강력한 종족을 보살피는'), 크뤼소테미스Chrysothemis('황금 질서')가 그들이다.

2. 여기 나온 오래된 이야기는 왕조 간 분쟁의 전설과 결합됐다. 펠로폰네소스 반도 안에서 여러 왕조가 경쟁하고 있었다. 클뤼타임네스트라는 스파르테 왕실의 여자 상속인이었다. 스파르테인들이 자신의 선조인 튄다레오스Tyndareus가 아가멤논을 뮈케나이의 왕위에 올려 놓았다고 주장하는 대목은, 스파르테가 뮈케나이와 벌인 전쟁에서 이겨 아뮈클라이Amyclae를 장

악했음을 암시한다. 그래서 거기에서는 아가멤논과 클뤼타임네스트라를 동시에 기리는 것이다.

3. '제우스 아가멤논'와 '매우 단호한 제우스'는 뮈케나이의 왕뿐만 아니라 라페르사이Lapersae와 클라조메나이Clazomene의 왕도 지니고 있던 신적인 호칭이었을 것이다. 짐작건대 '이집트 강' 주변에 정착한 다나오스 백성들 또는 아카이아족의 왕도 그랬을 것이다. 여기 이집트 강은 나일 강과 다른 곳이다. 이집트 강은 「여호수아」 15장 4절에 팔레스타인과 이집트 사이의 경계로 나온다. 이와 별도로 해안 위쪽으로 멀리, 아스칼론Ascalon과 튀로스Tyre 부근에도 다른 다나오스 백성들과 아카이아족이 정착해 있었다(69. f 참고).

4. 로마에서도 열세 번째 날에 축제를 열었다. 그날을 이데스Ides라고 불렀다. 이는 태음월만 사용했을 시절에 보름달이 뜨는 날과 일치한다. 왕을 제물로 바치는 일은 언제나 보름달이 뜨는 날에 이뤄진 것 같다. 전설에는 그리스 함대가 연말이 가까워질 무렵 트로이아를 출발해 돌아오다 겨울 폭풍을 만났다고 한다. 그렇다면 아가멤논은 6월이 아니라 1월에 죽었다.

113
오레스테스의 복수

　오레스테스는 그를 사랑하는 조부모 튄다레오스와 레다의 보살핌을 받고 자랐다. 소년이었을 적, 클뤼타임네스트라와 이피게네이아를 따라 아울리스로 갔다. 그러나 누구는 클뤼타임네스트라가 아가멤논이 돌아오기 직전에 그를 포키스로 보냈다고 한다.[1] 다른 이들은 살해의 밤에 마음씨가 고운 유모 아르시노에 또는 라오다메이아 또는 게일릿사가 당시 열 살이었던 오레스테스를 구했다고 한다. 유모가 자기 아들을 왕자 방 침대에 눕혀 아이기스토스가 오레스테스 대신 죽이게 했다는 것이다.[2] 또 다른 이들은 누나 엘렉트라가 동생을 구했다고 한다. 아버지의 오래된 개인 교사의 도움을 받아, 자신이 짠 들짐승이 수놓인 예복으로 동생을 둘러싸서 도시 밖으로 빼냈다는 것이다.[3]

　b. 개인 교사는 라코니아와 아르골리스를 나누는 타노스 강의 양치기들 사이에 얼마 동안 숨어 지낸 뒤, 오레스테스를 데리고 스트로피오스의 궁정으로 갔다. 그는 아트레우스 가문의 굳건한 동맹으로 파르낫소스 산 아래에서 크리사를 다스리고 있었다.[4] 스트로피오스는 아가멤논의 누이 아스튀오케아 또는 아낙시비아 또는 퀸드라고라와 결혼해 살고 있었다. 오레스

테스는 크리사에서 스트로피오스의 아들 퓔라데스와 함께 놀면서 절친한 친구가 됐다. 퓔라데스가 조금 어렸는데, 이들의 우정은 속담에도 나올 정도로 유명해질 운명이었다.[5] 그는 늙은 개인 교사에게서 비통한 이야기를 전해 들었다. 클뤼타임네스트라가 아가멤논의 주검을 집 밖으로 내던지다시피 하고, 제주나 도금양 가지도 없이 서둘러 매장했다는 것이다. 뮈케나이 백성들의 장례식 참여조차 금지됐다고 했다.[6]

c. 아이기스토스는 뮈케나이에서 7년 동안 다스렸다. 아가멤논의 전차를 탔고, 그의 왕좌에 앉았으며, 그의 홀을 휘둘렀다. 그의 예복을 입고, 그의 침대에서 잤으며, 그의 재물을 펑펑 썼다. 이렇게 왕의 외양을 빠짐없이 갖췄음에도, 그는 뮈케나이의 진짜 통치자 클뤼타임네스트라의 노예 이상이 조금도 아니었다.[7] 언젠가 술에 취했을 때, 그는 아가멤논의 무덤 위로 뛰어 올라가 돌멩이로 묘석을 내리치면서 소리를 질렀다. "오너라, 오레스테스야. 와서 네 아버지를 지켜라!" 하지만 실제 그는 복수의 공포에 시달리면서 비참하게 살았다. 믿을 수 있는 외국인 호위대에 둘러싸여 지냈지만, 단 하루도 편하게 잠을 자지 못했다. 그래서 오레스테스의 암살에 황금으로 큰 상금을 걸었다.[8]

d. 엘렉트라는 원래 사촌인 스파르테의 카스토르가 죽어 반 신격화되기 전에 그와 약혼한 사이였다. 이제 그리스의 내로라하는 왕자들이 모두 그녀에게 구혼했지만, 아이기스토스는 어떤 구혼도 받아들이지 않겠다고 선언했다. 그녀가 아가멤논의 원수를 갚을 아들을 낳을까 두려웠던 것이다. 그는 자신에 대한 증오심으로 가득한 엘렉트라를 당연히 죽였을 테지만, 그녀가 남몰래 궁전의 장교와 동침해 혼외자를 낳았기에 그렇게 하지 못했다. 무엇보다 클뤼타임네스트라가 엘렉트라를 죽이지 못하게 했다. 그녀는 아가멤논 살해에 대해 아무런 꺼림칙함을 느끼지 않았고, 또 신들을 불쾌

하게 만들면 좋을 게 없다고 생각할 만큼 신중했다. 대신 그녀는 엘렉트라를 뮈케나이 농부의 아내로 주도록 했다. 그 농부는 오레스테스가 두렵고 천성이 순박해, 격이 맞지 않는 결합에서 첫날밤을 함께하지 않았다.[9]

e. 엘렉트라는 이렇게 클뤼타임네스트라에게서 방치된 채, 비참한 가난 속에 살면서 끊임없는 감시까지 견뎌야 했다. 그동안 클뤼타임네스트라는 아이기스토스와 아이 셋을 낳았는데, 이름이 에리고네, 알레테스, 그리고 또 다른 헬레네였다. 이윽고 엘렉트라에게 최후통첩이 날아왔다. 동생 크뤼소테미스가 하는 것처럼 자신의 운명을 받아들이고, 아이기스토스와 클뤼타임네스트라를 공연히 '살인을 저지른 간부'라 부르며 다니는 것을 멈추지 않는다면, 먼 도시로 추방돼 햇볕 한 줌 들지 않는 지하 감옥에 갇힐 것이라고 위협했다. 엘렉트라는 굳건했다. 간부에게 복종하고 죽은 아버지에게 불충하다면서 크뤼소테미스를 더욱 경멸했으며, 오레스테스에게 계속 몰래 사람을 보내 복수를 잊지 않게 했다.[10]

f. 어른이 된 오레스테스는 델포이 신탁소를 찾아 아버지의 살해자를 죽여야 하는지 물었다. 아폴론은 제우스의 허가를 받아 답했다. 만약 아가멤논의 원수를 갚지 않는다면, 그는 사회에서 버림을 받을 것이며, 어느 전당이나 신전에도 들어가지 못할 것이고, 그의 살이 뭉개지고 흰 곰팡이가 피는 나병의 고통을 받을 것이라고 했다.[11] 오레스테스는 아가멤논의 무덤 곁에 헌주하고, 자신의 곱슬머리를 잘라 그 위에 올려놓으라는 신탁의 조언도 들었다. 군대의 도움을 받지 말고, 교묘하게 살인자들에게서 응분의 대가를 받아 내라고도 했다. 여사제 퓌티아는 이와 함께 에리뉘에스가 모친 살해를 용서하지 않을 것임을 내다보고, 아폴론을 대신해 오레스테스에게 뿔로 된 활을 주었다. 에리뉘에스의 괴롭힘을 견딜 수 없게 되면 그 활로 그들을 쫓아 버리라고 했다. 그는 임무를 마친 뒤 반드시 다시 델포이로 돌

아와야 했다. 그래야만 아폴론의 보호를 받을 수 있기 때문이다.[12]

g. 여덟 번째 해, 누구는 20년이 흐른 다음이라고 하는데, 오레스테스는 아이기스토스와 자신의 어머니를 죽이겠다고 결심하고 남몰래 아테나이를 거쳐 뮈케나이로 돌아갔다.[13]

어느 날 아침, 퓔라데스와 함께 아가멤논의 무덤을 찾아갔고, 거기에서 자신의 머리카락을 잘라 바치면서 모든 아버지의 후원자인 '지옥의 헤르메스'에게 기원했다. 마침 지저분하고 부스스한 차림새의 노예 여인들의 무리가 애도를 위해 무덤으로 오는 게 보여, 그는 근처 덤불 뒤에 숨어 이들을 지켜봤다. 전날, 클뤼타임네스트라는 이상한 꿈을 꿨다. 꿈에 자신이 뱀을 낳아 포대기로 싸서 젖을 먹이고 있었다. 그런데 갑자기 뱀이 가슴에서 젖과 함께 피를 빨아 대서, 궁전 전체가 떠나가도록 비명을 질렀다. 그녀는 점쟁이를 불렀고, 왕비가 죽은 사람을 화나게 했다는 얘기를 들었다. 이에 아가멤논의 영혼을 달래려, 자신을 대신해 이들 노예 여인들을 보내 아가멤논의 무덤에 헌주하며 애도하도록 한 것이다. 엘렉트라도 이 무리를 따라왔다. 그녀는 어머니가 아니라 자기 이름으로 헌주하고, 아가멤논에게 용서가 아니라 복수의 기도를 올렸다. 어머니 대지와 지하세계의 신들을 불러와 자신의 간청을 듣게 해달라고 헤르메스에게도 간청했다. 그러다 금빛의 곱슬곱슬한 머리카락이 무덤 위에 놓여 있는 것을 보고, 그녀는 이것이 오레스테스의 것임이 분명하다고 확신했다. 색깔이나 머릿결이 자기 것과 너무나 비슷하고, 다른 누구도 감히 그런 것을 무덤에 바치진 않을 것이기 때문이었다.[14]

h. 희망과 의심 사이에서 갈피를 잡지 못해, 그녀는 무덤 옆의 진흙 바닥에 찍힌 오레스테스의 발자국에 자기 발을 가져다 댔고 한 가족으로서 닮은 점을 발견했다. 이때 오레스테스가 숨은 장소에서 나와 그녀에게 곱슬

머리가 자신의 것임을 확인시켜 주었다. 그리고 뮈케나이에서 탈출할 때 입었던 예복을 꺼내 보였다.

엘렉트라는 그를 기쁨 속에서 맞이했고, 둘은 함께 그들의 조상인 '아버지 제우스'에게 기원했다. 아가멤논이 항상 제우스를 무척 공경했으며, 아트레우스 가문이 사라진다면 뮈케나이에서는 아무도 그에게 100마리의 황소 제물을 관례적으로 바치지 않을 것이라고 상기시켰다. 아이기스토스는 다른 신들을 숭배하기 때문이다.[15]

i. 노예 여인들이 오레스테스에게 클뤼타임네스트라의 꿈 이야기를 들려주자, 그는 꿈속의 뱀이 자기 자신임을 알아채고 자신이 교활한 뱀과 같이 그녀의 부정한 몸에서 피를 빨아 내겠다고 선언했다. 그는 엘렉트라에게 궁전으로 돌아가도 클뤼타임네스트라에게는 여기 일에 대해서는 아무 말도 하지 말라고 당부했다. 자기와 퓔라데스는 잠시 틈을 두고 따라가서, 정문에서 손님의 대접을 청하겠다고 했다. 파르낫소스 사투리를 쓰면서 이 나라에 처음 와본 포키스 사람인 척하겠다고 했다. 만약 문지기가 이들을 들이지 않는다면, 손님을 푸대접했다고 도시 사람들이 아이기스토스를 욕할 것이다. 문지기가 이들을 들이면, 복수는 이뤄질 터이다.

머지않아 오레스테스는 궁전의 정문을 두드리면서 주인 또는 여주인을 뵙겠다고 청했다. 클뤼타임네스트라가 직접 나왔지만, 오레스테스를 알아보지 못했다. 그는 다울리스에서 온 아이올리스족인 척하면서, 아르고스로 가는 길에 우연히 만난 스트로피오스라는 사람에게서 슬픈 소식을 듣고 전달하러 왔다고 했다. 즉, 그녀의 아들 오레스테스가 죽었고 그의 재를 놋쇠 단지에 담아 두었다는 것이다. 스트로피오스는 이를 뮈케나이로 되돌려 보낼지 크리사에 묻을지 알고자 한다고도 전했다.[16]

j. 클뤼타임네스트라는 즉시 오레스테스를 환영하면서 집 안으로 들이

고, 기쁨을 시종들에게 숨긴 채 그의 늙은 유모 게일륏사를 보내 근처 신전에 있는 아이기스토스를 데려오게 했다. 그러나 게일륏사는 오레스테스의 변장을 꿰뚫어 봤고, 전갈 내용을 바꿔 아이기스토스에게 전했다. "이제는 혼자 무기 없이 돌아다녀도 안전합니다, 궁전에 반가운 소식이 와 있습니다, 적이 죽었다고 합니다." 이렇게 전했다.[17]

아이기스토스는 별 의심 없이 궁전으로 돌아왔고, 마침 퓔라데스가 놋쇠 단지를 들고 도착해 기분이 더 풀어졌다. 퓔라데스는 스트로피오스가 보냈다면서, 클뤼타임네스트라에게 여기에 오레스테스의 재가 들어 있다고 말했다. 아이기스토스는 처음 전해진 소식이 진짜로 확인됐다고 생각해, 호위대도 완전히 물렀다. 이에 오레스테스는 칼을 빼 들어 손쉽게 그를 내리칠 수 있었다. 클뤼타임네스트라는 그제야 아들을 알아봤고, 가슴을 드러내고 자식의 의무에 호소함으로써 그의 마음을 돌이키려 애썼다. 그러나 오레스테스는 단 한 번 칼을 내리쳐 머리를 베었고, 그녀는 애인의 주검 옆으로 떨어졌다. 오레스테스는 주검 앞에 서서, 궁전 시종들에게 그물을 높이 치켜들면서 큰 소리로 말했다. 아직 핏자국이 선명히 남아 있는, 아가멤논을 죽일 때 썼던 바로 그 그물이었다. 그는 이 그물이 클뤼타임네스트라의 배반을 증명한다면서 그녀를 죽인 것은 죄가 되지 않는다고 목소리를 높였다. 또 아이기스토스는 간부가 받아야 할 벌을 법에 따라 받았을 뿐이라고 주장했다.[18]

k. 아이기스토스와 클뤼타임네스트라를 죽인 것으로 성이 차지 않아, 오레스테스는 다음으로 헬레네라는 이름을 가진 둘의 딸을 처리했다. 퓔라데스는 아이기스토스를 구하러 달려온 나우플리오스의 아들들을 싸워 물리쳤다.[19]

l. 하지만 어떤 이는 이런 일이 아르고스에서 벌어졌다고 전한다. '헤라

축제'의 세 번째 날, 처녀들의 행진이 막 시작되려는 때에 그랬다고 한다. 당시 아이기스토스는, 헤라에게 황소를 제물로 바치기에 앞서, 말 목초지 부근에서 님프들을 위한 연회 준비를 마친 다음 화관으로 머리에 쓸 도금 양 가지를 모으고 있었다. 이와 별도로 다음 이야기도 덧붙인다. 엘렉트라 는 아가멤논의 무덤가에서 오레스테스를 만났을 때, 비록 머리카락이 닮았 고 그가 예복까지 보여 주었지만, 처음에는 그가 동생이라는 것을 믿지 않 으려 했다. 결국, 이마의 흉터를 보고 나서야 그녀는 확신했다. 언젠가 둘이 아이였을 때, 오레스테스가 사슴을 쫓다가 넘어져 날카로운 돌에 머리가 찢어진 일이 있었기 때문이다.

m. 그녀가 나직하게 알려 준 지침에 따라, 오레스테스는 곧장 황소를 막 도축한 제단으로 갔다. 그리고 아이기스토스가 황소의 내장을 살펴보려 허 리를 숙인 틈을 타 제물용 도끼로 그의 머리를 떨어뜨렸다. 그는 머리를 엘 렉트라에게 주었다. 그러는 동안 엘렉트라는 열흘 전에 농부 남편의 아이 를 낳았다고 거짓으로 알려 클뤼타임네스트라를 궁전에서 꾀어냈다. 클뤼 타임네스트라는 자기 첫 손자가 괜찮은지 걱정이 돼 농부의 오두막을 찾아 왔고, 오레스테스는 방문 뒤에서 기다리다 그녀를 무자비하게 죽였다.[20]

n. 다른 이들은, 살해가 아르고스에서 벌어졌다는 점에는 동의하지만, 클 뤼타임네스트라가 크뤼소테미스를 아가멤논의 무덤으로 보내 헌주하도록 했다고 전했다. 꿈에 아가멤논이 되살아나 아이기스토스한테서 자신의 홀 을 낚아채 갔고, 이를 땅에 단단하게 심었는데 거기서 싹이 나고 가지가 뻗 어 올라 뮈케나이 땅 전체를 뒤덮었기 때문이다. 이번 이야기에서도 아이 기스토스와 클뤼타임네스트라는 거짓 소식에 속아 넘어갔는데, 오레스테 스가 퓌티아 제전에서 전차 경주를 하다 사고로 죽었다는 전갈이었다. 그 리고 오레스테스는 엘렉트라에게 자신의 정체를 밝히려 곱슬머리나 수놓

인 예복, 흉터를 보여 준 게 아니었다. 대신 펠롭스의 상아 어깨로 깎아 만든 아가멤논의 인장을 보여 주었다.[21]

o. 또 다른 이야기도 전해진다. 오레스테스는 자기 손으로 클뤼타임네스트라를 죽인 게 아니라 재판을 열어 그녀를 처리하게 했고, 재판관들이 그녀에게 사형을 선고했다고 한다. 하나뿐인 그의 잘못은, 그게 잘못이라 한다면, 그녀를 위해 선처를 호소하지 않았다는 점이다.[22]

1] 에우리피데스: 『오레스테스』 462와 『아울리스의 이피게네이아』 622.

2] 아이스퀼로스: 『아가멤논』 877 ff.와 『제주를 바치는 여인들』 732; 에우리피데스: 『엘렉트라』 14 ff.; 핀다로스: 『퓌티아 제전 송가』 11. 17, 고전 주석자와 함께.

3] 아폴로도로스: 『요약집』 6. 24; 에우리피데스: 같은 곳과 542 ff.; 아이스퀼로스: 『제주를 바치는 여인들』 232.

4] 에우리피데스: 『엘렉트라』 409-412; 소포클레스: 『엘렉트라』 11 ff.; 핀다로스: 『퓌티아 제전 송가』 11. 34-6.

5] 휘기누스: 『신화집』 117; 에우리피데스의 『오레스테스』 33, 764, 1235에 대한 고전 주석자; 에우리피데스: 『타우리케의 이피게네이아』 921; 아폴로도로스: 『요약집』 6. 24; 오비디우스: 『흑해에서 보낸 편지』 3. 2. 95-98.

6] 에우리피데스: 『엘렉트라』 289와 323-325; 아이스퀼로스: 『제주를 바치는 여인들』 431.

7] 호메로스: 『오뒷세이아』 3. 305; 에우리피데스: 『엘렉트라』 320 ff.와 931 ff.; 소포클레스: 『엘렉트라』 267 ff.와 651.

8] 에우리피데스: 『엘렉트라』 33, 320 ff.와 617 ff.; 휘기누스: 『신화집』 119.

9] 에우리피데스: 『엘렉트라』 19 ff., 253 ff., 312 ff.

10] 휘기누스: 『신화집』 122; 알렉산드리아의 헤파이스티온: 『운율에 관하여』 6, 포티오스의 인용 479; 에우리피데스: 『엘렉트라』 60-64; 아이스퀼로스: 『제주를 바치는 여인들』 130 ff.; 소포클레스: 『엘렉트라』 341 ff., 379 ff.와 516 ff.

11] 아폴로도로스: 『요약집』 6. 24; 아이스퀼로스: 『자비로운 여신들』 622와 『제주를 바치는 여인들』 269 ff.

12] 소포클레스: 『엘렉트라』 36-37과 51-52; 에우리피데스: 『오레스테스』 268-270; 아이스퀼로스: 『제주를 바치는 여인들』 1038.

13] 호메로스: 『오뒷세이아』 3. 306 ff.; 소포클레스 『엘렉트라』의 '가설'; 아폴로도로스: 『요약집』 6. 25.

14] 아이스퀼로스: 『제주를 바치는 여인들』.

15] 아이스퀼로스: 같은 곳.

16] 아이스퀼로스: 같은 곳.

17] 아이스퀼로스: 같은 곳.

18] 휘기누스: 『신화집』 119; 아이스퀼로스: 『자비로운 여신들』 592와 『제주를 바치는 여인들』 973 ff.

19] 알렉산드리아의 헤파이스티온: 6, 포티오스의 인용 479; 파우사니아스: 1. 22. 6.

20] 에우리피데스: 『엘렉트라』.

21] 소포클레스: 『엘렉트라』 326과 417 ff.; 47-50과 1223, 고전 주석자와 함께.

22] 베르길리우스의 『아이네이스』 11. 268에 대한 세르비오스.

＊

1. 이번 이야기는 수많은 변형을 갖고 있는 아주 중요한 신화이다. 올림포스 신들의 세계는 헬레네스 도래 이전 가모장제 원칙과 헬레네스의 가부장제 원칙 사이의 종교적 타협 위에서 형성됐다. 먼저, 신들의 가족은 여섯 남신과 여섯 여신으로 구성돼 있다. 불안한 힘의 균형은 아테나 여신이 제우스의 머리에서 다시 태어나고, 디오뉘소스가 그의 넓적다리에서 다시 태어나 신들의 회의에서 헤스티아의 자리를 차지하면서 한쪽으로 기울어졌다(27. k 참고). 이제는 모든 신적 논쟁에서 남성이 우세한 지위를 차지했다. 땅 위에서도 이런 상황이 나타났다. 고대부터 내려온 여신들의 특권은 곳곳에서 도전을 받았고, 도전은 성공적이었다.

2. 모계에 따른 승계는 헬레네스 도래 이전 종교에서 물려받은 핵심 원리 가운데 하나다. 그동안 모든 왕은 반드시 외국인이어야 했고, 여자 상속자와 결혼함으로써 왕좌에 오를 수 있었다. 왕자들은 자기 어머니를 왕국을 떠받치는 기둥이라고 배웠으며, 따라서 모친 살해는 생각조차 할 수 없는 범죄였다. 이들은 옛날부터 내려온 종교적 신화를 수없이 들으면서 자랐을 터인데, 신화에서 신성한 왕은 언제나 그의 여신 아내에게 배신을 당하고 후계자에게 죽임을 당하며 그의 아들이 아버지의 복수를 한다고 나왔다. 이때 아들이 결코 부정한 어머니를 벌하지 않는다는 것도 왕자들은 알고 있었다. 어머니의 모든 행동은 자기가 모시는 여신의 허락을 받은 것이었기 때문이다.

3. 오레스테스 신화가 오래된 것이라는 점은 그와 퓔라데스의 우정에서 분명하게 드러난다. 둘의 관계는 테세우스와 페이리토오스의 관계와 판박이다. 신화의 초기 판본에는 이렇게 나왔을 게 틀림없다. 포키스의 왕자인 오레스테스는 아이기스토스 통치 기간의 여덟 번째 해가 끝날 때 의례에

따라 그를 죽였다. 그리고 클뤼타임네스트라의 딸 크뤼소테미스와 결혼함으로써 새로운 왕이 됐다.

4. 이런 초기 판본의 다른 흔적들은 살아남아 아이스퀼로스, 소포클레스, 에우리피데스 작품 속에 자리를 잡았다. 아이기스토스는 '죽음의 여신 헤라'의 축제 기간에 도금양 가지를 자르다 죽임을 당한다. 그리고 미노스 황소처럼, 제물용 도끼로 머리가 떨어진다. 게일릿사Geilissa가 오레스테스('산사람')를 구출하면서 '들짐승이 수놓인' 예복으로 감쌌고, 개인 교사가 타노스 강의 양치기들 사이에 머물렀다는 대목은 두 가지 모두 익숙한 왕자 이야기를 떠올리게 한다. 왕자는 예복으로 감싸졌고, '산속에' 들짐승의 처분에 맡겨졌고, 양치기의 돌봄을 받았다. 힙포토오스 신화처럼 결국 예복을 통해 신분이 드러난다(49. a 참고). 게일릿사가 자기 아들을 왕가의 희생양으로 내놓는 일은, 종교적 역사에서 매년 왕을 대신해 바치는 아이를 더는 왕족 안에서 찾지 않는 단계에 이르렀음을 암시한다.

5. 그렇다면 사람들은 이번 이야기에 있어 앗티케의 극작가들이 제시한 방식을 얼마나 받아들였을까? 에리뉘에스가 아무런 까닭 없이 신화 속에 등장하지는 않았을 것이다. 알크마이온과 에리퓔레의 신화처럼(107. d 참고), 아들은 어머니에게 어떠한 불복종, 상처, 모욕도 줘서는 안 된다는 도덕적 경고일 가능성이 높다. 그런데 오레스테스의 클뤼타임네스트라 살해는 정녕 있음직하지 않은 대목이다. 오레스테스가 정말로 그렇게 했다면, 호메로스는 분명히 이를 언급했을 것이다. 무엇보다 그에게 "신과 같은"이라 수식어를 붙이지 않았을 것이다. 호메로스는 오레스테스가 아이기스토스를 죽였다고만 기록했다. 그리고 그와 합동으로 증오하는 어머니의 장례 연회를 열었다고 덧붙였다(『오뒷세이아』 3. 306 ff.). 「파로스 섬 연대기」도 이와 비슷하게 오레스테스의 기소장에 모친 살해는 언급하지 않았다. 그렇다면 세르

비오스의 설명이 진실을 담고 있을 가능성이 있다. 오레스테스는 아이기스토스를 죽인 다음 그냥 클뤼타임네스트라를 대중의 정의에 넘겨 버린 것이다. 에우리피데스의 『오레스테스』에서, 튄다레오스가 이를 권고했다는 점이 의미심장하다(496 ff.). 그러나 어머니에게 나름의 이유가 있었다고 감싸주지 않았다는 것은, 그녀가 아무리 사악하게 행동했을지라도, 오래된 신의 섭리에 따라 에리뉘에스의 응징의 대상이 되기에 충분했다.

6. 널리 퍼져 있던 이번 신화에 따르면, 본래 가족 안에서 벌어진 분쟁에 있어 어머니가 아주 강력한 지위를 갖고 있었음을 보여 준다. 아폴론의 사제와 제우스한테서 태어난 아테나의 사제들이 어머니의 강력한 지위를 억제하려 나서면서 상황이 변한 것으로 보인다. 즉, 이 사제들은 오레스테스가 클뤼타임네스트라를 재판에 넘긴 게 아니라, 자신이 직접 그녀를 죽인 다음 그리스의 가장 존경받는 법정에서 무죄 선고를 받았다고 이야기를 바꾸었을 수 있다. 이때 제우스의 지원과 아폴론의 개별적인 개입이 작용했다. 아폴론은 이번 경우와 비슷하게, 알크마이온이 배신한 어머니 에리퓔레를 죽이도록 부추긴 적이 있다. 어머니의 지위가 아버지의 그것보다 더욱 신에 가깝다는 종교의 기본 원리를 무너뜨리는 것이, 이 사제들의 최종적인 의도였다.

7. 이런 수정을 통해 부계 거주 결혼과 부계 상속이 당연한 것이 됐고, 에리뉘에스는 이제 공공연한 반항의 대상이 됐다. 엘렉트라의 이름은 '호박'을 뜻해, '휘페르보레아의 아폴론'에 대한 부계적 숭배를 암시한다. 그녀는 좋은 뜻에서 크뤼소테미스와 비교된다. 그러나 크뤼소테미스의 이름은 오래된 가모장제 법률이 여전히 대부분의 그리스에서 황금으로 통했음을 상기시키고 있으며, 어머니에게 대한 그녀의 '복종'은 당시까지 경건하고 고귀한 것으로 여겨졌다. 엘렉트라는 제우스한테서 태어난 아테나 여신과

마찬가지로, '무엇이든 아버지를 위해' 한다. 반면, 에리뉘에스는 언제나 어머니만을 위해 행동한다. 그럼에도 아이스퀼로스는 에리뉘에스가 아버지의 피에 대한 복수를 맡고 있다는 식으로 얘기하면서 억지로 작품을 밀고 나갔다(『제주를 바치는 여인들』 283-284). 아폴론이 오레스테스에게 자기 어머니를 죽이지 않으면 나병에 걸릴 것이라 위협하는 장면은 가장 무모한 대목이다. 나병에 걸리거나 낫는 것은 오랫동안 하얀 여신 레프레아Leprea 또는 알피토Alphito만 관할했다(『하얀 여신』, 24장). 이어진 이야기에서 에리뉘에스 자매가 모두 아폴론의 델포이 통치에 동의한 게 아닌 것은 이 때문이다. 에우리피데스도 디오스쿠로이가 아폴론의 명령은 너무나 어리석었다고 이야기하는 장면을 끼워 넣어 여성 관객들을 달랬다(『엘렉트라』1246).

8. 엘렉트라가 동생을 알아보는 장면과 오레스테스가 아이기스토스와 클뤼타임네스트라를 죽이는 일의 플롯이 이처럼 많이 변주된 것은, 고전기 극작가들이 전통에 얽매이지 않았다는 걸 증명하는 측면에서만 흥미롭다. 이들의 작품은 고대 신화의 새로운 변형이었다. 소포클레스와 에우리피데스는 양쪽 모두 아이스퀼로스를 바탕으로 삼아 개선을 시도했다. 그가 사건의 흐름을 더욱 그럴싸하게 만들어 처음으로 체계화했기 때문이다.

114
오레스테스의 재판

뮈케나이인들은 전대미문의 행동에도 오레스테스를 지지했으며, 클뤼타임네스트라와 아이기스토스의 주검을 도시 안에 두는 것을 허락하지 않고 성벽 너머 멀리 매장했다.[1] 그날 밤, 오레스테스와 퓔라데스는 누가 훔쳐가지 못하도록 클뤼타임네스트라의 무덤에서 보초를 섰다. 불침번을 서는 동안, 뱀의 머리카락, 개의 머리, 박쥐의 날개를 한 에리뉘에스가 나타나 들고 있던 채찍을 휘둘렀다. 이들의 맹렬한 채찍질에 아폴론이 준 뼈로 된 활도 소용이 없었고, 오레스테스는 결국 정신을 잃고 쓰러졌다. 그는 침대에서 망토로 머리를 싸매고 먹지도 씻지도 않으면서, 엿새 동안 꼼짝도 못한 채 누워 있었다.

b. 늙은 튄다레오스가 스파르테에서 넘어와, 오레스테스를 모친 살해로 고발하면서 뮈케나이 족장들을 불러 이 사건을 재판하도록 했다. 튄다레오스는 재판이 열릴 때까지 누구도 오레스테스와 엘렉트라에게 말을 걸 수 없으며, 둘에게 쉴 곳도 불도 물도 주지 말라고 준엄하게 명했다. 이에 오레스테스는 심지어 피 묻은 손조차 씻을 수 없었다. 뮈케나이 거리에는 무장한 시민들이 줄지어 섰다. 나우플리오스의 아들 오이악스는 아가멤논의 자

식들을 괴롭힐 기회가 왔다며 즐거워했다.[2]

c. 그러는 동안, 메넬라오스는 보물을 가득 싣고 나우플리아에 상륙했고, 그곳 어부에게서 아이기스토스와 클뤼타임네스트라가 살해됐다는 이야기를 들었다. 그는 헬레네를 먼저 뮈케나이로 보내 그 소식이 사실인지 알아보게 했다. 다만, 트로이아에서 죽은 이들의 친척이 그녀에게 돌을 던질까 걱정해 밤에 가도록 했다. 헬레네는 사람들 앞에서 자매인 클뤼타임네스트라를 위해 애도하는 것에 부끄러움을 느꼈다. 자신의 부정행위 탓에 훨씬 더 많은 피가 흘렀기 때문이다. 헬레네는 신음하는 오레스테스를 보살피고 있던 엘렉트라에게 물었다. "바라건대, 조카야, 내 머리카락을 가져다 클뤼타임네스트라의 무덤에 올려다오. 그녀의 영혼을 위해 제주도 부어 주렴." 엘렉트라는 헬레네가 허영심에 자기 머리카락의 끝만 살짝 자르는 것을 보고, 부탁을 거절했다. 그리고 퉁명스럽게 답했다. "그쪽 따님 헤르미오네를 대신 보내세요." 이에 헬레네는 궁전에서 헤르미오네를 불러냈다. 그녀는 자기 어머니가 파리스와 눈이 맞아 도망갈 때 아홉 살에 불과했고, 트로이아 전쟁이 일어나자 메넬라오스는 그녀를 클뤼타임네스트라에게 맡겼다. 그럼에도 그녀는 헬레네를 즉시 알아보고 예의 바르게 시키는 대로 했다.[3]

d. 메넬라오스는 궁전으로 들어갔고, 장인인 튄다레오스가 그를 맞았다. 튄다레오스는 애도의 뜻으로 상복을 입고 있었으며, 그가 자기 주카들을 징벌하기 전에는 스파르테 땅에 발을 들이지 말라고 경고했다. 튄다레오스는 오레스테스가 자신의 동료 시민들이 클뤼타임네스트라를 추방하도록 놔두는 것에 만족했어야 했다고 주장했다. 사람들이 그녀의 죽음을 요구한다면, 그는 어머니를 위해 탄원해야 했고, 일이 이렇게 됐으니, 오레스테스뿐 아니라 그를 격려했던 엘렉트라까지 모친 살해로 돌에 맞아 죽는 벌을 받아야 한다는 데 사람들은 좋든 싫든 동의해야 한다. 튄다레오스는 뜻이

군건했다.

e. 튄다레오스를 불쾌하게 만들까 두려워, 메넬라오스는 원하는 판결을 받아 냈다. 다만, 오레스테스의 유창한 항변과 퓔라데스의 지원이 힘을 발휘해, 재판관들은 자살로 감형해 주었다. (퓔라데스는 살해에 참여했다는 이유로 스트로피오스에게 의절을 당한 상태였다.) 그런데 퓔라데스는 고귀하게도 오레스테스는 물론 이제 약혼까지 한 엘렉트라를 버리지 않았다. 그는 이제 셋이 모두 죽어야 하니 먼저 이 모든 불행을 촉발한 헬레네를 죽여 메넬라오스의 비겁함과 불충함을 벌하자고 제안했다. 일단, 엘렉트라가 계획을 실행하려 성벽 밖에서 기다렸다. 클뤼타임네스트라의 무덤에서 돌아오는 헤르미오네를 중간에서 가로채 인질로 잡아 두겠다는 계획을 세웠다. 다음으로, 오레스테스와 퓔라데스는 망토 안에 칼을 숨긴 채 애도하러 온 사람처럼 꾸미고 궁전 안으로 들어가 중앙 제단에 자리를 잡았다. 헬레네는 멀지 않은 곳에 앉아 클뤼타임네스트라의 무덤을 덮어 줄 자줏빛 예복을 짓기 위해 털실을 잣고 있었다. 그녀는 이들이 거짓으로 애통해하는 모습에 속아 인사를 건네려 다가갔다. 그러자 두 사람은 칼을 빼 들었고, 퓔라데스가 헬레네의 프뤼기아 노예들을 내쫓는 동안, 오레스테스는 그녀를 죽이려 달려들었다. 그러나 아폴론이 제우스의 명령을 받고 그녀를 구름에 싸서 올림포스로 데려갔다. 헬레네는 거기서 불사의 몸이 돼, 오라비 디오스쿠로이과 함께 조난당한 뱃사람들의 수호자가 됐다.[4]

f. 그러는 동안, 엘렉트라는 헤르미오네를 손에 넣고, 궁전 안으로 데리고 들어가 안에서 문을 잠갔다. 메넬라오스는 딸이 죽임을 당할 것 같아 즉각 구출하도록 주위에 명했다. 부하들이 문을 부수고 들어가자, 오레스테스는 궁전에 불을 지르려 했다. 칼로든 불로든 헤르미오네를 죽이고 자신도 죽으려 한 것이다. 이때, 아폴론이 때마침 나타나 그의 손에서 횃불을 빼앗

고 메넬라오스의 부하들도 쫓아냈다. 신에 대한 경외감으로 고요함이 흘렀고, 아폴론은 메넬라오스에게 다른 아내를 얻도록 하고, 헤르미오네는 오레스테스와 약혼을 시키고, 돌아가 스파르테를 다스리라고 명했다. 신들이 관여한 이상, 클뤼타임네스트라의 살해는 더는 그와 관계가 없다고 선언했다.[5]

g. 오레스테스는 자신이 아폴론의 보호 아래 있다는 것을 보여 주려 털실로 둥글게 엮은 월계수 가지와 화관을 가지고 델포이를 향해 출발했다. 여전히 에리뉘에스가 따라다니며 괴롭혔기 때문이다. 여사제 퓌티아는 그가 탄원자로서 대리석으로 만든 배꼽에 웅크리고 있는 모습을 보고 두려움에 떨었다. 신성한 돌이 그의 씻지 못한 손 때문에 피로 더럽혀졌고, 흉측한 검은 에리뉘에스가 무리를 이뤄 그의 곁에서 잠을 자고 있었던 것이다. 하지만 아폴론은 자신이 오레스테스를 지킬 것이라 약속함으로써 여사제를 안심시켰고, 오레스테스한테는 용기를 갖고 시련에 맞서라고 명했다. 얼마간의 망명 기간이 끝나고, 그는 이제 아테나이로 가서 오래된 아테나 여신의 조각상을 껴안아야 했다. 그렇게 해야만, 디오스쿠로이가 이미 예언했듯, 아테나가 고르곤 얼굴의 아이기스로 그를 보호해 주고 저주도 풀어 줄 것이기 때문이다.[6] 에리뉘에스가 깊게 잠들어 있는 동안, 오레스테스는 헤르메스의 인도를 받아 그곳을 벗어났다. 그러나 클뤼타임네스트라의 혼령이 곧장 그 구역으로 들어와, 에리뉘에스에게 자기 손으로 포도주로 제주를 올렸고 한밤의 연회를 차렸다는 점을 상기시키면서 제 할 일을 하게 했다. 에리뉘에스는 이에 새롭게 오레스테스를 추적하기 시작했다. 아폴론이 화를 내며 그들을 활로 쏘겠다고 위협했지만, 이를 비웃을 뿐이었다.[7]

h. 오레스테스의 망명은 1년 동안 이어졌다. 본래 살인자는 동료 시민들에게 되돌아오려면 1년이 경과해야 했다. 오레스테스는 땅과 물을 건너 멀리 떠돌아다녔고, 지칠 줄 모르는 에리뉘에스는 그를 계속 뒤쫓아 왔다. 돼

지 피와 흐르는 물, 두 가지로 계속해 자신을 정화했지만, 이런 의식이 끝나고 한두 시간만 지나면 어김없이 자신을 괴롭히는 신들이 다시 찾아왔고 그는 제정신을 잃었다. 처음에는 헤르메스가 그를 보호해 트로이젠까지 데려갔다. 거기서 지금은 '오레스테스의 오두막'이라 부르는, 아폴론의 성역을 마주하는 곳에 묵었다. 머지않아 트로이젠 사람 아홉 명이 와서 '늑대의 아르테미스' 신전과 가까운 '신성한 바위'에서 그를 정화했다. 힙포크레네 샘에서 떠온 물과 제물로 바친 짐승의 피를 사용했다. 의식이 끝나고 희생제물이 파묻힌 자리에는 지금도 아주 오래된 월계수나무가 자라고 있다. 이 아홉 명의 후손들은 지금도 매년 날을 잡아 오레스테스의 오두막에 모여 함께 식사를 한다.[8]

i. 크라나에 섬 맞은편, 귀티온에서 3펄롱[약 600미터] 거리에 '구제자 제우스'의 바위라고 부르는, 사람 발길이 닿지 않는 바위가 서 있다. 오레스테스는 그 위에 앉아 잠시 자신의 광기에서 풀려났다. 그는 또 이탈리아의 레기온 부근 일곱 개의 시내, 트라케 헤브로스의 지류 세 곳, 안티오케이아를 지나 흐르는 오론테스에서도 정화를 받았다고 전한다.[9]

j. 메갈로폴리스에서 멧세니아까지 이어지는 높은 길에서 7펄롱[약 1400미터] 아래로 왼쪽에 '미친 여신들'의 성역이 보인다. 이는 에리뉘에스의 별칭으로, 오레스테스에게 발작하듯 격심한 광기를 불러일으켰기에 이런 이름을 얻었다. 거기에는 작은 동산도 있는데, 꼭대기에는 손가락 모양의 돌이 있어 '손가락 무덤'이라 부른다. 이곳에서 그는 절망에 빠져 이 검은 여신들을 달래기 위해 손가락을 물어 끊었고, 이로 인해 최소한 이들 가운데 일부는 그 색깔이 하얗게 바뀌었고 그도 제정신을 되찾았다. 그다음 오레스테스는 아케라 부르는 가까운 성역에서 머리를 깎고, 속죄의 제물을 검은 여신들에게, 감사의 제물을 하얀 여신들에게 바쳤다. 거기서는 오늘날

하얀 여신들에게 세 우미의 여신과 함께 공동으로 제물을 바친다.[10]

k. 다음으로 오레스테스는 파라시아 평원으로 가서 아자니아 사람들, 아르카디아족과 함께 살았다. 이곳은, 뤼카온의 아들 오레스테우스를 따라 오레스타시온이라 불렀던 이웃 도시와 함께, 오레스테이온으로 새로 이름을 바꾸었다. 하지만 누구는 오레스테이온이 예전에는 아자니아라 불렸으며, 오레스테스가 아테나이를 방문한 직후 바로 거기 가서 살았다고 전한다. 다른 이들은 그가 그리스 북서부 에페이로스에서 망명 생활을 했으며, 거기서 '오레스테스의 아르고스'라는 도시를 세웠으며, 일뤼리아 산맥의 바위투성이 작은 언덕에 사는 에페이로스 사람들이 그의 이름을 따라 '오레스타이 파로라에이'라 불리게 됐다고 전한다.[11]

l. 한 해가 흐른 다음, 오레스테스는 아테나이로 갔다. 당시 아테나이는 그의 친척인 판디온이 다스리고 있었다. 그러나 어떤 이는 데모포온이 다스렸다고 전한다. 그는 곧장 아크로폴리스의 아테나 신전으로 갔고, 자리에 앉아 여신의 조각상을 껴안았다. '검은 에리뉘에스'도 가쁜 숨을 토하면서 곧이어 도착했다. 직전에 그가 코린토스 지협을 건너는 동안 놓쳤다가 이제 따라잡은 것이다. 처음에는 신들의 미움을 살까 싶어 아무도 그를 맞아 주지 않았다. 머지않아 누가 용기를 내 그를 자기 집으로 초대했지만, 따로 떨어진 식탁에 앉아 포도주 잔도 따로 써야 했다.[12]

m. 에리뉘에스는 아테나이인들을 상대로 그를 고발했고, 튄다레오스도 아이기스토스와 클뤼타임네스트라의 딸인 손녀 에리고네와 함께 여기에 힘을 보탰다. 어떤 이는, 이카리오스의 아들인, 클뤼타임네스트라의 사촌 페릴라오스도 함께했다고 전한다. 아테나 여신은 새로 획득한 트로이아 영토의 스카만드로스에서 오레스테스의 탄원을 듣고 서둘러 달려왔다. 여신은 가장 고결한 아테나이 시민들을 뽑아 재판관으로 취임 선서를 하도록

하고, 아레오파고스 재판소를 열었다. 이제 그곳에서 두 번째 살인 사건 재판이 열리게 된 것이다.[13]

n. 재판은 예정된 절차에 따라 진행됐다. 아폴론이 피고의 변호사로 나섰고, 에리뉘에스의 맏언니가 공소 검사였다. 아폴론은 열정적으로 변론을 펼치면서 어머니 지위의 중요성을 부인했다. 여성은 제힘으로 아무것도 못 하는 밭고랑에 불과하며, 남편이 씨앗을 심어야 제구실을 한다고 주장했다. 또, 아버지는 자식을 낳은 부모 가운데 이름값을 하는 쪽이기에 오레스테스의 행동은 넉넉히 정당화될 수 있다고 강조했다. 재판관 투표의 결과는 가부 동수였다. 아테나는 자신이 온전히 아버지의 편이라고 고백하면서 캐스팅보트를 오레스테스에게 던졌다. 오레스테스는 이렇게 명예롭게 무죄를 선고받았고, 그는 기뻐하며 목숨이 붙어 있는 한 아테나이의 충실한 동맹이 될 것이라 맹세하고, 아르골리스로 돌아갔다. 하지만 에리뉘에스는 벼락출세한 신들이 이렇게 고대의 법률을 뒤집은 것을 두고 큰 소리로 통탄했다. 그리고 에리고네는 굴욕감에 스스로 목을 맸다.[14]

o. 헬레네의 마지막과 관련해서는 세 가지 모순되는 설명이 있다. 첫 번째, 프로테우스의 예언대로 그녀는 스파르테로 돌아가 거기에서 메넬라오스와 평화롭고 안락하게 번영을 누리며 살았고, 끝으로 둘은 손에 손을 잡고 '엘뤼시온 평원'으로 갔다. 두 번째, 그녀는 메넬라오스와 함께 타우리케인들에게로 갔고, 거기서 이피게네이아는 이 둘을 아르테미스에게 제물로 바쳤다. 세 번째, 로도스의 왕 틀레폴레모스의 미망인 폴뤽소가 자기를 모시는 여인들 몇몇을 에리뉘에스로 변장시켜 헬레네에게 보내 그녀를 목매달았다고 한다. 남편의 죽음에 대한 복수였다.[15]

1] 파우사니아스: 『그리스 여행기』 2. 16. 5.

2] 에우리피데스: 『오레스테스』.

3] 호메로스: 『오뒷세이아』 3. 306 ff.; 아폴로도로스: 『요약집』 3. 3; 에우리피데스: 같은 작품.

4] 에우리피데스: 같은 작품.

5] 에우리피데스: 같은 작품.

6] 휘기누스: 『신화집』 120; 아이스퀼로스: 『제주를 바치는 여인들』 1034 ff.와 『자비로운 여신들』 34 ff., 64 ff., 166-167; 에우리피데스: 『엘렉트라』 1254-1257.

7] 아이스퀼로스: 『자비로운 여신들』 94. ff., 106-109와 179 ff.

8] 아스클레피아데스, 에우리피데스의 『오레스테스』 1645와 관련해 고전 주석자가 인용; 아이스퀼로스: 『자비로운 여신들』 235 ff와 445 ff.; 파우사니아스: 2. 31. 7과 11.

9] 파우사니아스: 3. 22. 1; 바로, 베르길리우스의 『시선』 1. 4와 관련해 프로부스가 인용, 케일 편집; 람프리디오스: 『헬리오가불루스의 생애』 7. 809; 리바니오스: 11. 366d.

10] 파우사니아스: 8. 34. 1-2.

11] 에우리피데스: 『오레스테스』 1645-1647과 『엘렉트라』 1254 ff.; 파우사니아스: 8. 3. 1; 비잔티움의 스테파누스, '아자니아' 항목; 스트라본: 『지리학』 7. 7. 8.

12] 아리스토파네스의 『기사』 95에 대한 고전 주석자; 『아카르나이 구역민들』 960; 『파로스 섬 연대기』 40 ff.; 체체스: 『뤼코프론에 관하여』 1374; 아이스퀼로스: 『자비로운 여신들』 235 ff.; 에우리피데스: 『타우리케의 이피게네이아』 947 ff.

13] 아폴로도로스: 『요약집』 6. 25; 파우사니아스: 8. 34. 2; 아이스퀼로스: 『자비로운 여신들』 397, 470 ff.와 681 ff.

14] 에우리피데스: 『타우리케의 이피게네이아』 961 ff.; 아이스퀼로스: 『자비로운 여신들』 574 ff., 734 ff.와 778 ff.; 『어원 대사전』 42: '아이오라' 항목.

15] 호메로스: 『오뒷세이아』 4. 561; 알렉산드리아의 헤파이스티온: 4.; 파우사니아스: 3. 19. 10.

✳

1. 클뤼타임네스트라의 에리뉘에스가 오레스테스를 광기에 빠지게 했다는 전승은 앗티케 극작가들의 발명품으로 일축해 버릴 수는 없다. 이런 전승은 일찍이 그리스뿐 아니라 그리스 권역에도 퍼져 있었다. 오이디푸스도 에리뉘에스가 따라다니며 괴롭혀 죽였는데, 오이디푸스는 어머니를 죽인 게 아니라 의도치 않게 그녀가 자살하게 만들었다(105. k 참고). 이와 동일하게, 오레스테스의 모친 살해도 간접적이었을 것으로 보인다. 즉, 그는 뮈케나이인들의 사형선고에 반대하지 않음으로써 자식의 의무를 다하지 못했던 것이다. 메넬라오스와 튄다레오스의 요구로 오레스테스에 대해 사형이 선고됐던 것처럼, 법정은 아주 쉽게 흔들렸다.

2. 에리뉘에스는 금기를 깬 사람을 죽였을 때 찾아오는 양심의 찌르는 듯한 고통을 인격화한 것이다. 이런 현상은 멜라네시아의 토착 신앙 쪽에서 지금도 관찰된다. 거기에선 사람이 미쳐 버리거나 코코넛 나무 위에서 뛰어내린다. 또는 오레스테스처럼 머리를 망토로 감싸고 굶어 죽을 때까지 먹거나 마시기를 거부한다. 다른 사람은 아무도 모를 경우에도 그렇다. 바울도 때마침 아나니아Ananias가 나타나지 않았다면, 다마스쿠스에서 비슷한 운명을 겪었을 것이다(「사도행전」 9장 9절 이하). 그리스인들이 피의 죄를 씻는 일반적인 방식으로, 먼저 살인자는 돼지를 제물로 바쳐 죽은 이의 혼령이 게걸스럽게 그 피를 마시게 했다. 그러는 동안 그는 흐르는 물에 들어가 씻은 다음, 제 모습을 바꾸려 머리를 깎고 1년 동안 망명을 떠났다. 이렇게 하면 복수의 혼령이 더는 냄새를 맡고 쫓아오지 못한다는 것이다. 이런 방식으로 정화가 끝날 때까지, 이웃들은 불운을 불러올 수 있어 그를 피한다. 그의 문제에 얽혀들까 봐 자기 집에 들이지도 않고 음식을 나눠 주지도 않는다. 그럼에도 혼령이 남은 가족에게 복수를 요구할 경우, 그에게는 여전히 피해자의 가족 문제가 남는다. 하지만 어머니의 피는 아주 강력한 저주를 동반하기 때문에, 일반적인 정화 방식은 통하지 않았다. 자살하는 게 아니라면, 가장 극단적인 방법은 손가락을 물어 끊는 것이다. 이렇게 자기 몸을 잘라 내는 것이 오레스테스의 경우에 최소한 부분적으로는 성공한 것으로 보인다. 헤라클레스도 분개한 헤라를 달래기 위해 손가락을 물어 끊었을 것인데, '네메아의 사자'와 드잡이를 벌이다 손가락을 잃었다고 나온다 (123. e 참고). 남태평양의 일부 지역에서는 가까운 친척이 죽으면 자연사인 경우라도 언제나 손가락 마디를 잘랐다. 아이스퀼로스는 『자비로운 여신들』(397 ff.)에서 오레스테스가 트로아스Troad로 달아나 잘 살았다는 전승을 감추고 있는 것으로 보인다. 거기서 아테나의 보호 아래, 스카만드로스 강

에서 떼어 낸 토사의 땅에서, 에리뉘에스의 괴롭힘도 받지 않고 저주를 벗어났다는 전승이 있었다(107. e 참고). 그렇지 않다면, 왜 하필이면 트로아스를 언급했겠는가?

3. 망자를 달래는 의식이 고전기에 개선되면서 피 대신에 포도주를 제주로 뿌리고, 수확한 작물 전체 대신 머리카락을 조금 잘라 바치게 됐다. 그러나 그 의미는 잊혔다. 오늘날 검은 상복을 입는 일이, 자신의 예전 모습을 바꿈으로써 혼령을 속이려는 고대의 관습에서 비롯됐다는 것을 의식하지 못하는 것도 이와 마찬가지다.

4. 에우리피데스가 헬레네와 메넬라오스의 뮈케나이 귀환 뒤 벌어진 일에 대해 상상에 근거해 설명한 대목은 헬레네의 극적인 신격화를 빼면 신화적 요소가 전혀 없다. 달의 여신으로서 헬레네는 쌍둥이자리를 별자리로 인식하기 훨씬 전부터 뱃사람들의 여자 후원자였다. 에우리피데스의 작품은 아이스퀼로스와 마찬가지로 종교적 선전물이었다. 오레스테스에 대한 면죄는 가부장제의 마지막 승리를 기록한 것이다. 이는 아테나이에서 이루어졌는데, 거기에서 아테나 여신은 직접적인 모친 살해조차 묵인했다. 사실, 아테나는 예전에 리비아의 네이트Neith 또는 팔레스타인의 아나타Anatha로서 최고 권력의 가모장이었는데, 이제는 제우스의 머리에서 다시 태어났고 아이스퀼로스가 주장한 대로 신적인 어머니가 아니라고 스스로 인정했다. 아테나이의 극작가들은 그리스의 다른 곳에선 이런 혁명적 변화를 결코 받아들이지 않는다는 것을 알고 있었다. 이에 에우리피데스는 스파르테의 대표자로서 튄다레오스를 출연시켜, 오레스테스는 죽어야 한다고 열정적으로 선언하도록 한 것이다. 디오스쿠로이도 위험을 무릅쓰고 범죄를 자극했다고 감히 아폴론을 비난하게 했다.

5. 오레스테스의 이름은 '산사람'이라는 뜻인데, 그가 아르카디아의 거

친 산악 지대와 연결돼 있음을 표시한다. 하지만 뮈케나이의 어떤 왕도 거기 가봤을 것 같지 않다.

6. 헬레네의 죽음에 대한 대체 가능한 여러 변형은 서로 다른 이유가 각각 작용했다. 첫 번째는 테라프네Therapne의 헬레네와 메넬라오스 숭배를 설명하려는 의도이다. 두 번째는 오레스테스의 타우리케 방문 이야기에 대한 극장식 변형이다(116. a-g 참고). 세 번째는 로도스 사람들의 '헬레나 덴드리티스Helena Dendritis'('나무의 헬레네') 숭배에 대한 설명이다. 이는 아리아드네와 다른 에리고네와 동일한 캐릭터이다(79. 2와 88. 10 참고). 이번 에리고네도 역시 목을 맸다.

115
에리뉘에스를 달래다

오레스테스는 무죄 선고에 대한 감사의 뜻으로 '전쟁을 좋아하는 아테나'에게 제단을 바쳤다. 그러나 에리뉘에스는 판결이 번복되지 않는다면 자기네 심장의 피 한 방울을 떨어뜨리겠다고 위협했다. 그렇게 되면 땅은 황폐해지고, 작물은 엉망이 되고, 아테나이의 모든 가축의 새끼는 죽을 터였다. 아테나는 아첨으로 그들의 분노를 누그러뜨렸다. 그들이 자기보다 훨씬 더 현명하다고 하면서, 아테나이의 작은 동굴 안에 마련한 거처에 머물 것을 제안했다. 거기에는 다른 어디에서도 불가능할 만큼 많은 숭배자가 떼로 모여들 것이라 했다. 지하세계 신들에게 맞는 화로 제단이 차려질 것이며, 결혼식이 열리거나 아이가 태어나면 횃불을 밝히고 진지한 제물과 제주, 햇과일을 올릴 것이고, 에레크테이온 안에 따로 자리도 마련하겠다고 했다. 만약 에리뉘에스가 이번 요청을 수락한다면, 그들을 숭배하지 않는 집안은 번성하지 못할 것이라는 법령도 포고할 것이다. 다만, 에리뉘에스는 이 모든 것을 받으려면 아테나이의 배들에게 순풍을, 아테나이의 땅에 풍작을, 아테나이 백성들에게 많은 자손을 내려달라고 기원해야 한다는 조건을 달았다. 자신이 전쟁에서 아테나이에게 승리를 내줄 수 있게 불경한 자들이 발붙이지 못하게 해야 했다. 에리뉘에스는 잠시 숙고한 뒤 정중하게 이 제안에 동의했다.

b. 에리뉘에스는 고맙다고 하면서 아테나이인들의 행복을 빌어 주고, 바람과 가뭄, 병충해, 난동을 막는 주문을 읊은 다음 아테나이에 이별을 고했다. 이때부터 이 자매들은 '엄숙한 여신들'이라 불리게 됐다. 이제 처녀와 부인, 노파들이 이들을 (자줏빛 옷을 입고 아테나 여신의 옛 조각상을 들고서) 횃불을 들고 행렬을 지어 아레오파고스의 남동쪽 모서리에 있는 깊숙한 작은 동굴의 입구까지 인도했다. 이들은 이곳에서 격에 맞는 제물을 받은 다음, 작은 동굴 아래로 내려갔다. 그곳은 지금 신탁의 전당으로 통하며, '테세우스의 성역'과 같이 탄원자들의 피난처가 되고 있다.[1]

c. 그러나 아테나의 후한 제안은 에리뉘에스의 세 자매만 받아들였을 뿐이며, 나머지는 계속 오레스테스를 따라다니며 괴롭혔다. 심지어 어떤 이는 엄숙한 여신들조차 에리뉘에스가 아니라 다른 신들이라 할 정도였다. '에우메니데스'라는 이름의 경우, 오레스테스가 다음 해에 처음으로 에리뉘에스를 이렇게 불렀다. 그가 [지금의 크림 반도인] 타우리케의 케르소네소스에서 대담한 모험을 마무리 짓고, 카르네이아에서 검은 양을 통째로 구워 바치는 전번제를 통해 마침내 이들의 분노를 달래는 데 성공한 뒤에 그렇게 했다. 콜로노스에서도 이들을 에우메니데스라고 부르며, 거기에선 누구도 이들의 오래된 숲에 들어가지 못한다. 나중에 오레스테스는 아카이아의 케뤼네이아에서 죽기 직전 여신들에게 새로운 성역을 바쳤다.[2]

d. 아테나이에 있는 '엄숙한 여신들'의 작은 동굴은 모든 이에게 열려 있지만, 오직 두 번째 운명의 사람은 제외다. 다시 말해 죽었다고 너무 일찍 애도를 받은 사람만은 들어갈 수 없다. 거기 있는 에리뉘에스의 세 조각상은 옆에 함께 서 있는 지하세계의 신들, 즉 하데스와 헤르메스, 어머니 대

지만큼이나 끔찍한 용모를 하고 있다. 아레오파고스에서 살해 혐의에 대한 무죄 선고를 받은 사람들은 여기에서 검은색 제물을 바쳤다. 아테나의 약속에 따라 엄숙한 여신들은 셀 수 없을 만큼 많은 공물을 받았다. 아레오파고스에서는 달마다 사흘을 따로 떼어내 밤에 살인 사건 재판을 열었다. 이 사흘은 이들에게 각각 하루씩 할당된다.[3]

e. 엄숙한 여신들의 종교 의식은 침묵 속에 진행된다. 이런 이유로 사제의 지위는 헤쉬코스 가문 안에서 세습된다. 이들은 사전 준비로 먼저 아홉 개 성문 밖에 있는 자기네 조상 헤쉬코스의 영웅 전당에 숫양 제물을 바친다.[4]

f. 엄숙한 여신들은 앗티케의 작은 마을 플뤼아에서 화로 제단도 받았다. 아소포스 강의 상류 쪽 티타네 부근에 있는 늘푸른떡갈나무 숲은 이 여신들에게 신성하다. 매년 열리는 플뤼아 축제에서는 새끼 밴 양을 제물로 바치며, 물을 섞은 벌꿀 제주를 땅에 붓고, 보통의 도금양 화관 대신에 꽃을 두른다. 비슷한 의식이 운명의 여신들 제단에서도 거행된다. 이 제단은 떡갈나무 숲 안에 날씨로부터 보호받지 못한 채 서 있다.[5]

1] 파우사니아스: 『그리스 여행기』 1. 28. 5-6; 포르퓌리오스: 『님프의 동굴에 관하여』 3; 에우리피데스: 『엘렉트라』 1272; 아리스토파네스: 『기사』 1312; 아이스퀼로스: 『자비로운 여신들』 778-1047.

2] 에우리피데스: 『타우리케의 이피게네이아』 968 ff.; 극작가 필레몬, 소포클레스의 『콜로노스의 오이디푸스』 42와 관련해 고전 주석자가 인용; 아이스퀼로스의 『자비로운 여신들』에 대한 '가설'; 파우사니아스: 7. 25. 4; 소포클레스: 『콜로노스의 오이디푸스』 37과 42-43.

3] 헤쉬키오스, '데우테로포트모이' 항목; 필레몬, 소포클레스와 관련해 고전 주석자가 인용: 같은 곳 및 89; 파우사니아스: 1. 28. 6; 아이스키네스의 『티마르코스에 반대한다』 1. 188c에 대한 고전 주석자; 루키아노스: 『집에 관하여』 18; 아이스퀼로스: 『자비로운 여신들』 705.

4] 헤쉬키오스, '헤쉬키다이' 항목.

5] 파우사니아스: 1. 31. 2와 2. 11. 4.

＊

1. 앗티케를 위협했던 에리뉘에스의 "심장의 피"는 생리혈에 대한 완곡 표현인 것 같다. 태곳적부터 내려오는 마법인데, 마녀가 어떤 집안이나 경작지, 외양간에 저주를 내리고 싶으면 생리 기간에 그 주위를 벌거벗은 채 태양 반대 방향으로 아홉 바퀴 달렸다. 특히 월식 기간에 이런 저주가 내린다면 곡식과 가축, 아이들에게 가장 위험하다고 생각했다. 만약 마녀가 처음 생리를 하는 처녀라면 위험할 뿐 아니라 피하는 것조차 불가능하다고 여겼다.

2. 희극 작가 필레몬[1]이 올바르게도 아테나이에서 에리뉘에스와 '엄숙한 여신들the Solemn Ones'을 동일시하는 것에 대해 의문을 제기했다. 최고 권위의 여러 출처를 보면, 에리뉘에스 자매는 티시포네, 알렉토, 메가이라 등 셋으로만 이루어져 있다(31. g 참고). 이들은 아테나이가 아니라 에레보스 Erebus에서 영원히 살았다. 이들은 개의 머리, 박쥐의 날개, 뱀의 머리카락을 가지고 있다. 그러나 파우사니아스가 지적한 것처럼, 엄숙한 여신들은 위엄 있는 부인들이었다. 아테나의 제안은, 사실 아이스퀼로스가 기록했던 대로가 아니라, 제우스한테서 태어난 아테나의 사제들이 엄숙한 여신들의 여사제들에게 보내는 최후통첩이었다. 이때 엄숙한 여신들은 먼 옛날부터 내려온 아테나이의 '세 모습 여신'일 것이다. 만약 아버지의 지위가 어머니 쪽보다 우월하다는 새로운 시각을 수용하고, 작은 동굴을 하데스와 헤르메스 등 지하세계의 남성 신들과 공유하지 않는다면, 모든 숭배 의식을 철폐하겠다는 위협이었다. 심지어 전통적 특권인 햇과일 공물도 금하겠다고 했다.

3. "두 번째 운명의 사람"은 지하세계 여신들의 동굴에 들어갈 수 없었

---

1) 극작가 필레몬Philemon the Comedian: 기원전 3세기 아테나이에서 활동한 극작가.

다. 자기 백성이 아직도 위쪽 세상에서 활개를 치고 돌아다닌다고, 여신들이 혹시 성을 낼지 모르기 때문이다. 지금도 인도에서는 화장을 위해 강가의 계단으로 가는 길에 죽었다는 사람이 깨어나면, 사람들은 이런 종류의 당혹스러움을 느낀다. 지난 세기에도 이렇게 깨어난 사람은 공식적으로 없는 사람이 되고 멀리 죽은 자들의 감옥 식민지로 몰래 보냈다고 러디어드 키플링Rudyard Kipling이 전했다. "늘푸른떡갈나무"는 케름 떡갈나무라고도 부르는데, 거기에 케름 열매가 열리기 때문이다. 그리스인들은 여기에서 진홍색 염료를 추출했다. 늘푸른떡갈나무는 신성한 왕을 죽이는 후계자의 나무였다. 따라서 엄숙한 여신들의 숲에 있는 게 적절하다. 새끼 밴 양과 꿀, 꽃을 바치는 것은, 양 떼가 새끼를 낳는 동안 해를 끼치지 않고, 꿀벌에게 은혜를 베풀고, 목초지가 우거지게 해달라는 기원이다.

4. 에리뉘에스가 아테나와 아폴론의 중재에도 계속 오레스테스를 뒤쫓았다는 대목은, 원본 신화에서, 그가 정화를 위해 아테나이와 포키스로 갔지만 성공하지 못했다는 것을 암시한다. 에리퓔레 신화에서 알크마이온은 프소피스와 테스프로티아로 갔지만 성공하지 못했다. 오레스테스는 어느 강에서도 토사로 새로 생긴 땅에서 평화를 찾았다는 말이 없는 것을 보면 (107. e 참고), 혹시 스카만드로스 강 쪽이라면 모르겠지만(114. 2 참고), 그는 타우리케의 케르소네소스Tauric Chersonese 또는 브라우론Brauron에서 자신의 죽음을 만났을 것이다(116. 1 참고).

116
타우리케의 이피게네이아

아테나의 유창한 연설도 소용이 없었다. 에리뉘에스는 이를 들은 척도 하지 않고 계속 오레스테스를 뒤쫓아 다녔다. 그는 절망에 빠져 델포이로 갔고, 신전의 바닥에 몸을 던지며 아폴론이 에리뉘에스의 매질에서 구해 주지 않으면 스스로 목숨을 끊겠다고 호소했다. 여사제 퓌티아는 이에 배를 타고 보스포로스 해협을 거슬러 올라가 흑해를 건너 북쪽으로 가라 명했다. 타우리케의 케르소네소스에 있는 아르테미스 신전에서 여신의 오래된 나무 신상神像을 손에 넣어 아테나이 또는 (누가 말하길) 아르골리스로 가져오면 그의 고통이 마침내 끝날 것이라 예언했다.[1]

b. 당시 타우리케의 왕은 발이 빠른 토아스였다. 그는 디오뉘소스와 아리아드네의 아들로, 휩시퓔레를 자식으로 두었다. 그의 백성들은 스퀴타이 종족에서 유래했고, 이렇게 불리는 것은 오시리스가 한때 황소(타우로이)에 멍에를 메우고 그들의 땅을 갈았기 때문이다.[2] 그들은 토아스 시대에 그랬던 것처럼 지금도 약탈로 먹고산다. 포로를 붙잡으면 머리를 베고, 이를 집으로 가져와 굴뚝 위 긴 말뚝에 꽂아 놓는다. 그러면 그 집안이 죽은 사람의 보호를 받는다고 생각한다. 게다가 배가 난파했거나 거친 날씨에 항구

로 떠밀려온 뱃사람들은 누구든 죽여 '타우리케의 아르테미스'에게 제물로 바친다. 그들은 사전 예비 의식을 진행하면서 뱃사람을 곤봉으로 쓰러뜨린 다음 절단한 머리를 십자가에 못 박는다. 몸뚱이는 땅에 묻거나 꼭대기에 아르테미스의 신전이 있는 벼랑에서 바다로 던져 버린다. 만약 이방인이 왕자일 경우에는 여신의 처녀 여사제가 직접 칼로 내리쳐 죽이고, 그의 주검은 신성한 구역에 피워 올린, 타르타로스에서부터 솟아오르는 신성한 불에 던져 넣는다. 어떤 이는 여사제가 의식 전반을 감독하고 희생자를 사전에 정화하며 머리카락을 자르기도 하지만 직접 그를 죽이는 건 아니라고 전한다. 오레스테스가 가져오라는 명령을 받은 여신의 오래된 신상은 천상에서 여기로 떨어졌다. 이 신전은 거대한 기둥이 떠받치고 있으며 40개 계단을 올라야 다가갈 수 있다. 신전의 하얀 대리석 제단에는 지금도 핏자국이 그대로 남아 있다.[3]

c. 타우리케의 아르테미스는 그리스 호칭도 몇 가지 갖고 있다. 이를테면 '아르테미스 타우로폴로스 또는 타우로폴레', '아르테미스 딕튄나', '아르테미스 오르티아', 토안테아, 헤카테 등이 있으며, 로마인들은 그녀를 트리비아라고 불렀다.[4]

d. 앞서 아르테미스는 아울리스에서 제물로 바쳐진 이피게네이아를 구출한 뒤, 구름에 싸서 타우리케의 케르소네소스로 기볍게 닐러 보냈다. 이피게네이아는 이곳에서 즉시 최고 여사제로 임명됐고, 신성한 조각상도 온전히 그녀만의 관리 아래 놓이게 됐다. 타우리케 사람들은 그때부터 그녀를 아르테미스, 또는 헤카테, 또는 오르실로케라고 불렀다. 이피게네이아는 인신 제물을 싫어했지만 경건하게 여신에게 복종했다.[5]

e. 오레스테스와 퓔라데스는 이런 사정을 전혀 몰랐다. 이들은 여전히 이피게네이아가 아울리스에서 제물용 칼 아래 죽었다고 믿었다. 그들은 노

가 50개인 배를 타고 서둘러 타우리케로 갔다. 도착해 닻을 내렸고, 노군의 호위를 받아 바다 동굴에 몸을 숨겼다. 이들은 밤이 되면 신전에 접근할 계획이었지만, 순진한 소몰이꾼들에게 사전에 발각되고 말았다. 다행히 소몰이꾼들은 이 두 사람을 디오스쿠로이 또는 다른 불사의 존재라고 생각해 엎드려 숭상했다. 바로 이 시점에 오레스테스는 다시 한번 광기를 부려, 송아지 소리를 듣고 개처럼 길게 울었다. 송아지 떼를 에리뉘에스라고 착각해, 칼을 빼어 들고 동굴을 뛰쳐나가 이놈들을 살육했다. 환상에서 깨어난 소몰이꾼들은 두 사람을 제압해, 토아스 왕의 명령에 따라 곧장 제물로 바치려 신전까지 행진해 갔다.[5]

f. 오레스테스는 예비 의식이 진행되는 동안 그리스 말로 이피게네이아와 대화를 나눌 수 있었고, 두 사람은 금방 서로가 누구인지 알게 됐다. 이피게네이아는 남동생이 왜 이곳으로 왔는지 알게 됐으며, 그가 가져갈 수 있게 신상을 자리에서 들어 내리기 시작했다. 그런데 때마침 토아스 왕이 갑자기 들어와 의식 진행이 너무 느리다고 불평했다. 이피게네이아는 재치를 발휘해 신상을 달래는 척했다. 그녀는 아르테미스 여신이 토아스가 보내준 제물들을 외면하고 있다고 설명했다. 하나는 어머니 살인자이고 다른 하나는 살인을 교사했기 때문에 둘 모두 제물로 부적절하다는 것이다. 그녀는 이들과 함께 이들이 나타나는 통에 더럽혀진 신상을 바다로 모셔가 씻긴 다음, 횃불을 밝히고 새끼 양을 제물로 여신에게 바쳐야 한다고 했다. 그러는 동안 토아스는 횃불로 신전을 정화하고, 이방인들에게 더럽혀지지 않도록 사람들에게 집에 머물도록 명해야 한다고 했다.

g. 토아스는 완전히 속아 넘어갔다. 그녀의 총명함에 감동해 잠시 서 있다가, 신전을 정화하기 시작했다. 그 틈을 타서 이피게네이아, 오레스테스, 필라데스는 신상을 모시고 횃불로 길을 밝혀 해안으로 내려갔다. 그렇지

만 신상을 바닷물로 씻는 대신, 서둘러 이들의 배에 실었다. 따라왔던 타우리케의 신전 시종들은 이들이 배반했음을 눈치 채고 싸움을 시작했다. 오레스테스의 노꾼들은 격렬한 전투 끝에 그들을 제압하고 바다로 배를 저어 나갔다. 그러나 갑자기 돌풍이 불어 배를 바위 해안으로 다시 밀어 버렸다. 포세이돈이 아테나 여신의 요청에 따라 바다를 잠재우지 않았다면, 이들은 모두 죽었을 것이다. 이들은 은혜로운 미풍을 받아 스민토스 섬으로 향했다.[기]

h. 그곳에는 아폴론 신의 사제 크뤼세스와 같은 이름을 가진 그의 손자가 살고 있었다. 그런데 손자의 어머니 크뤼세이스는 도망자들을 토아스에게 넘겨주자고 제안했다. 토아스가 이들을 잡아 죽이려 함대를 꾸려 스민토스 섬까지 따라왔기 때문이다. 다만 어떤 이는 아테나가 토아스를 찾아가 잘 달랬고, 이에 토아스는 이피게네이아의 그리스 노예 여인들을 본국으로 돌려보내는 것까지 동의했다고 주장한다. 한편, 할아버지 크뤼세스는 새로 온 손님의 정체를 알고 난 다음, 손자에게 출생의 비밀을 알려 주었다. 크뤼세이스는 항상 자식에게 아폴론의 아들이라 말했지만, 실제는 아가멤논의 아들이라는 것이다. 다시 말해 오레스테스와 이피게네이아는 그의 배다른 형제가 되는 셈이다. 이에 크뤼세스와 오레스테스는 어깨를 나란히 하고 토아스를 몰아붙여 죽이는 데 성공했다. 이렇게 해서 오레스테스는 신상을 모시고 안전하게 뮈케나이의 집으로 배를 타고 올 수 있었고, 마침내 에리뉘에스는 그를 따라다니는 일을 멈췄다.[8]

i. 그러나 어떤 이는 태풍이 불어 오레스테스는 로도스 섬으로 밀려갔다고 전한다. 거기에서 그는 '헬리오스 신탁'의 명에 따라 신상을 도시의 성벽 위에 세웠다. 다른 이들은, 그가 신상을 앗티케로 가져오라는 아폴론의 명을 받았기에, 아테나가 스민토스 섬으로 오레스테스를 찾아가 [앗티케의]

브라우론이라는 접경 도시로 가져가라고 목적지를 지정해 주었다고 전한다. 따라서 신상은 그곳에 있는 '아르테미스 타우로폴로스' 신전에 모셨고, 사람 목에서 뽑아낸 피로 이를 달랬음이 틀림없다고 덧붙인다. 아테나는 이피게네이아를 이 신전의 여사제로 지명했고, 그녀는 거기에서 편안히 여생을 보낼 운명이었다. 그곳 여사제의 특전에는 분만 도중에 죽은 부유한 여인의 옷가지도 포함됐다. 이쪽 설명을 따라가 보면, 오레스테스의 배는 마침내 브라우론에 도착했고, 이피게네이아는 신상을 그곳에 맡긴 다음 신전이 지어지는 동안 남동생과 함께 델포이로 갔다. 그녀는 거기 전당에서 만난 엘렉트라를 아테나이로 데려와 퓔라데스와 결혼시켰다.[9]

j. 지금 브라우론에 남아 있는 '타우리케의 아르테미스'의 나무 신상이 진짜라는 얘기도 있지만, 다른 쪽에서는 복제품에 불과하다고 주장한다. ① 진짜는 크세르크세스가 그리스 원정 도중에 빼앗아 [이란 서부] 수사로 가져갔다는 것이다. 그리고 시리아의 셀레우코스 왕이 신상을 [아나톨리아 중부] 라오디케이아로 보냈고, 거기 사람들은 지금도 이를 숭배한다. ② 다른 이들은, 크세르크세스가 이번 이야기에 나오는 것을 싫어해, 오레스테스 본인이 타우리케의 케르소네소스에서 집으로 돌아가는 뱃길에 폭풍을 만나 지금은 셀레우케이아라고 부르는 지역까지 밀려갔고, 거기에 신상을 모셨다고 전한다. 오레스테스는 그곳 멜란티오스 산에서 마침내 광기에서 풀려 났으며, 주민들은 이를 기억하기 위해 그 산을 '미치지 않은'이라는 뜻의 아마논 산이라고 고쳐 불렀다는 것이다. 이와 별도로 ③ 뤼디아인들은 현재 자신들이 신상을 갖고 있다고 주장한다. 거기에는 '아르테미스 아나이이티스'의 성역이 따로 있다. ④ [아나톨리아 동부 내륙] 칸파도키아 지역의 카마나 시 사람들도 자기네가 진짜 신상을 갖고 있다고 주장한다. 오레스테스가 칸파도키아에 '아르테미스 타우로폴로스'의 숭배 의식을 소개하면서 남

긴 애도의 땋은 머리(코마이comai)에서 자기네 도시 이름이 유래했다고 주장한다.[10]

k. 또 다른 이야기도 전해진다. 오레스테스가 신상을 장작 묶음 안에 감춰, 이탈리아의 아리키아로 가져갔다는 것이다. 오레스테스는 거기에서 죽어 묻혔는데, 그의 뼈는 나중에 로마로 옮겨졌다. 그리고 신상은 아리키아에서 스파르테로 보내졌는데, 신상을 모시는 의식이 잔혹해 로마인들이 싫어했기 때문이다. 신상은 '꼿꼿한 아르테미스'의 성역 안에 모셔졌다.[11]

l. 그러나 스파르테인들은 신상이 로마 건설 훨씬 전부터 자기들 것이라고 주장한다. 오레스테스가 자기네들의 왕이 될 때 가져와 버드나무 덤불에 숨겨 두었다는 것이다. 사람들은 몇백 년 동안 그것이 있던 장소를 잊고 지냈는데, 어느 날 아스트라바코스와 알로페코스라는 두 왕자가 우연히 덤불에 들어갔다가 음산한 신상을 발견하고 곧장 광기에 빠져 버렸다. 신상은 그 주위를 휘감고 있는 버드나무 가지 덕분에 똑바로 세워져 있었다. 이에 그 이름이 오르티아와 뤼고데스마가 됐다.

m. 신상이 스파르테에 도착하자마자 아르테미스 추종자 가운데 서로 경쟁하던 무리 사이에서 불길한 충돌이 발생했다. 이들은 여신의 제단에서 함께 제물을 바치던 사이였지만, 성역 안에서 많은 수가 죽임을 당했으며 나머지도 얼마 있지 않아 역병으로 죽어 갔다. 신탁은 스파르테인들에게 사람의 피로 제단을 흠뻑 적셔 신상을 달래야 한다고 충고했고, 그들은 제비뽑기로 희생자를 뽑아 제물로 바쳤다. 이런 의식은 매년 반복됐고, 마침내 인간 제물을 혐오한 뤼쿠르고스 왕이 이를 금지하고 대신 소년을 제단에서 피투성이가 될 때까지 매질하도록 명했다.[12] 이에 오늘날 스파르테 소년들은 1년에 한 번 누가 강한 매질을 더 잘 견디는지 경쟁을 벌인다. 이때 아르테미스의 여사제는 신상을 들고 옆에 서 있다. 신상은 작고 가볍지

만, 타우리케 사람들이 인신 제물을 바치는 동안 피의 맛을 알게 됐다. 그래서 지금도 매 맞는 아이가 고귀한 신분이거나 특별히 잘생겨 매질이 약해지면, 입상은 여사제가 들 수 없을 정도로 무거워지고 여사제는 매질하는 사람에게 소리를 지른다. "더 세게, 더 세게! 나를 깔려 죽게 할 셈이냐!"[13]

n. 헬레네와 메넬라오스가 오레스테스를 찾아 타우리케로 갔고, 그가 도착한 직후에 거기에 도착했으며, 이피게네이아가 이 둘을 여신에게 제물로 바쳤다는 이야기도 있다. 하지만 이는 신빙성이 거의 없다.[14]

1] 아폴로도로스: 『요약집』 6. 26; 에우리피데스: 『타우리케의 이피게네이아』 77과 970 ff.; 휘기누스: 『신화집』 120.

2] 에우리피데스: 『타우리케의 이피게네이아』 32; 아폴로니오스 로디오스에 대한 고전 주석자: 3. 997; 에우스타티오스: 『디오뉘소스에 관하여』 306; 아폴로도로스: 『요약집』 6. 26.

3] 헤로도토스: 『역사』 4. 103; 오비디우스: 『흑해에서 보낸 편지』 3. 2. 45 ff.; 아폴로도로스: 『요약집』 6. 26; 에우리피데스: 『타우리케의 이피게네이아』 40 ff.와 88 ff.

4] 디오도로스 시켈로스: 『역사총서』 4. 44 7; 소포클레스: 『아이아스』 172; 파우사니아스: 『그리스 여행기』 1. 23. 9; 베르길리우스의 『아이네이스』 2. 116에 대한 세르비오스; 발레리우스 플라쿠스: 8. 208; 오비디우스: 『이비스』 384와 『흑해에서 보낸 편지』 3. 2. 71; 『오르페우스의 아르고 호 선원들 이야기』 1065.

5] 에우리피데스: 『타우리케의 이피게네이아』 784와 1045; 오비디우스: 『흑해에서 보낸 편지』 3. 2. 45 ff.; 헤로도토스: 4. 103; 헤시오도스: 『여인들의 목록』, 파우사니아스의 인용: 1. 43. 1; 암미아누스 마르켈리누스: 22. 8. 34.

6] 휘기누스: 『신화집』 120; 아폴로도로스: 『요약집』 6. 27.

7] 오비디우스: 『흑해에서 보낸 편지』 같은 곳; 휘기누스: 같은 곳; 에우리피데스: 『타우리케의 이피게네이아』 1037 ff.

8] 휘기누스: 『신화집』 120과 121; 에우리피데스: 『타우리케의 이피게네이아』 1435 ff.

9] 아폴로도로스: 『요약집』 6. 27; 에우리피데스: 『타우리케의 이피게네이아』 89-91과 1446 ff.; 파우사니아스: 1. 33. 1; 체체스: 『뤼코프론에 관하여』 1374.

10] 파우사니아스: 1. 23. 9, 3. 16. 6, 8. 46. 2; 체체스: 같은 곳; 스트라본: 『지리학』 12. 2. 3.

11] 베르길리우스의 『아이네이스』 2. 116과 6. 136에 대한 세르비오스; 휘기누스: 『신화집』 261.

12] 파우사니아스: 3. 16. 6-7.

13] 휘기누스: 『신화집』 261; 베르길리우스의 『아이네이스』 2. 116에 대한 세르비오스; 파우사니아스: 같은 곳.

14] 알렉산드리아의 헤파이스티온: 4. 포티오스의 인용: 479.

✻

1. 야만적인 전통을 숨기고 싶은 신화학자들의 열망이 이번 이야기와 그 변형에 분명하게 드러난다. 신화학자들은 아르테미스가 이피게네이아의 살해에 대해 아가멤논에게 복수한 것과 오이악스Oeax가 자기 형제 팔라데메스Palamedes의 살해에 대해 역시 아가멤논에게 복수하는 대목 등을 일부러 감췄다. 원본 신화는 대략 다음과 같이 흘러갔을 것이다. 아가멤논은 동료 족장들에게 설득당해 자신의 딸 이피게네이아를 마녀라며 처형했다. 트로이아를 치러 가는 그리스 원정대가 아울리스 항구에 바람 탓에 발이 묶여 있었기 때문이다. 아르테미스는 이피게네이아가 그전에 여사제로 모셔 온 여신이었기에, 아가멤논에게 이 모욕의 대가를 치르게 했다. 그녀는 아이기스토스를 도와 그의 자리를 차지하고 귀향길에 그를 죽이게 했다. 여신이 준 영감에 따라 오이악스는 오레스테스에게 스카만드로스 강의 토사로 새로 생긴 땅에 데려다주겠다고 제안했다. 그렇게 하면 에리뉘에스를 따돌릴 수 있고, 거기서 아테나가 지켜 줄 것이라고 했다(115. 4 참고). 그런데 오이악스는 대신 [앗티케의 열두 도시 가운데 하나인] 브라우론Brauron으로 입항했다. 오레스테스는 거기에서 매년 바치는 파르마코스, 즉 사람들의 죄를 대속하는 희생양으로 인정을 받아, 아르테미스의 처녀 여사제가 그의 목에 칼을 꽂아 넣었다. 오이악스는 델포이에서 엘렉트라를 만났을 때 진실을 알려 주었다. 오레스테스가 이피게네이아의 손에 의해 제물로 바쳐졌다고 말이다. 이때 이피게네이아는 아르테미스의 호칭이었을 것이다(117. 1 참고).

2. 세월이 흘러 가부장제의 그리스인들은 이 신화를 싫어했을 것이다. 이 신화는 포티오스[1]의 기록에 변형된 형태로 보존돼 있지만, 거기서는 오

---

1) 9세기 콘스탄티노플의 대주교 포티오스Photios 1세를 지칭하는 듯하다.

레스테스가 아니라 메넬라오스가 아르테미스 복수의 대상으로 나온다. 그리스인들은 이번 이야기를 다음과 같이 바꿨다. 아르테미스가 이피게네이아를 구출해 먼 곳의 희생 제의 여사제로 만들었고, 이피게네이아는 오레스테스를 (또는 이 문제와 관련해 어느 그리스 사람도) 죽이지 않았을 뿐 아니라 오히려 아폴론의 명령에 따라 타우리케의 신상을 그리스로 가져오는 걸 도왔다고 했다. 그리스인들은 이를 통해 아가멤논의 살인죄를 벗겨 주었을 뿐 아니라, 아르테미스가 제우스의 뜻을 거역했다는 혐의도 풀어 주었다. 이때 브라우론이 아니라, 야만적인 타우리케로 데려갔다고 한 것은, 브라우론 쪽의 책임도 부인할 수 있었기 때문이다.

3. 그리스인들은 이번 이야기에서 이런 식으로 체면을 세웠는데, 이아손의 흑해 원정 신화의 영향도 받았다. 세르비오스의 판본에, 오레스테스는 타우리케의 케르소네소스가 아니라 콜키스에서 신상을 훔쳐 왔다고 나온다. 또한 이번 이야기는 브라우론에서 사람 목에 칼을 꽂아 넣는 전통이 어떻게 생겼는지 설명해 준다. 뮈케나이, 아리키아Aricia, 로도스, 코르나리아Cornaria에서도 비슷한 희생 의식이 있었다. 이런 전통은 나중에 살짝 칼자국을 내서 피 몇 방울을 흘리게 하는 것으로 순화됐다. '타우로폴로스Tauropolus'는 크레테의 황소 제물을 암시하며, 이는 아테나이의 부포니아 축제Buphonia에서 계속 이어졌다(파우사니아스: 1. 28. 11). 물론, 여기 제물도 원래 신성한 왕이었을 가능성이 높다.

4. 스파르테의 풍작 기원 의식은, 이도 역시 한때 인신 제물을 바쳤다고 하는데, '꼿꼿한 아르테미스Upright Artemis'를 기려 거행됐다. 지중해 다른 곳에서 거행된 원시적 종교 의식을 보면, 희생자는 달의 마법이 가득하다는 버드나무 끈으로 신상, 즉 신성한 나무의 그루터기에 묶였다. 이 나무는 아마 배나무였을 것이다(74. 6 참고). 그런 다음 매질을 했는데, 희생자가 관능

적 반응을 보이고 사정을 할 때까지 이어졌다. 땅이 정액과 피로 비옥해지는 것이다. 알로페코스Alopecus의 이름, 그리고 한 젊은이가 비명을 지르지 않고 여우가 자신의 생식기를 갉아 먹게 놔두었다는 유명한 전설은, 스파르테에서도 '테우멧소스Teumessus의 암여우 여신'을 숭배했다는 것을 암시한다(49. 2와 89. 8 참고).

5. 운석을 신적인 것으로 경배한 경우가 종종 있다. 출처가 의심스럽지만 이와 비슷하게 하늘에서 떨어진 것이라 여긴 작은 의례용 물건도 경배했다. 이를테면 세심하게 제작한 신석기 시대의 창날을 후기 그리스인들은 제우스의 벼락과 동일시했다. (영국의 시골에서는 돌촉 화살을 '요정의 탄알'이라 부른다.) 에페소스에 있는 아르테미스 신상의 머리 장식 안에 있는 청동 방앗공이도 그렇다. 신상 자체가 지붕 구멍을 통해 하늘에서 뚝 떨어졌다고 말하기도 했다. 브라우론의 아르테미스 신상과 올리브나무로 된 에레크테이온의 아테나 신상이 바로 그런 경우였다(158. k 참고). 브라우론의 신상에는, 먼 옛날 희생 제의에서 제물의 목에 꽂아 넣은 멜로스 섬 화산에서 나는 흑요석으로 만든 칼이 함께 있었을 가능성이 있다.

6. 오시리스가 타우리케의 케르소네소스(크림 반도)의 밭을 갈았다는 대목은 억지로 보인다. 그러나 헤로도토스는 콜키스와 이집트 사이에 밀접한 관계가 있다고 주장하는데(2. 104), 여기시는 콜키스를 타우리케와 혼동하고 있다. 오시리스는 트리프톨레모스Triptolemus와 마찬가지로 많은 나라에 농경을 전수했다고 전해진다(24. m 참고).

117
오레스테스의 통치

아이기스토스의 아들 알레테스는, 오레스테스와 퓔라데스가 '타우리케의 아르테미스' 제단에 제물로 바쳐졌다는 악의적인 소문을 믿고, 뮈케나이의 왕위를 빼앗았다. 그러나 엘렉트라는 소문의 진위를 의심해 델포이로 가서 신탁을 청했다. 이피게네이아도 이제 막 델포이에 도착했고, [오이악스가] 엘렉트라에게 이피게네이아가 오레스테스를 죽였다고 일러 주었다. 엘렉트라는 복수심에 불타올라 제단에 있던 불붙은 나무토막을 움켜쥐고 덤벼들었다. 오랜 세월이 흘러 이피게네이아를 알아보지 못한 것이다. 나무토막으로 그녀의 눈을 멀게 하려는 순간, 오레스테스가 들어와 모든 일을 설명했다. 아가멤논의 자식들은 이렇게 다시 하나가 됐고, 기뻐하며 뮈케나이로 귀환했다. 오레스테스는 알레테스를 죽임으로써 아트레우스 가문과 튀에스테스 가문 사이의 오랜 반목을 끝냈다. 알레테스의 누이 에리고네도 그의 손에 죽임을 당할 뻔했는데, 아르테미스가 그녀를 낚아채 앗티케로 데려갔다. 오레스테스도 나중에 그녀에 대해 마음이 누그러졌다.[1]

b. 어떤 이는 이피게네이아가 브라우론 또는 메가라에서 죽었다고 전한다. 그곳에 지금도 그녀의 성역이 있다. 다른 이들은 아르테미스가 그녀를

'젊은 헤카테'로서 불사의 존재로 만들었다고 한다. 엘렉트라는 필라데스와 결혼해 메돈과 또 다른 스트로피오스를 낳았다. 그녀는 죽어 뮈케나이에 묻혔다. 오레스테스는 사촌 헤르미오네와 결혼했다. 그녀는 약혼자였던 아킬레우스의 아들 네오프톨레모스를 제물로 삼아 죽이는 자리에도 참석한 적이 있다.[2] 오레스테스는 그녀와 함께 자신의 상속인이자 왕위 계승자인 티사메노스를 낳았다. 그는 또 두 번째 아내인 에리고네와 함께 펜틸로스도 자식으로 얻었다.[3]

c. 메넬라오스가 죽자, 스파르테인들은 오레스테스를 초대해 자신들의 왕으로 삼았다. 메넬라오스가 노예 소녀한테서 얻은 니코스트라토스와 메가펜테스보다 튄다레오스의 손자인 오레스테스를 더 선호했기 때문이다. 오레스테스는 포키스 동맹에서 제공받은 군대의 도움을 받아 이미 아르카디아의 많은 부분을 자신의 뮈케나이 영역에 추가해, 아르고스의 주인이라 자처하고 있었다. 카파네우스의 손자 퀼라라베스 왕이 후손을 남기지 않았던 것도 도움이 됐다. 오레스테스는 또 아카이아도 제압했지만, 마지막에 델포이 신탁에 따라 뮈케나이에서 아르카디아로 옮겨갔다. 그리고 그곳의 오레스테이온 또는 오레스테이아에서 70세의 나이에 뱀에 물려 죽었다. 이는 그가 예전에 망명 시절에 세웠던 마을이다.[4]

d. 오레스테스는 테게아에 묻혔다. 그런데 이낙산드리데스 치세에, 스파르테인들은 그때까지 테게아와 벌인 전투에서 한 번도 이기지 못해 절망감에 델포이에 신탁을 청했다. 아낙산드리데스는 아리스토와 함께 나라를 다스린 공동 왕인데, 동시에 두 아내를 두고 두 집 살림을 한 첫 번째이자 유일한 라코니아 사람이다. 델포이 신탁은 오레스테스의 뼈를 가져와야 한다고 답했다. 그 뼈가 어디에 있는지 알 수가 없어, 스파르테인들은 시민들을 두루 도왔던 리카스를 보내 더 많은 깨우침을 청했다. 그는 다음과 같은 육

보격 시로 된 답변을 받아 왔다.

아르카디아의 테게아 평원을 평평하고 매끄럽게 하라. 너희 가거라.
두 가지 바람이, 강력한 필연에 의해, 불어오는 곳으로,
타격 위로 타격이 울리는 곳으로, 악이 악을 내리 누르는 곳으로.
거기 모든 와글거리는 대지가 너희들이 찾는 왕자를 둘러싸고 있다.
너희는 그를 너희들의 집으로 데려가, 테게아의 주인으로 삼거라!

두 나라는 임시 휴전을 하고 있어, 리카스는 어렵지 않게 테게아로 들어갈 수 있었다. 그는 청동 대신에 철로 칼을 벼리는 대장장이를 우연히 만나, 입을 떡 벌린 채 신기한 광경을 응시했다. "이 일을 보고 놀랐나요?" 명랑한 대장장이가 큰 소리로 말했다. "하하, 더 많이 놀랄 것이 있어요. 저기 있는 관을 보세요. 7큐빗[약 350센티미터] 길이인데, 그만큼 되는 주검을 넣을 겁니다. 저기 보이는 우물을 파다가 대장간 바닥 아래에서 발견했어요."

e. 리카스는 시에 언급된 '바람'이란 대장장이의 풀무로 일어나는 바람이 틀림없다고 짐작했다. '타격'이란 그가 망치를 내리치는 것이고, '악을 내리 누르는 악'이란 철제 검을 벼리는 망치 머리라고 생각했다. 철기 시대와 함께 잔혹한 시간이 시작됐기 때문이다. 그는 즉시 스파르테로 돌아와 이 소식을 전했다. 그리고 꾀를 냈다. 재판관들에게 폭력의 죄를 지었다면서 자신에게 유죄를 선고하라고 했고, 그는 사형을 모면하려는 것처럼 꾸며 테게아로 달아났다. 리카스는 대장간에 도착해 대장장이에게 숨겨 달라고 간청했고, 한밤중에 관에서 유골을 훔쳐 내 서둘러 스파르테로 돌아왔다. 그는 이를 운명의 여신들 성역 부근에 다시 매장했다. 그 무덤은 지금도 남아 있다. 스파르테의 군대는 그다음부터 테게아를 상대할 때면 언제나

승리를 거둔다.[5]

f. 그의 손자 오레스테스도 휘둘렀던 펠롭스의 창 홀이 포키스에서 이맘때 발견됐다. 카이로네이아와 파노페오스 사이의 접경 지역에 엄청난 황금과 함께 묻혀 있었다. 아마도 엘렉트라가 숨겨 놓았을 것이다. 매장물의 소유권에 대한 심리가 열렸을 때, 파노페오스 쪽은 금으로 만족했다. 카이로네이아 쪽은 홀을 가졌으며, 지금도 가장 신성한 것으로 이를 숭배한다. 창을 지키는 사제가 1년마다 새로 임명되는데, 사제는 이를 자기 집에 모시고 매일 제물을 바친다. 그 옆 탁자에는 온갖 음식이 넘치도록 차려져 있다.[6]

g. 그런데 어떤 이는 오레스테스가 아르카디아에서 죽은 게 아니라고 한다. 오레스테스는 거기서 망명 생활이 끝날 때, 신탁의 명에 따라 레스보스 섬과 테네도스 섬을 찾아가, 아뮈클라이를 비롯한 여러 도시에서 온 정착자들과 함께 식민지를 건설했다는 것이다. 그의 새로운 백성을 아이올리스족이라 불렀다. 아이올로스가 이들의 가장 가까운 공동 조상이었기 때문이다. 그리고 오레스테스는 레스보스 섬에서 도시를 건설한 직후에 죽었다. 이번 이주는 이오니아족의 이주 네 세대 이전에 있었던 일이라 한다. 하지만 다른 이들은 오레스테스가 아니라 그의 아들 펜틸로스가 레스보스를 정복했다고 한다. 그리고 그의 손자 그라스가 스파르테의 도움을 받아 이오니아와 뮈시아 사이의 나라를 점령했으며, 지금은 이곳을 아이올리스라 부른다. 다른 손자 아르켈라오스가 아이올리스족 정착자들을 지금의 퀴지케네 도시로 데려갔다고 한다. 이곳은 다스퀼리온 부근으로 마르마라 해의 남쪽 해안에 있다.[7]

h. 티사메노스는 아버지의 영역을 계승했지만, 헤라클레스의 아들들에게 스파르테와 뮈케나이, 아르고스의 주요 도시들에서 밀려나 자신의 군대와 함께 아카이아로 피난했다. 그의 아들 코메테스는 아시아로 옮겨갔다.[8]

1] 휘기누스: 『신화집』 122.

2] 에우리피데스: 『타우리케의 이피게네이아』 1464와 915; 파우사니아스: 『그리스 여행기』 1. 43. 1과 10. 24. 4-5; 헬라니코스, 파우사니아스의 인용: 2. 16. 5; 휘기누스: 『신화집』 123; 스트라본: 『지리학』 9. 3. 9.

3] 아폴로도로스: 『요약집』 6. 28; 키나이톤, 파우사니아스의 인용: 2. 18. 5; 체체스: 『뤼코프론에 관하여』 1374.

4] 파우사니아스: 2. 18. 5와 8. 5. 1-3; 아스클레피아데스, 에우리피데스의 『오레스테스』 1647과 관련해 고전 주석자가 인용; 아폴로도로스: 같은 곳; 체체스: 같은 곳.

5] 파우사니아스: 3. 3. 7; 3. 11. 8; 3. 3. 5-7; 8. 54. 3; 헤로도토스: 『역사』 1. 67-68.

6] 파우사니아스: 9. 40. 6.

7] 핀다로스: 「네메아 제전 송가」 11. 33-35; 헬라니코스, 체체스의 인용: 『뤼코프론에 관하여』 1374; 파우사니아스: 3. 2. 1; 스트라본: 13. 1. 3.

8] 파우사니아스: 2. 8. 6-7과 7. 6. 21.

*

1. 이피게네이아Iphigeneia는 더 이른 시기에 아르테미스를 불렀던 호칭이었던 것으로 보인다. 이는 처녀일 뿐 아니라, 님프이기도 했다. '이피게네이아'는 '강한 종족 돌보기'를 뜻한다. 그리고 또 '노파'였다. 다시 말해 '엄숙한 여신들' 또는 세 모습의 헤카테Triple Hecate였던 것이다. 오레스테스가 여기저기 아주 많은 곳을 통치했다는 것을 보면, 그의 이름도 한 호칭으로 봐야 한다. 그가 아르카디아의 오레스테이아에서 뱀에 물려 죽었다는 대목은, 그를 다른 옛날 왕들과 연결 짓는다. 이를테면 아크리시오스의 아들 아페산토스Apesantus와 연결되는데(123. e 참고), 그는 네메아의 오펠테스와 동일시할 수 있다(106. g 참고). 아타마스의 아들 무니토스Munitus(168. e 참고), 리비아 뱀에 물려 죽은 라피타이의 몹소스Mopsus도 있다(154. f 참고). 이집트 오시리스의 여러 모습 가운데 하나인 라Ra도 리비아 뱀에 물렸다. 뱀에 물릴 때는 항상 발뒤꿈치를 물린다. 몇몇 사례에서 뱀의 독은 화살촉에 묻혀 몸속에 들어간 것 같다(92. 10 참고). 이를테면 켄타우로스인 케이론과 폴로스, 크레테의 탈로스, 뮈르미돈의 아킬레우스, 에우보이아의 필록테테스 등이 모두 그런 경우다. 아르카디아의 오레스테스는 리비아와 연결된 펠라스고이

족으로 봐야 한다.

2. 아르테미스가 오레스테스의 복수로부터 에리고네를 구출했다는 대목은, 아르테미스가 돕는 튀에스테스 가문과 제우스가 돕는 아트레우스 가문 사이의 반목에서 또 하나의 사건이다. [오레스테스의 아들] 티사메노스 Tisamenus의 이름('복수하는 힘')은 이런 반목이 다음 세대에도 전달됐음을 암시한다. 아폴로도로스의 설명(『요약집』 6. 28)에, 그는 헤르미오네가 아니라 에리고네의 아들로 나오기 때문이다. 이번 반목의 이야기 전반에 걸쳐, 아르테미스가 자신의 힘을 제우스와 맞세웠다는 점을 기억해야 한다. 이때 아르테미스는 아폴론의 사랑스러운 쌍둥이인 처녀 사냥꾼이 아니라, 더 이른 시기의 가모장제적 아르테미스이다. 신화학자들은 이런 신들의 다툼에서 아폴론이 제우스의 편에서 적극 참여했다는 것을 애써 감췄다.

3. 거인족의 뼈는 보통 부족 선조의 것이라 생각해, 도시를 보호하는 마법의 힘을 가지고 있다고 여겼다. 이에 아테나이인들은 신탁의 영감을 받아 테세우스의 뼈라고 주장하는 것을 스퀴로스Scyros에서 수습해 아테나이로 가져왔던 것이다(104. i 참고). 이것들은 보통 틀림없이 컸을 것이다. 거인 종족은 신석기 시대에 유럽에서 번성했고, 이들의 2미터가 넘는 길이의 뼈대는 종종 브리튼 섬에서도 발견된다. 오늘날 적도 아프리카에 살고 있는 함 족 계통의 와투시 족Hamitic Watusi은 여기서 갈라져 나왔다. 팔레스타인과 카리아의 아나킴Anakim도 이 종족에 속했다(88. 3 참고). 하지만 오레스테스가 트로이아 전쟁 시기의 아카이아 사람이라면, 아테나이인들은 그의 유골을 찾아 길이를 재보지 못했을 것이다. 호메로스의 귀족들은 화장을 했지, 신석기 시대처럼 매장을 하지 않았기 때문이다.

4. "악을 내리 누르는 악evil lying upon evil"은 쇠모루 위에서 벼리는 철제 검으로 보통 번역된다. 그러나 돌 모루가 비교적 늦은 시기까지 표준으로 통

했고, 악은 칼에서 비롯되는 것이니 망치 머리가 더 그럴듯한 설명이다. 다만 쇠망치는 로마 시대까지도 흔한 도구가 아니었다. 철은 너무나 성스럽고 희귀한 금속이라 뮈케나이에서 일반적인 목적으로 사용하지 못했다. 광석에서 뽑아내는 게 아니라 신이 보내 준 운석의 형태로 겨우 그러모았다. 나중에 철제 무기를 흑해의 티바레네Tibarene에서 그리스로 수입해 들여왔지만, 그때도 제련과 제작 과정은 상당 기간 비밀에 부쳐졌다. 대장장이는 심지어 헬레니즘 시기에도 계속 '청동 일꾼'이라 불렀다. 그러나 누구나 철제 무기나 도구를 갖게 되자마자 신화의 시대는 종말을 고했다. 철이 여신에게 신성한 다섯 가지 쇠붙이에 포함되지 않기 때문에 그렇게 됐다고 하면 어떨까. 이 쇠붙이들은 은, 금, 구리, 주석, 납 등 다섯 가지인데, 여신의 역법 관련 종교 의식과도 연결됐다(53. 2 참고).

5. '펠롭스의 창 홀spear-sceptre'은 통치권의 표식으로, 아무래도 통치권을 행사하는 여사제의 소유물이었던 것으로 보인다. 오이노마오스를 죽이는 데 썼던 창도 아마 같은 물건을 지칭할 듯한데, 이를 이피게네이아의 침실에 숨겼다고 에우리피데스가 전했다. 클뤼타임네스트라도 이것을 자기 것이라 주장했고(소포클레스: 『엘렉트라』 651), 엘렉트라는 이를 포키스로 가져갔다고 파우사니아스는 전했다. 소아시아의 그리스인들은 오레스테스가 그곳에 최초의 아이올리스 식민지를 건설했다고 말할 수 있어 기분 좋았을 것이다. 그의 이름은 그들 왕의 호칭 가운데 하나이기도 했다. 이런 상황은 왕위 계승 역사의 새로운 단계와 관련된 것일 수 있다. 이제 왕의 통치가 끝나면, 그는 죽임을 당하지 않고 대리인을 제물로 바치는 것이 가능해졌다. 대리인 제물은 오레스테스의 두 번째 망명을 설명해 줄 살인 행위이기도 하다. 그다음에 왕은 이주민들을 이끌고 바다 건너로 갈 수도 있다. 신화학자들은 스파르테인들이 노예 여인들의 소생이라 메넬라오스의 아들들

보다 오레스테스를 더 선호했다고 설명했는데, 그들은 혈통이 여전히 모계 쪽으로 내려오고 있었다는 사실을 미처 깨닫지 못하고 있었다. 오레스테스는 뮈케나이 사람이라 스파르테의 여자 상속인인 헤르미오네와 결혼함으로써 그곳을 통치할 수 있었다. 헤르미오네의 남자 형제들은 다른 곳에서 왕국을 찾아야 했다. 아르골리스에서 공주가 노예를 통해 얻은 자식은 노예가 아니라 자유민이었다. 그리고 뮈케나이에서 엘렉트라의 농부 남편이 왕위를 요구한다면 그 무엇도 막을 수 없었다.

6. 「시편」의 작가가 "인간의 수명은 스물이 셋이고, 거기에 열이다"라고 한 것은, 관찰에 바탕을 둔 게 아니라, 종교적 사고의 결과다. 일곱은 신성한 숫자이고, 열은 완벽을 뜻한다. 오레스테스는 이와 비슷하게 70세까지 살았다.

7. 아낙산드리데스Anaxandrides가 일부일처제 전통을 깼다고 한 것은, 왕조 상의 필요 때문이었을 것이다. 아마도 그의 공동 왕인 아리스토Aristo가 자신의 통치가 끝나 새로 즉위식이 열리기 전에 너무 일찍 죽었고, 또 그가 여자 상속자와 결혼함으로써 왕위에 올랐기 때문에, 아낙산드리데스가 왕이자 남편으로서 그의 몫까지 대신했던 것이다.

8. 힛타이트 쪽 기록을 보면, 레스보스 섬에는 이미 기원전 14세기 후반에 아카이아족 왕국이 존재했다.

09

아! 헤라클레스

118
헤라클레스의 탄생

페르세우스의 아들 엘렉트뤼온은, 뮈케나이의 상왕이며 아낙소의 남편이다. 그는 복수를 위해 타피오이족(타피오스가 건설한 도시의 주민)과 텔레보아이 족을 치러 출정했다. 앞서 이들이 함께 엘렉트뤼온의 소 떼를 약탈했고, 이 과정에서 그의 여덟 아들이 죽었기 때문이다. 이들의 약탈은 프테렐라오스라고 하는 사람이 계획한 것인데, 그는 뮈케나이 왕위가 자기 것이라 주장하고 있었다. 엘렉트뤼온은 자리를 비우는 동안 조카인 트로이젠의 암피트뤼온에게 섭정을 맡겼다. "잘 다스려라. 내가 승리하고 돌아오면 내 딸 알크메네를 아내로 주겠다." 엘렉트뤼온은 이렇게 말하고 작별을 고했다. 그런데 암피트뤼온은 문제의 도둑맞은 소 떼가 지금 엘리스의 왕의 수중에 있다는 말을 들었다. 이에 달라는 대로 큰돈을 치르고 소 떼를 되찾아 온 다음, 진군 중이던 엘렉트뤼온을 불렀다. 엘렉트뤼온은 암피트뤼온이 자기한테서 소 값을 받아 내려 한다는 것을 알고 기분이 크게 상했다. 그는 엘리스 사람들이 훔친 물건을 판 것을 나무라며, 암피트뤼온이 그런 사기를 용납했다고 거칠게 몰아붙였다. 암피트뤼온은 성이 났고, 소 떼에서 떨어져 홀로 있던 암소에게 곤봉을 내던지며 분통을 터뜨렸다. 그런데 곤봉은 쇠뿔에 맞더니 튀었고, 엘렉트뤼온이 이에 맞아 죽고 말았다. 이에 삼촌인 스테넬로스는 암피트뤼온을 아르골리스에서 추방하고, 뮈케나이와 티륀스를 장악했다. 그리고 나라의 나머지를 그 수도인 미데아와 함께 펠롭스의 아들인 아트레우스와 튀에스테스에게 맡겼다.[1]

b. 암피트뤼온은 알크메네와 함께 테바이로 달아났다. 테바이의 크레온 왕은 그를 정화해 주고, 자기 누이 페리메데를 엘렉트뤼온의 유일하게 살아남은 아들 리큄니오스의 아내로 주었다. 리큄니오스는 메데아라는 이름의 프뤼기아 여인이 낳은 혼외자였다.[2] 그런데 경건한 알크메네는 죽은 여덟 남자 형제의 복수를 해주지 않으면 암피트뤼온과 동침하지 않겠다고 했다. 이에 크레온 왕은 그에게 보이오티아에서 군대를 일으킬 수 있게 허락했다. 단, 테바이에서 '테우멧소스의 암여우'를 없애야 한다는 조건을 달았다. 그는 유명한 사냥개 라일랍스를 아테나이의 케팔로스한테서 빌려 이 일을 처리했다. 그 뒤 아테나이와 포키스, 아르고스, 로크리스 등지에서 보내온 군대의 도움을 받아, 암피트뤼온은 텔레보아이족과 타피오이족을 제압하는 데 성공했다. 그리고 삼촌인 헬레이오스를 포함해 연맹에게 적의 섬들을 나눠 주었다.

c. 그러는 동안, 제우스는 암피트뤼온이 자리를 비운 틈을 타서, 그의 모습으로 변신해 알크메네에게 갔다. 그녀에게 이제 형제의 원수를 갚았다고 했는데, 실제 암피트뤼온은 이날 아침에 전쟁에서 승리했다. 그리고 제우스는 그녀와 하룻밤 내내 동침했는데, 사실은 그게 사흘 동안 함께한 것이었다.[3] 제우스의 지시에 따라, 헤르메스가 헬리오스에게 태양의 불을 끄고, 시간의 신들로 하여금 말의 멍에를 풀게 하고, 다음 날 집에서 머물라 명했기 때문이다. 제우스는 최고의 장수를 낳으리라 마음먹고 있어 이를 잉태하는 일은 서둘러서 될 게 아니었다. 헬리오스는 명에 따르면서도 좋았던

옛 시절을 얘기하면서 투덜거렸다. 그때는 낮은 낮이고, 밤은 밤이었다. 또 당시 '전능한 신'이었던 크로노스는 자신의 법적 아내를 내버려 두고 사랑의 모험을 위해 테바이로 넘어가는 일도 없었다. 헤르메스는 다음으로 달의 신에게 천천히 가라고 명하고, 잠의 신에게는 모든 인간을 졸리게 만들어 무슨 일이 벌어지는지 알아채지 못하게 하라 했다.4] 알크메네는 완전히 속아 넘어갔고, 기뻐하면서 오이칼리아에서 프테렐라오스에게 패배를 안겼다는 제우스의 무용담에 귀를 기울였다. 그리고 남편이라 생각한 이와 함께 천진난만하게 36시간을 꽉 채워 즐거운 시간을 보냈다. 다음 날, 암피트뤼온이 귀환해 전쟁에서 승리했다고 전하면서 욕정을 표현했다. 그러나 알크메네는 그가 바랐던 만큼 미친 듯 기뻐하며 남편을 신혼의 침실로 맞이하진 않았다. "우리는 어젯밤에 한숨도 못 잤어요. 큰 위업이긴 하지만 그 이야기를 두 번이나 들을 것이라 기대하진 않겠지요?" 그녀는 투덜거렸다. 암피트뤼온은 무슨 말인지 이해할 수가 없었고, 예언가 테이레시아스에게 물었다. 그는 제우스가 아내와 시간을 함께했다고 알려 주었고, 그 다음부터 암피트뤼온은 신이 질투할까 두려워 감히 알크메네와 동침하지 않았다.5]

d. 아홉 달이 지나, 제우스는 어쩌다 이제 막 자기 아들이 태어날 것이라고 올륌포스에서 자랑하게 됐다. 아이는 '헤라의 영광'이란 뜻으로 헤라클레스Heracles라 부를 것이며, 장차 고귀한 페르세우스 가문을 다스릴 것이라도 했다. 헤라는 이를 듣고 제우스에게 그날 해 질 녘 전에 페르세우스 가문에서 태어나는 왕자는 누구든 상왕이 될 것이라고 약속하게 만들었다. 제우스가 그렇게 하겠다고 깨뜨릴 수 없는 맹세를 하자, 헤라는 즉시 뮈케나이로 가서 스테넬로스의 아내 니킵페의 산통이 예정보다 빨리 찾아오게 했다. 그런 다음 헤라는 테바이로 달려가 알크메네의 방문 앞에 가부좌로

쪼그리고 앉아, 자신의 옷을 묶어 매듭을 짓고 손가락은 깍지를 꼈다. 여신은 이런 방법으로 스테넬로스의 아들 에우뤼스테우스가 칠삭둥이로 태어날 때까지 헤라클레스의 탄생을 늦췄다. 헤라클레스는 그보다 한 시간 늦게 태어났는데, 이피클레스라는 쌍둥이도 함께 세상에 나왔다. 그는 암피트뤼온의 아들로, 하룻밤 늦게 태어났다. 그러나 어떤 이는 이피클레스가 아니라 헤라클레스가 하룻밤 늦게 태어났다고 하고, 다른 이들은 쌍둥이가 이날 밤에 함께 태어났으며, '아버지 제우스'가 아이들이 태어나는 방을 밝게 비추었다고 한다. 헤라클레스는 처음에 알카이오스 또는 팔라이몬이라 불렸다.[6]

e. 헤라가 올륌포스로 돌아와 출산의 여신 에일레이튀이아가 알크메네의 방문에 들어오지 못하게 했다고 조용히 자랑하자, 제우스는 무섭게 성을 냈다. 헤라의 속임수를 알아채지 못하게 자신의 눈을 가렸던 큰딸 아테['미망'의 여신]를 붙잡아, 다시는 올륌포스에 오지 못할 것이라고 굳게 맹세했다. 그리고 아테의 금발 머리채를 움켜잡고 머리 위로 빙빙 돌려 땅으로 내던졌다. 비록 제우스는 자신의 말을 번복해 헤라클레스를 페르세우스 가문의 수장으로 만들 수는 없었지만, 헤라를 설득해 에우뤼스테우스가 무엇이든 그에게 맡기는 열두 과업을 마친 다음에는 자기 아들이 신이 되는 것에 동의하게 만들었다.[7]

f. 알크메네는 니오베 이래 제우스의 숱한 인간 애인들과 경우가 달랐다. 비록 그맘때 미모와 위엄, 지혜로 다른 모든 여인을 압도했지만, 그녀는 단순히 제우스의 즐거움을 위해 선택된 게 아니었다. 신과 인간을 파괴로부터 보호할 수 있을 만큼 강한 아들을 얻기 위한 게 더 컸다. 알크메네는 니오베로부터 열여섯 번째 후손이었고, 제우스가 마지막으로 동침한 인간 여인이었다. 다른 누구에게도 헤라클레스에 필적할 영웅을 자식으로 얻을 전

망이 보이지 않았기 때문이다. 제우스는 알크메네를 무척 존중했기에 강제로 범하지 않고 암피트뤼온으로 변장하는 수고조차 아끼지 않았으며, 애정 어린 말과 애무로 그녀에게 구애했다. 그는 알크메네를 매수할 수 없다는 걸 알았기에, 새벽에 그녀에게 카르케시아 술잔을 주었다. 그녀는 이를 전쟁에서 이겨 얻은 전리품이라 여겨 무엇인지 묻지 않고 받았지만, 사실은 텔레보스가 자기 아버지 포세이돈에게 받아 남긴 유산이었다.[8]

g. 어떤 이는 헤라가 알크메네의 산고를 방해하려 직접 가지 않고, 마녀들을 보냈다고 전한다. 그리고 테이레시아스의 딸 히스토리스가 환호성을 크게 질러 이들을 속임으로써 출산의 방에서 물러가게 했고, 그제야 아기가 태어났다고 덧붙인다. 아이가 태어난 방은 지금도 테바이에 남아 있다. 다른 이들은 헤라를 위해 산고를 방해한 것은 에일레이튀이아 자신이었다고 한다. 알크메네의 충직한 시녀인 노란 머리의 갈란티스 또는 갈렌이 출산의 방에서 나와 거짓으로 알크메네가 이미 아이를 낳았다고 큰 소리로 알렸다. 에일레이튀이아는 깜짝 놀라 깍지 낀 손가락을 풀고 책상다리를 펴면서 벌떡 일어섰는데, 바로 이때 헤라클레스가 태어났다. 갈란티스는 자기 속임수가 통하자 크게 웃었고, 이에 화가 난 에일레이튀이아는 그녀의 머리채를 움켜쥐고 족제비로 바꿔 버렸다. 갈란티스는 계속 알크메네의 집을 자주 찾아왔지만, 헤라는 거짓말의 죄를 물어 입으로 새끼 낳는 벌을 주었다. 테바이인들은 헤라클레스에게 경의를 표시할 때면, 지금도 사전에 갈란티스에게 제물을 바친다. 그녀는 갈린티아스라고도 불리며, 프로이토스의 딸로 그려진다. 그녀는 헤라클레스의 유모였고, 그가 그녀에게 성역을 지어 주었다는 말도 있다.[9]

h. 아테나이인들은 이런 테바이 쪽 이야기를 비웃는다. 갈란티스는 헤픈 여자였고, 색정을 너무 밝혀 헤카테가 내린 벌로 족제비가 됐다고 한다. 다

만, 헤라가 알크메네의 산통이 계속 이어지게 만들 때 그 옆을 우연히 빠르게 지나갔고, 그녀가 이를 보고 놀라 아이를 낳았다고 전한다.[10]

i. 매달 네 번째 날을 헤라클레스의 생일로 기린다. 그런데 어떤 이는 그가 태양이 열 번째 궁에 들어갈 때 태어났다고 한다. 다른 이들은 큰곰자리가 헤라클레스가 태어나고 열 번째 되는 달에 그를 내려다봤다고 전한다. 이때 태양은 열두 번째 궁을 떠나고, 큰곰자리는 한밤중에 오리온 위로 서쪽으로 움직인다.[11]

1] 아폴로도로스: 『비블리오테카』 2. 4. 5-6; 체체스: 『뤼코프론에 관하여』 932; 헤시오도스: 『헤라클레스의 방패』 11 ff.

2] 아폴로도로스: 같은 곳.

3] 헤시오도스: 『헤라클레스의 방패』 1-56; 아폴로도로스: 2. 4. 7-8; 휘기누스: 『신화집』 28; 체체스: 『뤼코프론에 관하여』 33과 932; 핀다로스: 『이스트미아 제전 송가』 7. 5.

4] 루키아노스: 『신들의 대화』 10.

5] 헤시오도스: 『헤라클레스의 방패』 1-56; 아폴로도로스: 2. 4. 7-8; 휘기누스: 『신화집』 29; 체체스: 『뤼코프론에 관하여』 33과 932; 핀다로스: 『이스트미아 제전 송가』 7. 5.

6] 헤시오도스: 『헤라클레스의 방패』 1, 35, 56, 80; 호메로스: 『일리아스』 19. 95; 아폴로도로스: 2. 4-5; 테오크리토스, 핀다로스의 『네메아 제전 송가』 1. 36과 관련해 고전 주석가가 인용; 플라우투스: 『암피트뤼오』 1096; 디오도로스 시켈로스: 『역사총서』 4. 10; 체체스: 『뤼코프론에 관하여』 662.

7] 호메로스: 『일리아스』 19. 119 ff.와 91; 디오도로스 시켈로스: 4. 9와 14.

8] 헤시오도스: 『헤라클레스의 방패』 4 ff.와 26 ff.; 페레퀴데스, 아테나이오스의 인용: 11. 7; 아테나이오스: 『현자들의 식탁』 11. 99; 플라우투스: 『암피트뤼오』 256 ff.

9] 파우사니아스: 『그리스 여행기』 9. 11. 1-2; 오비디우스: 『변신 이야기』 9. 285 ff.; 아일리아노스 『동물의 본성』 12. 5; 안토니노스 리베랄리스: 『변신』 29.

10] 아일리아노스 『동물의 본성』 15. 11; 안토니노스 리베랄리스: 같은 곳.

11] 필로코로스: 『글조각』 177; 오비디우스: 『변신 이야기』 9. 285 ff.; 테오크리토스: 『전원시』 24. 11-12.

＊

1. 알크메네Alcmene('격노하여 강력한')는 본래 뮈케나이에서 헤라를 부르는 호칭이었을 것이다. 헤라클레스('헤라의 영광')는 그녀의 신적인 최고 지위를 아카이아족 적敵인 페르세우스('파괴자')의 잠식에 맞서 보호했다. 아카이아족이 결국 승리했고, 그 후손들은 헤라클레스를 '페르세우스 가문'의 일

원이라고 주장했다. 헤라클레스에 대한 헤라의 증오는 나중에 발명된 것일 가능성이 크다. 도리에이스족도 헤라클레스를 숭배했는데, 이들은 엘리스를 침략해 그곳에서 헤라의 힘을 꺾었다.

2. 디오도로스 시켈로스(3. 73)는 헤라클레스라는 이름을 가진 세 사람의 영웅에 대해 기록했다. 하나는 이집트 사람이고, 다른 하나는 크레테의 닥튈로스이며, 마지막이 알크메네의 아들이다. 그런데 키케로는 이 숫자를 여섯으로 올렸다(『신들의 본성에 관하여』 3. 16). 바로Varro는 44로 올렸다(베르길리우스의 『아이네이스』 8. 564에 대한 세르비오스). 헤로도토스(2. 42)는 이집트인들에게 헤라클레스가 원래 어디 출신이냐고 물었더니 포이니케 출신이라 답했다고 기록했다. 디오도로스 시켈로스의 기록을 보면(1. 17과 24; 3. 73), 이집트의 헤라클레스는 솜Som 또는 콘Chon이라 불렸으며, 트로이아 전쟁 1만 년 전에 살았고, 같은 이름의 그리스인이 그의 위업을 물려받았다. 헤라클레스의 이야기를 하나의 나무못이라 한다면, 거기엔 관련이 있거나 없으며, 서로 모순되기까지 하는 수많은 신화가 걸려 있다. 하지만, 주요 대목에서 헤라클레스는 헬레네스 그리스의 전형적인 신성한 왕으로, 달 여신의 화신인 부족 님프의 배우자를 의미한다. 그의 쌍둥이 이피클레스Iphicles는 그의 후계자 역할을 담당한다. 이때 달의 여신은 수많은 이름을 갖고 있다. 헤라, 아테나, 아우게Auge, 이올레Iole, 헤베 등으로 계속 이어진다. 초기 로마의 청동 거울 가운데 하나에는 읍피테르[제우스]가 '헤르켈레Hercele'와 '유노Juno[헤라]' 사이의 신성한 결혼식을 거행하는 장면이 나온다. 게다가 로마의 결혼식에는 신부의 허리 장식끈에 붙은 매듭을 '헤라클레스의 매듭'이라 불렀다. 이 매듭은 유노에게 바치는 것으로, 신랑이 풀어야 했다(페스투스: 63). 로마인들은 이런 관습을 에트루리아 쪽에서 물려받았고, 거기에서는 유노를 '우니알Unial'이라 불렀다. 헤라클레스 이야기의 큰 줄거리는 포

이니케를 거쳐 그리스로 전해진 바빌로니아의 『길가메시 서사시』의 초기 변형이라 추정할 수도 있다. 길가메시한테는 사랑하는 동무로 엔키두Enkidu 가 있고, 헤라클레스는 이올라오스Iolaus가 있다. 길가메시는 여신 이슈타르 Ishtar에 대한 사랑으로 몰락하고, 헤라클레스는 데이아네이라Deianeira에 대 한 사랑으로 그렇게 된다. 둘은 모두 신의 자식이고, 똑같이 지옥을 찾아가 괴롭혔다. 둘은 모두 사자를 죽였고, 신의 황소를 제압했다. 서쪽 섬으로 배 를 타고 갈 때, 헤라클레스는 길가메시처럼 자기 옷을 돛으로 사용했다(132. c 참고). 헤라클레스는 길가메시처럼 마법의 풀을 찾았다(35. b 참고). 태양이 황도 12궁을 따라 진행하는 것과 연관된 점도 서로 비슷하다.

3. 제우스가 암피트뤼온Amphitryon의 모습으로 변신한 것은, 즉위식에서 재탄생의 과정을 밟을 때 신성한 왕은 명목상으로 제우스의 아들이 되어 자기가 인간의 자식임을 부인하기 때문이다(74. 1 참고). 그런데 관습상 신 적인 출생의 왕이 아니라, 쌍둥이 가운데 동생으로 군사 원정을 이끌 인간 후계자도 필요하다. 헤라클레스의 경우엔 이런 규칙이 뒤집혀 있는데, 이 는 한때 그가 후계자였고 이피클레스가 신성한 왕이었음을 암시한다. [기 원전 3세기 목가시인] 테오크리토스는 헤라클레스가 쌍둥이 가운데 동생이라 고 분명하게 언급했고, 헤로도토스(2. 43)는 그를 암피트뤼온의 자식이라고 하면서 '알키데스Alcides'라는 성까지 붙여 주었다. 이는 그의 할아버지 알카 이오스Alcaeus를 따른 것이며, 크로노스를 따라 '크로니데스Cronides'라고 하 지 않았다. 게다가 이피클레스가 크레온의 막내딸과 결혼할 때, 헤라클레스 는 그 언니와 결혼했다. 모계 승계 사회에서는 보통 막내딸이 여자 상속인 이 된다. 유럽의 모든 민담에도 그렇게 나온다. 헤시오도스의 『헤라클레스 의 방패』(89 ff.)를 보면, 이피클레스는 에우뤼스테우스Eurystheus 앞에서 스스 로 낮췄다. 그러나 무슨 사정으로 쌍둥이 사이에서 이런 역할 변화가 일어

났는지 알려 주는 설명은 없다. 카스토르와 폴뤼데우케스, 이다스와 륑케우스 사이의 깊은 친애 관계가 헤라클레스와 이피클레스 사이에는 보이지 않는다. 헤라클레스는 자기 쌍둥이의 기능과 능력을 빼앗고, 무능하고 기백도 없는 그림자로 만들었다. 그는 애도조차 받지 못하고 금방 사라진다. 아마 티륀스에서 후계자가 왕의 권력을 모두 빼앗았던 것으로 보인다. 종교적인 왕이 쇼군과 같은 전쟁 왕과 함께 통치하는 아시아 나라에서 간혹 그런 일이 벌어진다.

4. 헤라가 출산을 늦춘 방법은 나이지리아 마녀들이 지금도 사용하고 있다. 지금은 더 개화해 자기 옷 밑에 외국에서 수입한 자물통을 감추는데, 이렇게 하면 마법이 더 강해진다고 한다.

5. 무슨 일이 생기면 족제비가 고양이처럼 새끼를 입에 물고 다른 곳으로 옮기는 모습에서, 족제비 전설이 생겨났다. 텟살리아에서 마녀들이 족제비로 분장을 하고 헤카테의 시종으로서 무시무시한 의식을 치른다는 아풀레이우스[1]의 설명과 '테우멧소스의 암여우Teumessian Vixen'에게 인간을 제물로 바친다(89. h 참고)는 파우사니아스의 언급은, 펠로폰네소스 반도에 헤라 숭배를 도입했다고 하는 포로네우스의 아내 케르도Cerdo('족제비' 또는 '암여우')를 떠올리게 한다(57. a 참고). 테바이의 갈린티아스Galinthias 숭배는 원시시대 헤라 숭배의 유물이다. 그리고 마녀들은 헤라클레스의 탄생을 늦출 때 족제비로 분장했을 것이다. 이 신화는 보통 경우보다 더 혼란스럽다. 다만, 테바이와 아르골리스에서 종교적으로 보수적인 사람들은 제우스 중심의 올림포스 신들의 세계에 대해 분개했으며, 마녀들이 합심해 '페르세우스 가문'을 공격했다는 점은 어느 정도 분명해 보인다.

---

1) 아풀레이우스Apuleius: 2세기에 활동한 로마의 철학자.

6. 오비디우스의 '열 번째 궁' 언급과, 헤라클레스를 '어린아이 호루스'로 묘사하는 '에뤼만토스의 멧돼지Erymanthian Boar' 이야기를 생각해 보면, 헤라클레스는 제우스, 아폴론, 그리고 다른 달력의 신들과 마찬가지로 한겨울에 태어났다. 테바이에서 새해는 한겨울에 시작됐다. 테오크리토스가 말한 것처럼, 만약 헤라클레스가 열두 번째 궁이 끝날 때 태어난 지 10개월이 됐다면, 알크메네는 그를 춘분 때 낳은 게 된다. 이탈리아와 바빌로니아 등지에선 이때 새해가 시작된다. 제우스가 출산의 방을 밝게 비췄다는 건 이상할 게 없다. 매달 네 번째 날을 헤라클레스에게 바친다는 이야기는, 4년마다 한 해를 올륌피아 제전의 창시자인 헤라클레스에게 바쳤기 때문일 것이다.

119
헤라클레스의 어린 시절

알크메네는 헤라의 질투가 두려워 새로 태어난 자식을 테바이 성벽 밖 들판에 버렸다. 아테나는 제우스의 부추김을 받아 헤라를 데리고 그쪽으로 산책을 내려갔다. "어머나, 보세요! 정말로 늠름한 아기가 있어요." 아테나는 아기를 들어 올리고 놀란 척하면서 말했다. "이런 돌투성이 벌판에 아기를 버리다니 아이 엄마가 제정신이 아닌 게 틀림없어요. 젖이 나오니, 이리와서 이 불쌍한 아이에게 젖을 물리세요." 헤라는 별생각 없이 아기를 안고 자기 가슴을 드러냈다. 헤라클레스는 센 힘으로 젖을 빨았고, 헤라는 너무 아파 아기를 내던졌다. 이때 뿜어져 나온 젖이 하늘로 날아가 은하수가 되었다. "이런 아기 괴물이 있나!" 헤라는 소리를 질렀다. 그러나 헤라클레스는 이제 불사의 몸이 됐고, 아테나는 미소를 지으며 아기를 알크메네에게 되돌려 주면서 잘 지키고 키우라고 말했다. 테바이에는 오늘날 이렇게 헤라를 속였던 곳을 '헤라클레스의 평원'이라고 부른다.[1]

b. 하지만 어떤 이는 헤르메스가 아기 헤라클레스를 올림포스로 데려왔다고 전한다. 그리고 제우스가 헤라가 잠들어 있는 동안 아기를 그녀 가슴에 안겼다고 한다. 은하수는 그녀가 잠에서 깨어나 아기를 밀쳐 낼 때, 또는

아기가 입에 다 머금을 수 없을 정도로 많은 젖을 빨다가 기침을 하면서 토할 때 생겼다. 어떤 경우든, 헤라는 비록 짧은 시간이었으나 헤라클레스의 양어머니가 되었던 셈이다. 테바이인들은 이에 헤라클레스를 헤라의 아들이라 생각하며, 그전에는 알카이오스였지만 이제 헤라의 젖을 빨았으니 그녀를 기려 새 이름을 갖게 됐다고 말한다.[2]

c. 누구는 한 살이었다고 하는데, 헤라클레스가 태어난 지 여덟에서 열 달밖에 되지 않아 아직 젖을 떼지 않을 때였다. 어느 날 저녁, 알크메네는 쌍둥이를 씻기고 젖을 물린 다음, 암피트뤼온이 프테렐라오스한테서 빼앗아 온 널찍한 놋쇠 방패 위에 아이들을 누이고 새끼 양의 털로 지은 이불을 덮어 주었다. 밤이 깊어지자 헤라는 헤라클레스를 죽이라는 엄한 명령과 함께 거대한 하늘색 비늘 뱀 두 마리를 암피트뤼온의 집으로 보냈다. 뱀이 접근하자 문이 열렸고, 대리석 바닥을 지나 아기들 방으로 미끄러져 들어갔다. 뱀의 눈에는 불길이 이글거렸고 송곳니에서는 독이 뚝뚝 떨어졌다.[3]

d. 쌍둥이는 잠에서 깨어나 뱀 두 마리가 두 갈래로 갈라진 혀를 재빠르게 내밀면서 자기들 위로 기어 온 것을 알게 됐다. 이번에도 제우스가 그 방을 밝게 비춘 것이다. 이피클레스는 비명을 지르면서 이불을 걷어차고 달아나려 방패에서 바닥으로 굴렀다. 알크메네는 아이의 무서운 비명과 아이들 방의 방문 밑으로 내비치는 이상한 빛에 자리를 박차고 일어났다. "암피트뤼온, 같이 올라가요!" 그녀는 소리를 질렀다. 암피트뤼온은 삼나무 침대에서 뛰어내려 가까운 벽 위에 걸어 둔 윤이 나는 칼집에서 칼을 빼들었다. 그 순간 아기들 방을 비추던 빛이 사라졌다. 졸음에 겨운 노예들에게 등불과 횃불을 가져오라 소리치면서, 암피트뤼온은 안으로 뛰어들었다. 그런데 말도 제대로 하지 못해 훌쩍거리기만 하던 헤라클레스가, 양손에 하나씩 목을 졸라 죽이고 있던 뱀을 자랑스럽게 내보였다. 뱀이 죽자, 아기는

재미있게 웃으면서 바닥에 여러 번 내리치더니 암피트뤼온의 발 앞에 던졌다.

e. 알크메네가 겁에 질린 이피클레스를 다독이는 동안, 암피트뤼온은 이불을 펴서 헤라클레스를 다시 덮어 준 다음 침대로 돌아갔다. 새벽에 수탉이 세 번 울었을 때, 알크메네는 고령의 테이레시아스를 불러 간밤의 기이한 일에 대해 말해 주었다. 테이레시아스는 헤라클레스의 영광스러운 미래를 예언하면서 그녀에게 이렇게 조언했다. 먼저, 한밤중에 널찍한 화로에 가시금작화, 가시나무, 가시 달린 관목으로 불을 피우고 죽은 뱀을 태우라 했다. 그리고 다음 날 아침에 하녀 하나가 재를 긁어모아 예전에 스핑크스가 앉아 있던 바위로 가져가 바람에 날려 버린 다음 뒤돌아보지 않고 달려오도록 했다. 하녀가 돌아오면, 곧장 궁전을 유황 향과 소금을 녹인 샘물로 정화하고 야생 올리브나무를 지붕에 올려놓도록 했다. 마지막으로 제우스의 높은 제단에서 멧돼지를 제물로 바치도록 했다. 알크메네는 그의 말을 모두 따랐다. 그러나 어떤 이는 뱀은 무해한 놈들이었고, 암피트뤼온이 직접 요람에 집어넣었다고 한다. 쌍둥이 가운데 누가 자기 아들인지 알고 싶었던 것이고, 이제는 확실히 알게 되었다.4]

f. 헤라클레스가 어린아이 티를 벗자, 암피트뤼온은 그에게 전차 모는 법과 기둥을 긁지 않고 회전 구간 두는 법을 가르쳤다. 카스토르는 그에게 칼싸움 수업을 열어 무기 다루는 법과 기병과 보병 전법 그리고 기본 전략을 가르쳤다. 헤르메스의 아들인 아우톨뤼코스 또는 하르팔뤼코스는 권투를 가르쳤다. 그는 싸울 때 표정이 너무 무서워 아무도 그를 제대로 쳐다볼 수 없었다. 에우뤼토스는 활쏘기를 가르쳤는데, 암피트뤼온의 소몰이꾼인 스퀴타이족 테우타로스가 그랬을 수 있다. 아폴론이 직접 가르쳤을지도 모른다.5] 헤라클레스는 활쏘기에서 세상 누구에게도 지지 않았는데, 심지어 그

의 동료이자, 아르고 호 원정대 팔레로스의 아버지인 알콘보다 뛰어났다. 알콘은 병사들을 열을 맞춰 세우고 투구 위에 달린 고리를 한 번에 화살로 꿰뚫거나, 칼이나 창의 끝을 맞춰 화살이 쪼개지게 할 수도 있었다. 한번은 뱀이 그의 아들을 칭칭 감으려 공격했는데, 알콘은 뛰어난 솜씨로 화살을 쏴 뱀을 죽였다. 당연히 아들은 전혀 다치지 않았다.[6]

g. 에우몰포스는 헤라클레스에게 노래하고 뤼라 연주하는 법을 가르쳤다. 강의 신 이스메니오스의 아들 리노스는 문학 공부의 길을 열어 주었다. 한번은 에우폴포스가 자리에 없는 동안 리노스가 뤼라도 함께 가르쳤는데, 헤라클레스는 에우몰포스에게 배운 대로 하겠다면서 고집을 피웠다. 리노스는 성이 나서 매를 때렸고, 헤라클레스는 뤼라로 한 방 쳤는데 그가 죽고 말았다.[7] 이에 대한 재판에서 헤라클레스는 공격자에 대한 저항은 정당하다는 라다만튀스의 법을 인용하면서 변론을 펼쳐 무죄 선고를 받아 냈다. 그럼에도 암피트뤼온은 또다시 폭력 사건에 얽힐까 걱정해 그를 소 떼 목장으로 보냈다. 헤라클레스는 거기에서 열여덟 살이 될 때까지 지냈으며, 이제 키와 힘, 용기에서 또래를 모두 능가했다. 그는 거기서 '이스메네 아폴론'의 월계수 나르는 사람으로 뽑히기도 했다. 테바이인들은 지금도 암피트뤼온이 그때 그에게 바쳤던 삼발이를 지키고 있다. 누가 천문학과 철학을 가르쳤는지는 알려져 있지 않지만, 헤라클레스는 두 분야에도 학식이 있다.[8]

h. 헤라클레스의 키는 보통 4큐빗[약 2미터]이라 한다. 그는 올륌피아 경기장의 길이를 자기 보폭으로 600걸음이라고 했다. 그런데 후기 그리스의 여러 경기장의 경우, 말로는 600걸음이라지만 실제는 그보다 상당히 짧았다. 이런 사정을 고려해 현인 피타고라스는 헤라클레스의 키를 추정했다. 헤라클레스의 보폭 및 그에 따른 키와 보통 사람들의 보폭 및 키 사이의 비율이, 올륌픽 경기장과 다른 경기장들 사이의 길이 비율과 같다고 본 것이

다. 이렇게 계산하면, 헤라클레스의 키는 4큐빗 1피트[2미터 30센티미터]에 이른다. 하지만 어떤 이는 그가 평균 키 이상은 아니었다고 전한다.[9]

i. 헤라클레스의 눈은 불타듯 번쩍였고, 던진 창과 쏜 화살은 빗나가는 법이 없었다. 그는 정오에 조금만 먹었다. 저녁으로 좋아하는 음식은 구운 고기와 도리스식 보리빵이었으며, (그런 말을 믿을 수 있다면) 고용한 인부가 "그 정도면 충분해요!"라고 말할 정도까지, 충분히 먹었다. 그의 튜닉 자락은 짧고 단정했다. 집 안에서 지내는 것보다 밖에서 별 아래 있는 것을 더 좋아했다.[10] 전조를 읽는 깊은 지식을 갖고 있어, 새로운 과업을 수행하기 시작할 때면 언제나 독수리가 나타나는 것을 특별히 반겼다. 그는 이렇게 말하곤 했다. "독수리는 새들 가운데 가장 고결하다. 가장 작은 생물은 공격조차 하지 않는다."[11]

j. 헤라클레스는 자신이 먼저 싸움을 건 적이 없지만, 공격해 오는 자가 있다면 언제나 그가 의도한 것과 똑같이 해주었다고 주장했다. 테르메로스라는 사람이 있는데, 그는 지나가는 여행자를 붙잡고 박치기 시합을 하자고 해 여행자를 죽이곤 했다. 이번에는 헤라클레스의 이마가 더 강했고, 테르메로스의 머리를 계란처럼 깨버렸다. 하지만 헤라클레스는 본성이 정중했고, 죽은 자들을 매장하도록 적에게 선선히 내준 것도 그가 처음이다.[12]

1] 디오도로스 시켈로스: 『역사총서』 4. 9; 체체스: 『뤼코프론에 관하여』 1327; 파우사니아스: 『그리스 여행기』 9. 25. 2.

2] 에라토스테네스: 『카타스테리스모이』 44; 휘기누스: 『시적 천문학』 2. 43; 알렉산드리아의 헤파이스티온, 포티오스의 인용 477; 디오도로스 시켈로스: 4. 10.

3] 아폴로도로스: 『비블리오테카』 2. 4. 8; 테오크리토스: 『전원시』 24; 핀다로스의 「네메아 제전 송가」 1. 43에 대한 고전 주석자.

4] 베르길리우스의 『아이네이스』 8. 288에 대한 세르비오스; 테오크리토스: 같은 곳; 핀다로스: 「네메아 제전 송가」 1. 35 ff.; 페레퀴데스, 아폴로도로스의 인용: 2. 4. 8.

5] 테오크리토스: 같은 곳; 아폴로도로스: 2. 4. 9; 체체스: 『뤼코프론에 관하여』 56; 디오도로스 시켈로스: 4. 14.

6] 베르길리우스의 『시선』 5. 11에 대한 세르비오스; 발레리우스 플라쿠스: 『아르고나우티카』 1. 399 ff.; 아폴로니오스 로디오스: 1. 97; 휘기누스: 『신화집』 14.

7] 파우사니아스: 9. 29. 3; 테오크리토스: 같은 곳; 아폴로도로스: 2. 4. 9; 디오도로스 시켈로스: 3. 67.

8] 아폴로도로스: 같은 곳; 디오도로스 시켈로스: 4. 10; 파우사니아스: 9. 10. 4; 아폴로니오스 로디오스에 대한 고전 주석자: 1. 865; 베르길리우스의 『아이네이스』 1. 745에 대한 세르비오스.

9] 아폴로도로스: 2. 4. 9; 플루타르코스, 아울루스 겔리우스의 인용: 1. 1; 헤로도토스, 체체스의 인용: 『뤼코프론에 관하여』 662; 핀다로스: 『이스트미아 제전 송가』 4. 53.

10] 아폴로도로스: 같은 곳; 테오크리토스: 『전원시』 24; 플루타르코스: 『로마인에 관한 물음』 28.

11] 플루타르코스: 『로마인에 관한 물음』 93.

12] 플루타르코스: 『테세우스』 11과 29.

*

1. 다른 설명을 보면, 은하수는 레아가 억지로 제우스의 젖을 뗄 때 만들어졌다고 한다(7. b 참고). 헤라가 헤라클레스에게 젖을 먹이는 대목은, 신성한 왕이 어머니인 여왕한테서 새로 태어나는 종교 의식에서 바탕을 둔 신화로 보인다(145. 3 참고).

2. 뱀의 목을 졸랐다는 이야기는 호메로스 시대 이후의 것으로 오래된 도상에 바탕을 두고 있다. 그러나 그 도상에서 헤라클레스는 뱀이 혀로 귀를 씻어 주는 동안 그것들을 쓰다듬고 있었을 것이다. 멜람푸스(72. c 참고), 테이레시아스(105. g 참고), 캇산드라(158. p 참고), 그리고 아마 라오코온Laocoön의 아들들(167. 3 참고)이 그렇게 했듯이 말이다. 이렇게 다정하게 돌보지 않았다면, 그는 독수리의 말을 이해할 수 없었을 것이다. 그리고 헤라가 정말 헤라클레스를 죽이고 싶었다면 그에게 하르퓌이아를 보내 잡아갔을 것이다. 핀다로스 또는 그에게 얘기를 전해 준 사람은, 이 도상을 새해의 '태양 아이Solar Child'에 대한 것이라고 오독했다. 태양 아이가 뱀으로 상징된 겨울 신을 제압했다는 것이다. 알크메네Alcmene가 제우스에게 멧돼지를 제물로 바쳤다고 했는데, 이는 고대에 한겨울에 벌이던 의식이다. 고대 잉글랜드에서 크리스마스 때 멧돼지 머리를 바쳤던 일에 그 흔적이 남아 있다.

그리스에서 야생 올리브는, 이탈리아와 북서 유럽의 자작나무처럼, 새해의 나무였고 시작을 상징했으며 사악한 기운을 몰아내는 빗자루로 사용됐다 (53. 7 참고). 헤라클레스는 야생 올리브를 곤봉으로 썼고, 휘페르보레오이의 땅에서 올림피아로 돌아오면서 묘목을 가져왔다(138. j 참고). 테이레시아스가 알크메네에게 피우라고 했던 불은, 지금도 유럽 곳곳에서 2월 2일에 밝히는 성촉절Candlemas 모닥불이었다. 그 목적은 오래된 덤불을 태워 없애고, 새순이 잘 돋아나게 하는 데 있다.

3. 빵을 먹는 '도리에이스족의 헤라클레스'는, 문화적으로 세련된 아이올리스와 아카이아족 선배들과 정반대로, 단순히 소 떼 왕에 불과했다. 가지고 있는 능력도 여러모로 제한적이라, 음악이나 철학, 천문학과 관련해 허세를 부리지 않았다. 고전기에 신화학자들은 '건전한 신체에 건전한 정신이 깃든다mens sana in corpore sano'는 원칙을 염두에 두고, 그가 온갖 수준 높은 교육을 받았다고 다소 억지를 부렸다. 리노스를 죽인 것도, 시키는 대로 고분고분 따르기를 거부한 게 아니라, 폭군에 대한 저항으로 해석했다. 그럼에도 그는 정신 쪽이 아니라 육체적 강건함의 전형으로 남았다. 다만 켈트족은 예외이다(132. 3 참고). 그들은 헤라클레스를 문자와 시예술의 후원자로 기린다. 그리고 헤라클레스는 자신들이 오그미오스Ogmius라 부르는 '이다 산의 닥튈로이'라 생각하며, 휘페르보레오이 나무 일파벳의 첫 번째 자음인 자작나무 또는 야생 올리브를 나타낸다는 전승을 믿었다(52. 3과 125. 1 참고). 그리고 '보내 주신 첫 번째 메시지가 어린 자작나무 가지에 새겨지며, 즉 자작나무는 일곱 번 반복한다'는 전승도 믿었다(『하얀 여신』 121쪽).

4. 뱀을 쏴 맞춘 알콘의 뛰어난 활솜씨 이야기는 15세기에 나온 「마녀의 망치Malleus Maleficarum」에 묘사된 것과 같은 활쏘기 시험을 암시한다. 「마녀의 망치」를 보면, 활잡이 길드에 가입하려는 후보자는 자기 아들의 모자 위

에 물건을 올려놓고 화살로 맞춰야 했다. 물건은 사과일 수도 있고, 은화일 수도 있었다. 라오다메이아Laodameia의 오라비들은 신성한 왕의 자리를 위해 경쟁할 때(162. n 참고) 아이의 가슴 위에 걸어 놓은 반지 구멍에 화살을 관통시켜야 했다. 그러나 아이 살해는 그들의 목적이 아니었기에, 이 신화는 잘못 전해진 게 틀림없다. 왕위 후보자의 본래 임무는 불사를 상징하는 황금 뱀의 사리 안으로 화살을 관통시키는 일이었던 것으로 보인다. 이때 황금 뱀은 왕실 아이의 머리 장식 위에 올려놓았을 것이다. 몇몇 부족에선 이런 관습이 사과를 쏴서 맞히는 쪽으로 바뀌었고, 다른 곳에서는 양날 도끼의 뒤로 휜 도끼날 사이를 쏘거나 투구 위의 장식 고리 구멍을 관통해 쏘는 방식으로 변했다. 그리고 나중에 사격술이 개선되면서, 알콘의 시험처럼, 열을 맞춘 투구 고리를 관통해 쏘는 쪽으로 발전했다. 오뒷세우스의 시험처럼, 열을 맞춘 도끼날을 통과시키는 방식도 있었다(171. h 참고). 로빈 후드의 부하들은 게르만 궁수들처럼 십자가가 그려져 있던 은화에 활을 쐈다. 활잡이 길드는 반항적인 반기독교도였다.

5. 그리스와 로마의 활잡이들은 아이들이 활을 쏠 때처럼 활시위를 가슴 쪽으로 당겼기 때문에 사정거리가 무척 짧았다. 그래서 6세기까지도 로마 군대의 날리는 무기의 주력은 투창이었다. 그러다 [6세기 동로마제국의 장군] 벨리사리우스Belisarius는 비늘 갑옷 병사들을 무거운 활로 무장시키고 활시위를 귀 쪽으로 당기도록 가르쳤다. 스퀴타이 방식이었다. 이에 헤라클레스의 사격술이 빼어났다는 대목은 스퀴타이의 테우타로스Teutarus가 그의 교사였다는 전설로 설명이 된다. 테우타로스의 이름은 '부지런히 연습하다'를 뜻하는 테우타에인teutaein에서 온 것으로 보이는데, 보통의 그리스 활잡이는 그렇게 하지 않았던 것 같다. 스퀴타이족을 헤라클레스의 후손들이라고 하는 것도 그들의 뛰어난 활 기술 때문인 듯하다. 헤라클레스는 아들 가

운데 유일하게 자기처럼 활을 구부릴 수 있는 스퀴테스Scythes에게 자기 활을 물려주었다(132. v 참고).

120
테스피오스의 딸들

헤라클레스는 열여덟 살이 되자, 소 목장을 떠나 키타이론의 사자를 죽이기 위해 길을 나섰다. 그놈은 암피트뤼온과 그의 이웃인 테스피오스 왕의 소 떼에 큰 피해를 주고 있었다. 테스피오스는 아테나이의 에레크테우스 가문으로, 테스티오스라고도 불렀다. 사자는 헬리콘 산에도 굴을 하나 더 갖고 있었다. 헬리콘 산 아래에는 테스피아이라는 도시가 있다. 헬리콘은 언제나 명랑한 분위기가 흐르는 산이었다. 테스피아이 사람들은 이 산의 꼭대기에서 무사 여신들을 기리는 고대의 축제를 열었고, 산 아래의 에로스 조각상 주변에서는 음탕한 놀이를 즐겼다.[1]

b. 테스피오스 왕은 아내 메가메데와 함께 딸을 50명 낳았다. 메가메데는 아르네우스의 딸로, 테스피아이 시에서 누구보다도 명랑했다. 왕은 딸들이 부적절한 짝을 만날까 두려워 이들이 모두 헤라클레스의 자식을 가지도록 하겠다고 마음먹었다. 당시 헤라클레스는 낮에는 종일 사자를 사냥하러 다녔고, 밤에는 테스피아이에서 50일을 잇달아 묵었다. 테스피오스는 그를 손님으로 환대하면서 이렇게 말했다. "내 맏딸 프로크리스를 잠자리 동무로 주겠다." 그러나 밤이 되면 매일 다른 딸이 헤라클레스를 찾아갔고, 마

침내 그는 모두와 동침을 했다. 하지만 어떤 이는 헤라클레스가 하룻밤에 이들 모두와 즐겼으며, 오직 하나만 그의 품을 거절했다고 전한다. 그리고 그녀는 죽을 때까지 처녀로 남아 테스피아이의 헤라클레스 전당에서 여사제로 있었다고 덧붙인다. 이 때문에 오늘날까지 테스피아이의 여사제는 순결을 요구받고 있다. 헤라클레스는 이들에게서 아들 51명을 얻었는데, 맏딸 프로크리스가 안틸레온과 힙페우스라는 쌍둥이를 낳았고, 막내딸이 또 다른 쌍둥이를 낳았기 때문이다.[2]

c. 헤라클레스는 마침내 사자를 찾아냈고, 곤봉으로 그놈을 해치웠다. 곤봉은 헬리콘 산에서 뿌리째 뽑은 야생 올리브나무를 깎아 만들었다. 그는 사자 가죽을 뒤집어쓰고, 입을 벌린 턱뼈를 투구 대신 머리에 썼다. 그러나 누구는 그가 네메아 사자의 가죽 또는 테바이 부근의 테우멧소스에서 죽인 또 다른 짐승의 가죽을 뒤집어쓰고 다녔다고 전한다. 키타이론 사자는 알카투스가 처리했다는 것이다.[3]

1] 아폴로도로스: 『비블리오테카』 2. 4. 8-9; 파우사니아스: 『그리스 여행기』 9. 26. 4; 27. 1과 31. 1; 테오크리토스의 『전원시』 13. 6에 대한 고전 주석자.

2] 아폴로도로스: 2. 4. 10과 7. 8; 파우사니아스: 9. 27. 5; 디오도로스 시켈로스: 『역사총서』 4. 29; 헤시오도스의 『신들의 계보』 56에 대한 고전 주석자.

3] 테오크리토스: 『전원시』 25; 아폴로도로스: 2. 4. 10; 디오도로스 시켈로스: 4. 11; 스타티우스의 『테바이스』 1. 355-485에 대한 락탄티우스; 파우사니아스: 1. 41. 4.

＊

1. 테스피오스Thespius의 50명 딸은 다나이데스Danaids, 팔란티다이 Pallantidae, 네레이데스Nereids의 50명과 마찬가지로 달의 여신을 모시는 여사제 무리였음이 틀림없다. 켈트족의 신 브란이 하룻밤에 동침한 처녀 50명들도 마찬가지다. 사자 가죽을 쓴 신성한 왕은 1년에 한 번 에로스('관능의

욕정')라 부르는 돌 남근 주변에서 열리는 관능적인 주신제에서 여사제들에게 접근했다. 올림피아 제전과 다음 번 제전 사이도 태음월이 50개이다. '테스티오스Thestius'는 아마도 테아 헤스티아thea hestia('여신 헤스티아')의 남성형으로 보인다. 그러나 테스피오스('신의 소리를 내는')도 불가능한 이름은 아니다. 최고위 여사제는 신탁을 내기 때문이다.

2. 휘기누스(『신화집』 162)는 테스피오스의 딸들이 열두 명이라고 했다. 아마도 로마의 '베스타를 섬기는 처녀들Latin Vestals'의 숫자가 열둘이었기 때문일 것이다. 이들은 남근의 팔라디온 신상Palladium을 지켰으며, 초기 로마 군주정 시절 알바니 언덕에서 매년 비슷한 주신제를 열었던 것으로 보인다.

3. 테스피오스의 맏딸과 막내딸이 헤라클레스의 쌍둥이, 다시 말해 신성한 왕과 그 후계자를 낳았다. 신화학자들은 이 지점에서 혼동을 일으켰다. 헤라클레스가 막내딸과 결혼했다는 오래된 전승을, 이는 모계사회 말자상속을 의미하는데, 부계사회 장자상속과 억지로 합치려 한 것이다. 헤라클레스는 고전기 전설에 부계적 인물이다. 의심스러운 마카리아Macaria의 경우를 제외하면(146. b 참고), 그는 딸자식을 하나도 두지 않았다. 테스피아이의 처녀 여사제는, 아폴론의 델포이에 있는 여사제 퓌티아처럼, 예언의 힘이 그녀를 압도할 때 이론상으로 그의 신부가 됐다. 따라서 인간 남편과 함께 즐길 수 없었다.

4. 파우사니아스는 이 신화가 불만스러워, 헤라클레스가 그 딸들을 모두 유혹함으로써 자신을 정중하게 대접한 주인을 욕보였을 리가 없다고 적었다. 또, 실제로 신이었지만 아직 나이가 어려 자신의 신전을 세우지도 않았을 것이라고 했다. 이에 테스피아이의 왕은 테스피오스가 아니라고 주장했다.

사자 사냥은 왕위 후보자에게 부여된 결혼 임무 가운데 하나였다(123. 1 참고).

5. 헤라클레스는 야생 올리브나무로 곤봉을 만들었다. 이는 첫 번째 달의 나무로, 전통적으로 사악한 기운을 몰아내는 데 사용했다(52. 3; 89. 7; 119. 2 등 참고).

121
에르기노스

보이오티아 온케스토스 마을에서 포세이돈 축제가 열리는 동안, 작은 사건이 테바이인들의 심기를 건드렸다. 이에 메노이케우스의 전차몰이꾼이 돌멩이를 하나 던졌는데 미뉘에스족의 왕 클뤼메노스가 이를 맞아 치명상을 입었다. 클뤼메노스는 오르코메노스로 옮겨졌고, 거기서 마지막 숨을 거두면서 아들들에게 복수를 당부했다. 맏아들인 에르기노스는 군대를 소집하고 테바이를 향해 진군해 완전히 격파했다. 그의 어머니는 보이오티아의 공주 부데이아 또는 부쥐게이다. 테바이는 맹세를 통해 확정된 강화조약에 따라, 클뤼메노스의 죽음에 대한 보상으로 에르기노스에게 앞으로 20년 동안 매년 소 100마리를 공물로 바쳐야 했다.[1]

b. 헤라클레스는 헬리콘에서 귀환하던 도중 테바이에 공물을 받으러 가는 미뉘에스족 전령과 어울렸다. 그가 무슨 일이냐고 물었고, 그들은 에르기노스가 관용을 베풀어 테바이 남자들의 귀와 코, 손을 잘라내지 않았음을 한 번 더 상기시키러 간다고 거만하게 답했다. "에르기노스는 정말로 그 공물을 원하는가?" 헤라클레스는 화가 나서 물었다. 그리고 전령들이 말하던 대로 그들의 귀와 코, 손을 잘라 오르코메노스로 보냈다. 이때 잘라낸 피

가 떨어지는 것들은 끈으로 묶어 그들 목에 걸어 주었다.[2]

c. 에르기노스는 테바이의 크레온 왕에게 이런 잔인무도한 일을 벌인 장본인을 내놓으라고 요구했고, 크레온은 냉큼 이에 복종하려 했다. 미뉘에스족이 테바이의 무기를 모두 가져가 버렸기 때문이다. 더구나 그런 말도 안 되는 일에 이웃 나라의 중재를 기대할 수도 없었다. 그런데 헤라클레스는 테바이의 젊은이들에게 자유를 위해 싸우자고 설득했다. 도시의 신전들을 돌면서 전리품으로 바쳤던 방패, 투구, 가슴막이, 정강이받이, 칼, 창 등을 모두 떼어 냈다. 아테나 여신은 이런 결의를 높이 사서 이 무기들을 헤라클레스와 그의 동료들에게 채워 주었다. 이렇게 헤라클레스는 싸울 나이의 모든 테바이인을 무장시키고, 무기를 다루는 법도 가르쳤다. 지휘는 본인이 맡았다. 신탁이 그의 승리를 약속했지만, 테바이에서 가장 고귀하게 태어난 사람이 자신의 목숨을 바쳐야 한다고 했다. 모든 눈이 '뿌려진 자들'의 후손인 안티포이노스로 향했다. 그러나 그가 공공선을 위해 죽는 것을 꺼리자, 그의 딸 안드로클레이아와 알키스가 기꺼이 아버지를 대신해 나섰다. 두 딸은 나중에 '고명한 아르테미스'의 신전에 여자 영웅으로 기려졌다.[3]

d. 머지않아 미뉘에스족이 테바이로 진군해 왔지만, 헤라클레스는 좁은 길에서 매복해 기습 공격을 벌여 에르기노스와 그의 부대장을 수없이 죽였다. 헤라클레스는 거의 혼자 힘으로 이 승리를 일궈냈으며, 어세를 몰아 오르코메노스까지 들이쳤다. 성문을 부수고 궁전을 약탈했으며, 미뉘에스족이 테바이에게 공물을 두 배 바치도록 강제했다. 헤라클레스는 또 오래전에 미뉘에스족이 건설한 지하 수로 두 개를 막아 버렸다. 이는 케핏소스 강물을 바다로 흘려보내는 것으로, 수로가 막히자 보이오티아 중앙 코파이스 평원의 비옥한 곡창지대가 물에 잠기고 말았다.[4] 이는 미뉘에스족의 강력한 주력부대인 기병대의 발을 묶고, 양쪽이 동일한 조건에서 싸울 수 있는

언덕으로 전장을 옮기기 위해서였다. 모든 인류의 친구였기에, 나중에 그는 이 수로들을 다시 열어 주었다. 테바이에 있는 '말을 묶는 헤라클레스'의 전당은 이 전쟁에서 보여 준 그의 활약을 기념하고 있다. 헤라클레스는 밤 중에 미뉘에스족 병영으로 숨어들어 전차 끄는 말을 훔쳐 멀리 떨어진 나 무에 묶어 둔 다음 잠들어 있는 병사들에게 칼을 안겼다. 불행하게도 그의 양아버지 암피트뤼온이 이 싸움에서 죽었다.[5]

e. 테바이로 돌아오는 길에 헤라클레스는 '보존자 제우스'에게 제단을 바쳤다. '고명한 아르테미스'에게는 돌사자를, '무기를 채워 주는 아테나'에 게는 돌 조각상 두 개를 바쳤다. 신들이 헤라클레스가 에르기노스의 전령 들에게 저지른 일에 대해 벌을 주지 않았기 때문에, 테바이인들은 대담하 게도 '코끝을 자르는 헤라클레스'라고 부르는 조각상을 세워 그를 기린다.[6]

f. 다른 설명도 있다. 에르기노스는 미뉘에스족의 패배 때 살아남아 콜키 스에서 황금 양털을 가져온 아르고 호 원정대에 참여했다. 여러 해에 걸친 노력 끝에, 예전의 번영을 회복해 큰 부를 누렸다. 하지만 나이 들어 후사가 없었다. 신탁을 청하니, 닳고 오래된 쟁기날 위에 새 신발을 올려 두라고 했 다. 이에 그는 젊은 아내를 얻어 이름난 건축가인 트로포니오스와 아가메 데스를 자식으로 두었다. 아제오스도 얻었다.[7]

1] 아폴로도로스: 『비블리오테카』 2. 4. 11; 파우사니아스: 『그리스 여행기』 9. 37. 1-2; 호메로스에 대한 에 우스타티우스 1076; 아폴로니오스 로디오스에 대한 고전 주석자: 1. 185.

2] 디오도로스 시켈로스: 『역사총서』 4. 10.

3] 디오도로스 시켈로스: 같은 곳; 아폴로도로스: 2. 4. 11; 파우사니아스: 9. 17. 1.

4] 에우리피데스: 『헤라클레스』 220; 디오도로스 시켈로스: 같은 곳; 파우사니아스: 9. 38. 5; 스트라본: 『지 리학』 9. 11. 40.

5] 폴뤼아이노스: 『전략론』 1. 3. 5; 디오도로스 시켈로스: 4. 18. 7; 파우사니아스: 9. 26. 1; 아폴로도로스: 2. 4. 11.

6] 에우리피데스: 『헤라클레스』 48-59; 파우사니아스: 9. 17. 1-2와 25. 4.

7] 파우사니아스: 9. 37. 2-3과 25. 4; 호메로스에 대한 에우스타티우스 272.

✳

1. 헤라클레스가 미뉘에스Minyans 전령에게 한 일은 너무나 비열해. 그는 여기서 기원전 1050년의 도리에이스족 정복자들을 대변하고 있음이 틀림 없다. 이 정복자들은 모든 문명화된 관례를 완전히 무시했다. 전령의 신체 는 아무리 무례하게 행동한다고 해도 결코 손을 댈 수 있는 게 아니었다.

2. 스트라본의 설명(9. 2. 18)을 보면, 케핏소스Cephissus 강의 물이 흘러나 가는 천연 석회암 배수로가 있었는데, 이것이 가끔 막혔다가 어떤 때는 지 진으로 뚫리기도 했다. 청동기 시대 미뉘에스족은 미노스 문명의 세례를 받은 펠라스고이족으로, 이 천연 배수로의 효율을 높이려 두 개의 거대한 지하 수로까지 팠다. 하지만 코파이스Copais 평원은 나중에 결국 습지가 되 고 말았다. 제임스 프레이저는 50년쯤 전 코파이스 평원에 직접 가봤는데, 아주 오래전에 누가 배수로 세 곳에 돌을 쌓아 인위적으로 막았음을 발견 했다. 이는 기원전 368년 테바이인들이 오르코메노스Orchomenus를 파괴하면 서 그렇게 했을 것이다. 당시 테바이인들은 모든 남자에게 칼을 안기고, 여 인들은 노예로 팔았다(파우사니아스: 9. 15. 3). 최근 영국 기업이 그 습지대의 물을 빼고 농사를 지을 수 있게 만들었다.

3. 테바이가 위험에 빠졌을 때(105. i와 106. j 참고), 테바이의 신탁은 종종 왕실 가운데 파르마코스pharmacos를 요구했다. 그러니 가부장제가 완선히 정 립된 다음에는 안드로클레이아Androcleia와 알키스Alcis가 뛰어내려 죽었다. 이들의 이름은 똑같은 방식으로 제물이 된 에레크테우스의 딸들 이름과 마 찬가지로(47. d 참고), 남자 제물을 요구했던 데메테르와 페르세포네의 호칭 으로 보인다. 여사제 두 명이 신성한 왕을 '대신해 벌을 받았던' 것일 수 있 다. 그 후 그는 안티포이노스로 이름이 바뀌었는데, 메노이케우스의 전례를 따르지 않겠다고 거부했던 것이다. 스핑크스가 절벽에서 뛰어내려 스스로

부서진 것도 이런 의미로 볼 수 있다(105. 3 참고).

4. '말을 묶는 헤라클레스'라는 말은 그가 디오메데스Diomedes의 사나운 암말을 붙잡은 일과 관련된 위업을 지칭하는 듯하다(130. 1 참고)

5. '무기를 채워 주는 아테나'는 더 오래된 아테나로, 그녀는 무기를 자신이 선택한 아들들에게 나눠 주었다. 켈트족과 게르만 신화에서 무기를 주는 일은 가모장의 특권이며 신성한 결혼식에서 그렇게 했다(95. 5 참고).

122
헤라클레스의 광기

헤라클레스가 미뉘에스족을 물리치자 그의 유명세가 하늘을 찔렀다. 크레온 왕은 보답으로 맏딸 메가라 또는 메게라를 아내로 주었고, 도시의 수호자로 임명했다. 그러는 동안 이피클레스는 막내딸과 결혼했다. 어떤 이는 헤라클레스가 메가라와 함께 두 아들을 낳았다고 하고, 다른 이들은 셋, 넷 또는 심지어 여덟을 낳았다고 전한다. 이들은 알카이데스라고 불렀다.[1]

b. 헤라클레스는 그다음에 테바이를 향해 진군해 오는 미뉘에스족의 동맹인 에우보이아의 왕 퓌라이크모스를 완파했다. 그의 주검을 수놈 망아지에 매달아 두 조각으로 찢고, 헤라클레이오스 강가에 내버리라고 명령해 그리스 전역을 경악하게 했다. 그곳은 오늘날 '퓌라이크모스의 수당나귀'라고 불리며, 말이 강물을 마실 때면 말 울음소리가 메아리친다.[2]

c. 헤라는 헤라클레스의 지나친 행동에 무척 화가 났고, 이에 그를 광기에 빠지도록 했다. 그는 처음에는 이피클레스의 맏아들인 사랑하는 조카 이올라오스를 공격했고, 조카는 그가 매섭게 찌르는 칼을 겨우 피했다. 그다음에 그는 자신의 여섯 아들을 적이라고 착각해 활을 쏴서 쓰러뜨리고, 주검을 불에 집어던졌다. 그 옆에서 무술을 연마하던 이피클레스의 다른

아들 둘도 불에 던졌다. 테바이인들은 매년 이 쇠미늘 갑옷을 입은 여덟 희생자를 기려 제례를 연다. 첫날은 제물을 바친 다음 밤새 불을 피우고, 둘째 날에는 장례 제전을 열어 승자는 하얀 도금양으로 된 관을 받는다. 제례 참가자들은 헤라클레스가 자기 아들들을 위해 준비해 둔 화려한 미래를 떠올리면서 애통해한다. 하나는 에우뤼스테우스의 궁전을 차지하고 아르고스를 다스리며, 헤라클레스가 그의 어깨에 사자 가죽을 둘러줄 것이었다. 다른 하나는 테바이의 왕이 되며, 헤라클레스가 그의 오른손에 다이달로스의 부정직한 선물이자 권위를 상징하는 장식용 지팡이인 방어의 직장職杖, mace을 들려줄 것이었다. 또 다른 아들은 헤라클레스가 오이칼리아를 물려줄 참이었다. 그리고 아테나이와 테바이, 스파르테와 인척 관계를 맺으려 이들 모두에게는 갖은 정성을 기울여 신부들도 뽑아 놓았다. 헤라클레스가 이처럼 아들들을 끔찍이 사랑했기에, 오늘날 많은 이들은 그에게는 죄가 없다고 생각하고, 어떤 손님이 비겁하게 아들들을 살해했다는 말을 믿으려 한다. 손님으로는 뤼코스, 또는 소크라테스가 얘기한 대로 아우게이아스를 지목한다.3)

d. 헤라클레스는 제정신을 되찾고 나서는 모든 접촉을 끊고 며칠 동안 어두운 방에 들어가 나오지 않았다. 그리고 테스피오스 왕에게 정화를 받고, 델포이로 가서 무엇을 해야 할지 물었다. 여사제 퓌티아는 처음으로 그를 팔라이몬이 아니라 헤라클레스라 부르며 이렇게 조언했다. 티륀스에 가서 살고, 에우뤼스테우스를 12년 동안 섬기며, 무슨 과업이든 수행하라고 한 것이다. 그러면 불사의 몸을 얻을 것이라는 말도 덧붙였다. 이 말을 들은 헤라클레스는 깊은 절망에 빠졌다. 자신보다 훨씬 더 못난 사람을 섬겨야 한다는 게 너무나 싫었지만, 아버지 제우스를 거역할 수도 없었기 때문이다. 수많은 친구가 고통스러워하는 그를 찾아와 위로했다. 그리고 마침내

얼마간의 시간이 흘러 그의 고통이 다소 가벼워지자 그는 자신을 에우뤼스테우스의 처분에 맡겼다.[4]

e. 하지만, 어떤 이는 헤라클레스가 광기에 빠져 자식들을 죽인 것은 그가 타르타로스를 다녀온 다음이라고 전한다. 메가라도 함께 죽었다고 덧붙인다. 여사제 퓌티아는 그때 이렇게 말했다. "너는 더는 팔라이몬이라 불리지 않을 것이다! '포이부스 아폴론'이 네 이름을 헤라클레스라 지었다. 헤라가 너에게 불후의 명예를 줄 것이기 때문이다!" 마치 그가 이전에 헤라를 위해 큰일을 해낸 것처럼 말한 것이다. 다른 이들은 헤라클레스가 에우뤼스테우스의 연인이었으며, 자신의 만족을 위해 열두 과업을 수행했다고 전한다. 이밖에 에우뤼스테우스가 암피트뤼온에게 부과된 추방형을 무효로 해주기만 한다면 과업을 수행하겠다고 헤라클레스가 약속했다는 말도 있다.[5]

f. 헤라클레스가 과업을 시작할 때, 헤르메스는 칼을, 아폴론은 활과 화살을 그에게 주었다고 한다. 화살은 독수리 깃털이 꽂혀 있고 표면이 매끈했다. 헤파이스토스는 황금 가슴막이를, 아테나는 예복을 챙겨 주었다. 반대로, 아테나가 가슴막이를 주고 헤파이스토스는 청동 정강이받이와 매우 단단한 투구를 주었다는 말도 있다. 아테나와 헤파이스토스는 헤라클레스를 돕기 위해 계속 경쟁을 벌였다는 얘기도 있다. 여신은 그에게 평화로운 쾌락의 기쁨을 알려 주었고, 남신은 그에게 전쟁의 위험을 막는 보호 장비를 주었다는 것이다. 포세이돈은 전차를 끄는 말들을, 제우스는 당당하면서도 깨지지 않는 방패를 선물했다. 이 방패는 법랑, 상아, 호박금, 황금, 청금석 등으로 층을 지어 만든 것이다. 게다가 방패의 돌기 둘레에 열두 마리 뱀 머리가 조각돼 있어, 헤라클레스가 전쟁터로 달려갈 때면, 뱀의 턱이 부닥치면서 내는 무서운 소리에 적들은 공포에 떨곤 했다.[6] 하지만, 사실 헤

라클레스는 무장을 갖추는 것을 남부끄럽다고 생각해, 첫 번째 과업을 마친 다음부터는 창도 거의 들고 다니지 않았다. 대신 곤봉이나 활과 화살을 애용했다. 헤파이스토스가 준, 끝에 청동이 달린 곤봉도 거의 사용하지 않고, 대신 야생 올리브로 직접 깎아 만든 것을 더 좋아했다. 처음엔 헬리콘 산 위에서, 다음엔 네메아에서 얻었다. 세 번째 곤봉도 사로니코스 해의 해안에서 구한 야생 올리브로 깎아 만들었다. 그는 나중에 트로이젠을 찾았을 때 헤르메스 조각상에 이 곤봉을 기대 놓았는데, 그게 뿌리를 내렸고, 지금은 위풍당당한 나무로 자라나 있다.[7]

g. 그의 조카 이올라오스는 그의 전차몰이꾼 또는 방패지기로 헤라클레스의 과업을 함께했다.[8]

1] 핀다로스의 「이스트미아 제전 송가」 4. 114와 61에 대한 고전 주석자; 아폴로도로스: 「비블리오테카」 2. 4. 11; 디오도로스 시켈로스: 「역사총서」 4. 10; 휘기누스: 「신화집」 31; 체체스: 「뤼코프론에 관하여」 38.

2] 플루타르코스: 「영웅전」 7.

3] 디오도로스 시켈로스: 4. 11; 아폴로도로스: 2. 4. 12; 핀다로스: 같은 곳; 에우리피데스: 「헤라클레스」 462 ff.; 리시마코스, 핀다로스의 「이스트미아 제전 송가」 4. 114와 관련해 고전 주석자가 인용.

4] 디오도로스 시켈로스: 4. 10-11; 아폴로도로스: 같은 곳.

5] 에우리피데스: 「헤라클레스」 1 ff.와 1000 ff; 체체스: 「뤼코프론에 관하여」 38과 662-663; 디오티무스: 「헤라클레아」, 아테나이오스의 인용 13. 8.

6] 아폴로도로스: 2. 4. 11; 헤시오도스: 「헤라클레스의 방패」 122 ff., 141 ff., 161 ff.와 318-319; 파우사니아스: 「그리스 여행기」 5. 8. 1.

7] 에우리피데스: 「헤라클레스」 159 ff.; 아폴로니오스 로디오스: 「아르고 호 이야기」 1. 1196; 디오도로스 시켈로스: 4. 14; 테오크리토스: 「전원시」 25; 아폴로도로스: 2. 4. 11; 파우사니아스: 2. 31. 13.

8] 플루타르코스: 「사랑에 관하여」 17; 파우사니아스: 5. 8. 1과 17. 4; 에우리피데스: 「헤라클레스의 자식들」 216.

*

1. 광기는 아이를 제물로 바쳤던 일에 대해 고전기 그리스인들이 내놓은 핑계였다(27. e와 70. g 참고). 진실은 이러했다. 신성한 왕을 대신해 소년을 산 채로 불태웠으며, 그동안 신성한 왕은 죽음을 가장해 무덤에 종일 숨어

있다 다시 나타나 한 번 더 왕좌에 올랐다(42. 2; 81. 8; 156. 2 참고).

2. 퓌라이크모스Pyraechmus를 사나운 말로 두 조각을 내서 죽이는 것은 익숙한 광경이다(71. 1 참고). 헤라클레스의 호칭인 팔라이몬Palaemon은 그를 코린토스의 멜리케르테스Melicertes와 동일시하게 한다. 그가 이 이름으로 신이 됐기 때문이다. 멜리케르테스는 멜카르트Melkarth로, '도시의 주인'이자 '퓌로스의 헤라클레스'이다. 여덟 알카이데스Alcaides(또는 Alcaids)는 칼춤 추는 무리를 말하는 것으로 보인다. 영국의 크리스마스 연극에서 여덟 명이 모리스 춤을 추었던 때와 같이, 이들의 춤은 마지막에 희생자의 부활로 끝났을 것이다. 도금양은 한 달을 28일로 해서 열세 번째 달의 나무이며, 떠남을 상징한다. 야생 올리브는 첫 번째 달의 나무이며, 시작을 상징한다(119. 2 참고). 엘렉트뤼온Electryon의 여덟 아들(118. a 참고)도 뮈케나이에서 이와 비슷하게 무리를 이루었을 것이다.

3. 헤라클레스가 휠라스Hylas, 이올라오스Iolaus, 에우뤼스테우스Eurystheus와 동성애적 관계가 있다는 대목과 그의 번쩍이는 무기들에 대한 상세한 묘사는 테바이의 군사적 관습을 정당화하려는 의도에서 나왔다. 초기 신화에서 그는 에우뤼스테우스가 아니라 그의 딸을 사랑한다고 나왔을 것이다. 세르비오스는 그의 열두 과업이 결국 '황도 12궁'과 동등한 것이 됐다고 지적한다. 그런데 호메로스와 헤시오도스는 그의 과업이 열두 개였다고 하지두 않았고, 과업의 순서가 황도 12궁의 순서에 조응한다고도 하지 않았다. 아일랜드의 「아메르긴의 노래Song of Amergin」에서 기리는 켈트족의 '한 해의 신'과 같이, '펠라스고이족의 헤라클레스'는 1년을 13달로 나누는 한 해를 통과한 것으로 보인다. 아일랜드와 웨일스 신화에서 이어지는 표상은 다음과 같다. 수사슴 또는 황소, 홍수, 바람, 이슬방울, 매, 꽃, 모닥불, 창, 연어, 언덕, 멧돼지, 부서지는 파도, 바다뱀 등이다. 그러나 바빌로니아의 『길가메시

서사시』에서 길가메시의 모험은 황도 12궁과 연결된다. '튀로스의 헤라클레스'도 그와 많은 공통점이 있다. 호메로스와 헤시오도스의 언급에도 불구하고, 고대의 방패에는 화려한 미술 작품이 아니라 그 주인의 출신지와 계급을 나타내는 소박한 그림문자가 그려져 있었던 것 같다.

4. 올림포스 열두 신이 헤라클레스에게 잔뜩 선물을 주었다는 대목은 그의 신성한 결혼식을 말하는 것이 분명하다. 그리고 그 모든 선물은 그의 여사제 신부가 직접 또는 시종을 통해 그에게 선사했을 것이다(81. 1 참고). 신부의 이름은 아테나, 아우게, 이올레 등 무엇이든 될 수 있었다. 이제 헤라클레스는 무장을 한다. 그의 앞에는 자신의 과업이 놓여 있다. 즉, 의례적 전투를 치르고 마법적 위업을 성취해야 한다.

123
첫 번째 과업: 네메아의 사자

헤라클레스가 티륀스로 건너오자, 에우뤼스테우스가 그에게 첫 번째 과업을 부과했다. 네메아 또는 클레오나이의 사자를 죽여 가죽을 벗기는 일이었다. 이 사자는 거대한 야수로 철과 청동, 돌로도 그 가죽을 뚫을 수 없었다.[1]

b. 어떤 이는 이 사자를 튀폰의 자식, 또는 키마이라와 오르트로스의 자식이라 하지만, 다른 이들은 셀레네가 무시무시하게 몸서리를 치며 사자를 낳았고, 네메아 근처 트레토스 산에 있는 입구 두 개인 동굴 옆에 떨어뜨렸다고 전한다. 셀레네는 제물을 바치지 않은 것에 대한 벌로 사자에게 사람들을 잡아먹게 했는데, 주로 밤비나이 사람들이 고통을 당했다.[2]

c. 그러나 다른 이들은, 헤라의 바람에 따라, 셀레네가 바다 거품을 커다란 궤짝에 가둬 사자로 만들어 냈다고 전한다. 그리고 이리스가 자신의 허리끈으로 이놈을 묶어 네메아 산맥으로 끌고 왔다고 한다. 네메아는 아소포스의 딸, 또는 제우스와 셀레네의 딸을 따라 이름이 이렇게 붙었다. 사자 동굴은 지금도 네메아 시에서 2마일[3킬로미터] 정도 떨어진 곳에 남아 있다.[3]

d. 헤라클레스는 코린토스와 아르고스 사이에 있는 클레오나이에 도착해, 사자에게 아들을 잃은 몰로르코스라는 날품팔이꾼 또는 양치기의 집에 묵었다. 몰로르코스가 헤라를 달래기 위해 숫양을 제물로 바치려 할 때, 헤라클레스가 이를 말렸다. "30일만 기다려 주시오. 내가 안전하게 돌아오면 '구원자 제우스'에게 제물을 바치시오. 혹시 돌아오지 못하면, 영웅이 된 내게 제물을 바치면 될 것이오."

e. 헤라클레스는 한낮에 네메아에 이르렀지만, 사자 때문에 사람들이 모두 없어져 사자의 행방을 물어볼 수 없었다. 사자의 흔적도 보이지 않았다. 처음에는 아페사스 산을 수색했다. 이 산은 사자에게 물려 죽은 양치기 아페산토스를 따라 이렇게 불렸다. 어떤 이는 아페산토스가 아크리시오스의 아들이라 하는데, 그는 발뒤꿈치를 뱀에 물려 죽었다. 다음으로 트레토스 산으로 갔고, 이내 멀리서 그날의 학살로 피를 뚝뚝 흘리면서 굴로 돌아오는 사자를 발견했다.[4] 헤라클레스는 화살을 한 대 날렸지만 두꺼운 가죽 탓에 튕겨 나와 아무런 해도 입히지 못했다. 사자는 제 턱을 핥으면서 하품까지 했다. 헤라클레스가 칼을 휘둘렀지만, 납으로 만든 것인 양 휘어졌다. 결국, 그는 곤봉을 꺼내 사자의 주둥이를 내리쳤고, 그놈은 고개를 이리저리 흔들면서 입구가 두 개인 동굴 안으로 들어가 버렸다. 그런데 이는 고통 때문이 아니라 귀가 울려서 그런 것이다. 헤라클레스는 산산이 부서진 곤봉을 곤혹스레 내려다보다가, 동굴의 한쪽 입구에 그물을 치고, 다른 입구로 들어갔다. 어떤 무기도 괴물을 뚫을 수 없다는 걸 알았기에, 그놈과 맨몸으로 씨름을 시작했다. 사자는 헤라클레스의 손가락 하나를 물어뜯었지만, 그는 그놈의 머리를 겨드랑이에 끼워 목을 졸랐고 죽을 때까지 풀어 주지 않았다.[5]

f. 헤라클레스는 죽은 사자를 어깨에 메고 클레오나이로 돌아왔다. 마침

30일째 되는 날이었고, 이제 막 자신에게 영웅의 제물을 바치려던 몰로르코스를 찾았다. 이제 둘은 함께 '구원자 제우스'에게 제물을 바쳤다. 의식을 마친 다음, 헤라클레스는 새로 곤봉을 깎아 만들었다. 그때까지 오펠테스를 기려 열렸던 네메아 제전에서 몇 가지를 변경해 이를 제우스에게 다시 봉헌하고 죽은 사자를 뮈케나이로 가지고 갔다. 놀란 에우뤼스테우스는 두려움에 헤라클레스에게 다시는 도시 안으로 들어오지 못하도록 했다. 앞으로 그는 자기 과업의 결실을 성문 밖에서 보여 주어야 했다.6]

g. 헤라클레스는 사자 가죽을 벗기려 했으나 한동안 방법을 몰라 당황했다. 그러다 신적인 영감을 받고 면도날처럼 날카로운 그놈의 발톱을 이용하면 되겠다는 생각이 떠올랐다. 그 결과 헤라클레스는 세상 무엇에도 뚫리지 않는 가죽을 갑옷으로 입고, 그 머리는 투구로 쓸 수 있었다. 그러는 동안, 에우뤼스테우스는 그의 대장장이에게 놋쇠 항아리를 만들도록 해서, 이를 땅속에 묻었다. 그때부터 헤라클레스가 온다는 소식만 전해지면 그 안으로 숨고 전령을 통해 명을 전달했다. 전령은 펠롭스의 아들 코프레우스로, 그가 언젠가 살인죄를 정화해 준 적이 있었다.7]

h. 네메아 시가 그의 위업을 인정해 헤라클레스에게 준 서훈을, 그는 나중에 '엘리스 전쟁' 때 자기 곁에서 헌신적으로 함께 싸우다 360명 전사자를 낸 클레오나이 동맹자들에게 넘겨주었다. 몰로르코스를 위해서는 부근에 몰로르키아 시를 세우고 '네메아 나무'를 심었다. 네메아 제전은 지금 거기서 열리고 있다.8]

i. 그 즈음 헤라클레스만 유일하게 사자의 목을 졸라 죽인 건 아니다. 그의 친구 퓔리오스도 똑같은 일을 해냈다. 이는 아폴론과 휘리아의 아들 퀴크노스가 그에게 부과한 세 가지 사랑의 임무 가운데 첫 번째였다. 퓔리오스는 독수리처럼 사람을 잡아먹는 괴물 새를 여러 마리 산 채로 붙잡았고,

사나운 황소와 씨름을 벌여 제우스의 제단으로 끌고 가기도 했다. 세 가지 임무를 완수했음에도, 퀴크노스는 수소 한 마리를 추가로 요구했다. 퓔리오스가 이전에 어떤 장례 제전에서 상으로 받은 놈이었다. 헤라클레스는 퓔리오스에게 이를 거절하고 퀴크노스에게 약속을 지키라 압박할 것을 조언했다. 이에 퀴크노스는 어쩔 줄 몰라 호수로 몸을 던졌다. 그때부터 그곳은 '퀴크노스의 호수'라고 불렀다. 그의 어머니 휘리아도 아들을 따라 죽었고, 둘은 백조로 변했다.[9]

1] 아폴로도로스: 『비블리오테카』 2. 5. 1; 발레리우스 플라쿠스: 1. 34; 디오도로스 시켈로스: 『역사총서』 4. 11.

2] 아폴로도로스: 같은 곳, 헤시오도스: 『신들의 계보』 326 ff.; 에피메니데스: 『글조각』 5, 아일리아노스의 인용: 『동물의 본성』 12. 7; 플루타르코스: 『달의 표면에 나타나는 얼굴』 24; 베르길리우스의 『아이네이스』 8. 295에 대한 세르비오스; 휘기누스: 『신화집』 30; 테오크리토스: 『전원시』 25. 200 ff.

3] 데모도코스: 『헤라클레스의 역사』 1, 플루타르코스의 인용: 『강에 관하여』 18; 파우사니아스: 『그리스 여행기』 2. 15. 2-3; 핀다로스의 『네메아 제전 송가』 관련 '가설'에 대한 고전 주석자.

4] 스트라본: 『지리학』 8. 6. 19; 아폴로도로스: 2. 5. 1; 베르길리우스의 『농경시』 3. 19에 대한 세르비오스; 스타티우스의 『테바이스』 4. 161에 대한 락탄티우스; 플루타르코스: 같은 곳; 테오크리토스: 『전원시』 25. 211 ff.

5] 바킬리데스: 13. 53; 테오크리토스: 같은 곳; 알렉산드리아의 헤파이스티온: 2., 포티오스의 인용 474; 아폴로도로스: 같은 곳; 디오도로스 시켈로스: 4. 11; 에우리피데스: 『헤라클레스』 153.

6] 아폴로도로스: 같은 곳과 2. 4. 11; 핀다로스의 『네메아 제전 송가』 관련 '가설'에 대한 고전 주석자.

7] 테오크리토스: 『전원시』 25. 272 ff.; 디오도로스 시켈로스: 4. 11; 에우리피데스: 『헤라클레스』 359 ff.; 아폴로도로스: 같은 곳.

8] 아일리아노스: 『다양한 역사』 4. 5; 비잔티움의 스테파누스, '몰로르키아' 항목: 베르길리우스: 『농경시』 3. 19; 세르비오스: 그곳에.

9] 안토니노스 리베랄리스: 『변신』 12; 오비디우스: 『변신 이야기』 7. 371 ff.

*

1. 신성한 왕이 들짐승과 벌이는 의례적 전투는, 왕의 즉위 의식에서 빠지지 않는 일부였다. 그리스뿐 아니라 소아시아, 바빌로니아, 시리아에서도 마찬가지였다. 여기서 각 짐승은 한 해의 각 계절을 의미했다. 이들의 숫자는 역법에 따라 서로 달랐다. 1년을 세 계절로 나누면, 키마이라의 경우처

럼 사자와 염소, 뱀이 전투에 등장했다(75. 2 참고). 그래서 키타이론의 사자는 키마이라가 '개의 별 오르트로스'을 통해 낳은 자식이라는 언급이 나온 것이다(34. 3 참고). 1년 세 계절의 경우, 황소와 사자, 뱀으로 이뤄졌다고 에우리피데스는 「박코스의 여신도들Bacchae」에서 전했다. 이들은 디오뉘소스의 계절적 변화를 나타낸다(27. 4 참고). 또는 사자와 말, 개인 경우도 있었는데, 헤카테의 세 머리는 이 짐승들로 이루어졌다(31. 7 참고). 반면, 1년을 네 계절로 나눌 경우엔, 황소와 숫양, 사자, 뱀으로 이루어졌다(2. b 참고). 『오르페우스교 글조각 모음』 63에서 그려진 파네스의 네 머리가 이 짐승들로 이루어졌다. 선지자 에스겔Ezekiel이 본 것처럼, 황소와 사자, 독수리, 세 쌍의 날개를 가진 천사seraph일 수도 있다(「에스겔」 1장 1절). 더 단순하게는 황소와 사자, 전갈, 물뱀일 수도 있다. 이들은 황도 12궁의 네 궁으로 각각 분점과 지점에 해당한다. 비록 멧돼지가 전갈을 대신했지만, 이 마지막 네 짐승은 첫 번째, 네 번째, 일곱 번째, 열한 번째 과업에 등장하고, 헤라클레스는 이 놈들과 전투를 벌인다. 전갈은 오직 오리온 이야기 안에만 남아 있다. 오리온은 또 다른 헤라클레스로, 들짐승들을 죽이면 공주와 결혼할 수 있었다(41. a-d 참고). 똑같은 상황이 퀴크노스Cycnus와 퓔리오스Phylius의 이야기 안에도 등장한다. 다만 여기선 드물게도 독수리가 뱀을 대신하고 있으며, 오비디우스와 안토니누스 리베랄리스는 동성애적으로 비틀었다. 이론상으로, 왕은 이 짐승들을 길들임으로써 각 짐승이 다스리는 계절에 대한 지배권을 획득했다. 헤라클레스의 고향 도시인 테바이에서, 스핑크스 여신은 두 계절의 1년을 다스렸다. 스핑크스는 뱀의 꼬리를 가진 날개 달린 암사자였다(105. 3 참고). 이에 헤라클레스는 미노스처럼 황소 가면을 쓴 게 아니라, 사자 가죽과 가면을 썼다(98. 2 참고). 사자는 다른 계절 짐승들과 함께 초승달 모양의 방주의 도상에 등장했다. 이 도상에서 노아와 대홍수 이야기뿐 아니라 디오뉘소스와 해적들 이야기도 나온 것 같다(27. 6 참고). 이런 까닭에 셀레네('달의 여신')가 사자를 낳았다는 말이 나왔다.

2. 포티오스는 헤라클레스가 사자와 싸우다 손가락을 잃은 게 아니라고 전한다. 알렉산드리아의 헤파이스티온(『새 역사』2)은 그가 노랑가오리 독에 중독됐다고 한다(171. 3 참고). 그러나 헤라클레스 자신이 자식들의 영혼을 달래기 위해 물어뜯었다는 게 더 그럴듯하다. 오레스테스가 어머니의 에리뉘에스에 쫓겼을 때 그렇게 했던 것처럼 말이다. 입구가 두 개인 동굴이 『오뒷세이아』(13. 103 ff.)에도 우연히 나온다. 이타케로 돌아가던 오뒷세우스가 '포르퀴스 만'의 머리에서 처음으로 잠을 잔 곳 부근에 이런 동굴이 있었다. 동굴의 북쪽 입구는 사람이, 남쪽은 신들이 사용했다. 그 안에는 손잡이가 두 개인 벌통으로 쓰는 단지와 돌로 된 대야, 풍족한 샘물이 있었다. 돌로 된 베틀looms(종유석?)도 있어, 그 위에서 나이아데스Naiades가 자주색 천을 짰다. 포르퓌리오스(『님프의 동굴에 관하여』)가 말한 것처럼 여기에서 죽음과 신적인 재탄생의 의식이 열렸다면, 대야는 피를 담는 것이고 샘물은 목욕 재계에 사용됐을 것이다. 단지는 뼈 단지이며, 그 위로 영혼들이 꿀벌처럼 맴돌며 날았을 것이다(90. 3 참고). 그리고 (죽음의 신 포르퀴스Phorcys 또는 오르쿠스Orcus의 딸들인) 나이아데스는 운명의 여신들로, 다시 태어난 이가 입을 왕의 표시가 새겨진 의복을 짜고 있었을 것이다(10. 1 참고). 네메아의 사자가 있던 굴의 입구가 두 개인 것은, 첫 번째 과업을 통해 그가 이제 의례적 죽음의 길에 접어들었기 때문이다. 이런 의례가 끝나면 그는 불사의 존재가 되고 여신 헤베와 결혼한다.

3. 클레오나이 사람 360명이 죽었다는 대목은, 달력 속에 숨은 신비를 암시한다. 신성한 이집트 달력에서 한 해는 360일이다. [나머지] 닷새는 오시리스, 이시스, 네프튀스, 세트, 호루스를 기리기 위해 따로 떼어 놓았다. 헤

라클레스가 네메아 제전을 일부 수정했다는 이야기는 지역적인 역법 변화와 관련이 있을 수 있다.

4. 뮈케나이의 왕이, 오리온의 적인 휘리아의 오이노피온(41. c 참고)이 했던 것처럼, 땅속에 묻은 청동 항아리 안에 숨어 있다가 위험이 지난 다음에야 다시 나왔다면, 그는 매년 대리인이 통치하는 하루 동안 죽은 척하고 있다가 다시 나타났을 것이다. 헤라클레스의 자식도 그런 대리인들이었다(122. 1 참고).

5. 아페산토스Apesantus는 독사에게 발꿈치를 물려 죽은 초기 몇몇 영웅들 가운데 하나였다(117. 1 참고). 뱀이 오펠테스의 어디를 물었는지 나오지 않지만, 그는 네메아의 오펠테스와 동일시될 수 있다(106. g 참고).

124

두 번째 과업: 레르네의 휘드라

에우뤼스테우스가 명한 두 번째 과업은 레르네의 휘드라를 죽이는 일이었다. 이는 튀폰과 에키드나가 낳은 괴물로, 헤라가 헤라클레스를 괴롭히려고 키웠다.[1]

b. 레르네는 아르고스 시에서 5마일[8킬로미터] 정도 떨어진 바다 옆에 있다. 서쪽으로 솟은 폰티노스 산에는 신성한 플라타너스 숲이 바다까지 뻗어 있다. 이 숲의 한쪽 옆구리는 폰티노스 강이 경계를 이루고, 강가에는 다나오스가 아테나에게 바친 전당이 있다. 반대쪽은 아뮈모네 강이 경계를 이루는데, 데메테르와 '구원자 디오뉘소스', 헤라의 유모 가운데 하나인 프로쉼네의 조각상이 서 있다. 바다와 접한 해변에는 다나이데스가 바친 아프로디테의 돌 조각상이 있다. 매년 레르네에서는 디오뉘소스를 기려 비밀스러운 밤의 의식이 열린다. 디오뉘소스가 세멜레를 데려올 때 여기를 통해 타르타로스로 내려갔기 때문이다. 거기서 멀지 않은, 따로 울타리가 쳐진 곳에서는 '레르네의 데메테르'의 비밀 의식이 열린다. 이곳을 통해 하데스와 페르세포네가 타르타로스로 내려갔기 때문이다.[2]

c. 이처럼 비옥하고 신성한 지역이 한때 휘드라의 공포에 떨어야 했다.

휘드라는 일곱 굽이 위쪽 아뮈모네 강이 시작되는 곳에 있는 플라타너스 아래 굴에 살았으며, 깊이를 알 수 없는 레르네의 늪 근처를 무시로 돌아다 녔다. 최근에 네로 황제가 늪의 깊이를 재려 했지만 실패했다. 근처에는 여행자들의 무덤이 곳곳에 흩어져 있다.[3] 휘드라는 엄청난 크기에 몸통은 개를 닮았고, 여덟 또는 아홉 개의 뱀 머리를 갖고 있었다. 이 머리들 가운데 하나는 불사였다. 그런데 어떤 이는 그 머리가 50개 또는 100개, 심지어는 1만 개라고 전한다. 어찌 됐든 휘드라는 독이 너무나 강해 그의 숨결 또는 지나가고 남긴 냄새만으로도 사람이 죽을 수 있었다.[4]

d. 아테나는 헤라클레스가 어떻게 하면 이 괴물을 죽일 수 있을까 곰곰이 생각했다. 그가 이올라오스가 모는 전차를 타고 레르네에 도착하자, 여신은 휘드라의 굴이 어디인지 알려 주었다. 헤라클레스는 여신의 조언에 따라 불화살로 공격해 그놈이 굴에서 나오게 만든 다음, 그놈을 붙잡는 동안 숨을 멈췄다. 그러나 괴물도 헤라클레스를 넘어뜨리려 두 다리를 휘어 감았다. 헤라클레스가 괴물의 머리를 곤봉으로 내리쳤지만 소용이 없었다. 하나를 깨부수면 둘 또는 셋이 그 자리에서 자라났다.[5]

e. 거대한 게가 휘드라를 돕기 위해 늪에서 튀어나와 헤라클레스의 다리를 집게로 물었다. 격분한 헤라클레스는 그놈의 껍질을 부숴 버리고, 이올라오스에게 큰 소리로 도와 달라고 했다. 이올라오스는 숲의 한쪽에 불을 지른 다음, 활활 타는 나뭇가지로 휘드라의 머리가 잘린 곳을 지져 새로 머리가 자라지 못하게 했다. 이렇게 해서 피가 흘러나오는 것도 막을 수 있었다.[6]

f. 드디어 헤라클레스는 칼, 또는 황금으로 만든 굽은 칼로 불사의 머리를 잘라 냈다. 그 머리는 일부 황금이었고, 잘린 뒤에도 쉿 소리를 계속 냈다. 그는 이 머리를 엘라이오스로 가는 길옆에 묻고 그 위에 큰 바위를 올려놓았다. 헤라클레스는 괴물의 내장을 꺼내, 화살을 쓸개즙에 담갔다. 이

때부터 이 화살은 스치기만 해도 누구든 죽음을 피할 수 없게 됐다.

g. 헤라는 게가 몸을 던져 도와준 것에 대한 보답으로 그 모습을 황도 12궁 가운데 게자리로 삼았다. 그런데 에우뤼스테우스는 이올라오스가 불 붙은 나뭇가지로 도와주었기 때문에 가능했다면서, 이번 과업은 제대로 성 취한 것으로 치지 않았다.7)

1] 헤시오도스: 『신들의 계보』 313 ff.
2] 파우사니아스: 『그리스 여행기』 2. 37. 1-3과 5; 2. 36. 6-8.
3] 파우사니아스: 2. 37. 4; 아폴로도로스: 『비블리오테카』 2. 5. 2; 스트라본: 『지리학』 8. 6. 8.
4] 에우리피데스: 『헤라클레스』 419-420; 제노비오스: 『속담집』 6. 26; 아폴로도로스: 같은 곳; 시모니데스,
   헤시오도스의 『신들의 계보』와 관련해 고전 주석자가 인용 257, 하인시우스 편집; 디오도로스 시켈로스:
   『역사총서』 4. 11; 휘기누스: 『신화집』 30.
5] 헤시오도스: 『신들의 계보』 313 ff.; 아폴로도로스: 같은 곳; 휘기누스: 같은 곳; 베르길리우스의 『아이네이
   스』 6. 287에 대한 세르비오스.
6] 아폴로도로스: 같은 곳; 휘기누스: 같은 곳과 『시적 천문학』 2. 23; 디오도로스 시켈로스: 4. 11.
7] 에우리피데스: 『이온』 192; 헤시오도스: 『신들의 계보』 313 ff.; 아폴로도로스: 같은 곳; 알렉산드로스 뮌디
   오스, 포티오스의 인용 475.

*

1. 레르네Lerna의 휘드라Hydra는 고전기 신화학자들을 어리둥절하게 만 들었다. 파우사니아스는 이를 거대하고 독이 있는 물뱀이었을 것이라고 주 장했다. 그러면서 "피산드로스1)가 처음으로 그것의 머리가 여럿이라 했다. 괴물이 더 무섭게 보이도록 하고, 자기 운문에 장중함을 더하려 그렇게 했 다"고 적었다(파우사니아스: 2. 37. 4). 에우헤메로스 학설을 따르는 세르비오 스(베르길리우스의 『아이네이스』 6. 287 관련)를 보면, 휘드라는 땅속을 흐르는 여러 강으로 갑자기 터져 나와 땅을 물에 잠기게 했다고 한다. 수많은 수로

---

1) 피산드로스Pisander: 기원전 7세기 그리스 서사시인 페이산드로스Peisander를 지칭하는 듯하다. 그는 헤
   라클레스의 모험담을 담은 『헤라클레이아Heracleia』를 지었다고 한다.

가운데 하나라도 막히면 다른 곳을 뚫고 나왔기에, 헤라클레스는 불을 사용해 땅을 말린 다음에 수로를 막았다는 것이다.

2. 이번 신화의 가장 오래된 판본에서, 헤라클레스는 왕위에 오르고자 차례로 황소, 사자, 멧돼지, 전갈과 맞서 싸우고, 호수 깊은 곳에 사는 괴물에게서 황금을 가져오려 물속으로 뛰어들었을 가능성이 높다. 이아손도 거의 동일한 임무를 수행하는데, 메데이아가 수행한 도움 주는 역할은 여기서 아테나가 헤라클레스의 예비 신부로서 하고 있다. 휘드라는 페르세우스가 황금으로 만든 굽은 칼 또는 초승달 모양의 낫으로 죽인 바다뱀을 떠올리게 하지만, 이번에는 민물 괴물이다. 피아스트레스piastres 또는 아반크스avancs 등 아일랜드와 웨일스의 신화학자들이 언급한 괴물 대부분도 민물 괴물이었다(148. 5 참고). 호메로스가 라케다이몬에 붙인 별칭인 케토잇사cetoessa('물에 사는 괴물의')도 그러한데, 이는 틀림없이 에우로타스Eurotas 강의 깊은 웅덩이에 살았을 것이다(125. 3 참고). 몸통이 개와 닮았다고 하는 대목은 바다 괴물 스퀼라(16. 2 참고)와 길가메시가 죽인 (후기 바빌로니아의 원통형 인장에 나오는) 머리가 일곱 개인 괴물을 떠올리게 한다. 점성술사들은 헤라클레스의 열두 과업이 황도 12궁과 조응할 수 있도록 이번 이야기에 게를 끌어왔다. 그러나 다음 궁에 해당하는 네메아의 사자와 벌인 싸움에 등장하는 게 더 적절했다.

3. 이번 의례 관련 신화에 다나이데스의 신화가 덧붙여졌다. 이들은 먼 옛날 레르네의 물의 여사제들이었다. 휘드라의 머리 숫자는 이해가 어렵지 않다. 여사제 무리라면, 그의 머리는 50개이다. 신성한 갑오징어라면, 뱀처럼 움직이는 여덟 개 팔에 머리도 따로 하나 있어, 그의 머리는 아홉 개이다. 참고로, 갑오징어는 테티스가 그 모습으로 변신을 했는데, 그녀도 역시 50명 여사제 무리를 아래에 두고 있었다(81. 1 참고). 머리 100개는 병사의

부대 단위인 센투리아이를 암시한다. 레르네 병사들은 이런 부대로 아르고스를 공격했다. 1만 개 머리는 에우리피데스가 전형적으로 이야기를 꾸미는 방식인데, 그는 신화학자라는 의식이 거의 없었다. 그리스 동전에서 휘드라는 보통 머리가 일곱 개다. 이는 아뮈모네 강의 일곱 수로를 지칭하는 것이 분명하다.

4. 헤라클레스의 휘드라 사냥은 레르네의 다산 의례를 탄압했던 실제 역사적 사건을 기록한 것으로 보인다. 탄압에도 불구하고 새로운 여사제들은 언제나 플라타너스 숲에서 새로 나타났다. 플라타너스는 갑오징어가 그러하듯 크레테의 종교적 영향을 암시한다. 그리고 마침내 아카이아족이, 또는 아마도 도리에이스족이 숲을 불태웠다. 원래 데메테르는 노파의 헤카테와 처녀의 페르세포네와 함께 '짝을 이루는 세 여신'이었다. 헤카테의 경우, 여기에서는 프로쉼네Prosymne('찬가로 인사받는')로 등장한다. 그런데 디오뉘소스의 세멜레(27. k 참고)가 페르세포네의 자리를 빼앗았다. 이와 별도로 바닷가에서는 따로 아프로디테 숭배가 있었다.

125
세 번째 과업: 케뤼네이아의 암사슴

헤라클레스의 세 번째 과업은 '케뤼네이아의 암사슴'을 산 채로 잡아 오이노이에서 뮈케나이로 데려오는 일이었다. 이 암사슴은 재빠르고 반점이 있으며 청동 발굽을 가지고 있다. 수사슴 모양의 황금 뿔을 갖고 있어, 어떤 이는 그것을 수사슴이라 하기도 한다.[1] 이 암사슴은 아르테미스에게 신성한 동물이었다. 여신은 아이였을 적에 황소보다 더 큰 암사슴 다섯 마리를 발견했다. 사슴들은 파르라시아 산 아래, 어두운 색의 조약돌이 있는 텟살리아의 아나우로스 강의 기슭에서 풀을 뜯고 있었다. 암사슴의 뿔이 태양빛에 반짝거렸다. 여신은 이들을 뒤쫓았고, 이들 가운데 넷을 하나씩 차례로 맨손으로 붙잡았다. 이렇게 잡은 네 마리에 마구를 매어 자기 전차를 끌게 했다. 다섯 번째 암사슴은 달아나 켈라돈 강을 건너 '케뤼네이아 언덕'으로 갔다. 이는 헤라가 의도한 것인데, 헤라는 이미 헤라클레스의 과업을 염두에 두고 있었다. 다른 설명도 있다. 이 암사슴은 주인 없는 괴물인데, 들판을 황폐하게 만들어, 헤라클레스가 온갖 고생 끝에 붙잡아 아르테미시온 산의 정상에서 아르테미스에게 제물로 바쳤다고 전한다.[2]

b. 암사슴을 죽이거나 상처를 입히지 않으려고 헤라클레스는 최소한의

폭력도 쓰지 않고 이번 과업을 수행했다. 암사슴이 지치도록 1년을 꼬박 쫓아다녔다. 그러다 보니 그는 이스트리아와 휘페르보레오이의 땅까지 갔다. 마침내 지친 암사슴이 아르테미시온 산에서 쉬다가 라돈 강으로 뛰어들었을 때, 헤라클레스는 활시위를 당겼다. 암사슴의 앞다리 두 개를 함께 겨냥했는데, 화살은 뼈와 힘줄 사이를 꿰뚫어 피도 나지 않았다. 헤라클레스는 이렇게 암사슴을 잡아 어깨에 짊어지고 아르카디아를 거쳐 뮈케나이로 발걸음을 재촉했다. 그런데 어떤 이는 그가 그물을 사용했거나, 나무 밑에 잠들어 있는 암사슴을 덮쳐 붙잡았다고 전한다. 아르테미스는 헤라클레스를 찾아와, 자신의 성스러운 짐승을 학대했다고 그를 나무랐다. 그는 불가피한 일이었다고 하면서 에우뤼스테우스를 탓했다. 이에 여신은 화를 풀고 암사슴을 산 채로 뮈케나이로 데려갈 수 있게 허락했다.[3]

　c. 이 이야기의 다른 판본은 다음과 같이 전한다. 이 암사슴은 타위게테가 아르테미스에게 감사의 뜻으로 바친 것이라 한다. 타위게테는 플레이아데스 가운데 하나로 알퀴오네의 자매인데, 여신이 임시로 암사슴으로 변신시켜 주어 제우스의 품을 피할 수 있었다. 그러나 당시 제우스는 오래지 않아 이를 눈치 채고, 그녀를 취해 라케다이몬을 낳게 했다. 그로 인해 그녀는 아뮈클라이오스 산 정상에서 스스로 목을 맸고, 그다음부터 이 산은 타위게토스 산이라 불린다.[4] 타위게테의 조카딸로 이름이 같은 여인이 라케다이몬과 결혼했고, 둘은 히메로스를 낳았다. 그런데 아프로디테는 히메로스가 난잡한 주연의 밤에 자신도 모르게 누이 클레오디케의 순결을 빼앗게 만들었다. 다음 날, 자신이 무슨 일을 벌였는지 알고, 히메로스는 강물에 몸을 던졌다. 이 강은 가끔 그의 이름으로 불리지만, 에우로타스라고 불리는 경우가 더 많다. 라케다이몬의 전임자인 에우로타스 왕이 아테나이에 수치스러운 패배를 당한 뒤 그 물에 뛰어들었기 때문이다. 당시 왕은 보름달이

뜰 때까지 기다리지 않고 전투를 시작하다 패배했다. 에우로타스는 물레방아를 발명한 뮐레스의 아들이며, 아뮈클라스의 아버지이고, 휘아킨토스와 에우뤼디케의 할아버지이다. 에우뤼디케는 나중에 아크리시오스와 결혼했다.[5]

1] 아폴로도로스: 『비블리오테카』 2. 5. 3; 디오도로스 시켈로스: 『역사총서』 4. 13; 에우리피데스: 『헤라클레스』 375 ff.; 베르길리우스: 『아이네이스』 6. 802; 휘기누스: 『신화집』 30.

2] 아폴로도로스: 같은 곳; 칼리마코스: 『델로스 찬가』 103과 『아르테미스 찬가』 100 ff.; 에우리피데스: 같은 곳; 파우사니아스: 『그리스 여행기』 2. 25. 3.

3] 아폴로도로스: 같은 곳; 디오도로스 시켈로스: 4. 13; 핀다로스: 「올림피아 제전 송가」 3. 26-27; 휘기누스: 『신화집』 30.

4] 핀다로스: 「올림피아 제전 송가」 3. 29 ff.; 아폴로도로스: 2. 10. 1; 플루타르코스: 『강에 관하여』 17.

5] 파우사니아스: 3. 1. 2-3과 20. 2; 플루타르코스: 같은 곳; 아폴로도로스: 3. 10. 3.

✳

1. 세 번째 과업은 다른 대부분의 과업에 견줘 순서가 다르다. 역사적으로 이는 아카이아족이 아르테미스를 엘라피오스Elaphios('암사슴 같은')로 숭배하는 전당을 장악한 일을 기록한 것일 수 있다. 여신의 전차를 끄는 수사슴 네 마리는 올림피아드의 4년을 의미하며, 한 해가 끝날 때마다 사슴 가죽을 뒤집어쓴 희생자를 사냥해 죽였다(22. 1 참고). 어쨌든, 엘라피오스는 아르테미스의 유모였다고 하는데, 사실은 여신 자신을 뜻한다(파우사니아스: 6. 22. 11). 하지만 이 과업은 신화적으로 '닥튈로스 헤라클레스'에 관한 것이다(53. 1 참고). 골족은 그를 오그미오스Ogmius와 동일시했다(루키아노스: 『헤라클레스』 1). 오그미오스는 오검 문자의 알파벳과 모든 음유시적 지혜를 창조했다(132. 3 참고). 암사슴hind 또는 노루roe 추적은 '큰 지혜Wisdom'의 추구를 상징한다. 그리고 이는 아일랜드의 신화적 전승에서 야생 사과나무 아래 숨겨져 있다(『하얀 여신』 217쪽). 사정을 잘 모르는 에우리피데스를 제외하면,

누구도 헤라클레스가 노루에게 아무런 해악을 끼치지 않았다고 한 것은 이 때문이다. 그래서 헤라클레스는 1년 내내 암사슴을 꾸준히 멈추지 않고 추적했으며, 이 과정에서 신비 의식의 전문가인 휘페르보레오이의 땅까지 간 것이다. 폴룩스의 기록을 보면, 헤라클레스는 멜론Melon('사과의')이라 불렸다. 사과를 받았기 때문인데, 아마도 그의 지혜를 인정해 사과를 주었을 것이다. 그러나 이런 지혜는 오직 죽음과 함께 오는 것이며, 그의 암사슴 추적은, 그의 '헤스페리데스Hesperides의 정원' 방문과 마찬가지로, 진정으로 '켈트족 낙원'을 향한 여정이었다. 제우스도 이와 비슷하게 타위게테Taygete를 추적했다. 그녀는 아틀라스의 딸이며, 따라서 비非헬레네스 캐릭터이다.

2. 유럽에서는 오직 순록reindeer만이 뿔을 가지고 있으며, 이에 대한 소문은 발트 해에서 '호박 길'을 통해 전해졌을 것이다. 순록은 다른 사슴과 달리 당연히 마구를 채울 수 있다.

3. 타위게테의 아들 히메로스Himerus와 그녀의 시아버지 에우로타스Eurotas의 익사는, 초기 스파르테의 왕들을 제물로 삼아 관습적으로 에우로타스 강의 괴물에게 바쳤다는 것을 암시한다. 그때 왕을 나뭇가지에 둘러싸서 깊은 웅덩이로 던졌을 것이다. 타위게테의 다른 아들 탄탈로스Tantalus(108. 3 참고)도 그렇게 했을 것이다(휘기누스: 『신화집』 82). 라케다이몬Lacedaemon은 '호수의 악령lake demon'(124. 2 참고)을 뜻하며, 라코니아Laconia는 라코네 Lacone('호수의 숙녀')의 영역이다. 라코네의 조각상을 프레우게네스Preugenes라는 사람이 도리에이스족 침략자들에게서 구해 내 아카이아의 파트라이 Patrae로 가져갔다는 말도 있다(파우사니아스: 7. 20. 4). 타위게테의 변신 이야기에는 아카이아족의 스파르테 정복자들이 자신은 제우스, 아내는 헤라로 불렀던 사정이 뒤에 숨어 있는 것 같다. 헤라는 암소로서 숭배를 받게 되면서, 렐레게스족Leleges의 '암사슴 아르테미스' 숭배는 탄압을 받았다. 크레테

에서 그랬듯이, 황소인 제우스와 암소인 헤라의 의례적 결혼식이 열리게 된 것이다(90.7 참고).

4. 난잡한 주연의 밤은 그리스의 여러 국가에 존재했다(44. a 참고). 로마에서도 알반 휴일Alban Holiday 기간에 그런 일이 있었다. 일부일처제 이전에 존재했던 태곳적 성 관습에 대한 일시적 허용이라 할 것이다.

126
네 번째 과업: 에뤼만토스의 멧돼지

헤라클레스에게 부과된 네 번째 과업은 '에뤼만토스의 멧돼지'를 산 채로 잡아 오는 일이었다. 이 멧돼지는 매우 사납고 거대한 들짐승으로, 사이프러스가 뒤덮인 펠로폰네소스 서북부 에뤼만토스 산과 아르카디아의 람페이아 산에 출몰했다. 프소피스 평원을 황폐하게 만들기도 했다.[1] 에뤼만토스라는 이름은 아폴론의 아들에게서 유래했는데, 아프로디테가 자신의 목욕하는 모습을 봤다고 그의 눈을 멀게 했다. 아폴론은 아들의 복수를 위해 멧돼지로 변신해 그녀의 연인 아도니스를 죽였다. 그런데 이 산은 아르테미스에게 신성한 곳이다.[2]

b. 헤라클레스는 에뤼만토스로 가는 길에 폴로에를 지나치게 됐다. 거기에서 잔인한 노상강도인 사우로스라는 사람을 죽이기도 했지만, 물푸레나무 님프와 실레노스의 자식인 켄타우로스 폴로스를 만나 즐거운 시간을 보냈다. 폴로스는 구운 고기를 헤라클레스에게 내놓았지만 자신은 생고기를 더 좋아했다. 그는 감히 켄타우로스족이 공유하는 포도주 항아리를 열 생각을 못하고 있었는데, 헤라클레스는 디오뉘소스가 바로 이런 경우를 대비해 네 세대 전에 동굴에 남겨둔 항아리라면서 항아리 뚜껑을 열라 재촉했

다.[3] 켄타우로스족은 강한 포도주 향을 맡고 난폭해졌다. 커다란 돌과 뿌리째 뽑은 전나무, 불붙은 나무토막, 푸주한의 도끼를 들고 폴로스의 동굴로 달려왔다. 폴로스가 두려워 숨어 버린 사이, 헤라클레스는 앞장서 오던 안키오스와 아그리오스를 불붙은 나무토막으로 두들겨 물리쳤다.[4] 이에 켄타우로스의 구름 할머니 네펠레가 거센 비를 뿌려 헤라클레스의 활시위를 느슨하게 하고 바닥을 미끄럽게 만들었다. 하지만 헤라클레스는 이전의 성취가 우연이 아니었음을 보여 주면서 오레우스와 휠라이오스를 비롯해 여러 켄타우로스를 죽였다. 나머지는 말레아까지 달아나 그곳을 피난처로 삼았다. 그들의 왕인 케이론은 펠리온 산에서 라피타이족한테 쫓겨 이미 그곳에 와 있었다.[5]

c. 헤라클레스의 활을 떠난 화살이 엘라토스의 팔을 관통해 케이론의 무릎에 꽂혔다. 헤라클레스는 자신의 오랜 친구에게 닥친 불의의 사고에 비통해하면서 화살을 뽑아냈다. 케이론은 스스로 상처를 약초로 감쌌지만 아무 소용이 없었고, 케이론은 고통에 울부짖으면서 자기 동굴로 물러갔다. 그는 불사의 몸이라 죽을 수도 없었다. 나중에 프로메테우스가 그를 대신해 불멸을 받아들이겠다고 제안했고, 제우스는 이런 조정을 승인했다. 그러나 어떤 이는 케이론이 죽음을 선택한 것은 상처의 고통보다는 오랜 삶에 지쳤기 때문이었다고 전한다.[6]

d. 켄타우로스는 이제 여러 방향으로 흩어져 달아났다. 일부는 에우뤼티온과 함께 폴로에로, 다른 일부는 넷소스와 함께 에우에노스 강으로, 또 일부는 말레아 산으로 갔다. 나머지는 시칠리아로 달아났는데, 그곳에서 세이레네스에게 죽임을 당했다. 포세이돈은 엘레우시스에서 나머지를 받아들여 산에 숨겨주었다. 나중에 헤라클레스는 아르카디아의 호마도스도 죽였다. 그가 에우뤼스테우스의 누이 알퀴오네를 범하려 했기 때문이다. 자신의

숙적인 에우뤼스테우스가 받은 모욕조차 설욕해 줌으로써, 헤라클레스는 큰 명성을 얻었다.[7]

e. 그러는 동안 폴로스는 죽은 동족들을 매장하고 헤라클레스의 화살 하나를 뽑아내 자세히 살펴봤다. "어떻게 그렇게 건장한 놈들이 이 화살에 스치기만 해도 나가떨어졌지?" 그는 의아해했다. 그런데 화살이 손가락에서 미끄러져 자기 발을 꿰었고, 거기서 곧바로 죽고 말았다. 헤라클레스는 추적을 멈추고 폴로에로 돌아왔고, 폴로스를 산자락에 묻어 주고 그를 특별히 기려 산에 그의 이름을 붙였다. 이때부터 아니그로스 강에는 악취가 나기 시작했다. 지금은 라피토스 산에 있는 이 강의 수원에서도 냄새가 나는데, 필레노르라는 이름의 켄타우로스가 헤라클레스의 활에 팔을 다친 채 달아나다 이곳 강물에 상처를 씻었기 때문이다. 하지만 누구는 그 일이 있기 몇 년 전에 멜람푸스가 악취의 원인을 제공했다고 전한다. 프로이토스의 딸들을 정화해 줄 때 사용한 부정한 물건을 아니그로스 강에 던져 넣었다는 것이다.[8]

f. 헤라클레스는 이제 에뤼만토스 강을 따라 멧돼지 추적을 시작했다. 그런 흉포한 짐승을 사로잡는 일은 보통 어려운 게 아니었다. 그렇지만 헤라클레스는 덤불숲에 있던 그놈을 큰 소리로 쫓아내 깊은 눈밭으로 몰아갔고, 거기에서 그놈의 등에 올라탔다. 헤라클레스는 그놈을 사슬로 묶어 산 채로 어깨에 둘러메고 뮈케나이로 돌아왔다. 그런데 마침 콜키스로 떠날 아르고 호 원정대를 모집한다는 소식이 들려왔고, 헤라클레스는 장터 바깥쪽에 멧돼지를 부려 놓은 다음, 청동 항아리에 숨어 있던 에우뤼스테우스의 다음 명을 기다리는 대신 휠라스와 함께 원정대에 참여하러 떠나 버렸다. 사로잡은 멧돼지를 해치운 사람이 누구인지는 알려지지 않았지만, 그놈의 엄니는 쿠마이의 아폴론 신전에 모셔져 있다.[9]

g. 다른 설명을 들어보면, 케이론은 펠리온 산에서 폴로스, 어린 아킬레우스와 함께 헤라클레스를 환대하는 동안 사고로 화살이 그의 왼쪽 발을 꿰는 부상을 입었다고 한다. 아흐레가 지나고 제우스가 케이론의 모습을 별들 사이에 그려 넣어 켄타우로스자리를 만들었다. 그러나 다른 이들은, 켄타우로스자리는 폴로스의 모습이라 전한다. 제우스가 같은 방식으로 그를 기렸는데, 그가 내장을 보고 예언하는 능력이 모든 인간을 능가하기 때문이다. 황도 12궁의 궁수자리가 마찬가지로 켄타우로스의 모습이다. 이는 헬리콘 산에 살았던 크로토스라는 켄타우로스인데, 같이 젖을 먹고 자란 무사 여신들에게 큰 사랑을 받았다.[10]

1) 오비디우스: 『헤로이데스』 9. 87; 아폴로니오스 로디오스: 『아르고 호 이야기』 1. 127; 아폴로도로스: 『비블리오테카』 2. 5. 4; 디오도로스 시켈로스: 『역사총서』 4. 12.

2) 알렉산드리아의 헤파이스티온: 1. 306; 호메로스: 『오뒷세이아』 6. 105.

3) 파우사니아스: 『그리스 여행기』 6. 21. 5; 아폴로도로스: 같은 곳; 디오도로스 시켈로스: 같은 곳.

4) 체체스: 『뤼코프론에 관하여』 670; 디오도로스 시켈로스: 같은 곳; 아폴로도로스: 같은 곳.

5) 파우사니아스: 3. 18. 9; 베르길리우스: 『아이네이스』 8. 293-294; 디오도로스 시켈로스: 같은 곳; 아폴로도로스: 같은 곳.

6) 아폴로도로스: 같은 곳; 루키아노스: 『죽은 자들의 대화』 26.

7) 체체스: 『뤼코프론에 관하여』 670; 아폴로도로스: 같은 곳; 디오도로스 시켈로스: 같은 곳.

8) 아폴로도로스: 같은 곳; 디오도로스 시켈로스: 같은 곳; 파우사니아스: 5. 5. 6.

9) 아폴로도로스: 같은 곳; 파우사니아스: 8. 24. 2; 디오도로스 시켈로스: 같은 곳; 아폴로니오스 로디오스: 1. 122 ff.

10) 테오크리토스: 『전원시』 7; 오비디우스: 『로마의 축제들』 5. 380 ff.; 휘기누스: 『시적 천문학』 2. 38과 27; 『신화집』 224.

＊

1. 멧돼지는 초승달 모양의 엄니 때문에 달의 여신에게 신성한 짐승이다. 또 후계자가 자신의 쌍둥이인 신성한 왕을 죽이고 거세할 때 멧돼지 분장을 하고서 그렇게 했던 것으로 보인다(18. 7과 151. 2 참고). 눈밭에서 에뤼만토스Erymanthus의 멧돼지boar를 제압했다는 대목은 이번 과업이 한겨울

에 이루어졌음을 나타낸다. 여기 나오는 헤라클레스는 '어린 아기 호루스 Child Horus'이며 자기 아버지 오시리스의 죽음에 대해 멧돼지로 분장한 삼촌인 세트에게 복수한다. 멧돼지 고기에 대한 이집트인들의 금기는 한겨울에만 풀리기 때문이다. 크리스마스 계절 행사에 멧돼지 머리를 먹는 것도, 새로운 신성한 왕이 경쟁자에게 거둔 이와 같은 승리에 그 유래를 두고 있다. 아도니스는 에뤼만토스의 죽음에 대한 복수로 살해됐다. 에뤼만토스는 전년도의 후계자로, 그의 이름('제비뽑기로 점친')은 신성한 왕을 죽이도록 제비뽑기를 통해 선택됐다는 것을 암시한다. 에뤼만토스 산이 아프로디테가 아니라 아르테미스에게 신성하다고 했으니, 목욕을 했던 여신은 아르테미스였음이 분명하다. 그리고 후계자가 아니라 신성한 왕이 여신의 목욕 장면을 봤음이 틀림없다(22. i 참고).

2. 헤라클레스와 켄타우로스족의 싸움은, 페이리토오스의 결혼식에 벌어진 싸움과 마찬가지로(102. 2 참고), 본래 새로 왕위에 오른 왕과 짐승으로 분장한 상대편 사이에 벌어진 의례적 전투를 의미했을 가능성이 있다. 왕의 전통적 무기는 화살이며, 왕은 자신의 지배권을 확립한다는 의미에서 하늘의 네 방향으로 한 발씩, 그리고 다섯 번째는 똑바로 머리 위 공중으로 쐈다. 이와 별도로, 이번 신화는 헬레네스 침략자들과 북부 그리스의 선주민 산악 부족 사이의 충돌을 담은 국경 분쟁의 기록일 수도 있다.

3. 독화살이 무릎이나 발에 떨어지거나, 또는 날아와 맞아, 폴로스Pholus와 케이론뿐 아니라 나중에 케이론의 제자인 아킬레우스도 죽었다(92. 10과 164. j 참고). 이들은 모두 마그네시아의 신성한 왕으로, 세이레네스가 당연한 듯 이들의 영혼을 받아들였다. 켄타우로스가 말레아에 살게 됐다는 대목은, 폴로스의 아버지 실레노스가 거기서 태어났다는 지역 전승에서 유래했다(파우사니아스: 3. 25. 2). 켄타우로스족은 종종 몸의 절반이 말이 아니라 염

소로 표현된다. 포세이돈이 산에 숨겨준 덕분에 엘레우시스에 살게 됐다는 대목은, 그곳 비밀 의식 입문자가 여신과 올리는 신성한 결혼식에서 목마를 탄 춤꾼들이 춤추는 순서가 따로 있었다는 것을 암시한다.

127
다섯 번째 과업: 아우게이아스의 외양간

헤라클레스의 다섯 번째 과업은 아우게이아스의 더러운 외양간을 하루만에 청소하는 일이었다. 에우뤼스테우스는 헤라클레스가 구역질을 하면서 소똥 바구니를 어깨에 메고 나르는 모습을 상상하니 신이 났다. 북쪽 엘리스의 왕인 아우게이아스는 헬리오스 또는 엘레이오스가 암피다마스의 딸인 나우피아다메와 결혼해 낳은 아들이다. 누구는 어머니가 이피보에라고 한다. 그러나 다른 이들은 그를 포세이돈의 아들이라 전한다. 양 떼와 소떼에 있어 그는 지상에서 가장 부유했다. 신의 은혜로 그의 가축은 병에 걸리지 않고, 비길 데 없이 새끼를 많이 낳았으며, 유산하지도 않았기 때문이다. 거의 모두 새끼로 암놈을 낳았지만, 그는 다리가 흰 검은 황소 300마리와 붉은 씨황소 200마리를 가지고 있었다. 훌륭한 은백색 황소도 열두 마리가 있었는데, 이들은 그의 아버지 헬리오스에게 신성한 짐승이었다. 이 열두 마리는 삼림이 우거진 언덕에서 내려오는 들짐승의 약탈로부터 소 떼를 보호했다.[1]

b. 아우게이아스의 양과 소 외양간은 여러 해 동안 똥을 치우지 않았다. 비록 가축은 역겨운 악취에 영향을 받지 않았지만, 펠로폰네소스 전역에

역병이 퍼질 정도였다. 게다가 계곡의 목초지에는 똥이 너무 두껍게 쌓여 있어 농사를 지으려 해도 쟁기질조차 할 수 없었다.[2]

c. 헤라클레스는 멀리서 아우게이아스를 큰 소리로 불러, 소 떼의 10분의 1을 보상으로 준다면 해가 지기 전까지 우리를 치우겠다고 제안했다. 아우게이아스는 이 말을 믿지 않고 큰소리로 웃었고, 맏아들 퓔레우스를 불러 헤라클레스의 말을 들어보라 했다. "해가 떨어지기 전까지 임무를 완수하겠다고 맹세하세요." 퓔레우스는 요구했다. 헤라클레스는 처음이자 마지막으로 자기 아버지 이름을 걸고 맹세했다. 아우게이아스도 약속을 지키겠다고 똑같이 맹세했다. 바로 이 순간, 열두 마리 은백색 황소 떼의 우두머리인 파이톤이 헤라클레스를 사자로 착각해 돌진해 왔다. 이에 헤라클레스는 그놈의 왼쪽 뿔을 움켜잡고, 목을 아래로 눌러 바닥에 쓰러뜨렸다.[3]

d. 엘리스 사람 메네데모스의 조언과 이올라오스의 도움을 받아, 헤라클레스는 먼저 외양간의 양쪽 벽을 부수고 그다음에는 서로 이웃한 알페이오스 강과 페네이오스 또는 메니오스 강의 물줄기를 외양간 쪽으로 돌렸다. 이에 강물이 쏟아져 들어와 외양간을 뚫고 지나가면서 쌓여 있던 오물을 씻어 냈다. 이어 양 우리와 계곡의 목초지에도 똑같이 했다. 이렇게 헤라클레스가 하루 만에 과업을 완수했고, 이제 그 땅은 옛 모습을 되찾았다. 그러면서도 자기는 손가락 하나 더럽히지 않았다. 그러나 아우게이아스는 헤라클레스가 그전에 에우뤼스테우스한테 소 외양간을 청소하라는 명을 받았다는 말을 코프레우스에게 전해 듣고, 보상 지급을 거부했다. 심지어 자기와 헤라클레스가 계약을 맺었다는 사실조차 감히 부인했다.

e. 헤라클레스는 재판의 중재를 받아 보자고 제안했다. 헤라클레스의 소환을 받고 온 퓔레우스는 재판관들 앞에서 진실을 증언했다. 이에 아우게이아스가 분개하면서 벌떡 일어나 두 사람 모두 엘리스에서 추방했다. 자

기가 헤라클레스한테 속았으며, 그가 아니라 강의 신들이 이번 일을 했다고 주장했다. 일이 더욱 어그러진 게, 에우뤼스테우스가 이번 과업을 열 가지 과업에 포함하지 않겠다고 한 것이다. 헤라클레스가 아우게이아스에 고용되어 일을 했다는 이유를 댔다.

f. 퓔레우스는 이에 둘리키온으로 갔고, 헤라클레스는 올레노스의 왕인 덱사메노스의 궁정으로 갔다. 그는 나중에 딸 므네시마케를 켄타우로스 에우뤼티온에게서 구조하게 된다.[4]

1] 아폴로도로스: 『비블리오테카』 2. 5. 5와 7. 2; 디오도로스 시켈로스: 『역사총서』 4. 13; 파우사니아스: 『그리스 여행기』 5. 1. 7; 체체스: 『뤼코프론에 관하여』 41; 휘기누스: 『신화집』 14.
2] 아폴로도로스: 2. 5. 5; 베르길리우스의 『아이네이스』 8. 300에 대한 세르비오스; 디오도로스 시켈로스: 같은 곳; 파우사니아스: 같은 곳.
3] 파우사니아스: 같은 곳; 아폴로도로스: 같은 곳; 플루타르코스: 『로마인에 관한 물음』 28; 테오크리토스: 『전원시』 25. 115 ff.
4] 알렉산드리아의 헤파이스티온: 5, 포티오스의 인용 486; 휘기누스: 『신화집』 30; 파우사니아스: 같은 곳; 아폴로도로스: 같은 곳; 디오도로스 시켈로스: 같은 곳; 세르비오스: 같은 곳; 칼리마코스: 『델로스 찬가』 102.

＊

1. 이번의 혼란스러운 신화는 다음과 같은 전설에 바탕을 두었을 것이다. 헤라클레스는 이아손과 마찬가지로, 두 마리의 황소를 길들이고 멍에를 씌우고 잡초가 무성한 언덕을 깨끗이 치우고 쟁기질을 하고 씨를 뿌리고 작물을 수확하라는 명을 받았다. 그런데 이를 모두 하루 만에 끝내야 했다. 이는 왕위에 오르려는 후보자한테 흔히 떨어지는 임무이다(152. 3 참고). 여기서는 언덕을 깨끗이 치우는데, 신화의 켈트족 판본처럼 나무나 돌을 치우는 게 아니라 똥을 치워야 했다. 아마도 이는 에우뤼스테우스의 전령으로 명을 전달하는 사람의 이름이 코프레우스Copreus('똥 사람')였기 때문일 것이다. 제임스 프레이저는 파우사니아스(5. 10. 9)에 대해 평하면서 고대 노

르웨이의 '주인 하녀' 설화를 인용했다. 거기에서 왕자는 거인의 딸을 얻으려면 외양간 세 곳을 청소해야 한다. 그런데 똥 한 덩어리를 쇠스랑으로 치우면, 열 덩어리가 돌아왔다. 공주는 이에 왕자에게 쇠스랑을 거꾸로 잡고 손잡이를 이용해 보라 조언했다. 그가 그렇게 하자 외양간이 금방 깨끗해졌다. 프레이저는 원래 판본에는 아테나 여신이 헤라클레스에게 이런 조언을 했을 것이라는 의견을 내놓았다. 하지만 고대 노르웨이 설화가 이런 과업의 변형일 가능성이 더 높아 보인다. 아우게이아스Augeias의 소 떼에 대한 자세한 묘사는, 치워야 할 똥이 많다는 점을 빼고 이번 이야기에 별 상관이 없다. 소똥 거름은 이번 신화에도 나오는 것처럼 그리스 농부들에게 아무 가치가 없었다. 헤시오도스도 『일과 날』에서 이를 언급조차 하지 않았다. 고대의 토지 임대에서, 소 떼가 휴경지에서 풀을 뜯는 것을 금지하는 경우도 있었다고 H. 미첼은 전한다(『고대 그리스의 경제』). 오뒷세우스의 개 아르고스가 쌓아 놓은 두엄더미 위에 앉아 있는 장면이 있기는 하다(『오뒷세이아』 17. 299). 그러나 『오뒷세이아』에서 작물과 수목 재배에 대해 언급한 대목은 크레테 농경법과 연관이 있다. 참고로 이 서사시가 어디서 작성된 것인지는 알 수 없으나, 그리스 본토에서 작성된 게 아닌 것은 확실하다. 일부 신화학자들은 아우게이아스가 엘레이오스Eleius의 아들이라고 하는데, 이는 '엘리스의 왕'이라는 뜻에 불과하다. 다른 학자들은 포세이돈의 아들이라 했는데, 이는 그가 아이올리스족임을 암시한다. 그런데 여기에서 엘레이오스는 코린토스의 태양신인 헬리오스와 혼동을 일으켰다. 이에 아우게이아스는 시쉬포스와 마찬가지로 신성한 소 떼를 소유한 것으로 간주됐다 (67. 1 참고). 이런 소 떼의 머릿수는 거의 언제나 350이었는데, 이는 열두 번의 태음월에서 이집트의 신성한 다섯 휴일을 빼면 나오는 숫자이다(42. 1 참고). 그것들이 달의 소 떼라는 점은 그 색깔이 빨강, 하양, 검정이라는 데에서 확인할 수 있다(90. 3 참고). 하얀 황소 열두 마리는 열두 태음월을 상징한다. 헤라클레스 본인이 열 번째 과업에서 훔쳤듯이, 이런 소 떼는 종종 도둑질의 대상이 된다. 그리고 여기 나온 황소 열두 마리는 결국 나중에 헤라클레스의 몫으로 돌아온다.

2. 다섯 번째 과업은 밭을 갈고, 씨를 뿌리고, 작물을 수확하는 임무에 한정된 것임에도 불구하고, 두 가지 다른 요소가 끼어들면서 혼란스러워졌다. 열 번째 과업인 게뤼오네우스Geryon[게뤼온, 게뤼오네스라고도 한다]의 소 떼 끌어오기와 일곱 번째 과업인 포세이돈의 크레테의 흰 황소 잡아 오기가 그것이다. 이 황소는 밭 갈기에 쓰는 게 아니다. 포세이돈을 기리는 숭배 의식에서, 포세이돈은 아우게이아스의 아버지라고 묘사되기도 하는데, 젊은 남자가 황소와 씨름을 벌였다. 헤라클레스는 테세우스가 미노타우로스와 씨름을 하듯, 우두머리 황소 파이톤과 한 판 붙는다. 이는 왕의 즉위 의식으로 이해하는 것이 제일 적절하다. 이 의식에서 그는 황소의 뿔을 접촉해 생기는 마법의 힘으로 대지를 기름지게 할 수 있으며, 달의 여신의 선택받은 연인으로서 포티단Potidan, 즉 포세이돈이라는 호칭을 받았다. 이와 비슷하게, 헤라클레스는 사랑의 경쟁에서 황소 머리를 가진 강의 신 아켈로오스Achelous와 싸움을 벌여 상대의 풍요의 뿔을 부숴 버린다(142. d 참고). 펠로폰네소스 반도에서 가장 긴 강인 알페이오스Alpheius가 휘어져 흐른다는 대목은 이번 사건이 어떤 도상에서 추론된 것임을 암시한다. 도상에는 수많은 소 떼가 풀을 뜯고 있는 강기슭에서 헤라클레스가 크레테 황소의 뿔을 잡고 제압하는 모습이 담겨 있었을 것이다. 신화학자들은 이 황소를 강의 신으로 오해했고, 그가 쟁기질을 위해 벌판을 청소하려 강의 흐름을 휘어지게 하는 장면으로 이해했다.

128
여섯 번째 과업: 스튐팔로스의 새 떼

헤라클레스의 여섯 번째 과업은 놋쇠 부리, 놋쇠 발톱, 놋쇠 날개를 가졌으며 사람을 먹어 치우는 수많은 새 떼를 몰아내는 일이었다. 이놈들은 아레스에게 신성한 짐승으로, 오르코메노스의 길에 있는 '늑대의 협곡'에서 늑대들에게 쫓겨, '스튐팔로스 습지'로 옮겨 왔다.[1] 여기에서 이놈들은 같은 이름의 강가에서 새끼를 낳기도 하고 유유자적 놀기도 하다가, 종종 엄청나게 떼를 지어 하늘로 날아올라 놋쇠 깃털을 비 오듯이 날려 사람과 짐승들을 죽였다. 이와 동시에 독성 있는 새똥을 질러대 곡식을 망쳤다.

b. 헤라클레스는 빽빽한 삼림에 둘러싸인 습지에 도착했지만, 금방 화살로는 새들을 쫓아낼 수 없다는 건 알게 됐다. 놈들이 너무 많았다. 더구나 습지는 사람이 걸을 수 없을 정도로 바닥이 푹푹 빠졌고, 배를 타고 다니기엔 너무 빽빽했다. 헤라클레스가 강기슭에서 이러지도 저러지도 못하고 있을 때, 아테나가 그에게 헤파이스토스가 만든 놋쇠 캐스터네츠 한 쌍을 선물했다. 딸랑이였을 수도 있다. 헤라클레스는 습지가 내려다보이는 퀼레네산의 낭떠러지 위에 서서 캐스터네츠로 딱딱 소리를 냈다. 또는 딸랑이를 흔들었다. 그 소음에 놀라 새 떼는 하늘로 솟아올라 한 덩어리의 거대한 무

리를 이루었고, 헤라클레스는 이놈들이 흑해에 있는 '아레스의 섬'으로 달아나는 동안 수많은 새를 화살로 떨어뜨렸다. 나중에 아르고 호 원정대는 거기서 이놈들을 만나게 된다. 어떤 이는 헤라클레스가 그때 원정대에 참여하고 있어 이번에는 더 많은 새를 죽였다고 전한다.[2]

c. 스튐팔로스의 새는 크기가 두루미만 했고, 따오기를 많이 닮았다. 다만 이놈들의 부리는 쇠로 된 가슴막이도 뚫을 수 있었고, 휘어져 있지도 않았다. 이놈들은 아라비아 사막에서도 새끼를 낳았는데, 거기서는 날아와 여행자의 가슴을 꿰뚫는 바람에 사자나 표범보다 더 큰 골칫덩이였다. 아라비아의 사냥꾼들은 나무껍질을 꼬아 만든 몸통 보호대를 입는 법을 개발했다. 거기에 이놈의 치명적인 부리가 얽히면, 붙잡아 목을 비틀었다. 아마도 이 새들 가운데 한 무리가 아라비아에서 스튐팔로스로 옮겨 왔고, 그래서 이런 이름이 붙은 것 같다.[3]

d. 다른 설명도 있다. 이른바 '스튐팔로스의 새 떼'란 여인들이라고 전한다. 스튐팔로스와 오르니스의 딸들인데, 자신을 환대해 주지 않자 헤라클레스가 죽였다고 한다. 이와 별도로, 스튐팔로스에 있는 고대의 '스튐팔로스의 아르테미스'의 신전에는, 이 새들의 조각상이 지붕에 걸려 있으며 건물 뒤에는 새의 다리를 한 처녀 조각상들이 서 있다. 펠라스고스의 아들 테메노스는 이곳에 헤라를 기려 세 곳의 전당을 세웠다. 첫 번째는 여신을 아이로 모셨는데, 테메노스가 그녀를 길렀기 때문이다. 두 번째는 신부로 모셨는데, 여신이 제우스와 결혼했기 때문이고, 세 번째는 과부로 모셨는데, 여신이 제우스와 갈라서고 스튐팔로스로 되돌아왔기 때문이다.[4]

1] 파우사니아스: 『그리스 여행기』 8. 22. 4-6; 아폴로도로스: 『비블리오테카』 2. 5. 6.
2] 아폴로니오스 로디오스: 『아르고 호 이야기』 2. 1052 ff.; 파우사니아스: 같은 곳; 베르길리우스의 『아이네이스』 8. 300에 대한 세르비우스; 아폴로니오스 로디오스: 2. 1037과 1053, 고전 주석자와 함께; 디오도로스 시켈로스: 『역사총서』 4. 13; 아폴로도로스: 같은 곳; 휘기누스: 『신화집』 30.
3] 파우사니아스: 8. 22. 4.
4] 므나세아스, 아폴로니오스 로디오스와 관련해 고전 주석자가 인용: 2. 1054; 파우사니아스: 8. 22. 2와 5.

＊

1. 아테나가 계속해 헤라클레스를 돕고 있지만, 이번 과업은 결혼을 위한 여러 임무에 속하는 게 아니라 열병 악령을 쫓아내는 치유자로서 그를 찬양하고 있다. 습지의 새는 열병 악령의 표현이다. 스튐팔로스Stymphalus 동전에 나오는 투구를 쓴 새는 저어새이다. 이는 두루미의 사촌으로, 두루미는 중세 잉글랜드 조각에 환자의 숨결을 빨아 마시는 모습으로 등장한다. 이놈들은 사실 새의 다리를 가진 세이레네스로, 열병을 의인화한 것이다. 캐스터네츠 또는 딸랑이는 고대에 (그리고 지금도 원시 부족 사이에서) 열병 악령을 쫓아내는 데 사용했다. 아르테미스는 '자비로운 화살'로 열병에 걸리게 하거나 치료해 줄 힘을 갖고 있다.

2. 스튐팔로스 습지는 물을 빼내는 지하 수로가 막힐 때면 언제나 크기가 엄청나게 커지곤 했다. 파우사니아스가 살던 때도 그랬다(8. 22. 6). 그러지 말라는 하늘의 신호가 없었다면, 이피크라토스[1]는 도시를 포위할 때 이를 일부러 막았을 것이다(스트라본: 8. 8. 5). 이번 이야기의 한 판본에, 헤라클레스가 수로를 뚫어 습지의 물을 뺐다는 이야기가 나오는데 충분히 그럴 만하다. 그는 이전에도 '템페 평원'의 물을 뺀 적이 있다(디오도로스 시켈로스: 4. 18).

1) 기원전 4세기 초 활약한 아테나이 장군 이피크라테스Iphicrates를 말하는 듯하다.

3. 하지만 이번 신화는 의례적 의미만 아니라 역사적 의미도 있는 것 같다. 처녀, 신부, 노파로서 세 모습 여신을 숭배하던 아르카디아의 여사제 무리가 스튐팔로스로 피신했던 역사적 사실의 기록일 수 있다. 당시 이들은 '늑대의 협곡'에서 '늑대 같은 제우스'를 숭배하는 침략자들에 의해 쫓겨나 이곳으로 넘어왔을 것이다. 므나세아스[2]는 스튐팔로스 새 떼의 구축 또는 학살은 헤라클레스가, 즉 아카이아족이 이런 마녀 무리를 탄압한 것이라고 설명했는데, 가능성 있는 이야기다. 이때 헤라클레스는 아카이아족을 말한다. 스튐팔로스라는 이름은 관능적인 관습이 있었음을 암시한다.

4. 파우사니아스가 말한 "강한 부리의 아라비아 새"는 일사병 악령을 지칭하는 것일 수 있다. 이 악령은 가시나무 껍질 보호대로 물리쳤다. 강력한 부리를 가진 타조와 혼동했을 수도 있다. 지금도 아랍인들은 타조를 사냥한다.

레우크-에로데스Leuc-erodes, 즉 '흰 왜가리'는 저어새의 그리스 이름이다. 헤롯 대왕의 조상은 '튀로스의 헤라클레스'의 신전 노예였다고 한다(아프리카누스, 에우세비우스의 인용: 『교회의 역사』 1. 6. 7). 이는 그의 성姓에 대한 설명이 된다. 저어새는 따오기와 밀접한 관련이 있다. 따오기 역시 습지에 사는 새로, 글쓰기를 발명한 이집트의 토트Thoth에게 신성한 짐승이다. 그리고 튀로스의 헤라클레스는 켈트족의 맞수와 마찬가지로 학문의 보호자였고, 이로 인해 튀로스는 유명해졌다(「에스겔」 28장 12절). 히브리 전승에, 튀로스의 헤라클레스의 사제 히람Hiram은 솔로몬 왕과 수수께끼를 주고받았다.

---

2) 므나세아스Mnaseas: 기원전 3세기에 활동한 그리스의 역사학자.

129
일곱 번째 과업: 크레테의 황소

에우뤼스테우스는 헤라클레스에게 일곱 번째 과업으로 크레테의 황소를 잡아 오라 명했다. 그런데 이놈이 제우스가 보내 에우로페를 크레테로 데려간 황소인지, 아니면 미노스가 포세이돈에게 제물로 바치지 않아 나중에 파시파에에게 미노타우로스를 낳게 한 놈인지는 논란이 뜨겁다. 이제 이놈은 곡식의 뿌리를 뽑고 과수원의 벽을 무너뜨리는 등 크레테를 황폐하게 하고 있었다. 특히, 테트리스 강의 물을 끌어 쓰는 지역이 피해가 컸다.[1]

b. 헤라클레스가 크레테로 배를 타고 갈 때, 미노스는 자기 힘이 닿는 한 무엇이든 도와주겠다고 했다. 그러나 헤라클레스는 비록 황소가 화염을 뿜었지만 혼자 힘으로 잡고 싶었다. 오랜 싸움 끝에 그는 괴물을 뮈케나이로 끌고 올 수 있었다. 에우뤼스테우스는 이를 헤라에게 바친 다음에 풀어 주었다. 그러나 헤라는 헤라클레스의 영광을 높이는 선물을 싫어해 황소를 처음에는 스파르테로, 이어 아르카디아를 거치고 코린토스 지협을 건너 앗티케의 마라톤으로 몰아갔다. 거기에서 테세우스는 아테나 여신을 위한 제물로 황소를 아테나이로 끌고 갔다.[2]

c. 이런 사정에도 불구하고, 많은 사람들은 크레테와 마라톤의 양쪽 황소가 동일하다는 것을 아직도 믿지 않는다.[3]

1] 아폴로도로스: 『비블리오테카』 2. 5. 7; 디오도로스 시켈로스: 『역사총서』 4. 13; 파우사니아스: 『그리스 여
행기』 1. 27. 9; 제1 바티칸 신화학자: 47.
2] 디오도로스 시켈로스: 같은 곳; 베르길리우스의 『아이네이스』 8. 294에 대한 세르비오스; 아폴로도로스:
같은 곳; 제1 바티칸 신화학자: 같은 곳.
3] 테온: 「아라토스에 관하여」 24.

＊

1. 황소 또는 황소로 분장한 사람과 벌이는 전투는 왕위 후보자에게 부
과되는 의례적 임무들 가운데 하나였다(123. 1 참고). 이는 테세우스와 미노
타우로스 이야기에도 등장한다(98. 2 참고). 이아손과 불을 뿜는 아이에테스
Aeëtes의 황소 이야기도 그렇다(152. 3 참고). 나중에 신성한 왕이 받았던 불멸
성을 디오뉘소스 비밀 의식의 모든 입문자들이 받게 되면서, 황소를 붙잡
아 디오뉘소스 플루토도테스Plutodotes('재물을 주는 이')에게 바치는 일은 아르
카디아(파우사니아스: 8. 19. 2)와 뤼디아(스트라본: 14. 1. 44) 양쪽 공통의 의례
가 됐다. 그곳에서는 디오뉘소스가 제우스라는 호칭을 갖고 있었다. 디오뉘
소스는 주로 황소로 나타나지만, 때로 사자와 뱀의 형태로 나타나기도 한
다(27. 4 참고). 신성한 왕이 황소의 뿔을 만지면(127. 2 참고) 달의 여신의 이
름으로 비를 내리게 함으로써 땅을 기름지게 할 수 있었다. 그리고 황소가
큰 소리로 울면 뇌우가 온다고 믿었다. 이에 따라 롬비rhombi, 즉 울림판자를
흔들어 뇌우를 불렀다. 번개를 자극하기 위해 횃불을 내던지기도 했으며
(68. a 참고), 이런 사정 때문에 황소가 불을 내뿜는다는 말이 나오게 됐다.

2. 디오뉘소스는 그의 풍요의 뿔 덕분에 플루토도테스라고 불린다. 이 뿔
은 황소에서 떼어낸 것으로 주로 물의 마법을 가져온다(142. b 참고). 그는 크
레테의 자그레우스Zagreus에서 발전한 신이며, 자그레우스가 변신한 모습에는
사자와 뿔 달린 뱀, 황소, 그리고 '비를 뿌리는 크로노스'도 있었다(30. 3 참고).

130
여덟 번째 과업: 디오메데스의 암말

에우뤼스테우스는 헤라클레스에게 여덟 번째 과업으로 트라케 왕 디오메데스의 몹시 사나운 암말 네 마리를 잡아 오도록 명했다. 디오메데스가 아레스와 퀴레네의 아들인지, 아스테리에와 그녀의 아버지 아틀라스 사이의 근친 관계에서 태어났는지는 불분명하다. 그는 호전적인 비스토네스족을 다스렸으며, 지금은 사라진 도시에 있는 그의 외양간은 트라케 사람들에게 공포의 대상이었다. 디오메데스는 쇠사슬로 암말들을 청동 여물통에 묶어 두었고, 손님들이 아무런 의심도 없이 찾아오면 그를 죽여 살을 암말들에게 먹였다. 다른 판본에, 이놈들은 암말이 아니라 씨말이며, 이름은 포다르고스, 람폰, 크산토스, 데이노스라고 나온다.[1]

b. 헤라클레스는 수많은 자원자와 함께 트라케를 향해 배를 타고 갔다. 가는 길에 친구인 페라이의 아드메토스 왕을 찾아가기도 했다. 티리다에 도착해 디오메데스의 마부들을 힘으로 압도하고 암말들을 바다로 몰아갔다. 둔덕에 이르러 하인 압데로스에게 암말들을 맡기고, 자신은 쫓아오는 비스토네스족을 물리치러 갔다. 상대편의 숫자가 너무 많아지자 헤라클레스는 기지를 발휘해 둑을 터서 낮은 평원이 물에 잠기게 만듦으로써 그들

을 제압했다. 헤라클레스는 달아나는 자들을 추적했고, 디오메데스를 곤봉으로 내리쳤다. 그는 기절한 디오메데스를 끌고서 이제 막 새로 생긴 호숫가를 둘러 온 다음, 그의 암말들에게 던져 주었다. 암말들은 아직 살아 있는 그에게 달려들어 살을 찢었고, 허기를 마저 채웠다. 앞서 암말들은 그가 없는 동안 하인 압데로스를 이미 먹어 치웠다. 헤라클레스는 별 어려움 없이 이놈들을 끌고 갈 수 있었다.[2]

  c. 다른 설명도 있다. 압데로스는 로크리스의 오포스 원주민으로 디오메데스에게 고용돼 있었다고 한다. 어떤 이는 그를 헤르메스의 아들이라 하고, 다른 이들은 헤라클레스의 친구인 오포스의 메노이티오스의 아들, 따라서 트로이아에서 죽은 파트로클로스의 형제라고 전한다. 헤라클레스는 압데로스의 무덤 옆에 압데라 시를 건설하고, 디오메데스의 전차를 가져다 암말들을 거기에 마구로 연결했다. 암말들은 그때 비로소 처음으로 재갈이나 굴레를 받아 봤다. 헤라클레스는 이들을 힘껏 몰았고 여러 산맥을 건너 마침내 뮈케나이에 당도했다. 에우뤼스테우스는 이들을 헤라에게 바치고 올륌포스 산에 풀어 주었다.[3] 암말들은 나중에 결국 들짐승의 먹이가 됐다. 하지만 이놈들의 후손은 트로이아 전쟁과 심지어 알렉산드로스 대왕 시대까지 이어졌다고 한다. 디오메데스 궁전의 폐허는 지금도 카르테라 코메에 남아 있다. 그리고 압데라 제전 경기가 아직도 압데로스를 기려 열리고 있,다. 경기에는 일반 종목이 모두 들어 있지만 전차 경주는 빠져 있다. 인육을 먹는 암말들이 압데로스가 멍에로 연결한 전차를 부서뜨리면서 그를 죽였다는 이야기는 여기서 나왔다.[4]

1] 아폴로도로스: 『비블리오테카』 2. 5. 8; 휘기누스: 『신화집』 250과 30; 플리니우스: 『자연 탐구』 4. 18; 디오도로스 시켈로스: 『역사총서』 4. 15.

2] 아폴로도로스: 같은 곳; 에우리피데스: 『알케스티스』 483; 스트라본 : 『글조각』 44와 47; 디오도로스 시켈로스: 같은 곳.

3] 휘기누스: 『신화집』 30; 아폴로도로스: 같은 곳; 디오도로스 시켈로스: 4. 39; 호메로스: 『일리아스』 11. 608; 에우리피데스: 『헤라클레스』 380 ff.

4] 아폴로도로스: 같은 곳; 베르길리우스의 『아이네이스』 1. 756에 대한 세르비오스; 디오도로스 시켈로스: 4. 15; 스트라본 : 『글조각』 44; 필로스트라토스: 『이미지들』 2. 25; 휘기누스: 『신화집』 250.

✳

1. 그리스 일부 지역에서는 왕의 즉위식으로 사나운 말에 굴레를 씌워 제물로 바치는 의례가 진행됐던 것으로 보인다(75. 3 참고). 헤라클레스의 아리온Arion 길들이기(138. g 참고)는 벨레로폰테스의 페가소스 잡기와 평행을 이룬다. 참고로, 온코스Oncus와 아드라스토스Adrastus도 아리온을 길들였다(파우사니아스: 8. 25. 5). 이런 야생마 길들이기의 의례적 신화가 여기서는 헤라클레스 관련 전설과 결합되었다. 전설에서, 헤라클레스는 사나운 여인들이 말 가면을 쓰고 임기가 끝난 신성한 왕을 쫓아가 먹어 치우던 관습(27. d 참고)을 폐지하고, 그가 예정된 전차 충돌로 죽게 했다(71. 1; 101. g; 109. j 참고). 이때 그는 아마도 트라케인들에게서 압데라Abdera를 빼앗은 테오스인들을 대변했을 것이다(헤로도토스: 1. 168). 압데라에서 열린 장례 제전에서 전차 경주가 빠진 것은, 이렇게 개선된 제물 바치기조차 금지됐다는 것을 가리킨다. 포다르고스Podargus는 하르퓌이아이 가운데 하나인 포다르게Podarge를 따라 이름을 붙인 것이다. 포다르게는 포세이돈이 결혼 선물로 펠레우스에게 준 불사의 말인 크산토스의 어미이다(81. m 참고). 람폰Lampon은 에오스의 전차 끄는 말들 가운데 하나인 람포스Lampus를 떠올리게 한다(40. a 참고). 디오도로스가 이 암말들을 올림포스에 풀어 주었다고 언급한 것은, 인육을 먹는 말에 대한 숭배가 헬레니즘 시대까지 거기서 이어졌다는 것을

의미할 수 있다.

2. 운하, 지하 배수로 또는 천연 지하 수로는 종종 헤라클레스가 만든 것
이라고 묘사된다(127. d; 138. d; 142. 3 참고).

131
아홉 번째 과업: 힙폴뤼테의 허리띠

헤라클레스의 아홉 번째 과업은 아마조네스족의 여왕 힙폴뤼테가 두르고 있는 아레스의 황금 허리띠를 에우뤼스테우스의 딸 아드메테에게 가져다주는 일이었다. 그는 배 한 척을 타고, 또는 누가 말한 대로 아홉 척에 여러 자원자와 함께 타고, 테르모돈 강을 향해 출발했다. 자진해서 나선 일행에는 이올라오스와 아이기나의 텔라몬, 이올코스의 펠레우스도 있었다. 어떤 설명에는 아테나이의 테세우스도 있었다고 한다.[1]

b. 아마조네스족은 아레스와 나이아데스의 하나인 하르모니아의 자식들로 프뤼기아 아크모니아의 협곡에서 태어났다. 그러나 어떤 이는 그들의 어머니가 아프로디테 또는 아레스의 딸인 오트레레라고 한다.[2] 처음 이들은 아마존 강가에서 살았다. 이 강은 지금 아마조네스족의 뤼십페의 아들 타나이스를 따라 그 이름이 바뀌었다. 뤼십페는 결혼을 경멸하고 전쟁에 헌신함으로써 아프로디테를 불쾌하게 만들었다. 아프로디테는 앙갚음으로 타나이스가 그의 어머니와 사랑에 빠지도록 만들었다. 그러나 아들은 근친상간의 열정에 굴복하기보다 스스로 강물에 몸을 던졌다. 혼령이 된 아들의 원망에서 벗어나기 위해 뤼십페는 딸들을 이끌고 흑해 연안을 돌아 테

르모돈 강가의 평원으로 갔다. 이곳은 멀리 우뚝한 아마존 산맥이 내려다 보는 곳으로, 이들은 세 부족을 형성하고, 각각 도시를 건설했다.[3]

c. 그때도 지금처럼, 아마조네스는 혈통을 오직 어머니 쪽으로만 따진다. 예전에 뤼십페는 여인들이 전쟁을 수행하고 부족을 다스리는 동안 모든 가사는 남자들이 해야 한다고 정해 두었다. 남자아이는 커서 전쟁이나 여행을 하지 못하게 팔다리를 부러뜨렸다. 스퀴타이족은 이런 이상한 여인들을 오이오르파타라고 불렀다. 아마조네스족은 정의나 품위에는 관심이 없었지만, 유명한 전사들이었다. 기갑부대 전술을 처음 전쟁에 도입했으며,[4] 청동 활과 반달 모양의 짧은 방패를 사용했다. 투구와 옷, 허리띠는 들짐승의 가죽으로 만들었다.[5] 뤼십페는 전투에서 죽었지만, 생전에 거대한 도시 테미스퀴라를 건설하고 멀리 타나이스 강까지 모든 부족을 무찔렀다. 그녀는 전쟁에서 획득한 전리품으로 아레스 신전을 세웠고, 아르테미스 숭배를 처음 도입해 '아르테미스 타우로폴로스' 신전도 지었다. 그녀의 후손들은 아마존 제국을 서쪽으로 타나이스 강 건너 트라케까지 확장했다. 남쪽 해안 쪽으로는 다시 서쪽으로 테르모돈 강을 넘어 프뤼기아까지 뻗어 갔다. 세 명의 유명한 아마존 여왕으로 마르페시아, 람파도, 힙포가 있으며, 이들은 소아시아의 대부분과 시리아를 수중에 넣었고 에페소스, 스뮈르나, 퀴레네, 뮈리네 시를 건설했다. 티바와 시노페도 아마조네스가 세웠다.[6]

d. 이들은 에페소스에서 너도밤나무 아래에 아르테미스 신상을 세웠으며, 힙포 여왕은 거기에 제물을 바쳤다. 그다음부터 그녀의 추종자들은 처음에는 방패춤을 추고, 이어 화살통을 덜거덕거리고 일제히 바닥을 발로 구르면서 둥글게 도는 춤을 춘다. 피리 소리에 맞춰 춤을 췄는데, 아직 아테나 여신이 아울로스를 발명하기 이전이기 때문이다. 나중에 이 신상 주위로 '에페소스의 아르테미스' 신전이 세워졌으며, 그 장엄함이 델포이의 아

폴론 신전에도 견줄 게 아니었다. 이 신전은 지금도 세계 7대 불가사의에 들어간다. 서로 반대 방향으로 흐르며, 함께 셀레노스라 부르는 작은 강 두 줄기가 신전을 감아 돈다. 아마조네스가 트로이아를 점령했던 게 이 원정 때였다. 당시 프리아모스는 아직 아이에 불과했다. 그러나 아마존의 분견대가 엄청난 전리품을 챙겨 고국으로 돌아가는 동안, 소아시아에 대한 지배권을 강화하려 남아 있던 나머지 군대는 야만적인 부족들의 연맹에 밀려 쫓겨났다. 이때 이들은 여왕 마르페시아를 잃었다.[ㄱ]

e. 헤라클레스가 아마조네스족을 방문할 무렵, 이들은 모두 테르모돈 강으로 귀환해 있었다. 또 이들의 세 도시는 힙폴뤼테와 안티오페, 멜라닙페가 다스리고 있었다. 헤라클레스는 가는 길에 대리석으로 유명한 파로스 섬에 입항했다. 이곳은 예전에 라다만튀스 왕이 안드로게우스의 아들인 알카이오스에게 물려주었으며, 미노스의 아들 가운데 네 명인 에우뤼메돈, 크뤼세스, 네팔리온, 필롤라오스도 이곳에 정착했다. 헤라클레스의 선원 둘이 물을 가져오려고 상륙했다가 미노스의 아들들에게 살해되자, 그는 분개해 네 아들을 모두 죽이고 파로스 주민들을 강하게 압박했다. 이에 주민들은 사절을 보내 선원 사건의 보상으로 누구든 두 사람을 고르면 노예로 주겠다고 제안했다. 헤라클레스는 만족해 포위를 풀고, 알카이오스 왕과 그의 형제 스테넬로스를 선택해 배에 태웠다. 다음으로, 그는 헬레스폰토스 해협과 보스포로스 해협을 지나 뮈시아의 마리안뒤네까지 배를 타고 갔다. 거기서 그는 파플라고니아의 뤼코스 왕의 환대를 받는데, 뤼코스는 다스퀼로스의 아들이며, 탄탈로스의 손자다.[ㅇ] 환대에 대한 보답으로 헤라클레스는 뤼코스 왕이 베브뤼케스족과 벌이던 전쟁을 지원해, 그들의 왕이자 아뮈코스의 형제인 뮈그돈을 포함해 많은 적을 죽이고 파플라고니아의 옛 땅을 되찾도록 해주었다. 뤼코스는 이렇게 받은 땅을 그를 기려 헤라클레이아라고 새로

이름 지었다. 나중에 메가라와 타나그라 사람들이 델포이의 여사제 퓌티아의 조언에 따라 이곳 헤라클레이아에 식민지를 건설했다. 여사제가 흑해 부근의 헤라클레스에게 바친 땅에 식민지를 건설하라고 했기 때문이다.[9]

f. 헤라클레스는 테르모돈 강의 입구에 도착해 테미스퀴라 항구에 닻을 내렸다. 힙폴뤼테 여왕이 항구로 그를 찾아왔고, 그의 근육질 몸매에 마음이 끌려 아레스의 허리띠를 사랑의 선물로 주겠다고 했다. 그러나 그러는 동안 헤라 여신은 아마존 옷을 입고 돌아다니면서 이 이방인들이 힙폴뤼테를 납치할 계획이라는 소문을 퍼뜨렸다. 격분한 여인 전사들은 말에 올라타 배를 향해 돌격했다. 헤라클레스는 배신당한 것이라 짐작하고 곧바로 힙폴뤼테를 죽인 뒤 허리띠를 떼어 냈고, 여왕의 도끼와 다른 무기를 움켜쥐고 방어 태세를 갖췄다. 그는 아마조네스의 지도자들을 차례로 죽였고, 여인 전사들은 엄청난 사상자를 남긴 채 달아나야 했다.[10]

g. 하지만 어떤 이는 멜라닙페가 매복 기습을 당했고, 힙폴뤼테가 허리띠로 몸값을 지불했다고 전한다. 또는 둘이 반대였다. 테세우스가 힙폴뤼테를 붙잡고, 그녀의 허리띠를 헤라클레스에게 전해 주었다는 말도 있다. 이에 헤라클레스는 보답으로 그가 안티오페를 자기 노예로 삼는 것을 허락했다. 이와 달리, 힙폴뤼테가 헤라클라스에게 허리띠 주기를 거부해, 양쪽이 총력전을 펼쳤다는 이야기도 있다. 그녀는 말에서 떨어졌고, 그가 곤봉을 손에 들고 그녀 앞에 섰다. 투항하면 살려주겠다고 했지만, 그녀는 항복이 아니라 죽음을 선택했다. 허리띠가 손이 100개인 브리아레오스의 딸의 소유였다는 이야기까지 있다.[11]

h. 헤라클레스는 테미스퀴라 항구에서 돌아오는 길에 한 번 더 마리안뒤네를 찾았고, 뤼코스 왕의 형제인 프리올라스를 기리는 장례 제전에 참여했다. 그는 뮈시아인들에게 살해당했는데, 지금도 그를 위해 만가를 부른

다. 헤라클레스는 마리안뒤네의 챔피언 티티아스와 권투 시합을 벌였다. 관자놀이를 한 방 때렸는데, 그만 이빨이 모두 부러지면서 죽고 말았다. 헤라클레스는 이 사고에 대한 유감의 뜻을 보여 주려 다스퀼로스를 대신해 뮈시아와 프뤼기아인들을 제압했다. 또한 그는 비튀니아인들을 제압해 레바스 강 입구와 콜로네 산의 정상까지 밀고 갔다. 펠롭스의 파플라고니아 사람들은 자발적으로 그에게 항복했다. 하지만 헤라클레스가 그곳을 떠나자마자, 베브뤼케스족은 뤼코스 왕에게서 다시 그 땅을 빼앗아갔다. 이들은 포세이돈의 아들인 아뮈코스가 이끌었으며, 나중에는 국경이 휘피오스 강까지 이르렀다.[12]

i. 헤라클레스는 배를 몰아 트로이아에 도착했고, 거기에서 헤시오네를 바다 괴물로부터 구해 냈다. 이어 트라케의 아이노스에 도착해서는, 폴튀스의 환대를 받았다. 그러나 그가 막 바다로 다시 나가려는데, 포세이돈의 아들이자 폴튀스의 형제인 사르페돈이 무례하게 굴어 그를 아이노스의 해변에서 활로 쏴서 죽였다. 그다음에 그는 타소스에 정착해 있던 트라케인들을 복속하고, 그 섬을 파로스 섬에서 노예로 데려왔던 안드로게우스의 두 아들에게 주었다. 토로네에서는 프로테우스의 아들인 폴뤼고노스와 텔레고노스가 씨름 시합을 도전해 왔는데, 둘 다 헤라클레스에게 죽임을 당했다.[13]

j. 마침내 뮈케나이로 귀환한 헤라클레스는 허리띠를 에우뤼스테우스에게 넘겨주고, 그는 이를 아드메테에게 선물로 주었다. 아마조네스에게서 빼앗은 다른 전리품의 경우, 헤라클레스는 화려한 예복은 델포이의 아폴론 신전에 바쳤고, 힙폴뤼테의 도끼는 옴팔레 여왕에게 주었다. 여왕은 이를 뤼디아 왕을 상징하는 신성한 표장 가운데 하나로 삼았다. 나중에 결국 이 도끼는 카리아에 있는 '라브라다의 제우스' 신전으로 넘어갔고, 제우스 신상의 손에 자리를 잡았다.[14]

k. 아마조네스족은 지금도 콜키스 부근 알바니아에 산다. 이웃한 가르가렌시아족과 함께 테미스퀴라에서 쫓겨나 여기로 왔다. 그들은 알바니아 산맥의 안전지대에 도착해 서로 갈라졌고, 아마조네스는 카우카소스 산맥의 발치, 메르모다스 강 주변에 정착했고, 가르가렌시아족은 곧바로 북쪽으로 향했다. 매년 봄이면 정해진 날에 아마조네스와 가르가렌시아족 젊은이들이 두 나라를 나누는 산의 정상에서 만나, 공동으로 제물을 바친 뒤 두 달을 함께 지내면서 밤만 되면 서로 문란하게 어울린다. 여인은 임신했음을 알게 되면, 곧바로 집으로 돌아간다. 이렇게 해서 태어난 여자아이는 아마조네스가 되지만, 남자아이는 가르가렌시아족에게 보낸다. 가르가렌시아족은 아이들의 아버지가 누구인지 알 수 없기 때문에 제비뽑기로 각 가정에 아이들을 나눠 준다.[15] 그 당시, 아마존의 여왕 미뉘튀이아가 자신의 알바니아 궁정을 출발해 호랑이가 출몰하는 휘르카니아로 알렉산드로스 대왕을 만나러 갔다. 그를 통해 후손을 얻으려 열사흘 동안 함께 지냈지만, 얼마 있지 않아 아이가 없이 죽었다.[16]

l. 이들 흑해의 아마조네스족은 디오뉘소스의 리비아 동맹들과 구분해야 한다. 후자는 한때 트리토니스 호수에 있는 헤스페라 섬에 살았다. 그곳은 과일과 양, 염소가 무럭무럭 자라는 풍요의 땅이라 곡식을 기를 필요조차 없었다. 이들은 성스러운 메네를 제외하고 섬의 모든 도시를 점령했다. 메네에는 (에메랄드와 루비, 황옥, 홍옥수를 캐는) 에티오피아의 물고기 먹는 이들이 살았다. 이곳 아마조네스족은 그다음에 이웃한 리비아인들과 유목민을 무찌르고, 위대한 도시 케르소네소스를 건설했다. 도시는 반도에 세워져 이런 이름을 얻었다.[17] 이들은 이곳을 기지로 삼아 아틀란티스를 공격했다. 아틀란티스는 나일 강 서쪽에서는 가장 문명화된 나라로, 수도가 대서양의 케르네 섬에 있었다. 아마존 여왕 뮈리네는 기병 3만과 보병 3,000을 일으

켜 쳐들어갔다. 이들은 모두 뒤로 물러나면서 달려드는 사람을 정확히 맞출 수 있는 활을 지니고 있었으며, 믿을 수 없을 만큼 큰 리비아 뱀의 가죽으로 만든 갑옷을 입었다.

m. 뮈리네 여왕은 아틀란티스의 땅으로 들이쳐 결정적 승리를 거둔 다음 케르네로 넘어가 수도를 점령했다. 그녀는 도시의 모든 남자에게 칼을 안기고, 여인과 아이들은 노예로 삼았다. 성벽도 완전히 파괴했다. 남은 아틀란티스인들이 항복하자, 그녀는 이들을 공정하게 대우해 친교를 쌓고 케르네의 소실에 대한 보상으로 뮈리네라는 새 도시도 건설해 주었다. 여왕은 포로를 거기 정착시키고, 거기 살겠다고 찾아오는 모든 이들에게 자리를 내주게 했다. 아틀란티스인들이 그녀를 신으로 모시는 의식을 거행하자, 뮈리네는 이웃한 고르고네스라는 부족들에 맞서 주민들을 보호해 주었다. 이 전투에서 여왕은 총력전을 펼쳐 많은 적을 죽였으며, 3,000명 이상을 사로잡았다.[8] 하지만 그날 밤, 아마조네스가 승리의 연회에 취해 있을 동안 포로들은 이들의 칼을 감췄고, 전열을 재정비하고 떡갈나무 숲에 숨어 있던 고르고네스의 주력 부대가 신호에 따라 사방에서 일제히 쏟아져 나와 여왕의 군대를 학살했다.

n. 뮈리네 여왕은 어렵게 탈출에 성공했다. 그녀의 죽은 부하들은 세 커다란 언덕 아래 묻혀 있으며, 이는 지금도 '아마조네스의 언덕'이라고 불린다. 여왕은 새로운 군대를 이끌고 리비아 거의 전역을 횡단해 이집트로 들어갔다. 그곳에서 이시스의 아들인 호루스 왕과 친분을 맺었고, 계속 나아가 아라비아를 침략했다. 누구는 이렇게 소아시아를 정복한 게 흑해 아마조네스가 아니라 이들 리비아 아마조네스라고 주장한다. 뮈리네 여왕은 자신의 새로운 제국에 제일 적절한 자리를 골라 수많은 해안 도시를 건설한 것으로 전해진다. 여기에는 뮈리네, 퀴메, 피타네, 프리에네 등이 포함되며,

내륙 도시들도 여럿 세웠다. 여왕은 또 몇몇 에게 해 섬들도 진압했는데, 레스보스가 유명하다. 여왕은 그곳에 미튈레네 시를 건설했는데, 그 이름은 함께 전투를 벌였던 동생한테서 나왔다. 뮈리네가 섬 정복 전쟁을 벌이는 동안, 폭풍이 그녀의 함대를 덮쳤다. 그러나 '신들의 어머니'가 모든 배를 안전하게 당시 무인도였던 사모트라케로 데려갔다. 뮈리네는 그곳에 제단을 짓고 성대한 제물을 바치면서 섬을 여신에게 봉헌했다.

o. 뮈리네는 그다음 바다 건너 트라케 본토로 넘어갔다. 그곳에서 몹소스 왕과 그의 동맹인 스퀴타이의 시퓔로스가 정정당당하게 겨뤄 그녀를 물리쳤고, 이 과정에서 뮈리네 여왕이 전사했다. 아마존 군대는 이번 패배에서 다시 회복하지 못했다. 트라케인들에게 잇달아 패배했고, 남은 이들은 결국 리비아로 물러갔다.[9]

1] 핀다로스의 「네메아 제전 송가」3. 64에 대한 고전 주석자; 아폴로도로스: 『비블리오테카』2. 5. 9; 유스티누스: 2. 4; 핀다로스: 「네메아 제전 송가」3. 38과 『글조각 모음』172; 필로코로스, 플루타르코스의 인용: 『테세우스』26.

2] 아폴로니오스 로디오스: 『아르고 호 이야기』2. 990-992; 키케로: 『플라코스 변호』15; 호메로스의 『일리아스』1. 189에 대한 고전 주석자; 휘기누스: 『신화집』30; 아폴로니오스 로디오스에 대한 고전 주석자: 2. 1033.

3] 베르길리우스의 『아이네이스』11. 659에 대한 세르비오스; 플루타르코스: 『강에 관하여』14; 아폴로니오스 로디오스: 2. 976-1000.

4] 아리안: 『글조각』58; 디오도로스 시켈로스: 『역사총서』2. 451; 헤로도토스: 『역사』4. 100; 아폴로니오스 로디오스: 2. 987-989; 뤼시아스, 체체스의 인용: 『뤼코프론에 관하여』1332.

5] 핀다로스: 「네메아 제전 송가」3. 38; 베르길리우스의 『아이네이스』1. 494에 대한 세르비오스; 스트라본: 『지리학』11. 5. 1.

6] 디오도로스 시켈로스: 2. 45-46; 스트라본: 11. 5. 4; 유스티누스: 2. 4; 헤카타이오스: 『글조각』352.

7] 칼리마코스: 『아르테미스 찬가』237 ff.; 휘기누스: 『신화집』223과 225; 플리니우스: 『자연 탐구』5. 31; 호메로스: 『일리아스』3. 189; 체체스: 『뤼코프론에 관하여』69; 유스티누스: 2. 4.

8] 디오도로스 시켈로스: 5. 79; 헤로도토스: 7. 72; 아폴로니오스 로디오스에 대한 고전 주석자: 2. 754.

9] 스트라본: 12. 3. 4; 아폴로도로스: 2. 5. 9; 파우사니아스: 『그리스 여행기』5. 26. 6; 유스티누스: 16. 3.

10] 디오도로스 시켈로스: 4. 16; 아폴로도로스: 같은 곳; 플루타르코스: 『그리스인에 관한 물음』45.

11] 아폴로니오스 로디오스: 2. 966-969; 디오도로스 시켈로스: 같은 곳; 체체스: 『뤼코프론에 관하여』1329; 이비코스, 아폴로니오스 로디오스와 관련해 고전 주석자가 인용: 같은 곳.

12] 아폴로니오스 로디오스: 2. 776 ff.

13] 아폴로도로스: 2. 5. 9.

14] 아폴로도로스: 같은 곳; 체체스: 『뤼코프론에 관하여』 1327; 에우리피데스: 『헤라클레스』 418과 『이온』 1145; 플루타르코스: 『그리스인에 관한 물음』 45.

15] 스트라본: 11. 5. 1-2와 4; 베르길리우스의 『아이네이스』 11. 659에 대한 세르비오스.

16] 유스티누스: 2. 4; 클레이타르코스, 스트라본의 인용: 11. 5. 4.

17] 디오도로스 시켈로스: 3. 52-53.

18] 디오도로스 시켈로스: 3. 54.

19] 디오도로스 시켈로스: 3. 55.

✳

1. 만약 아드메테Admete가 공주의 이름이고, 헤라클레스가 그녀를 위해 이 모든 결혼 임무를 수행했다면, 결혼식장에서 그녀의 허리띠를 떼어 냈을 때 그의 과업은 드디어 막을 내렸을 것이다. 그러나 처음 아드메테는 힙폴뤼테가 그렇게 했듯이 헤라클레스에게 저항했을 것이다. 펜테실레이아Penthesileia도 아킬레우스에게(164. a와 2 참고), 테티스Thetis도 펠레우스에게 그렇게 했다(81. k 참고). 아드메테가 이번 이야기에 들어온 이유는 이렇게 설명할 수 있다. 그럴 경우, 그녀는 남들처럼 일반적인 변신 과정을 거쳤을 것이다. 이는 갑오징어와 비슷했다는 휘드라가 사실 아드메테였음을 암시한다. 그리고 그녀는 헤라클레스에게 처녀성을 빼앗기기 전까지 게(124. e 참고), 암사슴(125. c 참고), 사나운 암말(16. f 참고), 구름(126. b 참고)으로 계속 변신했을 것이다.

2. 여사제들이 무장하는 전통은 에페소스와 다른 소아시아 여러 도시에서 오랫동안 이어졌다. 그럼에도 그리스 신화학자들은 아테나이와 그리스 본토의 여러 도시에서 비슷한 무장 여사제들이 있었다는 사실을 망각하고, 힙폴뤼테의 허리띠를 찾으려 헤라클레스를 흑해까지 보냈다. 그곳은 그때까지도 여전히 가모장제가 작동하고 있었다(100. 1 참고). 세 부족 체제는 가모장제 사회의 일반적인 규칙이다. 허리띠가 '손이 100개인 이들' 가운데

하나인 브리아레오스('강한')의 딸의 소유였다는 대목은, 결혼 시험 이야기에 있어 북부 그리스에서 오래된 설정이었다.

3. 아드메테는 아테나의 또 다른 이름이다. 무장한 아테나가 헤라클레스의 위업을 지켜보면서 그가 어려움에 처할 때 돕는 모습으로 등장하는 도상이 틀림없이 있었을 것이다. 아테나는 리비아에서 사랑과 전투의 여신 네이트Neith였다(8. 1 참고). 소아시아에서 아테나에 해당하는 여신은 위대한 달의 여신 마리안Marian, 뮈리네Myrine, 아위-마리Ay-Mari, 마리암네Mariamne 또는 마리엔나Marienna였다. 이 여신들에게 마리안뒤네Mariandyne('마리안의 모래 언덕')와 여인 통치의 렘노스 섬에 있는 뮈리네 시의 이름이 나왔다(149. 1 참고). 트로이아인들은 이 여신을 '날랜 뮈리네'라면서 숭배했다(호메로스: 『일리아스』2. 814). 아마조네스가 건설한 도시 스뮈르나Smyrna도 뮈리네에 정관사가 붙은 것이다. 마리엔나는 수메르식 표현으로, '높으신 결실의 어머니 신'을 뜻한다. 에페소스의 아르테미스는 다산의 여신이었다.

4. 뮈리네 여왕은 폭풍을 만났지만 '신들의 어머니Mother of the Gods'의 구원을 받았다고 전한다. 이에 여신을 기려 사모트라케Samothrace에 제단을 세웠다는 것이다. 그런데 이는 뮈리네 자신이 '신들의 어머니'이며, 이 여신을 모시는 제례가 난파에서 뱃사람들을 구조했기 때문이다(149. 2 참고). 고대에는 이와 거의 같은 어머니 여신이 광범위한 지역에서 숭배를 받았다. 여기에는 트라케, 타나이스 강, 돈 강 유역, 아르메니아, 소아시아 전역과 시리아 등이 포함된다. 테세우스의 아마존 강 유역 원정은 헤라클레스의 원정을 본뜬 신화인데, 사태를 복잡하게 만든다. 신화학자들은 문제 해결의 유혹에 넘어가 아마조네스와 스퀴타이족이 연합해 아테나이를 침략했다는 가공의 이야기를 발명했다(100. c 참고).

5. 아마조네스가 에페소스의 너도밤나무 아래 신상을 세웠다는 대목은

칼리마코스의 실수이다. 그는 이집트 사람으로 너도밤나무가 거기서는 자라지 못한다는 것을 몰랐다. 그것은 분명히 다산의 상징인 대추야자였을 것이다(14. 2 참고). 이는 여신이 리비아에서 기원했음을 상기시키기도 한다. 실제 여신의 조각상에는 커다란 황금 대추야자 열매가 달려 있었는데, 보통 이를 젖가슴으로 착각한다. 몹소스Mopsus가 아마조네스를 물리쳤다는 대목은 기원전 1200년경 힛타이트가 모스키아족Moschia에게 패배한 사실을 지칭한다. 힛타이트족은 원래 전적으로 가부장적이었지만, 소아시아와 바빌로니아의 가모장 사회의 영향을 받아 여신 숭배를 받아들였다. 힛타이트 제국의 수도인 하투사Hattusas에서 최근 전쟁의 여신 돋을새김 조각이 가르스탕Garstang에 의해 발굴됐다. 가르스탕은 에페소스의 아르테미스 숭배가 힛타이트에서 유래한 것으로 본다. 헤라클레스와 테세우스, 디오뉘소스, 몹소스 등이 아마조네스를 대상으로 거둔 승리는, 사실 그리스와 소아시아, 트라케, 시리아에서 가모장제가 패배한 일에 대한 기록이다.

6. 비잔티움의 스테파누스('파로스' 항목)는 파로스가 크레테의 식민지였다는 전승을 기록했다. 헤라클레스의 파로스 원정은 헬레네스의 섬 점령을 가리킨다. 그가 타소스 섬을 안드로게우스의 아들들에게 넘겨준 대목은, 투퀴디데스(4. 104)가 언급한 파로스 군대의 타소스 점령을 가리킨다. 이는 기원전 8세기 말에 벌어진 일이다. 에우보이아 사람들은 비슷한 시기에 토로네Torone를 식민화하면서, 토로네('새된 목소리의 여왕')를 프로테우스의 딸로서 묘사했다(비잔티움의 스테파누스, '토로네' 항목). 힙폴뤼테의 양날 도끼(라브뤼스labrys)는 '라브라다의 제우스'의 손에 벼락 대신에 자리를 잡은 게 아니다. 그 자체로 벼락이었으며, 제우스는 뤼디아를 다스리는 크레테 여신의 허락을 받고 이를 가지고 다녔다.

7. 가르가렌시아족Gargarensians은 에스겔Ezekiel이 곡Gog이라고 부른 고가렌시

아족Gogarenians이다(「에스겔」 38장과 39장).

8. 디오도로스 시켈로스는 뮈리네 여왕에 대해 설명하면서 이미 동화의 윤기를 내고 있던 초기 리비아 전설을 인용했다. 하지만 기원전 3000년 무렵에 신석기 이주민들이 리비아에서 사방으로 이주했다는 학설이 확립돼 있다. 아마도 살던 땅에 물이 범람해 새 터전을 찾아 떠난 것일 터이다(39. 3-6 참고). 나일 강 삼각주에는 리비아인들이 많이 살았다.

9. 아폴로니오스 로디오스(1. 1126-1129)는 티티아스Titias를 놓고 "오직 셋 뿐인 '이다 산의 닥튈로이(손가락)' 가운데 하나로, 죽음을 집행했다. 이들은 모두 셋이었다"고 전했다. 로디오스는 또한 닥튈로스('닥튈로이'의 단수형)로 '퀼레니오스Cyllenius'를 꼽았다. 필자는 손가락 마법에서 닥튈로스인 티티아스는 가운뎃손가락을 의미한다고 주장한 바 있다(『하얀 여신』 281쪽). 퀼레니오스, 일명 헤라클레스는 엄지손가락을 뜻한다. 그리고 세 번째 닥튈로스인 다스퀼로스Dascylus는 그 이름이 내비치듯 집게손가락이다(53. 1 참고). 이렇게 세 손가락을 펴고 넷째와 새끼손가락을 접으면, '프뤼기아의 축복'이 된다. 이는 뮈리네의 이름에 원래 들어 있는 뜻으로, 지금도 가톨릭 사제들이 기독교적 삼위일체의 상징으로 사용한다.

10. 아폴론이 죽인 티튀오스(21. d 참고)는 여기 나오는 티티아스와 한 쌍을 이룰지도 모른다. 뮈리네의 케르네 섬 점령은, 나중에 추가돼 별로 인정받지 못한 대목으로 보인다. 케르네가 어디인지 여러 이야기가 있었다. 페즈Fez 부근 페달라Fedallah라고 하거나, 기르Ghir 곶 부근의 산타 크루즈Santa Cruz, 또는 (제일 그럴싸하게) 북서아프리카 카보 블랑코Cabo Blanco에서 약간 남쪽에 위치한 아르긴Arguin 섬이라는 말도 있다. 이곳은 카르타고의 [기원전 3세기 정치가] 한노Hanno가 발견해 식민화했으며, 그는 그곳을 두고 카르타고에서 '헤라클레스의 기둥'에 이르는 거리만큼 거기서부터 다시 멀리 떨

어져 있다고 묘사했다. 이곳은 나중에 서아프리카의 거대한 무역 중심지로 성장했다.

11. 아홉 번째 과업의 신화적 요소에 대해서는 이쯤 하기로 하자. 헤라클레스의 테르모돈Thermodon 원정과 그가 뮈시아와 프뤼기아에서 벌인 전쟁은 완전히 비역사적인 것이라고 묵살해서는 결코 안 된다. 아르고 호의 항해와 마찬가지로(148. 10 참고), 이번 신화는 그리스가 아마도 기원전 두 번째 천년기 중반까지 거슬러 올라가는 시점에 흑해에서 벌인 교역 모험을 기록한 것이다. 이올코스 출신의 미뉘에스족Minyans과 아이기나 섬 출신의 아이아코스의 후손들의 침략, 그리고 이 바다들에 아르고스인들이 많았다는 점 등은 비록 헬레네가 아름다웠고 트로이아의 파리스와 눈이 맞아 도망갔을 수도 있지만, 수천 척 배를 띄운 것은 그녀의 얼굴 때문이 아니라 상업적 이해 때문이었음을 암시한다. 펠레우스의 아들 아킬레우스, 텔라몬의 아들 아이아스, 아르고스의 디오메데스가 아가멤논의 그리스 동맹군에 참여했다. 이 동맹군들은 트로이아의 프리아모스 왕에게 자기네 아버지들처럼 헬레스폰토스 해협을 자유롭게 통행할 수 있게 해달라고 요구했다. 그러면서 라오메돈에게 그랬듯이 트로이아를 약탈하겠다고 위협했다. 라오메돈 때의 약탈도 이와 같은 이유였다(137. 1 참고). 이런 까닭에 헤라클레스의 원정에 테세우스가 참여했으며, 아르고 호 원정에 팔레로스Phalerus가 있었고, 트로이아 전쟁에 메네스테우스, 데모폰, 아카마스가 아테나이의 대표로 참여했다는 아테나이 쪽의 의심스러운 주장이 나온 것이다. 여기에는 모두 트로이아의 파괴와 로도스 섬의 쇠퇴를 통해 가능했던, 아테나이의 최종적인 흑해 무역 장악을 정당화하려 의도가 숨어 있다.(159. 2; 160. 2-3; 162. 3 참고).

132
열 번째 과업: 게뤼오네우스의 소 떼

헤라클레스의 열 번째 과업은 게뤼오네우스의 유명한 소 떼를 큰바다 부근의 섬인 에뤼테이아에서 대가를 치르거나 따로 요청하지 않고 끌어오는 일이었다. 게뤼오네우스는 크뤼사오르와 티탄 신족 오케아노스의 딸인 칼리로에의 아들로, 스페인에 있는 타르텟소스의 왕이었다. 살아 있는 사람 가운데 가장 힘이 세다는 평판이 나 있었다.[1] 그는 태어날 때부터 머리가 셋이고, 손은 여섯이며, 몸통은 셋이 허리에 함께 붙어 있었다. 게뤼오네우스의 어기적거리며 걷는 붉은 소들은 기막히게 아름다웠고, 아레스의 아들인 소몰이꾼 에우뤼티온과 머리가 둘 달린 개 오르트로스가 지켰다. 이 괴물 개는 예전에 아틀라스의 소유였고, 튀폰과 에키드나의 자식이다.[2]

b. 헤라클레스는 유럽을 통과해 가면서 수많은 야수를 죽였다. 마침내 타르텟소스에 도착해, 해협을 건너 서로 마주보도록 기둥 한 쌍을, 하나는 유럽에 다른 하나는 아프리카에 세웠다. 누구는 이 두 대륙은 예전에 연결돼 있었고 헤라클레스가 그 사이에 수로를 뚫거나 절벽을 밀어 떼어 놓았다고 주장한다. 다른 이들은 반대로 원래 있던 해협을 고래와 다른 바다 괴물이 들어오지 못하게 끌어와 좁혔다고 얘기한다.[3]

c. 헬리오스 신이 작열하는 햇볕을 내리쬐여 헤라클레스는 열기 탓에 아무것도 할 수 없을 지경이었다. 그는 활에 시위를 매고 헬리오스에게 화살 한 대를 날렸다. "그만!" 헬리오스는 성을 내며 소리쳤다. 헤라클레스는 자신의 성급한 행동에 대해 사과하고, 활시위를 즉시 풀었다. 헬리오스도 예의에서 뒤처지지 않으려, 헤라클레스에게 수련 모양의 황금 술잔을 빌려주었다. 그는 이를 타고 바다를 건너 에뤼테이아 섬으로 갔다. 그런데 티탄 오케아노스가 그를 시험하고자 파도를 이용해 술잔을 위아래로 거칠게 요동치게 했다. 헤라클레스는 다시 한번 활을 꺼내 들었고, 겁을 먹은 오케아노스는 바다를 잠재웠다. 다른 설명도 있는데, 헤라클레스가 놋쇠 항아리를 타고 에뤼테이아 섬으로 갔으며 자기 사자 가죽을 돛으로 이용했다고 전한다.[4]

d. 헤라클레스는 섬에 도착하자마자 아바스 산에 올랐다. 오르트로스 개가 그에게 달려와 짖어 댔지만, 헤라클레스는 곤봉으로 놈을 죽였다. 게뤼오네우스의 소몰이꾼 에우뤼티온이 오르트로스를 돕자고 뛰어왔으나 똑같은 방식으로 죽었다. 헤라클레스는 이어 소 떼를 몰아 떠날 준비를 하는데, 근처에서 하데스의 소 떼를 돌보던 메노이테스가 이 사실을 게뤼오네우스에게 알렸다. 헤라클레스는 하데스의 소는 건드리지 않았다. 게뤼오네우스가 덤벼들자, 헤라클레스는 그의 측면으로 돌아 들어가 옆에서 화살 한 대로 몸통 세 개를 한꺼번에 꿰었다. 어떤 이는 그가 한 곳에 버티고 서서 화살 세 대를 날렸다고 전한다. 헤라가 급히 게뤼오네우스를 돕기 위해 달려왔지만, 헤라클레스가 여신의 오른쪽 가슴에 화살로 상처를 입혔다. 헤라도 달아날 수밖에 없었다. 이렇게 그는 소 떼를 대가를 치르거나 따로 요청하지 않고 획득했으며, 황금 술잔에 이놈들을 태워 바다 건너 타르텟소스로 데려왔다. 술잔은 감사의 말과 함께 헬리오스에게 되돌려 주었다. 게뤼오네

우스의 피에서는 나무가 한 그루 자라났고, 거기에 플레이아데스 별이 뜰 때, 씨 없는 체리 비슷한 열매가 열렸다. 그래도 게뤼오네우스는 자손 없이 죽지는 않았다. 그의 딸 에뤼테이아는 헤르메스를 통해 노락스를 낳았다. 노락스는, 휠로스가 활약하기도 전에, 주민들을 이끌고 사르디니아 섬으로 갔고 거기서 가장 오래된 도시인 노라를 건설했다.[5]

e. 에뤼테이아 섬은 에뤼트레아 또는 에뤼트리아라고도 한다. 그런데 그 섬의 위치가 여전히 논란거리다. 어떤 이는 큰바다 너머에 있는 섬이라고 주장하고, 다른 이들은 루시타니아의 해변 건너에 있다고 한다.[6] 또 다른 사람들은 이를 레온 섬이나 그와 매우 가까운 작은 섬이라 주장한다. 레온 섬에는 아주 오래된 도시 가데스가 있으며, 목초지가 너무 좋아 우유에서 유장 없이 응유만 나왔다. 그리고 소에게 50일마다 부황을 떠줘야 한다. 몸속에 피가 너무 많이 생겨 질식할 수도 있기 때문이다. 이 섬은 헤라에게 신성하며, 지금은 에뤼테이아 또는 아프로디시아스라 불린다. 지금도 가데스 시가 남아 있는 레온 섬은 예전에 올리브가 많이 난다고 해서 코티누사라 불렸다. 포이니케인들은 '울타리 쳐진 도시'라는 뜻에서 가디라라고 불렀다. 섬의 서쪽 곶에 가데스 시와 함께 크로노스 신전이 있다. 동쪽에 있는 헤라클레스 신전은 특별한 샘으로 유명하다. 이상하게도 밀물에 물이 빠지고, 썰물에 물이 찬다. 게뤼오네우스는 도시에 묻혀 있는데, 도시도 다양한 형태를 띠는 비밀의 나무로 유명하다.[7]

f. 또 다른 설명도 있다. 게뤼오네우스의 소 떼는 어떤 섬에서 풀을 뜯었던 것이 아니라, 큰바다를 마주 보는 스페인 저쪽의 산비탈에 있었다는 것이다. 그리고 '게뤼오네우스'는 명성이 높은 크뤼사오르 왕의 호칭이며, 그는 힘세고 용감한 세 아들의 도움을 받아 그 땅 전체를 다스리고 있었다. 세 아들은 각각 호전적인 부족에서 가려 뽑은 군대를 이끌고 있었다. 헤라

클레스는 이들에 대적하기 위해 자기 아버지 제우스가 태어난 크레테에서 대규모 원정대를 모집했다. 출항에 앞서 크레테인들이 그를 극진히 예우하자, 헤라클레스는 그 보답으로 섬에서 곰, 늑대, 뱀 등 유해한 짐승들을 없애 주었다. 크레테에는 그후 이런 것들을 찾아볼 수 없다. 헤라클레스는 먼저 배를 타고 리비아로 건너갔고, 거기서 안타이오스를 죽였다. 사막에 우글거리는 들짐승들도 많이 잡아 죽여, 유례 없는 풍작을 가져다주었다. 다음으로 이집트를 방문해 부시리스를 죽였다. 이어 북아프리카를 건너 서쪽으로 진군해 고르고네스와 리비아의 아마조네스를 몰살했다. 그리고 누미디아의 남부에, 지금은 **캅사**Capsa[1]라고 하는 헤카톰퓔로스를 건설했다. 헤라클레스는 드디어 가데스 부근의 큰바다에 이르렀고, 거기서 해협의 양쪽에 기둥을 세웠다. 군대를 배에 태워 스페인으로 건너갔으며, 크뤼사오르 왕의 아들들과 그들의 군대가 서로 약간씩 떨어져 진을 치고 있는 게 보였다. 헤라클레스는 이들을 차례로 격파해 죽이고, 마지막에는 게뤼오네우스의 유명한 소 떼를 몰고 떠났다. 스페인의 나랏일은 살아남은 주민 가운데 가장 훌륭한 이들에게 넘겨주었다.[8]

g. '헤라클레스의 기둥'은 보통 유럽의 칼페 산과 아프리카 쪽의 아빌레 또는 아빌뤽스를 지칭하는 것으로 여겨진다. 다른 이들은 그것이 가데스 부근 작은 섬들을 지칭하며, 둘 가운데 큰 쪽이 헤라에게 신성하다고 전한다. 스페인과 리비아인들은 모두 '기둥'을 글자 그대로 이해해 가데스 시에 있다고 믿는다. 그곳에는 헤라클레스에게 봉헌한 둥근 놋쇠기둥이 있는데, 높이가 8큐빗[약 4미터]이며 건설비용이 새겨져 있다. 선원들은 항해를 안전하게 마치면, 언제나 그곳에 제물을 바친다. 튀로스의 왕이 '헤라클레스의

---

1) 튀니지 중서부에 있는 오아시스 도시로, 현재 지명은 가프사Gafsa이다.

기둥' 부근에 식민지를 건설하라는 신탁의 명을 받고, 탐험대를 세 번 연달아 파견했다. 첫 번째 탐험대는 신탁이 아뷜레와 칼페를 지칭한다고 생각해 해협 안쪽에 상륙해 그곳에 지금의 엑시타니 시를 세웠다. 두 번째는 해협 너머 약 200마일[320킬로미터]을 더 나아가, 스페인 오노바 시 맞은편에 있는 헤라클레스에게 성스러운 섬에 상륙했다. 그러나 양쪽 모두 제물을 바칠 때 불길한 조짐이 나타나 고국으로 돌아왔다. 세 번째는 가데스에 도착했다. 동쪽 곶에 헤라클레스 신전을 지어 바쳤고 서쪽에 가데스 시를 성공적으로 건설했다.[9]

h. 하지만 어떤 이는 이 기둥들을 세운 게 헤라클레스가 아니라고 한다. 아뷜레와 칼페는 애초 '크로노스의 기둥'이라 했고, 나중에 거인족의 이름을 따서 '브리아레오스의 기둥'이라 했다는 것이다. (아이가이온이라고도 부르는) 브리아레오스에 대한 기억이 옅어지면서 헤라클레스를 기려 새 이름을 붙였다. 아마도 헤라클레스가 칼페에서 약 5마일[8킬로미터]밖에 떨어지지 않은 곳에, 예전에 헤라클레이아라고 불렸던 타르텟소스 시를 세웠기 때문이었을 것이다. 거대한 옛 성벽과 배 보관소가 지금도 그곳에 남아 있다.[10] 그러나 헤라클레스는 초기에 브리아레오스라고도 불렸다는 점을 잊지 말아야 한다. 헤라클레스의 기둥은 보통 두 개라 하는데, 누구는 셋 또는 넷이라 전한다.[11] 이른바 헤라클레스의 기둥은 독일 북쪽 해안과 흑해, 갈리아의 서쪽 끝, 인도에도 있다고 전해진다.[12]

i. 헤라클레스 신전은 이 세상 서쪽 끝인 루시타니아의 '신성한 곳' 위에 서 있다. 외국 방문자는 밤에 그 지역 출입이 금지되는데, 신들이 그 안의 자기 처소로 되돌아오기 때문이다. 아마도 헤라클레스는 적절한 해상 활동의 마지막 한계선을 표시하고자 기둥을 세우면서 그 장소로 여기를 선택한 것 같다.[13]

j. 헤라클레스가 소 떼를 뮈케나이까지 어떻게 몰고 왔는지는 이야기가 많이 엇갈린다. 어떤 이는 아뷜레와 칼페를 임시로 하나로 붙여 그 결과 생겨난 다리를 건너 리비아로 넘어갔다고 한다. 더 그럴 듯한 설명으로, 그가 지금은 압데라라고 하는 포이니케 정착민의 땅을 건너 스페인을 통과했다고 한다. 이 과정에서 일부 추종자들을 뒤에 남겨 식민지를 건설하게도 했다.[14] 피레네 산맥에서 그는 베브뤽스의 공주 퓌레네에게 구애했고 그녀가 죽자 묻어 주었다. 이 일로 산맥은 이런 이름을 갖게 됐다. 그녀를 기려 이름 지은 도시 부근에 다뉴브 강의 발원지가 있다고 한다. 그는 다음으로 갈리아를 방문했고, 거기서 이방인을 죽이는 야만적인 구래의 관습을 없앴으며, 관대한 행동으로 많은 사람의 마음을 얻어 커다란 도시를 건설할 수 있었다. 도시에는 자신의 여행을 기념해 '방랑하는'의 뜻을 가진 알레시아라는 이름을 붙였다. 갈리아 사람들은 오늘날까지 알레시아를 그들 땅 전체의 중심지이자 어머니 도시로 여기고 있으며, [로마 황제] 칼리굴라 통치 시절 전까지 누구에게도 정복당한 적이 없었다. 이들은 또 스스로를 헤라클레스의 후손이라 주장하는데, 갈라타라는 키가 큰 공주가 헤라클레스를 연인으로 선택해 그처럼 호전적인 백성을 낳았다는 것이다.[15]

k. 헤라클레스가 게뤼오네우스의 소 떼를 몰고 리구리아를 통과할 때, 포세이돈의 두 아들인 이알레비온과 데르퀴노스가 이를 훔치려 했다가 죽임을 당했다. 적대적인 리구리아 군대와 전투를 벌일 때는 한때 헤라클레스가 궁지에 몰리기도 했다. 화살도 떨어지고 부상까지 당해, 지쳐 무릎을 꿇고 눈물을 흘렸다. 땅바닥이 부드러운 흙이라 적에게 던질 돌멩이조차 없었다. 상대는 이알레비온의 형제인 리귀스가 이끌고 있었다. 이윽고 제우스가 아들을 불쌍히 여겨 구름으로 대지를 덮고 거기에서 돌멩이를 우박처럼 내리게 했다. 헤라클레스는 이를 가지고 다시 맞서 리구리아 군대를 물

리쳤다. 제우스는 헤라클레스가 리구리아 군대와 싸우는 모습을 별들 사이에 그려 넣었고, 이는 엔고나시스 별자리라고 불린다.[2] 이 전투의 또 다른 기념물이 지상에 남아 있어, '돌의 평원'이라 불리는 널찍하고 둥근 평원이 있다. 거기엔 남자 주먹만 한 돌멩이들이 흩뿌려져 있고, 소금물이 나오는 샘도 여러 곳에 있다. 이는 마르세유와 론 강 입구 사이에 있으며, 바다에서 15마일[24킬로미터] 정도 떨어져 있다.[16]

l. 헤라클레스는 리구리아 쪽 알프스를 넘어가면서 군대와 짐 운반 행렬에 맞게 길을 뚫었다. 그는 또한 지금은 갈리아 치살리나와 에트루리아로 알려진 곳에 도착할 때까지 길에 들끓는 노상강도 떼를 모두 퇴치했다. 이탈리아 해안을 전부 훑고 내려간 다음 시칠리아 섬으로 건너가고 나서야, 이런 생각이 떠올랐다. "길을 잘못 들어섰군!" 그는 나중에 티베르 강이라고 불리게 되는 알불라 강에 도착했고, 거기서 아르카디아에서 망명해 와 있던 에우안드로스 왕의 환영을 받았다고 로마인들은 전한다. 해가 지고, 그는 소 떼를 앞세워 몰면서 헤엄쳐 건너 풀밭에 쉬려고 누웠다.[17] 근처 깊은 동굴에는 거대하고 흉측한 머리 셋 달린 양치기 카코스가 살았다. 그는 헤파이스토스와 메두사의 아들로, 세 개의 입에서 불길을 내뿜었다. 아벤티노스 숲에서 공포와 수치의 대상이었다. 동굴 입구 위로 사람 해골과 팔이 못 박혀 있고, 안쪽 바닥은 희생자의 뼈로 희미하게 빛났다. 헤라클레스가 잠들어 있는 동안, 카코스는 그의 황소 가운데 제일 좋은 두 마리에 더해 어린 암소 네 마리의 꼬리를 잡아끌어 자기 굴로 훔쳐갔다.[18]

m. 새벽의 여명이 밝아오자, 헤라클레스는 잠에서 깨어 소 떼 일부가 없어진 걸 알아챘다. 주위를 뒤졌지만 찾을 수 없었고, 나머지 소 떼를 몰고

---

2) 엔고나시스Engonasis 별자리: 여름철 천정 부근에서 보이는 헤라클레스자리를 지칭하는 것으로 보인다.

떠나려는 순간 저 멀리 도둑맞은 어린 암소 가운데 한 마리가 배가 고파 가늘게 우는 소리가 들려왔다. 헤라클레스는 소리 나는 곳으로 찾아 동굴에 이르렀지만, 입구는 수소 열 마리가 함께 끌어도 꿈쩍하지 않을 만큼 무거운 바위로 막혀 있었다. 하지만 헤라클레스는 자갈돌을 옮기듯 바위를 옆으로 치우고 들어가, 카코스가 토해 내는 불길에 전혀 기죽지 않고 맞붙어 싸워 얼굴을 흠씬 두들겼다.[19]

n. 에우안드로스 왕의 도움을 받아, 헤라클레스는 제우스에게 올리는 제단을 세우고, 되찾은 황소 가운데 한 마리를 제물로 바쳤다. 이어 자신을 예찬하는 자리도 마련했다. 그런데 로마인들은 자기네를 미화하기 위해 이 이야기를 다르게 전하고 있다. 카코스를 죽이고 제우스에게 제물을 바친 것은 헤라클레스가 아니라 헤라클레스와 함께 싸웠던 거구의 소몰이꾼 가라노스 또는 레카라노스라는 것이다.[20]

o. 에우안드로스 왕은 물리력보다는 통치력으로 사람들을 다스렸다. 그는 특히 글자에 대한 깊은 지식으로 공경을 받았는데, 이는 예언가 어머니한테서 물려받은 것이다. 어머니는 아르카디아의 님프 니코스트라테 또는 테미스로, 라돈 강의 딸이다. 그녀는 이미 에케노스와 결혼했음에도 헤르메스를 통해 에우안드로스를 낳았다. 니코스트라테는 나중에 에우안드로스를 설득해 이른바 아버지라는 사람을 죽이도록 했다. 이르가디아 사람들이 모자를 추방하자, 이들은 펠라스고이족 한 무리를 이끌고 이탈리아로 건너왔다.[21] 이들 무리는 트로이아 전쟁이 일어나기 60년 정도 이전에, 티베르 강 옆의 언덕 위에 팔란티온이라는 작은 도시를 건설했다. 이 언덕은 나중에 팔라티노 산이라 불리게 된다. 장소는 니코스트라테가 선택했다. 그리고 머지않아 에우안드로스는 이탈리아 전역에서 가장 강력한 왕이 됐다. 니코스트라테는 지금 카르멘타로 불리는데, 카드모스가 이집트에서 다시 가져

온 열세 자음의 펠라스고이족이 알파벳을 수정해 열다섯 자음의 라틴 알파벳을 만들었다. 그러나 어떤 이는 에우안드로스의 백성에게 글자 사용을 가르친 것은 헤라클레스였다고 전한다. 그가 무사 여신들과 같은 제단에서 숭배를 받는 것도 이 때문이라는 것이다.[22]

p. 로마인들은 헤라클레스가 에우안드로스 왕이 에트루리아인들에게 공물 바치던 일을 면하게 해줬다고 전한다. 즉 파우노스 왕을 죽였는데, 그는 자기 아버지 헤르메스의 제단에 이방인들을 붙잡아 제물로 바치는 관습을 이어왔다고 한다. 그리고 파우노스의 아내 또는 딸을 통해 라틴족의 조상인 라티노스를 자식으로 얻었다고 덧붙인다. 그러나 그리스인들은 라티노스가 오뒷세우스와 키르케의 아들이라 주장한다. 어쨌든 헤라클레스는 매년 남자 둘을 티베르 강에 던져 크로노스에게 제물로 바치는 일을 금지하고, 로마인들에게 대신 꼭두각시를 쓰도록 강제했다. 지금도 오월 보름달이 뜨는 날이면, 골풀로 엮고 회반죽을 발라 '아르고스 사람'이라 부르는 꼭두각시를 누런 강물에 집어던진다. '베스타를 섬기는 처녀들'의 우두머리가 직접 떡갈나무로 만든 수블리키우스 다리 위에서 던진다.[23] 사람들은 또 헤라클레스가 폼페이와 헤르쿨라네움을 건설했으며, 쿠마이의 '플레그라이 평원'에서 거인족과 싸웠고, 루크리누스 만을 건너는 1마일[1.6킬로미터] 길이의 둑길을 건설했다고 믿는다. 이 길은 지금도 '헤라클레스의 길'이라 부르며, 그는 그 길을 따라 게뤼오네우스의 소 떼를 몰고 갔다.[24]

q. 나아가 이런 이야기도 있다. 헤라클레스가 레기온과 '에피제피로스의 로크리스' 경계선 근방에서 쉬려고 누워 있는데 매미가 너무 시끄럽게 울어 견딜 수가 없었다. 그는 신들에게 그놈들을 조용하게 해달라고 간청했고, 기도는 금방 화답을 받았다. 그 뒤로 매미가 알레케 강의 로크리스 쪽에서 맹렬하게 울어도 [같은] 강의 레기온 쪽에는 들리지 않았다고 한다. 이날

황소 한 마리가 무리에서 도망쳐 바다로 뛰어들더니 시칠리아 섬으로 헤엄쳐 넘어갔다. 이를 쫓아간 헤라클레스는 그놈이 에뤽스의 소 떼 안에 숨어 있는 것을 발견했다. 에뤽스는 엘뤼모이 사람들의 왕으로, 부테스와 아프로디테의 아들이다.[25] 에뤽스는 씨름과 권투에 능했기에, 헤라클레스에게 다섯 번에 걸쳐 겨뤄 보자고 도전했다. 헤라클레스는 이를 받아들였지만, 에뤽스에게 자기 왕국을 내기에 걸라는 조건을 달았다. 헤라클레스는 처음 네 번을 이겼고, 마지막 씨름 경기에서 그를 공중으로 번쩍 들어 올려 땅바닥에 메다꽂아 죽음에 이르게 했다. 이를 통해 시칠리아인들은 여신한테서 태어난 사람도 죽을 수 있다는 것을 배웠다. 이렇게 헤라클레스는 에뤽스의 왕국을 얻었고, 나중에 그의 후손 가운데 하나가 찾아와 왕의 자리를 달라고 할 때까지 백성들끼리 즐겁게 지내도록 놔두었다.[26]

r. 어떤 이는 에뤽스가 프소피스라는 딸을 두었는데, 헤라클레스에게 두 아들로 에케프론과 프로마코스를 낳아 주었다고 전한다. 에뤽스의 씨름장은 지금도 남아 있다. 두 아들은 에뤼만토스에서 자랐으며, 이곳을 어머니 이름을 따라 프소피스라고 새로 이름 짓고 그곳에 '에뤼키나의 아프로디테' 전당을 지었다. 이 성전은 현재 폐허만 남아 있다. 에케프론과 프로마코스의 영웅 전당은 오래전에 돌보는 사람이 없어졌고, 프소피스는 이제 보통 아르카스의 손자인 크산토스의 딸로 여겨진다.[27]

s. 헤라클레스는 시칠리아 섬을 통과하는 길에 지금은 시라쿠사 시가 들어서 있는 곳을 지나게 됐다. 그는 그곳에서 제물을 바치고, 하데스가 코레를 납치해 지하 세계로 끌고 들어간 퀴아네의 신성한 깊은 수렁 옆에서 매년 열리는 제례를 창시했다. 그는 레온티노이 평원에 자신이 그곳을 다녀갔다는 지워지지 않을 기념물도 남겼다. 아귀리온 시 근처의 돌투성이 길에 헤라클레스의 소 떼 발자국을 마치 밀랍에 찍은 듯 남겨 놓은 것

이다. 이를 통해 자신이 불사의 존재라는 점을 넌지시 알리면서, 헤라클레스는 그때까지 고집스럽게 거부하던 주민들의 신적인 예우를 이번에는 받아들였다. 그는 주민들의 호의에 대한 보답으로 성벽 밖에 둘레가 4펄롱[약 800미터]인 호수를 파고, 이올라오스와 게뤼오네우스의 성역을 세웠다.[28]

t. 헤라클레스는 그리스로 갈 다른 길을 찾아 이탈리아 본토로 돌아온 다음, 소 떼를 몰아 동쪽 해안을 따라 올라가던 도중 '라키니아 곶'에 이르렀다. 그곳의 통치자 라키니오스 왕은 나중에 자기가 헤라클레스를 달아나게 했다고 자랑할 수 있게 된다. 그는 단지 헤라 신전을 지었을 뿐인데, 헤라클레스가 이를 보자마자 넌더리를 치며 물러난 것이다. 거기에서 6마일[10킬로미터]을 더 걸어가, 헤라클레스는 크로톤이라는 사람을 사고로 죽이게 됐다. 그는 모든 예의를 갖춰 그를 묻어 주었고, 나중에 언젠가 그의 이름을 가진 위대한 도시가 세워질 것이라고 예언했다. 그는 이 예언을 자신의 신격화 이후 실현했다. 헤라클레스가 자기 후손 가운데 하나인 아르고스의 뮈스켈로스의 꿈에 나타나 이주민을 데리고 시칠리아로 넘어가 도시를 건설하지 않으면 큰 벌을 내리겠다고 겁을 주었던 것이다. 아르고스 사람들이 이주 금지 정책을 거역했다면서 뮈스켈로스에게 사형을 선고하려 할 때, 헤라클레스는 까만 투표용 조약돌을 모두 흰 돌로 바꿨다.[29]

u. 헤라클레스는 게뤼오네우스의 소 떼를 이스트리아 반도를 통해 에페이로스로 가서 코린토스 지협을 통해 펠로폰네소스 반도로 몰아갈 생각이었다. 그러나 소 떼가 아드리아 해 머리 쪽에 이르렀을 때, 헤라가 등에를 보내 암소들이 엉뚱한 방향으로 우르르 몰려가도록 만들었다. 소 떼는 트라케를 건너 스퀴타이의 사막 안으로 들어가 버렸다. 소 떼를 뒤쫓던 헤라클레스는 어느 춥고 비 내리는 밤에 돌투성이 산비탈에서 사자 가죽을 덮고 잠을 잤다. 다음 날 깨어 보니 풀을 뜯으라고 멍에를 풀어 준 전차 끄는

암말들도 똑같이 사라져 버렸다. 그가 멀리 이곳저곳을 뒤지던 도중 휠라이아라는 삼림지대에 있는 동굴 안에서 자기를 부르는 소리가 들려왔다. 반은 여인이고 반은 뱀인 이상한 존재였다. 그녀는 자기가 암말을 가지고 있으며 자신의 연인이 되어야만 돌려주겠다고 했다. 헤라클레스는 약간 주저하면서도 이에 동의해, 그녀에게 세 번 입을 맞췄다. 그러자 뱀 꼬리의 여인은 그를 열정적으로 껴안았고, 이윽고 그가 떠날 수 있게 됐을 때 이렇게 물었다. "지금 내 배에 들어선 세 아들은 앞으로 어찌 되는가? 아이들이 어른이 됐을 때 내가 주인으로 있는 이곳에 정착하도록 해야 하는가, 아니면 당신에게 보내야 하는가?"

v. "아이들이 자라 어른이 되면, 주의 깊게 지켜보아라!" 헤라클레스는 답했다. "만약 아이들 가운데 하나가, 지금 내가 하듯이 이 활을 구부릴 수 있고 이 허리띠를 졸라맬 수 있다면, 그를 네 나라의 통치자로 삼으라."

이렇게 말하고는 가지고 있던 두 활 가운데 하나와 걸쇠에 황금 술잔이 달려 있는 장식 허리띠를 그녀에게 주고 자신의 길을 떠났다. 그녀는 세쌍둥이의 이름을 아가튀르소스, 겔로노스, 스퀴테스라고 지었다. 위로 두 아이는 아버지가 예정해 놓은 일을 해내지 못했기에, 그녀는 이들을 쫓아냈다. 그러나 셋째 스퀴테스는 두 가지 일에 모두 성공했고, 남아도 좋다는 허락을 받았다. 이에 그는 스퀴타이족 모든 왕의 조상이 됐다. 이들 왕은 오늘날까지도 황금 술잔을 허리띠에 달고 다닌다.[30] 그러나 다른 이들은 뱀 꼬리의 여인과 동침한 것은 헤라클레스가 아니라 제우스라고 전한다. 그녀가 낳은 세 아들이 함께 그 땅을 다스리고 있을 때, 쟁기, 멍에, 전투용 도끼, 잔 등 네 가지 황금 도구가 하늘에서 떨어졌다. 아가튀르소스가 먼저 이를 취하려 달려갔지만, 이를 잡으려 할 때 황금에서 불길이 치솟아 올라 그의 손을 태웠다. 겔로노스도 비슷하게 퇴짜를 맞았다. 그런데 막내인 스퀴테스가 접근하자 불길이 즉시 잦아들었다. 그는 네 가지 보물을 집으로 가져왔고, 첫째와 둘째는 왕국을 막내에게 양보했다.[31]

w. 헤라클레스는 암말과 흩어진 소 떼를 대부분 되찾았으며, 이놈들을 몰아 스트뤼몬 강을 건너 돌아왔다. 이 과정에서 강을 건너려 돌로 강을 가로질러 댐을 쌓기도 했다. 얼마 동안은 별일이 없었지만, 코린토스 지협을 지날 무렵 그곳을 손아귀에 넣고 있던 기간테스 가운데 하나인 소몰이꾼 알퀴오네우스가 커다란 바위를 헤라클레스를 따라오던 병사들에게 집어던졌다. 전차 열두 대가 부서지고, 그 수의 두 배가 넘는 마부들이 죽임을 당했다. 그는 헬리오스의 신성한 소 떼를 두 번, 에뤼테이아에서, 또 코린토스의 성채에서 훔쳤던 바로 그 알퀴오네우스였다. 그는 한 번 더 바위를 들어 이번에는 헤라클레스를 향해 던졌다. 헤라클레스는 곤봉으로 이를 맞받아쳤고, 다시 날아간 돌에 그는 황천길로 갔다. 그 바위는 지금도 코린토스 지협에 가면 볼 수 있다.[32]

1] 파우사니아스: 『그리스 여행기』 4. 36. 3; 아폴로도로스: 『비블리오테카』 2. 5. 10; 베르길리우스의 『아이네이스』 4. 289에 대한 세르비오스; 헤시오도스: 『신들의 계보』 981.

2] 헤시오도스: 『신들의 계보』 287 ff.; 루키아노스: 『톡사리스(우정론)』 72; 아폴로도로스: 같은 곳; 리비우스: 『로마 건국사』 1. 7; 베르길리우스의 『아이네이스』 8. 300에 대한 세르비오스; 아폴로니오스 로디오스에 대한 고전 주석자: 4. 1399.

3] 아폴로도로스: 2. 5. 10; 디오도로스 시켈로스: 『역사총서』 4. 18; 폼포니우스 멜라: 1. 5. 3과 2. 6. 6.

4] 아폴로도로스: 같은 곳; 페레퀴데스, 아테나이오스의 인용: 11. 39; 베르길리우스의 『아이네이스』 7. 662와 8. 300에 대한 세르비오스.

5] 아폴로도로스: 같은 곳; 휘기누스: 『신화집』 30; 에우리피데스: 『헤라클레스』 423; 베르길리우스의 『아이네이스』 7. 662에 대한 세르비오스; 파우사니아스: 10. 17. 4; 알렉산드리아의 헤파이스티온, 포티오스의 인용: 475; 핀다로스: 『글조각 모음』 169.

6] 솔리누스: 23. 12; 폼포니우스 멜라: 3. 47; 헤시오도스: 『신들의 계보』 287 ff.; 플리니우스: 『자연 탐구』 4. 36.

7] 페레퀴데스, 스트라본의 인용: 3. 2. 11; 스트라본: 『지리학』 3. 5. 3-4와 7; 티마이오스, 플리니우스의 인용: 같은 곳; 폴뤼비오스, 스트라본의 인용: 3. 5. 7; 파우사니아스: 1. 35. 6.

8] 디오도로스 시켈로스: 3. 55와 4. 17-19.

9] 플리니우스: 『자연 탐구』 3. 머리말; 스트라본: 3. 5. 5.

10] 디오뉘시오스의 『지형 묘사』 64 ff.에 대한 에우스타티오스; 핀다로스의 『네메아 제전 송가』 3. 37에 대한 고전 주석자; 아리스토텔레스, 아일리아노스의 인용: 『다양한 역사』 5. 3; 플리니우스: 『자연 탐구』 3. 3; 티모테우스, 스트라본의 인용: 3. 1. 7.

11] 에라스무스: 『격언집』 1. 7; 제노비오스: 『속담집』 5. 48; 아이스퀼로스: 「사슬에 묶인 프로메테우스」 349와 428; 헤쉬키오스, '스텔라스 디스토모스' 항목.

12] 타키투스: 『게르마니아』 34; 베르길리우스의 『아이네이스』 11. 262에 대한 세르비오스; 스큄노스 키오스: 188; 스트라본: 2. 5. 6.

13] 스트라본: 3. 1. 4; 핀다로스: 「네메아 제전 송가」 3. 21 ff.

14] 아비에누스: 「해변」 326; 아폴로도로스: 2. 5. 10; 스트라본: 3. 4. 3; 뮈르테아의 아스클레피아데스, 스트라본의 인용: 같은 곳.

15] 실리우스 이탈리쿠스: 3. 417; 헤로도토스: 『역사』 2. 33; 디오도로스 시켈로스: 4. 19와 24.

16] 아폴로도로스: 2. 5. 10; 체체스: 『킬리아데스』 2. 340 ff.와 「뤼코프론에 관하여」 1312; 아이스퀼로스: 「풀려난 프로메테우스」, 휘기누스의 인용: 『시적 천문학』 2. 6과 스트라본의 인용: 4. 1. 7; 테온: 「아라토스에 관하여」 12, 모렐 편집.

17] 디오도로스 시켈로스: 4. 21; 오비디우스: 『로마의 축제들』 5. 545 ff.; 리비우스: 1. 7.

18] 프로페르티우스: 『애가』 4. 9. 10; 오비디우스: 『로마의 축제들』 1. 545 ff.; 리비우스: 같은 곳; 베르길리우스: 『아이네이스』 8. 207-208.

19] 리비우스: 같은 곳; 베르길리우스: 『아이네이스』 8. 217과 233 ff.; 오비디우스: 같은 곳.

20] 플루타르코스: 『로마인에 관한 물음』 18; 오비디우스: 같은 곳; 리비우스: 같은 곳; 발레리우스 플라쿠스, 베르길리우스의 『아이네이스』 8. 203과 관련해 세르비오스가 인용; 아우렐리우스 빅토르: 『로마 종족의 기원에 관하여』 8.

21] 베르길리우스의 『아이네이스』 8. 51, 130, 336에 대한 세르비오스; 리비우스: 1. 7; 플루타르코스: 『로마인에 관한 물음』 56; 파우사니아스: 8. 43. 2; 할리카르낫소스의 디오뉘시오스: 『고대 로마사』 1. 31.

22] 베르길리우스의 『아이네이스』 8. 130과 336에 대한 세르비오스; 오비디우스: 『로마의 축제들』 5. 94-95와 1. 542; 휘기누스: 『신화집』 277; 주바, 플루타르코스의 인용: 『로마인에 관한 물음』 59.

23] 플루타르코스: 『로마인에 관한 물음』 18과 32; 데르퀼로스: 『이탈리아 역사』 3, 플루타르코스의 인용: 『영웅전』 38; 체체스: 「뤼코프론에 관하여」 1232; 유스티누스: 43. 1; 헤시오도스: 『신들의 계보』 1013; 오비디우스: 『로마의 축제들』 5. 621 ff.

24] 솔리누스: 2. 5; 디오뉘시오스: 1. 44; 디오도로스 시켈로스: 4. 21-22와 24; 스트라본: 6. 3. 5와 4. 6.

24] 디오도로스 시켈로스: 4. 22; 스트라본: 6. 1. 19; 아폴로도로스: 2. 5. 10; 베르길리우스의 『아이네이스』 1. 574에 대한 세르비오스.

26] 파우사니아스: 4. 36. 3; 디오도로스 시켈로스: 4. 23; 아폴로도로스: 같은 곳; 체체스: 「뤼코프론에 관하여」 866; 베르길리우스의 『아이네이스』 10. 551에 대한 세르비오스.

27] 체체스: 같은 곳; 파우사니아스: 8. 24. 1과 3.

28] 디오도로스 시켈로스: 4. 23-24와 5. 4.

29] 디오도로스 시켈로스: 4. 24; 베르길리우스의 『아이네이스』 3. 552에 대한 세르비오스; 오비디우스: 『변신 이야기』 15. 12 ff.

30] 디오도로스 시켈로스: 4. 25; 헤로도토스: 4. 8-10.

31] 디오도로스 시켈로스: 2. 43; 헤로도토스: 4. 5.

32] 아폴로도로스: 2. 5. 10과 1. 6. 1; 핀다로스: 「네메아 제전 송가」 4. 27 ff.와 「이스트미아 제전 송가」 6. 32 ff.; 핀다로스의 「네메아 제전 송가」 같은 곳과 「이스트미아 제전 송가」 6. 32에 대한 고전 주석자.

＊

1. 헤라클레스 과업 이야기의 주요 주제는, 여왕의 배우자가 되기 위해 일정한 의례적 위업을 실행하는 것이다. 여왕 이름은 아드메테Admete, 아우게Auge, 아테나, 힙폴뤼테 또는 무엇이든 상관없다. 이렇게 힘겨운 열 번째 과업 역시 동일한 주제와 관련된 것일 가능성이 높다. 실제 가부장제적 헬라스에는 남자가 소 떼 약탈의 수익으로 값을 치르고 신부를 사 오는 관습이 있었다. 호메로스 시대의 그리스에서 여인은 소의 마릿수로 그 값을 매겼다. 지금도 동부와 중부 아프리카 지역 일부에서 그렇게 한다. 그런데 이번에는 '서쪽의 죽음의 섬' 방문과 전리품을 가져온 성공적 귀환 등 본래 주제와 무관한 다른 요소들이 신화에 덧붙여졌다. 고대 아일랜드의 유사한 신화로 쿠 훌린Cuchulain 이야기가 있다. 그는 지옥, 다시 말해 '그림자 도시'를 뜻하는 '던 스케이트Dun Scaith'로 쳐들어가 죽음의 신들이 보낸 폭풍을 뚫고 암소 세 마리와 마법의 가마솥을 가지고 나온다. 헤라클레스가 에뤼테이아 섬으로 타고 간 청동 항아리는 '죽음의 섬'에 타고 들어가기에 적절한 수단이며, 아마도 청동 가마솥과 혼동을 일으켰을 것이다. 바빌로니아 『길가메시 서사시』의 '열한 번째 서판'에, 길가메시도 이와 비슷하게 죽음의 바다를 건너 음산한 섬으로 들어가는데 그의 경우엔 자기 옷을 돛으로 활용한다. 이 대목을 비롯해, 헤라클레스와 길가메시 신화 사이에는 유사점이 많이 존재한다. 양쪽 모두 아마 수메르에 그 원천을 두고 있을 것이다. 헤라클레스와 마찬가지로, 길가메시도 괴물 사자를 죽이고 그 가죽을 뒤집어썼다(123. e 참고). 하늘 황소의 뿔을 움켜잡아 제압했다(129. b 참고). 불사의 비밀 약초를 찾아냈다(135. b 참고). 똑같이 태양의 신으로서 여행했다(132. d 참고). '헤스페리데스의 정원'을 찾아가 신성한 나무를 휘감고 있는 용을 죽인 다음 지하 세계에서 두 가지 신성한 물건을 상으로 받았다(133. e 참고). 길가

메시와 그의 동무 엔키두의 관계는 아테나이의 헤라클레스인 테세우스와 그의 동무 페이리토오스의 관계와 아주 많이 닮았다. 페이리토오스도 타르타로스로 같이 내려갔지만, 돌아오지는 못했다(103. c와 d 참고). 그리고 길가메시와 전갈 이야기는 보이오티아의 오리온에게 넘어갔다(41. 3 참고).

2. 포이니케인들에 앞서, 그리스인들은 스페인, 갈리아, 이탈리아 등지에 식민지를 설치했다. 식민지는 헤라클레스의 보호 아래 개척한다고 믿었고, 이런 상황이 이번 신화 속으로 들어왔다. 지리학적 차원에서 보면, '헤라클레스의 기둥'은 세우타Ceuta와 지브롤터Gibraltar를 말한다. 정착자 한 무리가 그곳에 도착한 게 기원전 1100년경이다.

3. 하지만 신비주의적 켈트-이베리아 차원에서, 이 '기둥'은 알파벳 관련 추상물이다. 『허제스트의 붉은 책』[3]에 수록된 고대 웨일스 시편인 「마루나드 에쿨프Marwnad Ercwlf」는 '켈트족의 헤라클레스'를 다루고 있다. 그를 아일랜드에서는 '태양 얼굴의 오그마'라 했고, 루키아노스는 '오그미오스Ogmius'라고 불렀다(125. 1 참고). 이 웨일스 시편은 어떻게 에쿨프가 '꼭대기에 붉은 황금이 있는, 같은 높이의 네 개의 둥근 기둥'을 세웠는지 기록하고 있다. 네 기둥은 각각 알파벳 자모 다섯 개를 가지고 있는 것으로 보이는데, 이렇게 하면 20개 자모를 가졌으며 '보이벨 로트Boibel-Loth'라고 알려진 '음유시인의 알파벳'이 된다(『하얀 여신』 133, 199, 278쪽). 기원전 400년경, 이런 그리스식 글자 이름을 가진 새로운 알파벳이 베트-루이스-니온Beth-Luis-Nion이라 부르는 나무 알파벳을 대체했다. 여기서 그리스식 글자 이름은 '천상의 헤라클레스'가 태양 술잔을 타고 하는 여정, 오이타 산에서 일어난 그의 죽음, 도시 건설자이자 재판관으로서 가진 그의 권력 등을 지칭한다. 반면,

---

3) 『허제스트의 붉은 책Red Book of Hergest』: 14세기 말에 웨일스 언어로 작성된 책으로 필사본이 남아 있다.

나무 알파벳의 글자 이름은 사나운 여인들이 크로노스를 죽여 제물로 바치는 일을 가리킨다(『하얀 여신』 374쪽). 고르고네스가 에뤼테이아 섬에 자기네 숲을 가지고 있었고, '나무'는 모든 켈트족 언어에서 '글자'를 뜻하기에, 필자는 "다양한 형태를 띠는 나무"가 베트-루이스-니온 알파벳을 뜻한다고 본다. 고르고네스는 그 비밀을 헤라클레스가 자기들을 "몰살할" 때까지 자기네 신성한 숲에서 수호했던 것이다(132. e와 f 참고). 페레퀴데스는 에뤼테이아 섬을 '붉은 섬'이라 하면서 가데스 섬과 동일시했다. 이렇게 보면, 헤라클레스가 에뤼테이아 섬에서 게뤼오네우스와 함께, 개의 별 시리우스를 뜻하는 오르트로스 개를 죽인 대목은, 헤라클레스의 알파벳이 크로노스의 알파벳을 탄압한 것을 의미한다.

4. 헤시오도스(『신들의 계보』 287)는 게뤼오네우스Geryon를 '머리가 세 개인'을 뜻하는 트리케팔론tricephalon이라 불렀다. 이는 다르게 읽으면 같은 뜻의 트리카레논tricarenon이 된다. '트리카레논'은 왼손이 두 개인 켈트족 신 타르보스 트리가라노스Tarvos Trigaranus('황소와 세 마리의 두루미'를 뜻하는 말)를 떠올리게 한다. 이 켈트족 신은 파리 제단에 두루미, 황소와 함께 새겨져 있으며 버드나무를 베는 모습으로 등장한다.[4] 게뤼오네우스는 그리스어에서 의미 없는 낱말로, 트리가라노스가 세월이 흘러 변형된 것으로 보인다. 그리스와 아일랜드의 전승에서 동일하게 두루미는 알파벳의 비밀(52. 6 참고)과 시인들을 연상시킨다. 이에 게뤼오네우스는 초기 알파벳을 지키는 여신의 수호자인 것으로 보인다. 다시 말해, 게뤼오네우스는 사실 닥튈로이

---

4) 파리 제단Paris Altar: 1세기 윱피테르를 기려 세운 사각 기둥 모양의 기념비. 파리에서 가장 오래된 기념물이며 뱃사람 길드가 만들어 '뱃사람의 기둥Pilier des nautes'이라고 한다. 필자는 '타르보스 트리가라노스'가 황소와 두루미와 함께 등장한다고 했으나 이는 잘못이다. 사진을 보면, 이 신 자신이 황소로 등장하며, 나무를 배경으로 그의 등에 두루미 세 마리가 앉아 있다. 그리고 옆면에는 에수스 신Esus이 도끼로 나무를 쓰러뜨리는 장면이 새겨져 있다.

와 함께 있는 크로노스인 것이다. 크로노스-게뤼오네우스는 한때 헤라클레스-브리아레우스 유형의 태양신이었지만, 이제는 [지옥의 개] 케르베로스로서 오르트로스와 함께 있는 죽음의 신이 되어 있는 것이다. 이에 이번 열 번째 과업은 케르베로스를 잡아 오는 열두 번째 과업과 혼동을 일으켰고, 메노이테스가 양쪽에 등장한다. 게뤼오네우스의 피에서 나온 "씨 없는 체리 비슷한 열매"는 스페인 토종인 아르부투스 나무의 열매일 수 있지만, 이 대목은 일찍 열리는 층층나무 열매가 크로노스-사투르누스에게 신성하다는 것에 영향을 받았다(『하얀 여신』 171쪽). 이 열매는 케름 열매처럼 붉은색 염료를 뽑을 수 있다. 이번 이야기 가운데 크뤼사오르 대목은 중요하다. 그의 이름은 '황금의 굽은 칼'을 뜻한다. 이 무기는 크로노스 숭배와 연결되며, 그가 고르곤 메두사의 아들이라는 말도 있다(33. b; 73. h; 138 j 참고).

5. 에뤼테이아와 헤르메스가 낳았다고 하는, 게뤼오네우스의 손자 노락스Norax는 아마도 '태양 얼굴'을 뜻하는 그리스 단어 노롭스Norops의 오기가 아닌가 한다. 헤르메스가 나무 알파벳을 그리스에서 이집트로 가져갔다가 다시 가져왔다고 기록돼 있다. 아일랜드 신화학자들은 이런 계보학을 뒤집어 놓았다. 그들은 자기네 게뤼오네우스에 대해 오그마Ogma를 그의 손자라 아니라 할아버지라고 적었다. 게뤼오네우스의 세 모습은 브리안Brian, 이우카르Iuchar, 이우카르바Iucharba라고 불렀으며, 이는 미트라, 비루나, 인드라의 한 형태이다. 그리고 게뤼오네우스의 아들은 켈트-이베리아의 태양신 루, 루 로 또는 루고스Lugos라고 했다. 그들은 또한 알파벳이 그리스에서 스페인을 거쳐 들어왔다고 주장했다. 크로노스의 까마귀는 루고스에게 신성하다고 플루타르코스는 전했다(『강과 산에 관하여』 5). 플루타르코스는 "루그두눔Lugdunum(루고스의 요새인 리온스Lyons)은 까마귀의 전조를 통해 그 자리를 선택했기 때문에 이렇게 불린다. 루그Lug는 알로브로게스족Allobroges 사투리로

까마귀를 뜻한다"고 했다.

6. [5세기 문법학자] 세르비오스는 [1세기 로마 문법학자] 발레리우스 플라쿠스Valerius Flaccus의 언급을 후세에 잘못 전한 것으로 보인다. 플라쿠스는 "헤라클레스에게 죽임을 당한 것은 카코스가 아니라 머리가 셋 달린 가라노스(게뤼오네우스)였고, 에우안드로스가 헤라클레스를 도왔다"고 말했을 가능성이 더 높다. 이렇게 되면, 에우안드로스의 어머니 카르멘타가 헤라클레스-오그마의 '열다섯 자음 보이벨-로트'를 위해 어떻게 크로노스의 '열세 자음 베트-루이스-니온'을 탄압했는지에 대한 설명과 잘 들어맞는다(『하얀 여신』 272쪽). 유바 왕[5]은 가데스의 명예 행정관이었고, 현지의 알파벳 구전 지식에 해박했음이 틀림없다. 플루타르코스는 유바 왕의 말을 인용해, 헤라클레스가 에우안드로스의 백성들에게 문자 사용법을 가르쳤다고 전했다. 이번 에우안드로스 이야기에서, 헤라클레스가 크로노스 숭배의 적이라는 점이 분명하게 드러난다. 그가 인신 제물을 폐지했기 때문이다. 헤라클레스가 이탈리아와 시칠리아를 순행했다는 대목은, 그에게 바쳐진 그 지역의 수많은 신전의 기원을 설명하기 위해 발명된 것이다. 그와 에뤽스Eryx의 다섯 차례에 걸친 시합 이야기는, 기원전 6세기에 [아나톨리아 남서부] 크니도스Cnidos의 펜타틀로스Pentathlus와 헤라클레스의 후손Heraclid, 스파르테의 도리에우스Dorieus 등이 이끌어 에뤽스의 지역에 식민지를 개척했던 일을 정당화하기 위한 것이다. 시켈로이족Sicels의 도시인 아귀리온Agyrium에서 공경을 받는 헤라클레스는, 기원전 1050년경 시켈로이족을 이끌고 이탈리아에서 해협을 건너 시칠리아로 넘어간 부족의 선조를 지칭하는 것일 수 있다(투퀴디데스: 6. 2. 5). 헤라클레스는 스퀴타이도 방문했다. 즉, 흑해의 서부와

---

5) 유바 왕King Juba: 기원전 1세기 누미디아의 왕인 듯한데, 불확실하다.

북부 해안 지대의 그리스 식민 도시들은 활의 영웅 '스퀴타이의 헤라클레스'(119. 5 참고)를 뒤죽박죽된 열 번째 과업 이야기 안에 집어넣는 데 성공한 것이다. 헤라클레스의 신부가 되는 뱀 꼬리의 여인은, 헤로도토스가 언급한 스퀴타이족의 주요 세 부족의 어머니인 대지의 여신이다. 이런 신화의 또 다른 판본으로 잉글랜드의 발라드 「레이들리 웜The Laidley Worm」이 대표적인데, 거기서는 그가 그녀에게 세 번 입 맞추자 그녀는 "일찍이 보지 못했던 아름다운 여인"으로 변신한다.

7. 소몰이꾼 알퀴오네우스Alcyoneus 일화는 기간테스가 올림포스를 공격했다가 헤라클레스에게 패배를 당했다는 신화에서 따로 떼어 낸 것으로 보인다(35. a-e 참고). 그러나 알퀴오네우스가 헬리오스의 소 떼를 에뤼테이아에서 훔치고 또다시 코린토스 성채에서 훔쳤다는 대목은, 헤라클레스가 게뤼오네우스의 소 떼를 훔친 것에 대한 더 오래된 판본이다. 이때 소 떼 주인은 추방당하고 허약해진 죽음의 신이 아니라 달의 여신의 활기찬 태양 배우자였다.

8. 헤라클레스가 정오의 태양을 향해 쏜 화살은 왕의 즉위식에서 천정을 향해 쏘았던 것을 말할 것이다(126. 2와 135. 1 참고).

133
열한 번째 과업: 헤스페리데스의 사과

헤라클레스는 이상의 열 가지 과업을 8년 1개월에 걸쳐 완수했다. 그러나 에우뤼스테우스는 두 번째와 다섯 번째 과업을 무효라고 하면서 두 가지 과업을 더 부과했다. 열한 번째 과업은 '어머니 대지'가 헤라에게 결혼 선물로 준 황금 사과나무에서 열매를 가져오는 일이었다. 당시 헤라는 이 선물을 받고 너무나 기뻐 자신의 정원에 심어 두었다. 이 정원은 아틀라스 산의 비탈에 있었다. 그곳에서 태양신의 전차를 끄는 말들은 숨을 헐떡이며 하루의 여정을 마쳤으며, 아틀라스의 각각 1,000마리나 되는 양 떼와 소 떼가 드넓은 목초지에서 풀을 뜯었다. 어느 날 헤라는 이전에 나무를 지키라고 맡겼던 아틀라스의 딸 헤스페리데스가 사과를 조금씩 빼돌린다는 것을 알게 됐고, 이에 잠시도 감시를 멈추지 않는 라돈이라는 용을 보내 나무를 휘어감은 채 지키도록 했다.[1]

b. 어떤 이는 라돈이 튀폰과 에키드나의 소생이라 한다. 다른 이들은 그가 케토와 포르퀴스의 막내 자식이라 전한다. 어머니 대지가 혼자 낳은 아들이라는 이야기도 있다. 그는 머리가 100개이고, 여러 종류의 말을 한다.[2]

c. 헤스페리데스가 살았다는 곳도 똑같이 의견이 분분하다. '휘페르보레

오이의 땅'에 있는 아틀라스 산이라고도 하고, 마우레타니아의 아틀라스 산이라는 말도 있다. 큰바다 너머 어디라고도 하고, '서쪽의 뿔'이라 불리는 곳 근처에 있는 두 섬이라고도 한다. 이 곳은 에티오피아의 헤스페리아 이 근처, 아프리카 경계 위에 있다. 사과는 헤라의 것이지만, 아틀라스는 정원사로서 자긍심을 갖고 있었다. 테미스가 "티탄 신이여, 언젠가 나중에 제우스의 아들이 와서 당신의 나무에서 황금을 따갈 것입니다"라고 경고했다. 당시 아틀라스는 천구를 어깨에 짊어지는 끔찍한 벌을 받기 전이었기에, 과수원 둘레로 단단한 벽을 쌓고 그의 땅에서 모든 이방인을 쫓아냈다. 아틀라스가 사과를 지키라고 라돈을 풀어놓은 것이라 말해도 이상할 게 없을 정도였다.[3]

d. 헤라클레스는 '헤스페리데스의 정원'이 어느 쪽에 있는지 몰라 발칸 반도 서부 일뤼리아를 지나 포 강으로 갔다. 거기에는 예언에 능한 바다의 신 네레우스가 살았다. 그는 가는 길에 마케도니아의 작은 강 에케도로스를 건넜다. 거기에서 아레스와 퓌레네의 아들 퀴크노스가 그에게 결투를 벌이자고 도전했다. 아레스가 퀴크노스의 오른팔 구실을 하면서 두 사람을 정렬시켜 싸움이 시작되려 하자, 제우스가 양쪽 사이에 벼락을 던져 싸움을 말렸다. 마침내 헤라클레스는 포 강에 도달했고, 제우스와 테미스의 딸인 강의 님프들이 그에게 네레우스가 잠들어 있는 곳으로 데려다주었다. 그는 백발의 늙은 바다 신을 움켜잡고 네레우스가 프로테우스처럼 온갖 모습으로 변신하는데도 놓아 주지 않았다. 이렇게 해서 기어코 황금 사과를 얻는 방법을 실토하게 했다. 하지만 어떤 이는 헤라클레스가 프로메테우스에게 가서 이런 정보를 얻었다고 전한다.[4]

e. 네레우스는 헤라클레스에게 자기가 직접 사과를 따지 말고, 아틀라스의 무거운 짐을 대신 짊어지는 동안 그를 정원으로 보내라고 조언했다. 이

에 헤라클레스는 헤스페리데스의 정원에 이르러 아틀라스에게 자기 부탁을 들어 달라 요청했다. 아틀라스는 한 시간만이라도 짐을 내려놓을 수 있다면 무슨 일이건 하려 했지만, 라돈이 두려웠다. 이에 헤라클레스는 정원 벽 너머로 화살을 한 대 날려 용을 죽여 주었다. 헤라클레스는 허리를 숙여 무거운 천구를 넘겨받았고, 아틀라스는 머지않아 자기 딸들이 따온 사과 세 개를 들고 돌아왔다. 아틀라스는 자유가 달콤하다는 걸 새삼 깨닫고 이렇게 말했다. "몇 달 동안만 더 하늘을 짊어지고 있으면 내가 이 사과를 직접 에우뤼스테우스에게 틀림없이 가져다주겠다." 이미 네레우스를 통해 이런 제안은 들어주지 말라는 사전 경고를 받은 터라, 헤라클레스는 동의하는 척하면서 자기 머리 위에 천 조각을 괼 수 있게 잠시만 천구를 들어달라고 부탁했다. 아틀라스는 쉽게 속았고, 사과를 바닥에 놓고는 자기 짐을 되받았다. 이에 즉시 헤라클레스는 사과를 들고 빈정대면서 작별 인사를 남기고 떠나 버렸다.

f. 몇 달 뒤, 헤라클레스는 사과를 에우뤼스테우스에게 건네주었지만, 그는 이를 돌려주었다. 이에 헤라클레스는 사과를 아테나 여신에게 바쳤고, 여신은 이를 님프들에게 돌려주었다. 헤라의 소유물이 님프의 손에서 남에게 넘어가는 건 불법이기 때문이다.[5] 과업을 끝내고 갈증을 느낀 헤라클레스는 땅바닥에 발을 굴러 한 줄기 물이 솟아나게 만들었다. 나중에 헤라클레스는 아르고 호 원정대가 메마른 리비아 사막에 던져졌을 때 이런 방식으로 원정대의 생명을 구하게 된다. 그러는 동안 헤라는 눈물을 흘리며 라돈의 형상을 별들 사이에 뱀자리로 그려 넣었다.[6]

g. 헤라클레스는 곧장 뮈케나이로 돌아오지는 않았다. 그는 먼저 리비아를 횡단했는데, 그곳 왕은 포세이돈과 '어머니 대지'의 아들인 안타이오스였다. 그는 이방인에게 씨름으로 겨루자고 강요해 상대가 지치면 목숨을

빼앗곤 했다. 그는 힘세고 기술도 좋았을 뿐 아니라 땅에 닿기만 하면 금방 기운을 되찾았다. 그는 희생자들의 해골을 포세이돈 신전의 지붕 위에 쌓아 두었다.[7] 헤라클레스가 이런 야만적인 행동을 끝내겠다고 결심하고 먼저 왕에게 도전했는지, 아니면 왕이 먼저 도전했는지는 불분명하다. 안타이오스는 만만한 상대가 아니었다. 그는 거인으로 높이 치솟은 절벽 밑 동굴에 살았으며, 거기서 사자 고기를 맘껏 먹었다. 그리고 맨땅에 잠을 잤는데, 이미 엄청난 힘을 갖고 있으면서도 더 센 힘을 얻기 위함이었다. 어머니 대지는 기간테스 뒤로는 자식을 낳지 않고 있다가 안타이오스를 리비아의 동굴에서 잉태했고, 손위 괴물 자식들인 튀폰과 티튀오스, 브리아레오스보다 안타이오스를 더 자랑스럽게 생각했다. 만약 그가 '플레그라 평원'에서 올림포스 신들과 맞서 싸웠다면 올림포스 쪽이 힘들었을 것이다.

h. 양쪽 싸움꾼은 씨름 시합에 대한 준비로 각자 사자 가죽을 벗었다. 헤라클레스가 올림피아 방식으로 기름을 제 몸에 바르는 동안, 안타이오스는 뜨거운 모래를 팔다리에 뿌렸다. 발바닥으로 땅에 닿아 있는 것만으로 부족할 경우를 대비한 것이다. 헤라클레스는 힘을 아끼면서 안타이오스가 지치도록 만들 요량이었다. 그러나 상대를 크게 땅바닥에 내동댕이쳤음에도, 그의 근육이 다시 부풀어 오르고 건강한 붉은색이 팔다리로 번져 가는 것을 보고 놀랐다. 어머니 대지가 그에게 힘을 불어넣고 있던 것이다. 두 싸움꾼은 다시 뒤엉켰다. 머지않아 안타이오스가 스스로 바닥에 몸을 던지는 것을 보고, 헤라클레스는 그가 무엇을 하려는 것인지 알아챘다. 이에 그는 상대를 공중으로 높이 들어 올린 다음 그의 갈비뼈를 부러뜨렸다. 그리고 저 밑에서 들려오는 어머니 대지의 신음을 무시한 채 그가 죽을 때까지 들고 있었다.[8]

i. 어떤 이는 이 싸움이 바다 부근 탕제르에서 50마일[80킬로미터] 정도 떨

어진 마우레타니아의 작은 도시 릭소스에서 벌어졌다고 전한다. 그곳에는 안타이오스의 무덤이라고 하는 작은 언덕이 있다. 이 작은 언덕에서 흙을 몇 바구니 가져온다면 비가 내리기 시작하고, 흙을 제자리에 가져다 둘 때까지 그치지 않는다고 그곳 사람들은 믿고 있다. 헤스페리데스의 정원은 이 근처에 있는 섬을 말한다는 주장도 있는데, 거기엔 헤라클레스의 제단이 세워져 있다. 그러나 야생 올리브나무 몇 그루를 빼면 과수원의 흔적이라곤 이제 찾아볼 수 없다. [2세기 로마 장군] 세르토리우스가 탕제르를 점령한 다음, 안타이오스의 해골이 전설에 전해지듯 그렇게 큰지 확인하기 위해 무덤을 열었다. 그런데 놀랍게도 그 크기가 60큐빗[약 30미터]이나 됐다. 이에 장군은 즉시 무덤을 닫고 안타이오스에게 영웅의 제물을 바쳤다. 지역 주민들은 안타이오스가 예전에 팅기스라 불렀던 탕제르를 건설했다고 한다. 그게 아니면, 죽은 안타이오스의 아내 팅가가 헤라클레스를 통해 낳은 아들 소팍스가 그 나라를 다스렸으며 어머니의 이름을 그 도시에 붙였다고 주장한다. 소팍스의 아들 디오도로스는 헤라클레스가 거기 정착하도록 한 뮈케나이 이주민 가운데 가려 뽑은 그리스인 군대와 함께 많은 아프리카 나라들을 제압했다.⁹⁾ 마우레타니아인들은 동쪽에서 유래했으며, 파루시오이인들과 마찬가지로, 헤라클레스와 함께 아프리카로 왔던 페르시아인들의 후손이다. 그러나 어떤 이는 이들이 유대의 여호수아가 쫓아낸 가나안족의 후손이라 전한다.¹⁰⁾

j. 다음으로, 헤라클레스는 암몬의 신탁소를 찾았다. 그는 거기서 아버지 제우스와 대화하기를 청했다. 제우스는 자신을 드러내는 것을 싫어했는데, 헤라클레스가 계속 고집을 피우자, 숫양에서 벗긴 양가죽을 뒤집어쓰고 숫양 머리로 얼굴을 가린 채 나타나 몇 가지 얘기를 해줬다. 이에 이집트인들은 암몬의 제우스 신상이 숫양의 얼굴을 하도록 했다. 테바이인들은 오늘

날 1년에 한 번씩 숫양을 제물로 바친다. 제우스의 축제가 끝날 때 숫양 한 마리를 잡는데, 그 양털로 제우스의 신상을 덮어 준다. 그들은 다음 희생양에 대한 애도로 자기 가슴을 두드리고, 신성한 무덤에 이를 묻어 준다.[11]

k. 헤라클레스는 이어 남쪽으로 길을 잡았으며, 성문이 100개인 도시를 건설하고 자신이 태어난 도시를 기려 [이집트의] 테바이라고 이름 붙였다. 그러나 어떤 이는 오시리스가 이미 이를 건설했다고 전한다. 당시, 이집트의 왕은 안타이오스의 형제인 부시리스였다. 그는 포세이돈이 에파포스의 딸인 뤼시아낫사와 함께해 낳은 아들이다. 어머니가 나일 강의 딸인 아넵페라는 사람도 있다.[12] 이곳은 예전에 가뭄과 기근이 8-9년 동안 이어진 적이 있었다. 그는 그리스 예언가를 불러 조언을 청했다. 그의 조카이자 박식한 퀴프로스 섬의 예언가가 와서는 제우스를 기려 매년 한 명씩 이방인을 제물로 바치면 기근이 멈출 것이라고 선언했다. 예언가의 이름은 파라시오스, 트라시오스, 또는 타시오스이며, 퓌그말리온의 아들이다. 부시리스는 그렇게 예언한 파라시오스를 먼저 제물로 바쳤으며, 그다음부터는 손님들 가운데서 제물을 골랐다. 헤라클레스가 도착하자 왕은 사제들이 그를 제단으로 끌어가게 했다. 그들은 그의 머리카락을 머리끈으로 묶는 등 준비를 끝냈다. 부시리스가 신들을 부르며 제물용 도끼를 위로 치켜들자 헤라클레스는 묶인 밧줄을 끊고 부시리스를 죽였다. 그의 아들 임피다마스와 다른 모든 사제도 함께 죽였다.[13]

l. 다음으로, 헤라클레스는 아시아를 횡단해 로도스 섬 린도스 마을의 항구인 테르뮈드라이에 들렀다. 그는 거기서 한 농부의 수레에서 거세한 수송아지의 멍에를 벗겨내고 제물로 바친 다음 그 살을 맘껏 먹었다. 그러는 동안 송아지 주인은 멀리 산에 서서 그에게 저주를 내렸다. 이 때문에 린도스 사람들은 아직도 헤라클레스에게 제물을 바칠 때 저주의 말을 내뱉는

다. 이윽고 헤라클레스는 카우카소스 산맥에 도달했다. 그곳에서는 프로메테우스가 30년, 또는 1,000년, 또는 3만 년 동안 족쇄에 묶여 있었고 매일같이 그리폰 독수리가 그의 간을 쪼아 먹고 있었다. 독수리는 튀폰과 에키드나의 자식이라 한다. 제우스는 오래전부터 자신이 그에게 내린 벌에 대해 후회하고 있었다. 프로메테우스가 고맙게도 자신보다 더 위대한 아들을 갖게 될 것이라면서 테티스와 결혼하지 말라고 경고해 준 일이 있었기 때문이다. 그래서 헤라클레스가 프로메테우스에 대한 용서를 간청하자 아무런 이의 없이 이를 허락했다.[4] 하지만, 예전에 영원히 벌을 받아야 한다고 선고한 것이 있어, 제우스는 여전히 죄수로 보이도록 그를 묶었던 사슬로 만든 반지를 끼고 있어야 한다는 조건을 달았다. 반지에 카우카소스의 돌을 박아 넣도록 했는데, 이것이 반지에 무엇을 박아 넣는 효시가 됐다. 그럼에도 프로메테우스의 고통은 끝나지 않을 운명이었다. 어떤 불사의 존재가 자발적으로 그를 대신해 타르타로스로 내려가야 했던 것이다. 이에 헤라클레스는 제우스에게 케이론을 떠올리게 해주었다. 헤라클레스가 그에게 회복되지 않는 부상을 입힌 이래, 케이론은 불사라는 선물을 포기하기를 간절히 원하고 있었다. 이렇게 모든 장애가 치워지자, 헤라클레스는 '사냥꾼 아폴론'의 이름을 부르면서 그리폰 독수리의 심장을 화살로 맞춰 프로메테우스에게 자유를 선사했다.[5]

m. 이때부터 사람들은 프로메테우스를 기려 반지를 끼기 시작했으며, 화관도 썼다. 프로메테우스가 풀려날 때 버드나무 화관을 쓰라는 명을 받았기 때문이다. 헤라클레스는 그와 함께한다는 뜻에서 야생 올리브나무 화관을 썼다.[6]

n. '전능한 제우스'는 그 화살을 하늘의 별들 사이에 그려 넣어 화살자리로 만들었다. 그리고 오늘날까지 카우카소스 산맥 주민들은 그리폰 독수리

를 인류의 적으로 여긴다. 프로메테우스의 고통에 복수하려 불화살로 독수리 둥지를 불태우고 덫을 놓는다.[17]

1] 아폴로도로스: 『비블리오테카』 2. 5. 11; 에우리피데스: 『헤라클레스』 396; 페레퀴데스: 『헤라의 결혼』 2, 아폴로니오스 로디오스와 관련해 고전 주석자가 인용: 4. 1396; 에라토스테네스: 『카타스테리스모이』 3; 휘기누스: 『시적 천문학』 2. 3; 게르마니쿠스 카이사르: 『아라토스의 「현상」에 관하여』, '드라콘' 항목.

2] 아폴로도로스: 2. 5. 11; 헤시오도스: 『신들의 계보』 333-335; 아폴로니오스 로디오스에 대한 고전 주석자: 4. 1396.

3] 아폴로도로스: 같은 곳; 베르길리우스의 『아이네이스』 4. 483에 대한 고전 주석자; 헤시오도스: 『신들의 계보』 215; 플리니우스: 『자연 탐구』 6. 35-36; 오비디우스: 『변신 이야기』 4. 637 ff.

4] 아폴로도로스: 같은 곳; 헤로도토스: 『역사』 7. 124-127; 휘기누스: 『시적 천문학』 2. 15.

5] 아폴로도로스: 같은 곳; 페레퀴데스, 아폴로니오스 로디오스와 관련해 고전 주석자가 인용: 4. 1396; 아폴로니오스 로디오스: 『아르고 호 이야기』 1396-1484.

6] 휘기누스: 『시적 천문학』 2. 3.

7] 아폴로도로스: 같은 곳; 휘기누스: 『신화집』 31; 디오도로스 시켈로스: 『역사총서』 4. 17.

8] 디오도로스 시켈로스: 같은 곳; 아폴로도로스: 같은 곳; 핀다로스: 「이스트미아 제전 송가」 4. 52-55; 루카누스: 『파르살리아』 4. 589-655.

9] 플리니우스: 『자연 탐구』 5. 1; 스트라본: 『지리학』 17. 3. 2; 폼포니우스 멜라: 3. 106; 플루타르코스: 『세르토리우스』 9.

10] 스트라본: 17. 3. 7; 플리니우스: 『자연 탐구』 5. 8; 프로코피우스: 『반달전쟁에 관하여』 2. 10.

11] 칼리스테네스, 스트라본의 인용: 17. 1. 43; 헤로도토스: 2. 42.

12] 디오도로스 시켈로스: 1. 15와 4. 18; 오비디우스: 『이비스』 399; 아폴로도로스: 2. 5. 11; 사모스의 아가톤, 플루타르코스의 인용: 『영웅전』 38.

13] 베르길리우스의 『농경시』 3. 5에 대한 필라르귀리오스; 아폴로도로스: 같은 곳; 휘기누스: 『신화집』 31과 56; 오비디우스: 『사랑의 기술』 1. 649.

14] 아폴로도로스: 같은 곳; 휘기누스: 『신화집』 54; 스트라본: 11. 5. 5; 아이스퀼로스, 휘기누스의 인용: 『시적 천문학』 2. 15; 헤시오도스: 『신들의 계보』 529 ff.

15] 베르길리우스의 『시선』 6. 42에 대한 세르비오스; 휘기누스: 같은 곳; 플리니우스: 『자연 탐구』 33. 4와 37. 1; 아이스퀼로스: 「사슬에 묶인 프로메테우스」 1025와 「풀려난 프로메테우스」의 글조각 195, 플루타르코스의 인용: 『사랑에 관하여』 14; 아폴로도로스: 같은 곳.

16] 아테나이오스: 『현자들의 식탁』 15. 11-13; 아이스퀼로스: 『글조각』 202와 235, 아테나이오스의 인용 674d; 아폴로도로스: 같은 곳.

17] 휘기누스: 『시적 천문학』 2. 15; 필로스트라토스: 『튀아나의 아폴로니오스의 생애』 2. 3.

*

1. 헤스페리데스Hesperides의 위치에 대한 여러 이야기는 '제일 서쪽 the Farthest West'이 어디인지에 대한 여러 견해에서 비롯됐다. 한 가지 설명은, 이번 과업이 [리비아의] 베레니케Berenice에서 수행됐다고 전한다. 이곳

을 예전에 헤스페리데스(플리니우스:『자연 탐구』5. 5) 또는 에우스페리데스
Eusperides(헤로도토스: 4. 171) 또는 에우에스페리테스Euesperites(헤로도토스: 4.
198)라고 불렸는데, 프톨레마이오스 에우에르게테스Ptolemy Euergetes[1]가 아내
이름을 따라 이렇게 이름을 바꿨다는 것이다. 이 도시는 리비아 북부 시르
테Sirte 만의 서쪽 곶인 프세우도페니아스Pseudopenias(스트라본: 17. 32)에 있었
다. 도시 부근에는 라톤Lathon 또는 레톤Lethon 강이 흘렀고, '헤스페리데스의
정원'이라고 알려진 신성한 숲이 있었다. 게다가 라톤 강은 '헤스페리아 호
수'로 흘러 들어갔다. 근처에 있는 트리토니스 호수 안에는 아프로디테 신
전을 모신 섬이 있었는데(스트라본: 같은 곳; 플리니우스: 같은 곳), 때로는 사과
나무가 아프로디테의 소유라는 이야기가 전한다(베르길리우스의『아이네이스』
4. 485에 대한 세르비오스). 헤로도토스(같은 곳)는 이곳을 리비아의 비옥한 땅
몇 군데 가운데 하나라고 묘사했다. 최고 좋을 때는 100배를 수확한다고 전
했다.

2. 이러한 지리학적인 논란과 별도로, 이번 신화에 대한 다양한 합리적
인 설명이 존재한다. 첫 번째 시각으로, 여기 나온 사과는 사실 아름다운 양
이거나(멜론은 '양'과 '사과'를 동시에 뜻한다) 특이하게도 황금을 닮은 붉은색
양털의 양이라는 해석이 있다. 이 양을 드라곤Dragon이라는 이름의 양치기
가 지켰으며, 헤스페로스Hesperus의 딸들, 즉 헤스페리데스가 그에게 음식을
가져다주곤 했다는 것이다. 헤라클레스는 그 양을 빼앗아(베르길리우스의『아
이네이스』같은 곳에 대한 세르비오스) 죽였다(세르비오스: 같은 곳). 그가 양치기를
납치했다는 이야기도 있다(팔라이파토스: 19). 팔라이파토스(같은 곳)는 헤스
페로스가 양 산지로 유명한 카리아의 밀레토스 토박이라고 전했다. 그리고

---

1) 이집트의 프톨레마이오스 8세를 말하는 것으로 보인다.

헤라클레스가 약탈하러 올 때, 헤스페로스는 이미 오래전에 죽었지만 그의 두 딸은 살아 있었다고 덧붙였다.

3. 또 다른 시각으로, 헤라클레스가 가족 과수원에서 이집트 사제들에게 납치된 아틀라스의 딸들을 구조했다는 해석이 있다. 이에 아틀라스는 감사의 뜻으로 과업의 대상물을 건네주었을 뿐 아니라 거기에 더해 천문학도 가르쳐 주었다. 아틀라스는 최초의 천문학자로서 무척 해박해, 말하자면 어깨에 천구를 짊어질 수 있었다. 이런 까닭에 헤라클레스가 그에게서 천구를 넘겨받았다고 전해지는 것이다(디오도로스 시켈로스: 3. 60과 4. 27). 헤라클레스는 정말로 '황도 12궁의 주인'이 됐지만, 그가 대신한 티탄 신족의 천문학자는 코이오스Coeus(일명 토트Thoth)였지 아틀라스가 아니었다(1. 3 참고).

4. 하지만 이번 과업의 제대로 된 설명은 은유가 아니라 의례에서 찾아야 한다. 왕위 후보자는 뱀을 제압하고 그의 황금을 빼앗아야 했다는 점이 조만간 드러날 것이다(148. 5 참고). 여기 나오는 헤라클레스는 이번 과업과 휘드라와 벌인 싸움 양쪽에서 이를 해냈다. 그러나 그가 빼앗은 황금은 당연하게도 황금 사과의 형태가 아니었어야 했다. 그는 통치 기간이 끝날 때 '세 모습 여신'으로부터 낙원에 들어가는 통행증으로 이를 받았다. 이런 장례적 맥락에서, 뱀의 신은 그의 적이 아니다. 오히려 제물로 바쳐진 다음 그의 혼령은 뱀의 형태를 띠게 된다. 라돈은 머리가 100개이고 여러 종류의 말을 한다고 했는데, 이는 많은 신탁의 영웅들이 자기 자신을 '헤라클레스'라고 부를 수 있었기 때문이다. 다시 말해, 이 영웅들은 제우스의 대리인이며, 헤라에 대한 봉사에 자신을 바친 존재들이었다. '세 명의 헤스페리데스의 정원'은 '극서For West'에 있는데, 일몰은 신성한 왕의 죽음을 상징하기 때문이다. 세 헤스페리데스의 이름은 이들이 일몰과 동일하다는 것을 보여준다(33. 7과 39. 1 참고). 헤라클레스는 통치 기간이 끝날 때 사과를 받는다.

그 기한은 100개의 태음월을 뜻하는 '커다란 한 해'로 정확하게 기록돼 있다. 그는 선왕에게서 신성한 왕위라는 짐을 '아틀라스', 즉 '오래 고통받는 사람'이라는 호칭과 함께 넘겨받았다. 그 짐이라는 건 원래 천구가 아니라 태양 원판이었을 가능성이 높다(67. 2 참고).

5. 네레우스 이야기는 메넬라오스가 파로스 섬에서 프로테우스에게 도움말을 청했던 일(169. a 참고)을 모델로 삼은 것이다(호메로스: 『오뒷세이아』 4. 582 ff). 헤라클레스는 포 강을 거슬러 올라갔다고 했는데, 그렇게 하면 '휘페르보레오이의 땅'으로 갈 수 있었기 때문이다(125. b 참고). 우리는 휘페르보레오이가 델로스 섬에 보내온, 짚으로 싼 선물이 이 경로를 통해 들어왔다는 것을 알고 있다(헤로도토스: 4. 33). 그러나 어떻게 보면, 그들의 땅은 보레아스 숭배의 중심지인 브리튼 섬이었다. 전혀 다르게 리비아일 수도, 또는 카우카소스일 수도 있다. 그리고 낙원은 극서에 있거나, 아니면 북풍의 신 뒤쪽에, 여름이면 기러기들이 날아가는 신비의 땅에 있었다(161. 4 참고). 헤라클레스의 방랑은 이런 불확실함을 그대로 보여 준다. 만약 그가 ① 리비아에 있는 낙원을 찾고 있었다면, 그는 [나일강 하구] 파로스 섬의 프로테우스 왕에게 조언을 구했을 것이다(169. a 참고). ② 카우카소스의 낙원이라면, 프로메테우스에게 물었을 것이다. (정말로 아폴로도로스의 판본에는 이렇게 나온다.) ③ 북쪽의 낙원이라면, 포 강의 수원 근처에 사는 네레우스였다. 그의 행동은 프로테우스와 닮았다.

6. 안타이오스의 뼈는 아마도 땅으로 끌어온 고래 뼈였을 것이다. 그에 대한 전설이 [모로코 북부의 도시] 탕제르Tangier에 많았다. "이것은 기가스의 뼈가 틀림없다. 헤라클레스가 아니라면 누가 죽였겠는가. 헤라클레스는 세우타와 지브롤터에 그렇게 거대한 기둥을 세우지 않았는가!" 왕위 후보자와 경기 우승자들 사이의 씨름 시합은 널리 확인되는 관습이었다. 왕국을

차지하기 위한 헤라클레스와 안타이오스의 시합은 이런 맥락에서 이해해야 한다. 테세우스와 스키론(96. 3 참고), 오뒷세우스와 필로멜레이데스(161. f 참고)의 시합도 마찬가지다. 파르테논 신전의 조각가 프락시텔레스Praxiteles는 안타이오스 때려눕히기를 별개의 과업으로 여겼다(파우사니아스: 4. 11. 4)

7. 오래된 종교적 연관성이 도도나와 암몬을 연결했다. 양쪽 모두에서 숭배하는 제우스는 원래 양치기 왕이었고 매년 그에게 제물을 바쳤다. 펠리온 산이나 라퓌스티오스 산에서 그렇게 했다. 헤라클레스는 리비아를 거치면서 자기 아버지 제우스를 제대로 찾아간 것이다. 페르세우스도 동쪽으로 가는 길에 그렇게 했고, 알렉산드로스 대왕은 몇백 년 뒤에 그대로 따라 했다.

8. 세트 신은 붉은 머리칼을 갖고 있었다. 이에 부시리스 족은 세트에게 살해된 오시리스에게 바칠 희생자로 이런 색깔의 머리칼을 가진 사람이 필요했다. 붉은 머리칼은 이집트에서 드물었지만, 헬라스인들 사이에선 흔했다(디오도로스 시켈로스: 1. 88; 플루타르코스:『이시스와 오시리스에 관하여』 30, 33, 73). 이에 헤라클레스의 부시리스 살해는, 종족을 데려가 죽인 것에 대해 헬라스가 벌인 응징 행동의 기록일 수 있다. 초기 헬라스 식민지가 [상 이집트] 켐미스에 있었다는 증거가 있다.

9. 헤라클레스에게 제물을 바치면서 저주의 말을 했다는 대목(143. a 참고)은, 왕이 왕관을 받을 때 부근 언덕에서 신들이 질투하지 않도록 그를 저주하고 모욕하는 오래된 관습을 기록하고 있다. 비슷하게, 로마의 장군들이 마르스Mars인 양 행세하는 동안 그의 승전을 모욕하는 풍습이 있었다. 농부도 밭고랑에 씨앗을 뿌리면서 씨앗에 저주의 말을 했다.

10. 프로메테우스가 풀려나는 이야기는 진짜 신화가 아니라 아이스퀼로스가 발명한 도덕적 우화로 보인다(39. h 참고). 그가 버드나무 화관을 쓰는

모습은, 에트루리아 거울에도 등장하는데, 그가 달의 여신 아나타나 네이트 또는 아테나에게 바쳐진 존재였음을 암시한다(9. 1 참고). 아마도 원래 그는 여신을 기리는 가을 제례에서 버드나무를 꼬아 만든 끈으로 희생 제단에 묶였을 것이다(116. 4 참고).

11. 튀폰이 리비아에서 헤라클레스를 죽였으나 이올라오스가 메추라기를 그의 코에 가져다 댐으로써 그를 되살려 냈다는 전설이 있다(크니도스의 에우독소스:『지구의 원주』 1, 아테나이오스의 인용: 9. 11). 그러나 이는 '튀로스의 헤라클레스'인 멜카르트Melkarth로서, 에스문Esmun 신('사람들이 머릿속에 떠올리는 남자') 또는 아스클레피오스Asclepius가 이런 방식으로 그를 살려냈다. 이 전설은 시나이 반도에서 메추라기가 찾아오는 3월에 새해가 시작되며, 그때 여신을 기려 메추라기 주신제가 열렸다는 것을 뜻한다(14. 3 참고).

134
열두 번째 과업: 케르베로스 잡아오기

헤라클레스의 마지막이자 제일 어려운 과업은 타르타로스에서 케르베로스를 잡아 오는 일이었다. 준비 단계로 그는 엘레우시스로 가서 비교 의식에 참여하고 도금양 화관을 쓸 수 있게 해달라고 요청했다.[1] 이후에는 평판이 좋은 그리스인이라면 누구나 엘레우시스 비교에 입문할 수 있지만, 헤라클레스의 시대에는 아테나이인들만 허용됐다. 이에 테세우스는 필리오스라는 사람에게 그를 양자로 삼아 달라 부탁했다. 필리오스는 이를 받아들였고, 오르페우스의 아들 무사이오스는 당연히 헤라클레스를 입문시켰다. 테세우스가 그에 대한 보증을 섰다. 이때 헤라클레스는 켄타우로스 살해에 대해 정화를 받았는데, 피 묻은 손을 가진 사람은 비교 의식을 지켜볼 수 없기 때문이다.[2] 하지만 에우몰포스가 예전에 '대규모 비교 의식'을 창설하면서 외국인 참여를 금지하는 법령을 제정해 둔 것이 있었다. 이에 엘레우시스인들은 그를 위해 '소규모 비교 의식'을 새로 만들었다. 헤라클레스의 요청을 거부하기 싫었고, 그가 필리오스의 양자가 됐지만 진짜 아테나이 사람이 됐다고 확신할 수 없었기 때문이다. 다른 이들은 데메테르가 직접 그를 위해 소규모 비교 의식을 창설했다고 전한다.[3]

b. 이렇게 해서, 두 종류의 엘레우시스 비교 의식이 매년 열리고 있다. '대규모'는 데메테르와 코레를 기리고, '소규모'는 코레 하나만을 기린다. 소규모 비교 의식은 대규모 비교 의식의 준비 과정이기도 하며, 엘레우시스인들이 디오뉘소스의 운명을 극 형식으로 재현한다. 이는 안테스테리온의 달에 일릿소스 강의 아그라이에서 거행된다. 의례의 주요 순서로, 먼저 입문자들이 칸타로스 강에서 씻긴 암퇘지 한 마리를 제물로 바치고, 이어 휘드라노스라는 이름의 사제가 이들을 정화해 준다.[4] 이렇게 소규모 비교 의식을 치른 이들은 최소 한 해를 기다린 뒤에야 보이드로미온의 달에 엘레우시스 안에서 열리는 대규모 비교 의식에 참여할 수 있었다. 이들은 의식 준비를 하는 동안 비교 전수자의 지도 아래 비밀의 맹세를 해야 했다. 그전에는 데메테르 성역에 들어갈 수 없었고, 맹세의 의식이 끝날 때까지 대기실에서 기다려야 했다.[5]

c. 이렇게 깨끗이 하고 다른 준비까지 마친 헤라클레스는 라코니아의 타이나론 곶을 통해 타르타로스로 내려갔다. 어떤 이는 흑해의 헤라클레이아 부근 아케루시아 반도 쪽으로 들어갔다고 전한다. 거기에는 지금도 깊은 동굴 속에 그가 내려간 표시가 남아 있다. 이때 아테나와 헤르메스가 그를 인도했다. 오래된 과업에 지쳐 그가 울면서 제우스를 찾을 때면, 아테나는 언제나 그랬듯 서둘러 내려와 그를 위로했던 것이다.[6] 헤라클레스가 노려보자, 카론은 겁을 먹어 토를 달지 않고 그를 태워 스튁스 강을 건넜다. 나중에 하데스는 이에 대한 벌로 카론에게 1년 내내 족쇄를 차도록 했다. 헤라클레스가 반대쪽 강변에 도착해 카론의 배에서 내리자 멜레아그로스와 고르곤 메두사를 빼고는 모든 혼령이 달아났다. 메두사를 보자마자 그는 칼을 뽑았다. 그러나 헤르메스는 그것은 환영에 불과하다는 것을 다시 상기시켰다. 빛나는 갑옷을 입은 멜레아그로스에게는 화살을 겨누었는데, 그

가 웃으며 이야기했다. "그대는 죽은 자를 두려워할 필요가 없소." 둘은 한동안 사이좋게 이야기를 나눴고, 마지막에 헤라클레스는 자신이 멜레아그로스의 누이 데이아네이라와 결혼하는 것은 어떠냐고 제안했다.[7]

d. 헤라클레스는 타르타로스의 대문 근처에서 친구인 테세우스와 페이리토오스가 고통스럽게 의자에 붙어 있는 모습을 발견했다. 그는 테세우스를 잡아 뜯어내 자유롭게 해주었지만, 페이리토오스는 뒤에 남겨 둬야 했다. 다음으로 헤라클레스는 예전에 데메테르가 아스칼라포스를 가둬 둔 바위를 치웠다. 그런 다음 하데스의 소 떼에서 한 놈을 잡아 따뜻한 피의 선물로 혼령들을 기쁘게 해주었다. 이 과정에서 소몰이꾼 케우토뉘모스의 아들 메노이테스 또는 메노이티오스가 그에게 씨름 시합을 도전해 왔지만, 헤라클레스는 그의 허리를 움켜잡아 갈비뼈를 부러뜨렸다. 바로 이때 페르세포네가 궁전에서 나와 그에게 남동생을 만나듯 반갑게 인사하면서 싸움을 말리고 메노이테스를 죽이지 말라 부탁했다.[8]

e. 헤라클레스가 케르베로스를 달라고 하자, 하데스는 아내 옆에 서서 냉혹한 목소리로 답했다. "개를 너에게 주겠다. 다만, 곤봉이나 화살을 쓰지 않고 그놈을 길들일 수 있어야 한다." 헤라클레스는 개가 아케론 강 쪽 입구에 사슬로 묶여 있는 것을 보고, 주저하지 않고 그놈의 멱살을 틀어잡았다. 케르베로스의 멱살 위로는 머리가 셋 달려 있있고, 각각에는 뱀의 갈기가 자라나 있었다. 가시가 돋친 꼬리가 날아와 그를 때렸지만 헤라클레스는 사자 가죽의 보호를 받고 있었고, 틀어잡은 손을 놓지 않자 결국 케르베로스는 숨이 막혀 굴복했다.[9]

f. 타르타로스에서 돌아오는 길에, 헤라클레스는 하데스가 '엘뤼시온 평원'에 심어 놓은 나무로 화관을 만들어 썼다. 하데스는 자신의 연인인 아름다운 님프 레우케를 추억하기 위해 이 나무를 심었다. 화관의 바깥쪽 이파

리는 계속 검게 남았다. 그게 지하 세계의 색깔이기 때문이다. 그러나 헤라클레스의 이마 쪽은 그의 영광스러운 땀으로 은빛 도는 하얀 색으로 변했다. 이때부터 하얀 포플러, 즉 사시나무는 그에게 신성한 나무가 됐다. 특이한 나뭇잎 색깔은 그가 양쪽 세계에서 과업을 수행했다는 것을 의미한다.[10]

g. 아테나 여신의 도움으로 헤라클레스는 스튁스 강을 안전하게 다시 건넜으며, 케르베로스를 반은 끌고 반은 짊어지면서 트로이젠 근처 땅의 갈라진 틈으로 데리고 나왔다. 디오뉘소스가 어머니 세멜레를 데리고 나왔던 바로 그곳이다. 갈라진 틈 입구에 테세우스는 '구원자 아르테미스'의 신전을 지었는데, 지금도 그 안에는 지옥의 신들에게 바친 제단이 남아 있다. 또 트로이젠에는 헤라클레스가 발견해 그의 이름을 붙인 샘이 힙폴뤼토스의 예전 궁전 앞에 남아 있다.[11]

h. 다른 설명도 있다. 헤라클레스는 지하 통로를 따라 케르베로스를 매우 단단한 사슬로 묶어 끌고 나왔는데, 그 통로는 흑해의 마리안뒤네 부근 아코네의 음산한 동굴로 이어져 있었다. 케르베로스가 햇볕을 꺼리면서 버티고 서서 세 머리로 한꺼번에 사납게 짖었다. 이때 그의 침이 풀밭으로 날아가 독초 아코닛이 처음 생겨났다. 이는 헤카테이스라고도 부르는데, 헤카테가 처음 이를 사용했기 때문이다. 또 다른 설명으로, 헤라클레스가 타이나론 곳으로 나왔다는 얘기도 있다. 그곳은 동굴 모양의 신전으로 유명한데, 그 앞에는 포세이돈 신상이 서 있다. 그러나 거기에 지하 세계로 이어지는 길이 있었다 할지라도 지금은 막혀 있다. 마지막으로, 어떤 이는 그가 라퓌스티오스 산에 있는 '라퓌스티오스의 제우스' 경내로 나왔다고 전한다. 이곳에는 '빛나는 눈의 헤라클레스'의 신상이 서 있다.[12]

i. 그런데 최소한 다음 내용에 대해선 모든 의견이 일치한다. 헤라클레스가 케르베로스를 뮈케나이로 끌고 왔을 때, 마침 제물을 바치고 있던 에우

뤼스테우스는 제물의 제일 좋은 부분은 친척들에게 챙겨 주고 그에게는 노예가 받을 몫만 주었다. 이에 헤라클레스는 에우뤼스테우스의 세 아들 페리메데스, 에우뤼비오스, 에우뤼퓔로스를 죽여 자기가 얼마나 분개했는지 똑똑히 보여 주었다.[13]

j. 아코닛 외에 헤라클레스는 다른 약초들도 찾아냈다. 만병통치약인 헤라클레온, 즉 '야생 꽃박하'를 발견했고, '시데리아의 헤라클레이온'도 찾았다. 이는 쇠붙이로 입은 상처에 특효약인데, 가는 줄기와 붉은 꽃, 이파리는 고수풀과 닮았고, 호수와 강가에서 자란다. 사리풀도 찾아냈는데, 이는 현기증과 광증을 일으킨다. 곤봉 모양의 뿌리를 가진 '뉨파이아 헤라크레온'은 헤라클레스에게 버림을 받아 질투로 죽은 님프를 따라 이름이 지어졌다. 이 약초는 열이틀 동안 남자를 발기불능에 빠뜨린다.[14]

1) 호메로스: 『오뒷세이아』 11. 624; 아폴로도로스: 『비블리오테카』 2. 5. 12.

2) 헤로도토스: 『역사』 8. 65; 아폴로도로스: 같은 곳; 플루타르코스: 『테세우스』 30과 33; 디오도로스 시켈로스: 『역사총서』 4. 25.

3) 체체스: 『뤼코프론에 관하여』 1328; 디오도로스 시켈로스: 4. 14.

4) 아리스토파네스의 『부(富)의 신』 85와 『평화』 368에 대한 고전 주석가; 비잔티움의 스테파누스, '아그라' 항목; 플루타르코스: 『데메트리오스』 26과 『포키온』 28; 아리스토파네스: 『아카르나이 구역민들』 703과 720에 대한 고전 주석자와 함께; 바로: 『나라 문제에 관하여』 2. 4; 헤쉬키오스, '휘드라노스' 항목; 폴뤼아이노스: 5. 17.

5) 플루타르코스: 『포키온』 28; 세네카: 『자연의 문제』 7. 31.

6) 아폴로도로스: 2. 5. 12; 크세노폰: 『아나바시스』 101. 2. 2; 호메로스: 『오뒷세이아』 11. 626과 『일리아스』 8. 362 ff.

7) 베르길리우스의 『아이네이스』 6. 392에 대한 세르비오스; 아폴로도로스: 같은 곳; 바퀼리데스: 『우승 축가』 5. 71 ff.와 165 ff.

8) 아폴로도로스: 같은 곳; 체체스: 『킬리아데스』 2. 396 ff.

9) 아폴로도로스: 같은 곳.

10) 베르길리우스의 『아이네이스』 8. 276과 『시선』 7. 61에 대한 세르비오스.

11) 호메로스: 『일리아스』 8. 369; 아폴로도로스: 같은 곳; 파우사니아스: 『그리스 여행기』 2. 31. 12와 2. 32. 3.

12) 오비디우스: 『변신 이야기』 7. 409 ff.; 베르길리우스의 『농경시』 2. 152에 대한 게르마니쿠스 카이사르; 파우사니아스: 3. 25. 4와 9. 34. 4.

13) 안티클레이데스, 아테나이오스의 인용: 4. 14; 투퀴디데스에 대한 고전 주석자: 1. 9.

14) 플리니우스: 『자연 탐구』 25. 12, 15, 27, 37.

＊

1. 이번 신화는 헤라클레스가 타르타로스로 내려가는 도상에서 추론했을 것이다. 거기에는 '죽음의 여신' 헤카테가 머리가 세 개인 괴물 모습으로 그를 환영하고 있다. 아마 여신의 세 머리는 세 계절을 지칭할 것이다 (31. f와 75. 2 참고). 이는 여신이 황금 사과를 선물로 준 것에 대한 자연스러운 귀결로, 헤카테는 그를 '엘뤼시온 평원'으로 데려가고 있다. 사실 이 장면은 신화와 정반대로 케르베로스가 헤라클레스를 데려가고 있다. 우리에게 익숙한 판본은 그의 신격화에 따르는 논리적 결과일 뿐이다. 어떤 영웅이라도 지하 세계로 내려가면 그곳에 머물러야 하지만, 신이 되면 자기를 가둔 간수를 데리고 그곳을 탈출한다. 그동안 오직 여신만을 숭배했던 사회에서, 이제 영웅이 신이 되는 일이 벌어졌다. 이는 왕이 태곳적부터 내려오는 관습을 거역하고 여신을 위해 죽지 않으려 했다는 것을 암시한다. 이와 관련해 황금 개의 소유는 아카이아의 상왕이 통치권을 확보했으며 가모장제적 보호에서 벗어났다는 증거이다(24. 4 참고). 메노이테스Menoetes가 타르타로스에 있고 헤라클레스가 하데스의 소 한 마리를 훔쳤다는 대목은, 열 번째 과업이 이번 열두 번째 과업의 또 다른 판본임을 보여 준다. 즉, 지옥 약탈이란 점에서 양쪽이 일맥상통한다(132. 1 참고). 이에 상응하는 웨일스 신화를 통해 판단컨대, 메노이테스의 아버지를 의도적으로 '이름 없는'이란 뜻의 케우토뉘모스Ceuthonymus라 했지만, 그는 오리나무의 신인 브란, 또는 포로네우스, 또는 크로노스이다. 이렇게 되면 열 번째 과업의 맥락과 맞아떨어진다(『하얀 여신』 48쪽).

2. '대규모 엘레우시스 비교 의식Great Eleusinian Mysteries'은 크레테에서 유래했으며, 보이드로미온Boedromion('도움을 얻으러 달려가는')의 달에 열렸다. 이 달은 크레테에서 새해의 첫 달로 대략 지금의 9월에 해당한다. 테세우스가

아마조네스를 물리친 일을 기념해 이렇게 이름 지었다고 플루타르코스는 전한다(『테세우스』 27). 이 승리는 가모장제에 대한 탄압을 뜻할 것이다. 원래 비교 의식은, 한겨울에 있을 다가오는 죽음에 대비해, 추분에 벌인 신성한 왕의 준비 의식이었을 것이다. 그래서 죽음을 예고하는 도금양 화관을 썼다(109. 4 참고). 의례는 왕에게 지하세계에 어떤 일이 벌어질지 보여 주는 신성한 연극 형식으로 진행됐을 것이다. 가모장제의 특징인, 왕가의 남자를 제물로 바치는 관습이 폐지된 다음에, 비교 의식은 적절하다고 판단되는 모든 입문자에게 개방됐다. 이는 「사자의 서」가 비슷한 조언을 했던 이집트에서, 평판이 좋은 사람은 정화로 모든 더러움을 깨끗이 하고 가짜 죽음을 겪고 난 다음에는 오시리스가 될 수 있었던 것과 유사하다. 실제 엘레우시스에서는 오시리스가 디오뉘소스와 동일시됐다. 하얀 포플러 나뭇잎은 수메르에서 부활의 상징이었으며, 나무 달력에서 하얀 포플러는 추분을 의미했다(52. 3 참고).

3. '소규모 비교 의식Lesser Mysteries'은 '대규모'의 준비 과정이 됐는데, 원래는 독립된 펠라스고이족의 제례였던 것으로 보인다. 이 또한 재탄생의 바람에 바탕을 두고 있으며, 2월 초의 성촉절에 열렸다. 이때 나무에서 처음으로 잎이 나오는데, 이것이 [소규모 의식이 열린 달] 안테스테리온Anthesterion의 뜻이다.

4. 당시 디오뉘소스는 오시리스와 동일시됐기에, 세멜레는 이시스에 해당했음이 분명하다. 그런데 우리는 오시리스가 지하 세계에서 이시스를 구조한 것이 아니라, 반대로 그녀가 그를 구조했음을 알고 있다. 따라서 트로이젠의 도상에는 세멜레가 디오뉘소스를 지상으로 데려오는 모습이 담겨 있었을 것이다. 이와 비슷하게 헤라클레스를 지상으로 인도하는 여신 역시 이시스이다. 헤라클레스의 알케스티스Alcestis 구조도 아마 같은 도상에서 추

론했을 것이다. 그는 이끄는 게 아니라, 이끌림을 받는다. 그가 라퓌스티오스 산의 어느 구역을 통해 지상으로 돌아왔다는 부분은 흥미로운 변형이다. 그 산의 정상에는 동굴이 없는 만큼, 이 신화는 그곳에서 거행된 성스러운 왕의 죽음과 부활 의례를 지칭하는 게 틀림없다. 이 의례는 '황금 양털' 전설의 형성에도 이바지했다(70. 2와 148. 10 참고).

5. 아코닛은 마비를 일으키는 독초인데, 텟살리아 마녀들이 하늘을 나는 기분을 내는 연고를 만들 때 사용했다. 이를 바르면 다리와 손의 감각이 없어지고, 땅에서 붕 떠 있는 기분이 들게 한다. 그러나 이는 해열제로 쓸 수도 있어, 헤라클레스가 스튐팔로스에서 열병의 새 떼를 쫓아낸 것을 생각해 이 풀의 발견자로 여긴 것이다.

6. 헤라클레스 위업의 순서는 크게 엇갈린다. 디오도로스 시켈로스와 휘기누스는 '열두 과업'을 아폴로도로스와 같은 순서로 배열했다.[1] 다만, 두 사람은 네 번째를 세 번째 앞에, 여섯 번째 과업을 다섯 번째 앞에 배치했다. 그리고 디오도로스 시켈로스는 열두 번째를 열한 번째 앞에 두었다. 거의 모든 신화학자가 '네메아의 사자'가 첫 번째 과업이었다는 데 동의한다. 그러나 휘기누스는 "에우뤼스테우스가 정해 놓은 헤라클레스의 열두 과업"의 순서에서 뱀을 목 졸라 죽이는 일이 네메아의 사자보다 앞이었다고 전했다(『신화집』 30). 디오도로스 시켈로스는 한 곳에서 안타이오스와 부시리스 살해를 열 번째 과업에 포함하나(4. 17-18), 다른 곳에서는 열한 번째 과업에 집어넣었다(4. 27). 어떤 작가들은 헤라클레스가 어릴 적에 아르고 호 원정대에 참여했다고 했지만(실리우스 이탈리쿠스: 1. 512), 다른 이들은 이 모험을 네 번째 과업 다음에 배치했고(아폴로니오스 로디오스: 1. 122), 또 다

---

1) 이 책은 아폴로도로스의 『신화집』 순서를 따르고 있다.

른 이는 여덟 번째 과업 다음에 두었다(디오도로스 시켈로스: 4. 15). 그러나 어떤 이는 그가 아홉 번째(발레리우스 플라쿠스:『아르고나우티카』 5. 19)와 열두 번째 과업(같은 책: 2. 382)을 수행하면서 "두 황소"의 뿔을 부러뜨렸고(같은 책: 1. 36), 그다음에 아르고 호 원정대에 참여했다고 했다. 그리고 그가 아르고 호를 탄 적이 없으며, 당시 그는 옴팔레 여왕의 노예로 육지에 있었다고 주장한다(헤로도토스, 아폴로도로스의 헤로도토스 인용: 1. 9. 19).

7.『뤼코프론에 관하여』1328을 보면, 헤라클레스는 아홉 번째 과업을 시작하기 전에 '엘레우시스 비교 의식'에 입문했다. 필로코로스Philochorus(플루타르코스의 인용:『테세우스』26)는 테세우스가 의례를 거행하는 도중에 그를 입문시켰다고 전했다(같은 책: 30). 그런데 헤라클레스는 열두 번째 과업에서 테세우스를 타르타로스에서 구조했다(아폴로도로스: 2. 5. 12). 파우사니아스(1. 27. 7)를 보면, 헤라클레스가 사자 가죽을 쓰고 트로이젠에 왔을 때 테세우스는 겨우 일곱 살이었다. 그리고 테세우스가 아테나이로 가면서 코린토스 지협의 악당들을 일소할 때, 헤라클레스는 옴팔레의 노예로 있었다(아폴로도로스: 2. 6. 3). 에우리피데스는 헤라클레스가 여덟 번째 과업을 수행하려 출발하기 이전에 아레스의 아들 퀴크노스와 싸움을 벌였다고 믿었다(『알케스티스』501 ff.). 프로페르티우스(4. 19. 41)는 그가 카코스를 죽였을 때는 이미 타르타로스를 다녀온 다음이었다고 했다. 오비디우스(『로마의 축제들』5. 388)는 케이론이 네 번째 과업 때가 아니라 헤라클레스가 거의 과업을 완수했을 때 사고로 죽었다고 적었다.

8. 알브리코스(22)는 '열두 과업'에 대해 우의적인 설명과 함께 다음과 같이 순서를 매겼다. 켄타우로스를 결혼식에서 물리치고, 사자를 죽이고, 알케스티스를 타르타로스에서 구조한 다음 케르베로스를 사슬로 묶고, 헤스페리데스의 사과를 가져오고, 휘드라를 죽이고, 아켈로오스와 씨름하고,

카코스를 죽이고, 디오메데스의 암말을 가져오고, 안타이오스를 물리치고, 멧돼지를 사로잡고, 게뤼오네우스의 소 떼를 훔쳐오고, 마지막으로 하늘을 떠받쳤다고 한다.

9. 헤라클레스가 수행한 다양한 과업은 아뮈클라이Amyclae에 있는 아폴론의 왕좌에 표현돼 있다고 한다(파우사니아스: 3. 18. 7-9). 스파르테의 아크로폴리스에 있는 아테나 청동 전당 안에도 있다(파우사니아스: 3. 17. 3). 테바이의 헤라클레스 전당에 있는 프락시텔레스의 박공에는, 열두 과업 대부분이 조각돼 있지만, '스튐팔로스의 새 떼' 이야기는 빠져 있다. 그리고 안타이오스와 벌인 씨름 시합이 아우게이아스의 외양간 청소를 대신하고 있다. 수많은 도시가 헤라클레스의 과업과 자기네를 연결하려 했음이 분명하다. 이는 결혼 임무를 표현한 극 형식의 의례가 광범위한 지역에서, 왕 즉위식의 사전 행사로 똑같이 거행됐음을 암시한다.

135
헤라클레스의 이피토스 살해

헤라클레스는 과업을 마치고 테바이로 돌아와 아내 메가라를 조카이자 전차몰이꾼인 이올라오스에게 아내로 주었다. 당시 메가라는 33세, 이올라오스는 겨우 16세였다. 헤라클레스는 자신과 그녀의 결합이 상스럽지 못하다는 이유를 댔다.[1] 그는 더 젊고 행운을 가져올 아내를 이리저리 수소문했다. 친구인 에우뤼토스가 딸 이올레의 신랑을 구한다는 얘기를 들었다. 그는 멜라니오스의 아들이고 오이칼리아의 왕이었다. 그는 자신과 그의 네 아들보다 활을 더 잘 쏘는 사람에게 딸을 주겠다고 했다. 헤라클레스는 곧장 출발했다.[2] 에우뤼토스는 아폴론 신에게서 좋은 활을 받았고, 그 사용법도 직접 배웠다. 그는 활 솜씨가 뛰어나다고 자부했으나 헤라클레스는 시합에서 그를 쉽게 이겨 버렸다. 에우뤼토스는 시합 결과에 기분이 몹시 상한데다 무엇보다 헤라클레스가 그 자식들을 죽이고 메가라도 버렸다는 얘기까지 들었다. 그래서 그는 이올레를 내주지 않았다. 포도주를 많이 마시고 대담해져서 이렇게 말했다. "과녁을 벗어나지 않는 마법의 화살을 쓰지 않는다면, 당신은 활잡이로서 나와 내 아들들에 비교가 되지 않는다. 이번 시합은 무효다. 그리고 어떤 경우라도 내 사랑하는 딸을 당신 같은 악당에게는 맡기지 않겠다. 더구나 당신은 지금도 에우뤼스테우스의 노예에 불과하다. 다른 노예처럼 오직 자유인에게 두들겨 맞는 일만 가능하다." 그는 말을 마치고 헤라클레스를 궁전에서 쫓아냈다. 헤라클레스는 이제껏 그랬듯 즉시 앙갚음을 하지는 않았지만, 복수를 맹세했다.[3]

b. 에우뤼토스의 네 아들 가운데 셋, 즉 디다이온과 클뤼티오스, 톡세우스는 아버지의 정직하지 못한 주장을 지지했다. 하지만 맏형인 이피토스는 공정하게 이올레를 헤라클레스에게 주어야 한다고 분명하게 밝혔다. 얼마 있지 않아, 발굽 힘이 좋은 번식용 암말과 튼튼한 새끼 노새가 열두 마리씩 에우보이아에서 사라지는 일이 벌어졌다. 이피토스는 헤라클레스가 훔쳐 갔다고 믿지 않았다. 사실은 유명한 도둑 아우톨뤼코스가 훔쳐 간 것인데, 그는 마법처럼 이들의 외양을 바꿔 마치 자신의 가축인 것처럼 해서 아무 의심도 하지 않는 헤라클레스에게 팔았다.[4] 이피토스는 암말과 새끼 노새의 발자국을 따라 갔고, 이들이 티륀스로 끌려갔다는 것을 확인했다. 헤라클레스가 아버지 에우뤼토스가 준 모욕에 대해 이렇게 앙갚음한 것이라 의심할 수밖에 없었다. 이제 막 알케스티스를 구조하고 돌아온 헤라클레스와 직접 대면하게 되자, 이피토스는 자신의 의심을 감춘 채 그냥 이번 일에 대한 조언을 구했다. 헤라클레스는 이피토스가 도둑 아우톨뤼코스가 자기한테 판 암말과 노새를 말하고 있다는 것을 알아채지 못했다. 그래서 그가 자신의 손님이 되어 준다면 언제나 그렇듯 성심껏 그놈들을 찾아보겠다고 약속했다. 그는 조만간 자신이 도둑으로 의심받고 있다는 것을 눈치챘으며, 이에 마음이 무척 쓰라렸다. 거창한 연회를 마친 뒤, 그는 이피토스를 티륀스의 가장 높은 탑 꼭대기로 데려갔다. "주위를 둘러보시오! 당신의 암말들이 어디 풀을 뜯고 있는 게 보이는지 말해 보란 말이오." 이피토스는 수긍할 수밖에 없었다. "보이지 않네요." 헤라클레스는 고함을 질렀다. "그런데

도 당신은 그동안 속으로 나를 도둑놈이라 여기고 있었소!" 헤라클레스는 분개해 그를 집어던져 죽였다.[5]

c. 헤라클레스는 곧장 퓔로스의 왕 넬레우스에게 가서 정화를 부탁했다. 그러나 넬레우스는 에우뤼토스와 동맹 관계에 있어 이를 거절했다. 막내인 네스토르를 제외하고 그의 아들 누구도 헤라클레스를 받아들이지 않으려 했다. 헤라클레스는 결국 힙폴뤼토스의 아들 데이포보스를 설득해 아뮈클라이에서 정화를 받을 수 있었다. 그러나 그는 여전히 악몽에 시달렸고, 델포이 신탁소에 가서 이를 없애는 방법을 물었다.[6] 퓌토(델포이)의 여사제 크세노클레이아는 답변을 거부했다. "당신은 손님을 살해했다. 당신 같은 사람에게 줄 신탁은 내게 없다!" 헤라클레스는 고함을 쳤다. "그렇다면 나 스스로 신탁을 받을 수밖에 없다!" 그는 이에 전당에서 봉헌물을 빼앗고, 심지어 크세노클레이아가 앉아 있던 삼발이까지 가져갔다. "티륀스의 헤라클레스는 카노포스의 헤라클레스와 너무나 다르구나." 퓌토의 여사제는 그가 전당에서 삼발이를 가져가는 것을 보고 이렇게 말했다. 언젠가 '이집트의 헤라클레스'가 델포이에 온 적이 있는데, 그는 무척이나 정중하면서도 공손했기에 이런 말이 나왔다.[7]

d. 분개한 아폴론이 일어나 헤라클레스와 싸움을 벌였고, 제우스가 벼락을 내려 두 싸움꾼을 떼어놓았다. 둘이 우정의 뜻으로 손을 맞잡게도 했다. 헤라클레스는 성스러운 삼발이를 되돌려 주었고, 둘은 함께 귀티온 시를 건설했다. 거기에는 지금도 장터에 아폴론, 헤라클레스, 디오뉘소스의 신상이 나란히 서 있다. 크세노클레이아는 다음과 같은 신탁을 헤라클레스에게 내렸다. "네 고통을 없애려면, 노예로 팔려가 꼬박 1년 동안 일하고 네가 받는 값은 모두 이피토스의 자식들에게 주어야 한다.[8] 제우스는 이유가 무엇이든 네가 손님 환대의 법을 어긴 것에 무척 화가 나셨다." 헤라클레스

는 겸손하게 물었다. "누구의 노예가 되어야 하는가?" 퓌토의 여사제는 답했다. "뤼디아의 옴팔레 여왕이 너를 살 것이다." 헤라클레스는 말했다. "복종하겠다. 그러나 언젠가 나에게 이런 고통을 가져온 놈을 노예로 삼으리라. 그의 가족 전부를 그렇게 하겠다!"[9] 하지만 어떤 이는 헤라클레스가 삼발이를 돌려주지 않았으며, 천년 뒤 아폴론은 그것이 페네오스 시에 보관돼 있다는 말을 듣고 그 도시를 벌했다고 전한다. 헤라클레스가 폭우를 대비해 파놓았던 수로를 막아 버려 도시를 물에 잠기게 했다고 한다.[10]

e. 이번 일에 대해, 또 하나 완전히 다른 설명이 지금도 통용되고 있다. 포세이돈과 디르케의 아들인, 에우보이아의 뤼코스가 폭동이 일어난 테바이를 공격해, 크레온 왕을 죽이고 왕좌를 빼앗았다고 전한다. 그는 헤라클레스가 죽었다는 코프레우스의 보고를 믿고, 메가라를 유혹했다. 그녀가 저항하자 뤼코스는 그녀와 자식들을 함께 죽이려 했다. 그런데 때마침 헤라클레스가 타르타로스에서 돌아와 죽음으로 그 값을 치르게 했다. 뤼코스를 아꼈던 헤라는 이를 보고 헤라클레스를 실성하게 만들었다. 그는 메가라와 자기 자식들을 죽였고, 하인인 아이톨리아의 스티키오스도 함께 저세상으로 보냈다.[11] 테바이인들은 아이들의 무덤을 보고 나서, 만약 아테나가 커다란 돌로 내리쳐 정신을 잃게 하지 않았다면 헤라클레스가 그의 양아버지 암피트뤼온도 죽였을 것이라 말한다. 사람들은 그 돌에 '신의 몽둥이'라는 별명을 붙였다. 그러나 암피트뤼온은 이미 오래전인 오르코메노스 전역에서 죽었다. 이와 별도로, 아테나이인들은 테세우스가 자신을 타르타로스에서 구해 준 것에 고마워 군대를 이끌고 달려와 뤼코스에 맞서 헤라클레스를 도왔다고 주장한다. 그리고 테세우스는 그의 아내 살해에 경악했으나, 헤라클레스에게 남은 생애는 물론 죽은 다음까지도 안식처를 제공하겠다고 약속했다. 그를 데리고 아테나이로 갔고, 거기서 메데이아는 그의 광기

를 약으로 치료했다. 시칼로스가 한 번 더 그를 정화해 주었다.[12]

1] 플루타르코스: 『사랑에 관하여』 9; 아폴로도로스: 『비블리오테카』 2. 6. 1; 파우사니아스: 『그리스 여행기』 10. 29. 3.

2] 디오도로스 시켈로스: 『역사총서』 4. 31; 파우사니아스: 4. 33. 5; 소포클레스: 『트라키스 여인들』 260 ff.

3] 휘기누스: 『신화집』 14; 아폴로니오스 로디오스: 『아르고 호 이야기』 1. 88-89; 호메로스: 『오뒷세이아』 8. 226-228; 아폴로도로스: 같은 곳; 디오도로스 시켈로스: 같은 곳; 소포클레스: 같은 곳.

4] 헤시오도스, 소포클레스의 『트라키스 여인들』 266과 관련해 고전 주석자가 인용; 호메로스: 『오뒷세이아』 21. 15 ff.; 디오도로스 시켈로스: 같은 곳; 아폴로도로스: 2. 6. 2; 호메로스의 『오뒷세이아』 21. 22에 대한 고전 주석자.

5] 아폴로도로스: 같은 곳; 소포클레스: 『트라키스 여인들』 271; 호메로스: 같은 곳, 페레퀴데스를 인용하는 고전 주석자와 함께; 디오도로스 시켈로스: 같은 곳.

6] 아폴로도로스: 같은 곳; 디오도로스 시켈로스: 같은 곳.

7] 아폴로도로스: 같은 곳; 파우사니아스: 10. 13. 4; 휘기누스: 『신화집』 32.

8] 아폴로도로스: 같은 곳; 휘기누스: 같은 곳; 파우사니아스: 2. 21. 7; 디오도로스 시켈로스: 같은 곳.

9] 소포클레스: 『트라키스 여인들』 248 ff.와 275 ff.; 휘기누스: 같은 곳; 베르길리우스의 『아이네이스』 8. 300에 대한 세르비오스.

10] 플루타르코스: 『신들의 복수가 늦는 이유』 12; 파우사니아스: 8. 14. 3.

11] 휘기누스: 『신화집』 32; 에우리피데스: 『헤라클레스』 26 ff.와 553; 베르길리우스의 『아이네이스』 8. 300에 대한 세르비오스; 소포클레스의 『트라키스 여인들』 355에 대한 고전 주석자; 알렉산드리아의 헤파이스티온: 7, 포티오스의 인용 490.

12] 에우리피데스: 『헤라클레스』 26 ff., 1163 ff.와 1322; 파우사니아스: 9. 11. 2; 디오도로스 시켈로스: 4. 55; 메노크라테스, 핀다로스의 「이스트미아 제전 송가」 4. 104 ff.와 관련해 고전 주석자가 인용.

＊

1. 모계 승계의 사회에서 왕가의 아내와 이혼하는 것은 그녀의 결혼 지참금인 왕국을 포기하는 것을 뜻한다. 그리고 그리스에서 일단 고대의 관습이 약해지자, 신성한 왕은 자신의 통치 기간이 끝날 때 왕국을 포기하고 다른 왕국의 여자 상속자와 결혼함으로써 죽음을 모면할 수 있게 된 것 같다. 정말 그랬다면, 에우뤼토스Eurytus가 헤라클레스를 사위로 맞지 않은 것은 그가 광기에 빠져 자기 자식들을 죽였기 때문이 아니라, 죽음이라는 왕의 의무를 회피했기 때문이다. 여기서 자식 살해는 그가 테바이를 통치하는 동안 매년 희생자를 제물로 바친 일을 의미한다. 활쏘기 솜씨로 신부를 얻는 것은, 인도-유럽 지역의 관습이었다. 『마하바라타』에서 아르주나

Arjuna는 드라우파디Draupadi를 이렇게 얻고, [인도 서사시] 『라마야나』에서 라마Rama는 시바Shiva의 강한 활을 구부려 시타Sita를 얻는다. 여기에, 주요 방위로 한 발씩 화살을 쏘고, 이어 천정을 향해 한 발 쏘는 것(126. 2와 132. 8 참고)이 인도와 이집트에서는 왕 결혼식의 한 순서였다. 헤라클레스가 오이칼리아Oechalia의 왕이 됐을 때, 그와 이올레Iole의 결혼식에서는 암말을 제물로 바쳤을 것이다(81. 4 참고). 이피토스Iphitus는 어쨌든, 한 해가 끝날 때마다 또는 화난 신을 달래기 위해 언제든, 테바이 성벽에서 던져 죽이는 왕의 대리인이다(105. 6; 106. j; 121. 3 참고).

2. 헤라클레스가 델포이 신전의 삼발이를 빼앗아 간 것은 도리에이스족의 신전 장악을 기록한 것으로 보인다. 또 제우스가 아폴론과 헤라클레스 사이에 벼락을 던졌다는 대목은, 최종적으로 델포이 신탁소가 헤라클레스에게 넘어가지 않고 아폴론이 이를 지킬 수 있게 됐음을 기록한 것으로 보인다. 아폴론이 뒤마네스족Dymanes의 후견인으로서 도리에이스족에 봉사한다는 조건 아래 그런 결정이 났을 것이다. 뒤마네스 족은 도리에이스족 연합에 속했다. 도리에이스족인 스파르테인들은 고전기에 델포이 신탁소를 좌지우지하는 것으로 악명을 떨쳤다. 에우리피데스는 『헤라클레스』에서 삼발이 사건을 빼버렸다. 아테나이는 포키스인들이 계속 델포이 신전을 지배하도록 원했으나 기원전 421년 '니키아스 협정'[1]에 따라 그 시도가 좌절됐기 때문이다. 스파르테는 그곳을 자신들이 통제하는 꼭두각시 나라로 만들

---

1) 니키아스 협정Treaty of Nicias: 기원전 421년 아테나이와 스파르테가 10년간에 걸친 1차 펠로폰네소스 전쟁(기원전 431-421년)을 끝내고 맺은 조약. 1차 전쟁에서 아테나이는 유명한 정치가 페리클레스가 이끌었다. 이 조약의 결과를 '니키아스의 평화Peace of Nicias' 또는 '50년의 평화Fifty-Year Peace'라고도 한다. 델포이 신탁소는 이때 자치를 회복했다. 니키아스는 당시 아테나이를 이끌었던 장군 이름이며, 애초 50년 동안 조약을 준수하기로 약속했다. 그러나 이 평화는 8년 만에 깨지고 2차 전쟁(기원전 413-404년)이 발발해 아테나이가 최종 항복함으로써 전쟁이 끝났다.

고자 했다. 4세기 중반 다시 분쟁이 발생하자, 포키스인들은 델포이를 장악하고 자기네 방어력을 키우고자 그곳의 보물을 약탈했다. 그러나 심각한 패배를 당했고, 모든 도시가 파괴됐다.

3. 퓌토의 여사제[2]의 헤라클레스 비난은, 펠로폰네소스 반도를 정복한 도리에이스족이 스스로 '헤라클레스의 아들들'이라 부르면서 이전의 아카이아, 아이올리스, 이오니아족과 같은 존경을 델포이에 보여 주지 않았음을 의미하는 것 같다. 이전의 세 부족은 종교적으로 헬라스의 소 떼 왕 쪽이 아니라 이집트 삼각지의 농경적 리비아인들과 연결돼 있었다. 크세노클레이아Xenoclea의 전임자인 헤로필레Herophile('헤라를 사랑하는')는 라미아Lamia가 낳은 제우스의 딸로, 그녀의 통치를 받던 리비아인들은 '시뷜레Sibyl'라 불렀다(파우사니아스: 10. 12. 1; 에우리피데스: 『라미아』의 서문). 키케로는 알크메네의 아들이 (다시 말해, 도리에이스족 이전의 헤라클레스가) 삼발이 때문에 아폴론과 싸움을 벌였다는 이야기를 부정함으로써 이런 견해를 뒷받침했다(『신들의 본성에 관하여』 3). 나중에 '포키스의 아폴론'과 '도리에이스족의 헤라클레스' 사이의 다툼을 수습하려는 시도가 종교적 품위의 이름으로 진행됐다. 이에 델포이 사제였던 플루타르코스(「델포이에서 진행된 엡쉴론(E)에 대한 대화」 6)는 헤라클레스가 전문적인 예언자이자 논리학자가 됐다면서, "아폴론과 우호적인 경쟁을 벌여 삼발이를 획득한 것 같다"고 했다. 그는 아폴론의 페네오스Pheneus 시 응징을 묘사하면서 도시에 수로를 파준 게 헤라클레스였다는 사실을 교묘하게 감췄다(138. d 참고).

---

2) 델포이(퓌토의 나중 이름) 신전을 지키는 여사제를 퓌티아Pythia(영어 Pythoness)라고 한다. 이 책에서는 주로 '여사제 퓌티아'로 옮겼고, 일부 '퓌토(델포이)의 여사제'라고 옮겼다. 1권 111쪽 각주 1)번 참조.

136
헤라클레스, 옴팔레 여왕의 노예가 되다

헤르메스는 모든 중요한 금전 거래의 후원자였기에 헤라클레스를 아시아로 데려가 이름 없는 노예로 시장에 내놓았다. 헤르메스는 그렇게 받은 3탈란톤의 은을 죽은 이피토스의 자식들에게 가져다주었다. 그렇지만 에우뤼토스는 한사코 손자들이 금전 보상을 받지 못하도록 금했다. 피는 오직 피로 물어내야 한다는 것이다. 그 은이 어떻게 됐는지는 오직 헤르메스만 알고 있다.[1] 퓌토의 여사제가 예언했듯, 헤라클레스는 거래에 눈이 밝은 뤼디아의 여왕 옴팔레가 노예로 사 갔다. 그는 소아시아에 들끓던 노상강도들을 일소하면서 1년 또는 3년 동안 여왕에게 성실하게 봉사했다.[2]

b. 옴팔레는 요르다네스의 딸로, 일부 출전에는 탄탈로스의 어머니로 나온다. 그녀는 왕국을 아레스와 테오고네의 아들인 불운했던 남편 트몰로스에게서 물려받았다. 트몰로스는 카르마노리온 산에서 사냥을 하던 도중, 아립페라는 여자 사냥꾼과 사랑에 빠졌다. 이 산의 이름은 거기서 멧돼지에게 죽임을 당한, 디오뉘소스와 알릭시로에의 아들인 카르마노르를 기리기 위한 것이다. 아립페는 아르테미스 여신의 순결한 시종으로, 트몰로스의 위협과 간청에 귀를 막고 자기 여주인의 신전으로 달아났다. 트몰로스는 그

곳의 신성함을 묵살하고 다름 아닌 여신의 침상에서 그녀를 범했다. 그녀는 아르테미스의 이름을 부른 다음, 들보에 스스로 목을 맸다. 여신은 곧장 미친 황소를 풀었고, 트몰로스는 공중으로 튕겨 올랐다가 뾰족한 말뚝과 날카로운 돌 위로 떨어져 고통 속에서 죽었다. 옴팔레가 낳은 그의 아들 테오클뤼메노스는 아버지를 그가 죽은 곳에 묻고 그 산을 '트몰로스'라고 새로 이름 지었다. 같은 이름의 도시가 그 산의 비탈에 세워졌지만 티베리우스 황제 시절 일어난 대지진으로 파괴됐다.[3]

c. 헤라클레스는 이 봉사 기간에 부수적으로도 많은 일을 해냈다. 그의 잠을 계속 방해한 에페소스의 케르코페스 형제를 붙잡은 일도 있었다. 이들은 쌍둥이 형제로, 이름이 팟살로스와 아크몬, 또는 올로스와 에우뤼바토스, 또는 실로스와 트리발로스이다. 이 형제는 오케아노스와 테이아의 아들로, 세상을 돌아다니면서 끊임없이 속임수를 쓰는 인류 최고의 사기꾼이자 거짓말쟁이다. 테이아는 예전에 아들들에게 헤라클레스한테는 절대로 가까이 가지 말라 경고한 적이 있다. 이때 "내 귀여운 '하얀 아랫도리'들아, 너희들은 아직 커다란 '검은 아랫도리'를 만나지 않았구나!"라고 했다. 이는 나중에 속담이 됐는데, '하얀 아랫도리'는 이제 '비겁한, 야비한, 음탕한'을 뜻한다.[4] 이들은 청파리로 변신해 헤라클레스의 침대 주변을 윙윙거리면서 날아다니곤 했다. 그러다 어느 날 밤 헤리클레스에게 붙잡혀 원래 모습으로 되돌아올 수밖에 없었다. 헤라클레스는 이들을 긴 막대기 양쪽에 하나씩 거꾸로 대롱대롱 매달아 어깨에 짊어졌다. 이들의 눈에 헤라클레스의 아랫도리가 보였다. 그의 아랫도리는 사자 가죽이 덮지 못하는 부분이라 햇볕에 그을려 오래된 가죽 방패처럼 검게 빛나고 있었다. 카코스와 크레테 황소가 내뿜은 불에도 그을려 더욱 검었다. 거꾸로 매달린 케르코페스는 이런 아랫도리를 보고 발작하듯 웃음을 터뜨렸다. 헤라클레스는 이들

의 엉뚱하면서도 명랑한 모습에 놀랐고, 그 까닭을 듣고 자신도 바위에 앉아 실컷 웃었다. 풀어 달라는 쌍둥이의 간청도 들어 주었다. 케르코피아라는 이름의 아시아 도시가 따로 있지만, 케르코페스가 살던 소굴과 '검은 아랫도리'라 부르는 바위는 지금 테르모퓔라이에 남아 있다. 그러니 이번 일은 따로 벌어졌을 것으로 보인다.[5]

d. 어떤 이는 케르코페스가 결국 제우스를 속이려 하다가 돌로 변했다고 전한다. 다른 이들은 제우스가 이들의 사기 행각을 벌해 길고 노란 털을 가진 원숭이로 바꿨으며, 이탈리아의 피테쿠사이 섬으로 보냈다고 한다.[6]

e. 뤼디아의 협곡에 쉴레우스라는 사람이 살았는데, 그는 지나가는 이방인을 잡아다가 자기 포도밭의 땅을 파도록 강요하곤 했다. 헤라클레스는 그 포도나무를 뿌리째 뽑아버렸다. 이토네 출신의 뤼디아인들이 옴팔레의 나라를 약탈하기 시작하자, 헤라클레스는 약탈물을 되찾아 오고 그들의 도시를 휩쓸어 버렸다.[7] 켈라이나이에는 농부 리튀에르세스가 살았는데, 미노스 왕의 혼외자였다. 그는 여행자들에게 환대를 베풀었다가 작물 수확을 두고 자기와 시합을 하자고 강요했다. 그들의 힘이 다하면 채찍질을 했고, 저녁이 돼 자기가 시합에서 이기면 애처롭게 노래를 부르면서 그들의 머리를 자르고 주검은 볏단 안에 감췄다. 헤라클레스는 헤르메스의 아들인 양치기 다프니스를 구하기 위해 켈라이나이로 갔다. 다프니스는 사랑하는 핌플레아가 해적에게 납치되자 온 세상을 뒤졌는데, 마침내 리튀에르세스의 여자 노예들 사이에서 그녀를 찾은 것이다. 여느 때처럼 농부는 다프니스에게 작물 수확 시합을 걸었고, 헤라클레스가 대신 나서 리튀에르세스를 압도했다. 그는 낫으로 농부의 목을 베고, 몸뚱이는 마이안드로스 강에 던져버렸다. 다프니스가 핌플레아를 되찾았을 뿐 아니라, 헤라클레스는 그녀에게 지참금으로 리튀에르세스의 저택을 주었다. 리튀에르세스를 기려, 프

뤼기아 농부들은 지금도 작물을 수확하면서 만가를 부른다. 이는 첫 이집트 왕의 아들로 역시 작물 수확 도중에 죽은 마네로스를 기려 부르는 만가와 많이 닮았다.[8]

f. 마지막으로, 뤼디아의 사가리스 강가에서, 헤라클레스는 사람과 곡물에 피해를 주던 거대한 뱀을 활로 쏘아 죽였다. 옴팔레는 마침내 그의 정체와 혈통을 알아보고 고마운 마음에 그를 풀어 주고 많은 선물과 함께 티륀스로 돌려보냈다. 그러는 동안 제우스는 이 승리를 기념해 뱀주인자리를 하늘에 그렸다. 한편, 사가리스 강은 뮌돈과 알렉시로에의 아들에게서 그 이름이 나왔다. 그는 '신들의 어머니'의 비교 의식을 무시하고 여신의 거세된 사제들을 모욕했고, 이에 여신은 그가 광기에 빠져 스스로 강에 뛰어들게 했다.[9]

g. 옴팔레는 헤라클레스를 투사가 아니라 연인으로 사들였다. 두 사람은 세 아들을 두었는데, 라모스와 아겔라오스, 라오메돈이다. 아겔라오스의 후손 가운데 유명한 크로이소스 왕은 페르시아인들이 사르디스를 장악했을 때 장작더미 위에서 스스로 불에 타 죽으려 했다.[10] 어떤 이는 넷째 아들도 있었다고 하는데, 튀레노스 또는 튀르세노스이다. 그는 트럼펫을 발명했고, 뤼디아 이주민을 이끌고 에트루리아로 넘어가 그곳에서 튀르레니아족이라는 이름을 얻었다. 그러나 튀레노스는 아튀스 왕의 아들로, 헤라클레스와 옴팔레의 먼 후손일 가능성이 더 크다.[11] 헤라클레스는 옴팔레의 여인들 가운데 하나인 말리스를 통해 클레오다이오스 또는 클레올라오스를 얻었고, 뤼디아 왕조를 세운 알카이오스도 얻었다. 하지만 알카이오스는 나중에 크로이소스 왕한테 사르디스의 왕좌에서 쫓겨난다.[12]

h. 이상한 이야기가 그리스로 전해졌다. 헤라클레스가 사자 가죽과 사시나무 화관을 버리고, 대신 보석 목걸이와 황금 팔찌, 여인의 터번, 자주

색 어깨걸이(숄), 마이오니아 허리끈 등으로 치장한다는 소리였다. 이야기는 이어지는데, 그는 장난기 많은 이오니아 소녀들에 둘러싸여, 매끈한 양털 바구니에서 양털을 살금살금 뽑아내 실을 잣는다고 했다. 그러다 그의 여주인이 뭐라 꾸짖으면 마음을 졸이기도 했다. 옴팔레는 그가 어눌한 손놀림으로 물렛가락을 부러뜨리면 신고 있던 황금 슬리퍼로 그를 때렸으며, 자기 즐거움을 위해 옛날 업적을 얘기하라 시키기도 했다. 그런데도 그는 부끄러워하지 않는 것처럼 보였다. 옴팔레의 하녀들이 노란 속치마를 입은 헤라클레스의 머리를 빗겨 주고 손톱을 칠해 주는 그림이 남아 있다. 그러는 동안 옴팔레는 그의 사자 가죽을 걸치고 그의 곤봉과 활을 휘두르고 있다.[13]

i. 하지만 이보다 더 심한 일은 없었을 것이다. 어느 날 헤라클레스와 옴팔레가 트몰로스의 포도밭을 찾았다. 옴팔레는 황금으로 수놓은 자주색 가운을 입고 머리채에는 향료를 발랐으며, 헤라클레스는 씩씩하게 황금 양산을 그녀 머리 위로 씌워 주고 있었다. 목신 판이 멀리 높은 산에서 이를 보고, 옴팔레에게 반하고 말았다. 판은 산의 여신들에게 작별을 고하면서 이렇게 소리쳤다. "앞으로 내게는 저 여자밖에 없다!" 옴팔레와 헤라클레스는 목적지인 한적한 작은 동굴에 도착해, 재미로 옷을 서로 맞바꿔 입었다. 그녀는 헤라클레스에게 그물로 된 허리 장식끈을 둘러 주었는데, 그의 허리에는 턱없이 작았다. 자주색 가운도 입혀 주었다. 가운의 끈을 최대한으로 풀었지만, 그는 소매를 찢어 먹고 말았다. 그녀의 샌들 끈도 너무 짧아 그의 발가락이나 들어갈 정도였다.

j. 저녁을 먹고 나서, 두 사람은 각자의 침상에 들었다. 디오뉘소스에게 새벽에 제물을 바치겠다고 맹세했기 때문이다. 디오뉘소스는 이런 경우 추종자들에게 부부 합방을 금했다. 한밤중에 판은 이들이 잠든 작은 동굴로 살금살금 들어와서 어둠 속에서 더듬거리면서 옴팔레의 침대를 찾는 데 성

공했다. 잠자는 이가 비단 옷을 입고 있었기 때문이다. 판은 떨리는 손으로 밑에서부터 이불을 걷어내고 천천히 침대로 기어 들어갔다. 헤라클레스는 잠에서 깨어 한쪽 다리를 끌어당기다가 판을 동굴 너머로 걷어찼다. 옴팔레는 요란한 소리와 울부짖는 소리에 침대에서 일어나 불을 밝히도록 했고, 그녀와 헤라클레스는 무슨 일이 벌어졌는지 알고서 한참을 웃었다. 그동안 판은 부딪힌 곳을 어루만지면서 구석에서 엉금엉금 기었고, 이를 본두 사람은 고함을 질렀다. 그날 이후, 판은 옷을 무서워해 부하들에게 알몸으로 의례를 진행하도록 했다. 판은 헤라클레스에게 앙갚음하려고 그가 한두 번이 아니라 습관적으로 옴팔레와 옷을 맞바꿔 입는 이상한 일을 벌인다는 소문을 퍼뜨리고 다녔다.[14]

1] 아폴로도로스: 『비블리오테카』 2. 6. 3; 디오도로스 시켈로스: 『역사총서』 4. 31; 페레퀴데스, 호메로스의 『오뒷세이아』 21. 22와 관련해 고전 주석자가 인용.

2] 소포클레스: 『트라키스 여인들』 253; 아폴로도로스: 2. 6. 2; 디오도로스 시켈로스: 같은 곳.

3] 아폴로도로스: 2. 6. 3; 플루타르코스: 『강에 관하여』 7; 타키투스: 『연대기』 2. 47.

4] 아폴로도로스: 같은 곳; 수이다스, '케르코페스' 항목; 루키아노스의 「알렉산드로스」 4에 대한 고전 주석자; 체체스: 『뤼코프론에 관하여』 91.

5] W. H. 로셔: 『그리스와 로마 신화 사전』 2. 1166 ff.; 뮐러: 「도리에이스인들」 1. 464; 프톨레마이오스 클라우디오스: 5. 2; 헤로도토스: 『역사』 7. 216.

6] 수이다스, '케르코페스' 항목; 하르포크라티온, '케르코페스' 항목, 크세나고라스를 인용하며; 호메로스의 『오뒷세이아』 19. 247에 대한 에우스타티오스: 오비디우스: 『변신 이야기』 14. 88 ff.

7] 체체스: 『킬리아데스』 2. 432 ff.; 디오도로스 시켈로스: 4. 31; 디오뉘시오스: 『지형 묘사』 465; 비잔티움의 스테파누스, '이토네' 항목.

8] 테오크리토스의 『전원시』 10. 41에 대한 고전 주석자; 아테나이오스: 『현자들의 식탁』 10. 615와 14. 619; 호메로스에 대한 에우스타티오스 1164; 헤쉬키오스, 포티오스, 수이다스 등의 '리튀에르세스' 항목; 폴룩스: 4. 54.

9] 휘기누스: 『시적 천문학』 2. 14; 플루타르코스: 『강에 관하여』 12.

10]디오도로스 시켈로스: 4. 31; 바퀼리데스: 3. 24-62; 아폴로도로스: 2. 6. 3; 팔라이파토스: 45.

11]파우사니아스: 『그리스 여행기』 2. 21. 3; 헤로도토스: 1. 94; 스트라본: 『지리학』 5. 2. 2; 할리카르낫소스의 디오뉘시오스: 『고대 로마사』 1. 28.

12]헬라니코스: 『글조각』 102, 디도 편집; 디오도로스 시켈로스: 같은 곳; 에우세비우스: 『복음 준비』 2. 35; 헤로도토스: 1. 7.

13]오비디우스: 『헤로이데스』 9. 54 ff.; 루키아노스: 『신들의 대화』 13; 플루타르코스: 『노인이 나랏일에 참견해야 하는지에 관하여』 4.

14]오비디우스: 『로마의 축제들』 2. 305.

※

1. 카르마노르Carmanor는 똑같이 멧돼지에게 죽임을 당한 아도니스의 호칭이었을 것이다(18. 7 참고). 아르테미스 신전에 대한 트몰로스Tmolus의 신성모독은 그 시점을 알 수 없다. 헤라클레스가 에우뤼토스에게 그의 아들 살해에 대해 보상해야 한다는 명령도 마찬가지다. 하지만, 양쪽 사건은 본래 실제 역사에서 유래한 것으로 보인다. 옴팔레는 델포이 옴팔로스omphalos의 수호자인 여사제 퓌티아를 의미할 수 있다. 이때 여사제는 보상금을 지불하고, 그 값을 치를 때까지 헤라클레스를 신전의 노예로 삼았을 것이다. 그리고 '옴팔레'는 뤼디아의 여왕 이름이기도 해서, 신화학자들은 그의 노예 생활을 다른 여러 전설과 어울리게 이렇게 바꿨을 가능성도 있다.

2. 케르코페스Cercopes는, 그들의 다양한 이름이 보여 주듯 케레스ceres, 즉 심술이었다. 이놈은 망상에 빠지게 하는 해로운 꿈으로 찾아오는데, 헤라클레스에게 도움을 청함으로써 막을 수 있었다. 오직 헤라클레스만 악몽을 제압할 힘이 있기 때문이다(35. 3-4 참고). (그의 이름도 케르콥스cercops의 또 다른 형태인) 케크롭스와 마찬가지로, 이들은 처음에는 단순한 혼령을 의미했다. 하지만, 나중의 미술 작품에서는 케르코피테코이cercopithecoi('원숭이')로 등장한다. 이는 아마도 헤라클레스가 그의 '기둥' 가운데 하나인 지브롤터와 연결되기 때문일 것이다. 카르타고 상인들은 거기서 부유한 그리스와 로마 숙녀들을 위한 애완 동물로 원숭이를 들여왔다. 나폴리 만의 북쪽에 있는 이스키아 섬과 프로치다 섬은 원숭이와 별 인연이 없다. 이 두 섬을 그리스인들은 피테쿠사이Pithecusae라 불렀다. 이 이름은 피토이pithoi에서 왔는데, 그 섬에서 제작된 '항아리'를 뜻한다(플리니우스:『자연 탐구』3. 6. 12).

3. 포도나무 재배자가 포도 수확철에 포도나무의 정령을 기려 이방인을 붙잡아 죽이는 일은 시리아와 소아시아에 널리 퍼진 관습이었다. 비슷하게

수확철에 제물을 바치는 일은 그쪽과 함께 유럽에서도 있었다. 제임스 프레이저는 『황금 가지』에서 이 주제를 철저하게 살폈다. 헤라클레스는 여기서 인신 제물을 폐지한 당사자로 나온다. 자신들의 전쟁은 점점 더 야만적이고 파괴적으로 바뀌고 있었음에도, 그리스인들은 인신 제물 폐지라는 사회 개혁을 자랑스럽게 생각했다.

4. 고전기 작가들은 헤라클레스가 옴팔레 밑에서 노예 생활을 한 것을 은유로 생각했다. 힘이 센 남자가 얼마나 쉽게 요염하고 야망이 큰 여인의 노예가 될 수 있는지 보여 준다는 것이다. 더구나 작가들은 배꼽을 여성의 욕정이 자리한 곳이라 여겼기에, 옴팔레의 이름도 충분히 설명된다. 그러나 이번 우화는 가모장제에서 가부장제로 넘어가는 과정의 초기 단계에 신성한 왕이 어떠했는지 보여 준다고 봐야 한다. 이 단계에서, 왕은 여왕의 배우자로서 의식과 희생 제례에서 여왕을 대행할 특권을 갖고 있었다. 그러나 반드시 여왕의 예복을 입어야만 그럴 수 있었다. [프랑스 역사학자] 레베이유Reveillout는 초기 수메르 시대 유프라테스 강 어귀의 라가시Lagash에서 이런 시스템이 작동했음을 보여 주었으며, 몇몇 크레테의 미술 작품에도 남자들이 여자 옷을 입고 희생 제례에 등장한다. 하기아 트리아다의 석관[1]에는 남자들이 점박이 무늬의 치마바지를 입고 나오며, 크놋소스 궁전의 프레스코 벽화에는 심지어 주름장식 치마를 입고 등장한다. 헤라클레스의 노예 생활은 서아프리카 가모장제 토착 관습을 통해 쉽게 설명된다. 브리포[2]가 지적했듯, 콩고의 로안고Loango, 나이지리아의 다우라Daura, 가나의 아브론스족

---

1) 하기아 트리아다의 석관Hagia Triada sarcophagus: 기원전 1370-1320년경 만들어진 후기 청동기 시대 유물로, 길이 137센티미터의 석회석 석관이다. 석관 겉면에 그려진 장례 의식과 황소 제물 그림이 유명하다.
2) 20세기 초 프랑스 사회인류학자 로베르 브리포Robert Briffault(1874-1948)를 말한다.

Abrons에서 왕은 노예 출생이고 아무런 권력이 없다. 아곤나Agonna, 남수단의 라투카Latuka, 우벰바Ubemba 등에선 지금도 여왕만 있으며 그녀는 결혼하지 않고 노예 연인만 둔다. 더구나 고전기까지도 비슷한 시스템이 그리스 중부 로크리스Locris 귀족들 사이에 남아 있었다. 이들은 '트로이아의 아테나'로 여사제들을 보내는 특권을 가지고 있었다(158. 8 참고). 이들은 기원전 683년 중부 그리스에서 이탈리아 반도의 발가락에 있는 '에피제퓌로스의 로크리스Epizephyrian Locris'로 강제 이주를 당했다. "귀족 여인들이 노예들과 무분별한 사랑 놀음을 벌인다는 추문 때문"이라 한다(18. 8 참고). 이 로크리스인들은 비-헬라스 출신으로, 크레테, 카리아, 또는 아미리족Amorite 방식의 혼전 난교를 미덕으로 삼았다(클레아르코스: 6). 이들은 그러면서도 엄격한 모계 승계를 고집했다(디오뉘시오스: 「지형 묘사」 365-367; 폴뤼비오스: 12. 6b). 동일한 관습이 헬레네스 도래 이전의 그리스와 이탈리아에서 보편적이었음이 틀림없다. 오늘날에도 에피제퓌로스의 로크리스의 폐허 부근 바그나라Bagnara에는 가모장제 전통이 약간 남아 있다. 바그나라 여인들은 긴 주름치마를 입고 맨발로 여러 날 동안 이어지는 행상을 다닌다. 2퀸틀[약 100킬로그램] 정도 되는 짐을 머리에 이고 다닌다. 그동안 남자들이 아이들을 돌본다. 남자들은 작살 실력을 뽐낼 수 있는 봄의 황새치 철에 휴가를 받으며, 여름에는 언덕에 올라가 불을 피운다. 바그나라의 공식적인 수호신은 성 니콜라스지만, 여인들은 누구도 그의 존재를 인정하지 않는다. 그곳 교구 사제는 여인들이 성자보다 훨씬 더 많이 성처녀에게 주의를 기울인다고 불평한다. 성처녀는 처녀 신인 코레를 계승한 것이고, 고전기에 로크리스는 코레의 장엄한 신전으로 명성이 자자했다.

137
트로이아의 헤시오네

옴팔레 여왕에 대한 노예 봉사가 끝난 다음, 헤라클레스는 티륀스로 돌아왔다. 이제 제정신이 완전히 돌아왔기에, 그는 즉시 트로이아 원정을 계획했다.[1] 이유는 다음과 같다. 그와 텔라몬이 아마조네스의 나라에서 돌아오는 길에, 또는 아르고 호 원정대와 함께 시게이온에 상륙했을 때, 라오메돈의 딸 헤시오네가 보석 장신구만 걸친 채 완전히 알몸으로 트로이아 해안가 바위에 묶여 있는 것을 발견했다.[2] 포세이돈이 바다 괴물을 보내 라오메돈을 벌한 것인데, 포세이돈과 아폴론이 트로이아의 성벽을 쌓고 양 떼를 돌볼 때 두 신들에게 약정한 대가를 치르지 않았기 때문이다. 어떤 이는 라오메돈이 그해에 왕국에서 태어난 모든 소를 두 신들에게 제물로 바쳤어야 했는데 그렇게 하지 않았기 때문이라고 전한다. 다른 이들은 그가 두 신들에게 날품팔이나 받을 낮은 임금을 약속해 30트로이아 드라크마 이상을 속임수로 남겨 먹었다고 한다. 아폴론은 징벌로 역병을 보냈고, 포세이돈은 괴물에게 농부들을 잡아먹고 바닷물을 토해 내 들판을 망치라고 명했다. 또 다른 설명에는, 라오메돈이 아폴론에 대한 의무는 모두 수행했지만 포세이돈은 소홀히 했고, 이에 포세이돈이 괴물과 역병을 함께 보냈다고 전한다.[3]

b. 라오메돈은 '암몬의 제우스' 신탁소를 찾아갔고, 헤시오네를 바닷가에서 괴물의 먹이로 바치라는 조언을 제우스에게 들었다. 그는 트로이아의 귀족들이 먼저 자기 딸들을 제물로 바치지 않는다면 헤시오네를 내놓을 수 없다고 완강하게 버텼다. 귀족들은 절망감에 아폴론을 찾았다. 아폴론은 포세이돈만큼 화가 나 있었기에 아무런 도움이 되지 않았다. 대부분의 부모들은 즉시 자식들을 배에 태워 외국으로 보냈지만, 포이노다마스라는 사람은 세 딸을 집에 두고 있었다. 라오메돈은 그에게 이들 가운데 하나를 내놓으라고 강요했다. 이에 포이노다마스는 사람들을 모아 놓고 열변을 토했다. 오직 라오메돈만이 지금의 고통에 대한 책임이 있으며, 따라서 자신의 딸을 희생함으로써 대가를 치러야 한다고 항변했다. 결국 제비뽑기가 결정됐고, 헤시오네가 제비를 뽑아 바위에 묶였다. 그리고 때마침 그곳을 지나던 헤라클레스와 텔라몬이 이를 발견한 것이다.[4]

c. 헤라클레스는 즉시 그녀를 풀어 주고, 도시로 가서 자기가 괴물을 무찌르겠다고 제안했다. 대신 견줄 상대가 없고, 죽지 않으며, 눈처럼 하얀 두 마리 수말 또는 암말을 달라고 했다. 이 말들은 예전에 제우스가 가뉘메데스 납치에 대한 보상으로 라오메돈에게 준 것인데, 바람처럼 물과 서 있는 곡식 위를 달릴 수도 있었다. 라오메돈은 기다렸다는 듯이 그렇게 하겠다고 약속했다.[5]

d. 트로이아인들은 아테나 여신의 도움을 받아 헤라클레스를 보호할 성벽을 높이 쌓았다. 괴물이 바다에서 머리를 불쑥 내밀고 나타나 평원을 건너 성벽으로 다가왔다. 성벽에 이르러 그놈은 거대한 아가리를 벌렸고, 헤라클레스는 완전 무장을 한 채 놈의 목구멍 안으로 뛰어내렸다. 그는 사흘 동안 괴물의 뱃속에 있었으며, 기어코 놈을 쓰러뜨리고 밖으로 나왔다. 그는 이번 전투로 머리카락이 모두 빠졌다.[6]

e. 다음으로 벌어진 일에 대해서는 말이 엇갈린다. 어떤 이는 라오메돈

이 헤시오네를 헤라클레스에게 신부로 주었으며, 다만 아르고 호 원정대와 함께 떠나 있을 동안 딸과 암말들을 트로이아에 남겨 두도록 설득했다고 전한다. 그러나 원정대가 황금 양털을 얻고 난 뒤, 그는 탐욕에 사로잡혀 헤라클레스에게 헤시오네와 암말들을 내주기를 거부했다는 것이다. 다른 이들은 라오메돈이 그보다 한두 달 앞서 이미 휠라스를 찾으러 트로이아에 온 헤라클레스에게 거부 의사를 밝혔다고 전한다.[7]

f. 하지만 가장 정황에 맞는 설명은, 라오메돈이 헤라클레스를 속여 불사의 말 대신에 보통 말을 주었다는 이야기다. 이에 분개한 헤라클레스는 트로이아와 전쟁을 벌이기로 결심했다. 그는 먼저 파로스 섬을 방문해 제우스와 아폴론에게 제단을 지어 바치고, 이어 코린토스 지협으로 가서 라오메돈의 비참한 죽음을 예언했다. 마지막으로 자신의 도시 티륀스에서 병사들을 모집했다.[8]

g. 라오메돈은 그 사이 포이노다마스를 죽이고 그의 세 딸을 시칠리아 상인들에게 팔아 버렸다. 세 딸은 구경거리로 야수에게 던져질 뻔했으나, 아프로디테가 시칠리아에서 이들을 구조했다. 맏딸 아이게스타는 개의 모습으로 변신한 강의 신 크리밋소스와 동침해 아들을 하나 낳았다. 그의 이름은 아이게스테스로 로마인들은 아케스테스라고 부른다.[9] 아이게스테스는 아이게스타 시를 건설했는데, 이는 나중에 세게스타로 이름이 바뀌었다. 그는 또 자기 아내 이름을 따른 엔텔라도 세웠고, 에륔스, 아스카도 건설했다. 이 과정에서 트로이아에서 데려온 앙키세스의 혼외자 아들 엘뤼모스의 도움을 받았다. 아이게스타는 결국 트로이아로 돌아가, 거기서 카퓌스라는 사람과 결혼해 앙키세스를 낳았다고 한다.[10]

h. 헤라클레스가 어떻게 트로이아로 갔는지, 지금도 말이 엇갈린다. 누구는 노가 50개씩 달린 긴 배 열여덟 척과 함께 갔다고 하고, 다른 쪽은 고작

작은 배 여섯 척에 적은 인원만 데리고 갔다고 한다.[11] 일행 중에는 이올라오스와 아이아코스의 아들 텔라몬, 펠레우스, 아르고스의 오이클레스, 보이오티아의 데이마코스가 있었다.[12]

i. 앞서 헤라클레스는 살라미스에서 친구들과 잔치를 벌이고 있는 텔라몬을 찾아간 적이 있다. 텔라몬은 즉시 황금 포도주 대접을 건네주면서 첫 번째 제주를 제우스에게 바쳐 달라 부탁했다. 헤라클레스는 그렇게 하고 난 다음, 하늘로 손을 뻗어 이렇게 기도했다. "오 아버지, 텔라몬에게 훌륭한 아들을 보내 주세요. 이 사자 가죽만큼 단단한 살갗에, 그에 걸맞게 용맹한 아들을 보내 주세요!" 이는 텔라몬의 아내 페리보이아가 출산을 앞두고 있었기 때문이다. 제우스는 대답으로 독수리를 내려 보냈고, 헤라클레스는 텔라몬에게 자신의 기도가 이루어질 것이라 확약했다. 그리고 정말로 잔치가 끝나자마자, 페리보이아는 큰 아이아스를 낳았다. 헤라클레스는 아기의 주위로 사자 가죽을 둘러 줬다. 이렇게 해서 아기는 상처를 입지 않는 몸이 됐지만, 그의 목과 겨드랑이는 예외였다. 화살통이 중간에 끼어 있었기 때문이다.[13]

j. 트로이아 부근에서 배에서 내려, 헤라클레스는 오이클레스에게 배를 지키라 남겨 두고 자기는 다른 부하들을 이끌고 도시를 공격하러 출발했다. 놀란 라오메돈은 병사들을 정렬하는 대신 농부들에게 칼과 횃불을 주고 함대를 불태우러 함께 서둘러 내려갔다. 오이클레스는 이들에 맞서 싸우면서 시간을 벌다 죽음에 이르렀고, 그동안 전우들이 배를 띄워 함대를 지킬 수 있었다. 라오메돈은 서둘러 출발해 헤라클레스의 병사 일부와 소규모 접전을 벌인 끝에 겨우 성으로 복귀할 수 있었다. 라오메돈은 성문을 걸어 잠그고 농성을 시작했다.

k. 헤라클레스는 시간이 오래 걸릴 포위전을 싫어해 즉각적인 공격을 명

했다. 처음으로 성벽을 깨뜨리고 성안으로 들어간 것은 텔라몬이었다. 그의 아버지 아이아코스가 지은 서쪽 막벽이 약점이라는 것을 알았기에, 그곳을 집중 공략했던 것이다. 그보다 뒤처졌던 헤라클레스는 질투심에 눈이 멀었다. 텔라몬은 문득 헤라클레스의 칼이 자신을 정면으로 노리고 있음을 눈치 채고, 침착하게 몸을 굽혀 성벽에서 떨어져 나온 돌을 모으기 시작했다. "무얼 하고 있는 건가?" 헤라클레스가 물었다. "'승리자 헤라클레스', '재난을 피하는 헤라클레스'에게 바칠 제단을 짓고 있습니다!" 지략 있는 텔라몬은 이렇게 답했다. "전리품은 네 몫이 될 것이다."[14] 헤라클레스는 간단하게 고맙다고 하고 나서, 다시 전투에 뛰어들었다. 그는 라오메돈과 그의 아들들을 활로 쏘아 죽였지만, 포다르케스는 살려 두었다. 예전에 그만 홀로 헤라클레스에게 불사의 암말을 줘야 한다고 주장했기 때문이다. 그리고 도시를 약탈했다. 충분히 앙갚음한 다음, 그는 텔라몬에게 헤시오네를 주었다. 헤시오네에게는 포로들 가운데 하나를 풀어 줄 수 있도록 허락했다. 그녀는 포다르케스를 선택했다. "잘했다." 헤라클레스는 말했다. "그러나 그는 먼저 노예로 팔려야 한다." 이에 포다르케스는 시장에 팔 물건으로 나왔고, 헤시오네는 쓰고 있던 황금 베일을 내놓고 남동생을 되찾았다. 이때부터 포다르케스는 '되찾은'을 뜻하는 프리아모스로 불리게 됐다. 그런데 어떤 이는 그가 당시 아기에 불과했다고 전한다.[15]

l. 헤라클레스는 트로이아를 불태웠고, 길은 오가는 사람 없이 황량해졌다. 그는 프리아모스를 왕좌에 앉히고, 집을 향해 출항했다. 헤시오네는 텔라몬과 함께 살라미스로 갔고, 거기서 테우크로스를 낳았다. 결혼하고 낳았는지, 아니면 혼외자인지 이야기가 엇갈린다.[16] 나중에 그녀는 텔라몬을 버리고 소아시아로 탈출해 헤엄쳐 밀레토스로 건너갔다. 밀레토스의 왕 아리온이 숲속에 숨어 있던 헤시오네를 발견했다. 그녀는 텔라몬의 두 번째 아

들 트람벨로스를 낳았고, 아리온 왕은 아이를 자기 자식으로 키웠으며 텔라몬의 아시아 쪽 일가인 렐레게스족의 왕으로 임명했다. 어떤 이는 레스보스인들의 왕으로 임명했다고 전한다. 아킬레우스는 트로이아 전쟁 와중에 밀레토스를 공격하면서 트람벨로스를 죽였다. 그러나 나중에 그가 텔라몬의 아들이라는 것을 알고, 크게 애통해했다.[17]

m. 어떤 이는 오이클레스가 트로이아에서 죽은 게 아니라 에리뉘에스가 그의 손자 알크마이온을 광기에 빠지게 했을 때까지 살아 있었다고 전한다. 그의 무덤은 지금도 보레아스의 메갈로폴리탄 구역 부근, 아르카디아에 남아 있다.[18]

n. 헤라클레스는 강의 신 스카만드로스의 딸 글라우키아를 태우고 트로아스에서 출항했다. 포위 공격 당시 그녀는 데이마코스의 연인이었으나, 그가 전투에서 죽자 헤라클레스에게 보호를 요청했던 것이다. 헤라클레스는 용맹한 친구의 가문의 대가 끊어지지 않게 됐기에 크게 기뻤다. 글라우키아가 임신 중이었기 때문이다. 그녀는 나중에 스카만드로스라는 이름의 아들을 낳았다.[19]

o. 잠의 신이 제우스를 어르고 달래 졸음이 쏟아지게 하는 동안, 헤라는 보레아스를 불러들여 폭풍을 일으키게 했다. 헤라클레스는 이 폭풍에 항로를 크게 벗어나 코스 섬까지 밀려갔다. 제우스는 잠에서 깨어 크게 화를 내며 잠의 신을 공중에서 에레보스의 깊은 구멍 안으로 던져 넣으려 했다. 이에 잠의 신은 밤의 여신[뉙스]에게 달아나 애원했고, 제우스도 밤의 여신은 감히 건드리지 못했다. 분이 풀리지 않아 제우스는 신들을 올림포스 주변으로 마구 내던졌다. 어떤 이는 제우스가 헤라를 매달았던 게 이때였다고 전한다. 헤라의 허리를 사슬로 묶어 서까래에 매달았으며 발목에는 모루를 달았다고 한다. 헤파이스토스도 땅바닥으로 던졌다. 어느 정도 분이 풀리

자, 제우스는 헤라클레스를 코스 섬에서 구조해 아르고스로 데려다주었다. 그곳에서 헤라클레스의 모험은 다채롭게 묘사되고 있다.[20]

p. 어떤 이는 코스 섬 주민들이 그를 해적으로 오해해 배에 돌을 던지며 접근을 막으려 했다고 전한다. 그러나 헤라클레스는 상륙을 강행했으며, 야간 공격으로 아스튀팔라이아 시를 장악하고 거기 왕 에우뤼퓔로스를 죽였다. 왕은 포세이돈과 아스튀팔라이아의 아들이다. 그 자신은 칼코돈한테 부상을 입었으나, 목숨을 잃을 뻔한 순간에 제우스가 구해 주었다.[21] 다른 이들은 그가 코스 섬을 공격한 것은 에우뤼퓔로스의 딸인 칼키오페와 사랑에 빠졌기 때문이라 전한다.[22]

q. 또 하나 다른 설명을 보면, 헤라클레스의 배 여섯 척 가운데 다섯 척이 폭풍으로 침몰했다. 살아남은 한 척도 코스 섬의 라케타에서 좌초하는 바람에 그와 선원들은 겨우 무기만 챙겨 나왔다. 이들이 바닷가에서 옷을 벗어 바닷물을 짜내고 있는데, 때마침 양 떼가 옆을 지나갔다. 헤라클레스는 안타고라스라는 양치기에게 숫양 한 마리를 선물로 달라고 청했다. 힘 좋고 체격이 건장한 안타고라스는 숫양을 상으로 걸고 씨름을 한판 벌이자고 도전했다. 헤라클레스는 이를 받아들였지만 두 사람이 맞잡고 시합을 시작하려는 순간 안타고라스의 친구들이 그를 돕겠다고 달려들었다. 이에 그리스인들도 똑같이 헤라클레스를 위해 뛰어들었고, 대규모 혼전이 벌어지고 말았다. 태풍에 시달린데다 상대 숫자도 너무 많아, 헤라클레스는 싸움을 멈추고 뚱뚱한 트라케 부인의 집으로 달아났다. 그리고 그녀의 옷을 입고 변장해 겨우 탈출에 성공했다.

r. 그날 늦게, 음식과 잠으로 기운을 차린 헤라클레스는 코스 섬 주민들과 다시 싸워 그들을 무찔렀다. 헤라클레스는 그들의 피를 씻어 내는 정화를 받고 나서, 아직 여인의 옷을 입고 있었음에도 칼키오페와 결혼했다. 그

녀를 통해 헤라클레스는 텟살로스의 아버지가 됐다.[23] 지금도 그 싸움이 벌어진 벌판에서는 매년 헤라클레스에게 제물을 바친다. 그리고 코스 섬의 신랑들은 신부를 집으로 맞이할 때 여인의 옷을 입는다. 이 섬의 안티마케이아에서 헤라클레스의 사제도 제물을 바치기 전에 이렇게 한다.[24]

s. 아스튀팔라이아의 여인들은 헤라클레스에게 화가 나서 그를 비방했다. 이로 인해 헤라는 이들에게 암소처럼 뿔이 돋아나게 했다. 그러나 여인들이 감히 자기네가 아프로디테 여신보다 아름답다고 자랑해 여신이 이런 벌을 내렸다는 이야기도 있다.[25]

t. 코스 섬을 초토화하고 섬 주민들을 거의 몰살한 다음, 헤라클레스는 아테나의 인도를 받아 플레그라로 갔다. 거기에서 헤라클레스는 신들이 기간테스와 벌이는 전투를 도왔다.[26] 그다음 그는 보이오티아로 갔고, 고집을 피워 스카만드로스가 그곳의 왕으로 선출되도록 했다. 스카만드로스는 이나코스 강을 자기 이름으로 바꿨고, 근처의 다른 작은 강도 그 이름을 어머니 글라우키아로 고쳤다. 샘도 아내 이름을 따라 아키두사라 불렀다. 그는 그녀를 통해 세 딸을 두었는데, 지금도 그곳에선 '처녀들'이라는 이름으로 이들을 기린다.[27]

1] 아폴로도로스: 『비블리오테카』 2. 4. 6.
2] 아폴로도로스: 2. 5. 9; 휘기누스: 『신화집』 89; 디오도로스 시켈로스: 『역사총서』 4. 42; 체체스: 『뤼코프론에 관하여』 34.
3] 아폴로도로스: 같은 곳; 휘기누스: 같은 곳; 루키아노스: 『희생에 관하여』 4; 체체스: 같은 곳; 디오도로스 시켈로스: 같은 곳; 베르길리우스의 『아이네이스』 3. 3에 대한 세르비오스.
4] 베르길리우스의 『아이네이스』 5. 30과 1. 554에 대한 세르비오스; 체체스: 『뤼코프론에 관하여』 472; 휘기누스: 『신화집』 89.
5] 디오도로스 시켈로스: 4. 42; 체체스: 『뤼코프론에 관하여』 34; 발레리우스 플라쿠스: 2. 487; 휘기누스: 같은 곳; 아폴로도로스: 2. 5. 9; 헬라니코스, 호메로스의 『일리아스』 20. 146와 관련해 고전 주석자가 인용.
6] 호메로스: 『일리아스』 20. 145-148; 체체스: 같은 곳; 헬라니코스: 같은 곳.
7] 디오도로스 시켈로스: 4. 42와 49; 베르길리우스의 『아이네이스』 1. 623에 대한 세르비오스.

8] 아폴로도로스: 2. 5. 9; 헬라니코스: 같은 곳; 핀다로스: 『글조각 모음』 140a, 슈뢰더 편집, 그리고 「이스트미아 제전 송가」 6. 26 ff.

9] 체체스: 『뤼코프론에 관하여』 472와 953; 베르길리우스의 『아이네이스』 1. 554와 5. 30에 대한 세르비오스.

10] 체체스: 『뤼코프론에 관하여』 472, 953, 965; 베르길리우스의 『아이네이스』 1. 554와 5. 30과 73에 대한 세르비오스.

11] 디오도로스 시켈로스: 4. 32; 아폴로도로스: 2. 6. 4; 호메로스: 『일리아스』 5. 638 ff.

12] 핀다로스의 「네메아 제전 송가」 3. 61과 「이스트미아 제전 송가」 1. 21-23에 대한 고전 주석자; 아폴로도로스: 같은 곳과 1. 8. 2; 호메로스: 『오뒷세이아』 15. 243; 플루타르코스: 『그리스인에 관한 물음』 41.

13] 아폴로도로스: 3. 12. 7; 핀다로스: 「이스트미아 제전 송가」 6. 35 ff.; 체체스: 『뤼코프론에 관하여』 455; 소포클레스의 『아이아스』 833에 대한 고전 주석자; 호메로스의 『일리아스』 23. 821에 대한 고전 주석자.

14] 아폴로도로스: 2. 6. 4; 헬라니코스, 체체스의 인용: 『뤼코프론에 관하여』 469.

15] 디오도로스 시켈로스: 4. 32; 체체스: 『뤼코프론에 관하여』 337; 아폴로도로스: 같은 곳; 휘기누스: 『신화집』 89; 호메로스: 『일리아스』 5. 638 ff.

16] 아폴로도로스: 3. 12. 7; 베르길리우스의 『아이네이스』 3. 3에 대한 세르비오스; 호메로스: 『일리아스』 8. 283 ff.,와 284에 대한 고전 주석자.

17] 체체스: 『뤼코프론에 관하여』 467; 아테나이오스: 『현자들의 식탁』 2. 43; 파르테니오스: 『에로티카』 26.

18] 아폴로도로스: 3. 7. 5; 파우사니아스: 8. 36. 4.

19] 플루타르코스: 『그리스인에 관한 물음』 41.

20] 호메로스: 『일리아스』 14. 250 ff.와 15. 18 ff.; 아폴로도로스: 1. 3. 5와 2. 7. 1.

21] 아폴로도로스: 2. 7. 1.

22] 핀다로스의 「네메아 제전 송가」 4. 40에 대한 고전 주석자.

23] 아폴로도로스: 2. 7. 8; 호메로스: 『일리아스』 2. 678-679.

24] 플루타르코스: 『그리스인에 관한 물음』 58.

25] 오비디우스: 『변신 이야기』 7. 363-364; 락탄티우스: 『오비디우스의 「변신 이야기」에 나온 이야기들』 7. 10.

26] 아폴로도로스: 2. 7. 1; 핀다로스: 「이스트미아 제전 송가」 6. 31 ff.

27] 플루타르코스: 『그리스인에 관한 물음』 41.

✳

1. 이번 전설은 다섯 번째 또는 호메로스 이전 시대의 트로이아 약탈과 관련된 것이다. 이번 약탈은 아마도 미뉘에스족Minyans, 다시 말해 아이올리스족 그리스인들이 렐레게스족Lelegians의 지원을 받아, 때마침 지진으로 도시의 육중한 성벽이 무너졌을 때 벌인 일이었을 것이다(158. 8 참고). '황금양털'의 전설을 통해, 라오메돈Laomedon이 미뉘에스족뿐 아니라 렐레게스족의 흑해 교역을 막았을 것이라 추측할 수 있다(148. 10 참고). 또, 트로이아가

헬레스폰토스 해협과 함께 매년 동서 교역의 정기 장터가 열리는 스카만드로스 평원까지 통제하고 있는 상황에서, 유일한 해결책은 도시 파괴뿐이었을 것이라 추정할 수 있다. 헤라클레스의 아홉 번째 과업도 같은 종류의 흑해 관련 사업을 지칭한다(131. 11 참고). 헤라클레스는 기원전 1260년경 일어난 지진을 기회로 삼아 임무를 수행했다.

2. 헤라클레스의 헤시오네Hesione 구조는 페르세우스의 안드로메다 구조와 아주 흡사하다(73. 7 참고). 이는 시리아와 소아시아에서 흔히 보이는 도상에서 유래한 것이 분명하다. 즉 마르두크가 여신 이슈타르가 뿜어 놓은 바다 괴물 티아마트를 물리치는 모습인데, 마르두크는 여신을 바위에 사슬로 묶어 그녀를 제압한다. 티아마트는 헤라클레스를[마르두크를?, 원문 오기인 듯] 꿀꺽 삼켰으나, 사흘 뒤 그는 이를 뚫고 돌아온다. 같은 도상에 바탕을 둔 것을 보이는 히브리의 도덕적 설화에서 요나도 사흘 동안 고래 뱃속에 있었다. 그리고 마르두크의 대리인인 바빌론의 왕도 매년 일정 기간을 죽음 속에서 보내야 했다. 그 기간에 왕은 티아마트와 싸움을 벌인다고 여겨졌다(71. 1; 73. 7; 103. 1 참고). 마르두크 또는 페르세우스의 태양의 백마는 여기에서 헤시오네 구출의 보상으로 등장한다. 헤라클레스의 머리카락이 모두 빠졌다는 대목은, 그가 가진 태양의 특징을 강조한다. 이는 한 해가 저물 때 신성한 왕의 머리카락을 깎았던 것을 지칭하는데, 이는 삼손 이야기에서와 같이 그의 마법적 힘이 줄어들었음을 상징한다(91. 1 참고). 그가 다시 나타났을 때, 그는 아기만큼이나 머리카락이 없었다. 헤시오네가 포다르케스Podarces의 몸값을 지불했다는 대목은, 세하 강(스카만드로스 강?)의 여왕 어머니가 자신의 망나니 아들 마나파닷타스Manapadattas를 위해 힛타이트 왕 무르실리스Mursilis와 중재에 나선 것을 지칭할 수 있다.

3. 포이노다마스Phoenodamas의 세 딸은 삼각형의 시칠리아 섬을 다스리는

세 가지 모습의 달의 여신을 지칭한다. 이 여신은 아르테미스, 아프로디테, 헤카테의 모습을 하고 있으며, 여신에게는 개가 신성한 동물이다. 그리스 어를 쓰는 시칠리아 주민은 로마인들처럼 호메로스 서사시에 푹 빠져 있었고, 로마 쪽과 같이 근거는 무척 허약했지만 자신들이 트로이아의 혈통이라고 열렬히 주장했다. 스카만드로스의 세 딸도 보이오티아에서 같은 여신을 지칭한다. 글라우키아Glaucia가 스카만드로스라는 아이를 낳았다는 건 전혀 특별하지 않다. 위僞아이스키네스(『대화』 10. 3)를 보면, 트로이아 신부들은 강물에 들어가 씻으면서 이렇게 외쳤다고 한다. "스카만드로스여, 저의 처녀성을 가져가세요!" 이는 고대에 강물이 여인의 자궁에 생명을 불어넣는다고 믿었던 시기가 있었음을 보여 준다(68. 2 참고).

4. 헬라스 시기Helladic[기원전 3,200년부터 기원전 11세기까지의 시기]의 코스 Cos 섬에 대한 헬레네스의 정복 가운데, 헤라클레스의 그곳 방문이 어떤 때를 지칭하는지는 확실하지 않다. 그러나 그의 방문 다음부터 신랑이 신부를 시집으로 맞으면서 여인의 옷을 입었다는 대목은, 신부가 신랑을 자기 집으로 맞이하던, 이전의 처가妻家 거주 관습을 마지못해 용인한 것으로 보인다(160. 3 참고). 달의 여신 이오를 기리는 아르고스의 의례와 유사하게, 코스 섬에서도 암소 춤을 췄을 것이다(56. 1 참고). 안티마케이아Antimacheia에서, 신성한 왕은 여전히 여왕의 대리자에 불과한 초기 단계에 있었고, 따라서 여인의 옷을 입어야 했다(18. 8과 136. 4 참고).

5. 라오메돈의 암말은 보레아스가 트로이아에서 태어나게 했던 것과 같은 종류의 말이었다(48. e 참고).

6. 이나코스Inachus 강은 아르고스에 있다. 플루타르코스만 유일하게 "보이오티아의 이나코스 강" 또는 "보이오티아의 스카만드로스 강"이라고 했다.

138
헤라클레스의 엘리스 정복

　귀환한 헤라클레스는 곧장 티륀스인들과 아르카디아인들을 대상으로 병력을 소집하고, 그리스 명문가에서 온 자원자들과 함께, 외양간을 청소한 다섯 번째 과업 때 앙심을 품게 된 엘리스의 왕 아우게이아스를 향해 출정했다.[1] 아우게이아스도 이런 공격을 예상하고 에우뤼토스와 크테아토스를 장군으로 임명해 대비하고 있었다. 이들은 자신의 형제인 악토르가 몰로스의 딸인 몰리오네 또는 몰리네와 함께 낳은 아들들이다. 아우게이아스 왕은 전쟁을 대비해 엘리스 통치권의 일부를 용맹한 아마륑케우스에게 나눠주기도 했다. 그는 보통 텟살리아 출신 이주민인 핏티오스의 아들이라 전해진다.[2]

　b. 악토르의 아들들은 어머니의 이름을 따라 몰리오네스 또는 몰리오니다이라고 불린다. 이는 다른 악토르가 아이기나와 결혼해 낳은 아들들과 구분하기 위해서다. 이들은 쌍둥이로 은빛 알에서 태어났으며, 힘으로는 동시대인들을 모두 능가했다. 그러나 디오스쿠로이와 달리, 이들은 허리가 붙은 채 태어났다.[3] 몰리오네스는 켄타우로스 덱사메노스의 쌍둥이 딸과 결혼했으며, 한 세대 뒤에 이 부부들의 아들들은 아우게이아스의 손자 및 아

마링케우스의 아들과 공동으로 엘리스를 다스렸다. 이들 넷은 각각 트로이아 원정 때 열 척의 배를 지휘했다. 악토르는 이미 그의 어머니인 휘르미네를 통해 왕국의 한 부분을 소유하고 있었다. 휘르미네는 넬레우스의 딸로, 악토르는 지금은 사라진 도시 휘르미네에 어머니 이름을 붙였다.[4]

c. 헤라클레스는 과거와 달리 이번 '엘리스 전쟁'에서 영광을 누리지 못했다. 그는 병에 걸렸고 몰리오네스가 엘리스 정중앙에 진을 치고 있던 그의 군대를 완파했다. 코린토스인들이 중재에 나서서 '이스트미아 휴전'에 이를 수 있었다. 헤라클레스의 쌍둥이 형제 이피클레스도 다른 사람들과 함께 몰리오네스에게 부상을 입었다. 친구들이 기절한 이피클레스를 아르카디아의 페네오스로 데려갔으나, 그는 결국 거기에서 죽어 영웅이 됐다. 클레오나이인 360명도 헤라클레스의 편에서 용감하게 싸우다 죽었다. 그는 사자를 죽이고 네메아인들에게서 받은 서훈을 이들에게 주었다.[5] 그는 자신의 친구이자 몰리오네스의 장인인 덱사메노스의 집이 있는 올레노스로 물러났다. 거기에서 덱사메노스의 막내딸 데이아네이라에게 결혼을 약속한 다음 꽃을 땄다. 헤라클레스가 떠난 다음, 켄타우로스 에우뤼티온이 그녀에게 구애했다. 덱사메노스는 이를 거부하는 게 두려웠다. 결혼식이 열렸으나 그날 헤라클레스가 아무 예고도 없이 나타나 에우뤼티온과 그 형제들을 활로 쏴 죽이고, 데이아네이라를 데리고 가버렸다. 그런데 어떤 이는 헤라클레스의 신부 이름은 므네시마케 또는 힙폴뤼테였다고 전한다. 데이아네이라는 오이네우스의 딸이라고 하는 경우가 더 많다는 점을 근거로 내세운다. 덱사메노스는 헤라클레스의 주사위 신탁으로 유명한 부라에서 태어났다.[6]

d. 헤라클레스가 티륀스로 돌아왔을 때, 에우뤼스테우스는 그가 음모를 꾸미고 있다고 비난했다. 제우스가 자신의 것이라 확인해 준 상왕의 자리

를 노린다는 것이었다. 그리고 기어코 그를 아르골리스에서 추방했다. 헤라클레스는 어머니 알크메네와 조카 이올라오스를 데리고 페네오스로 가서 이피클레스와 합류했다. 그는 거기에서 구네우스의 딸 라오노메를 연인으로 삼았다. 그는 '페네오스 평원'을 가로질러 아로아니오스 강을 위한 수로를 팠는데, 대략 50펄롱[10킬로미터] 길이에 약 9미터 깊이였다. 그러나 강은 금방 수로를 벗어났고, 수로도 여기저기 무너져 결국 예전 모습으로 돌아가고 말았다. 그는 홍수를 대비해 페네오스 산맥의 발치에 깊은 수렁도 팠다. 제 효과를 봤지만, 예외도 한 번 있었다. 언젠가 집중호우가 내려 아로아니오스 강이 넘쳐 오래된 포네오스 시가 물에 잠긴 적이 있다. 그 홍수로 어디까지 물이 차올랐는지 보여 주는 표시가 지금도 산비탈에 남아 있다.[7]

e. 헤라클레스는 나중에 엘리스인들이 세 번째 열린 이스트미아 제전에 포세이돈을 기려 행렬을 보낼 것이며, 몰리오네스가 제전을 참관하고 희생 의식에 참여할 것이라는 소식을 전해 들었다. 그는 클레오나이 아래의 길가 덤불에 매복해 있다가 그들을 공격해 몰리오네스 형제를 활로 쏴 죽였다. 이들의 사촌이자 아우게이아스 왕의 아들인 또 다른 에우뤼토스도 함께 죽었다.[8]

f. 몰리오네는 금방 누가 자기 아들들을 죽였는지 알게 됐고, 엘리스인들이 에우뤼스테우스에게 배상을 요구하게 만들었다. 헤라클레스가 티륀스 사람이기 때문이다. 에우뤼스테우스는 이미 그를 추방했기에 헤라클레스의 악행에 대해 책임이 없다고 주장했고, 이에 몰리오네는 살해에 대한 배상이 이뤄질 때까지 어떤 아르고스인도 이스트미아 제전에 참여하지 못하게 해달라고 코린토스 쪽에게 간청했다. 코린토스인들이 이를 거부하자, 몰리오네는 엘리스인이 경기에 참가하게 되면 누구든 저주를 받을 것이라고 선언했다. 그녀의 저주는 지금도 존중받고 있어, 엘리스 선수들은 이스트미

아 제전에 아무도 참여하지 않으려 한다.[9]

g. 헤라클레스는 온코스에게 검은 갈기의 말 아리온을 빌려, 이를 길들인 다음, 아르고스와 테바이, 아르카디아에서 새로운 군대를 일으켜 엘리스 시를 약탈했다. 어떤 이는 그가 아우게이아스와 그의 아들들을 죽이고 적법한 왕인 퓔레우스를 데려와 엘리스 왕좌에 앉혔다고 전한다. 다른 이들은 그가 최소한 아우게이아스의 목숨은 살려 주었다고 한다. 헤라클레스는 엘리스에 다시 사람들을 채우기로 마음먹고, 죽은 엘리스인들의 아내에게 자신의 병사들과 동침하라고 명했다. 여인들은 다 함께 첫 번째 동침으로 임신할 수 있게 해달라고 아테나 여신에게 기도했다. 기도는 받아들여졌고, 여인들은 감사의 뜻으로 '어머니 아테나'의 성역을 건설했다. 사람들은 다행스러운 일이라면서 크게 기뻐했고, 여인들이 새 남편을 만난 장소와 그 옆에 흐르는 작은 강을 바뒤라 불렀다. 이는 엘리스 말로 '달콤한'을 뜻한다. 헤라클레스는 그러고 나서, 어쨌든 자기는 두 발로 서서 싸우는 게 더 좋다고 하면서, 아리온을 아드라스토스에게 주었다.[10]

h. 이때쯤, 헤라클레스는 '수소 먹는 이'를 뜻하는 부파고스라는 호칭을 얻었다. 다음과 같은 일이 있었기 때문이다. 예전에 헤라클레스가 외양간을 청소하고 대가를 요구할 때, 레프레우스는 어리석게도 그에게 족쇄를 채워 가둬 버리라고 아우게이아스 왕에게 조언했다. 그는 카우콘과 아스튀다메이아의 아들로, 아르카디아에 레프레우스 시를 건설했다. (이 지역의 이름은 초기 정착자들을 곤경에 빠뜨렸던 나병leprosy에서 왔다.) 헤라클레스가 도시로 향하고 있다는 소식을 듣고, 아스튀다메이아는 레프레우스를 설득해 그를 공손하게 맞이해 용서를 빌도록 했다. 헤라클레스는 이를 받아들였지만, 대신 원반던지기와 물 마시기, 수소 먹기 등 세 가지 시합을 하자고 했다. 헤라클레스는 원반던지기와 물 마시기 시합은 이겼지만, 수소 먹기에선 레프

레우스가 그보다 빨랐다. 승리에 얼굴이 상기돼, 그는 헤라클레스에게 결투를 신청했고, 곧장 곤봉에 맞아 저세상으로 갔다. 그의 무덤은 지금도 피갈리아에 남아 있다. 레프레우스 시민들은 데메테르와 '백색 포플러의 제우스'를 숭배하는데, 언제나 엘리스에 복종했다. 누가 올림피아에서 상을 받을 때면 전령은 언제나 그를 '레프레우스 출신의 엘리스 사람'이라고 큰 소리로 외친다. 지금도 엘리스인들은 아우게이아스 왕을 영웅으로 기린다. 그들은 오직 한 차례 스파르테의 뤼쿠르고스 치세 시절에 헤라클레스에 대한 증오를 잊고 그에게도 제물을 바친 적이 있으며, 이를 통해 역병을 피했다.[11]

i. 엘리스를 정복한 헤라클레스는 자신의 군대를 피사로 불러 모은 다음, 전리품을 활용해 유명한 올림피아 제례와 제전을 창설했다. 아버지 제우스를 기려 4년마다 열었다. 어떤 이는 이것이 그동안 열린 운동 제전 가운데 단지 여덟 번째에 불과하다고 주장한다.[12] 제우스를 위해 특정 구역을 따로 구분해 울타리를 치고 '신성한 숲'으로 삼았으며, 발걸음으로 경기장 길이를 가늠했다. 거기 이웃한 작은 언덕을 '크로노스의 언덕'이라 이름 짓고, 올림포스 신들에게 바치는 여섯 개 제단을 쌓았다. 제단 하나에 두 신씩 모신 것이다. 그는 제우스에게 제물을 바치면서 제물의 넓적다리를 백색 포플러나무 위에 올려 태웠다. 이 나무는 테스프로티아의 아케론 강에서 자라는 것에서 잘라 왔다. 그는 이와 함께 자신의 증조부 펠롭스에게 바치는 제물용 화로를 세우고, 그를 위한 전당도 지정했다. 이때 파리 떼가 들끓어 무척 괴로웠는데, 두 번째 제물을 '파리를 쫓아내는 제우스'에게 바쳤다. 제우스는 이놈들을 알페이오스 강 너머로 보내 버렸다. 엘리스인들은 올림피아에서 파리 떼를 쫓을 때 지금도 파리를 쫓아내는 제우스에게 제물을 바친다.[13]

j. 하지가 지나고 처음 보름달이 뜨는 날, 제전을 위한 모든 준비가 갖춰

졌다. 그런데 골짜기에는 나무가 부족해 햇볕을 가릴 만한 게 없었다. 이에 헤라클레스는 '휘페르보레오이의 땅'으로 되돌아갔다. 거기에는 다뉴브 강의 발원지에 야생 올리브나무가 자라는데, 그는 아폴론의 사제들에게 제우스의 구역에 심을 수 있게 한 그루 달라고 부탁했다. 올림피아로 돌아온 헤라클레스는 경기의 승자에게 그 잎사귀로 관을 만들어 씌워 주라고 아이톨리아 심판에게 명했다. 이는 승자에 대한 유일한 포상이었는데, 자신도 아무런 대가 없이 에우뤼스테우스의 열두 과업을 수행했기 때문이다. 이 나무는 '공정한 왕관의 올리브'라고 불리며, 지금도 제우스 신전 뒤 '신성한 숲'에 자라고 있다. 화관을 만들 나뭇가지는 반드시 양쪽 부모가 살아 있는 고귀한 태생의 소년이 황금 낫으로 자른다.[14]

k. 어떤 이는 헤라클레스가 모든 종목에서 부전승으로 우승했다고 전한다. 아무도 감히 그와 겨루려 하지 않았기 때문이다. 그러나 사실은 모두가 혼신의 힘을 다해 그와 겨뤘다. 다만 씨름 시합에서는 참가자가 없었는데, 제우스가 신의 모습을 감춰 변장을 하고 경기장에 들어섰다. 시합 결과는 무승부였으며, 그제야 제우스는 제 모습을 아들 헤라클레스 앞에 드러냈다. 모든 관중이 환호성을 질렀고, 보름달은 대낮처럼 밝게 빛났다.[15]

l. 그러나 더 오래된 전설은 '닥튈로스 헤라클레스'가 올림피아 제전을 창립했다고 전한다. 야생 올리브를 휘페르보레오이의 땅에서 가져온 사람도 그였다고 한다. 여지 마법사들이 닥튈로스 헤라클레스를 기리는 주문과 부적을 아주 많이 사용했으며, '알크메네의 아들 헤라클레스'에게는 거의 신경을 쓰지 않았다. 제우스의 제단은 펠롭스 전당과 헤라 성역 사이에 같은 거리를 두고 서 있지만, 양쪽보다 앞으로 나와 있었다. 이 제단도, 페르가모스에 있는 제단과 마찬가지로, 닥튈로스 헤라클레스가 그 옛날 자신이 제우스에게 제물로 바친 넓적다리뼈를 태우고 남은 것으로 지어 올렸다고

한다. 매년 한 차례씩, 엘리스 달력의 엘라피오스의 달 열아홉 번째 날에, 예언자들은 공회당에서 가져온 재에 알페이오스 강에서 떠온 물을 부어 회 반죽을 만든 다음 이를 제단에 새로 바른다.[16]

m. 하지만 이런 이야기도 알크메네의 아들 헤라클레스가 올림피아 제전을 재창설했다는 주장을 부정하는 것은 아니다. 엘리스에는 운동선수들이 훈련하는, 벽으로 둘러싸인 오래된 고대 연무장이 지금도 남아 있기 때문이다. 키 큰 플라타너스가 경주로 사이에 자라고 있으며, 둘러싼 건물을 '크쉬스토스'라 부르는데 헤라클레스가 거기서 엉겅퀴를 긁어내고 연습을 했기 때문이다.[1] 그러나 크레테의 클뤼메노스는 이미 '데우칼리온 대홍수'가 있고 겨우 50년 뒤에 올림피아 제전을 거행했다. 그는 닥튈로스의 후손인 카르디스의 아들이다. 클뤼메노스에 이어 엔뒤미온 제전을 열었다. 펠롭스와 크레테우스의 아들 아뮈타온, 펠리아스와 넬레우스도 제전을 열었다. 누구는 아우게이아스도 그랬다고 한다.[17]

n. 올림피아 제전은 번갈아 가며 49개월, 50개월 간격으로 열린다. 지금은 제전이 열리는 달의 11일부터 15일까지 닷새 동안 진행한다. 전령들은 그리스 전역에 무조건적인 휴전을 선포하며, 제전이 열리는 한 달 내내 전쟁을 멈춰야 한다. 중범죄 또는 신들을 모욕한 죄를 저지른 선수는 제전에 참여할 수 없다. 원래 올림피아 제전은 피사 사람들이 관리했지만, 헤라클레이다이가 마지막으로 귀환한 뒤부터는 엘리스에 정착한 그들의 아이톨리아 동맹이 그 일을 맡았다.[18]

---

1) '크쉬스토스Xystus'는 보통 지붕과 기둥만 있는 고대 그리스의 실내 경기장을 일컫는다. 비가 오는 날이나 겨울에는 그곳에서 훈련을 했다. 저자는 헤라클레스가 거기서 엉겅퀴를 긁어내고 연습을 했다고 하면서 '긁어 내고scraping up'(xystos)를 이탤릭체로 표기해, 이것이 크쉬스토스라는 말의 뜻이라 설명하고 있다.

o. '크로노스의 언덕'의 북쪽 비탈에, 소시폴리스라 부르는 뱀이 에일레이튀이아의 전당에 살았다. 처녀 여사제가 흰 머릿수건을 쓰고 들어가 꿀빵과 물을 먹였다. 이런 관습은 적을 쫓아낸 기적을 기념하는 것이다. 그들이 엘리스의 거룩한 땅을 두고 아르카디아족과 싸움을 벌일 때, 어떤 여인이 젖먹이 아기를 데리고 엘리스의 장군들에게 와서 아기가 그들의 투사라며 건네주었다. 엘리스인들은 그녀의 말을 믿었고, 그녀가 양쪽 군대 사이에 아기를 앉히자 아기는 뱀으로 변했다. 아르카디아족은 달아났고, 엘리스인들은 그들을 추격해 커다란 타격을 입혔다. 에일레이튀이아의 전당은 그 뱀이 '크로노스의 언덕'으로 사라진 곳에 세워졌다. 이 언덕의 정상에서는, 엘라피오스의 달의 춘분이 되는 날에 맞춰, '여왕들'이라 부르는 여사제들이 크로노스에게 제물을 바친다.[19]

---

1) 아폴로도로스: 『비블리오테카』 2. 7. 2; 핀다로스: 「올림피아 제전 송가」 10. 31-33.

2) 파우사니아스: 『그리스 여행기』 5. 1. 8과 5. 2. 2; 호메로스의 『일리아스』 9. 834와 23. 1442에 대한 에우스타티오스.

3) 호메로스: 『일리아스』 11. 709; 아폴로도로스: 같은 곳; 이비코스, 아테나이오스의 인용: 2. 50; 포르퓌리오스: 『호메로스의 「일리아스」에 관련된 문제들』 265; 플루타르코스: 『형제애에 관하여』 1.

4) 파우사니아스: 5. 1. 8과 5. 3. 4; 호메로스: 『일리아스』 2. 615-624; 아폴로니오스 로디오스 1. 172 에 대한 고전 주석자.

5) 아폴로도로스: 같은 곳; 핀다로스: 「올림피아 제전 송가」 10. 31-33; 파우사니아스: 5. 2. 1과 8. 14. 6; 아일리아노스: 『다양한 역사』 4. 5.

6) 휘기누스: 『신화집』 33; 아폴로도로스: 2. 5. 5와 7. 5; 디오도로스 시켈로스: 『역사총서』 4. 33; 파우사니아스: 7. 25. 5-6.

7) 디오도로스 시켈로스: 같은 곳; 파우사니아스: 8. 14. 1-3.

8) 아폴로도로스: 2. 7. 2; 디오도로스 시켈로스: 같은 곳; 파우사니아스: 2. 15. 1; 핀다로스: 「올림피아 제전 송가」 10. 26 ff.

9) 파우사니아스: 5. 2. 2-3.

10) 파우사니아스: 8. 25. 5와 5. 3. 1; 아폴로도로스: 2. 7. 2; 호메로스의 고전 주석자, 메우르시우스의 인용: 『뤼코프론에 관하여』 40; 베르길리우스의 『아이네이스』 7. 666에 대한 세르비오스.

11) 아테나이오스: 『현자들의 식탁』 10. 412; 파우사니아스: 5. 4. 1; 4. 4와 5. 3-4.

12) 핀다로스: 「올림피아 제전 송가」 10. 43 ff.; 체체스: 『뤼코프론에 관하여』 41; 휘기누스: 『신화집』 273.

13) 핀다로스: 같은 곳; 아폴로도로스: 같은 곳; 파우사니아스: 5. 13. 1과 14. 2-3.

14) 핀다로스: 「올림피아 제전 송가」 3. 11 ff.; 디오도로스 시켈로스: 4. 14; 파우사니아스: 5. 15. 3.

15] 디오도로스 시켈로스: 같은 곳; 핀다로스: 「올림피아 제전 송가」 10. 60 ff.; 파우사니아스: 5. 8. 1; 체체스: 『뤼코프론에 관하여』 41.

16] 파우사니아스: 5. 7. 4와 13. 5; 디오도로스 시켈로스: 5. 64.

17] 파우사니아스: 6. 23. 1과 5. 8. 1.

18] 핀다로스의 「올림피아 제전 송가」 3. 35와 5. 6에 대한 고전 주석자; 데모스테네스: 『아리스토크라테스 탄핵』 631-632; 스트라본: 『지리학』 8. 3. 33.

19] 파우사니아스: 6. 20. 1-3.

＊

1. 이번 신화는 아카이아족이 서부 펠로폰네소스를 침략했으나 실패한 일을 기록한 것으로 보인다. 이어진 기원전 13세기 말의 두 번째 침략은 성공했다. 그런데 두 번째 침략은 기원전 11세기 도리에이스족 침략과 혼동을 일으켰다. 헤라클레스는 도리에이스족의 영웅이기도 했기 때문이다. 에우뤼티온Eurytion 살해는 [화살을 들고 살펴보다가 발등에 떨어뜨려 죽은] 폴로스Pholus의 죽음을 보여 주는 결혼식 도상에서 추론했을 것이다. 헤라클레스가 아로아니오스Aroanius 강에 수로를 팠다는 대목은, 엘리스(121. d 참고)와 보이오티아(142. 3 참고), 트라케(130. b 참고)에서 했던 일과 완전히 똑같다. 클레오나이인 360명에게 주었다는 서훈은 아마도 역법 관련 비밀 의식을 의미하는 듯하다. 360은 이집트 1년의 날짜 숫자이기 때문이다. 이는 오시리스, 호루스, 세트, 이시스, 네프튀스에게 신성한 닷새가 빠진 숫자이다.

2. 레프레우스Lepreus와 연관돼 나온 나병leprosy은 오염된 음식으로 생기는 피부병인 비틸리고vitiligo였다. 이는 백색 포플러의 달의 여신이 치료할 수 있었다(『하얀 여신』 432쪽). 진짜 나병은 기원전 1세기까지 유럽에 들어오지 않았다.

3. 헤라클레스가 얻은 부파고스Buphagus라는 호칭은 원래 헤라클레스의 숭배자들이 수소를 먹는 것을 지칭했다.

4. 소소폴리스는 크로노스의 혼령이었음이 틀림없다. 그의 머리는 북쪽 경사면에 묻혔는데, 그 뒤편에 있는 경기장을 보호하기 위해서였다. 경기장은 클라데오스와 알페이오스가 만나는 지점 근처에 있었다. 크로노스는 영국에서는 브란에 해당하는데, 브란도 비슷하게 런던을 내려다보는 타워 힐 Tower Hill을 지켰다(146. 2 참고). 새끼 염소가 태어나는 춘분은 나무 달력에서 오리나무의 달에 들어 있다. 오리나무의 달은 엘라피오스Elaphios('새끼 염소의')라고도 불렀으며, 특별히 크로노스-브란에게 신성했다(『하얀 여신』 168-172쪽과 206-207쪽). 이는 본래 엘리스에서는, 이탈리아 일부 지역과 마찬가지로, 새해가 춘분에 시작됐음을 암시한다. 이때 사나운 여인들 즉 '여왕들'은 지난해의 왕을 죽였고, 그 왕은 악타이온처럼 뿔을 달고 있었다(22. 1 참고). '닥튈로스 헤라클레스'도 이쪽 숭배 소속이었다(53. b 참고). 펠롭스의 후손들이 이런 역법을 바꾼 것으로 보인다. 이들은 태양 전차와 참돌고래를 가지고 들어왔으며, 한여름에 장례 제전을 열어 후계자가 제우스인 신성한 왕을 죽이고 그를 대신하는 것을 기념했다. 그리고 왕은 한겨울에 후계자를 죽여 원수를 갚았다. 그 결과 고전기에 엘리스의 새해는 여름에 시작됐다. 펠롭스에 대한 언급은 제물로 바친 왕을 먹었고, 그의 뼈를 태운 재를 물에 섞어 여신의 신전에 회반죽으로 발랐다는 것을 암시한다. 이렇게 제물로 바쳐진 왕은 헤라클레스뿐 아니라 '녹색의 제우스' 또는 아킬레우스(164. 5 참고)로 불렸다.

5. 그리스에서는 묵은해의 악령과 심술이 파리 떼 모습으로 나타난다 생각했고, 이를 쫓아내기 위해 야생 올리브나무를 이용했다. 이는 리비아에서 넘어온 관습이다. 북풍의 신 숭배도 북쪽이 아니라 거기에서 유래했다(48. 1과 133. 5 참고). 올림피아에서 소년이 황금 낫으로 가지를 잘라 낸 것은 야생 올리브가 아니라 겨우살이(또는 꼬리겨우살이)였을 것이다(7. 1과 50. 2 참고). 야

생 올리브나무는 휘페르보레오이의 나무 달력에 등장했다(119. 3 참고). 맨 처음에는 소녀들이 헤라의 여사제 자리를 두고 달리기 시합을 벌였다. 그런데 왕의 통치 기간이 1년에서, 태양력과 태음력이 더 정확하게 일치하도록, 명목상 100개월의 '커다란 한 해'로 길어지면서, 왕은 이 기간의 절반을 다스리고 후계자가 다른 절반을 다스렸다. 나중에 왕과 후계자는 몰리오네스Moliones라는 호칭 아래 동시에 나라를 다스렸고, 스파르테의 공동왕에 뒤지지 않을 정도로 긴밀히 결합했다(74. 1 참고). 샴쌍둥이 사례가 그리스에 있었고, 이것이 이런 은유에 더욱 힘을 실어 주었을 것이다. 그러나 아우게이아스가 엘리스를 나눠 주었다고 호메로스가 전한 대목은, 훨씬 나중 단계까지 신성한 왕은 물러나야 할 때가 됐음에도 자기 왕국의 3분의 1을 유지하고 있었음을 보여 준다. 프로이토스Proetus도 아르고스에서 그렇게 했다. 아마륑케우스Amarynceus는 아마도 정복을 통해 그 땅을 빼앗았을 것이다.

6. 몰리오네는 아마도 엘리스에서 쓰는 달의 여신의 호칭일 것이다. 여신은 올륌피아 제전을 후원하며, 이름은 '몰리의 여왕'을 뜻한다. 몰뤼moly는 다른 곳에서는 달의 마법을 물리치는 약초로 통한다(170. 5 참고). 여신은 아가메데Agamede('매우 교활한')라고도 불렀으며, 이는 아우게이아스의 여자 마법사인 딸의 이름이기도 하다. 그 딸은 "지상에서 자라는 모든 약초에 대해 알고 있었다"(호메로스: 『일리아스』 11. 739-741). 고전기 그리스에서 '어머니 아테나'는 이상하고 적절하지 못한 개념이었고, 해명이 필요한 지점이다(25. 2와 141. 1 참고). 그런데 엘리스의 전설은, 바뒤Bady 강 옆에서 그녀를 기리는 관능적 주신제가 열렸음을 암시한다.

7. 아리온 말을 길들였다는 대목은, 아르카디아의 온코스Oncus에서 열린 왕의 즉위식의 일부였던 것으로 보인다(130. 1 참고).

139
헤라클레스의 필로스 공략

헤라클레스는 다음으로 필로스 시를 약탈하고 불태웠다. 필로스인들이 엘리스를 지원했기 때문이다. 그는 넬레우스의 아들을 모두 죽였지만, 막내 네스토르는 마침 게라니아에 가 있던 덕분에 목숨을 건졌다. 넬레우스 자신도 탈출에 성공해 죽음을 면했다.[1]

b. 아테나 여신은 정의의 투사였기에 헤라클레스를 위해 싸웠다. 그리고 헤라와 포세이돈, 하데스, 아레스는 필로스 방어에 나섰다. 아테나가 아레스와 교전을 벌일 동안 헤라클레스는 포세이돈을 향했다. 곤봉과 삼지창이 맞붙었고, 삼지창은 더 견디지 못했다. 그는 이어 창을 쥐고 아테나를 도우러 달려갔다. 헤라클레스가 세 번째 찌른 창에 아레스의 방패가 뚫렸고, 아레스는 땅바닥에 거꾸로 내동댕이쳐졌다. 헤라클레스의 창은 아레스의 넓적다리를 힘껏 찔렀고, 신의 살 속을 깊이 파고들었다. 아레스는 고통 속에 올륌포스로 달아났고, 거기서 아폴론은 상처에 고통을 덜어 주는 연고를 발라 주었다. 상처는 한 시간도 되지 않아 모두 아물었다. 아레스는 기운을 차리고 다시 전쟁터로 뛰어들었다. 하지만 이번에는 헤라클레스의 화살이 그의 어깨를 꿰뚫었다. 아레스는 다시 전장에 나오지 못했다. 그러는 동안

헤라클레스는 미늘 셋 달린 화살로 헤라의 오른쪽 가슴에 부상을 입혔다.[2]

c. 넬레우스의 맏아들인 아르고 호 원정대의 페리클뤼메노스는 포세이돈에게서 무한한 힘과 함께 겉모습을 바꾸는 능력을 받았다. 새, 짐승, 나무 등 무엇이든 변신할 수 있었다. 이번 경우 그는 처음엔 사자로 둔갑했고, 다음엔 뱀으로 바꿨다. 얼마 뒤에는 눈에 띄지 않으려 개미 또는 파리 또는 꿀벌의 모습으로 헤라클레스 말의 멍에 위에 앉았다.[3] 헤라클레스는 아테나가 슬쩍 알려 준 덕분에 페리클뤼메노스를 알아볼 수 있었고, 그에게 곤봉을 휘둘렀다. 이에 페리클뤼메노스는 독수리로 둔갑해 그의 눈알을 쪼려 했지만 헤라클레스가 재빠르게 쏜 화살이 그의 날개를 꿰뚫었다. 그는 땅바닥으로 떨어졌고, 그 바람에 화살이 그의 목까지 뚫고 말았다. 하지만 어떤 이는 그가 이때 안전하게 날아갔다고 전한다. 그리고 헤라클레스의 포세이돈 공격도 이미 그전에 벌어진 일이라 주장한다. 그가 이피토스를 살해한 다음 넬레우스가 그를 정화해 주지 않겠다고 거절했을 때 그랬다는 것이다. 하데스와 벌인 싸움도, 엘리스에 있는 다른 필로스에서 벌어진 일이라 한다. 헤라클레스가 허락 없이 케르베로스를 끌고 올 때 한 판 붙었다는 것이다.[4]

d. 헤라클레스는 멧세니아 시를, 자기 후손을 위해 맡아 달라면서 네스토르에게 주었다. 게뤼오네우스의 소 떼를 자기한테서 약탈해 갈 때 그가 참여하지 않았음을 기억하기 때문이다. 헤라클레스는 금방 휠라스와 이올라오스보다 그를 더 사랑하게 됐다. 헤라클레스를 두고 맹세를 한 것도 네스토르가 처음이었다.[5]

e. 필로스인들이 다시 도시를 재건했지만 허약해졌고, 엘리스인들은 이를 이용해 그들을 옹졸한 방식으로 억압했다. 넬레우스는 인내심을 잃지 않았지만, 어느 날 아우게이아스가 자신이 올륌피아 제전에 내보낸 전차와

이를 끄는 우승 경력의 네 마리 말을 가로챘다는 소식을 전해 들었다. 전차 몰이꾼이 걸어서 돌아와 이 소식을 전했다. 이에 그는 네스토르에게 엘리스 평원으로 출격해 보복 공격을 감행하라 명했다. 네스토르는 자신의 이번 첫 번째 전투에서 그를 가로막던 엘리스인들을 창에 피를 적셔 가며 두들겨 쫓아내고, 소 50마리와 양 50마리, 돼지 50마리, 염소 50마리, 망아지 떼와 함께 있던 적갈색 암말 150마리를 몰아 왔다. 넬레우스의 전령은 이어 필로스 전역에서 엘리스인들에게 빚을 지고 있는 모든 사람을 불러 모아 전리품을 골고루 나눠 주었다. 이때 제일 좋은 몫은 네스트로에게 따로 챙겨 주었으며, 신들에게도 성대한 제물을 바쳤다. 사흘 뒤, 엘리스인들은 최대한 전열을 갖춰 필로스를 향해 티뤼오잇사에서 엘리스 평원을 건너 진군했다. 죽은 아버지의 호칭을 물려받은 몰리오네스의 두 아들도 이 대열에 동참했다. 그러나 아테나 여신이 밤에 필로스인들에게 찾아와 이를 경고하고 전열을 정비하게 했다. 교전이 벌어졌을 때, 네스토르는 두 발로 서서 전차를 탄 엘리스의 지휘관 아마륑케우스를 쓰러뜨렸으며, 그의 전차를 빼앗아 검은 폭풍처럼 엘리스 군대의 대열에 뛰어들어 다른 전차 50대를 포획하고 병사 100명을 죽였다. 만약 포세이돈이 몰리오네스를 앞이 보이지 않는 안개로 감싸 몰래 데려가지 않았다면, 그들도 네스토르의 날카로운 창 아래 운명을 달리했을 것이다. 엘리스인들은 네스트로의 군대의 맹렬한 추적에 '올레니아 바위'까지 달아났고, 이제 아테나가 정지를 명했다.[6]

　f. 양쪽이 휴전 조약을 맺은 다음, 아마륑케우스는 부프라시온에 묻혔으며 그를 위한 장례 제전이 열려 수많은 필로스인이 참여했다. 몰리오네스는 전차 경주의 회전 구간에서 네스토르를 밀어내 우승했지만, 네스토르는 권투와 씨름, 달리기, 투창 등 다른 모든 종목에서 이겼다고 한다. 그러나 이들 위업과 관련해, 네스토르가 말이 많은 노인이 되어 자기 이야기를

이렇게 전했다는 점을 빠뜨려서는 곤란하다. 그는 아폴론의 은혜를 받아 300년을 살았으며, 그의 말을 반박할 수 있는 동시대인은 모두 사라지고 없었다. 네스토르가 이렇게 오래 산 것은, 아폴론이 그의 외삼촌들한테서 빼앗은 수명을 네스토르에게 주었기 때문이다.7)

1) 파우사니아스: 『그리스 여행기』 2. 2. 2; 3. 26. 6과 5. 3. 1; 아폴로도로스: 『비블리오테카』 2. 7. 3; 디오도로스 시켈로스: 『역사총서』 4. 68.
2) 파우사니아스: 6. 25. 3; 호메로스의 『일리아스』 11. 689에 대한 고전 주석자; 헤시오도스: 『헤라클레스의 방패』 359 ff.; 핀다로스: 『올륌피아 제전 송가』 10. 30-31; 호메로스: 『일리아스』 5. 392 ff.; 체체스: 『뤼코프론에 관하여』 39.
3) 아폴로니오스 로디오스: 『아르고 호 이야기』 1. 156-160; 호메로스의 『오뒷세이아』 11. 285에 대한 에우스타티오스; 호메로스의 『일리아스』 2. 336과 11. 286에 대한 고전 주석자.
4) 아폴로도로스: 1. 9. 9; 헤시오도스, 아폴로니오스 로디오스 1. 156과 관련해 고전 주석자가 인용; 오비디우스: 『변신 이야기』 12. 548 ff.; 휘기누스: 『신화집』 10; 핀다로스의 『올륌피아 제전 송가』 9. 30 ff.에 대한 고전 주석자.
5) 파우사니아스: 2. 18. 6; 필로스트라토스: 『영웅담』 2.
6) 파우사니아스: 6. 22. 3; 호메로스: 『일리아스』 11. 671과 761.
7) 호메로스: 『일리아스』 23. 630-642; 휘기누스: 『신화집』 10.

*

1. 필로스 공략은 기원전 13세기 아카이아족의 펠로폰네소스 반도 침략 당시 벌어진 또 한 가지 사건으로 보인다. 헤라, 포세이돈, 하데스, 아레스 등 오래된 신들이 엘리스를 지원했고, 제우스한테서 다시 태어난 아테나, 제우스의 아들 헤라클레스 등 새로운 신들이 이들에 맞섰다. 헤라클레스가 둔갑술의 페리클뤼메노스Periclymenus를 무찌른 대목은, 새해를 맞아 아기를 제물로 바치던 관습을 억압한 일을 지칭하는 것 같다. 어떤 나무로도 둔갑할 수 있는 페리클뤼메노스의 능력은, 야생 올리브에서 도금양까지 각각 특정 나무로 표상되는 열세 달을 지칭하는 것으로 보인다. 섭정은 의례에서 추는 춤을 통해 이들을 차례로 표현했다(52. 3과 169. 6 참고). 하데스가 부상을 입는 장면은, 헤라클레스가 나중에 승자로서 죽음을 모면하고 불멸의

존재가 될 운명이라는 것을 표현한다(145. h 참고). 게다가 호메로스를 보면 (호메로스:『일리아스』 5. 319-395 ff.), 헤라클레스는 "필로스에서, 주검들 사이에서" 하데스에게 부상을 입혔다. 이는 "대문에서, 죽은 이들 사이에서"를 뜻할 수 있으며, 이 대문은 지하 세계로 들어가는 대문으로 아마 북쪽 끝에 있었을 것이다(170. 4 참고). 만약 그렇다면, 여기 하데스는 헤라클레스가 음산한 에뤼테이아 섬에서 무찌른 크로노스를 대신하고 있으며(132. d 참고),[1] 둘의 조우는 그가 지옥에서 케르베로스를 빼앗아 온 열두 번째 과업의 반복에 가깝다. 호메로스는 아테나 여신의 중요한 도움을 받은, 헤라클레스의 필로스 동맹들을 아카이오이족이라 묘사했다(『일리아스』 11. 617과 761). 그런데 넬레우스 왕조는 사실 아이올리스족이다.

2. 헤라클레스가 미늘 셋 달린 화살로 헤라의 오른쪽 가슴에 부상을 입히는 장면은, 도리에이스족의 서부 펠로폰네소스 침략에 대한 은유로 보인다. 당시 세 부족은 자신들을 '헤라클레스의 아들들'이라 불렀으며, 이들은 엘리스 지역의 여신의 위세를 꺾었다(146. 1 참고).

---

1) 헤라클레스의 열두 번째 과업과 관련해, 그는 에뤼테이아 섬에서 하데스의 소 떼를 건드리지 않았다. 또 크로노스는 등장하지도 않는다. 그런데 필자는 그 섬에서 크로노스를 물리쳤다고 설명하고 있어, 그 의도를 알기 어렵다. 그리고 바로 위쪽에 하데스와 헤라클레스의 전투가 호메로스 『일리아스』의 5. 319 ff.에 나온다고 했는데, 잘못된 표기이다. 출처의 실제 위치는 395행 이하이다.

140
힙포코온의 아들들

　헤라클레스는 스파르테를 공격해 힙포코온의 아들들을 벌하기로 결심
했다. 이들은 그가 이피토스를 죽인 뒤 정화해 주길 거부했을 뿐 아니라 넬
레우스의 지휘 아래 자신에 맞서 싸웠기 때문이다. 더구나 친구 오이오노
스를 죽이기까지 했다. 오이오노스는 리큄니오스의 아들로 언젠가 헤라클
레스와 함께 스파르테를 찾았다. 그가 도시를 거니는데 힙포코온의 궁전
바로 앞에서 커다란 몰롯시아 사냥개가 그에게 달려들었다. 그가 방어를
위해 집어던진 돌멩이가 놈의 주둥이를 맞혔다. 힙포코온의 아들들이 쏜살
같이 달려 나왔고, 짧은 곤봉으로 그를 내리쳤다. 헤라클레스는 길 반대편
끝에서 오이오노스를 구조하러 달려왔지만, 너무 늦었다. 오이오노스는 곤
봉에 맞아 죽었고, 헤라클레스는 손의 움푹 들어간 부분과 허벅지에 부상
을 입고 타위게토스 산 부근의 '엘레우시스의 데메테르' 성소로 달아나야
했다. 거기서 아스클레피오스는 그를 숨겨 주고 상처도 치료해 주었다.[1]

　b. 헤라클레스는 작은 군대를 소집해 아르카디아에 있는 테게아로 진군
해, 거기서 알레오스의 아들 케페우스에게 아들 20명과 함께 이번 전쟁에
합류해 달라고 간청했다. 처음 케페우스는 자신이 자리를 비우면 테게아의

안전이 문제 될까 걱정해 이를 거절했다. 헤라클레스는 아테나가 미리 놋쇠 항아리에 담아 챙겨 준 고르곤의 머리채를 케페우스의 딸 아이로페에게 건네주었다. 그러면서 그녀에게 테게아가 공격을 받을 때, 성벽에서 뒤돌아선 채로 머리채를 적들에게 세 번 내보이면 그들이 금방 달아날 것이라 했다. 하지만 일이 잘 풀려 아이로페가 실제로 그럴 필요가 없었다.[2]

c. 이렇게 케페우스는 스파르테 원정대에 합류했고, 불운의 결과로 그 자신과 열일곱 아들이 전장에서 목숨을 잃었다. 누구는 이피클레스도 이때 죽었다고 하는데, 그는 암피트뤼온의 아들이 아니라 아르고 호 원정대에 있던 같은 이름의 아이톨리아 사람이었을 것이다. 헤라클레스의 군대는 이들 외에 다른 사상자를 거의 내지 않았지만, 스파르테는 힙포코온과 그의 열두 아들을 모두 잃었다. 다른 수많은 높은 계급의 남자들도 죽었고, 도시는 순식간에 적의 수중에 떨어졌다. 헤라클레스는 튄다레오스를 데려와, 자기 후손들을 위해 맡아 달라면서 그에게 왕국을 주었다.[3]

d. 이유를 알 수는 없지만, 헤라가 이번 전역에서는 그에게 훼방을 놓지 않았다. 이에 헤라클레스는 스파르테에 그녀를 위한 전당을 짓고, 다른 제물을 구할 수 없어 염소를 제물로 바쳤다. 그래서 스파르테인들은 그리스에서 유일하게 헤라를 '염소 먹는'이라는 호칭을 붙여 부르고, 제물로 염소를 바쳤다. 헤라클레스는 이와 함께 '응분의 대가를 주는 아테나'의 신전을 지었고, 손의 움푹 들어간 부분에 입은 부상을 기념하려 테라프네로 가는 길가에 '코튈라이아의 아스클레피오스'의 전당도 세웠다. 테게아에 있는 전당은 '아르카디아족 모두의 화로'라 불리는데, 허벅지에 부상을 입은 헤라클레스의 조각상으로 아주 유명하다.[4]

1) 아폴로도로스: 『비블리오테카』 2. 7. 3; 파우사니아스: 『그리스 여행기』 3. 15. 3; 3. 19. 7; 3. 20. 5와 8. 53. 3.
2) 아폴로도로스: 같은 곳; 파우사니아스: 8. 47. 4.
3) 아폴로도로스: 같은 곳과 3. 10. 5; 디오도로스 시켈로스: 『역사총서』 4. 33.
4) 파우사니아스: 3. 15. 7; 3. 19. 7과 8. 53. 3.

✻

1. 헤라클레스 신화는 여기서 영웅담으로서 길을 잃었다. 여러 기이한 일들을 설명하려 사이비 신화가 끼어들었기 때문일 것이다. '염소 먹는 헤라', '손이 움푹 들어간 곳의 아스클레피오스', '부상당한 허벅지의 헤라클레스' 그리고 테게아Tegea가 오랫동안 공격을 받지 않은 일 등을 설명해 보겠다고 한 것이다. 그래도 헤라의 사나운 여인들은 예전에 야생 염소 모습을 한 자그레우스Zagreus, 제우스, 디오뉘소스를 먹은 적이 있다. 아스클레피오스의 동상은 아마도 손의 움푹 들어간 부분에 약병을 쥐고 있었을 것이다. 헤라클레스의 허벅지 상처는 멧돼지에게 당한 것일 터이다(157. e 참고). 그리고 테게아인들은 적을 예방하는 마법으로 고르곤의 머리를 성문에 내걸었을 것이다. 그렇게 보호받는 도시를 공격하는 것은 말하자면 처녀 여신인 아테나를 범하는 것이었다. 아테나이인들도 이런 미신을 믿었다.

2. 헤라클레스가 아카이아, 아이톨리아, 시칠리아, 펠라스고이의 도시를 자기 후손들을 위해 맡아 달라면서 누구에게 주었다는 얘기는, 도리에이스족이 나중에 이 도시들을 장악한 것을 정당화하려는 시도이다(132. q와 6; 143. d; 146. e 참고).

141
아우게

테게아의 왕 알레오스는 아페이다스의 아들로 페레우스의 딸 네아이라와 결혼해 아우게, 케페우스, 뤼쿠르고스, 아피다마스를 자식으로 얻었다. 알레오스가 테게아에 지은 '알레아 아테나'의 오래된 성소에는 지금도 여신의 신성한 침상이 남아 있다.[1]

b. 알레오스 왕이 델포이 신탁소를 찾았을 때, 네아이라의 두 형제가 자기 딸의 아들의 손에 죽게 될 것이라는 신탁을 받았다. 그는 즉시 집으로 돌아와 아우게를 아테나의 여사제로 임명하고 순결을 잃으면 죽일 것이라고 단단히 일렀다. 헤라클레스가 테게아에 온 것이, 아우게이아스 왕과 싸우러 가는 길이었는지, 아니면 스파르테에서 돌아오던 길인지는 말이 엇갈린다. 어쨌든, 알레오스는 그를 아테나 신전에서 후하게 대접했다. 포도주로 술기운이 오른 헤라클레스는 거기에서 지금도 신전의 북쪽에 남아 있는 샘물 옆에서 처녀 여사제를 범했다. 하지만 아우게는 소리쳐 저항하지 않았기에, 그녀가 밀회를 약속하고 거기에 갔다는 얘기가 종종 나온다.[2]

c. 헤라클레스는 가던 길을 이어 떠났고, 스튐팔로스에서 스튐팔로스의 딸 파르테노페를 통해 에우레스라는 자식을 얻었다. 그러는 동안, 역병과

기아가 테게아를 덮쳤다. 알레오스 왕은 퓌토의 여사제에게서 아테나의 신성한 구역에서 누가 죄를 범했다는 소리를 전해 들었다. 그곳에 가보니 아우게가 만삭의 몸을 하고 있었다. 딸은 울면서 헤라클레스가 술에 취해 자신을 겁탈했다고 주장했지만, 알레오스는 이를 믿지 않았다. 왕은 딸을 테게아의 장터로 끌고 갔으며, 그녀는 거기에서 무릎을 꿇었다. 지금도 그 자리에는 '무릎 꿇고 있는 아우게' 조각상으로 유명한 에일레이튀이아의 신전이 있다.[3] 알레오스 왕은 사람들 앞에서 자기 딸을 직접 죽일 수는 없어, 나우플리오스 왕에게 딸을 물에 빠뜨려 죽여 달라고 보냈다. 나우플리오스는 그 말에 따라 아우게를 데리고 나우플리아로 떠났다. 그러나 파르테니오스 산에 이르러 그녀의 산통이 시작됐고, 이런저런 변명으로 숲속에 다녀오겠다고 부탁했다. 그녀는 숲속에서 아들을 낳았으며, 아기를 덤불숲 안에 숨긴 다음 나우플리오스가 참을성 있게 기다리던 길가로 돌아왔다. 그런데 나우플리오스는 높은 값에 노예 시장에서 팔 수 있다는 걸 알았기에 공주를 물에 빠뜨려 죽일 생각이 없었다. 그는 아우게를 나우플리아에 막 도착한 어떤 카리아 상인들에게 팔았고, 이들은 그녀를 뮈시아 테우트라니아의 왕 테우트라스에게 다시 팔아넘겼다.[4]

d. 아우게의 아들은 파르테니오스 산에서 암사슴의 젖을 먹고 자랐다. (거기에는 지금도 그의 성역이 남아 있다.) 소몰이꾼들이 아기를 발견해 텔레포스라 이름을 짓고, 자기들의 주인인 코뤼토스 왕에게 데려갔다. 이와 동시에 우연히 코뤼토스 왕의 양치기들도 남자 아기를 하나 발견했다. 이 아기는 아탈란테가 멜레아그로스와 함께 낳은 아들로, 하필이면 같은 산비탈에 내다 버렸던 것이다. 양치기는 이 아기를 '꿰뚫린 처녀성의 아들'라는 뜻에서 파르테노파이오스라 이름 지었다. 아탈란테가 여전히 처녀인 척했기 때문이다.[5]

e. 어른이 된 텔레포스는 델포이 신탁소를 찾아 부모의 소식을 물었다. 그는 이런 신탁을 받았다. "배를 타고 뮈시아의 테우트라스 왕을 찾아가라!" 텔레포스는 뮈시아에서 이제는 테우트라스와 결혼한 아우게를 찾아갔다. 그녀에게서 자신이 그의 어머니이며, 아버지는 헤라클레스라는 사실을 들었다. 텔레포스는 이를 금방 믿을 수 있었는데, 다른 어떤 여인도 이제껏 헤라클레스와 쏙 빼닮은 아들을 낳지 못했기 때문이다. 테우트라스 왕은 이에 텔레포스에게 딸 아르기오페를 아내로 주고 그를 왕국의 상속자로 삼았다.[6]

f. 다른 이들은 텔레포스가 그의 외삼촌인 힙포토오스와 네레우스를 죽인 다음, 더는 말을 하지 않게 됐다고 전한다. 그래서 '텔레포스의 침묵'이라는 표현이 속담처럼 쓰이고 있다. 그런 텔레포스는 어머니를 찾아 뮈시아로 갔으며, 파르테노파이오스가 대변인으로서 그와 동행했다.[7] 마침 아파레우스의 아들이자 유명한 아르고 호 원정대의 일원인 이다스가 이제 막 뮈시아의 왕좌를 빼앗으려 하고 있었다. 테우트라스 왕은 절박하게 텔레포스에게 이다스를 쫓아내 주기만 하면 왕좌를 물려주고 입양해 키운 자기 딸도 아내로 주겠다고 약속했다. 이에 텔레포스는 파르테노파이오스의 도움을 받아 단 한 번 전투로 이다스를 완파했다. 그런데 테우트라스의 입양한 딸이 마침 아우게였다. 그녀는 텔레포스를 알아보지 못했고, 그노 그녀가 자기 어머니임을 알지 못했다. 그녀는 헤라클레스를 잊지 못해, 첫날밤 침실로 칼을 가지고 들어갔다. 만약 신들이 이들 사이에 커다란 뱀을 보내지 않았다면, 그녀는 텔레포스를 죽였을 것이다. 아우게는 뱀을 보고 놀라 칼을 떨어뜨렸고, 자신의 살해 의도를 자백했다. 그리고 그녀는 헤라클레스의 이름을 간절하게 불렀다. 이제 막 어머니를 살해할 찰나에 있던 텔레포스는 순간적으로 사태를 파악하고 울음을 터뜨렸다. "아, 어머니, 어머니!"

둘은 얼싸안고 눈물을 흘렸고, 다음 날 두 사람은 테우트라스 왕의 축복을 받으면서 고향으로 돌아갔다. 아우게의 무덤은 지금도 카이코스 강 옆 페르가모스에 남아 있다. 페르가모스 사람들은 자기네들이 텔레포스와 함께 아시아로 건너온 아르카디아족 이민자라고 주장하며, 지금도 그에게 영웅의 제물을 바친다.[8]

g. 다른 이들은 텔레포스가 트로이아 프리아모스 왕의 딸인 아스튀오케 또는 라오디케와 결혼했다고 전한다. 또 다른 이들은, 헤라클레스가 라오메돈의 불사의 말들을 가지러 트로이아로 갔을 때, 거기에서 아우게와 동침했다고 전한다. 또 다른 주장도 있으니, 알레오스 왕이 아우게와 아기를 궤짝에 가둬 바다에 흘려보냈다는 것이다. 아테나가 주의 깊게 살펴, 궤짝은 소아시아로 밀려가 카이코스 강 입구에 닿았다. 거기에서 테우트라스 왕은 아우게와 결혼하고 텔레포스를 입양했다.[9]

h. 테우트라스 왕은 언젠가 테우트라스 산에서 사냥을 하다가 괴물 같은 멧돼지를 추적한 적이 있었다. 멧돼지는 '꼿꼿한 아르테미스'의 신전으로 달아났고, 왕이 안으로 뛰어들려 하자 멧돼지가 이렇게 외쳤다. "왕이여, 저를 살려주세요! 저는 여신의 귀여움을 받고 있습니다!" 테우트라스는 이 말을 무시하고 멧돼지를 죽였는데, 이로써 아르테미스를 심하게 모욕한 것이 됐다. 여신은 멧돼지를 되살려내고, 테우트라스에게 벌을 내렸다. 그가 나병에 걸려 헛소리를 지르면서 산꼭대기로 달려가게 만들었다. 그의 어머니 레우킵페는 서둘러 예언가 폴뤼이도스를 데리고 숲으로 달려가, 성대한 제물을 바치면서 아르테미스를 달랬다. 테우트라스는 안티파테스라는 돌로 나병을 치료했으며, 이 돌은 지금도 테우트라스 산 정상에서 많이 발견된다. 여기에 더해 레우킵페는 꼿꼿한 아르테미스에게 제단을 쌓아 올리고, 사람 머리의 기계 멧돼지를 황금으로만 만들도록 했다. 이놈은 지금도

추적을 받으면 신전 안으로 달아나 "살려 주세요!"라는 말을 내뱉는다.[10]

i. 헤라클레스가 아르카디아에 있을 때, 그는 오스트라키나 산을 찾았고 거기에서 영웅 알키메돈의 딸 피알로를 유혹했다. 그녀가 아이크마고라스라는 아이를 낳았을 때, 알키메돈은 산에서 굶어 죽으라고 모자를 자신의 동굴에서 쫓아내 버렸다. 아이크마고라스는 애처롭게 울었고, 선의를 품은 어치가 헤라클레스를 찾아 날아갔다. 어치는 말소리를 흉내 내 그를 어떤 나무로 이끌어 왔고, 거기에는 피알로가 재갈까지 물린 채 나무에 묶여 있었다. 헤라클레스는 모자를 구조했고, 아기는 나중에 무사히 어른으로 자랐다. 나무 옆에 있던 샘은 그때부터 어치를 따라 킷사로 불리고 있다.[11]

1] 아폴로도로스: 『비블리오테카』 3. 9. 1; 파우사니아스: 『그리스 여행기』 8. 4. 5-6과 47. 2.

2] 알키다마스: 『오뒷세우스』 14-16; 디오도로스 시켈로스: 『역사총서』 4. 33; 아폴로도로스: 2. 7. 4; 파우사니아스: 8. 4. 6과 47. 3.

3] 디오도로스 시켈로스: 같은 곳; 아폴로도로스: 2. 7. 8; 파우사니아스: 8. 48. 5.

4] 칼리마코스: 『델로스 찬가』 70; 디오도로스 시켈로스: 같은 곳; 아폴로도로스: 1. 7. 4와 3. 9. 1.

5] 파우사니아스: 8. 54. 5; 아폴로도로스: 3. 9. 1; 디오도로스 시켈로스: 4. 33; 휘기누스: 『신화집』 99.

6] 파우사니아스: 10. 28. 4; 알키다마스: 『오뒷세우스』 14-16; 아폴로도로스: 같은 곳; 디오도로스 시켈로스: 같은 곳.

7] 휘기누스: 『신화집』 244; 아리스토텔레스: 『시학』 24. 1460a; 알렉시스, 아테나이오스의 인용: 10. 18. 421d; 암피스, 아테나이오스의 인용: 6. 5. 224d.

8] 파우사니아스: 1. 4. 6; 5. 13. 2와 8. 4. 6.

9] 휘기누스: 『신화집』 101; 딕튀스 크레텐시스: 2. 5; 헤시오도스: 『옥쉬륀코스 파뷔로스』 1359, 글조각 1; 헤카타이오스, 파우사니아스의 인용: 8. 4. 6; 에우리피데스, 스트라본의 인용: 13. 1. 69.

10] 플루타르코스: 『강에 관하여』 21.

11] 파우사니아스: 8. 12. 2.

*

1. 테게아Tegea에 아테나의 침상이 있으며 헤라클레스가 여신의 여사제 아우게Auge를 겁탈했다는 대목은, 이번 아테나가 주신제의 달의 여신 네이트Neith 또는 아나타Anatha와 동일하다는 것을 강력하게 암시한다. 이 여신

의 여사제는 매년 풍작을 기원하면서 신성한 왕과 결혼식을 올렸다. 이런 관습의 흔적이 로마의 헤라클레스 신전에도 남아 있었다. 거기에선 헤라클레스의 신부를 악카Acca라고 불렀다. 이는 펠로폰네소스에서는 '하얀 여신'인 악코Acco에 해당한다. 예루살렘에서도 바빌론 유수의 종교 개혁 전에는 매년 9월마다 여호와를 대리하는 최고위 사제와 여신 아나타 사이의 신성한 결혼식이 열렸던 것으로 보인다. 라파엘 파타이Raphael Patai 교수는 『인간과 신전』(88-94쪽, 1947)에서 예루살렘 결혼식의 증거를 요약해 놓았다. 이런 결합으로 태어났다고 하는 신성한 아이들은 다음 해의 곡식 정령이 됐다. 이런 맥락에 보면 '알레아 아테나Athene Alea'는 제분기의 수호신인 곡식의 여신이었다. 헤라클레스가 님프들을 통해 수많은 아들들을 낳았다는 이야기는, 이런 종교관이 널리 퍼져 있었음을 입증한다. 헤라클레스에게는 이례적으로 딱 한 명 딸이 있었다는데, 이름은 마카리아Macaria('신의 축복을 받은')였다.

아우게 신화는 아르카디아인의 [아나톨리아 북서부] 뮈시아 이주를 설명하기 위해 만들어진 이야기로 보인다. 아마도 이들은 아카이아족의 압력에 밀려 넘어갔을 것이다. 또한, 이 신화는 테게아에서 새끼 염소로 새해의 신을 기리는 축제가 열린 이유도 설명하기 위한 것이다. 헤시오도스의 글을 보면, 트로아스Troad에도 이에 해당한다고 할 것이 있었다.

2. 아우게와 그의 아들이 궤짝을 타고 케이코스 강에 도착했다는 대목은, 아우게와 텔레포스Telephus 숭배가 테게아 이주민을 통해 뮈시아로 넘어갔다는 것을 의미할 뿐이다. 모녀의 도착 장면은 페르가모스의 제단과 페르가몬Pergamon의 동전에 그려져 있다. 그리고 달의 여신으로서 아우게는 새해맞이를 축하하면서 초승달 모양의 배를 타고 나타났을 것이다. 아테나가 주신제의 방종한 신부에서 갑자기 순결한 전사 처녀로 바뀌는 것이 이번

신화에 혼동을 불러일으켰다. 일부 판본에서는 테우트라스Teuthras가 아우게의 신랑이 되고, 다른 판본에서는 경건한 태도로 그녀를 딸로 입양한다. 휘기누스의 설명은 나중에 인위적으로 내용이 달라진 연극에 바탕을 두고 있다.

3. 황금 멧돼지 신화는 일부 테우트라스 산의 안티파테스antipathes 돌의 치료 효능을 지칭한다. 이와 별도로 아도니스가 멧돼지로 변신한 아폴론에게 죽임을 당한 것에 대해 복수하는 뮈시아의 관습도 지칭한다. 아도니스를 대변하는 남자가 황금 엄니가 달린 멧돼지 가죽을 뒤집어쓴 채 추적자들에게 쫓기는데, 그가 아폴론의 누이 아르테미스의 성역까지 달아날 수 있으면 목숨을 건졌을 것으로 보인다. 아우게가 태어난 테게아에서는 왕들이 늘 멧돼지에 죽임을 당했던 것으로 보인다(140. 1과 157. e 참고).

4. 어치의 도움을 받은 피알로Phialo의 모험은 상상에 바탕을 둔 일화로, 본래부터 어치 토템 씨족에게 신성했을 샘의 이름을 설명하기 위한 만든 것으로 보인다.

142
데이아네이라, 헤라클레스의 아내

헤라클레스는 페네오스에서 4년을 보낸 다음 펠로폰네소스를 떠나기로 마음먹었다. 아르카디아의 대규모 군대를 이끌고 아이톨리아의 칼뤼돈으로 배를 타고 건너가, 거기에 거처를 마련했다. 합법적인 아들도 아내도 없는 상황이라, 오이네우스의 딸이라고 하는 데이아네이라에게 구혼했다. 이로써 그녀의 오라비 멜레아그로스의 혼령에게 했던 약속도 지키고자 했다. 그러나 데이아네이라는 사실 디오뉘소스 신이 오이네우스의 아내 알타이아와 함께해 낳은 딸이었다. 이는 멜레아그로스가 죽고 아르테미스가 비탄에 잠긴 그의 누이들을 뿔닭으로 바꿨을 때 분명해졌다. 디오뉘소스는 아르테미스에게 부탁해 데이아네이라와 고르게 자매가 사람 모습을 간직하게 했던 것이다.[1]

b. 많은 후보자가 플레우론에 있는 오이네우스의 궁전을 찾아와 사랑스러운 데이아네이라에게 구혼했다. 그녀는 전차를 몰고 무술을 연마하고 있었다. 하지만, 이들은 헤라클레스와 강의 신 아켈로오스와 경쟁을 해야 한다는 것을 알고 모두 포기했다. 불사의 아켈로오스는 황소와 얼룩덜룩한 뱀, 황소 머리의 사람 등 세 가지 겉모습을 가지고 있는 것으로 유명했다.

덥수룩한 수염에서 물까지 끊임없이 흘러나왔기에, 데이아네이라는 그와 결혼하느니 차라리 죽고 싶어 했다.[2]

c. 오이네우스가 구혼의 변을 듣고자 헤라클레스를 불렀다. 그는 데이아네이라가 이번 결혼으로 제우스의 며느리가 될 뿐 아니라 자신이 이룬 열두 과업의 빛나는 영광도 함께 누릴 것이라 자랑했다.

아켈로오스는 (이번에는 황소 머리의 사람 모습으로 나타나) 이런 말을 비웃었다. 그러면서 자신은 저명인사로 그리스의 모든 강과 시내의 아버지이며, 헤라클레스처럼 아무 데나 떠돌아다니는 이방인이 아니라고 주장했다. 예전에 도도나의 신탁이 모든 방문자에게 자신에게 제물을 바치라고 지시한 적도 있다고 덧붙였다. 그리고 그는 헤라클레스를 조롱해 이렇게 말했다. "네 놈이 제우스의 아들이라면 네 어머니는 간통한 여인이 된다!"

헤라클레스는 노려보면서 말했다. "나는 말싸움보다 진짜 싸움을 더 잘한다. 내 어머니를 욕되게 하는 말을 다시는 입에 담지 못하게 하리라!"

d. 아켈로오스는 녹색 옷을 옆으로 벗어던지고, 헤라클레스와 씨름을 벌였다. 하지만 그는 등으로 땅바닥에 떨어졌고, 이에 재빠르게 얼룩덜룩한 뱀으로 변신해 꿈틀거리며 물러났다.

"나는 요람에서도 뱀의 목을 졸랐다!" 헤라클레스는 큰 소리로 웃으면서 몸을 구부려 그의 목덜미를 잡아챘다. 이에 아켈로오스는 황소로 변신해 그에게 돌진했다. 헤라클레스는 날렵하게 옆으로 비켜서더니 그의 두 뿔을 틀어쥐고 엄청난 힘으로 그를 바닥에 내리꽂았다. 이 와중에 오른쪽 뿔이 깨끗하게 뚝 부러졌다. 아켈로오스는 수치심에 곧바로 달아났고, 나중에 버드나무 화관으로 뿔이 부러진 자리를 감췄다.[3] 어떤 이는 헤라클레스가 아켈로오스의 부러진 뿔을 '염소 아말테이아'의 뿔을 받은 다음에야 돌려주었다고 전한다. 다른 이는 나이아데스가 부러진 뿔을 아말테이아의 뿔로 바꿨으며, 헤라클레스가 이를 오이네우스에게 신부 선물로 주었다고 전한다.[4] 또 다른 이들은 그가 열두 번째 과업을 수행하면서 타르타로스로 내려갈 때 튀케의 조수인 플루토스를 위한 선물로 그 뿔을 가져갔다고 전한다. 당시 헤스페리데스가 거기에 황금 과일을 가득 채워 놓은 상태였는데, 지금은 이를 코르누코피아라고 부른다.[5]

e. 헤라클레스는 데이아네이라와 결혼한 다음, 칼뤼돈인들과 함께 테스프로티아의 에퓌라 시를 향해 진군했다. 거기서 그는 필레우스 왕을 제압해 죽였다. 이 도시는 나중에 키퀴로스가 된다. 사로잡힌 포로 중에 필레우스의 딸 아스튀오케가 있었고, 헤라클레스는 그녀를 통해 틀레폴레모스를 자식으로 얻었다. 다만 누구는 틀레폴레모스의 어머니는 아뮌토르의 딸 아스튀다메이아라고 전한다. 헤라클레스는 그녀를 독약으로 유명한 엘리스의 에퓌라에서 납치해 왔다.[6]

f. 신탁의 조언에 따라, 헤라클레스는 친구 테스피오스에게 전갈을 보냈다. "테스피아이에 아들 가운데 일곱을 남겨두고, 셋은 테바이로 보내도록 하게. 그리고 나머지 아들 40명은 사르디니아 섬에 식민지를 건설하도록 명하는 것이 좋겠네." 테스피오스는 이 말을 따랐다. 테바이로 보낸 세 아들의 후손들은 지금도 거기에서 공경을 받고 있다. 테스피아이에 남았던 일곱 아들의 후손들은 이른바 데무코이라고 불렸는데, 최근까지도 도시를 다스렸다. 이올라오스가 이끌어 사르디니아로 갔던 군대에는 테스피아이와 아테나이의 분견대도 포함돼 있었다. 이는 그리스에서 처음으로 보통 사람들과 혈통이 다른 왕이 함께 움직인 식민 원정대였다. 이올라오스는 전투에서 사르디니아인들을 무찌르고, 섬을 여러 지역을 나눠 올리브나무를 심었다. 땅을 대단히 기름지게 가꿔, 카르타고인들은 그때부터 어떤 고충과 위험도 무릅쓰고 이 섬을 가지려 애썼다. 이올라오스는 올비아 시

를 건설했으며, 아테나이인들이 오그륄레 시를 건설하도록 격려했다. 이올라오스는, 자신을 두 번째 아버지로 여기는 테스피오스의 아들들의 동의를 얻어, 새로 정착한 이주민을 자기 이름을 따라 이올라리스족이라 이름 지었다. 페르시아인들이 '아버지 퀴로스'에게 제물을 바치듯이, 이들은 지금도 '아버지 이올라오스'에게 제물을 바친다. 이올라오스는 나중에 시칠리아를 거쳐 그리스로 돌아갔다고 전해진다. 이 과정에서 추종자 일부가 시칠리아에 정착해 그에게 영웅의 의례를 올렸다. 그러나 사정을 잘 아는 테바이인들은 이주를 떠난 사람 중에 아무도 돌아오지 않았다고 주장한다.[7]

g. 3년 뒤 열린 어느 연회에서, 헤라클레스는 오이네우스의 어린 친척 남자에게 크게 화를 냈다. 소년은 아르키텔레스의 아들로, 이름이 불분명해 에우노모스, 에우뤼노모스, 엔노모스, 아르키아스 또는 카이리아스이다. 헤라클레스가 손에 물을 부어 달라 했는데, 어설프게 하다가 다리에 물이 튀고 말았다. 헤라클레스는 생각보다 세게 소년의 귀를 쥐어박았고, 그 바람에 소년이 죽었다. 아르키텔레스는 이 사고에 대해 용서했지만, 헤라클레스는 망명이라는 합당한 벌을 받기로 결심하고 데이아네이라와 아들 휠로스를 데리고 암피트뤼온의 조카 케윅스의 집이 있는 트라키스로 갔다.[8]

h. 비슷한 사고가 예전에 아르카디아 동쪽에 있는 플리오스 시에서도 일어난 적이 있다. 그가 '헤스페리데스의 정원'에서 돌아올 때의 일이다. 앞에 놓인 술이 마음에 들지 않아 술잔을 따르는 퀴아토스를 손가락 하나로 꾹 찔렀을 뿐인데 그만 그가 죽어 버린 것이다. 퀴아토스를 추념하는 작은 예배당이 플리오스의 아폴론 신전을 마주 보고 세워져 있다.[9]

i. 어떤 이는 헤라클레스가 아켈로오스와 씨름 시합을 벌인 것은 이피토스 살해 이전이었다고 전한다. 그리고 이 살해 때문에 그가 트라키스로 쫓겨났다고 덧붙인다. 다른 이들은 그가 처음 티륀스에서 망명을 떠날 때 거

기로 갔다고 전한다.[10] 어쨌든, 그는 데이아네이라와 함께 에우에노스 강으로 갔다. 마침 강물이 불어 있었는데, 켄타우로스 넷소스가 그 앞에 나타나 자신이 정직함으로 신들한테도 인정받아 선택된 사공이라면서 약간의 뱃삯만 주면 헤라클레스가 헤엄을 치는 동안 신발이 젖지 않도록 데이아네이라를 태워 강을 건너게 해주겠다고 제안했다. 그는 그렇게 하자면서 넷소스에게 뱃삯을 치렀다. 그리고 곤봉과 활을 강 건너로 던지고 곧장 물에 뛰어들었다. 그러나 넷소스는 약속을 지키는 대신 데이아네이라를 두 팔로 껴안고 반대 방향으로 전속력으로 달려가더니 바닥에 그녀를 던지고 겁탈하려 했다. 그녀는 도와 달라 비명을 질렀고, 헤라클레스는 재빠르게 그의 활을 되찾아 조심스럽게 조준한 다음 반 마일[800미터]이 떨어진 거리에서 넷소스의 가슴을 꿰었다.

j. 넷소스는 화살을 비틀어 뽑아내고 데이아네이라에게 말했다. "내가 조금 전 땅바닥에 쏟았던 정액과 지금 상처에서 흐르는 피를 섞고, 거기에 올리브기름을 더한다면 영약을 얻을 수 있어요. 이를 몰래 헤라클레스의 옷에 발라 주면, 그가 다시는 바람을 피우는 일이 없을 겁니다." 데이아네이라는 서둘러 그가 말한 재료들을 단지에 모아 담아 봉한 다음 깊이 숨겼다. 헤라클레스한테는 이에 대해 한마디도 하지 않았다.[11]

k. 이번 이야기의 다른 판본을 보면, 넷소스는 데이아네이라에게 자신의 피가 흠뻑 밴 털실을 주면서 이를 헤라클레스의 옷에 엮어 넣으라고 했다. 세 번째 판본은, 넷소스가 그녀에게 자신의 피 묻은 옷을 사랑의 부적으로 주고, 이웃한 로크리스족에게 달아났다고 전한다. 넷소스는 거기서 독이 퍼져 결국 죽었지만, 주검은 매장되지 않은 채 타피앗소스 산의 발치에서 썩어 그곳 전체가 고약한 냄새로 오염됐다. 이에 거기 로크리스족은 지금도 '오졸리아의 로크리스'라고 부른다. 그 옆에서 넷소스가 죽었던 샘은 지금

도 악취가 진동하며 샘물에서 피가 엉긴 덩어리가 나온다.[12]

l. 헤라클레스는 데이아네이라를 통해 휠로스뿐 아니라 크테십포스, 글레노스, 호디테스의 아버지가 되었다. 마카리아도 자식으로 두었는데, 그의 유일한 딸이다.[13]

1) 디오도로스 시켈로스: 『역사총서』 4. 34; 아폴로도로스: 『비블리오테카』 1. 8. 1과 2. 7. 5; 바퀼리데스: 『우승 축가』 5. 165 ff.; 안토니누스 리베랄리스: 『변신』 2.
2) 오비디우스: 『변신 이야기』 9. 1-100; 아폴로도로스: 1. 8. 1; 소포클레스: 『트라키스 여인들』 1 ff.
3) 오비디우스: 같은 곳; 에포로스, 마크로비우스의 인용; 5. 18; 체체스: 『뤼코프론에 관하여』 50.
4) 아폴로도로스: 같은 곳과 2. 7. 5; 오비디우스: 같은 곳; 디오도로스 시켈로스: 4. 35; 스트라본: 『지리학』 10. 2. 19.
5) 휘기누스: 『신화집』 31; 스타티우스의 『테바이스』 4. 106에 대한 락탄티우스.
6) 스트라본: 7. 7. 5와 11; 아폴로도로스: 2. 7. 6; 디오도로스 시켈로스: 4. 36; 핀다로스: 「올륌피아 제전 송가」 7. 23 ff., 고전 주석자와 함께; 호메로스: 『일리아스』 2. 658-660과 『오뒷세이아』 1. 259-261.
7) 아폴로도로스: 같은 곳; 디오도로스 시켈로스: 4. 29-30; 파우사니아스: 『그리스 여행기』 7. 2. 2; 10. 17. 4와 9. 23. 1.
8) 디오도로스 시켈로스: 4. 36; 아폴로도로스: 같은 곳; 체체스: 『뤼코프론에 관하여』 50; 호메로스의 『일리아스』에 대한 에우스타티오스 1900; 소포클레스의 『트라키스 여인들』 39에 대한 고전 주석자.
9) 파우사니아스: 2. 13. 8.
10) 소포클레스: 『트라키스 여인들』 1-40; 파우사니아스: 1. 32. 5.
11) 아폴로도로스: 2. 7. 6; 소포클레스: 『트라키스 여인들』 556-561; 오비디우스: 『변신 이야기』 9. 101 ff.; 디오도로스 시켈로스: 4. 46.
12) 호라티우스의 『비방시』 3에 대한 고전 주석자; 오비디우스: 같은 곳; 파우사니아스: 10. 38. 1; 스트라본: 9. 4. 8.
13) 아폴로도로스: 2. 7. 8; 디오도로스 시켈로스: 4. 37; 파우사니아스: 1. 32. 5.

*

1. 멜레아그로스Meleagros의 누이들 이야기는 레로스 섬Leros에 있던 아르테미스의 뿔닭 숭배를 설명하려 나온 것이다(80. 3 참고).

2. 데이아네이라Deianeira가 호전적이었다고 한 것은, 그녀가 올륌포스 이전의 '전쟁의 여신 아테나'를 대변하고 있음을 알려 준다. 여러 지역에서 이 여신과 신성한 결혼식을 올렸으며, 이번 헤라클레스 전설은 주로 이런 결혼식과 관련돼 있다(141. 1 참고).

3. 테세우스가 미노타우로스와 그렇게 했듯, 헤라클레스가 아켈로오스와 경쟁을 벌이는 대목은 왕의 결혼 의례의 일부로 읽어야 한다. 황소와 뱀은 차고 기우는 1년을 의미하며, 그래서 "황소는 뱀의 아버지이고, 뱀은 그의 아들이 황소이다"라는 말이 있다. 신성한 왕은 이들을 이김으로써 양쪽 모두를 지배한다. 황소의 뿔은 아주 오래전부터 풍요가 서려 있는 자리라 여겼다. 왕위 후보자는 실제 황소 또는 황소 가면을 쓴 상대편과 씨름을 벌일 때 그의 뿔을 움켜쥠으로써 왕이 될 수 있었다. 바빌로니아 영웅 엔키두도 길가메시의 인간 쌍둥이이면서 '천상의 여왕'을 따르는데, '천상의 황소'의 뿔을 붙잡고 칼로 죽였다. 코르누코피아를 구해 오는 일은 『마비노기온』에서 웨일스의 영웅 페레더Peredur에게 부과된 결혼 임무였다(148. 5 참고). 크레테의 황소 숭배는 야생 염소 숭배를 이어받은 것이다. 염소 뿔도 똑같이 강력했다. 그런데 이런 의례적 싸움을 보여 주는 도상을 그리스인들은 헤라클레스가 강의 신 아켈로오스와 투쟁을 벌이는 것으로 옮긴 것 같다. 다시 말해 파라켈로이티스Paracheloitis 평원에 제방을 쌓고 물을 빼는 일을 하고 있다고 본 것이다. 그곳은 아켈로오스 강이 실어 온 토사가 쌓여 생긴 넓은 땅인데, 이로 인해 에키나데스Echinades 제도가 조금씩 본토와 붙었으며 결과적으로 커다란 경작지가 새로 생겼다. 헤라클레스는 종종 이런 토목공학적 업적을 이룬 사람으로 간주됐다(스트라본: 10. 2. 19; 디오도로스 시켈로스: 4. 37). 도도나의 신탁이 제물을 바치라 명했다는 것은 아켈로오스 강에 바치라는 게 아니었을 것이다. 달의 여신 아켈로이스Achelois('고통을 쫓아 버리는')에게 올리라고 명했을 가능성이 더 크다.

4. 에우노모스Eunomus와 퀴아토스Cyathus는 그의 임기가 끝났을 때 신성한 왕을 대신해 희생했던 소년 제물이었을 것이다.

5. 넷소스Nessus가 데이아네이라를 겁탈하려 했다는 대목은 페이리토오

스 결혼식의 혼란스러운 장면을 떠올리게 한다. 거기에서 ('아테나이의 헤라클레스'인) 테세우스는 켄타우로스 에우뤼티온의 공격에서 힙포다메이아를 구조하기 위해 뛰어들었다(102. d 참고). 켄타우로스족은 원래 염소 인간으로 그려졌기에, 이 사건이 바탕을 두고 있는 도상에는 아마도 여왕이 신성한 결혼식을 앞두고 염소 왕의 등에 올라탄 장면이 담겨 있었을 것이다. 북유럽의 오월제에서도 그렇게 했다. 에우뤼티온은 아리스토파네스의 희극을 통해 익숙해진 진부한 '훼방꾼' 캐릭터이며, 지금도 그리스 북부 결혼 축제에 등장한다. 신화에 나오는 가장 오래된 훼방꾼 사례는 바로 엔키두이다. 그는 길가메시와 에레크 여신의 신성한 결혼식을 방해하고 그에게 싸움을 걸었다. 또 다른 훼방꾼으로 결혼 잔치에서 페르세우스한테서 안드로메다를 빼앗으려 했던 아게노르가 있다(73.1 참고).

6. [이탈리아 서쪽] 사르디니아에 처음 정착한 것은 신석기 시대의 리비아인들로, 산악 지대에 자리를 잡았다. 다음으로 크레테, 그리스, 카르타고, 로마, 유대인들이 차례로 이주해 왔다. 이들은 해안 지대를 장악하려 시도했지만, 언제나 말라리아 탓에 물러나야 했다. 그러다 이윽고 몇 년 동안 말라리아 모기가 번식하는 웅덩이를 없애 사망자를 줄일 수 있었다.

7. '오졸리아Ozolian'('냄새나는')는 포키스 부근에 정착한 로크리스족을 그들의 친척인 '오푼티오이의 로크리스'와 '에피제퓌로스의 로크리스'와 구분하기 위해 부른 별명이다.[1] 이는 아마도 오졸리아 쪽이 무두질하지 않은

---

1) 그리스 본토에서 로크리스족은 세 지역에 흩어져 살았다. 도리에이스족과 포키스인들의 침략에 따른 결과로 보인다. ① '오졸리아 로크리스'는 그리스 본토 중앙에 있는 포키스 지역의 남서쪽으로 코린토스 만의 북쪽 해안에 자리 잡고 있었다. 중심 도시는 항구인 암핏사Amphissa이다. ② '오푼티아 로크리스Opuntian Locris'는 포키스 지역의 북동쪽에 있으며, 중심 도시 오푸스Opus에서 그 이름이 나왔다. 그리고 ③ '에피크네미도이의 로크리스Epicnemidian Locris'가 포키스의 북쪽에 작게 자리 잡고 있었다. 오졸리아의 로크리스는 다른 둘에 견줘 야만적이라는 평가를 받았다. 이들 외에 이탈리아에도 ④ '에피제퓌로스의 로크리스'가 따로 있었다.

염소 가죽을 뒤집어썼던 것을 지칭할 것이다. 이는 눅눅한 날씨에 심한 악취를 풍긴다. 로크리스인들은 자기네 땅에서 포도나무가 처음 자랐다면서 (38. 7 참고) 이 말이 오조이ozoi('포도나무 새싹')에서 왔다고 주장한다(파우사니아스: 10. 38. 1 참고).

143
헤라클레스, 트라키스에 가다

헤라클레스는 트라키스로 가서, 케윅스의 보호 아래 한동안 그곳에 정착했다. 여전히 아르카디아 동맹들과 함께했다. 그는 트라키스로 가던 길에 파르낫소스 산 아래 드뤼오페스족의 땅을 지나다가 그곳의 왕인 드뤼옵스의 아들 테이오다마스를 만나게 됐다. 왕은 멍에를 메운 수소 한 쌍으로 밭을 갈고 있었다.[1] 배도 고팠고 드뤼오페스족과 전쟁을 일으킬 핑계도 필요해, 헤라클레스는 수소 한 마리를 달라고 요구했다. 모두가 알고 있듯이, 그들은 그 나라에 대해 아무런 권리가 없었다. 테이오다마스가 거절하자, 헤라클레스는 그를 죽였다. 그는 수소를 잡아 그 살을 맘껏 먹고 테이오다마스의 아들로 아직 아기인 휠라스를 데리고 갔다. 아이의 어머니는 오리온의 딸인 님프 메노디케였다.[2] 하지만 어떤 이는 휠라스의 아버지는 케윅스 또는 에우페모스 또는 테이오메네스라고 전한다. 그리고 테이오다마스는 헤라클레스가 자기 수소 가운데 한 마리를 제물로 바치는 동안 멀리서 그를 저주했던 로도스 섬의 농부였다고 주장한다.[3]

b. 테이오다마스를 승계한 퓔라스가 언젠가 델포이의 아폴론 신전을 더럽힌 것 같다. 아폴론을 대신해 분노한 헤라클레스는 퓔라스를 죽이고 그

의 딸 메다를 끌고 갔다. 그녀는 헤라클레스와 함께해 아테나이 시에 자기 이름의 구역을 세운 안티오코스를 자식으로 얻었다.[4] 그는 이때 파르낫소스 산에 있는 도시에서 드뤼오페스족을 쫓아내고, 예전에 자신의 정복 전쟁을 도왔던 말리스족에게 주었다. 그는 드뤼오페스족의 지도층을 델포이로 끌고 가 신전에 노예로 바쳤다. 그러나 아폴론은 쓸모가 없어 이들을 펠로폰네소스로 보냈다. 거기서 이들은 상왕 에우뤼스테우스에게 호의를 간청했다. 그의 명령에 더해 도망 와 있던 동포들의 도움을 받아 이들은 아시네, 헤르미오네, 에이온 등 세 도시를 건설했다. 남아 있던 드뤼오페스족 가운데 일부는 에우보이아로, 다른 일부는 퀴프로스와 퀸토스 섬으로 달아났다. 지금은 오직 아시네 사람들만 드뤼오페스족이라는 데 자부심을 갖고 있다. 이들은 자기 선조인 드뤼옵스에게 바치는, 오래된 조각상을 갖춘 전당을 세웠으며, 격년으로 그를 기리는 비밀 의식을 열고 있다.[5]

c. 드뤼옵스는 아폴론이 뤼카온 왕의 딸 디아와 함께 낳은 아들이다. 그녀는 아버지가 두려워 아기를 떡갈나무의 쑥 들어간 곳에 숨겼다. 이렇게 해서 그의 이름이 나왔다. 어떤 이는 드뤼옵스 자신이 텟살리아의 스페르케이오스 강에서 아시네로 자기 백성을 데리고 갔으며, 그는 스페르케이오스가 님프 폴뤼도라와 함께해 낳은 아들이라고 전한다.[6]

d. 아이기미오스 왕이 다스리는 헤스티아이오티스의 도리에이스족과 올륌포스 산의 라피타이족 사이에서 국경 분쟁이 일어났다. 이들 라피타이족은 드뤼오페스족의 예전 동맹으로, 카이네우스의 아들 코로노스가 다스렸다. 도리에이스족은 수적으로 라피타이족에게 크게 뒤져, 헤라클레스에게 자기 왕국의 3분의 1을 주겠다면서 도움을 간청했다. 이에 헤라클레스와 그의 아르카디아 동맹들은 라피타이족을 무찌르고 코로노스 왕과 그의 신민 대부분을 죽였다. 국경 분쟁을 벌이던 곳도 포기하게 만들었다. 이들

가운데 일부는 코린토스에 정착했다. 헤라클레스는 자기 후손을 위해 맡아 달라면서 이번에 받은 3분의 1의 땅을 아이기미오스 왕에게 주었다.[7]

e. 헤라클레스는 프티오티스의 이토노스 시로 가서 퀴크노스를 만났다. 거기엔 오래된 아테나 신전이 있었다. 퀴크노스는 아레스와 펠로피아의 아들로, 언제나 손님에게 자신과 전차를 타고 결투를 벌이면 귀한 상을 주겠다고 꼬드겼다. 퀴크노스는 항상 승리했고, 상대의 머리를 잘라 자기 아버지 아레스의 신전을 장식했다. 그는 아레스가 퓌레네를 통해 얻은 자식으로 죽었을 때 백조로 변신한 같은 이름의 퀴크노스가 아니다.[8]

f. 아폴론은 퀴크노스에게 성이 났다. 그는 델포이에 제물로 보낸 소 떼를 중간에서 가로챔으로써 헤라클레스에게 자신의 도전을 받아들이도록 자극했다. 헤라클레스가 전차몰이꾼 이올라오스의 지원을 받는 동안, 퀴크노스는 아버지 아레스의 도움을 받는 것에 서로 동의했다. 낯선 싸움 방식이었지만, 헤라클레스는 헤파이스토스가 만들어 준 윤이 나는 청동 정강이받이, 아테나가 준 정교하게 만든 황금 가슴막이를 걸쳤다. 쇠로 된 어깨받이 한 쌍도 갖췄다. 헤라클레스는 활과 화살, 창, 투구를 갖추고 가볍게 전차에 올랐다. 제우스가 헤파이스토스에게 명해 만들어 준 견고한 방패도 챙겼다.

g. 아테나는 올륌포스에서 내려와 헤라클레스에게 경고했다. 비록 제우스가 퀴크노스를 죽이고 전리품을 획득할 힘을 주었지만, 반드시 먼저 아레스에 맞서 자신을 방어해야 한다고 했다. 승리한 뒤에도 상대의 말과 빛나는 갑옷을 전리품으로 빼앗지 말라고 당부했다. 아테나는 이어 헤라클레스와 이올라오스 옆에 올라 자신의 아이기스를 흔들었고, '어머니 대지'는 전차가 앞으로 굴러나가자 낮은 신음을 냈다. 퀴크노스는 이들을 향해 전속력으로 전차를 몰았다. 창과 방패가 맞부딪치는 충격에 두 사람은 팅

겨 땅바닥으로 날아갔다. 양쪽 모두 벌떡 일어섰지만, 짧은 교전 끝에 헤라클레스는 퀴크노스의 목을 꿰뚫었다. 그는 이어 대담하게도 아레스를 향했고, 아레스는 그를 향해 창을 던졌다. 아테나는 눈살을 찌푸리며 창이 빗나가도록 만들었다. 아레스는 손에 칼을 쥐고 헤라클레스를 향해 달려들었지만, 자신의 허벅지에 상처만 입었다. 만약 제우스가 벼락을 던져 두 싸움꾼을 떼어 놓지 않았다면 헤라클레스는 바닥에 쓰러진 아레스에게 더 큰 일격을 가했을 것이다. 아테나가 기절한 아레스를 올륌포스로 데려가는 동안, 헤라클레스와 이올라오스는 퀴크노스의 주검을 약탈하고 제 갈 길을 떠났다. 퀴크노스는 아나우로스 계곡의 케윅스 옆에 묻혔지만, 아폴론의 명령에 따라 불어난 강물이 그의 묘비를 쓸어가 버렸다.[9]

h. 하지만 어떤 이는 퀴크노스는 암파나이에 살았으며, 헤라클레스는 페네이오스 강가 또는 페가사이에서 화살로 그를 꿰뚫었다고 전한다.[10]

i. 헤라클레스는 펠라스기오티스를 지나 펠리온 산의 발치에 있는 작은 도시 오르메니온에 도착했다. 거기 아뮌토르 왕은 자기 딸 아스튀다메이아를 그에게 내주지 않았다. 왕은 이렇게 말했다. "당신은 이미 결혼한 몸이다. 그리고 이제껏 너무나 많은 공주를 버렸으니 또 하나를 당신에게 맡길수 없다." 헤라클레스는 도시를 공격해 아뮌토르 왕을 죽인 다음 아스튀다메이아를 끌고 갔다. 그녀는 크테십포스를 자식으로 낳았는데, 어떤 이는 그 이름이 틀레폴레모스라고 한다.[11]

1) 디오도로스 시켈로스: 『역사총서』 4. 36; 프로보스, 베르길리우스의 『농경시』 3. 6에 대해; 아폴로니오스 로디오스에 대한 고전 주석자: 1. 131.

2) 아폴로도로스: 2. 7. 7; 아폴로니오스 로디오스: 『아르고 호 이야기』 1. 1212 ff.; 휘기누스: 『신화집』 14.

3) 니칸드로스, 안토니노스 리베랄리스의 인용: 26; 헬라니코스, 아폴로니오스 로디오스와 관련해 고전 주석자가 인용: 1. 131과 1207; 필로스트라토스: 『이미지들』 2. 24.

4) 디오도로스 시켈로스: 4. 37; 파우사니아스: 『그리스 여행기』 1. 5. 2.

5] 디오도로스 시켈로스: 같은 곳; 헤로도토스:『역사』8. 46; 파우사니아스: 4. 34. 6과 8. 34. 6.

6] 체체스:『뤼코프론에 관하여』480; 아리스토텔레스, 스트라본의 인용: 8. 6. 13; 안토니노스 리베랄리스:『변신』32.

7] 아폴로도로스: 2. 7. 7; 디오도로스 시켈로스: 4. 37.

8] 에우리피데스:『헤라클레스』389-393; 파우사니아스: 1. 27. 7; 핀다로스의「올륌피아 제전 송가」2. 82와 10. 15에 대한 고전 주석자; 호메로스의『일리아스』에 대한 에우스타티오스 254.

9] 헤시오도스:『헤라클레스의 방패』57-138과 318-480; 휘기누스:『신화집』31; 아폴로도로스: 2. 7. 7; 디오도로스 시켈로스: 4. 37; 에우리피데스: 같은 곳.

10]파우사니아스: 1. 27. 7; 헤시오도스:『헤라클레스의 방패』318-480.

11]디오도로스 시켈로스: 4. 37; 스트라본:『지리학』9. 5. 18; 아폴로도로스: 3. 13. 8과 2. 7. 7-8; 핀다로스:「올륌피아 제전 송가」7. 23 ff., 고전 주석자와 함께.

✻

1. 헤라클레스가 쟁기질하는 수소를 제물로 바치고, 테이오다마스 Theiodamas가 이를 저주하고, 아기 휠라스Hylas가 밭고랑에서 나타나는 것은, 모두 헬레네스 도래 이전의 씨뿌리기 의례의 일부이다. 수소의 피는 대지의 여신을 달래며, 저주는 씨앗이 싹트는 데 신들의 화가 미치지 않도록 한다. 아이는 앞으로 수확할 곡식을 의미한다. 다시 말해, 이 아이는 데메테르가 세 번 쟁기질한 밭에서 이아시오스Jasius와 어울린 다음 낳은 플루토스 Plutus이다(24. a 참고). 테이오다마스는 이제는 죽은 묵은해의 정령이다. 해마다 스러져가는 나무의 정령 휠라스를 애도하던 것(150. d-e 참고)이 여기서는 스러져가는 곡식의 정령에 대한 애도와 뒤섞였다.

2. 헤라클레스가 드뤼오페스족Dryopes을 도리에이스족의 도움을 받아 파르낫소스에서 쫓아냈으며 이들이 그리스 남부로 이주했다는 이야기는, 도리에이스족의 펠로폰네소스 반도 침략 이전인 기원전 12세기에 실제 일어난 일로 보인다(146. 1 참고). 그가 퀴크노스Cycnus와 전투를 벌이는 대목은 펠롭스가 오이노마오스와 전차 경주를 벌이는 이야기를 떠올리게 한다 (109. d-j 참고). 오이노마오스 역시 아레스의 아들이며, 똑같이 상대의 머리

를 자르는 것으로 악명이 높았다. 두 이야기 모두, 한쪽 전차에는 여인이 타고 있었다. (그와 펠롭스 사이 다툼의 원인인) 오이노마오스의 딸 힙포다메이아와 아테나가 각각 타고 있었다. 이때 아테나도 동일한 캐릭터, 즉 새로운 왕에게 돌아갈 신부인 것으로 보인다. 퀴크노스는 스파르테의 폴뤼데우케스와 마찬가지로 백조 숭배의 왕이다. 그의 영혼은 저 북쪽 끝 다른 세상으로 날아간다(161. 4 참고).

3. 아이기미오스Aegimius의 이름은, 만약 그것이 '염소 역할을 하는'을 뜻한다면, 그가 오월제에서 부족의 여왕과 염소 결혼식을 올렸다는 것을 암시한다. 그리고 그가 북부 텟살리아의 라피타이족과 전쟁을 벌일 때 그의 도리에이스족이 켄타우로스족 옆에서 싸웠다는 점도 암시한다. 켄타우로스족은 라피타이족과 누대에 걸쳐 적대 관계에 있었으며, 사튀로스처럼 초기 미술 작품에서 염소 인간으로 그려졌다(142. 5 참고).

4. 코린토스의 참주 퀍셀로스Cypselus는 그의 세공 상자로 유명했는데, 자신이 라피타이족의 카이네우스 왕실의 후손이라고 주장했다(78. 1 참고).

144
이올레, 마지막 여인

헤라클레스는 트라키스에서 아르카디아, 멜로스 섬, '에피크네미도이 로 크리스'의 병사들을 소집해 오이칼리아로 진군했다. 이는 에우뤼토스 왕에 게 복수하기 위함인데, 그는 예전에 활쏘기 시합에서 정당하게 획득한 공 주 이올레를 내놓지 않았다. 그러나 헤라클레스는 동맹들에게 에우뤼토스 가 에우보이아 섬에서 부당하게 강제로 공물을 거둬들였다는 사실만 얘 기했다. 그는 도시를 몰아쳐 에우뤼토스와 그의 아들을 화살로 벌집을 만 든 다음, 전투에서 유명을 달리한 전우들을 묻어 주었다. 케윅스의 아들 힙 파소스와 리큄니오스의 두 아들 아르게이오스와 멜라스가 전장에서 쓰러 졌던 것이다. 그다음 헤라클레스는 오이칼리아를 약달하고 이올레를 포로 로 사로잡았다.[1] 이올레는 헤라클레스에게 굴복하지 않았고, 자기 눈앞에 서 모든 가족이 그에게 살해되는 광경을 지켜봐야 했다. 그녀는 성벽에서 뛰어내렸다. 그러나 죽지 못했다. 그녀의 치마가 바람에 부풀어 올라 떨어 지는 속도를 늦췄기 때문이다. 헤라클레스는 이에 그녀를 다른 오이칼리아 여인들과 함께 트라키스에 있는 데이아네이라에게 보냈다. 그동안 그는 에 우보이아 섬의 케나이온 갑을 찾았다.[2] 여기에서 빠뜨리지 말아야 할 것이,

헤라클레스가 데이아네이라를 집에 두고 길을 나설 때 예언 하나를 아내에게 누설했다는 점이다. 열다섯 달 뒤, 자신이 죽음에 이를지 아니면 남은 삶을 완벽한 평온 속에서 보낼지 결정된다는 것이다. 예전에 오래된 도도나의 떡갈나무 신탁소에서 날아온 비둘기 두 마리가 이렇게 전해 주었다고 했다.[3]

b. 오이칼리아라는 이름의 여러 마을 가운데 어느 쪽이 이번에 약탈을 당한 것인지 지금도 논쟁 중이다. 멧세니아, 텟살리아, 에우보이아, 트라케, 아이톨리아에 모두 오이칼리아 마을이 있기 때문이다.[4] 멧세니아의 오이칼리아가 가장 유력한데, 이는 에우뤼토스의 아버지 멜라네오스 때문이다. 그는 드뤼오페스족의 왕으로 뛰어난 활잡이라 아폴론의 아들이라는 소리를 들었으며, 멧세니아로 건너와 정착할 곳으로 오이칼리아를 받았다. 멧세니아를 다스리던 아이올로스의 아들 페리에레스가 이곳을 줬다. 오이칼리아의 이름은 멜라네오스의 아내를 따라 그렇게 지었다. 그곳의 신성한 사이프러스 숲에서 '위대한 여신'의 비밀 의식이 열리는데, 의식을 시작할 때 에우뤼토스에게 영웅의 제물을 바친다. 그의 뼈는 지금도 놋쇠 항아리에 담겨 보존되고 있다. 이와 별도로, 오이칼리아는 사이프러스 숲에서 1마일[1.6킬로미터] 떨어진 안다니아를 말하는 것이라는 주장도 있다. 거기에서 예전에 이런 비밀 의식이 열렸다. 에파메이논다스가 그들의 펠로폰네소스 세습 재산을 되찾았을 때, 멧세니아인들이 같이 살자고 초대한 여러 영웅 가운데 에우뤼토스도 포함돼 있었다.[5]

1) 아테나이오스: 『현자들의 식탁』 11, 461; 아폴로도로스: 『비블리오테카』 2. 7. 7.
2) 말루스의 니키아스, 플루타르코스의 인용: 『영웅전』 13; 휘기누스: 『신화집』 35; 소포클레스: 『트라키스 여인들』 283 ff.; 아폴로도로스: 같은 곳.
3) 소포클레스: 『트라키스 여인들』 44-45.

4] 호메로스: 『일리아스』 2. 596과 730; 『오뒷세이아』 21. 13-14; 베르길리우스의 『아이네이스』 8. 291에 대한 세르비오스; 스트라본: 『지리학』 9. 5. 17과 10. 1. 10.

5] 안토니노스 리베랄리스: 『변신』 4; 파우사니아스: 4. 2. 2; 3. 6; 33. 5-6과 27. 4; 스트라본: 10. 1. 18.

*

1. 에우뤼토스Eurytus는 예전에 헤라클레스가 노예라는 이유를 들어 딸 이올레Iole를 주지 않았다(135. a 참고). 이올레가 자살하려 뛰어내렸다는 대목은 그럴싸한 이야기이기는 하다. 뮈케나이 치마는 종 모양이고, 필자의 아버지는 빅토리아시대 중반에 자살을 시도했던 여인이 커다란 크리놀린[부풀린 치마] 덕분에 목숨을 건진 것을 직접 목격했다. 하지만 이번 이야기는 군대가 도시를 공격할 때 여신이 그 위를 공중에서 맴도는 장면의 뮈케나이 그림에서 추론했을 가능성이 매우 크다. 오이칼리아라는 이름은 '곡물 가루의 집'이라는 뜻으로, 그녀를 기려 비밀 의식을 거행했다는 여신이 데메테르였다는 것을 보여 준다.

145
신이 된 헤라클레스

　헤라클레스는 케나이온 갑에서 대리석 제단과 신성한 숲을 아버지 제우스에게 축성해 올린 다음, 오이칼리아 점령에 대한 감사의 제물을 올릴 준비를 했다. 그는 앞서 리카스를 집으로 보내, 데이아네이라에게 이럴 때 항상 입던 깨끗한 옷과 망토를 받아 오도록 했다.[1]

　b. 데이아네이라는 트라키스에 편안히 정착했고, 지금은 헤라클레스가 연인을 따로 두는 버릇에도 체념하고 있었다. 이올레가 그의 새로운 연인이 될 것을 알아챘지만, 분노보다는 측은함이 앞섰다. 자신의 치명적 아름다움으로 고향 오이칼리아가 폐허가 됐기 때문이다. 그런데 헤라클레스가 자신과 이올레를 한 지붕 아래 같이 살도록 하는 것은 참을 수 없었다. 데이아네이라는 더 이상 젊지 않았다. 이에 남편의 애정을 붙잡을 방도로 켄타우로스 넷소스가 말해 준 사랑의 묘약을 사용하기로 마음먹었다. 이미 남편이 안전하게 돌아올 경우를 대비해 새로운 예복을 짜놓았기 때문에, 그녀는 은밀하게 봉해 둔 단지를 열어 털실 뭉치로 혼합물을 적셔 옷에 문질렀다. 리카스가 왔을 때, 그녀는 옷이 담긴 상자를 그에게 주면서 말했다. "헤라클레스가 제례에서 이를 입기 전까지, 어떤 경우에도 이 옷을 햇볕이

나 열기에 노출하지 않도록 하라." 리카스는 전속력으로 전차를 몰면서 떠났다. 잠시 뒤, 데이아네이라는 햇볕 드는 마당에 던져 두었던 털실 뭉치를 보고 경악했다. 털실이 톱밥처럼 불타오르더니 포장용 판석에서 붉은 거품이 부글부글 끓어올랐던 것이다. 넷소스가 자기를 속였다는 걸 알아채고, 급사를 보내면서 반드시 리카스를 불러 세워야 한다고 명했다. 그녀는 자신의 어리석음을 저주하고, 만약 헤라클레스가 죽는다면 자신도 따라 죽겠다고 맹세했다.[2]

c. 급사가 케나이온 갑에 도착했지만, 아무 소용이 없었다. 헤라클레스는 이제 막 아내가 보내온 옷을 입고 깨끗한 황소 열두 마리를 첫 번째 제물로 바친 상태였다. 앞서 그는 제물로 바치려고 모두 합쳐 100마리인 소 떼를 제단 옆에 데려다 놓고 있었다. 그가 포도주를 제단에 붓고, 유향을 불 속에 던져 넣을 때였다. 그는 뱀에 물린 것처럼 갑자기 무서운 비명을 질렀다. 불의 열기가 넷소스의 피 안에 들어 있던 휘드라의 독을 녹였고, 독이 몸속에서 사지로 퍼지면서 그의 살이 썩어 갔다. 금방 고통은 인내의 한계를 넘어섰고, 그는 울부짖으며 제단을 뒤엎었다. 입고 있는 옷을 벗으려 했지만, 이미 단단히 달라붙어서 그의 살까지 함께 뜯겨 나와 뼈가 그대로 드러났다. 피는 붉게 달아오른 쇠를 물에 집어넣을 때처럼 쉭쉭 소리를 내면서 부글부글 끓었다. 가까운 시냇물로 곧장 뛰어들었지만, 몸에 퍼진 독이 더 사나워지기만 했다. 이 물은 그때부터 델 정도로 뜨거워져 지금은 '뜨거운 통로'라는 뜻의 테르모필라이라고 불린다.[3]

d. 헤라클레스는 나무를 닥치는 대로 부러뜨리면서 산을 돌아다니다가 리카스와 마주쳤다. 그는 겁에 질려 바위틈에 쭈그려 앉아 손으로 자기 무릎을 끌어안고 있었다. 리카스는 아무런 죄가 없다고 호소했지만 소용이 없었다. 헤라클레스는 그를 집어 머리 위로 세 바퀴를 돌린 뒤 에우보이아

해로 던져 버렸다. 거기서 그는 물 위로 약간 올라와 있는 사람 모양의 바위가 됐다. 뱃사람들은 지금도 그것을 리카스라고 부르며, 사람 발걸음을 알아챌 수 있다고 믿어 바위에 오르기를 겁낸다. 병사들은 멀리서 이 광경을 보면서, 비통하게 울부짖었다. 누구도 다가가지 못했는데, 헤라클레스가 극심한 고통으로 온몸을 비틀면서 휠로스를 불러 혼자 죽을 수 있도록 다른 곳으로 데려다 달라고 명했다. 휠로스는 아버지를 트라키스에 있는 ([백합 비슷한] 흰 헬레보어로 유명한) 오이타 산의 발치로 데려갔다. 델포이 신탁은 이미 예전에 그가 이럴 운명이라고 리큄니오스와 이올라오스에게 알려 주었다.[4]

e. 데이아네이라는 이 소식에 경악해 스스로 목을 맸다. 어떤 이는 부부의 침대에서 칼로 자신을 찔렀다고 전한다. 헤라클레스는 죽기 전에 아내에게 벌을 내리려 했다. 그러나 휠로스는 어머니가 스스로 목숨을 끊은 것을 보면 죄가 없다고 확신시켰다. 이에 헤라클레스는 용서의 한숨을 내쉬었고, 알크메네와 아들들을 모두 불러 자신의 마지막 말을 들려주고 싶다고 했다. 하지만 알크메네는 손자들 일부와 함께 티륀스에 있었고, 다른 아들들 대부분도 테바이에 정착해 있었다. 이에 그는 휠로스에게만 이제는 실현된 제우스의 예언을 알려 줄 수 있었다. "살아 있는 사람 중에 누구도 헤라클레스를 죽일 수 없다. 죽은 적이 파국을 부른다." 휠로스는 원하는 것을 말씀하라 했고, 헤라클레스는 이렇게 말했다. "제우스의 머리를 두고 이렇게 맹세하거라. 나를 이 산의 정상으로 데려가 그곳에서 나를 불태우도록 하거라. 비통해하지 말 것이며, 떡갈나무 가지와 수컷 야생 올리브 줄기로 쌓은 장작더미에 올려야 한다. 그리고 네가 어른이 되면 곧장 이올레와 결혼하겠다고 함께 맹세하거라." 휠로스는 질색했지만, 그렇게 하겠다고 약속했다.[5]

f. 모든 준비가 끝나자 이올라오스와 그의 동료들은 조금 떨어진 곳으로 물러섰다. 헤라클레스는 스스로 장작더미에 올라 불을 붙이라 명했다. 하지만 아무도 감히 명을 따르지 못했다. 마침 지나가던 아이올리스족 양치기로 포이아스라는 사람이 데모낫사한테서 얻은 아들 필록테테스에게 헤라클레스가 부탁한 대로 하라고 명했다. 헤라클레스는 감사의 뜻으로 자신의 활과 화살, 화살통을 필록테테스에게 물려주었다. 불길이 장작더미를 핥기 시작하자, 그는 사자 가죽을 장작더미 맨 위에 평평하게 펼치고 곤봉을 베개 삼아 누웠다. 헤라클레스는 더 없이 행복해 보였다. 손님이 화환을 쓰고 포도주 잔에 둘러싸인 듯 편안해 보였다. 이때 하늘에서 벼락이 떨어져 장작더미는 순식간에 잿더미가 됐다.[6]

g. 제우스는 올림포스에서 아끼는 아들이 이처럼 고귀하게 행동하는 것을 보고, 무척 자랑스러웠다. 그는 선언했다. "죽음도 헤라클레스의 몸 가운데 불사의 부분은 건드릴 수 없다. 그를 조만간 여기 축복받은 곳으로 데려올 것이다. 그가 신이 되는 것에 여기 누가 마음이 상한다 할지라도 이를 받아들여야 할 것이다. 그는 충분히 그럴 자격이 있다."

모든 올림포스 신이 동의했다. 제우스의 말이 자신을 향한 것임을 알았지만, 헤라도 이런 모욕을 꿀꺽 참기로 결심했다. 대신, 그녀는 필록테테스의 친절한 행동이 괘씸해 그가 나중에 렘노스 섬에서 독사에 물리도록 손을 써놓았다.

h. 헤라클레스의 몸에서 불사가 아닌 부분은 벼락에 모두 타 버렸다. 이제 그에게 알크메네를 닮은 구석은 더 이상 남아 있지 않았다. 뱀이 허물을 벗듯, 아버지 제우스의 위엄을 갖춘 새로운 모습으로 나타났다. 헤라클레스는 천둥소리가 울려 퍼지는 가운데 구름 속으로 사라졌고, 제우스는 아들을 네 마리 말이 끄는 전차에 태워 하늘로 데려왔다. 아테나는 엄숙하게 그

의 손을 잡고 이끌고 가서 다른 동료 신들에게 소개했다.[7]

i. 제우스는 예전에 헤라클레스가 '올림포스 12신'의 하나가 될 운명을 타고나게 했지만, 그의 자리를 만들기 위해 지금 있는 신들 가운데 하나를 쫓아내기는 싫었다. 이에 그는 헤라를 설득해 재탄생의 의식을 통해 헤라클레스를 자식으로 입양하도록 했다. 헤라는 침대로 가서 진통을 겪는 척한 다음, 치마 아래로 그를 낳는 몸짓을 했다. 이는 지금도 많은 야만적인 부족들이 행하는 입양 의식이다. 이후 헤라는 헤라클레스를 자신의 아들로 받아들였고, 그를 제우스 다음으로 사랑하게 됐다. 이제 모든 신이 그의 올림포스 도래를 환영했다. 헤라는 그와 자신의 예쁜 딸 헤베를 결혼시켰으며, 헤베는 알렉시아레스와 아니케토스를 낳았다. 나중에 기간테스의 반란 때 그녀를 범하려 한 프로노모스를 죽임으로써, 헤라클레스는 헤라의 진심 어린 감사를 받게 됐다.[8]

j. 헤라클레스는 천상의 문지기가 됐으며, 올림포스의 대문에서 아르테미스가 사냥을 마치고 돌아오길 기다리며 해 질 녘까지 서 있는 것에 결코 싫증을 내지 않았다. 그는 명랑하게 그녀에게 인사했고, 그녀의 전차에서 사냥해 온 짐승들을 끌어 내렸다. 이때 아무런 해도 끼치지 않는 염소와 토끼를 발견할 때면, 그는 불만의 뜻으로 눈살을 찌푸리면서 손가락 하나를 흔들었다. 그는 말했다. "멧돼지를 잡아요. 그놈들은 곡식을 짓밟고 과수원 나무에 상처를 내니까요. 사람을 죽이는 황소와 사자, 늑대에게 화살을 날려요! 염소와 토끼가 우리에게 무슨 해라도 끼치나요?" 그런 다음 그는 사냥한 짐승의 가죽을 벗기고, 먹고 싶은 것은 무엇이든 실컷 먹었다.[9] 그런데 불사의 헤라클레스가 신들의 탁자에서 잔치를 벌이는 동안, 그의 필사의 혼령은 타르타로스에서 활을 꺼내 들고 화살을 시위에 메기면서 재잘대는 죽은 자들 사이를 활보하고 있다. 그는 어깨에 황금 띠를 둘러멨는데, 거

기엔 사자와 곰, 멧돼지와 함께 잔인한 전투 장면이 새겨져 있다.[10]

k. 이올라오스와 그의 동무들이 트라키스로 돌아왔을 때, 악토르의 아들 메노이티오스는 숫양과 황소, 멧돼지를 헤라클레스에게 제물로 바쳤다. 이렇게 로크리스의 오푸스에서 그에 대한 영웅 숭배를 시작했다. 테바이인들도 금방 이를 따랐다. 그러나 아테나이인들은, 마라톤 사람들이 앞장섰는데, 처음으로 그를 신으로서 숭배하기 시작했다. 지금은 어디서나 모두 이런 영광스러운 전례를 따르고 있다.[11] 헤라클레스의 아들 파이스토스는 언젠가 시퀴온인들이 아버지에게 영웅 의례를 올리는 것을 보고, 헤라클레스는 신의 제물을 받아야 한다고 주장했다. 이에 오늘날까지 시퀴온인들은 새끼 양을 죽여 넓적다리를 '헤라클레스 신'의 제단에서 태워 올린 다음 그 살코기는 '헤라클레스 영웅'에게 바친다. 오이타에서 사람들은 그를 코르노피온이라는 이름으로 숭배한다. 그가 도시에 자리를 잡으려는 메뚜기 떼를 쫓아냈기 때문이다. 에뤼트라이의 이오니아족은 그를 '헤라클레스 이포크토노스'로 숭배한다. 그가 이페스를 죽였기 때문인데, 이는 거의 매년 지역을 돌아가면서 포도나무를 공격하는 벌레다.

l. 튀로스의 헤라클레스 조각상은, 이는 지금 에뤼트라이의 그의 전당에 있는데, '닥튈로스 헤라클레스'를 표현한 것이라 한다. 이는 뗏목에 실려 떠밀려 왔는데, 이오니아 해의 메사테 곶 앞에서 발견됐다. 그런네 하필이면 에뤼트라이 항구와 키오스 섬 사이의 정확히 중간 지점에서 발견됐다. 에뤼트라이인들이 한쪽에 포진하고 키오스인들이 다른 쪽에서 정렬해, 자기네 해변으로 뗏목을 끌어오기 위해 팽팽하게 맞섰지만 어느 쪽도 성공하지 못했다. 에뤼트라이의 어부로 이전에 시력을 잃었던 포르미오라는 사람이 이상한 꿈을 꿨다. 에뤼트라이 여인들이 자기 머리채를 잘라 밧줄을 꼬았고 남자들이 이를 이용해 뗏목을 끌어오는 꿈이었다. 이에 따라 예전에 에

뤼트라이에 정착했던 트라케 출신 씨족의 여인들이 머리카락으로 밧줄을 엮었고, 드디어 뗏목을 이쪽으로 끌려올 수 있었다. 그래서 지금도 이들의 후손들만 그 밧줄을 모신 전당에 들어갈 수 있다. 포르미오는 시력을 되찾았고, 죽을 때까지 이를 잃지 않았다.[12]

1] 소포클레스: 『트라키스 여인들』 298과 752-754; 아폴로도로스: 『비블리오테카』 2. 7. 7; 디오도로스 시켈로스: 『역사총서』 4. 38.

2] 소포클레스: 『트라키스 여인들』 460-751; 휘기누스: 『신화집』 36.

3] 소포클레스: 『트라키스 여인들』 756 ff.; 논노스 - 베스터만의 『그리스 신화: 부록 이야기』 28. 8; 체체스: 『뤼코프론에 관하여』 50-51.

4] 오비디우스: 『변신 이야기』 9. 155 ff.; 휘기누스: 『신화집』 36; 소포클레스: 『트라키스 여인들』 783 ff.; 아폴로도로스: 2. 7. 7; 플리니우스: 『자연 탐구』 25. 21; 디오도로스 시켈로스: 4. 38.

5] 아폴로도로스: 같은 곳; 소포클레스: 『트라키스 여인들』 912부터 끝까지.

6] 디오도로스 시켈로스: 같은 곳; 휘기누스: 『신화집』 102; 오비디우스: 『변신 이야기』 9. 299 ff.

7] 오비디우스: 『변신 이야기』 9. 241-273; 아폴로도로스: 같은 곳; 휘기누스: 같은 곳; 파우사니아스: 『그리스 여행기』 3. 18. 7 .

8] 디오도로스 시켈로스: 4. 39; 오노마크리토스에 대한 헤시오도스: 『글조각』, 에블린-화이트 편집 615-516; 핀다로스: 『이스트미아 제전 송가』 4. 59와 『네메아 제전 송가』 10. 18; 아폴로도로스: 같은 곳; 비잔티움의 소타스, 체체스의 인용: 『뤼코프론에 관하여』 1349-1350.

9] 칼리마코스: 『아르테미스 찬가』 145 ff.

10] 호메로스: 『오뒷세이아』 11. 601 ff.

11] 디오도로스 시켈로스: 4. 39; 파우사니아스: 1. 15. 4.

12] 파우사니아스: 2. 10. 1; 9. 27. 5와 7. 5. 3; 스트라본: 『지리학』 13. 1. 64.

*

1. 신성한 왕은 제물로 바쳐짐으로써 불사의 존재가 된다. 칼립소Calypso가 오뒷세우스에게 불사의 존재로 만들어 주겠다고 약속할 때도 이런 식이었다(170. w 참고). 그런데 여왕은 이렇게 하기 전에 그의 옷과 왕의 상징물을 벗겨 냈을 것이다. 장작더미에 올려질 때까지 신성한 왕은 불사의 존재가 되기 위해 채찍질을 당하고 손발이 잘렸지만, 여기에는 나오지 않는다. 그러나 이번 이야기의 바탕이 됐을 도상에는 아마도 왕이 죽음의 여신에게 자신을 바치기 위해 피를 흘리며 고통 속에서 흰 아마포 옷을 입으려 분투

하는 모습이 담겨 있었을 것이다.

2. 헤라클레스가 케나이온Cenaeum 갑에서 죽었다는 전설은 오이타Oeta 산에서 죽었다는 다른 전설과 하나로 결합됐다. 초기 비문이나 작은 조각상을 보면, 오이타 산에서는 실제로 신성한 왕을 불에 태우는 일을 멈춘 뒤에도 몇백 년 동안 그의 인형을 태웠다. 떡갈나무는 한여름 모닥불로 안성맞춤이다. 야생 올리브나무는 새해를 맞으면서 태우는 나무이며, 이때 왕은 묵은해의 정령을 몰아내고 자신의 통치를 새로 시작했다. 장작에 불을 놓은 포이아스Poeas 또는 필록테테스Philoctetes는 왕의 후계자이자 계승자이다. 그는 왕의 무기와 침대를 물려받는다. 이올레와 휠로스의 결혼도 이런 차원으로 읽어야 한다. 그리고 그는 한 해가 끝날 때 뱀에 물려 죽는다.

3. 앞서 헤라클레스의 영혼은 헤스페리데스Hesperides의 '서쪽 낙원' 또는 북풍의 신의 처소 뒤쪽에 있는 은으로 된 성, 즉 북쪽 왕관 별자리에 다녀온 적이 있다. 핀다로스는 이런 전설을 별생각 없이 세 번째 과업에 대한 짤막한 설명에 집어넣었다(125. k 참고). 그가 '올림포스의 천상'에 받아들여진 것은 나중에 나온 발상이다. 헤라클레스가 그곳에 들어갔다고 해도, 디오뉘소스처럼 12신 사이에 끼지는 못했다(27. 5 참고). 그의 올림포스 입성은 어떤 도상을 오독한 데서 비롯된 것으로 보인다. 펠레우스와 테티스의 결혼(81. 1-5 참고)과 이른바 가뉘메데스의 납치(29. 1 참고), 그리고 헤라클레스의 무장하기(123. 1 참고) 등을 설명하는 데 바탕이 된 도상이었다. 거기에는 아테나 또는 헤베가 어린 여왕이자 신부로 등장해 왕을 신성한 결혼식의 열두 증인들에게 소개하는 장면이 실려 있었을 것이다. 열두 증인은 종교 연맹의 각 부족 또는 신성한 한 해의 열두 달을 의미한다. 그는 의례를 통해 암말 또는 (여기와 같이) 여인에게서 새로 태어났다. 헤라클레스는 천상의 문지기가 됐다고 하는데 이는 그가 한여름에 죽었기 때문이다. 한 해를

돌쩌귀에 연결된 떡갈나무 문짝에 비유하고, 한여름 하지에는 문이 제일 크게 활짝 열리며 그 뒤 낮이 짧아지면서 점차 문이 닫힌다고 생각했다(『하얀 여신』 175-177쪽). 그가 완전한 올림포스 신이 되지 못한 것은, 호메로스의 권위 때문인 것으로 보인다.『오뒷세이아』에는 그의 망령이 타르타로스에 있다고 나온다.

4. 에뤼트라이의 헤라클레스 조각상이 튀로스에서 온 것이라면, 신전에 있다는 밧줄은 여인의 머리카락이 아니라 신성한 왕한테서 잘라내 꼬아 만든 것일 터이다. 튀로스에서는, 델릴라가 삼손에게 했듯이, 한겨울 동지에 태양 영웅을 죽이기에 앞서 그의 머리카락을 잘랐다. 이런 숭배를 받아들인 트라케 여인들도 비슷한 태양 영웅을 제물로 바쳤다(28. 2 참고). 그 조각상을 뗏목에 실어 끌어온 것은, 아마도 무역 상선에 실으면 배까지 신성한 것이 되는 바람에 더는 무역에 쓸 수 없게 되기 때문일 것이다. '이포크토노스Ipoctonus'는 헤라클레스의 일반적인 호칭 오피오크토노스Ophioctonus('뱀을 죽이는')의 지역적 변형으로 보인다. 그가 "뱀이 허물을 벗듯" 죽어 쇄신하는 모습은 이집트의 『사자의 서』에서 빌려 온 비유적 표현이다. 뱀은 허물을 벗음으로써 더는 나이를 먹지 않는다고 생각됐다. '허물'과 '늙음'은 양쪽 모두 그리스어로 게로스geros이다(160. 11 참고). 그는 천상에 네 마리 말이 끄는 전차를 타고 갔다고 했는데, 이는 태양의 영웅과 올림피아 제전 후원자의 모습이다. 네 마리 말은 올림피아 제전 사이의 4년 또는 춘분과 추분, 하지와 동지로 나뉘는 한 해의 네 계절을 의미한다. '구원자 헤라클레스'로서 숭배하는, 태양의 네모난 조각상이 메갈로폴리스Megalopolis의 '위대한 여신'의 경내에 서 있었다고 한다(파우사니아스: 8. 31. 4). 이는 아마도 고대의 제단일 것이다. 크놋소스의 궁전에서 몇 개의 네모난 덩어리가 몇 개 발굴됐고, [크레테 남부] 파이스토스Phaestus의 궁전의 '서쪽 궁정'에서도 또

하나가 나왔다.

5. 헤라클레스의 신부인 헤베Hebe는, 아마도 젊음의 여신이 아니라 「오르 페우스 찬가」의 48, 49번째 시에 '대지의 어머니 힙타Hipta'로 언급된 여신 을 말하는 것으로 보인다. 디오뉘소스는 안전한 보호를 위해 그녀에게 맡 겨졌다. 프로클로스(「티마이오스에 반대하며」 2. 124c)는, 헤베가 헤라클레스 를 바구니 모양의 키에 담아 머리에 이고 다녔다고 했다. 힙타는 [고대 뤼디 아 도시] 마이오니아Maeonia에서 출토된 두 개의 초기 비문에 나오는 '제우스 사바지오스Sabazius'와 연결된다(27. 3 참고). 당시 마이오니아에는 뤼디아-프 뤼기아 부족이 살고 있었다. 크레취머 교수는 힙타가 미탄니Mitanni의 여신 인 헤파Hepa나 헤피트Hepit 또는 헤베와 동일하다고 주장했다. 이런 미탄니 의 여신은 보아즈칼레Boghaz-Keui에서 발굴된 텍스트에 언급돼 있으며, 트라 케에서 마이오니아로 전래된 것으로 보인다. 만약 헤라클레스가 이런 헤베 와 결혼한 것이라면, 이 신화는 프뤼기아(131. h 참고), 뮈시아(131. e 참고), 뤼 디아(136. a-f 참고)에서 위대한 업적을 이룬 헤라클레스에 대한 것이다. 또 헤라클레스를 '제우스 사바지오스'와 동일시할 수 있다. 힙타는 중동 전역 에 잘 알려져 있다. 뤼카오니아에 있는 하투사Hattusas의 바위 조각(13. 2 참 고)에 그녀는 사자를 타고 힛타이트의 폭풍의 신과 신성한 결혼식을 올리 려 하는 모습으로 등장한다. 그녀는 거기서 헤파투Hepatu라 불렸으며, 이는 후르리 족Hurrian의 말이라고 한다. 그리고 흐로즈니B. Hrozný 교수는 그녀가 「창세기」 2장에 이브Eve라고 나오는 하와Hawwa('모든 생물의 어머니')와 동일 하다고 주장했다(「힛타이트와 수바리아 문명」 15장). 흐로즈니 교수는 예루살렘 의 가나안 왕자 아브디헤파에 대해 언급하면서 이브와 결혼한 아담은 예루 살렘의 수호 영웅이었다고 주장했다(제롬: 「에베소서에 대한 주석」 5장 15절).

146
헤라클레스의 자식들

헤라클레스의 어머니 알크메네는 일부 손자들을 데리고 티륀스로 갔다. 헤라클레스의 다른 아들들은 여전히 테바이와 트라키스에 남았다. 에우뤼스테우스는 이들이 어른이 되어 자신을 왕좌에서 내쫓기 전에 모두 그리스에서 내쫓기로 결심했다. 이에 그는 케윅스에게 전갈을 보내, 헤라클레이다이[헤라클레스의 자식들]뿐 아니라 이올라오스, 리큄니오스의 가문 전체, 그리고 헤라클레스의 아르카디아 동맹 등을 모두 국외로 추방할 것을 요구했다. 에우뤼스테우스에게 맞설 힘이 없었기에, 이들은 모두 한 무리를 이뤄 트라키스를 떠났다. 케윅스가 어쩔 수 없다면서 떠날 줄 것을 간청했던 것이다. 이 무리는 탄원자로 그리스의 큰 도시를 찾아다니면서 머물게 해줄 것을 간청했다. 테세우스가 다스리는 아테나이만 유일하게 대담하게도 에우뤼스테우스에 도전하는 결정을 내렸다. 헤라클레이다이가 '자비의 제단'에 앉아 있는 것을 보고 아테나이인들의 타고난 정의감이 깨어난 것이다.[1]

b. 테세우스는 헤라클레이다이와 그들의 동료들을 앗티케의 테트라폴리스에 있는 트리코뤼토스 시에 정착하도록 했다. 이렇게 이들을 에우뤼스테우스에게 내주지 않겠기에, 아테나이와 펠로폰네소스 사이의 첫 번째 전

쟁이 발발했다. 이제 모든 헤라클레이다이가 어른으로 성장했다. 에우뤼스테우스가 군대를 일으켜 아테나이로 진군하자, 이올라오스, 테세우스, 휠로스는 아테나이 군대와 헤라클레이다이 연합군을 지휘해 이에 맞섰다. 어떤 이는 이전에 데모폰이 아버지 테세우스를 계승했기에, 전쟁에서 그가 나섰다고 전한다. 신탁이 있었다. 만약 헤라클레스의 자식들 가운데 하나가 공공선을 위해 죽지 않는다면 아테나이인들이 반드시 패할 것이라는 내용이었다. 헤라클레스의 유일한 딸인 마카리아가 마라톤에서 스스로 목숨을 버렸다. 이에 '마카리아의 샘'이라는 이름이 생겼다.[2]

c. 헤라클레이다이를 보호했던 일은 아테나이인들에게 오늘날까지도 시민적 자부심의 원천이 되고 있다. 이들은 정정당당한 전투에서 에우뤼스테우스의 군대를 무찌르고 그의 아들 알렉산드로스, 이피메돈, 에우뤼비오스, 멘토르, 페리메데스를 다른 수많은 적군과 함께 죽였다. 에우뤼스테우스는 전차를 타고 달아났지만, 휠로스가 그를 추격했다. 휠로스는 '스키론의 바위'에서 마침내 그를 따라잡아 머리를 베었다. 알크메네는 천 짜는 바늘로 그의 눈알을 뽑았다. 그의 무덤은 그 근처에 지금도 남아 있다.[3] 그러나 어떤 이는 그가 스키론의 바위에서 이올라오스에게 붙잡혀 알크메네에게 끌려갔다고 전한다. 알크메네는 그의 사형을 명했고, 아테나이인들이 그를 위해 중재에 나섰지만 소용이 없었다. 사형이 집행되기 전, 에우뤼스테우스는 감사의 눈물을 흘리면서 자신이 죽어서도 아테나이의 굳건한 친구가 될 것이라고 선언했다. 헤라클레이다이한테는 죽어서도 원수를 갚겠다고 했다. 그는 외쳤다. "테세우스여, 당신은 내 무덤에 제주나 제물의 피를 뿌릴 필요가 없소. 그런 것을 받지 않아도, 내가 앗티케의 땅에서 모든 적을 몰아낼 것이라 약속하오." 이어 그는 처형을 당했고, 아테나이와 마라톤 사이에 있는 펠레네의 아테나 신전 앞에 묻혔다. 이와 매우 다른 설명도 있다. 에우뤼

스테우스가 마라톤에서 헤라클레이다이와 벌인 전투에서 아테나이인들이 에우뤼스테우스를 도왔다는 것이다. 그리고 이올라오스가 전차용 도로에서 가까운 마카리아의 샘 옆에서 그의 머리를 베었다고 한다. 이때 머리는 트리코뤼토스에 묻었고, 몸통은 가르겟토스로 보내 장사 지내게 했다.[4]

d. 그러는 동안, 휠로스와 테바이의 '엘렉트라 성문' 부근에 정착했던 헤라클레이다이는 펠로폰네소스로 쳐들어가 기습 공격으로 그곳의 모든 도시를 점령했다. 그러나 이듬해 역병이 돌았고, 신탁은 이렇게 선언했다. "헤라클레이다이가 예정된 시간보다 먼저 왔다!" 휠로스는 마라톤으로 물러났다. 그는 아버지의 마지막 바람대로 이올레와 결혼하고, 도리에이스족 아이기미오스의 양자가 됐다. 휠로스는 델포이 신탁소로 가서 "예정된 시간"이 언제 올지 물었고, "세 번째 곡식까지 기다려야 한다"는 경고를 들었다. 그는 이것이 3년을 뜻한다고 이해하고, 그만큼 쉬다가 마침에 다시 한번 군사를 일으켜 진군했다. 코린토스 지협에서 아트레우스를 만났는데, 그는 이전에 뮈케나이의 왕좌를 물려받아 지금은 아카이아 군대를 이끌고 있었다.[5]

e. 휠로스는 불필요한 살해를 피하자는 뜻에서 어떤 상대든 좋으니 결투 한 번으로 끝내자고 도전했다. 그는 말했다. "만약 내가 이긴다면 왕좌와 왕국을 내놓아야 할 것이다. 내가 진다면, 우리 헤라클레스의 아들들은 앞으로 50년 동안 이 길로 돌아오지 않겠다." 테게아의 왕 에케모스는 이 도전을 받아들였고, 두 사람의 결투가 코린토스-메가라 국경에서 벌어졌다. 그런데 휠로스가 쓰러졌고, 그는 메가라 시에 묻혔다. 이에 헤라클레이다이는 약속을 지켜 이번에 두 번째로 트리코뤼토스로 물러났다. 이들은 이어 도리스로 가서, 아이기미오스에게 그들의 아버지가 맡겨 둔 왕국의 자기들 몫을 달라 요구했다. 리큄니오스와 그의 아들들, 그리고 헤라클레스의 아들

틀레폴레모스만이 아르고스 정착을 허락받아 펠로폰네소스 안에 남았다. 델포이의 아폴론은 그의 틀린 조언 탓에 많은 비난을 받았다. 이에 아폴론은 "세 번째 곡식"은 세 번째 세대를 뜻했던 것이라고 설명했다.[6]

f. 알크메네는 테바이로 돌아갔다. 그녀가 거기서 장수를 누리고 죽자, 제우스는 헤르메스에게 명해 헤라클레이다이가 무덤으로 옮기고 있는 그녀의 관을 몰래 가져오도록 했다. 제우스는 알크메네 대신 돌을 넣어 관을 돌려보내고, '축복받은 자의 섬'으로 그녀를 데려갔다. 거기에서 알크메네는 다시 살아났고 청춘도 되찾았으며, 라다만튀스의 아내가 됐다. 그러는 동안 헤라클레이다이는 관이 너무 무겁다는 것을 깨닫고 이를 열어 봤다. 이들은 그 돌을 테바이의 신성한 숲 안에 세웠으며, 거기에서 알크메네는 오늘날까지 여신으로 숭배를 받고 있다. 그러나 어떤 이는 그녀가 죽기 전에 오칼레아이에서 라다만튀스와 결혼했다고 전한다. 다른 이들은 그녀가 아르고스에서 테바이로 가는 길에 메가라에서 죽었고, 지금도 거기에 무덤이 남아 있다고 주장한다. 헤라클레이다이 사이에 논쟁이 벌어졌다는 설명도 덧붙인다. 당시 일부는 죽은 어머니를 모시고 아르고스로 되돌아가자고 했고, 다른 이들은 여정을 이어가고자 했다. 이에 델포이 신탁은 어머니를 메가라에 묻으라고 조언했다는 것이다. 알크메네의 무덤이라 전하는 것이 할리아르토스에 또 하나 남아 있다.[7]

g. 테바이인들은 이올라오스에게 영웅의 전당을 헌정했다. 암피트뤼온의 전당과 가까운 곳에 있는데, 거기서 연인들은 오늘날 헤라클레스를 기리며 약혼식을 올린다. 그러면서도 보통은 이올라오스가 사르디니아에서 죽었다고 생각한다.[8]

h. 틀레폴레모스가 아르고스에서 사고로 사랑하는 종조부 리큄니오스를 죽인 일이 벌어졌다. 그가 올리브나무 곤봉을 가지고 하인을 혼내 주고 있

는데, 이제는 늙고 눈까지 먼 리큄니오스가 비틀거리면서 이들 사이로 걷다가 머리에 곤봉을 받은 것이다. 다른 헤라클레이다이가 죽이겠다고 위협하자, 틀레폴레모스는 함대를 꾸리고 많은 동료를 끌어모아 아폴론의 조언에 따라 로도스 섬으로 달아났다. 그는 많은 방황과 역경 끝에 그곳에 정착했다.[9] 당시 로도스에는 포르바스의 아들 트리옵스가 이끄는 그리스 출신 이주민들이 정착해 있었다. 틀레폴레모스는 그의 동의를 받아 섬을 세 부분으로 나눴으며, 린도스, 이알뤼소스, 카메이로스 시를 건설했다고 전해진다. 그의 백성들은 제우스의 은혜를 받아 부자가 됐다. 나중에 틀레폴레모스는 로도스 함대 아홉 척과 함께 트로이아로 갔다.[10]

i. 헤라클레스는 물의 님프 멜리테와 함께 또 다른 휠로스를 자식으로 두었다. 멜레테는 파이아케스족의 땅에 있는 강의 신 아이가이오스의 딸이다. 헤라클레스는 자기 자식들을 죽인 다음에 나우시토오스 왕과 디오뉘소스의 유모인 마크리스에게 정화를 받고자 거기로 갔고, 그때 휠로스를 자식으로 얻은 것이다. 여기 휠로스는 많은 파이아케스족 이주민들과 함께 '크로노스의 바다'로 이주했고, 휠라이아족의 이름이 그에게서 왔다.[11]

j. 헤라클레이다이의 막내아들은 타소스 섬의 운동선수인 테아게네스라고 한다. 그의 어머니는 어느 날 밤 헤라클레스 신전에서 그의 사제이자 자기 남편인 티모스테네스라 생각한 남자의 방문을 받았다. 하지만 남편이 아니라 바로 그 신이었다.[12]

k. 헤라클레이다이는 결국 네 번째 대에 이르러 펠로폰네소스를 다시 정복했다. 이때는 테메노스, 크레스폰테스, 그리고 쌍둥이 프로클레스와 에우뤼스테네스가 이끌었으며, 오레스테스의 아들인 뮈케나이의 상왕 티사메네스를 죽이고 그 땅을 차지했다. 만약 이 왕자들 가운데 하나가 아카르나니아의 시인 카르노스를 죽이지 않았다면 이들은 더 일찍 정복에 성공했

을 것이다. 예언의 노래를 부르면서 다가오던 카라노스를, 티사메네스가 보낸 마법사로 오해했던 것이다. 이런 신성모독에 대한 벌로 헤라클레이다이의 함대는 침몰했고 병사들은 기근으로 흩어졌다. 델포이 신탁은 이런 조언을 내놓았다. "살해자를 10년 동안 쫓아내고, 그를 대신해 트리옵스를 인도자로 삼아라." 이에 이들은 포르바스의 아들 트리옵스를 로도스에서 데려오려 했다. 그런데 테메노스는 옥쉴로스라는 이름의 아이톨리아 족장이 외눈박이 말을 타고 다닌다는 것을 알게 됐다. 족장은 엘리스에서 1년 동안 망명해 있으면서 이제 막 어떤 살인 또는 다른 죄에 대한 속죄를 마친 상태였다. 트리옵스는 '세 개의 눈'을 뜻하므로, 테메노스는 그를 안내자로 삼아 헤라클레이다이의 친척들과 함께 엘리스의 해안으로 상륙해 곧장 펠로폰네소스 전역을 정복할 수 있었다. 이들은 정복한 땅을 제비뽑기로 나눠 가졌다. 두꺼비가 그려진 제비는 아르고스를 뜻하며, 이는 테메노스의 몫이 됐다. 뱀이 그려진 것은 스파르테를 뜻하고, 쌍둥이 프로클레스와 에우뤼스테네스에게 돌아갔다. 여우가 그려진 것은 멧세니아로, 크레스폰테스가 주인이 됐다.[3]

1] 소포클레스:『트라키스 여인들』1151-1155; 헤카타이오스, 롱기노스의 인용:『숭고에 관하여』27; 디오도로스 시켈로스:『역사총서』4. 57; 아폴로도로스:『비블리오테카』2. 8. 1과 3. 7. 1; 파우사니아스:『그리스 여행기』1. 32. 5.

2] 디오도로스 시켈로스: 같은 곳; 아폴로도로스: 2. 8. 1; 파우사니아스: 같은 곳; 페레퀴데스, 안토니노스 리베랄리스의 인용:『변신』33; 제노비오스:『속담집』2. 61.

3] 뤼시아스: 2. 11-16; 이소크라테스:『축제 연설』15-16; 아폴로도로스: 2. 8. 1; 디오도로스 시켈로스: 같은 곳; 파우사니아스: 1. 44. 14.

4] 에우리피데스:『헤라클레스의 자식들』843 ff., 928 ff.와 1026 ff.; 스트라본:『지리학』8. 6. 19.

5] 페레퀴데스, 안토니노스 리베랄리스의 인용:『변신』33; 스트라본: 9. 40. 10.

6] 파우사니아스: 1. 44. 14와 41. 3; 디오도로스 시켈로스: 4. 58; 아폴로도로스: 2. 81. 2.

7] 디오도로스 시켈로스: 같은 곳; 아폴로도로스: 2. 4. 11과 3. 1. 2; 파우사니아스: 1. 41. 1; 플루타르코스:『뤼산드로스』28.

8] 핀다로스:『퓌티아 제전 송가』9. 79 ff.; 플루타르코스:『사랑에 관하여』17; 파우사니아스: 9. 23. 1.

9] 호메로스:『일리아스』2. 653-670; 아폴로도로스: 2. 8. 2; 핀다로스:『올륌피아 제전 송가』7. 27 ff.

11] 아폴로니오스 로디오스: 4. 538 ff.

12] 파우사니아스: 6. 11. 12.

13] 아폴로도로스: 2. 8. 2-5; 파우사니아스: 2. 18. 7; 3. 13. 4; 5. 3. 5-7과 8. 5. 6; 스트라본: 8. 3. 33; 헤로 도토스: 『역사』 6. 52.

*

1. 중부 그리스 출신의 문화적으로 뒤떨어진 가부장제 산악 부족이 뮈케나이 문명의 펠로폰네소스를 침략해 철저히 파괴한 일은, 기원전 1100년경에 일어났다고 파우사니아스(4. 3. 3)와 투퀴디데스(1. 12. 3)는 전한다. 이를 '도리에이스족의 침략'이라 부르는데, 도리스라는 작은 나라가 침략자들을 이끌었기 때문이다. 당시 '도리스 연맹'은 세 부족으로 구성됐다. 헤라클레스를 숭배하는 휠레이데스Hylleids, 아폴론을 숭배하는 뒤마네스Dymanes('들어가는 사람들'), 데메테르를 숭배하는 팜퓔로이Pamphylloi('모든 부족 출신의 남자들') 등이 그들이다. 도리에이스족은 남부 텟살리아를 쳐부순 다음 아테나이인들과 연맹을 맺고 펠로폰네소스 반도 공격에 나선 것으로 보인다. 기원전 1100년경 뮈케나이를 불태웠지만, 첫 번째 침략은 실패했다. 그러나 한 세기 뒤 그들은 동부와 남부 지역을 정복했으며, 아르골리스의 고대 문명 전체를 파괴했다. 이들의 침략으로 인해, 아르골리스에서 로도스 섬으로, 앗티케에서 소아시아의 이오니아 해안 지대로 대규모 이주가 일어났다. 테바이에서 사르디니아로 넘어가기도 했을 것이다. 무엇보다 이번 침략으로 그리스 전역에서 '암흑기'가 시작됐다.

2. 영웅의 머리를 매장하는 것이 군사적 성격을 띠는 것은 신화에 흔히 나온다. 『마비노기온』을 보면, 브란의 머리도 템스 강을 통한 침략으로부터 런던을 지키기 위해 '타워 힐'에 묻혔다. 암브로시우스(「사도 서간」 7장 2절)를 보면, 아담의 머리는 북쪽으로부터 예루살렘을 지키기 위해 골고다Golgotha

에 묻혔다. 에우리피데스(『레소스』 413-415)는 헥토르가 이방인의 혼령이라도 트로이아를 지키는 정령이 될 수 있다고 선언하게 했다(28. 6 참고). 트리코뤼토스와 가르겟토스는 앗티케로 들어가는 길이 내려다보이는 좁은 협곡에 있다. 이올라오스가 '스키론의 바위'를 지나 에우뤼스테우스를 추적했다는 대목은, 힙폴뤼토스 신화의 바탕이 된 도상에서 빌려온 것으로 보인다(101. g 참고).

3. 파이아케스족의 땅(170. y 참고)은 지금은 코르푸Corfu라고 하는 코르퀴라Corcyra 또는 드레파네Drepane이다. 그 옆으로 마크리스Macris라는 신성한 작은 섬이 있다(154. a 참고). '크로노스의 바다'는 핀란드 만을 말한다. 거기에서 코르퀴라의 상인들이 호박을 가져왔을 것으로 보인다. 코르퀴라는 아르고 호의 아드리아 해 머리 쪽을 향한 호박 원정과도 연결된다(148. 9. 참고).

4. 로도스 섬으로 이주한 그리스인 트리옵스는 고대의 세 모습 여신 다나에 또는 담키나Damkina의 남성형이다. 여신의 세 가지 모습을 따라 린도스Lindus, 이알뤼소스Ialysus, 카메이로스Cameirus의 이름이 지어졌다. 다른 설명을 보면, 이 도시들은 텔키네스Telchines(54. a 참고) 또는 다나오스Danaus(60. d 참고)가 건설했다고 한다.

5. 알크메네Alcmene는 그냥 헤라의 호칭이므로, 그녀에게 신전을 지어 바쳤다는 것은 놀랄 게 없다.

6. 폴뤼그노토스[1]는 델포이에 있는 자신의 유명한 그림에서 메넬라오스가 들고 있는 방패에 뱀 그림을 그려 넣었다(파우사니아스: 10. 26. 3). 이는 아마 스파르테의 물뱀일 것이다(125. 3 참고). 스파르테인들이 멧세니아의 영웅 아리스토메네스를 구덩이에 집어 던졌을 때, 그는 여우의 도움을 받아

---

1) 폴뤼그노토스Polygnotus: 기원전 450년쯤 활동한 그리스의 화가.

거기서 탈출할 수 있었다(파우사니아스: 4. 18. 6). 그리고 그리스에서는 여신이 암여우의 모습을 하고 나타나는 일이 많다(49. 2와 89. 8 참고). 두꺼비는 아르고스의 표상이었던 것으로 보인다. 다루기에 위험하고 그것을 본 사람은 누구나 두려움에 침묵한다고 했기 때문이다(플리니우스: 『자연 탐구』 22. 18). 그뿐 아니라 아르고스가 처음에는 포로니쿰Phoronicum이라 불렀기 때문이기도 하다(57. a 참고). 아르고스에서 알파벳에 앞서 사용하던 음절 문자 체계에서 어근 프른PHRN은 두꺼비를 뜻하는 프뤼네phryne로 표현할 수 있었다.

147
리노스

아르고스의 '아기 리노스'는 헤라클레스가 뤼라로 때려죽인 이스메니오스의 아들 리노스와 반드시 구분해야 한다. 아르고스인들은 크로토포스의 딸 프사마테가 아폴론과 함께해 아기 리노스를 낳았다고 전한다. 그녀는 아버지의 분노가 두려워 아기를 산에 내다 버렸다. 양치기들이 아기를 발견해 키웠지만, 나중에 아기는 크로토포스의 맹견 마스티프에게 물려 죽었다. 프사마테는 자식 잃은 슬픔을 감추지 못했고, 크로토포스는 금방 딸이 리노스의 어머니라는 것을 알아채고 사형을 선고했다. 아폴론은 이런 두 가지 죄에 대해 아르고스의 도시에 벌을 내렸다. 먼저 포이네라는 하르퓌이아를 보내 어린아이들을 낚아채 갔는데, 코로이보스라는 사람이 책임을 맡아 그놈을 잡아 죽였다. 그다음으로 역병이 도시에 퍼졌다. 기세가 꺾일 기미가 보이지 않자, 아르고스인들은 델포이 신탁을 구했다. 신탁은 프사마테와 리노스를 달래야 한다고 조언했다. 이에 따라, 그들은 이들의 혼령에게 제물을 바쳤으며 여인과 처녀들은 리노이라는 만가를 불렀다. 리노스가 새끼 양 무리 속에서 자랐기에 이 제례를 아르니스라 이름 짓고, 제례를 거행하는 달을 아르네이오스라 했다. 이렇게 했음에도 역병이 맹위를 떨치자,

마침내 코로이보스는 델포이로 가서 포이네를 죽였다고 실토했다. 퓌토의 여사제는 그가 아르고스로 돌아오지 못하게 하고, 이렇게 말했다. "내 삼발이를 가지고 가서, 그것이 손에서 떨어지는 곳에 아폴론 신전을 짓도록 하라!" 이런 일이 게라네이아 산에서 벌어졌다. 그는 먼저 신전을 짓고 이어 트리포디스키 시를 건설하고 거기에 거처도 마련했다. 그의 무덤은 지금 메가라의 장터에 남아 있다. 무덤 위에는 포이네 살해를 묘사하는 조각상이 여럿 올려져 있다. 이는 이런 종류로 지금까지 남아 있는 그리스에서 가장 오래된 조각상이다.[1] 두 번째 리노스는 가끔씩 오이톨리노스라 불리며, 하프 연주자들이 연회에서 그를 애도하는 곡을 뜻한다.[2]

b. 세 번째 리노스도 똑같이 아르고스에 묻혀 있다. 그는 시인으로, 어떤 이는 오이아그로스와 무사 칼리오페의 아들이라 한다. 그렇다면 그는 오르페우스의 형제가 된다. 다른 이들은 그가 아폴론의 아들로 어머니는 무사 우라니아 또는 포세이돈의 딸인 아레투사라 한다. 그러면서 헤르메스와 우라니아의 아들일 수도 있다고 덧붙인다. 또 다른 이들은 포세이돈의 아들인 암피마로스와 우라니아 사이에서 태어났다고 주장한다. 마지막으로, 마그네스와 무사 클리오의 아들이라 하는 사람도 있다.[3] 리노스는 이제껏 태어난 인간들 가운데 가장 위대한 음악가였다. 아폴론이 그를 질투해 죽였다. 그는 디오뉘소스와 다른 고대의 영웅들을 기리며 노래를 지었으며, 나중에 이를 펠라스고이족의 문자로 기록했다. 우주 창조의 서사시도 짓고 기록했다. 리노스는 실제로 리듬과 멜로디를 발명했으며, 두루 현명해 타뮈리스와 오르페우스를 모두 가르쳤다.[4]

c. 리노스를 위한 애가가 온 누리로 퍼져나갔다. 이를테면 이집트의 「마네로스의 노래」의 주제부도 이 애가에서 왔다. 헬리콘 산에 리노스의 초상이 무사이의 숲으로 가는 길의 작은 동굴 벽에 새겨져 있다. 매년 무사이에

게 제물을 바치기 전에, 거기에서 그에게 제물을 올린다. 그가 테바이에 묻혀 있다는 이야기도 있다. 알렉산드로스 대왕의 아버지 필립포스 2세는 카이로네이아에서 그리스군에 승리를 거둔 다음에 꿈에 나온 대로 그의 뼈를 마케도니아로 가져갔다. 그러나 나중에 또다시 꿈을 꿨고, 그에 따라 이를 돌려보냈다.[5]

1] 파우사니아스: 『그리스 여행기』 1. 43. 7과 2. 19. 7; 코논: 『이야기』 19; 아테나이오스: 『현자들의 식탁』 3. 99.

2] 삽포, 파우사니아스의 인용: 9. 29. 3; 호메로스: 『일리아스』 18. 569-570; 헤시오도스, 디오게네스 라에르티오스의 인용: 8. 1. 25.

3] 아폴로도로스: 『비블리오테카』 1. 3. 2; 휘기누스: 『신화집』 161; 『호메로스와 헤시오도스의 경쟁』 314; 디오게네스 라에르티오스: 『서문』 3; 파우사니아스: 9. 29. 3; 체체스: 『뤼코프론에 관하여』 831.

4] 디오도로스 시켈로스: 『역사총서』 3. 67; 디오게네스 라에르티오스: 같은 곳; 헤시오도스, 알렉산드리아의 클레멘스의 인용: 『스트로마테이스』 1. 121.

5] 파우사니아스: 같은 곳.

*

1. 파우사니아스는 '아기 리노스Child Linus'의 신화를 마네로스Maneros의 신화와 연결 지었다. 마네로스는 이집트의 곡식 정령으로 수확철에 그를 위해 만가를 불렀다. 그러나 리노스는 아마(리노스linos)[1]의 정령이었던 것으로 보인다. 이는 봄에 씨를 뿌려 여름에 수확한다. 그의 어머니가 프사마테Psamathe인 것은, "아마는 모래가 많은 땅에 씨앗을 뿌리기" 때문이라고 플리니우스는 설명했다(『자연 탐구』 19. 2). 그의 할아버지이자 살해자가 크로토포스Crotopus인 것은, 이번에도 플리니우스의 설명인데, 아마를 뿌리째 뽑아 공기 중에 널어놓으면 줄기가 노랗게 되고 '쿵쿵 때리는 다리'를 망치처럼 사용해 이를 부드럽게 했기 때문이다. 그리고 아폴론이 아버지인 이유는,

---

1) 아마포를 말하는 리넨linen이 여기서 나온 듯하다.

그의 사제들이 아마포 옷을 입을 뿐 아니라 그가 모든 그리스 음악의 후원자이기 때문이다. 리노스가 개에 물려 죽었다는 대목은, 아무래도 아마 줄기를 작은 쇠도끼로 두드려 부드럽게 하는 것을 뜻하는 것 같다. 플리니우스는 같은 문단에 이 과정도 묘사했다. 프레이저는, 비록 근거를 제시하지 못했지만, 리노스가 포이니케 말 아이 라누ai lanu('우리에게 닥친 재앙')를 그리스인들이 잘못 들은 것이라는 의견을 내놓았다. 오이톨리노스Oetolinus는 '운이 다한 리노스'를 뜻한다.

2. 이번 신화는 할아버지가 두려워 아이를 산에 내버리고, 양치기가 아이를 기른다고 하는 익숙한 패턴으로 쪼그라들었다. 하지만 이번 신화는 아르골리스의 리넨 산업이 시들고, 양모 산업이 이를 대체했음을 암시하고 있다. 리넨 산업의 쇠잔은 도리에이스족의 침략 또는 이집트의 염가 판매, 아니면 양쪽 모두 때문일 것이다. 그럼에도 아기 리노스를 위한 만가는 매년 불렀다. 아마 산업은 아르골리스에 문명을 전한 크레테인들이 구축했을 것으로 보인다. 아마 밧줄을 일컫는 그리스 말은 메린토스merinthos인데 '인토스inthos'로 끝나는 말은 모두 크레테에서 유래했다.

3. 코로이보스가 포이네Poene('징벌')를 죽였다는 것은, 그가 아마도 리노스 제례에서 아이를 제물로 바치는 걸 금지하고 새끼 양으로 이를 대신하게 했음을 암시한다. 그러면서 제례가 열리는 달도 '새끼 양의 달'이라 고쳐 불렀을 것이다. 그는 제1회 올림피아드(기원전 776년)의 달리기 경주에서 우승한, 같은 이름의 엘리스 사람과 동일시되기도 한다. 트리포디스코스Tripodiscus는 삼발이tripod와 아무런 관련이 없으며 트리포디제인tripodizein('세 번 족쇄 채우기')에서 유래한 것으로 보인다.

4. 아마를 수확할 때면 구슬픈 만가를 부르면서 박자에 맞춰 계속 두드렸다. 이와 함께, 프레이저의 『황금 가지』에 인용된 스위스와 [독일 남서부]

슈바벤Suabia 사례를 보면, 젊은이들이 아마가 높이 자라도록 한여름에 모닥불을 피워 놓고 그 주위에서 이리저리 뛰었다. 이제 또 다른 리노스가 등장할 차례다. 이번 리노스는 어른이 됐고, 리듬과 멜로디의 발명가로서 유명한 음악가가 됐다. 당연히 무사를 어머니로 두었고, 아버지로는 아르카디아의 헤르메스 또는 트라케의 오이아그로스Oeagrus 또는 마그네시아인들에게 이름을 준 선조 마그네스이다. 사실 그는 헬레네스 사람이 아니고, 헬레네스 도래 이전 펠라스고이족 문화의 수호자였다. 나무 달력과 우주 창조의 구전 지식도 그 문화에서 꽃피웠다. 아폴론은 마르쉬아스Marsyas의 경우(21. f 참고)에서 볼 수 있듯 음악에서 맞수를 용납하지 않았기에, 곧바로 그를 죽였다고 얘기된다. 그러나 이는 부정확한 설명이다. 아폴론은 리노스를 죽이는 대신 그를 받아들였기 때문이다. 나중에 그의 죽음은 더욱 그럴듯하게 문화적으로 뒤떨어진 도리에이스족 침략자들의 후원자인 헤라클레스의 소행으로 정리가 됐다(146. 1 참고).

5. 리노스는 오르페우스의 형제로 불리는데, 둘의 운명이 비슷하기 때문이다(28. 2 참고). (필자가 마르가리타 쇤벨스Margarita Schön-Wels에게 전해들은 바) 오스트리아 쪽 알프스에서는 남자가 아마 수확에 참여할 수 없다. 이를 말리고, 두드리고, 물에 담가 불리고, 실을 잣는 일련의 작업에도 함께할 수 없다. 이 모두를 관장하는 징령은 하르파치Harpatsch라고 부른다. 무서운 쭈그렁 할망구인데, 손과 얼굴은 검댕으로 까맣다. 어떤 남자든 그녀를 우연히 만나면, 품에 안겨 강제로 춤을 춰야 하고, 성적으로 공격을 당하며, 마지막에는 검댕으로 마구 문질러진다. 아마를 두드리는 여인들은 베힐레린넨Bechlerinnen이라 부르는데, 이들은 자기들 한가운데로 잘못 들어온 이방인을 추적해 둘러싼다. 그를 눕히고 발로 짓밟으며, 거친 삼으로 손과 발을 묶고, 얼굴과 손을 가칠가칠한 아마 껍질로 문지른다. 그리고 이렇게 묶은 사

람을 쓰러진 나무의 거친 나무껍질에 거칠게 부빈 다음 마지막에 언덕 아래로 굴려 버린다. 오스트리아 서부 펠트키르히Feldkirch 부근에서는 무단 침입자를 넘어뜨려 짓밟기만 한다. 그런데 다른 곳에서는 남자의 바지 앞섶을 열어 아마 껍질을 밀어 넣는다. 이는 큰 고통을 유발하는데, 남자는 바지를 벗고 달아날 수밖에 없다. 잘츠부르크Salzburg 부근에서는, 베힐레린넨 여인들이 무단 침입자의 바지를 벗기고 거세하겠다고 위협한다. 그가 달아난 다음, 여인들은 잔가지를 불태우고 낫을 서로 맞부딪침으로써 그곳을 정화한다.

6. 실을 잣는 방에서 벌어지는 일에 대해서는 알려진 게 거의 없다. 여인들이 비밀이라면서 입을 다물었기 때문이다. 다만 여인들이 「플락세스 크발Flachses Qual(아마의 고통)」 또는 「라이넨 클라게Leinen Klage(린넨 애가)」라는 만가를 불렀다는 사실은 많이 알려져 있다. 여인들은 아마를 수확하면서 아마의 정령을 대신하는 남자를 붙잡아 성적으로 공격하고 사지를 절단했던 것으로 보인다. 이는 인신 제물과 성적인 주신제에 맞서 저항했던 오르페우스의 운명이었기에(28. d 참고), 리노스가 그의 형제로 묘사되는 것이다. 하르파치는 익숙한 존재이다. 그녀는 곡식 수확의 노파 마녀이며 대지의 여신의 대리인이다. 낫을 맞부딪치는 것은 오직 달을 기리기 위해서다. 아마 수확에는 낫을 쓰지 않는다. 리노스가 음악을 발명했다고 하는 대목은, 이 만가들을 아마의 정령 자신이 부르는 것처럼 노래하기 때문이다. 아마 실을 간혹 뤼라 현으로 사용했다는 점도 작용했다.

10

황금 양털과 메데이아

148
아르고 호 선원들의 집결

아이올리스족의 크레테우스 왕이 죽은 다음, 포세이돈의 아들로 이미 노인이 된 펠리아스는 이올코스의 왕좌를 그의 의붓형제이며 적법한 상속자인 아이손에게서 빼앗아 차지했다. 머지않아 신탁은 그가 아이올로스의 후손에게 죽임을 당할 것이라 경고했다. 이에 펠리아스는 그럴 가능성이 있는 아이올리스족을 모두 잡아내 죽였다. 다만 아이손은 그의 어머니 튀로를 위해 살려 두었지만, 유산의 포기를 강요한 다음 궁전 안 감옥에 가두었다.

b. 아이손은 그전에 폴뤼멜레와 결혼해 아들 하나를 두었는데 이름이 디오메데스였다. 아내 이름은 폴뤼멜레 외에도 암피노메, 페리메데, 알키메데, 폴뤼메데, 폴뤼페메, 스키르페, 아르네 등 여러 이름이 전해 온다.[1] 펠리아스는 그 아이를 무자비하게 죽이려 했지만, 폴뤼멜레는 아기를 사산해 장례를 지내는 것처럼 꾸며 친척 여인들을 불러들였다. 그리고 아기를 도시에서 빼내 펠리온 산에 몰래 데려가도록 했다. 켄타우로스 케이론이 아기를 받아 키웠는데, 그는 그전이나 그 후로 아스클레피오스, 아킬레우스, 아이네이아스 등 유명한 영웅을 그렇게 맡아 길렀다.[2]

c. 두 번째 신탁은 펠리아스에게 한쪽 신발만 신은 남자를 조심하라고

경고했다. 그런데 어느 날 해변에서 포세이돈에게 엄숙하게 제물을 바치고 있는데, 한 무리의 훌륭한 젊은이들이 참여했다. 이들 가운데 어떤 젊은이가 펠리아스의 눈길을 끌어당겼다. 큰 키와 긴 머리카락의 마그네시아 젊은이로, 몸에 꼭 맞는 가죽 튜닉에 표범 가죽을 걸치고 있었다. 젊은이는 넓은 창 두 자루로 무장을 하고 있었으며, 한쪽 신발만 신고 있었다.[3]

d. 젊은이는 앞서 신발 한 짝을 아나우로스 강에서 잃어버렸다. 어떤 이는 에우에노스 또는 에니페우스라고 하는데, 이는 잘못이다. 젊은이가 신발을 잃은 건 한 노파의 계략에 말려든 것인데, 노파는 멀리 강기슭에 서서 지나가는 사람에게 강을 건너게 도와 달라 간청했다. 모두가 그 말을 무시했지만 이 젊은이는 친절하게도 업히라면서 넓은 등을 내주었다. 그런데 노파는 엄청나게 무거웠고 젊은이는 비틀비틀 걸어야 했다. 노파는 다름 아닌 변장한 여신 헤라였기 때문이다. 그전에 펠리아스는 헤라 여신을 화나게 한 일이 있다. 늘 올리던 제물을 바치지 않았던 것인데, 헤라는 그냥 넘어가지 않기로 했다.[4]

e. 펠리아스는 젊은이에게 퉁명스럽게 물었다. "너는 누구냐? 그리고 네 아버지 이름은 무엇이냐?" 그는 양아버지의 이름이 케이론이고, 자신은 이아손이라 불린다고 답했다. 그러면서 예전에 아이손의 아들 디오메데스로 불린 적도 있다고 덧붙였다.

펠리아스는 불길한 눈길로 그를 쏘아봤다. 그는 갑자기 이렇게 물었다. "만약 신탁이 동료 가운데 하나가 너를 죽일 운명이라 경고했다면, 너는 어떻게 하겠느냐?"

"저는 그를 콜키스에서 숫양의 황금 양털을 가져오라 하겠습니다." 이아손은 이렇게 대답했다. 헤라가 그의 입에서 이런 말이 튀어나오게 했는데, 정작 자신은 이를 몰랐다. "그런데 영광스럽게도 이런 말씀을 제게 해주신분은 누구신가요?"

f. 펠리아스가 자신의 정체를 드러냈지만, 이아손은 전혀 주눅 들지 않았다. 대담하게도 그에게 빼앗아 간 왕위를 다시 내놓으라고 요구했다. 왕위와 함께 넘어간 양 떼와 소 떼는 빼놓더라도 왕위는 자신의 것이라 주장했다. 마침 희생 제례에 와 있던 그의 삼촌인 페라이의 왕 페레스와 필로스의 왕 아마타온이 굳건히 그를 지지하고 있어, 펠리아스는 이아손의 타고난 권리를 부정할 수 없었다. 대신 이렇게 고집했다. "좋다. 하지만 너는 먼저 사랑하는 우리 조국에 내린 저주를 풀어야 한다."

g. 당시 펠리아스가 프릭소스의 혼령에게 괴롭힘을 당하고 있었다. 한 세대 전, 프릭소스는 제물로 바쳐질 순간에 신이 보낸 숫양을 타고 오르코메노스에서 달아난 일이 있었다. 콜키스에 정착했는데, 죽은 다음에 제대로 매장되지 못했다. 이런 상황에서, 델포이 신탁은 프릭소스의 혼령이 황금 숫양의 양털과 함께 배를 타고 조국에 돌아오지 못한다면 이올코스는 결코 번영하지 못할 것이라고 경고했다. 이올코스에는 이아손의 미뉘에스족 친척들도 많이 정착해 있었다. 지금 황금 양털은 '콜키스의 아레스'의 숲속 나무에 걸려 있고, 잠들지 않는 용이 밤낮으로 이를 지키고 있었다. 펠리아스는 누가 이런 어려운 위업을 달성한다면, 기쁜 마음으로 왕위를 내놓겠다고 공언했다. 왕위는 자기 같은 노인에 세 짐만 되고 있다고도 했다.[5]

h. 이아손은 펠리아스에게 그 일을 못하겠다고 거부할 수 없었다. 이에 그는 전령들을 그리스 전역의 궁정으로 보내, 함께 갈 자원자를 모집했다. 그리고 테스피아이 사람 아르고스를 설득해, 노가 50개 달린 배를 짓도록 했다. 그는 펠리온 산에서 가져온 잘 마른 재목을 가지고 파가사이 항구에서 배를 지었다. 아테나 여신은 아르고 호가 완성된 뒤 뱃머리 쪽에 신탁을 내는 들보를 하나 끼워 넣었다. 이는 도도나에 있는 아버지 제우스의 떡갈

나무에서 잘라 온 것이다.[6]

i. 이아손의 동료들을 '아르고 호 선원들'이라고 부른다. 이들의 대원 명부는 여러 차례 작성됐고 서로 다른 부분도 많다. 널리 권위를 인정받는 여러 출전에는 다음과 같은 이름이 실려 있다.

나우플리오스, 아르고스 사람으로 포세이돈의 아들이자 유명한 항해사

라에르테스, 아르고스 사람으로 아크리시오스의 아들[1]

륑케우스, 망보는 사람으로 이다스의 형제[2]

멜람푸스, 퓔로스에서 온 포세이돈의 아들

멜레아그로스, 칼뤼돈에서 옴

몹소스, 라피타이족

부테스, 아테나이에서 온 꿀벌 치는 이

스타퓔로스, 파노스의 형제

아드메토스, 페라이의 왕자

아르고스, 아르고 호를 건조한 테스피아이 사람

아스칼라포스, 아레스의 아들인 오르코메노스 사람

아스테리오스, 코메테스의 아들이자 펠롭스의 후손

아우게이아스, 엘리스의 포르바스 왕의 아들

아카스토스, 펠리아스 왕의 아들

---

1) 여기 나오는 라에르테스가 오뒷세우스의 아버지를 말한다면, 아르케시오스Arcesius(케팔로스의 아들, 이타케의 왕)의 아들이 돼야 한다. '아르고스 사람 아크리시오스Acrisius'는 아들 없이 딸 다나에만 두었다고 이 책에 나온다(73. c 참고).

2) 륑케우스는 두 사람이다. 아파레우스의 아들인 '멧세니아의 륑케우스'(이다스의 쌍둥이, 74. c-i 참고), 아이귑토스의 아들 '아르고스의 륑케우스'가 따로 있다. 아르고 호 원정에는 앞의 륑케우스가 쌍둥이 형제와 함께 참여했다. 참고로, 이 책의 찾아보기에는 이 둘을 구분하지 않고 있다.

아탈란테, 칼뤼돈에서 온 처녀 사냥꾼

악토르, 포키스 사람 데이온의 아들

암피아라오스, 아르고스의 예언가

에르기노스, 밀레토스에서 옴

에우뤼다마스, 돌로피아 사람으로 '크쉬니아스 호수' 출신

에우뤼알로스, 메키스테우스의 아들로 에피고노이 중 한 명

에우페모스, 타이나론 곶에서 온 수영 선수

에키온, 헤르메스의 아들이자 전령

오르페우스, 트라케의 시인

오일레우스, 로크리스 사람으로 아이아스의 아버지

이다스, 멧세니아의 아파레우스의 아들

이드몬, 아르고스 사람으로 아폴론의 아들

이아손, 원정대의 대장

이피클레스, 아이톨리아 사람으로 테스티오스의 아들

이피토스, 뮈케나이의 에우뤼스테우스 왕의 형제

작은 앙카이오스, 사모스 섬의 렐레게스족

제테스, 칼라이스의 형제

카스토르, 스파르테의 씨름꾼으로 디오스쿠로이 중 한 명

카이네우스, 라피타이족으로 한때 여자였던 이

칸토스, 에우보이아 사람

칼라이스, 날개 달린 보레아스의 아들

케페우스, 아르카디아의 알레오스의 아들

코로노스, 라피타이족으로 텟살리아의 귀르톤에서 옴

큰 앙카이오스, 테게아에서 온 포세이돈의 아들

티퓌스, 키잡이이며 보이오티아의 시파이에서 옴

파노스, 디오뉘소스의 크레테 아들

팔라이몬, 헤파이스토스의 아들로 아이톨리아 사람

팔레로스, 아테나이의 활잡이

페넬레오스, 힙팔키모스의 아들로 보이오티아 사람

페리클뤼메노스, 퓔로스에서 온, 둔갑술을 부리는 포세이돈의 아들

펠레우스, 뮈르미돈 사람

포이아스, 마그네시아 사람으로 타우마코스의 아들

폴뤼데우케스, 스파르테의 권투 선수로 디오스쿠로이 중 다른 한 명

폴뤼페모스, 엘라토스의 아들로 아르카디아 사람

헤라클레스, 티륀스에서 온, 이제껏 태어난 이들 가운데 가장 힘이 센 사람, 후에 신이 됨

휠라스, 드뤼오페스족으로 헤라클레스의 종자

[영어 알파벳 순으로 되어 있는 것을 한글 자모순으로 바꿨다]

그전에도, 그다음에도, 이처럼 용맹한 이들이 함께 모인 적은 전무후무했다.[7]

j. 아르고 호 선원들은 종종 미뉘에스족으로 알려져 있다. 이들이 미뉘아스의 손자 프릭소스의 혼령을 숫양 양털과 함께 데려왔고, 이아손 자신을 포함해 다수가 미뉘아스의 딸들과 혈통으로 연결되기 때문이다. 여기 미뉘아스는 크뤼세스의 아들로, 텟살리아에서 보이오티아의 오르코메노스로 이주해 와서 왕국을 건설했다. 그는 처음으로 국고를 설치한 왕이기도 하다.[8]

1) 호메로스의 『오뒷세이아』 12. 70에 대한 고전 주석자; 디오도로스 시켈로스: 『역사총서』 4. 50. 1; 아폴로니오스 로디오스: 『아르고 호 이야기』 1. 232; 아폴로도로스: 『비블리오테카』 1. 9. 16; 아폴로니오스 로디오스에 대한 고전 주석자: 1. 45; 체체스: 『뤼코프론에 관하여』 872.

2) 핀다로스: 『퓌티아 제전 송가』 4. 198 ff.와 『네메아 제전 송가』 3. 94 ff.; 호메로스: 『일리아스』 16. 143.

3) 아폴로니오스 로디오스: 1. 7; 아폴로도로스: 같은 곳; 핀다로스: 『퓌티아 제전 송가』 4. 128 ff.

4) 아폴로니오스 로디오스: 1. 8-17; 아폴로도로스: 같은 곳; 핀다로스: 같은 곳; 휘기누스: 『신화집』 13; 발레리우스 플라쿠스: 1. 84.

5) 아폴로도로스: 같은 곳; 핀다로스: 같은 곳; 디오도로스 시켈로스: 『역사총서』 4. 40; 호메로스의 『오뒷세이아』 12. 70에 대한 고전 주석자; 헤시오도스: 『신들의 계보』 992 ff.

6) 핀다로스: 같은 곳; 발레리우스 플라쿠스: 1. 39; 아폴로도로스: 같은 곳.

7) 아폴로도로스: 같은 곳; 핀다로스: 같은 곳; 휘기누스: 『신화집』 12와 14-23; 아폴로니오스 로디오스: 1. 20; 디오도로스 시켈로스: 4. 40-49; 체체스: 『뤼코프론에 관하여』 175; 오비디우스: 『변신 이야기』 7. 1 ff.; 발레리우스 플라쿠스: 『아르고나우티카』 1. 여러 곳.

8) 아폴로니오스 로디오스: 1. 229; 파우사니아스: 9. 36. 3.

＊

1. 아이에테스Aeëtes('힘센')의 땅으로 가는 아르고 호의 항해에 대해, 호메로스의 시대에는 일련의 시가를 "모든 사람들이 입에 달고 살았다". 호메로스는 플랑크타이Planctae 바위들이 세이렌 자매의 섬 근처, 스퀼라와 카륍디스Charybdis와 멀리 떨어지지 않은 곳에 있다고 했다(『오뒷세이아』 12. 40). 아르고 호는 오뒷세우스가 그렇게 하기 전에 먼저 플랑크타이 바위들을 통과했다. 이 모든 모험담들은 아르고 호가 콜키스에서 되돌아오는 과정에 제대로 나온다.

2. 헤시오도스의 설명을 보면, 아이손Aeson의 아들 이아손Jason은 펠리아스가 부과한 많은 고통스러운 임무를 수행한 다음, 아이에테스의 딸과 결혼해 함께 이올코스로 돌아온다. 이올코스에서 "그녀는 그에게 복종했고", 아들 메데이오스Medeius를 낳았다. 케이론이 그 아이를 가르쳤다. 그러나 헤시오도스는 잘못된 정보에 바탕을 둔 것으로 보인다. 영웅 시대에는 공주가 남편의 집으로 가지 않았다. 남편이 아내의 집으로 갔다(137. 4와 160. 3 참고). 이에 따라 이아손은 아이에테스의 딸과 결혼해 그의 궁정에 머물렀거나, 그게

아니면 펠리아스의 딸과 결혼해 이올코스에서 살았을 것이다. 에우멜로스[3]는 (기원전 8세기에) 코린토스가 후손 없이 죽었을 때, 메데이아가 비어 있는 코린토스의 왕좌를 요구해 차지했다고 전했다. 앞서 그녀의 아버지인 아이에테스는 자기 유산이 성에 차지 않아 콜키스로 이주해 갔던 것이다. 이런 과정을 통해 남편 이아손은 왕이 될 수 있었다.

3. 콜키스Colchis와 그곳의 수도 아이아Aea는 이 초기 설명들에는 언급조차 되지 않는다. 초기 설명에는 아이에테스가 헬리오스의 아들이자 아이아이아Aeaea 섬의 키르케Circe의 남매로 그려진다. 호메로스가 알고 있던 이야기는, 아폴로니오스 로디오스와 아폴로도로스가 전한 이야기와 많이 비슷했을 것이라 가정해서는 무척 곤란하다. 아르고 호의 귀환 경로는 고사하고, 콜키스로 가는 여정조차 헤로도토스의 시대까지 유동적이었다. 실제 핀다로스조차 「퓌티아 제전 네 번째 송시」(기원전 462년)에서 헤로도토스와 매우 다른 이야기를 내놓고 있다.

4. 펠리아스와, 이아손의 원래 이름인 디오메데스의 신화는 '산에 버려진 왕자' 유형이었던 것으로 보인다. 왕자는 말 돌보는 이들의 손에 길러졌고, 이웃 도시의 왕이 부과한 불가능해 보이는 임무를 수행한다. 이때 왕이 반드시 왕위를 강탈한 악당일 필요는 없다. 이를테면, 불을 내뿜는 황소에 멍에를 씌우거나 바다 괴물이 지키는 보물을 가져오거나 하는 일이다. 이아손은 바다 괴물에 반쯤 먹힌 모습으로 에트루리아 예술 작품에 등장한다. 이런 임무를 수행하면 보상으로 왕실의 여자 상속인과 결혼했을 것이다. 이 신화들은 왕의 즉위 전에 그의 용기를 시험하는 종교 의례를 지칭하

---

3) 에우멜로스Eumelus: 기원전 8세기 후반 활약한 고대 그리스 시인 '코린토스의 에우멜로스Eumelus of Corinth'를 지칭하는 것으로 보인다.

는 것으로 보이며, 비슷한 이야기가 켈트족 신화에도 널리 보인다. 『마비노기온』의 영웅 킬후크Kilhwych가 여자 마법사 올웬Olwen과 결혼하고 싶다고 할 때 그에게도 여러 과업이 부과됐다.

5. 디오메데스의 임무의 본질에 대한 가장 그럴싸한 추측은 「킬후크와 올웬 이야기」를 통해 가능하다. 『마비노기온』에 함께 나오는 「에프라욱의 아들 페레더 이야기」도 이런 추측에 도움이 된다. 킬후크는 올웬과 사랑에 빠졌고, 그녀의 아버지에게서 노란 황소와 얼룩무늬 황소에게 멍에를 씌우라는 명을 받는다. 가시나무와 잡목이 우거진 동산을 밀어내고, 거기에 곡식 씨앗을 뿌리고, 하루 안에 이를 수확하라는 명도 받는다(127. 1과 152. 3 참고). 풍요의 뿔과 아일랜드의 마법 가마솥을 가져오라는 임무도 떨어진다. 페레더는 이름 모를 처녀와 사랑에 빠졌고, '애도의 언덕' 부근 호수에 사는 아벤크Avanc라는 물의 괴물을 죽여야 했다. 아이아이아 섬의 이름도 '애도'를 뜻한다. 그녀는 그가 충성을 맹세하자 마법의 돌을 선물했다. 아벤크를 무찌를 수 있고 "한 남자가 원하는 만큼의 황금 전부"를 가져다주는 돌이었다. 그 처녀는 여자 마법사인 '크리스티노빌Cristinobyl의 여황제'임이 비로소 드러났다. 그녀는 "인도 가까운 곳에서" 영화로운 삶을 살고 있으며, 페레더는 14년 동안 그녀의 연인으로 지냈다. 아벤크를 죽인 다른 유일한 웨일스 영웅은 킴리Cymry의 선조 '힘이 센 후 가던Iu Gadarn the Mighty'이었다. 그는 두 마리 황소를 그 괴물에 멍에로 연결해 콘위Conwy 강에서 끌고 나왔다(「웨일스 삼제가Welsh Triads」 3. 27). 이를 보면, 이아손도 불길을 내뿜는 말들을 전차처럼 연결해 괴물을 강에서 끌고 나왔을 것으로 보인다.

6. 킬후크가 가져온 아일랜드 가마솥은 「페레더 이야기」에서 언급된 가마솥이었던 것으로 보인다. 이야기의 후반부에 메데이아가 사용했던 것과 같은 회춘의 가마솥으로, 어떤 거인이 아일랜드의 호수 바닥에서 이를 찾

아냈다. 디오메데스는 펠리아스를 위해 이와 비슷한 것을 가져오라는 임무를 받았을 것이다. 그의 과업은 "태양이 떠오르는 곳 가까이에 있는" 지리적으로 미지인 나라에서 수행됐을 터이다. 아르고 호 선원들 전설에서 풍요의 뿔 이야기는 나오지 않음에도, 메데이아는 뚜렷한 이유도 없이 님프 마크리스Macris와 그녀의 자매들을 다시 젊어지게 한다. 이들은 아기 디오뉘소스의 유모였으며, 메데이아가 드레파네Drepane 또는 코르퀴라Corcyra에서 이들을 만났을 때 그렇게 했다. 디오뉘소스는 아기 제우스와 비슷한 점이 무척 많다. 원래의 풍요의 뿔도 제우스의 유모인 염소 아말테이아한테서 나왔다(7. b 참고). 이 때문에, 메데이아는 다시 젊음을 얻게 해줌으로써 디오메데스가 마크리스 자매에게서 또 하나의 풍요의 뿔을 얻을 수 있도록 도왔을 것이다. 헤라클레스의 과업은 (테세우스와 오리온의 과업과 마찬가지로) 결혼 임무로 생각할 때 가장 잘 이해할 수 있다. 여기에는 (크레테와 아켈로오스) "두 황소의 뿔을 부러뜨리는 일"도 포함돼 있다.(134. 6 참고)

7. 이러한 결혼 임무 신화의 한 판본이 펠리아스를 악당으로 해서 이올코스에 널리 유포돼 있었던 것으로 보인다. 코린토스에서도 코린토스 왕을 악당으로 한 다른 판본이 있었을 것이다. 그런데 이런 결혼 임무 신화는 절반쯤 실제 역사와 관련된 미뉘에스족의 바다 원정 전설과 연결됐음이 분명하다. 이 원정대는 오르코메노스인들이 이올코스에서 바다로 내보냈다. 오르코메노스는 고대의 '칼라우레이아 인보동맹'[4] 소속이었다(스트라본: 8. 6. 14). 이 동맹은 아이올리스족의 신 포세이돈이 주재했으며, 아르고스와 앗

---

4) 인보동맹amphictyony: 공동의 신 또는 신전을 중심으로 꾸려진 이웃 도시국가들의 동맹을 일컫는다. '칼라우레이아Calaureia 인보동맹'에서 칼라우레이아는 펠로폰네소스 반도 트로이젠에서 가까운 섬이다. 한편, 바로 앞의 오르코메노스와 관련해 이는 보이오티아와 아르카디아 두 군데에 있었다. 여기 나오는 오르코메노스는 보이오티아 쪽을 말한다.

티케 지역의 여섯 해안 도시국가가 포함돼 있었다. 오르코메노스는 동맹을 구성하는 일곱 도시 가운데 유일한 내륙 도시로, 코린토스 만과 텟살리아 만 사이에 전략적으로 위치해 있었다. 그곳 사람들은 헤시오도스의 보이오 티아인들처럼 겨울에는 농사를 짓고, 여름에는 배를 탔을 것으로 보인다.

8. 원정의 목표는 신성한 양털을 되찾아오는 것이었다고 전해진다. 이는 미뉘아스의 손자인 프릭소스 왕이 라퓌스티온 산에서 제물로 바쳐지기 직전에 "아이에테스의 땅으로" 가져간 것이다(70. d 참고). 그리고 프릭소스의 혼령을 오르코메노스에 있는 집으로 모셔 오는 것도 목표에 포함된다. 따라서 미뉘에스족 사람이 원정대의 지휘자였을 것이다. 그런데 아이손의 아들 디오메데스는 미뉘에스족이 아니었다. 따라서 지휘자는 프릭소스의 아들 퀴티소로스Cytisorus(헤로도토스: 7. 197)였을 수 있다. 아폴로니오스 로디오스도 이번 이야기에 그를 주요 인물로 등장시켰다(151. f와 152. b 참고). 그는 프릭소스의 탈출로 생겨난 오르코메노스의 가뭄과 역병을 멈추게 만들어 이아손('치유하는 사람')라는 성을 획득했다. 그런데 디오메네스도 사실은 어머니 쪽으로 미뉘에스족의 피를 이어받았다. 그리고 오르코메노스와 펠라스고이족의 이올코스 양쪽에서는 모계로 혈통을 따졌을 가능성이 높다.

9. 이런 미뉘에스족 전설에서, 아이에테스의 땅은 흑해의 반대쪽 끝에 자리하고 있을 리가 없다. 모든 초기 증거들은 [북부 이탈리아와 발칸반도 사이] 아드리아 해 위쪽을 가리키고 있다. 아르고 호 선원들은 포 강을 항해한 것으로 믿어지는데, 그 강 입구 부근에 만 건너편으로, 키르케가 사는 아이아이아 섬이 자리 잡고 있었다. 참고로, 지금은 거기를 로시니Lussin 섬이라 부른다. 또 아르고 호 선원들은 이스테르Ister 강의 입구에서 아이에테스의 콜키스 사람들이 파놓은 함정에 빠졌다고 하는데, 이는 다뉴브 강이 아니라, 디오도로스 시켈로스가 제시한 것처럼, 작은 이스트로스Istrus 강으로 생

각된다. 이 작은 강에서 이스트리아Istria 반도의 이름이 나왔다. 메데이아가 죽인 남동생 압쉬르토스Apsyrtus는 이웃한 압쉬르티데스Apsyrtides에 묻혔다. 그녀와 이아손이 남쪽으로 며칠 동안 항해해 드레파네Drepane(코르퀴라)의 왕 알키노오스Alcinous에게 몸을 맡겼을 때, 이들을 추적하다 놓친 콜키스 사람들은 빈손으로 돌아가 아이에테스의 분노를 살 것이 두려워 이스트리아 반도의 본토에 폴라Pola 시를 건설했다. 게다가 세이렌 자매의 땅과 '부딪치는 바위', 스퀼라와 카립디스 등은 모두 시칠리아 근처에 있다. 아르고 호는 난폭한 북동풍에 밀려 이들을 통과해야 했다고 전해진다.

이런 사정을 종합하면, '콜키스Colchis'는 포 강 하류의 '콜리카리아Colicaria'의 잘못일 가능성이 높다. 콜리카리아는 [이탈리아 북부] 만토바Mantua에서 멀지 않은 곳에 있었으며, 고대 '호박 길'의 정거장 가운데 하나였다. 아르고 호가 포 강에 들어서자마자 호박 눈물을 흘리는 헬리오스의 딸들이 이번 이야기에 등장한다(42. d 참고). 호박은 태양신과 엘렉트라('호박')에게 신성하며, 아르고 호가 도착했다고 하는 섬은 고전 주석자들이 그렇게 믿고 있는 사모트라케 섬이 아니라 '아이에테스의 땅'인 호박 길 종점의 교역소였을 것이다. 이는 아마도 코린토스 쪽에 있었을 것인데, 아이에테스는 그 전에 자신의 태양신 숭배를 코린토스에서 가져왔기 때문이다. 아니면 펠라스고이족과 관련이 있을 수도 있는데, 디오뉘시오스의 「지형 묘사」(1. 18)를 보면 도도나에서 유래한 펠라스고이 식민지가 한때 포 강 입구 쪽에 강력한 함대를 거느리고 있었기 때문이다.

10. 지리적으로 미지인 곳이 나오는 디오메데스의 신화는 여기에서 미뉘에스족의 아이에테스의 땅을 향한 항해 전설과 결합되어 있다. 그런데 세 번째 요소로, 먼 옛날 다른 미뉘에스족 왕이 명을 내려 흑해 남부 해안을 따라 노략질을 벌였다는 전설이 추가되었다. 트로이아의 여섯 번째 도

시는 헬레스폰토스 해협을 장악함으로써 흑해 무역을 독점해 큰 이득을 얻었다. 미뉘에스족의 침략은 이에 대한 도전일 터이다(137. 1 참고). 이와 별도로, 미뉘에스족의 아드리아 해 항해의 목표는 황금 양털이 아니고, 시모니데스(아폴로니오스 로디오스와 관련해 고전 주석자가 인용: 4. 77)를 보면, 자줏빛 양털purple fleece이었다. 제1 바티칸 신화학자는 이를 "제우스가 천상으로 올라갈 때 입던" 것이라고 묘사했다. 다시 말해, 이는 검은 양털로 왕이 기우제에서 입었던 것이다. 지금도 매년 펠리온 산 정상에서 열리는 오월제에는, 검은 양가죽 가면을 쓴 노인이 죽임을 당하고, 흰 양털을 입고 있는 동료들이 그를 다시 살려 낸다(『대영 아테나이 연구소 연보』 16. 244-249, 1909-1916). 디카이아르코스를 보면(2. 8), 이런 의례는 고전기에 '제우스 악타이오스Actaeus' 또는 '제우스 아크라이오스Acraeus('산 정상의')'의 보호 아래 거행됐다. 원래 검은 양가죽 가면을 쓴 사람은 제우스의 대리인인 왕이고 자신의 통치가 끝날 때 제물로 바쳐졌을 것이다. 라퓌스티온 산에서 열던 의식을 똑같이 펠리온 산에서도 열었다는 것은, 디오메데스 신화와 흑해 약탈이라는 두 가지 이올코스 전설이 미뉘에스족이 프릭소스가 저지른 잘못을 되돌리기 위해 항해를 떠났다는 전설과 결합되는 이유를 설명해 준다.

11. 그런데 미뉘에스족의 임무라는 게, 잃어버린 라퓌스티온의 양털을 찾아오는 것이 아니었을 듯하다. 이런 양털은 쉽게 대체할 수 있다. 그들은 다친 산의 여신을 달래려 호박을 찾으러 갔을 가능성이 훨씬 더 높다. 미뉘에스족은 펠로폰네소스 반도의 서부 해안에 '모래 많은 필로스'를 장악했다는 사실을 잊지 말아야 한다. 넬레우스가 이올코스의 펠라스고이족의 도움을 받아 렐레게스족에게서 그곳을 빼앗았다(94. c 참고). 아리스토텔레스가 전하는 바(『진기한 일Mirabilia』 82), 필로스인들은 포 강 입구에서 호박을 가져왔다. (지금은 카코바토스Kakovatos 마을이 있는) 필로스 자리에는 최근에도 상

당한 분량의 호박이 발굴되고 있다.

12. 동쪽으로 가는 항해에서 이 양털은 '황금 양털golden fleece'이 됐다. 바다 괴물의 보물을 획득했다는 디오메데스의 위업을 집어넣어야 했기 때문이다. 그리고 스트라본이 지적했듯이, 아르고 호 선원들이 (지금은 [조지아Georgia의] 리온Rion 강인) 콜키스의 파시스Phasis 강에서 채취한 사금을 찾아 흑해를 침략했다는 점도 작용했다. 거기 주민들은 강기슭에서 양털을 이용해 사금을 채취했다. 콜키스를 콜리카리아와 혼동한 게 전부는 아니다. 콜키스의 수도 아이아Aea('대지')를 마녀 키르케가 사는 아이아이아Aeaea('울부짖는')와 혼동했고, 펠리온 산의 검은 양털을 라퓌스티온 쪽과 혼동했다. 그리고 이런 혼동이 겹쳐져 여러 다른 전설이 커다랗게 한 덩어리가 됐다. 아이에테스의 아버지 헬리오스의 새벽 궁전은 콜키스에 있으며(42. a 참고), 이는 호메로스에게 동쪽 맨 끝에 있는 나라였다. '치료하는 헤라클레스'의 전당인 이아소니카Jasonica가 흑해의 동부 만에 있다는 얘기도 들려왔다. 그곳은 예전에 아이올리스족이 교역소를 설치했던 곳이다. 몇몇 권위 있는 출전에는 헤라클레스가 흑해 원정대를 이끌었다고 나온다. 게다가 호메로스는 이아손을 에우네오스Euneus의 아버지라고만 언급했다. 에우네오스는 트로이아 전쟁 때 포도주를 그리스인에게 전한 인물이다(162. i 참고). 렘노스 섬이 텟살리아의 동쪽에 있다는 것도 작용했다. 결국 이런 사정이 어우러져 아르고 호는 동쪽으로 갔다고 사람들은 생각했다. 호메로스가 시칠리아 바다에 있다고 한 '떠도는 바위Wandering Rocks' 또는 '부딪치는 바위Clashing Rocks'는 이렇게 해서 보스포로스로 옮겨졌다.

13. 흑해 교역의 정당한 권리가 있다고 주장하려면 자기네 대표가 아르고 호에 승선해야 했다. 이에 모든 도시가 이름을 올렸다. 방랑하는 음유시인도 이런 합성적인 시가에 새로운 이름 한두 개쯤 끼워 넣을 준비는 충분

히 되어 있었다. 이에 아르고 호 선원들 명부가 여럿 전해지게 됐다. 당연히 이 명부들은 모두 서로 중구난방이다. 노가 50개 달린 배를 타고 갔다는 부분만 벗어나지 않으면 되기 때문이다. 사실, 이 정도 배는 뮈케네 문명 시대에 불가능한 것은 아니었다. 체체스 혼자만 100명의 이름을 나열했다. 그런데 가장 완고한 회의론자마저 이 전설은 기본적으로 역사적 사실이라면서 의심하지 않았던 것으로 보인다. 항해는 트로이아 전쟁 이전에 있었다고 생각했으며, 때로 기원전 13세기로 추정하기도 했다.

14. 이아손의 한쪽 신발은 그가 투사였음을 증명한다. 아이톨리아의 전사들은 왼발에만 신을 신고 전장에 나서는 것으로 유명했다(마크로비우스: 5. 18-21; 핀다로스의 「퓌티아 제전 송가」 4. 133에 대한 고전 주석자). 보이오티아의 고대 도시 플라타이아Plataea 사람들도 펠로폰네소스 전쟁에서 진흙 밭에서 좀 더 잘 움직이기 위해 이런 방식을 채택했다(투퀴디데스: 3. 22). 무기를 든 쪽이 아니라 방패 든 쪽에 신발을 신은 이유는, 아마도 백병전에서 그쪽 발이 앞쪽에 위치해 상대의 사타구니를 걷어차려 했기 때문일 것이다. 이에 왼발은 적대적인 것이라 생각해 그 발로는 친구 집 문지방을 밟지 않았다. 이런 전통은 현대 유럽에도 이어져, 군인들은 예외 없이 전장을 향해 행진해 나갈 때 왼발을 먼저 내딛는다.

15. 헤라가 제물을 바치지 않았다고 펠리아스에게 성을 내는 것은, 이올코스에서 포세이돈을 숭배하는 아카이아족 왕조와 여신 숭배의 아이올리스-마그네시아 백성들 사이에 긴장이 있었음을 암시한다.

149
렘노스 여인들과 퀴지코스 왕

헤라클레스는 '에뤼만토스의 멧돼지'를 잡고 난 다음, 파가사이 항구에 갑자기 나타났다. 선원들은 만장일치로 그를 아르고 호의 선장으로 뽑았다. 그러나 그는 너그럽게 이아손의 지휘를 따르겠다고 했다. 비록 초보자이긴 하지만, 그가 원정을 계획하고 추진해 왔다는 것이다. 배를 바다에 띄우면서, 한 자리에 두 사람씩 앉아 노를 젓는데, 각자의 자리를 두고 제비뽑기도 진행됐다. 이때 이아손이 수소 두 마리를 '출항의 아폴론'에게 제물로 바쳤다. 제물을 태운 연기가 기둥 모양으로 소용돌이를 치면서 어두운 하늘 위로 올라갔다. 좋은 징조였다. 아르고 호 선원들은 푸짐한 잔치를 열어 즐겼으며, 술에 취해 소동도 벌어졌으나 오르페우스가 뤼라로 달랬다. 새벽의 먼동이 트자, 이들은 출항해 렘노스 섬으로 방향을 잡았다.[1]

b. 이보다 1년쯤 전에, 렘노스 섬의 남자들은 악취를 풍긴다면서 자기 아내와 다투고, 약탈해 온 트라케 소녀들을 첩으로 삼았다. 렘노스 여인들은 이에 대한 복수로 남편들을 모두 무참하게 죽였다. 젊거나 늙거나 한 가지였지만, 오직 토아스 왕만 살아남았다. 그의 딸 휩시퓔레가 몰래 살려 노도 없는 배에 태워 바다로 내보냈던 것이다. 아르고 호가 저 멀리 다가오는 게

보이자, 렘노스 여인들은 이 배를 트라케에서 온 적들이라고 착각하고, 죽은 남편들의 무기를 꺼내 갖추고 공격에 맞받아치려 용감하게 해변으로 달려갔다. 말을 잘하는 에키온이 이아손의 전령으로서 상륙의 깃발을 손에 들고 접근했고, 금방 오해가 풀렸다. 휩시퓔레는 위원회를 소집해 아르고 호 선원들에게 음식과 포도주를 선물로 보내지만 남편들을 죽인 것에 대한 비난을 들을까 두려우니 이들을 섬 안에 있는 뮈리네 시로 들이지는 말자고 제안했다. 휩시퓔레의 늙은 유모 폴뤽소가 자리에서 일어나 호소했다. 남자가 없다면 렘노스 종족은 금방 사라질 것이라면서 이렇게 말했다. "가장 현명한 방책은 저렇게 잘 태어난 모험가들과 사랑을 나누는 것입니다. 그러면 우리 섬은 든든한 보호 아래 놓일 뿐 아니라 새롭고 충실하게 혈통도 이어갈 수 있어요."

c. 이런 사심 없는 제안은 큰 박수갈채를 받았고, 아르고 호 선원들은 환영을 받으며 뮈리네로 들어갔다. 휩시퓔레는 물론 이아손에게 모든 진실을 털어놓지 않았다. 하지만 말을 더듬고 얼굴을 붉히면서 남편들에게 심한 학대를 당해 여인들이 무장하고 봉기해 그들을 내쫓았다고 설명했다. 지금 비어 있는 렘노스의 왕좌는 달라고만 하면 그의 것이 된다고 덧붙였다. 이아손은 제안을 감사히 받아들이겠지만, 물산이 풍족한 렘노스에 정착하기 전에 먼저 황금 양털의 임무를 완수해야만 한다고 분명히 밝혔다. 그렇지만 휩시퓔레는 금방 아르고 호 선원들을 설득해 출발을 미루도록 만들었다. 수많은 젊은 여인들이 모험가들을 하나하나 둘러쌌고, 모두가 그와 함께 침대로 가고 싶어 안달이었다.[2] 휩시퓔레는 이아손을 원했고, 그와 함께 멋진 시간을 보냈다. 시간이 흘러 이아손은 쌍둥이 에우네오스와 네브로포노스를 자식으로 얻었다. 네브로포노스를 어떤 이는 데이이필로스 또는 토아스 2세라 부른다. 에우네오스는 마침내 렘노스의 왕이 됐으며, 트로이아

전쟁 때 그리스 군에게 포도주를 가져다주었다.

d. 이번 일로 다른 아르고 호 선원들도 많은 자식을 얻었기에, 헤라클레스가 아니었다면 황금 양털은 그대로 콜키스에 남아 있었을 것이다. 그는 뒤에 남아 아르고 호를 지키고 있다가 이윽고 화가 나서 뮈리네로 성큼성큼 걸어 들어갔다. 그리고 곤봉으로 집 대문을 두드리고 돌아다니면서 배로 돌아가 제 할 일을 하자고 호통을 쳤다. 헤라클레스는 이들을 몰아 해변으로 데리고 내려갔으며, 이날 밤 곧바로 출항해 사모트라케로 향했다. 거기서 이들은 때맞춰 열리던 페르세포네의 비밀 의식에 참여해 입문했다. 난파당한 뱃사람들을 구해 주는 여신의 종자 카베이리를 기리는 의식도 함께 올렸다.[3]

e. 나중에 렘노스 섬의 여인들은 휩시퓔레가 맹세를 깨고 토아스를 살려 주었다는 사실을 확인하고, 그녀를 네메아의 뤼쿠르고스 왕에게 노예로 팔았다. 그러나 어떤 이는 트라케의 해적이 뮈리네를 침략해 그녀를 잡아갔다고 전한다. 한편, 토아스가 탄 배는 시키노스 섬에 도착했고, 나중에 그는 타우리케족을 다스렸다. 에우네오스는 어른이 되어 피의 죄를 지은 섬을 정화했다. 아흐레 동안 줄곧 렘노스 섬의 화롯불을 모두 끄고 죽은 자들에게 제물을 바친 것이다. 그 기간이 끝나고, 새로운 불씨는 델로스의 아폴론 제단에서 배로 가져왔다. 이런 의식은 매년 카베이리를 기려 열리는 제례에서 지금도 거행되고 있다.[4]

f. 아르고 호 선원들은 임브로스를 우현 쪽으로 뒤로 하면서 항해를 이어갔다. 트로이아의 라오메돈 왕이 헬레스폰토스 해협의 입구를 지키면서 그리스 배의 통과를 막고 있다는 것을 잘 알고 있기에, 이들은 야음을 틈타 트라케 해안 쪽으로 붙어서 해협을 빠져 나와 마르마라 해에 안전하게 도착했다. 돌리오네스족의 땅에 접근해 바위투성이 반도에 상륙했다. 아르크

톤이라 불리는 반도로, 가운데는 딘뒤몬 산이 우뚝 솟아 있었다. 그곳의 퀴지코스 왕은 이들을 따뜻하게 환영했다. 그는 아이네오스의 아들로 예전에 헤라클레스와 동맹을 맺은 적도 있었다. 때마침 프뤼기아 페르코테 시의 클레이테와 막 결혼식을 올린 참이라, 이들을 결혼 피로연에 초대했다. 잔치가 무르익는 동안, 손이 여섯 개인 땅에서 태어난 기간테스가 반도 안쪽에서 나타나 바위와 곤봉으로 아르고 호를 지키던 선원들을 공격했다. 하지만 선원들은 이들을 두들겨 내쫓았다.

g. 나중에 아르고 호 선원들은 돌 닻을 아테나에게 바쳤다. 이는 여신의 신전에 지금까지 남아 있다. 이들은 더 무거운 돌 닻을 배에 싣고, 진심 어린 작별 인사와 함께 보스포로스 해협을 향해 배를 저어 출발했다. 그러나 갑자기 북동풍이 불어 닥쳐 앞으로 나아갈 수가 없었다. 이에 티퓌스는 뱃머리를 돌려 반도의 바람 없는 쪽으로 배를 몰았다. 그는 생각했던 경로를 이탈했고, 아르고 호 선원들은 칠흑 같은 어둠 속에서 되는 대로 해변에 배를 댔다. 그런데 거의 동시에 잘 무장된 전사들이 공격해 왔다. 격렬한 전투 끝에 일부를 죽이고 나머지를 달아나게 했는데, 이아손은 자신들이 아르크톤의 동쪽 해안에 도착했음을 비로소 알게 됐다. 그리고 고귀한 퀴지코스 왕이 자신의 발아래 죽어 누워 있는 모습도 발견했다. 간밤에 아르고 호 선원들을 해적으로 오해해 공격해 왔던 것이다. 클레이테는 이 소식에 실성해 스스로 목을 매달았다. 숲의 님프는 너무나 애처롭게 울어 님프의 눈물은 샘을 이뤘다. 지금도 그 샘을 그녀의 이름으로 부른다.

h. 아르고 호 선원들은 퀴지코스 왕을 기려 장례 제전을 열었다. 그러나 바람 탓에 여러 날 동안 더 발이 묶여 있어야 했다. 마침내 할퀴온 한 마리가 이아손의 머리 위를 날개 치며 날아오더니, 아르고 호의 뱃머리에 앉아 지저귀었다. 이에 새의 말을 알아듣는 몹소스가 여신 레아를 달래기만 한

다면 모든 일이 잘될 것이라 전해 주었다. 여신은 퀴지코스 왕이 예전에 자신의 신성한 사자를 딘뒤몬 산에서 죽인 것에 대한 벌로 그의 목숨을 앗아간 것이며, 지금은 아르고 호 선원들이 여섯 개의 손을 가지고 땅에서 태어난 여신의 남동생들을 죽인 것에 화가 나 있다는 것이다. 이에 아르고스가 오래된 포도나무 줄기로 조각한 성상을 여신에게 바치고, 완전 무장을 한 채 산꼭대기에서 춤을 추었다. 레아는 이들의 기도를 인정하고 부근의 바위 사이에서 샘이 솟아나게 했다. 이 샘을 지금은 '이아손의 샘'이라 부른다. 이제 순풍이 불었고, 이들은 항해를 이어갔다. 하지만 돌리오네스족은 애도 기간으로 한 달을 꽉 채웠다. 그동안 그들은 불을 피우지 않았으며, 요리하지 않은 음식만으로 근근이 살았다. 이런 관습은 지금도 매년 열리는 '퀴지코스 제전'에서 지켜진다.5]

1] 아폴로니오스 로디오스: 『아르고 호 이야기』 1. 317 ff.
2] 아폴로니오스 로디오스: 1. 1-607; 헤로도토스: 『역사』 6. 138; 아폴로도로스: 『비블리오테카』 1. 9. 17; 「오르페우스의 아르고 호 선원들 이야기」 473 ff.; 발레리우스 플라쿠스: 『아르고나우티카』 2. 77; 휘기누스: 『신화집』 15.
3] 호메로스: 『일리아스』 7. 468, 고전 주석자와 함께; 스타티우스: 『테바이스』 6. 34; 아폴로니오스 로디오스: 같은 곳; 아폴로도로스: 같은 곳; 발레리우스 플라쿠스: 같은 곳; 휘기누스: 같은 곳; 「소포클레스의 글 조각」 2. 51 ff., 피어슨 편집.
4] 아폴로도로스: 3. 6. 4; 휘기누스: 같은 곳; 필로스트라토스: 『영웅담』 20. 24.
5] 제1 바티칸 신화학자: 49; 아폴로니오스 로디오스: 1. 922 ff.와 935-1077; 「오르페우스의 아르고 호 선원들 이야기」 486 ff.; 발레리우스 플라쿠스: 『아르고나우티카』 2. 634; 휘기누스: 『신화집』 16.

*

1. 이아손이 렘노스 섬을 경유했다는 이야기는 트로이아 전쟁 기간에 그곳을 다스리던 에우네오스Euneus가 이아손의 아들이라고 한 호메로스의 언급이 있었기 때문에 나왔다. 그리고 또 다른 아르고 호 선원 에우페모스Euphemus가 렘노스 여인을 통해 레우코파네스Leucophanes('하얀 겉모습')를 자

식으로 얻었고(체체스: 『뤼코프론에 관하여』 886; 핀다로스의 「퓌티아 제전 송가」 4. 455에 대한 고전 주석자), 그가 오랜 기간 지속된 퀴레네 왕조의 조상이 됐기 때문이다. 렘노스 섬의 남편 학살 대목은 그곳이 여인들이 다스리는 사회였음을 암시한다. 이는 무장한 여사제들이 뒷받침했고, 헤로도토스의 시대에 일부 리비아 부족들이 이랬던 것으로 유명했다(8. 1 참고). 헬레네스의 눈에는 이런 사회가 비정상으로 보였고, 여인들이 반란을 일으켜 그렇게 됐다고 생각할 때 비로소 이해가 됐다. 뮈리네Myrine는 그들의 여신 이름이었다(131. 3 참고). 렘노스 섬 여인들이 악취를 풍긴다고 하는 것은, 아마도 그들이 대청大靑 일을 하기 때문일 것이다. 그들의 트라케 이웃은 이를 문신에 사용했다. 이 식물은 메스꺼운 냄새가 가시질 않아, [잉글랜드 동부] 노포크Norfolk의 대청 일하는 집안들은 언제나 자기들끼리만 결혼을 했다.

2. 사모트라케 섬은 헬라스 시기[기원전 3,200년부터 기원전 11세기에 이르는 시기, '청동기에'라고 해도 크게 무리가 없을 듯] 종교의 중심지였다. 달의 여신의 비밀 의식은 비밀이 잘 지켜졌지만, 입문자는 자줏빛 부적을 지니고 다닐 자격을 받았다(아폴로니오스 로디오스: 1. 197; 디오도로스 시켈로스: 5. 49). 이 부적은 모든 종류의 위험, 특히 배의 난파를 막아 준다고 믿었다. 마케도니아의 필립포스 왕과 그의 아내 올륌피아스Olympias도 여기 비밀 의식의 입문자가 됐다(아리스토파네스: 『평화』 277, 고전 주석자와 함께). [1세기 초 로마 장군] 세르마니쿠스 카이사르Germanicus Caesar는 조짐이 좋지 않다는 이유만으로 비밀 의식 참여가 불허됐는데, 그러고 나서 곧장 죽었다(타키투스: 『연대기』 2. 54). 사모트라케에는 청동 그릇이 보존돼 있었다는데, 아르고 호 선원들이 바친 것이라고 했다.

3. 레아의 남동생들, 즉 '곰의 섬'의 여섯 개의 손을 가지고 땅에서 태어난 이들의 이야기는, 아마도 털이 덥수룩한 남자들이 네 발을 늘어뜨린 곰

가죽을 뒤집어쓰고 있는 그림에서 유추했을 것이다. 퀴지코스Cyzicus 왕의 죽음은 특정 상황을 분명하게 드러내고 있어 흑해 지역에서 그만큼 약탈이 기승을 부렸다는 점을 암시한다. 그렇지만 퀴지코스에서 매년 모든 불을 껐다는 얘기는 그의 죽음과 별 관련이 없어 보인다. 뮈리네에서 카베이리 Cabeiri를 기리는 9일간의 의례 기간에 모든 불을 껐던 것도 이른바 렘노스 살해와 큰 관련이 없어 보인다. 한 해가 저물어 신성한 왕이 제물로 바쳐질 때, 많은 왕국에서 으레 불을 껐다. 나중에 새로운 왕이 취임하는 의식의 일부로 새로 불을 붙이기 위해서였다.

4. 퀴지코스 왕이 레아의 사자를 죽였다는 대목은, 퀴지코스에서 올림포스 신들을 위해 레아 여신 숭배를 탄압했던 일을 지칭한 것으로 보인다.

5. 할퀴온 새는 바다 여신 알퀴오네Alcyone('폭풍을 물리치는 여왕')의 얘기를 전하는 심부름꾼이었다(45. 1-2 참고).

150
휠라스, 아뮈코스, 피네우스

아르고 호 선원들은 헤라클레스의 제안으로 얼마나 오랫동안 노를 저을 수 있는지 시합을 벌였다. 열띤 경쟁의 시간이 지나고, 오르페우스가 뤼라로 지친 이들을 달랬다. 그런데 다른 동료들은 모두 차례로 시합에서 졌다고 인정했지만, 이아손과 디오스쿠로이, 그리고 헤라클레스는 계속 버텼다. 카스토르의 힘이 줄어들기 시작하자, 폴뤼데우케스는 그를 그만두게 할 다른 방법이 없어 먼저 자기 노를 거둬들였다. 이제 이아손과 헤라클레스, 둘만 남았다. 이들은 양쪽 맞은편 자리에 앉아 아르고 호를 앞으로 저어 갔고, 뮈시아의 키오스 강 입구에 도착하자 이아손은 기절하고 말았다. 그와 동시에 헤라클레스의 노가 뚝 부러졌다. 그는 화를 내며 상대를 노려봤다. 동료들은 노를 다시 노 구멍으로 찔러 넣고 아르고 호를 강가로 붙여 상륙했다.

b. 다른 이들이 저녁을 준비하는 동안, 헤라클레스는 새 노를 깎아 만들 나무를 찾아 나섰다. 그는 커다란 전나무를 뿌리째 뽑아 야영지 모닥불 옆으로 끌고 왔다. 그런데 자신의 종자인 휠라스가 한두 시간 전에 부근 페가이의 웅덩이에 물을 뜨러 갔다가 아직도 돌아오지 않았다는 것을 알게 됐

다. 폴뤼페모스는 그를 찾아 나가고 없었다. 휠라스는 그의 아버지인 드뤼오페스족의 왕 테이오다마스가 죽은 다음부터 줄곧 헤라클레스가 종자이자 귀염둥이로 데리고 다녔다. 당시 헤라클레스는 테이오다마스가 멍에 매는 수소를 선물로 주지 않자 그를 죽였다.

헤라클레스는 "휠라스야! 휠라스야!" 소리를 지르며 미친 듯이 숲으로 뛰어갔고, 금방 폴뤼페모스를 만났다. 그는 이렇게 전했다. "휠라스가 도와달라 외치는 소리를 들었어요. 소리 나는 쪽으로 달려 페가이까지 갔지만, 들짐승이나 다른 적들과 싸운 흔적은 보이지 않았습니다. 웅덩이 옆에 그의 물동이만 버려져 있었어요." 헤라클레스와 폴뤼페모스는 밤새도록 그를 계속 찾아다녔고, 중간에 만나는 뮈시아 사람들까지 모두 수색에 참여했지만 아무 소용이 없었다. 사실 휠라스는 물밑의 작은 동굴에서 님프들과 함께 지내고 있었다. 페가이의 드뤼오페와 그녀의 님프 자매들이 휠라스와 사랑에 빠져 그를 꼬드겨 데려갔던 것이다.

c. 다음 날 새벽, 순풍이 불기 시작했다. 헤라클레스와 폴뤼페모스가 나타나질 않자 모두 나서서 그들의 이름을 소리쳐 불렀지만, 산울림만 들려올 뿐이었다. 이에 이아손은 출항을 명했다. 이런 결정으로 큰 다툼이 벌어졌고, 아르고 호가 강가에서 멀어지자 일부 아르고 호 선원들은 노 젓기 시합에서 진 것을 앙갚음하려 헤라클레스를 버린 것이라고 이아손을 비난했다. 그들은 [키잡이] 티퓌스에게 배를 돌리도록 설득하기까지 했다. 그러나 칼라이스와 제테스가 끼어들어 이를 막았다. 이것이 나중에 헤라클레스가 테노스 섬에서 이들을 죽이고 그들의 무덤 위에 흔들바위를 위태롭게 올려놓게 된 까닭이다.

d. 헤라클레스는 휠라스가 죽었든 살았든, 그를 계속 찾지 않으면 뮈시아를 초토화하겠다고 주민들을 위협했다. 그래도 소용이 없자, 그는 트로

이아를 공격해 승리하고 자신의 과업으로 돌아갔다. 그러나 폴뤼페모스는 페가이 근처에 정착해, 크리오스 시를 건설하고 나중에 칼뤼베스족과 벌인 전투에서 전사할 때까지 그곳을 다스렸다.[1] 뮈시아인들은 지금도 헤라클레스를 위해 매년 한 차례 페가이 부근 프루사에서 휠라스에게 제물을 바친다. 그들의 사제는 휠라스의 이름을 세 차례 크게 부르고, 이어 제례 참여자들은 숲속에서 그를 찾는 시늉을 한다.[2]

e. 휠라스는 정녕 우피오스의 아들 보르모스 또는 보리모스와 똑같은 운명을 겪었다. 그는 마리안뒤네족의 젊은이로 무척이나 아름다웠다. 어느 날 수확철에 곡식을 거둬들이는 사람들을 위해 물을 길어 오러 우물에 갔고, 그도 역시 님프들에 의해 우물 안으로 끌려들어가 사라져 버렸다. 마리안뒤네족이 살던 비튀니아 나라 사람들은 매년 수확기에 그를 애도하면서 아울로스 소리에 맞춰 구슬픈 노래를 부른다.[3]

f. 이에 따라 어떤 이는 휠라스 이야기를 비웃으면서, 그는 실제 보르모스였고, 헤라클레스는 파가사이 항구 부근에 있는 마그네시아의 아페타이 항구에서 버림을 받았다고 주장한다. 항해가 시작되고 얼마 있지 않아, 물을 길러 오러 상륙했다가 그렇게 됐다는 것이다. 아르고 호의 신탁을 내는 들보가 그를 태우고 항해하기에 너무 무겁다고 호소했기 때문에 버리고 떠났다고 덧붙인다. 그러나 다른 이들은 빈대로 헤라클레스가 콜키스에 도착했을 뿐 아니라 원정대를 내도록 지휘했다고 전한다.[4]

g. 다음으로, 아르고 호는 역시 마르마라 해에 있는 베브뤼코스 섬에 도착했다. 그곳은 포세이돈의 아들인 오만한 아뮈코스 왕이 다스리고 있었다. 이번 아뮈코스는 권투에 뛰어나다고 자부해, 이방인들에게 시합을 벌이자고 도전하곤 했다. 물론 이는 언제나 이방인의 죽음으로 이어졌고, 시합을 거부하면 다짜고짜 절벽 너머 바다로 집어던졌다. 그는 이제 아르고 호

선원들에게 접근해, 이들 가운데 누구 하나가 권투 시합을 벌이지 않는다면 음식과 물을 주지 않겠다고 했다. 올림피아 제전의 권투 종목에서 우승했던 폴뤼데우케스가 선뜻 앞으로 나섰고, 아뮈코스가 건네준 생가죽 권투 장갑을 꼈다.

h. 아뮈코스와 폴뤼데우케스는 해변에서 멀지 않은 꽃으로 뒤덮인 작은 골짜기에서 상대에게 맹렬하게 달려들었다. 아뮈코스의 권투 장갑에는 놋쇠 못이 박혀 있었고, 털이 덥수룩한 팔에는 근육이 해초로 뒤덮인 바닷가 바위마냥 튀어나왔다. 그는 체중도 훨씬 더 나갔고, 몇 살 어리기까지 했다. 폴뤼데우케스는 처음에는 조심스럽게 싸우면서 황소같이 몰아치는 상대의 주먹을 피했다. 그러다 곧 상대편 방어의 약점을 찾아냈고, 퉁퉁 부어오른 입으로 피를 뱉어 내게 만들었다. 오랜 격돌 뒤에도 양쪽 모두 지치는 기색이 전혀 없었다. 하지만 폴뤼데우케스는 교묘하게 아뮈코스의 방어를 피해 왼손 스트레이트를 그의 안면에 꽂아 넣어, 코를 납작하게 만들었다. 이어 안면 양쪽으로 무자비하게 날린 훅이 적중했다. 아뮈코스는 고통스러워하며 왼손으로 폴뤼데우케스의 왼쪽 주먹을 움켜쥐고 끌어당기면서 혼신의 힘을 다해 오른손 주먹을 날렸다. 그러나 폴뤼데우케스는 끌어당기는 방향으로 몸을 던졌고, 그 주먹은 크게 빗나갔다. 그는 놀랄 만큼 강력한 오른손 훅으로 카운터펀치를 적중시켰고, 이어 결정적인 어퍼컷을 꽂아 넣었다. 아뮈코스의 관자놀이 뼈가 부서졌고, 그는 금방 죽음의 문턱을 넘어갔다.

i. 베브뤼코스인들은 자기네 왕이 죽는 것을 보고, 서둘러 무장을 갖췄다. 그러나 폴뤼데우케스의 승리를 기뻐하던 동료들이 이들을 쉽게 제압했고 왕궁도 약탈했다. 아뮈코스의 아버지인 포세이돈을 달래기 위해, 이아손은 전리품 가운데 찾은 붉은 황소 스무 마리로 전번제全燔祭를 올렸다.[5]

j. 아르고 호 선원들은 다음 날 다시 바다로 나갔고, 이번에는 동부 트라

케의 살뮈넷소스에 닿았다. 그곳은 아게노르의 아들 피네우스가 다스렸다. 그는 예전에 신들이 내린 벌로 눈이 멀게 됐는데, 미래를 너무 정확하게 예언했던 탓이다. 더구나 지금은 하르퓌이아이 한 쌍으로 인해 큰 고통을 겪고 있었다. 이는 혐오스러운 날개 달린 여자 괴물로, 끼니때마다 궁전으로 날아와 그의 식탁에서 양식을 낚아채 갔을 뿐 아니라 남은 음식마저 더럽혀 악취에 먹을 수가 없었다. 하르퓌이아이 하나는 이름이 아일로포스이고 다른 하나는 오퀴페테였다.[6] 이아손이 피네우스에게 황금 양털을 구할 방도를 묻자, 그는 이렇게 받았다. "먼저 하르퓌이아이를 없애 주시오!" 피네우스의 하인들이 아르고 호 선원들에게 잔칫상을 벌이자, 그 위로 하르퓌이아이가 즉시 내려앉아 평상시처럼 음식으로 장난을 쳤다. 칼라이스와 제테스 형제는 보레아스의 아들로 날개가 있었기에, 손에 칼을 잡고 날아올라 바다 건너 멀리까지 그들을 추적했다. 어떤 이는 칼라이스 형제가 스트로파데스에서 하르퓌이아이를 따라잡았지만 이들이 몸을 돌려 자비를 간청하자 목숨을 살려 주었다고 전한다. 헤라의 전령인 이리스가 중재에 나서, 이들은 크레테의 딕테에 있는 동굴로 되돌아가면서 앞으로 피네우스를 괴롭히지 않겠다고 약속했다. 다른 이들은 오퀴페테는 이 섬에서 이렇게 타협했지만, 아일로포스는 계속 달아나다 펠로폰네소스의 티그리스 강에 빠져 죽었다고 전한다. 이 강은 그녀를 따라 오늘날 하르퓌스라 부른다.

k. 피네우스는 이아손에게 보스포로스 해협을 항해하는 법을 알려 주었다. 그리고 콜키스로 가는 길에 날씨는 어떠할지, 어디서 환대를 받을 수 있는지, 무슨 행운을 기대할 수 있는지, 자세히 설명해 주었다. 콜키스는 흑해의 동쪽 끝 카우카소스 산맥의 그림자 아래에 자리 잡고 있으며, 이집트인들이 가장 먼저 그곳으로 이주해 살았다는 이야기도 들려주었다. 그리고 이렇게 덧붙였다. "일단 콜키스에 도착하면, 아프로디테를 믿어야 합니다!"[7]

l. 피네우스는 처음에 칼라이스와 제테스 형제의 누이 클레오파트라와 결혼했고, 그녀가 죽자 스퀴타이족 공주 이다이아와 재혼했다. 이다이아는 클레오파트라가 낳은 두 아들을 시샘했고, 거짓 증언을 사주해 이들이 온갖 종류의 악행을 저질렀다고 모함했다. 칼라이스와 제테스는 음모를 밝혀 내고, 매일 스퀴타이 병사들로부터 매질을 당하던 감옥에서 조카들을 구해 냈다. 피네우스는 아들들에게 다시 사랑을 베풀고, 이다이아는 그녀의 아버지에게 돌려보냈다.[8]

m. 어떤 이는 피네우스가 아르고 호 선원들에게 예언의 조언을 해줬기 때문에 이들의 방문 뒤에 신들이 그의 눈을 멀게 했다고 전한다.[9]

1] 아폴로니오스 로디오스: 『아르고 호 이야기』 1. 1207 ff.; 테오크리토스: 『전원시』 13; 『오르페우스의 아르고 호 선원들 이야기』 646 ff.; 발레리우스 플라쿠스: 『아르고나우티카』 3. 521 ff.; 휘기누스: 『신화집』 14; 아폴로도로스: 『비블리오테카』 1. 9. 19.

2] 테오크리토스: 『전원시』 13. 73 ff.; 스트라본: 『지리학』 12. 4. 3; 안토니노스 리베랄리스: 『변신』 26.

3] 아테나이오스: 『현자들의 식탁』 14. 620; 아이스퀼로스: 『페르시아 여인들』 941; 디오뉘시오스의 『지형 묘사』 791에 대한 고전 주석자; 폴룩스: 4. 54.

4] 헤로도토스: 『역사』 1. 193; 아폴로도로스: 1. 9. 19; 테오크리토스: 『전원시』 13. 73 ff.

5] 아폴로도로스: 1. 9. 20; 아폴로니오스 로디오스: 2. 1 ff.; 테오크리토스: 『전원시』 22. 27 ff.; 『오르페우스의 아르고 호 선원들 이야기』 661 ff.; 발레리우스 플라쿠스: 『아르고나우티카』 4. 99 ff.; 휘기누스: 『신화집』 17; 스타티우스의 『테바이스』 3. 353에 대한 락탄티우스.

6] 아폴로도로스: 1. 9. 21; 헤시오도스: 『신들의 계보』 265-269.

7] 헤로도토스: 2. 147; 아폴로도로스: 같은 곳; 아폴로니오스 로디오스: 2. 176 ff.; 발레리우스 플라쿠스: 『아르고나우티카』 4. 22 ff.; 휘기누스: 『신화집』 19; 제1 바티칸 신화학자: 27; 베르길리우스의 『아이네이스』 3. 209에 대한 세르비오스.

8] 디오도로스 시켈로스: 『역사총서』 4. 44.

9] 아폴로도로스: 같은 곳.

*

1. 흑해를 향해 동쪽으로 항해했다는 이올코스인들의 전설에서는, 헤라클레스가 원정대를 이끌었을 것 같다. 아드리아 해 이스트리아Istria를 향해 서쪽으로 항해했다는 미뉘에스족의 전설에서는 그렇지 않아 보인다. 헤라

클레스가 원정대에서 빠진다는 이야기는, 뮈시아의 의례를 설명하기 위해 발명한 것이다. 이는 로마 시대까지도 페가이 부근 프루사Prusa에서 거행됐는데, '숲의 아도니스'를 애도하는 의례였다. 드뤼오페Dryope와 그녀의 님프의 손에 떨어진 휠라스의 운명은 레우킵포스(21. 6 참고), 악타이온(22. i 참고), 오르페우스(28. d 참고), 그리고 떡갈나무 숭배의 신성한 왕들이 겪은 운명과 같은 것일 터이다. 즉, 사나운 여인들이 그의 손발을 자르고 이를 먹었을 것이다. 여인들은 그런 다음 샘에 들어가 스스로를 정화하고, 그가 수수께끼처럼 사라졌다고 선언했다. '드뤼오페'는 '딱따구리'(글자 그대로 하면 '떡갈나무 얼굴')를 뜻한다. 이 새가 떡갈나무 줄기를 두드리는 것은 드뤼오페스족 태생인 휠라스를 찾고 있는 것이며, 비가 올 전조라고 여겼다(56. 1 참고). 이번 제물의 목적은 가을 비였다. 헤라클레스는 새로 즉위한 왕으로서 자신의 전임자인 선왕을 찾는 데 동참하는 시늉을 했을 것이다. 보르모스Bormus 또는 보리모스Borimus는 브리모Brimo의 아들 브리모스Brimus의 변형일 가능성이 있다(24. 6 참고).

2. 아뮈코스Amycus 이야기는, 선왕을 절벽 너머로 던진 다음 열린 장례 제전 모습을 담은 도상에서 비롯된 것으로 보인다(96. 3과 6 참고). 권투는 크레테 스포츠로, 『일리아스』와 『오뒷세이아』에도 나온다. 올륌피아 제전에서 도시 간 경쟁으로 전문 선수를 기용하기 전까지, 권투 시합은 순수했던 것으로 보인다. 로마 원형경기장의 권투 선수들은 전통적인 생가죽 끈을 감는 대신 못이 박힌 권투 장갑과 너클 클러스터를 사용했다. 테오크리토스는 폴뤼데우케스와 아뮈코스의 권투 시합에 대한 전문가다운 설명에서 권투의 영예가 사라진 것을 애통해했다.

하르퓌이아이는 원래 크레테의 죽음의 여신을 회오리바람으로 의인화한 것이었다(호메로스: 『오뒷세이아』 1. 241과 20. 66과 77). 그러나 이번 맥락에서는 신성한 새나 연, 또는 트라케인들이 정기적으로 음식을 제공했던 흰꼬리수리였던 것으로 보인다. 디오도로스 시켈로스는 아르고 호 선원들의 피네우스 궁정 방문을 묘사하면서, 신중하게 의도적으로 하르퓌이아이에 대한 어떤 언급도 피했다. 아마 그들의 노여움을 살까 두려워 그렇게 했을 것이다. 그렇지만 그는 이에 대한 암시도 집어넣었다. 눈이 먼 피네우스의 두 번째 부인인 스퀴타이족 여인이 하르퓌이아이가 그의 음식을 낚아채가고 남은 음식을 더럽힌 것처럼 꾸며 남편을 속였다고 전한 것이다. 피네우스의 하인들이 그녀의 명령에 따라 그렇게 했고, 피네우스는 천천히 굶어 죽고 있었다. 하지만 첫 번째 아내의 오라비인 칼라이스와 제테스 형제가 그녀의 범죄를 밝혀내고, 스퀴타이 여인이 남편을 설득해 감옥에 보냈던 자기 조카들도 풀려나게 했다.

3. 스트로파데스Strophades('돌리는') 섬은 배가 접근할 때 바람이 방향을 돌리는 경우가 많아 이렇게 불렸다.

4. 흔들바위logan-stone는 아주 조심스럽게 균형을 잡아 놓은 거대한 바위라, 조금만 밀어도 옆으로 흔들렸을 것이다. 이는 장례 조형물로, 기원전 3000년이 끝날 무렵 리비아에서 온 이주민들이 세워 놓은 것으로 보인다. 몇 개는 지금도 [잉글랜드 남서부] 콘월Cornwall과 데번에 서 있다. 다른 것들은 게으른 군인들이나 여행객의 손을 타서 제자리에 남아 있지 않다. 테노스 섬에서 보레아스의 날개 달린 아들인 칼라이스Calais와 제테스Zetes에게 흔들바위를 바쳤다는 것은 영웅의 정령들에게 바람을 일으켜 바위를 흔들고, 그렇게 해서 바위 밑에 올려놓은 살아 있는 제물을 으깨 달라고 기도했음을 암시한다.

151
쉼플레가데스에서 콜키스까지

앞서 피네우스는 아르고 호 선원들에게 무시무시한 바위들에 대해 경고한 바 있다. 이는 쉼플레가데스 또는 플랑크타이, 또는 퀴아네아이라고도 부르는데, 언제나 바다 안개 속에 숨어 보스포로스 해협의 입구를 지켰다. 배가 이 바위들 사이를 통과하려 시도하면, 바위들은 가운데로 모여들어 배를 부쉈다. 이에 피네우스의 조언에 따라, 에우페모스는 비둘기를 아르고 호 앞으로 날아가게 풀어놓았다. 어떤 이는 이때 풀어 준 새가 왜가리였다고 한다. 바위들이 새의 꼬리 깃털을 뽑고 다시 뒤로 물러서는 순간, 아르고 호 선원들은 전속력으로 노를 저어 그 사이를 통과했다. 아테나 여신과 오르페우스의 뤼라의 도움을 받았으며, 선미의 장식물만 잃었을 뿐이었다. 바위들은 이제 예언에 나온 대로 해협의 양쪽에 뿌리를 내렸다. 해류의 강력한 힘에 제대로 배를 조정할 수 없었지만, 아르고 호 선원들은 노가 활처럼 휘도록 끌어당기면서 해류를 헤쳐 나갔다. 그리고 드디어 무사히 흑해로 들어갔다.」

b. 이들은 흑해 남쪽 해안을 따라 항해했고, 머지않아 튀니아스라는 작은 섬에 닿았다. 거기서 아폴론 신은 신적인 영광을 드러내는 눈부신 광채

를 띠고 몸소 이들 앞에 모습을 드러냈다. 오르페우스는 즉시 제단을 쌓고 야생 염소를 '새벽의 아폴론'에게 제물로 바쳤다. 그의 발의로, 아르고 호 선원들은 위험한 순간에 서로를 저버리지 않기로 맹세했다. 그 뒤 이를 기념해 섬에 '하르모니아 신전'이 세워졌다.

c. 그리고 이들은 마리안뒤네 시로 항해해 갔다. 근처에 있는 땅의 갈라진 틈을 통해 헤라클레스가 케르베로스 개를 지하 세계에서 끌고 나온 것으로 유명한 도시이다. 그곳의 뤼코스 왕은 이들을 따뜻하게 환영했다. 그의 적인 아뮈코스 왕이 죽었다는 소식이 이미 전령을 통해 뤼코스 왕에게 전해졌기 때문이다. 그는 감사의 뜻으로 자기 아들 다스퀼로스로 하여금 해안선을 따라 그들을 안내하도록 하겠다고 제안했다. 다음 날 막 출발할 무렵, 예언자인 이드몬이 뤼코스 강의 갈대밭에 도사리고 있던 흉포한 멧돼지의 공격을 받아 커다란 엄니에 넓적다리가 깊게 베였다. 이다스가 뛰쳐나가 이드몬을 도왔고, 멧돼지가 다시 돌격해 오자 창으로 그놈을 찔렀다. 이드몬은 주위의 간호에도 불구하고 피를 흘려 죽고 말았고, 아르고 호 선원들은 사흘 동안 그를 애도했다. 이어 티퓌스도 병에 걸려 죽었다. 그의 동료들은 이드몬의 무덤 옆에 티퓌스의 무덤을 새로 지으면서 깊은 슬픔에 빠졌다. 큰 앙카이오스가 먼저, 그리고 그를 따라 에르기노스, 나우플리오스, 에우페모스 등이 모두 항해사로서 티퓌스의 자리를 대신하겠다고 나섰다. 앙카이오스가 선택됐고, 훌륭하게 직무를 수행했다.[21]

d. 이들은 마리안뒤네를 출발해 동쪽으로 여러 날 동안 배를 몰아갔고, 이윽고 파플라고니아의 시노페에 이르렀다. 아소포스 강의 딸을 따라 이름 지은 도시로, 제우스는 예전에 그 딸과 사랑에 빠져 원하는 선물이라면 무엇이든 주겠다고 약속한 적이 있다. 시노페는 영리하게 처녀성을 선택했고, 그 결과 이곳을 집으로 삼아 여생을 홀로 행복하게 살았다. 이아손은 시

노페에서 배의 빈자리 세 개를 채울 사람을 찾아냈다. 트릿카에서 온 삼형제 데일레온과 아우톨뤼코스, 플로기오스가 그들이다. 이들은 예전에 헤라클레스와 함께 아마조네스 원정에 참여했으나, 사고로 그와 갈라져 지금은 이렇게 낯선 땅에 발이 묶여 있었다.

e. 아르고 호는 이제 아마조네스의 나라를 지나, 쇠 다루는 일을 하는 칼뤼베스족의 땅도 지났다. 이들은 땅을 경작하지도 양 떼를 돌보지도 않고, 오직 대장간 일을 통해 얻는 곡물로만 먹고 살았다. 티바레노이족의 땅도 지나갔는데, 거기에선 아내들이 분만하는 동안 남편들이 산통을 겪듯 신음을 내는 관습이 있었다. 모이쉬노이코스족의 땅도 거쳤는데, 그들은 나무로 된 성에 살면서 남녀가 난잡하게 짝을 지었으며 엄청나게 긴 창과 담쟁이 이파리 모양의 하얀 방패를 들고 다녔다.[3]

f. 아레스의 작은 섬 부근에서, 엄청난 규모의 새 떼가 아르고 호 위로 날아들었다. 이놈들은 놋쇠 깃털을 떨어뜨렸는데, 이 가운데 하나로 오일레우스가 어깨를 다쳤다. 이에 아르고 호 선원들은 피네우스의 경고를 떠올리고 투구를 쓰고 큰 목소리로 고함을 질렀다. 절반이 노를 저었고, 그동안 나머지는 방패로 이들을 보호하면서 칼로 방패를 두드렸다. 앞서 피네우스는 작은 섬에 상륙해야 한다고 조언했는데, 이들은 이번에도 그의 말을 따라 섬에 올라 새 떼를 한 마리도 남기지 않고 모두 쫓아냈다. 그날 밤 이들이 피네우스의 지혜를 칭찬하고 있는데, 엄청난 폭풍이 일어나 아이올리스족 네 명이 나무 들보에 매달려 이들의 숙영지 부근 해변으로 밀려왔다. 조난자들은 퀴티소로스, 아이게우스,[1] 프론티스, 멜라니온인 것으로 드러났

---

1) 여기서는 아이게우스Aegeus로 나오지만 다른 자료에는 아르고스Argus로 나오며, 찾아보기에는 '아르게우스Argeus'로 나온다.

다. 그들은 프릭소스의 아들들로, 어머니는 콜키스의 아이에테스 왕의 딸인 칼키오페였다. 따라서 원정대 다수와 가까운 친인척 관계였다. 이들은 그리스로 가다 배가 난파했던 것인데, 자기네 할아버지인 아타마스의 오르코메노스 왕국을 요구하러 가던 길이었다. 이아손은 이들을 따뜻하게 대접하고, 모두 함께 아레스의 신전 안에 있는 검은 돌 위에 소박한 제물을 올렸다. 이는 그 신전을 지은 아마조네스의 안티오페가 언젠가 말들을 제물로 바쳤던 곳이었다. 이아손이 자신의 임무는 프릭소스의 영혼을 다시 그리스로 모셔 가고, 그가 타고 갔던 황금 숫양의 털도 되찾아오는 것이라 설명했다. 이를 들은 퀴티소로스 형제들은 진퇴양난에 빠졌다. 아버지의 헌신적 사랑도 기억하고 있지만, 양털을 요구함으로써 할아버지를 모욕하는 것도 두려웠다. 그러나 자기네 목숨을 구해 준 사촌들과 함께하는 것 말고 어떤 선택이 가능했겠는가?[4]

g. 아르고 호는 그다음으로 연안을 따라 필뤼라 섬을 지나갔다. 그곳에서 예전에 크로노스는 오케아노스의 딸 필뤼라와 동침을 했는데, 도중에 레아가 들이닥쳤다. 이에 그는 스스로 종마로 변신해 전속력으로 달아났고, 남겨진 필뤼라는 절반은 사람이고 절반은 말인 아기를 낳았다. 이 아기가 나중에 학식이 깊은 켄타우로스 케이론으로 성장했다. 필뤼라는 괴물에게 젖을 먹여야 하는 일이 너무 싫어, 다른 모습으로 변신하게 해달라고 기도했다. 이에 그녀는 린덴 나무로 바뀌었다. 그러나 어떤 이는 이런 일이 필뤼라 섬이 아니라 텟살리아 또는 트라케에서 일어났다고 전한다.[5]

h. 머지않아 아르고 호 선원들 위로 우뚝 솟은 카우카소스 산맥이 나타났다. 이들은 콜키스에 물을 대주는 파시스 강의 넓은 입구로 들어갔다. 이아손은 먼저 포도주에 벌꿀을 섞어 그 땅의 신들에게 제주를 뿌리고, 강의 잔잔한 후미에 아르고 호를 안전하게 숨겼다. 그리고 그는 전쟁을 위한 회

의를 소집했다.[6]

1] 아폴로니오스 로디오스: 『아르고 호 이야기』 2. 329; 「오르페우스의 아르고 호 선원들 이야기」 688; 호메로스: 『오뒷세이아』 12. 61; 헤로도토스: 『역사』 4. 85; 플리니우스: 『자연 탐구』 6. 32; 발레리우스 플라쿠스: 4. 561 ff.; 아폴로도로스: 『비블리오테카』 1. 9. 22.

2] 아폴로니오스 로디오스: 2. 851-898; 「오르페우스의 아르고 호 선원들 이야기」 729 ff.; 체체스: 『뤼코프론에 관하여』 890; 발레리우스 플라쿠스: 5. 13 ff.; 휘기누스: 『신화집』 14와 18; 아폴로도로스: 1. 9. 23.

3] 아폴로니오스 로디오스: 2. 946-1028; 발레리우스 플라쿠스: 5. 108; 「오르페우스의 아르고 호 선원들 이야기」 738-746; 크세노폰: 『아나바시스』 5. 4. 1-32와 5. 1-3.

4] 아폴로니오스 로디오스: 2. 1030-1230.

5] 아폴로니오스 로디오스: 2. 1231-1241; 휘기누스: 『신화집』 138; 베르길리우스의 『농경시』 3. 93에 대한 필라르구리우스; 발레리우스 플라쿠스: 5. 153; 「오르페우스의 아르고 호 선원들 이야기」 747.

6] 아폴로니오스 로디오스: 2. 1030-1285; 「오르페우스의 아르고 호 선원들 이야기」 747-755; 발레리우스 플라쿠스: 5. 153-183.

*

1. 바다 안개 속에 숨은 '부딪치는 바위', '떠도는 바위' 또는 '푸른 바위'는 러시아의 여러 강에서 흑해로 흘러들어 온 부빙이었던 것으로 보인다. 이런 바위가 있다는 풍문은 보스포로스 해협 항해가 원래 녹록지 않다는 사정과 합쳐져 더 위협적이었다. 거기는 거대한 러시아 강들이 녹으면서 불어난 해류가 거칠게 흘러, 종종 속도가 5노트[시속 9.2킬로미터]에 이르렀다. 북유럽 발트 해에 또 다른 '떠도는 섬'이 있다는 것을, 호박 상인들은 알고 있었던 것으로 보인다(170. 4 참고).

2. 그리스 이주민들이 나중에 이드몬Idmon과 티퓌스Tiphys를 기려 세운 전몰 용사 기념비는 이들이 원정대 항해 도중에 죽었다는 이야기에 무게를 실어 준다. 그런데 이드몬은 멧돼지에 희생됐다고 전해진다. '크레테의 제우스', 앙카이오스Ancaeus, 아도니스도 마찬가지였다. 그리고 초기의 모든 신성한 왕도 그렇게 죽었다(18. 7 참고). 이드몬('알고 있는')의 이름은 그의 전당이 신탁을 냈음을 암시한다. 실제 아폴로니오스 로디오스는 그를 예언자로

묘사했다.

3. 마리안뒤네Mariandyne의 이름은 마-리-엔나Ma-ri-enna(수메르 말로 '하늘의 높으신 결실의 어머니')라는 여신에서 왔다. 뮈리네Myrine, 아위-마리Ay-mari, 마리암네Mariamne라고도 하며, 지중해 동부의 널리 알려진 여신이었다. 칼륍스chalybs는 '쇠'를 뜻하는 그리스 말이고, '칼뤼베스족'은 고대에 처음으로 쇠를 다룬 종족인 티바레노이족Tibareni의 다른 이름인 것으로 보인다. 「창세기」 10장 2절에 이들의 땅은 투발Tubal이라 불렸으며(투발=티바르Tibar), '투발 카인Tubal Cain'은 아르메니아에서 가나안으로 내려온 티바레노이족을 의미한다. 이들은 휙소스Hyksos 무리와 함께 내려왔다. 티바레노이족의 아내가 분만할 때 [남편도 산고 흉내를 내거나 음식을 제안하는 풍습인] 의만couvade은 유럽 여러 곳에 변형된 형태로 지금까지 남아 있다. 크세노폰이 묘사한 모이쉬노이코스족Moesynoechians의 풍습은, 그의 『아나바시스Anabasis』를 아폴로니오스 로디오스가 연구했는데, 스코틀랜드의 픽트족Picts과 아일랜드의 요정의 풍습과 놀랄 정도로 유사하다. 이 부족들은 청동기 시대 초기 흑해 지역에서 브리튼 섬으로 넘어왔다.

4. 이아손이 아레스의 작은 섬에서 마주친 거대한 새 떼는 아르고 호가 5월 초에 거기 도착했음을 내비친다. 그 섬은 오늘날 푸가 섬이라 하며, 케삽Kessab 강 부근에 있다.[2] 아르고 호는 해류가 거칠어져 항해가 어려워지기 전에 보스포로스를 통과해, 시나이 반도에서 엄청난 규모로 올라오는 봄 철새가 지나갈 무렵 푸가 섬에 도착했을 것이다. 수많은 철새가 볼가 강을 향해 날아갔고, 소아시아 산악 지대를 통과하면서 지친 날개를 푸가 섬

---

2) 푸가 섬Puga Islet: 오늘날 보통 기레순 섬Giresun Island이라 부른다. 터키의 흑해 연안에 있는 4만 제곱미터 크기의 섬으로, 내륙의 기레순Giresun 시에서 1.2킬로미터 떨어진 곳에 있다. 고대에 '아레스의 섬' 또는 푸가Puga로 불렸다.

에서 쉽게 한 것 같다. 이 때문에 섬은 새 떼로 넘쳐났고, 일부는 아르고 호에 내려앉았을 것이다. 미신을 믿는 뱃사람들이 이런 광경에 크게 겁을 먹는 것은 당연하다. 니콜Nicoll의 『이집트의 새Birds of Egypt』를 보면, 이 철새 떼는 "황조롱이, 종달새, 개구리매, 오리, 섭금류wader" 등으로 이루어져 있다. 그런데 그 작은 섬은 아레스에게 바쳐진 것이라, 신화학자들은 새 떼들이 놋쇠 깃털을 가졌으며 사람을 공격한다고 여겼다. 헤라클레스가 스팀팔로스의 새 떼를 흑해 동부에 있는 섬으로 쫓아냈다는 이야기는, 보통 생각하는 것과 반대로, 여기 아르고 호 선원들의 모험에서 추론했을 가능성이 더 높다.

5. 켄타우로스 케이론은 의사, 학자, 예언자로 명성이 높아, '필뤼라Philyra('린덴 나무')의 아들'이라는 호칭을 얻었다. 그는 또한 익시온의 후손이라 여겨진다(63. d 참고). 린덴 나무 꽃은 고전기에 원기 회복제로 널리 사용됐으며, 지금도 그렇게 사용된다. 게다가 린덴 나무의 안쪽 나무껍질, 즉 인피는 글 쓰는 서판으로 적당할 뿐 아니라 세로로 길게 찢으면서 점을 치기도 했다(헤로도토스: 4. 67; 아일리아노스: 『다양한 역사』 14. 12). 그러나 필뤼라 섬의 이름은 텟살리아 또는 트라케와 이어진 역사적 연관성보다는 거기 자라던 린덴 나무 군락에서 왔을 것이다. 이 연안 섬들 가운데 어느 것도 길이가 100야드[90미터]를 넘지 않는다.

6. 콜키스Colchis는 오늘날의 조지아이다. 파시스 강은 오늘날의 리온Rion 강이다.

152
황금 양털을 빼앗다

올림포스에서 헤라와 아테나 사이에 뜨거운 토론이 벌어졌다. 이아손이 어떻게 하면 황금 양털을 구할 수 있을까를 두고 온갖 이야기가 오갔다. 이윽고, 이들은 아프로디테에게 도움을 청하기로 결정했다. 그녀는 개구쟁이 아들 에로스에게 시켜 아이에테스 왕의 딸 메데이아가 이아손에게 갑작스러운 연정을 품도록 만들겠다고 약속했다. 아프로디테가 에로스를 찾아보니, 아들은 매번 속임수를 써가면서 가뉘메데스와 주사위 놀이를 하고 있었다. 아프로디테는 아들에게 메데이아의 심장에 화살 하나를 날리라고 구슬렸다. 그렇게 하면 예전에 아기 제우스가 가지고 놀던, 파란 고리 모양으로 법랑을 상감한 황금 공을 주겠다고 했다. 이 공은 공중으로 던져 올리면 별똥별처럼 자국을 남기며 떨어졌다. 에로스는 공을 받는다는 생각에 뛸 듯이 좋아했다. 아프로디테는 동료 여신들에게 진기한 마법으로 메데이아의 연정이 계속 불타오르게 하겠다고 약속했다. 불타는 바퀴에 날개를 펴서 매달아 놓은 살아 있는 개미잡이 새를 이용한 마법이었다.

b. 그러는 동안, 이아손은 강의 잔잔한 후미에서 열린 전쟁 회의에서 자신이 프릭소스의 아들들과 함께, 아이에테스가 다스리는 콜키스의 아이아

시로 가서 황금 양털을 호의의 선물로 달라 하겠다고 제안했다. 왕이 이를 거절하면, 그때 속임수나 힘을 사용하자는 것이었다. 모두가 그의 제안을 환영했고, 아이에테스의 이복형제인 아우게이아스가 이들과 동행했다. 이들은 키르케의 강변 묘지를 통과해 아이아 시로 향했다. 그곳 묘지에는 남자들의 주검을 수소의 생가죽으로 둘러싸서 새들이 먹도록 버드나무 꼭대기에 올려 두고 있었다. 콜키스인들은 여인의 주검만 땅에 묻었다. 언덕 아래 아이아 시는 장엄하게 빛나고 있었다. 그곳은 아이에테스의 아버지인 헬리오스에게 신성한 도시였고, 헬리오스는 자기 백마들을 거기 마구간에 넣어 두고 있었다. 헤파이스토스가 헬리오스에게 감사하는 뜻에서 지어 준 왕궁도 거기 있었다. 기간테스가 올림포스를 공격할 당시 쓰러져 있던 자신을 헬리오스가 구해 준 일이 있었다.

c. 아이에테스 왕의 첫 번째 부인은 카우카소스의 님프 아스테로데이아로, 프릭소스의 아내가 된 칼키오페와 헤카테의 마녀 여사제 메데이아를 낳았다. 그녀는 이번 일이 있기 몇 년 전에 죽었고, 지금의 두 번째 부인 에이뒤이아는 아들 압쉬르토스를 낳았다.

d. 이아손과 그의 동료들은 왕궁으로 가는 길에 먼저 칼키오페를 만났다. 그녀는 퀴티소로스와 다른 세 아들이 그렇게 일찍 돌아온 것으로 보고 깜짝 놀랐고, 이들의 이야기를 듣고 아들들을 구해 준 이아손에게 거듭거듭 감사의 뜻을 전했다. 곧이어 아이에테스 왕이 아내 에이뒤이아와 함께 왔는데, 왕은 불쾌한 기색이 역력했다. 트로이아의 라오메돈이 그리스인은 아무도 흑해로 들이지 않겠다고 예전에 약속한 게 있었기 때문이다. 왕은 제일 아끼는 손자 아이게우스에게 이들의 침입에 대해 설명하라 명했다. 아이게우스는 여기 이아손이 자신을 포함해 네 형제의 생명을 구해 주었다면서, 신탁에 따라 황금 양털을 가져가러 왔다고 답했다. 그리고 그는 할아

버지의 표정에 분노가 서리는 것으로 보고 즉시 이렇게 덧붙였다. "황금 양털을 선물로 준다면 이 고귀한 그리스인들은 기꺼이 사우로마타이족을 폐하에게 복종하도록 만들 것입니다." 아이에테스는 어이없다는 기색으로 크게 웃더니, 이아손과 아우게이아스에게 혀를 뽑아내고 두 손을 자르기 전에 왔던 곳으로 되돌아가라 명했다. 아우게이아스를 그의 배다른 형제로 인정하지도 않았다.

e. 바로 이때 메데이아 공주가 궁전에서 나타났다. 이아손이 공손하고 정중하게 대답하자 아이에테스 왕은 약간 민망해져 황금 양털을 주겠다고 약속하면서도 불가능해 보이는 조건을 달았다. 이아손에게 헤파이스토스가 창조한, 불을 내뿜는 놋쇠 발굽의 황소 두 마리에 멍에를 씌우라고 했다. 여기에 이 소들을 몰아 '아레스의 들판'을 4쟁기길[1] 크기만큼 갈아야 했고, 카드모스가 테바이에 뿌리고 남아 아테나가 그에게 준 뱀의 이빨을 그 땅에 뿌려야 했다. 이아손은 이런 듣도 보도 못한 일을 어떻게 해야 할지 망연자실할 뿐이었다. 이때 에로스는 메데이아를 조준해 화살 하나를 날렸고, 이는 화살깃만 겨우 남길 정도로 그녀의 심장 깊숙이 날아가 박혔다.

f. 칼키오페는 그날 밤 퀴티소로스 형제들을 위한 도움을 요청하기 위해 메데이아의 침실로 갔다. 그런데 그녀는 이미 이아손에 대한 사랑에 흠뻑 빠져 있었다. 칼키오페는 자신이 나서 둘을 연결해 주겠다고 하자, 메데이아는 그가 불을 내뿜는 황소에 멍에를 씌우고 황금 양털을 얻을 수 있도록 돕겠다고 단단히 약속했다. 메데이아가 내건 조건은 단 하나였다. 그의 아내가 되어 아르고 호를 타고 함께 떠나게 해달라는 것뿐이었다.

---

1) 쟁기길: 중세 스코틀랜드의 지적 단위로, 잉글랜드의 카루케이트carucate와 같은 넓이다. 1카루케이트는 수소 여덟 마리로 1년간 농사지을 수 있는 땅으로, 약 0.48제곱킬로미터에 해당한다. 따라서 본문의 4쟁기길은 약 2제곱킬로미터에 이른다.

g. 이아손이 불려 왔고, 그는 올림포스의 모든 신들의 이름으로 영원히 메데이아에게 신의를 지킬 것을 맹세했다. 그녀는 이아손에게 물약이 든 병을 주었다. 이는 두 줄기로 자라는 샤프란 색깔의 카우카소스의 크로커스에서 짜낸 것으로, 그 즙이 피처럼 붉었다. 이 물약을 바르면 황소가 내뿜는 불길을 견딜 수 있었다. 이 풀은 프로메테우스가 고문을 받아 흘린 피에서 처음 생겨났다. 이아손은 감사하게 물약 병을 받았고, 신들에게 꿀을 제주로 올린 다음 병의 뚜껑을 열고 물약을 자기 몸과 창, 방패에 발랐다. 그는 이렇게 해서 황소를 제압하고 이놈들을 멍에로 쟁기에 연결할 수 있었다. 이아손은 종일 밭을 갈았고, 해 질 녘에는 이빨을 뿌렸는데 곧장 무장한 남자들이 땅에서 솟아나왔다. 그는 카드모스가 예전에 이렇게 했던 것처럼 이들 사이로 돌멩이 하나를 집어 던져 서로 싸우도록 만들었다. 이윽고 이아손은 부상 입은 생존자들을 직접 해치웠다.

h. 하지만 아이에테스 왕은 황금 양털을 내줄 생각이 전혀 없었고, 뻔뻔하게도 그렇게 약속한 적이 없다고 딱 잡아뗐다. 심지어 지금 아이아 시 쪽에 정박해 있는 아르고 호를 불태우고 그 선원을 모두 죽이겠다고 위협했다. 그는 현명하지 못하게도 딸 메데이아를 믿고 있었는데, 그녀는 이아손과 아르고 호 선원들 일부를 약 6마일[9.6킬로미터] 정도 떨어진 아레스의 성역으로 데려갔다. 거기에 황금 양털이 걸려 있었지만 1,000번이나 똘똘 감고 앉은 흉물스러운 불사의 용이 이를 지키고 있었다. 이놈은 아르고 호보다 더 컸으며, 제우스에게 죽임을 당한 괴물 튀폰의 피에서 태어났다. 그녀는 쉭쉭 소리를 내는 용을 주문을 걸어 달랬으며, 노간주나무에서 새로 잘라 낸 잔가지를 이용해 최면액을 용의 눈꺼풀에 뿌렸다. 이아손은 용에게 들키지 않게 몰래 들어가 떡갈나무에 묶여 있던 황금 양털을 풀어 빼내 왔고, 다 함께 아르고 호가 정박해 있는 해변으로 달려갔다.

i. 아레스의 사제들이 즉시 경보음을 울렸고, 해변으로 달려가는 와중에 전투가 벌어졌다. 이때 콜키스인들은 이피토스, 메레아그로스, 아르고스, 아탈란테, 그리고 이아손에게 부상을 입혔다. 그렇지만 이들은 모두 용케도 기다리던 아르고 호에 승선할 수 있었다. 아르고 호는 최대한 서둘러 노를 저어 바다로 나갔지만, 아이에테스 왕의 갤리 선들이 추적해 왔다. 이피토스 혼자 상처를 이기지 못하고 죽었지만, 다른 이들은 메데이아가 자신이 직접 발명한 외상 치료제로 치료해 주었다.[1]

j. 이아손이 정복하겠다고 약속했던 사우로마타이족은 헤라클레스가 아홉 번째 과업에서 사로잡은 아마조네스의 후손들이었다. 이들은 배 세 척에 태워져 있었는데, 묶여 있던 족쇄를 깨고 감시병 구실을 하던 뱃사람들을 죽였다. 하지만 배를 다루는 방법을 전혀 몰라 '킴메리오이족의 보스포로스'까지 표류해 갔다. 이들은 거기 스퀴타이족 나라의 크렘니에 상륙했으며 야생마를 잡아 길들인 뒤 이를 타고 그 땅을 유린하기 시작했다. 스퀴타이족은 머지않아 전투 뒤 남겨진 주검들을 살펴보고 이들이 여인들임을 알게 됐다. 이에 젊은 남자 한 무리를 아마조네스에게 보내 전투보다는 사랑을 하는 게 어떻겠느냐 제안했다. 아마조네스는 선선히 승낙했지만, 타나이스 강의 동쪽 기슭으로 옮겨 와야만 그들과 결혼할 것이라는 조건을 달았다. 그곳에 이들의 후손인 사우로마타이족이 지금도 살고 있으며, 일부 아마조네스의 관습을 지키고 있다. 이를테면 모든 소녀는 전장에 나아가 남자 하나를 죽인 다음에야 자기 남편감을 찾을 수 있다.[2]

1] 아폴로도로스: 『비블리오테카』 1. 9. 23; 아폴로니오스 로디오스: 『아르고 호 이야기』 2. 1260 - 4. 246; 디오도로스 시켈로스: 『역사총서』 4. 48. 1-5; 발레리우스 플라쿠스: 5. 177 - 8. 139; 휘기누스: 『신화집』 22; 핀다로스: 「퓌티아 제전 송가」 4. 221 ff.; 오비디우스: 『변신 이야기』 7. 1. 138-139; 플루타르코스: 『강에 관하여』 5. 4; 「오르페우스의 아르고 호 선원들 이야기」 755-1012.

2] 헤로도토스: 『역사』 4. 110-117.

*

1. 전설의 이 부분에는 결혼 임무에 대한 원시적 신화가 구체적으로 표현돼 있다. 디오메데스Diomedes는 공주와 결혼하고 싶었고, 왕은 그에게 결혼 임무를 부과했다.

2. 아프로디테가 부리는 사랑의 마법은, 테오크리토스가 주의 깊게 묘사했는데(『전원시』 2. 17), 그리스 전역에서 사용됐다. 심지어 소크라테스의 동아리에서도 사용됐다(크세노폰: 『소크라테스 회상Memorabilia』 3. 11. 17). 개미잡이 새는 버드나무에 둥지를 짓고, 뱀처럼 쉭쉭 소리를 내며, 하얀 알을 낳기 때문에, 언제나 달에게 신성한 새였다. 이오Io('달')는 사랑에 빠진 제우스에게 이 새를 메신저로 보냈다(56. a 참고). 유럽에서는 이 새를 보통 '뻐꾸기의 짝'이라고 부르기도 하며, 뻐꾸기는 제우스가 달의 여신 헤라에게 구애했던 이야기에 등장한다(12. a 참고). 마찰로 불 피우기는 사랑에 빠지게 하는 마법과 서로 통하는 면이 있다. 영어 단어 '펑크punk'가 부싯깃과 노는 여자를 함께 의미하는 것도 이 때문이다. 에로스가 햇불과 화살을 가지고 다니는 모습은 호메로스 시대 이후에 등장한다. 그리고 아폴로니오스 로디오스 시대에 이르러, 그의 개구쟁이 행동과 아프로디테의 낙담은 문학적 농담이 됐다(18. a 참고). 아풀레이우스는 『쿠피도와 프쉬케』에서 여기서 한 걸음 더 나아갔다.

3. 주검을 생가죽에 싸서 버드나무 꼭대기에 올려놓는 콜키스의 풍습은 파시 교도[2]의 풍습을 떠올리게 한다. 이들도 독수리가 먹도록 주검을 높은

---

2) 파시Parsee 교도: 이슬람의 박해로 인도로 이주한 조로아스터 교도의 후손이다.

곳에 올려놓는다. 이는 화장을 통해 태양신의 거룩한 선물인 불의 신성함을 더럽히지 않기 위함이다. 아폴로니오스 로디오스가 이 대목을 언급했는데, 아마도 프릭소스의 혼령에 대한 펠리아스의 근심을 강조하기 위해 그런 것으로 보인다. 그리스인인 그에게 이는 결코 적절한 장례 방식이 아니었다. 아이에테스의 불을 내뿜는 황소는 다시 한번 [시칠리아 섬 남서부] 아그리겐툼Agrigentum에서 [기원전 6세기의 참주] 팔라리스Phalaris가 그 안에 죄수를 집어넣고 산 채로 구웠던 놋쇠 황소를 떠올리게 한다. 아그리겐툼은 로도스 섬의 식민지였으며, 아마도 그들의 신 헬리오스를 기리기 위해 그렇게 했을 것이다. 헬리오스의 상징이 놋쇠 황소였다(핀다로스: 「퓌티아 제전 송가」 1. 185, 고전 주석자와 함께). 그러나 이아손이 뿌려진 남자들을 해치웠다는 대목은 이번 이야기에 적절하지 않다. 가나안 출신의 이방인인 카드모스가 보이오티아를 침략했을 때 펠라스고이족 원주민과 싸움을 벌였다는 설명은 합리적이지만(58. g 참고), 이아손은 본토박이의 왕위 후보자였기에 그쪽보다는 킬후크와 같이 밭갈이와 씨뿌리기, 하루 안에 수확하기 등을 임무로 받았을 것이다(148. 5 참고). 이는 한여름 의례에서 쉽게 몸짓으로 흉내를 낼 수 있다. 그는 이어 황소와 씨름을 하고, 관례에 따라 야수로 분장한 남자들을 상대로 가짜 전투를 벌였을 것이다. 이아손이 황금 양털을 획득하는 것은 헤라클레스가 황금 사과를 획득하는 것과 완전히 유사하다. 황금 사과도 다른 잠들지 않는 용이 지켰다(133. a 참고). 헤라클레스의 과업 가운데 최소한 네 가지는 왕위 후보자로서 그에게 부과되었던 것으로 보인다(123. 1; 124. 2; 127. 1과 129. 1 참고).

4. 이아손과 헤라클레스는 사실 결혼 임무 신화와 관련해서는 동일한 캐릭터이다. 첫 번째 과업과 일곱 번째 과업은 여기에 '마리안뒈네의 멧돼지'와 '퀴지코스의 사자'로 그 흔적이 남아 있다. 양쪽을 모두 무찌른 위업은

원래 이아손의 몫이어야 했는데 그렇게 되지 못했다. '이아손'은 당연히 헤라클레스의 호칭 가운데 하나였다.

5. 메데이아가 준 콜키스의 크로커스는 독성이 있는 콜키쿰colchicum을 말한다. 고대인들은 가장 믿을 만한 통풍 특효약으로 이를 사용했으며 지금도 사용하고 있다. 이것의 독성이 강하다는 평판이 메데이아의 평판에도 작용했다.

6. 사우로마타이족Sauromatians은 스텝 지대에서 말을 타는 활잡이 스퀴타이족이었다(132. 6 참고). 이아손과 그의 중무장 보병대가 그들을 제압하겠다고 했을 때, 아이에테스가 이를 비웃었던 건 이상할 게 하나도 없다.

153
압쉬르토스 살해

아르고 호의 텟살리아 귀환에 대해서는 다양한 설명이 남아 있다. 그러나 아르고 호 선원들이 피네우스의 조언을 따라 흑해를 태양 운행의 반대 방향으로 항해했다는 점에 대해선 대략적으로 일치한다. 어떤 이는 아이에테스 왕이 다뉴브 강 입구에서 이들을 따라잡았을 때, 메데이아가 배다른 어린 남동생 압쉬르토스를 죽였다고 전한다. 그녀는 콜키스를 떠나오기 전에 배에 태웠던 남동생을 죽인 다음 여러 조각으로 잘라 유속이 빠른 해류에 하나씩 던졌다. 이런 잔인한 책략으로 추적을 늦췄는데, 아이에테스 왕이 흘러오는 조각을 하나씩 건져 올려야 했기 때문이다. 왕은 이를 토미스에 매장했다.[1] 메데이아 이복동생의 진짜 이름은 아이기알레우스라 전해진다. '압쉬르토스'는 '쓸려 내려간'을 뜻해, 훼손된 팔다리가 바다에 내던져진 일을 그냥 기록한 것이라는 주장이다.[2] 다른 이들은 이 범죄가 아이아 시에서 벌어졌다고 전하며, 이아손이 아이에테스 왕도 죽였다고 덧붙인다.[3]

b. 하지만 정황에 제대로 들어맞고 앞뒤 일관성도 있는 설명은, 압쉬르토스가 아이에테스 왕의 명에 따라 이아손을 추적했고 드디어 다뉴브 강

입구에서 아르고 호를 함정에 몰아넣는 데 성공했다는 이야기이다. 이에 아르고 호 선원들은 부근의 아르테미스에게 신성한 섬에 메데이아를 내려 주고 며칠 동안 그곳 여사제에게 맡겼다. 그러는 동안 브뤼게스족Bryges의 왕에게 이 사건 판결을 맡겨, 그녀를 집으로 돌려보낼지 아니면 이아손을 따라 그리스로 가게 할지 결정하도록 했다. 황금 양털의 소유자도 함께 판결하도록 했다. 그런데 메데이아는 동생 압쉬르토스에게 따로 전갈을 보내, 자신이 강제로 납치당한 척하면서 구출해 달라고 간청했다. 그날 밤, 압쉬르토스는 섬을 찾아왔고, 이로 인해 휴전이 깨졌다. 이아손은 숨어 기다리다 압쉬르토스를 뒤에서 내리쳤다. 그는 압쉬르토스의 사지를 자르고, 혼령이 자기를 쫓아오지 못하도록 그의 피를 마시고 뱉어 내기를 세 차례 반복했다. 메데이아가 다시 한번 아르고 호에 오르자마자, 아르고 호 선원들은 지휘자를 잃은 콜키스인들을 공격했고 그들의 소함대를 흩어지게 한 다음 갇혀 있던 함정에서 빠져나왔다.[4]

c. 어떤 이는 압쉬르토스 살해 뒤 아르고 호가 기수를 뒤로 돌려 파시스 강을 거슬러 올라가 카스피 해에 이르렀다고 주장한다. 그러고 나서 인도양으로 들어갔고 북아프리카에 있다는 전설의 호수 '트리토니스 호수'를 통해 지중해로 되돌아왔다는 것이다.[5] 다른 이들은 아르고 호가 다뉴브 강과 다뉴브 강의 지류인 사바 강을 거슬러 올라갔고, 사바 강과 연결된 포 강을 따라 내려와 아드리아 해에 도착했다고 주장한다.[6] 하지만 폭풍에 시달려 이탈리아의 해안을 전부 돌고 난 다음 키르케의 아이아이아 섬에 도착했다. 또 다른 주장도 있어, 아르고 호는 다뉴브 강을 거슬러 올라갔고, 포 강과 힘 좋은 론 강이 만나는 소용돌이치는 물웅덩이를 지나 키르케의 섬에 이르렀다는 이야기도 있다.[7]

d. 그게 전부는 아니다. 또 다른 이들은 아르고 호 선원들이 돈 강을 거

슬러 노를 저어 강의 발원지에 이르렀다고 전한다. 그런 다음 이들은 아르고 호를 끌고 핀란드 만을 향해 북쪽으로 흘러가는 다른 강의 상류까지 갔다. 그게 아니면 다뉴브 강에서 배를 끌어내 엘베 강의 발원지까지 갔고, 물에 배를 띄워 유틀란트 반도에 이르렀다. 그런 다음 서쪽을 향해 큰바다로 나갔고, 브리튼 섬과 아일랜드를 지났으며, '헤라클레스의 기둥' 사이를 통과해 스페인과 갈리아의 해안을 따라 항해해 마침내 키르케의 섬에 이르렀다는 것이다.[8]

e. 하지만 이는 실제로 가능한 경로가 아니다. 진실은 아르고 호가 이전에 갔던 보스포로스를 통해 돌아왔다는 것이다. 이번에는 헬레스폰토스를 안전하게 통과했는데, 트로이아인들이 더 이상 배를 가로막을 수 없었기 때문이다. 왜냐하면 헤라클레스가 뮈시아에서 돌아오는 길에 배 여섯 척으로 함대를 꾸린 다음 야음을 틈타 스카만드로스 강을 거슬러 올라가 트로이아 함대를 기습해 깨뜨렸기 때문이다. 헤라클레스는 그다음 곤봉을 휘두르며 트로이아로 가는 길을 뚫었고, 그곳 라오메돈 왕에게 암말들을 달라 요구했다. 이는 디오메데스 왕의 사람 고기 먹는 암말들로, 몇 년 전에 그에게 맡겨 두었던 것이다. 라오메돈이 무슨 말인지 모르겠다고 시치미를 떼자 헤라클레스는 그와 그의 아들을 모두 죽였다. 다만 아기 포다르케스, 즉 프리아모스는 살려 줘 왕의 자리에 앉혔다.[9]

f. 이아손과 메데이아는 더 이상 아르고 호를 타고 갈 수 없었다. 배에 있는 신탁을 내는 들보가 한 번 더 말하기를, 두 사람이 살해에 대해 정화를 받지 않아 더 이상 태울 수 없다고 선언했기 때문이다. 이들은 다뉴브 강 입구에서 배를 떠나 육로로 메데이아의 고모 키르케의 집인 아이아이아 섬을 향해 출발했다. 이는 키르케가 나중에 살게 된 캄파니아 쪽이 아니라 그 전에 살던 이스트리아의 아이아이아이다. 메데이아는 이아손을 이끌고 휘

페르보레오이가 매년 짚으로 싼 선물을 델로스로 가지고 내려가던 길을 따라 거기로 갔다. 이들은 키르케의 집에 도착해 정화를 간청했고, 키르케는 마지못해 이들을 어린 암퇘지의 피로 정화해 주었다.[10]

g. 이들을 쫓던 콜키스인들은 출발 전에 메데이아와 황금 양털 없이는 돌아오지 말라는 명을 받았다. 메데이아가 정화를 위해 키르케로 갈 것이라 예상하고, 그들은 아르고 호를 따라 에게 해를 건너갔다. 그리고 펠로폰네소스 반도를 돌아 일뤼리아 해안에 이르렀다. 과연 메데이아와 이아손은 거기서 아이아이아로 갈 준비를 하고 있었다.[11]

h. 어떤 이는 압쉬르토스가 이때까지도 콜키스의 소함대를 지휘하고 있었다고 전한다. 메데이아가 일뤼리아의 여러 섬 가운데 지금은 압쉬르티데스라 부르는 섬에서 그를 함정에 빠뜨려 살해했다고 한다.[12]

1] 폴로도로스: 1. 9. 24; 페레퀴데스, 아폴로니오스 로디오스와 관련해 고전 주석자가 인용: 4. 223과 228; 오비디우스: 『비가』 3. 9; 비잔티움의 스테파누스, '토메오스' 항목.

2] 키케로: 『신들의 본성에 관하여』 3. 19; 유스티누스: 42. 3; 디오도로스 시켈로스: 『역사총서』 4. 45.

3] 소포클레스, 아폴로니오스 로디오스와 관련해 고전 주석자가 인용: 4. 228; 에우리피데스: 『메데이아』 1334; 디오도로스 시켈로스: 4. 48.

4] 아폴로니오스 로디오스: 『아르고 호 이야기』 4. 212-502.

5] 핀다로스: 「퓌티아 제전 송가」 4. 250 ff.; 밈네르모스, 스트라본의 인용: 1. 2. 40.

6] 아폴로도로스: 『비블리오테카』 1. 9. 24; 디오도로스 시켈로스: 4. 56. 7-8.

7] 아폴로니오스 로디오스: 4. 608-660.

8] 티마이오스, 디오도로스 시켈로스의 인용: 4. 56. 3; 「오르페우스의 아르고 호 선원들 이야기」 1030-1204.

9] 디오도로스 시켈로스: 4. 48; 호메로스: 『오뒷세이아』 12. 69 ff.와 『일리아스』 5. 638 ff.

10] 아폴로도로스: 같은 곳; 헤로도토스: 『역사』 4. 33; 아폴로니오스 로디오스: 4. 659-717.

11] 휘기누스: 『신화집』 23; 아폴로도로스: 같은 곳.

12] 스트라본: 『지리학』 7. 5. 5.

*

1. 동쪽으로 가는 항해와 서쪽으로 가는 항해를 결합하는 것은 한동안

별 문제가 없었다. 하지만 그리스인의 지리 지식이 늘어나면서 이야기의 기본적인 요소들이 서로 조화를 이루는 게 불가능해졌다. 다시 말해, 파시스 강에서 양털을 획득한 일과 [아드리아 해 북단] 이스트리아 또는 이탈리아 서쪽 해안 쪽에 사는 키르케에게서 메데이아와 이아손이 정화를 받은 일이 양립하기 힘들어진 것이다. 그렇지만 어떤 역사가도 감히 이들의 항해가 이상하다고 함으로써 대중의 기분을 상하게 할 수는 없었다. 이에 ① 처음에는 아르고 호 선원들이 흑해에서 출발해 다뉴브 강, 사바 강, 아드리아 해의 경로로 되돌아왔다고 설명했다. 그런데 탐험가들이 사바 강은 아드리아 해로 들어가지 않는다는 것을 발견했다. ② 다음으로 다뉴브 강과 [이탈리아 북부] 포 강이 어떤 지점에서 연결돼 있다고 추정했다. 이 연결 지점을 통해 아르고 호가 돌아왔다는 것이다. 그러나 나중에 다뉴브 강을 거슬러 올라가도 '철의 문Iron Gates'에 이를 뿐 포 강과 연결되지 않는다는 것을 확인하면서 이번 설명도 벽에 부닥쳤다. ③ 결국 아르고 호는 그동안의 설명과 반대 방향으로 파시스 강에서 카스피 해로 넘어간 다음 인도양으로 들어갔고, 거기서 '큰바다 해류'와 트리토니스Tritonis 호수를 거쳐 돌아왔다고 설명했다. (인도양에는 말라바르Malabar 해안을 따라 또 다른 콜키스가 길게 자리 잡고 있었다──알렉산드리아의 헤파이스티온: 8. 1. 10)

2. 이렇게 나온 세 번째 경로도 실제로는 불가능하다는 게 금방 드러났고, ④ 신화학자들은 아르고 호가 돈 강을 거슬러 올라갔다고 설명했다. 이 강의 발원지는 핀란드 만에 있다고 추정됐으며, 아르고 호가 핀란드 만에서 유럽을 돌아 지브롤터 해협을 통과해 그리스로 돌아왔다는 것이다. ⑤ 또는 다뉴브 강을 올라가다 육로로 배를 날라 엘베 강으로 넘어갔고, 이 강을 따라 내려가 바다에 닿은 다음 아일랜드와 스페인 해안선을 따라 항해해 귀환했다는 설명도 나왔다. 디오도로스 시켈로스는 오직 보스포로스 해협을

통해서만 귀환할 수 있었다는 것을 알아볼 분별력은 갖추고 있었다. 그는 이 문제를 가장 현실성 있게 논하면서 한 지점에 특별히 주목했다. (지금의 다뉴브인) 이스테르Ister가 종종 트리에스테Trieste 만 부근에서 아드리아 해로 흘러드는 작은 하천 이스트로스Istrus와 헷갈린다는 것이다. 실제 아우구스투스 시대에 이르러서도, 지리학자 폼포니우스 멜라Pomponius Mela(2. 3. 13과 4. 4)는 다뉴브 강의 서쪽 지류가 "아드리아 해로 들어가는데, 그 사나움이 거친 포 강에 맞먹을 정도"라고 기록했다. 정리하자면, 황금 양털의 탈취와 콜키스인들의 추적, 압쉬르토스의 죽음 등은 모두 원래 아드리아 해 북부에서 벌어졌을 터이다. 오비디우스는 압쉬르토스가 다뉴브 강 입구에서 살해돼 토미스에 묻혔다고 믿고자 했다. 거기는 자신이 죽을 운명의 땅이었기 때문이다.[1]

3. 아이아이아Aeaea 섬(170. i-l과 5 참고)은 미뉘아스의 아버지이자 프릭소스의 증조부인 크뤼세스Chryses의 소유라고 전해진다. 그리고 크뤼세스는 '황금'을 뜻한다. 미뉘에스족이 황금 양털을 가지러 왔을 때, 아마도 프릭소스가 아니라 크뤼세스의 정령을 달래 주라는 명령을 받았을 것이다. 스트라본의 기록을 보면, 흑해 모스키아Moschia에는 프릭소스에게 바친 영웅 전당이 있었으며, "거기에선 숫양을 제물로 바치지 않았다". 하지만 이는 아르고 호 항해에 대한 높은 명성으로 나중에 지어진 것으로 보인다. 이렇게 로마인들도 자기네 역사에 거짓으로 끌어들인 그리스 남녀 영웅들을 위해 신전을 지었다.

4. '압쉬르토스'의 이름은 그의 주검이 물결에 휩쓸려 내려간 것을 나타

---

1) 토미Tomi: 토미스Tomis라고도 하며, 루마니아 쪽 흑해 연안에 있는 지금의 콘스탄차Constanța를 말한다. 오비디우스는 그곳에서 삶을 마감했다.

내는데, 아마도 그 지역에서 마이나데스에게 주검이 훼손된 오르페우스를
부르는 호칭이었을 것이다(28. d 참고).

5. 발레리우스 플라쿠스와 디오도로스 시켈로스는 양쪽 모두 헤라클레
스가 돌아오는 뱃길이 아니라 가는 뱃길에 트로이아를 약탈했다고 기록했
다. 그러나 이는 실수로 보인다.

154
아르고 호, 그리스로 돌아오다

　콜키스인들이 당시는 드레파네라고 불렸던 코르퀴라 섬에 도착해 보니, 아르고 호가 마크리스라는 작은 섬 맞은편 해변에 정박해 있었다. 이들은 오랜 추적이 마침내 성공했기에 무척 기뻐했다. 이들의 지휘자는 알키노오스 왕과 아레테 여왕을 방문해 아이에테스 왕의 이름으로 메데이아와 황금 양털을 돌려 달라고 요구했다. 앞서 메데이아는 아레테 여왕에게 보호를 간청해 두었는데, 여왕은 이날 밤 알키노오스 왕의 잠을 계속 방해했다. 많은 아버지들이 부정한 딸에게 너무 심한 벌을 내린다고 옆에서 불평을 늘어놓았다. 뉙테우스가 안티오페에게, 아크리시오스가 다나에에게 얼마나 잔혹했는지 일일이 사례도 들었다. 그녀는 말했다. "지금 저 불쌍한 공주 메토페는 에페이로스의 지하 감옥에서 시들고 있어요! 그의 귀신 같은 아버지 에케토스가 감옥에 가두었어요. 아버지는 놋쇠 못으로 딸의 눈을 멀게 했고, 무거운 맷돌로 쇠로 된 보리 낟알을 갈라고 하면서 '이 낟알이 가루가 된다면 너의 시력을 돌려주겠다'고 했어요. 그는 그 불쌍한 소녀를 비웃었어요. 왕께서 아이에테스에게 그런 기회를 준다면, 그는 저렇게 매력적인 메데이아에게 똑같은 만행을 저지를 것이 분명해요."[1]

b. 아레테는 마침내 왕을 설득하는 데 성공했다. 알키노오스는 다음 날 아침 어떤 판결을 내릴 것인지 알려 주었다. "만약 메데이아가 아직도 처녀라면 그녀는 콜키스로 돌아가야 한다. 그게 아니라면 그녀는 이아손과 함께 머물 자유를 가진다." 아레테는 왕이 편하게 잠들도록 놔둔 다음, 이아손에게 급히 전령을 보내 어떤 일이 벌어질지 알렸다. 이아손은 지체하지 않고 '마크리스의 동굴'에서 메데이아와 결혼식을 올렸다. 마크리스는 아리스타이오스의 딸로, 한때 디오뉘소스의 유모였다. 아르고 호 선원들은 화려한 연회로 결혼을 축하하고 황금 양털을 신부의 침대에 펼쳐 주었다. 다음 날 아침 왕의 판결은 예정대로 나왔고, 이아손은 메데이아를 자신의 아내라 선언했다. 콜키스인들은 아이에테스 왕의 명을 실현할 수 없게 됐고, 그의 분노가 두려워 집으로 돌아갈 수도 없었다. 이에 일부는 코르퀴라에 정착했고, 다른 이들은 키르케의 아이아이아 섬에서 그리 멀지 않은 일뤼리아의 섬들을 차지했다. 이곳은 오늘날 압쉬르티데스라 불린다. 이들은 나중에 이스트리아 본토에 폴라 시를 건설하기도 했다.2]

c. 한두 해가 흐른 뒤, 아이에테스는 이런 일이 있었다는 소식을 전해 듣고 분노가 극에 달해 거의 죽음에 이를 정도였다. 그는 전령을 그리스로 보내 메데이아는 물론 자기가 입은 피해에 대한 보상까지 요구했다. 그러나 (진실은 이오가 등에 쫓겨 거기로 달아난 것임에도 불구하고) 아이에테스 왕의 부족이 이오를 납치한 것에 대한 보상이 이뤄지지 않았으며, 메데이아는 자발적으로 콜키스를 떠났기에 보상해 줄 게 없다는 대답만 전해 들었다.3]

d. 이아손은 이제 말레아 곶만 돌면 황금 양털을 가지고 이올코스로 귀환할 수 있게 됐다. 세이레네스의 섬들도 안전하게 통과했다. 이 새 모습의 여인들이 기막힌 아름다움으로 끌어당겼지만, 오르페우스의 더욱 아름다운 뤼라 연주가 이를 물리친 덕분이다. 부테스 혼자 바다로 뛰어들어 그 섬

에 가려 헤엄을 쳤지만, 아프로디테가 그를 구해 냈다. 그녀는 그를 릴뤼바이온을 거쳐 에뤽스 산으로 데려가, 거기에서 자신의 연인으로 삼았다. 어떤 이는 세이레네스가 그전에 이미 헤라의 후원을 받는 무사이와 노래 대결을 펼치다 패배하는 바람에 자기들 날개를 잃었으며, 이번에도 오르페우스의 매력에 미치지 못함을 확인하고 스스로 목숨을 끊었다고 전한다. 그러나 한 세대 다음에 오뒷세우스가 이곳을 지날 때도 그들은 여전히 섬에 남아 있었다.4]

e. 아르고 호 선원들은 쾌청한 날씨를 만끽하며 시칠리아 동쪽 해안을 따라 나아갔다. 이들은 거기에서 비길 데 없이 하얀 헬리오스의 소 떼가 해변에서 풀을 뜯는 것을 봤지만, 간신히 참고서 한 마리도 훔치지 않았다.5] 아흐레가 지난 뒤, 이들은 갑작스레 무서운 북풍의 신을 만나 리비아의 제일 먼 곳까지 밀려갔다. 그리고 거기에서 거대한 파도가 일어나 아르고 호를 띄워 올렸고, 해안선을 따라 줄지어 있던 위험한 바위들 너머 내륙으로 약 1마일[1.6킬로미터] 이상 되는 마른 땅에 내려놓았다. 사방이 생명이라곤 찾아 볼 수 없는 사막뿐이었다. 아르고 호 선원들은 이미 죽음을 각오하고 있었는데, 세 모습 여신 리뷔에가 이아손의 꿈에 염소 가죽을 뒤집어쓰고 나타나 그를 안심시켜 주었다. 이에 이들은 힘을 내고 [아르고 호를 굴림판 위에 올려] 어깨 힘으로 배를 밀어 찐물의 '트리토니스 호수'까지 갔다. 호수는 몇 마일밖에 떨어져 있지 않았지만, 거기 가는 데 열이틀이나 걸렸다. 이들 모두 갈증에 시달렸다. 헤라클레스가 헤스페리데스의 황금 사과를 가져오던 길에 땅에서 솟아나게 했던 샘물이 없었다면, 모두 죽었을 것이다.6]

f. 이때 칸토스가 가라만테스족의 양치기인 카파우로스에게 죽임을 당했다. 그가 양 떼를 몰아가려 했기 때문이다. 이에 전우들은 양치기를 죽여 앙갚음을 했다.7] 주검 두 구를 땅에 묻자마자, 이번에는 몹소스가 리비아 뱀

을 잘못 밟아 발꿈치를 물렸다. 두꺼운 안개가 그의 눈을 덮었고 머리카락이 빠졌으며, 이윽고 고통 속에서 숨을 거두었다. 아르고 호 선원들은 그를 영웅의 의례로 묻어 주었다. 그리고 이들은 다시 한번 절망에 빠졌다. 호수에서 나갈 길을 찾을 수 없었기 때문이다.[8]

g. 이아손은 이번 항해를 시작하기 전에 델포이의 여사제 퓌티아에게 도움을 청한 적이 있었다. 당시 여사제는 그에게 커다란 놋쇠 삼발이를 두 개 주었다. 오르페우스는 이제 이것들 가운데 하나를 가지고 이 땅의 신들을 달래는 게 좋겠다고 조언했다. 그가 그렇게 하자, 트리톤 신이 나타나 고맙다는 말 한 마디 없이 삼발이를 가져가려 했다. 이에 에우페모스는 신이 가는 길을 가로막고 공손하게 물었다. "삼가 여쭙니다. 저희들에게 지중해 가는 길을 알려 주실 수 있습니까?" 그러자 트리톤은 말없이 타카파이 강을 가리켰다. 그리고 이제 막 생각난 듯 흙덩어리 하나를 그에게 주었는데, 그의 후손들은 오늘날까지 이를 가지고 리비아에 대한 지배권을 행사하고 있다. 에우페모스는 양 한 마리를 제물로 바쳐 감사의 뜻을 표했고, 이에 트리톤은 다시 한번 지중해에 들어설 때까지 배의 용골을 붙잡아 끌어다 주었다. 트리톤은 이들 곁을 떠나면서 이런 예언을 남겼다. 언젠가 아르고 호 선원들 가운데 누군가의 자손이 자신의 신전에서 놋쇠 삼발이를 빼앗아 간다면 그리스 도시 100개가 트리토니스 호수 주위에 생겨날 것이라고 했다. 리비아의 혈거인들은 우연히 이런 이야기를 전해 듣고 즉시 삼발이를 모래 속에 감췄다. 그래서 아직 그 예언은 실현되지 않았다.[9]

h. 아르고 호 선원들은 북쪽으로 방향을 잡고 나아가다 크레테에 이르렀다. 그러나 거기에서 이들은 청동 감시병 탈로스에 막혀 섬에 상륙하지 못했다. 탈로스는 헤파이스토스의 작품으로, 언제나 그렇듯 바위를 계속 던져 아르고 호가 섬에 접근하는 것을 막았다. 메데이아는 이 괴물을 달콤한 말

로 불러, 마법의 물약을 마신다면 불사의 존재가 될 것이라고 약속했다. 그러나 이는 잠이 오게 하는 물약일 뿐이었고, 메데이아는 그가 잠들어 있는 동안 목에서 발목까지 내려오는 하나뿐인 혈관을 막고 있던 청동 못을 빼버렸다. 그에게 피의 구실을 하는 투명한 이코르가 솟구쳐 나왔고, 탈로스는 죽음에 이르렀다. 하지만 어떤 이들은 그가 메데이아의 눈에 홀려, 비틀거리면서 걷다가 발꿈치를 바위에 스치는 바람에 마개가 빠져 피를 흘려 죽었다고 전한다. 다른 이들은 포이아스가 그의 발꿈치에 화살을 쏘았다고 한다.[10]

i. 다음 날 밤, 아르고 호는 남쪽에서 불어오는 폭풍을 만났다. 이아손은 아폴론에게 기도했고, 아폴론은 한 줄기 햇살을 보내 줘 배의 우현 쪽으로 아나페 섬이 드러나게 했다. 섬은 스포라데스 제도의 하나로, 앙카이오스가 겨우 해변에 배를 댔다. 이아손은 감사의 뜻으로 제단을 쌓아 아폴론에게 바쳤다. 이때 이아손과 그의 동료들은 제단에 올릴 제물이 부족해 제물을 태우던 나무에 물을 제주로 삼아 뿌렸다. 그런데 메데이아의 열두 여자 노예가 이를 보고 해맑게 웃었다. 이들은 파이아키아에서 왔고, 여왕 아레테가 메데이아에게 준 노예들이었다. 아르고 호 선원들은 노예들을 놀리더니 이들과 사랑의 몸싸움을 벌였다. 아나페의 가을 축제에는 오늘날까지 이런 관습이 남아 있다.

j. 이들은 아이기나 섬에 이르렀을 때 누가 제일 먼저 물을 떠서 배로 가져올지를 두고 시합을 벌였다. 아이기나 섬 주민들은 지금도 이를 기념해 달리기 경주를 한다. 아이기나에서 이올코스까지는 쉬운 뱃길이라 수많은 배들이 매년 다닌다. 이들도 아무런 위험 없이 화창한 날씨 속에 배를 저어 나아갔다.[11]

k. 어떤 음유시인들은 이 사건들을 다른 순서로 노래한다. 아르고 호 선

원들이 이올코스로 가는 길이 아니라 귀환하면서 렘노스 섬에 씨앗을 뿌렸다고 전한다.[12] 다른 이들은 리비아 방문이 콜키스의 아이아 시를 향한 항해를 시작하기 전에 이뤄졌다고 주장한다. 이아손이 아르고 호를 타고 델포이 신탁소로 가다가 갑작스러운 폭풍에 경로를 벗어나 거기로 갔다는 것이다.[13] 또 다른 이들은 아르고 호 선원들이 이탈리아의 서쪽 해안을 따라 항해해 내려오면서 엘바 섬에 있는 항구에 상륙했으며, 아르고 호를 따라 그곳에 '아르구스'라는 이름을 붙였다고 전한다. 그리고 이들이 그곳 해변에서 흘린 굵은 땀방울이 갖가지 모양의 자갈로 바뀌었다고 덧붙인다. 더 나아가 이들이 레우카니아에 '아르고스의 헤라'에게 바치는 신전을 건설했으며, 오뒷세우스와 마찬가지로 스퀼라와 카륍디스 사이로 배를 몰았고, 테티스가 네레이데스와 함께 이들을 인도해 불길이 치솟는 플랑크타이, 즉 '떠도는 섬'을 지났다고 전한다. 그리고 이 섬은 지금 바다 밑에 뿌리를 내렸다고 덧붙인다.[14]

l. 이것도 전부는 아니다. 어떤 이들은 이아손과 그의 동료들이 콜키스의 아이아 시 주위를 탐험해 메디아 왕국까지 전진했다고 주장한다. 이들 가운데 하나로, '보이베이스 호수'에서 온 텟살리아 사람 아르메노스는 아르메니아에 정착해 이 나라에 자기 이름을 주었다. 이런 주장을 뒷받침하기 위해 이들은 아르메노스가 '카스피의 대문'[1]에 이아손을 기리는 영웅의 기념비를 세웠다고 주장한다. 지금도 야만인들은 이 기념비에 경배하고 있으며, 무엇보다 아르메니아인들은 지금도 고대의 텟살리아 옷을 입는다.[15]

---

1) 카스피의 대문Caspian Gates: 알렉산드로스 대왕이 야만족의 남침을 막기 위해 세웠다는 전설의 성벽으로 '알렉산드로스의 대문Gates of Alexander'이라고도 한다.

1] 아폴로니오스 로디오스: 『아르고 호 이야기』 4. 1090-1095; 호메로스: 『오뒷세이아』 18. 83과 21. 307, 고전 주석자와 함께.

2] 스트라본: 『지리학』 1. 2. 39와 7. 5. 5; 아폴로니오스 로디오스: 4. 511-521; 휘기누스: 『신화집』 23; 아폴로도로스: 『비블리오테카』 1. 9. 25; 칼리마코스, 스트라본의 인용: 1. 2. 39.

3] 헤로도토스: 『역사』 1. 1.

4] 파우사니아스: 『그리스 여행기』 9. 34. 2; 스트라본: 6. 1. 1; 「오르페우스의 아르고 호 선원들 이야기」 1284; 호메로스: 『오뒷세이아』 12. 1-200.

5] 아폴로니오스 로디오스: 4. 922-979; 「오르페우스의 아르고 호 선원들 이야기」 1270-1297; 휘기누스: 『신화집』 14.

6] 아폴로니오스 로디오스: 4. 1228-1460.

7] 휘기누스: 같은 곳; 아폴로니오스 로디오스: 4. 1461-1495; 발레리우스 플라쿠스: 6. 317과 7. 422.

8] 체체스: 『뤼코프론에 관하여』 881; 아폴로니오스 로디오스: 4. 1518-1536.

9] 핀다로스: 『퓌티아 제전 송가』 4. 17-39와 255-261; 아폴로니오스 로디오스: 4. 1537-1628; 디오도로스 시켈로스: 『역사총서』 4. 56. 6; 「오르페우스의 아르고 호 선원들 이야기」 1335-1336; 헤로도토스: 4. 179.

10] 아폴로도로스: 1. 9. 26; 아폴로니오스 로디오스: 4. 1639-1693; 「오르페우스의 아르고 호 선원들 이야기」 1337-1340; 루키아노스: 『춤에 관하여』 49; 소포클레스, 아폴로니오스 로디오스와 관련해 고전 주석자가 인용: 4. 1638.

11] 아폴로니오스 로디오스: 4. 1765-1772; 아폴로도로스: 같은 곳; 「오르페우스의 아르고 호 선원들 이야기」 1344-1348.

12] 핀다로스: 『퓌티아 제전 송가』 4. 252.

13] 헤로도토스: 3. 127.

14] 스트라본: 5. 2. 6과 6. 1. 1; 아폴로도로스: 1. 9. 24; 아폴로니오스 로디오스: 4. 922 ff.

15] 스트라본: 11. 14. 12와 13. 10.

*

1. 메토페Metope 신화는 호메로스와 아폴로니오스 로디오스 양쪽 모두 완전한 형태로 전하지 않았다. 그럼에도 아르네 신화(43. 2 참고)와 안티오페 신화(76. b 참고)를 떠올리게 하기에 충분하다. 그녀의 이야기는 운명의 여신들이 무덤 위에 앉아 있는 모습을 담은 도상에서 추론했을 것으로 보인다. 그녀의 맷돌은 우주의 맷돌로, 바로Varro의 「시골 일에 대한 논문」에는 하늘의 천체가 그 주위를 도는 것으로 나온다. 그리고 그녀의 맷돌은 고대 스칸디나비아어로 된 『에다Edda』[2]에도 등장하며, 거기서는 여자 거인 페니아

---

2) 9-13세기에 쓰인 시 묶음과 13세기 아이슬란드 학자가 쓴 시학 입문서를 묶어 부르는 이름이다.

Fenja와 메니아Menja가 맷돌을 돌린다. 그녀의 맷돌은 「사사기」에도 등장하며, 튀로스의 눈이 먼 태양 영웅 삼손이 맷돌을 돌렸다. 데메테르는 곡식 맷돌의 여신으로 지하의 여신이었다.

2. 아이에테스가 그리스로 사절단을 보냈다는 헤로도토스의 설명은, 콜키스인들이 아르고스의 공주 이오를 납치했다가 이집트로 팔았다는 전제가 있어야 말이 된다. 그런데 이오는 광기의 발작으로 어린 암소로 위장해 콜키스로 달아났지만, 마침내 이집트에서 이시스로 신격화됐다고 알려져 있다(56. b 참고). (헤로도토스는 콜키스인들을 아시아를 침략했던 파라오 세소스트리스Sesostris 군대의 먼 후손이라 묘사하고 있다.)

3. 세 명의 세이레네스는, 호메로스는 둘이라고 했지만, 대지의 여신의 노래하는 딸들이었다. 이 자매는 뱃사람들을 노래로 유혹해 자기네 섬의 풀밭으로 이끌어 오는데, 거기엔 이전에 죽은 희생자의 뼈가 무더기를 이루고 있다(『오뒷세이아』 12. 39 ff.와 184 ff.). 이들은 새의 모습을 한 여인으로 그려졌으며, 웨일스 신화의 '리안논Rhiannon의 새들'과 비슷한 점이 아주 많다. 이 새들은 브란과 다른 영웅들을 위해 애도했다. 리안논은 암말 머리의 데메테르였다. 세이렌의 땅은, 아서 왕의 아발론Avalon처럼, 죽은 왕의 혼령을 받아주는 음산한 섬이라 할 때 가장 잘 이해가 된다(31. 2 참고). 세이렌 자매들은 거기서 왕을 애도하는 여사제이면서, 동시에 죽음의 여신의 하인으로서 섬에 깃들어 사는 새들이었다. 이들은 이처럼 올륌포스 신들 숭배 이전의 존재들이며, 그래서 이들이 제우스의 딸들인 무사이와 노래 경연에서 패배했다는 이야기가 나온 것이다. 이들의 집이 어디인지는 설명이 다양하다. [이탈리아 남부] 파에스툼Paestum 연안에 있는 세이레네스Sirenuse 열도라고도 하고, 카프리 섬이라고도 한다. "시칠리아의 펠로로스Pelorus 곶에 가까이 있다"고도 했다(스트라본: 1. 2. 12). 세이레네스는 에우리피데스의 시대

에도 무덤에 조각돼 있었다(「헬레네」167). 이들의 이름은 보통 세이라제인 seirazein('끈으로 묶는')에서 유래했다고 본다. 하지만 '바짝 말리다'는 뜻의 다른 세이라제인에서 왔을 가능성이 더 높다. 그렇다면 이 두 세이레네스는 그리스의 목초지가 바짝 마르는 한여름에 여신이 보여 주는 쌍둥이 같은 두 모습, 즉 안테-보르타와 포스트-보르타를 의미할 것이다.[3] 이 여신은 한쪽으로 미래의 새로운 왕의 통치를 내다보면서, 다른 쪽으로 과거의 이전 왕을 애도한다(170. 7 참고). 세이렌이 인어로 등장하는 것은 고전기 이후의 일이다.

4. 헬리오스의 소 떼는 350마리로 이뤄져 있었고, 그의 어머니인 달의 여신이 준 선물이다(42. 1과 170. 10 참고). 그의 하늘 황소를 숭배했던 코린토스와 로도스 섬 주민들이 시칠리아에 여러 식민지를 건설했다. 오뒷세우스는 헬리오스를 '휘페리온'으로 알고 있었다(170. u 참고).

5. '트리토니스 호수'는 한때 거대한 내해로서, 신석기 시대에 아틀란티스인들의 땅을 덮어 버렸다. 그 뒤로 서서히 계속 줄어들었지만, 그래도 고전기까지는 상당한 크기였다. 지리학자 스퀼락스는 호수의 크기를 대략 900제곱마일[2,300제곱킬로미터]로 계산했다. 그런데 현재는 한 줄로 늘어선 짠물 습지에 불과하다(39. 6 참고). 가죽을 뒤집어 쓴, 리비아의 세 모습 여신 네이트는 이테니보다 먼저 아이기스를 들고 다녔다(8. 1 참고).

6. 몹소스Mopsus는 뱀에 발꿈치를 물려 죽었는데, 이런 죽음은 무척 흔했다(106. g; 117. c와 168. e 참고). 그는 '필리스티아Philistine의 딕튄나Dictynna', 즉 데르케토Derceto의 신화에도 등장한다(89. 2 참고). 테이레시아스Teiresias의 손

---

3) 안테-보르타Ante-vorta와 포스트-보르타Post-vorta는 로마 신화에서 각각 미래와 과거의 지식을 담당하며 카르멘타 여신Carmenta의 두 모습이라고도 한다.

자인 또 다른 몹소스는 트로이아 전쟁에서 살아남았다(169. c 참고).

7. 카파우로스Caphaurus는 리비아 사람한테는 이상한 이름이다. 카파우라 caphaura는 [아랍어로] '장뇌camphor'를 말하는데, 이는 리비아에서 자라지 않는다. 신화학자들은 지리 감각이 부족했다.

8. 청동 인간 탈로스는 합성 캐릭터이다. 일부는 하늘 황소이고, 일부는 발꿈치가 취약한 신성한 왕이며, 일부는 청동 주조의 납형법cire-perdue을 표현한다(92. 8 참고).

9. 아나페 섬에서 물을 제물로 삼은 대목은, 유대인들이 초막절의 절정인 '버드나무의 날'에 올리던 제물을 떠오르게 한다. 이때 그들은 엄숙하게 행렬을 지어 '실로암 웅덩이'로 가서 물을 길어 온다. 아이기나 섬 주민들이 물을 들고 달리기 시합을 했다는 것은 비슷한 행사의 일부인 것으로 보인다. 초막절 축제는 가을의 추수감사 잔치로 시작됐으며, 이때 바리새 사람들은 전통적인 여인들의 '들뜬 마음'을 억제하는 데 어려움을 겪었다고 『탈무드』에 나온다.

10. "갖가지 모양의 자갈", 즉 철 결정체는 지금도 엘바 섬 해변에서 발견된다.

11. 테티스가 메싯나 해협 입구에서 아르고 호를 안내해 플랑크타이 Planctae 바위들을 통과했다는 대목은, 아테나가 보스포로스 입구에서 플랑크타이 바위들을 통과하도록 안내한 것과 유사하다. 오뒷세우스는 스퀼라Scylla와 카립디스Charybdis 사이를 통과하는 경로를 선택해 이들을 피했다(170. t 참고). 서쪽의 플랑크타이 바위들은 활화산의 [이탈리아 남부] 리파리 Lipari 군도를 말한다.

12. 아르메니아Armenia는 아르-민니Ar-Minni, 즉 '민니족Minni의 높은 땅'을 뜻한다. 예레미아는 바빌론에 대한 전쟁을 위해 민니족을 소환한다(「예레미

아」 51장 27절). 아르메니아는 보이베이스 호수의 아르메노스와 아무런 역사적 연결고리가 없다. 그러나 민니는 1세기 유대 역사가 요세푸스도 노아의 대홍수를 묘사할 때 언급했던 미뉘아스Minyas를 지칭하는 것으로 보인다(『고대의 풍속』 1. 1. 6). 따라서 미뉘에스족의 조상인 텟살리아의 미뉘아스의 이름을 통해, 아르메니아와 텟살리아 사이에 그럴 듯한 연결고리가 생겨났다.

155
펠리아스의 죽음

어느 가을 저녁, 아르고 호 선원들은 꿈에 그리던 파가사이의 해변에 도착했다. 그러나 아무도 환영하러 나와 있지 않았다. 사실, 텟살리아에는 그들이 모두 죽었다는 소문이 떠돌았던 것이다. 이런 소문에 대담해진 펠리아스는 이아손의 부모인 아이손과 폴뤼멜레를 죽이기까지 했다. 아르고 호가 떠난 다음 태어난 어린 아들 프로마코스도 함께 죽었다. 아이손은 스스로 목숨을 내려놓을 수 있게 해달라 요청해, 황소의 피를 마시고 죽었다. 폴뤼멜레는 펠리아스에게 저주를 내린 다음 단검으로 스스로 목숨을 끊었다. 어떤 이는 밧줄로 죽었다고 전한다. 펠리아스가 잔인하게 궁전 바닥에 어린 프로마코스의 뇌수가 쏟아지게 한 다음에 벌어진 일이다.1]

b. 이아손은 이런 애절한 이야기를 어떤 뱃사람한테 전해 듣고, 뱃사람에게 아르고 호의 귀환 사실을 알리지 말라고 명했다. 그는 전쟁을 위한 회의를 소집했다. 그의 모든 동료들이 펠리아스가 죽을죄를 지었다는 데 뜻을 모았다. 그러나 이아손이 이올코스에 대한 즉각적인 공격을 주장하자 아카스토스는 아버지와 반대편에 설 수 없다고 토로했다. 나머지들도 지금은 흩어지는 게 현명하다고 생각했다. 각자 자기 고향으로 돌아가고, 거기

서 필요하다면 이아손을 위한 전쟁을 위해 분견대를 일으키는 것이 좋겠다고 판단한 것이다. 이올코스는 강력한 수비대를 갖고 있어 자신들처럼 소규모 부대로 깨뜨릴 수 없었기 때문이다.

c. 하지만 메데이아는 목소리를 높여 남들의 도움 없이 혼자 도시를 제압할 것이라고 약속했다. 그녀는 아르고 호 선원들에게 이올코스가 보이는 한적한 해변에 배와 함께 숨어 있으라고 지시했다. 그리고 궁전 지붕에 횃불 하나가 밝혀지면, 이는 펠리아스가 죽었고, 성문이 열렸으며, 들어오기만 하면 도시는 그들의 것이 됨을 뜻한다고 일렀다.

d. 아나페 섬을 방문했을 때 메데이아는 속이 텅 빈 아르테미스 조각상 하나를 발견해 이를 아르고 호에 실었다. 이제 그녀는 자신의 파이아키아 여자 노예 열둘에게 이상한 차림새를 갖추도록 한 다음, 이들을 이끌고 이올코스로 향했다. 노예들에게는 교대로 조각상을 들고 가도록 했다. 도시의 성문에 도착한 메데이아는 주름투성이 노파의 모습으로 보초병에게 성문을 열라 명했다. 그녀는 새된 목소리로 아르테미스 여신이 왔다고 소리쳤다. 여신이 안개 자욱한 휘페르보레오이의 땅에서 하늘을 나는 뱀들이 끄는 전차를 타고 이올코스에 행운을 가져다주기 위해 왔다고 했다. 놀란 보초병들은 감히 거역하지 못했고, 메데이아는 여자 노예들을 데리고 마이나데스처럼 사납게 거리를 휘저었으며, 주민들 사이에는 종교적 열기가 후끈 달아올랐다.

e. 잠에서 깬 펠리아스는 두려움에 사로잡혀 여신이 자신에게 무엇을 요구하는지 물었다. 메데이아는 아르테미스가 그의 경건함을 인정해 그를 다시 젊게 만들어 주려 한다고 답했다. 그렇게 해서 최근에 리비아 연안에서 배가 난파해 죽은 불효한 아카스토스 대신 새로 자식을 갖게 해주려 한다고 덧붙였다. 펠리아스는 이런 말을 믿지 못했다. 그러나 메데이아가 이전

에 자기 주위에 뿌려 놓았던 노년의 환영을 걷어 냄으로써 다시 젊어지는 광경을 그의 눈앞에서 연출하자 펠리아스의 태도가 바뀌었다. "아르테미스 여신의 힘이 이러하다!" 그녀는 소리쳤다. 그러고 나서 펠리아스는 그녀가 게슴츠레한 눈의 늙은 숫양을 열세 조각으로 잘라 가마솥에 넣고 끓이는 모습을 유심히 지켜보았다. 메데이아는 콜키스 말로 주문을 걸었는데, 펠리아스는 그것이 휘페르보레오이의 말이라 오해했다. 그녀는 엄숙하게 아르테미스 여신에게 도와 달라 기원하면서 죽은 숫양이 다시 젊어진 것처럼 꾸몄다. 속이 텅 빈 여신 조각상 안에 다른 마법 도구와 함께 기운 센 새끼 양을 미리 숨겨 두었기에 이런 속임수가 가능했다. 펠리아스는 이제 완전히 속아 넘어갔고, 스스로 침상에 올라가 누웠다. 이에 메데이아는 곧장 그에게 주문을 걸어 잠에 빠지게 만들었다. 그런 다음 그녀는 그의 딸들인 알케스티스, 에우아드네, 암피노메를 불러, 자신이 숫양에게 했던 것을 봤으니 그대로 아버지를 잘라 가마솥에 넣고 끓이라고 명했다.

f. 효성스러운 알케스티스는 아무리 좋은 뜻이라도 아버지의 피를 손에 묻힐 순 없다면서 거절했다. 메데이아는 자신이 가진 마법의 증거들을 더 많이 내보이며 에우아드네와 암피노메를 설득해 이들이 결연하게 칼을 휘두르게 만들었다. 일을 마쳤을 때 메데이아는 이들을 이끌고 지붕으로 올라갔다. 각자 횃불을 들게 하고, 가마솥이 끓는 동안 달의 여신에게 기도해야 한다고 설명했다. 배와 함께 숨어 있던 아르고 호 선원들은 멀리 횃불이 타오르는 것을 보고 반가운 신호라 여겨 이올코스로 급히 쳐들어갔다. 도시에서는 어떤 저항도 없었다.

g. 이아손은 아카스토스의 복수가 두려워 왕국을 그에게 양보했다. 또한 '이올코스 원로회의Council'가 내린 추방 선고에 대해서도 아무런 토를 달지 않았다. 그에게는 더 힘센 나라의 왕좌에 앉겠다는 야심이 있었기 때문이다.[21]

h. 어떤 이는 아버지 아이손이 스스로 목숨을 끊도록 강요받은 게 아니라고 주장한다. 반대로 메데이아가 먼저 그의 몸에서 기력이 다한 피를 빼내고, 이전에 코르퀴라에서 마크리스와 그녀의 자매 님프들에게 했듯이, 마법의 영약으로 그에게 청춘을 돌려주었다는 것이다. 그리고 그에게 궁전의 정문으로 가서 펠리아스에 강건하고 활력 있는 모습을 보여 주라고 부탁했다. 이렇게 펠리아스에게 같은 처치를 받도록 설득했고, 메데이아는 필요한 주문을 일부러 빠뜨림으로써 그를 속였고, 그 결과 펠리아스는 비참하게 생을 마감했다.3]

i. 다음 날 펠리아스를 기리는 장례 제전이 열렸다. 에우페모스는 두 마리 말이 끄는 전차 경주에서 우승했다. 폴뤼데우케스는 권투 경기, 멜레아그로스는 투창 던지기, 펠레우스는 씨름 시합, 제테스는 단거리 달리기, 그의 형제 칼라이스는 (또는 누구는 이피클로스라고 하는데) 장거리 달리기에서 각각 우승했다. 이제 막 헤스페리데스에서 돌아온 헤라클레스는 자유 격투기 종목에서 우승했다. 그러나 네 마리 말이 끄는 전차 경주에서는 사고가 일어났다. 경기는 헤라클레스의 전차몰이꾼 이올라오스가 우승했지만, 아프로디테 여신이 힙포마네스를 먹여 미치도록 만든 말들이 시쉬포스의 아들 글라우코스를 먹어 치웠다.4]

j. 펠리아스의 딸들의 경우, 알케스티스는 오래전에 약혼했던 페라이의 아드메토스와 결혼했다. 에우아드네와 암피노메는 아카스토스에게서 아르카디아의 만티네아로 추방당했다. 이들은 거기에서 정화를 받은 다음 영예로운 결혼에 성공했다.5]

1] 디오도로스 시켈로스: 『역사총서』 4. 50. 1; 아폴로도로스: 『비블리오테카』 1. 9. 16과 27; 발레리우스 플라쿠스: 1. 777 ff.
2] 아폴로도로스: 1. 9. 27; 디오도로스 시켈로스: 4. 51. 1-53. 1; 파우사니아스: 『그리스 여행기』 8. 11. 2; 플라우투스: 『프세우돌루스』 3. 868 ff.; 키케로: 『노년에 관하여』 23. 83; 오비디우스: 『변신 이야기』 7. 297-349; 휘기누스: 『신화집』 24.
3] 에우리피데스의 『메데이아』에 대한 '가설'; 에우리피데스의 『기사』 1321에 대한 고전 주석자; 오비디우스: 『변신 이야기』 7. 251-294.
4] 파우사니아스: 5. 17. 9; 휘기누스: 『신화집』 278.
5] 디오도로스 시켈로스: 4. 53. 2; 휘기누스: 『신화집』 24; 파우사니아스: 8. 11. 2.

*

1. 크레테와 뮈케나이인들은 황소의 피에 물을 타 충분히 희석해 풍작을 가져오는 마법으로 곡식과 나무에 뿌렸다. 오직 '대지의 어머니'의 여사제만이 중독되지 않고 피에 물을 타지 않고 그냥 마실 수 있었다(51. 4 참고).

2. 고전기 신화학자들은 메데이아의 어디까지가 속임수이고, 어디까지가 진짜 마법인지 결정하는 데 어려움을 겪었다. 회춘의 가마솥은 켈트족 신화에 흔히 나오는 소재다(148. 5-6 참고). 그래서 메데이아는 브리튼의 여신을 뜻할 수 있는 휘페르보레오이의 여신인 척한 것이다. 이번 신화의 밑바탕에는 검은 숫양의 가면을 쓴 신성한 왕을 한여름에 산꼭대기에서 제물로 바쳐 죽이고, 여사제들이 먹을 수 있게 그의 주검을 조각내 끓였다는 종교관이 자리 잡고 있는 것으로 보인다. 이때 왕의 정령은 이 여사제들 가운데 하나에게 넘어가고, 다음 새끼 양이 태어날 계절에 아기로 새로 태어난다고 믿었다. 프릭소스가 이런 운명을 피한 것이 아르고 호 원정의 본래 이유였다(70. 2와 148. e 참고).

3. 메데이아가 말하는 뱀이 끄는 전차는, 뱀이 지하 세계의 존재임에도, 날개를 가지고 있었다. 이는 그녀가 대지의 여신이면서 동시에 달의 여신이었기 때문이다. 그녀는 여기에서 페르세포네-데메테르-헤카테로서 셋

이 한 모둠을 이뤄 등장한다. 이는 자기 아버지를 해체한 펠리아스의 세 딸이기도 하다. 태양의 왕이 달의 여왕과 결혼하고, 그러고 나서 여왕이 정중하게 왕을 자신의 전차에 오르게 한다(24. m 참고)는 종교관은 가부장제가 굳어지면서 변화했다. 고전기에 이르러 뱀이 끄는 전차는 더 이상 여왕의 것이 아니라 헬리오스의 소유라는 점이 분명해졌다. 메데이아와 테세우스(154. d 참고)의 후기 신화에서 헬리오스는 손녀인 메데이아가 죽음의 위험에 처하자 그제야 전차를 빌려주었다(156. d 참고). 인도의 대지의 여신 라마야나Ramayana 역시 뱀이 끄는 전차를 탔다.

4. 칼리마코스는 여자 사냥꾼 퀴레네가 펠리아스 장례 제전의 달리기 종목에서 우승했다고 전했다(82. a 참고).

156
메데이아, 에퓌라로 가다

　　이아손은 먼저 보이오티아의 오르코메노스로 갔다. 거기에서 황금 양털을 '라퓌스티오스의 제우스' 신전에 걸어 올렸다. 그다음 그는 아르고 호를 코린토스 지협의 해변에 가져다 대고, 거기에서 배를 포세이돈에게 바쳤다.

　　b. 이제 메데이아는 유일하게 살아남은 아이에테스의 자식이었다. 그런데 아이에테스는 코린토스의 적법한 왕이었다. 예전에 흑해의 콜키스로 이주하면서 부노스라는 사람을 섭정으로 삼아 이를 맡겼던 것이다. 마침, 이를 빼앗아 갔던 마라톤의 아들 코린토스가 (그는 자신을 '제우스의 아들'이라 불렀는데) 후손 없이 죽어 왕좌가 비어 있었다. 이에 메데이아는 그 자리를 요구했고, 코린토스인들은 기꺼이 이아손을 왕으로 맞이했다. 번영과 행복의 시간이 10년 동안 이어졌지만, 이아손은 메데이아가 코린토스를 독살해 자신에게 왕위가 돌아오게 했다고 의심하기 시작했다. 그리고 테바이 크레온 왕의 딸 글라우케에게 가겠다면서 메데이아에게 이혼을 요구했다.

　　c. 메데이아는 자신의 범죄 혐의를 부인하지 않으면서, 이아손이 콜키스의 아이아 시에서 모든 신의 이름을 걸고 맹세했다는 사실을 상기시켰다. 이아손이 강요된 맹세는 무효라고 주장하자, 그녀는 그가 코린토스의 왕좌

에 오른 것도 자기 덕분이라고 지적했다. 이아손은 답했다. "맞소. 그러나 코린토스 사람들은 이제 당신보다 나를 더욱더 존경하고 있소." 그가 계속 고집을 피우자, 메데이아는 이를 따르는 척하면서 글라우케에게 결혼 선물을 보냈다. 선물은 왕자들의 손에 들려 보냈는데, 그전에 메데이아는 이아손에게 일곱 아들과 일곱 딸들을 낳아 주었다. 선물은 황금 관과 길고 흰 예복이었다. 글라우케가 예복을 입고 관을 쓰자마자 강력한 불길이 치솟았다. 궁전의 샘물에 곤두박이로 뛰어들었지만 소용이 없었다. 불길은 글라우케뿐 아니라 아버지 크레온 왕과 저명한 테바이 하객들을 집어삼켰다. 궁전에 있던 사람들이 모두 죽었는데, 오직 이아손만 살아남았다. 그는 위층 창문에서 재빨리 뛰어내려 불구덩이에서 벗어났다.

d. 이맘때, 제우스는 메데이아가 보여 주는 불굴의 정신력에 크게 감탄하고 어느새 그녀와 사랑에 빠졌다. 그러나 그녀는 제우스의 구애를 한사코 거부했다. 헤라는 이것이 고마웠다. "내 신전의 제단에 네 자식들을 올려놓는다면, 그 아이들을 불사의 존재로 만들어 주겠다." 메데이아는 그렇게 한 다음, 할아버지인 헬리오스가 빌려준, 날개 달린 뱀들이 끄는 전차를 타고 달아났다. 떠나면서 왕국은 시쉬포스에게 물려주었다.[1]

e. 메데이아와 이아손이 함께 낳은 딸들 가운데 오직 하나, 에리오피스만 그 이름이 남아 있다. 그녀의 맏아들 메데이오스 또는 폴뤽세노스는 펠리온 산에서 케이론에게서 교육을 받았고 나중에 메디아를 다스렸다. 그러나 메데이오스의 아버지는 종종 아이게우스라고 전한다.[2] 다른 아들들로는 메르메로스, 페레스 또는 텟살로스, 알키메데스, 티산드로스, 아르고스 등이 있었다. 이들은 모두 글라우케와 크레온 살해에 분노한 코린토스인들에게 붙잡혀 돌에 맞아 죽었다. 코린토스인들은 이 범죄로 인해 지금까지도 속죄를 하고 있다. 일곱 소녀와 일곱 소년들이 언덕 꼭대기에 있는 헤라 신

전에서 꼬박 1년 동안 머리를 깎고 검은 옷을 입은 채 지낸다. 그곳에서 살해가 일어났기 때문이다.[3] 델포이 신탁의 명에 따라, 죽은 아이들의 주검은 그 신전 안에 묻혔지만, 그들의 영혼은 헤라가 약속한 것처럼 불사의 존재가 됐다. 이아손이 아이들 살해를 묵인했다고 비난하는 사람들도 있다. 자기 자식들을 위한 메데이아의 야심에 참을 수 없을 만큼 크게 화가 났기 때문에 그랬다는 것이다.[4]

f. 또 다른 이들은, 극작가 에우리피데스의 잘못된 설명을 따라, 메데이아가 자기 자식 가운데 둘을 죽였다는 식으로 말한다. 코린토스인들은 자신들에게 죄 없는 것으로 해달라면서 에우리피데스에게 은으로 15탈란톤의 뇌물을 주었기에 이런 이야기가 나왔다.[5] 그리고 나머지도 궁전에 있다가 그녀가 놓은 불에 모두 타 죽었다고 했다. 텟살로스만 불길을 헤치고 나와 살아남았으며, 나중에 이올코스를 다스렸다. 그의 이름에서 텟살리아 지역의 이름이 나왔다. 페레스도 살아남았는데, 그의 아들 메르메로스가 메데이아의 독을 다루는 기술을 물려받았다고 한다.[6]

1] 에우멜로스: 『글조각』 2-4; 디오도로스 시켈로스: 『역사총서』 4. 54; 아폴로도로스: 『비블리오테카』 1. 9. 16; 오비디우스: 『변신 이야기』 7. 391-401; 알렉산드리아의 헤파이스티온: 2; 아풀레이우스: 『황금 당나귀』 1. 10; 체체스: 『뤼코프론에 관하여』 175; 에우리피데스: 『메데이아』.
2] 헤시오도스: 『신들의 계보』 981 ff.; 파우사니아스: 『그리스 여행기』 2. 3. 7과 3. 3. 7; 휘기누스: 『신화집』 24와 27.
3] 아폴로도로스: 1. 9. 28; 파우사니아스: 2. 3. 6; 아일리아노스: 『다양한 역사』 5. 21; 에우리피데스의 『메데이아』 9와 264에 대한 고전 주석자; 필로스트라토스: 『영웅담』 20. 24.
4] 디오도로스 시켈로스: 4. 55; 에우리피데스의 『메데이아』 1387에 대한 고전 주석자.
5] 에우리피데스의 『메데이아』에 대한 고전 주석자: 같은 곳; 휘기누스: 『신화집』 25; 에우리피데스: 『메데이아』 1271; 베르길리우스의 『시선』 8. 47에 대한 세르비우스.
6] 디오도로스 시켈로스: 4. 54; 호메로스: 『오뒷세이아』 1. 260, 고전 주석자와 함께.

*

1. 메데이아의 자식들 숫자는 남녀 티탄 신족의 자식들 숫자를 떠올리게

한다(1. 3과 43. 4 참고). 그러나 헤라 신전에 매년 가둬 두었다는 열네 소년과 소녀는 신성한 한 달의 앞쪽 절반의 홀수와 짝수 날수를 의미하는 것일 수 있다.[1]

2. 글라우케(Glauce)의 죽음은 아마도 매년 헤라 신전에서 올리던 전번제를 보여 주는 도상에서 추론했을 것이다. 루키아노스도 히에라폴리스에서 이런 의례가 있었다고 기록했다(『시리아 여신에 관하여』 49). 그러나 글라우케는 커다랗게 치솟는 불길에 던져지는 희생자가 아니라, 왕관을 쓰고 불길을 감독하는 여사제일 터이다. 우물도 그녀의 의례용 욕조였을 것이다. 루키아노스는 시리아 여신이 아테나와 다른 여신들의 특질도 일부 가지고 있지만 전체적으로 봐서 헤라 여신과 같다고 설명했다(같은 책., 32). 여기서 에리오피스(Eriopis, '눈이 큰')는 암소의 눈을 가진 헤라를 지칭하며, 글라우케('부엉이')는 부엉이 눈을 가진 아테나를 지칭한다. 루키아노스의 시대에 히에라폴리스 신전에서는 안마당에 쌓아 둔 나뭇가지에 가축을 매달아 놓고 산 채로 불태웠다. 그러나 메데이아의 열네 자식의 죽음과 이에 따른 속죄 이야기는, 원래 인간 제물을 바쳤다는 것을 암시한다. 코린토스에서 열린 이스트미아 제전을 주재했던 크레테의 신 멜리케르테스(Melicertes)(70. h와 96. 6 참고)는 '포이니케의 헤라클레스'인 멜카르트(Melkarth, '도시의 보호자')였다. 예루살렘에서는 멜키르트의 이름으로 아이들을 산 채로 불에 태웠다(『레위기』 18장 21절과 20장 2절, 『열왕기상』 11장 7절, 『열왕기하』 23장 10절, 『예레미야』 32장 35절). 불은 신성한 원소이기에 희생물을 불사의 존재로 만들었다. 헤라클레스가 오이타 산에서 장작더미 위로 올라가 눕고 불태워질 때도 불은 그렇게 그를 불사의 존재로 만들었다(145. f 참고).

---

1) 28일의 첫 번째 7일(홀수), 14일(짝수)을 의미한다는 말로 보인다.

3. 메데이아, 이아손 또는 코린토스인들이 정말로 아이들을 제물로 바쳤는지 여부는 나중에 중요한 질문이 됐다. 메데이아가 멜리케르테스의 어머니인 이노와 더는 동일시되지 않고, 인간 제물이 야만성을 의미하게 되면서 새삼 중요해진 것이다. 디오뉘소스를 기리는 아테나이의 축제에서 상을 받은 연극은 즉시 종교적 권위까지 얻었다. 이에 따라 코린토스인들이 에우리피데스에게 이제는 불명예스러워진 신화를 자기네 입맛에 맞게 조작해 준 것에 대해 큰돈을 주고 보상했다는 주장은 가능성이 꽤 높다.

4. 제우스의 메데이아 사랑은, 헤라의 이아손에 대한 사랑(호메로스: 『오뒷세이아』 12. 72; 아폴로니오스 로디오스: 3. 66)처럼, '제우스'와 '헤라'가 코린토스의 왕과 여왕의 호칭이었음을 암시한다(43. 2와 68. 1 참고). 코린토스는 마라톤의 아들임에도 '제우스의 아들'이라 불렸으며, 마라톤의 아버지 에포페우스Epopeus('모든 것을 보는 자')에게는 제우스의 아내와 같은 이름의 아내가 있었다(파우사니아스: 2. 1. 1; 아시오스[2]: 『글조각』 1).

---

2) 아시오스Asius: 기원전 7세기 사모스섬 출신의 그리스 시인.

157
메데이아, 망명하다

메데이아는 달아나 먼저 테바이의 헤라클레스에게 갔다. 헤라클레스는 예전에 이아손이 외도를 한다면 그녀에게 피난처를 내주겠다고 약속한 적이 있었다. 그녀는 거기에서 자기 자식을 죽이도록 만들었던 헤라클레스의 광기를 치료해 주었다. 그렇지만 테바이인들은 메데이아를 받아들이지 않으려 했다. 그녀가 죽인 크레온이 그들의 왕이었던 까닭이다. 이에 그녀는 아테나이로 갔고, 아이게우스 왕은 기쁜 마음으로 그녀와 결혼했다. 그렇지만 이도 오래 가지 못해, 테세우스를 독살하려 하다 아테나이에서 추방당했다. 그녀는 배를 타고 이탈리아로 가서 마루비족에게 뱀으로 마법 부리는 법을 가르쳤다. 그들은 지금도 메데이아를 안기티아 여신으로 숭배하고 있다.[1] 텟살리아에 잠시 들렀으나 거기에선 테티스와 미모 경쟁을 벌이다 지고 말았다. 심판은 크레테의 이도메네우스였다. 결국 그녀는 지금은 이름이 남아 있지 않은 아시아의 왕과 결혼했으며, 그가 메데이오스의 진짜 아버지라고 한다.

b. 이윽고 그녀의 삼촌인 페르세스가 아이에테스의 콜키스 왕좌를 빼앗았다는 소식을 전해 듣고, 메데이아는 메데이오스와 함께 콜키스로 갔다. 메데이오스는 페르세스를 죽이고, 아이에테스를 다시 왕좌에 복귀시켰으며, 콜키스 왕국을 확장해 메디아까지 넓혔다. 어떤 이는 메데이아가 이 무렵 이아손과 화해하고 그와 함께 콜키스로 건너갔다고 하지만, 이는 잘못이다. 많은 비극 작가들은 터무니없는 공상으로 메데이아의 일대기를 크게 윤색하고 왜곡했다.[2] 진실은 이러하다. 이아손은 신들의 호의를 박탈당해 집도 없이 사람들의 미움을 받아 이 도시에서 저 도시로 떠돌아다니는 신세가 됐다. 메데이아와 한 약속을 깸으로써 맹세 때 신들의 이름을 헛되이 부른 게 됐기 때문이다. 노년에 접어들어 그는 한 번 더 코린토스에 들렀다. 아르고 호의 그림자 아래 앉았다. 과거의 영광을 떠올렸고, 자신의 비참한 신세를 한탄했다. 그는 아르고 호의 뱃머리에 스스로 목을 매달려 했는데, 그 순간 배가 앞으로 넘어지면서 깔려 죽었다. 포세이돈은 나중에 살해와 관련이 없는 아르고 호의 선미를 별들 사이에 그려 넣었다.[3]

c. 반면 메데이아는 죽지 않았다. 불사의 존재가 돼, '엘뤼시온 평원'을 다스렸다. 어떤 이는 거기에서 헬레네가 아니라, 메데이아가 아킬레우스와 결혼했다고 전한다.[4]

d. 아타마스의 경우, 프릭소스를 제물로 바치는 일이 어그러져 먼훗날 아르고 호 원정으로 이어졌지만, 그 일로 자기 자신이 오르코메노스에서 제물로 바쳐질 위기에 처했다. '라퓌스티오스의 제우스'의 신탁이 속죄를 위한 제물을 요구했던 것이다. 막 제물로 바쳐질 순간, 그의 손자 퀴티소로스가 아이아이아 섬에서 돌아와 그를 구했다. 이는 제우스의 노여움을 샀

고, 제우스는 이제부터 아타만티데스의 맏아들은 영원히 공회당에 들어갈 수 없다고 선포했다. 이를 어기면 죽음만이 따를 것이라 덧붙였다. 이러한 신의 명령은 지금도 지켜지고 있다.[5]

e. 아르고 호 선원들의 귀향은 많은 이야기를 낳았다. 키잡이로 활약한 큰 앙카이오스의 경우가 가장 교훈적이다. 그는 수많은 난관과 위험을 극복하고 테게아에 있는 자신의 궁전으로 귀환했다. 예전에 어떤 예언자가 몇 년 전에 손수 심어 놓은 포도나무를 가리키면서 저기서 나온 포도주를 결코 맛보지 못할 것이라 그에게 경고한 적이 있었다. 고향에 도착한 당일, 앙카이오스는 자신의 요리사가 이미 첫 번째 포도를 수확했고 포도주도 무르익었다는 말을 들었다. 이에 그는 잔에 포도주를 가득 따르고, 입술로 가져갈 준비를 했다. 그러면서 예언자를 불러 그의 예언이 틀렸다고 타박했다. 예언자는 이렇게 답했다. "전하, 잔과 입술 사이가 만리 길입니다!" 바로 그 순간 앙카이오스의 하인이 달려와 소리쳤다. "주인님, 멧돼지가 나타났어요! 그놈이 주인님의 포도밭을 망치고 있어요!" 그는 아직 맛보지 못한 잔을 내려놓고, 멧돼지잡이 창을 움켜쥐고 뛰쳐나갔다. 멧돼지는 덤불 뒤에 숨어 있다가 돌진해 그를 죽였다.[6]

1] 니오도로스 시켈로스: 『역사총서』 4. 54; 아폴로도로스: 『비블리오테카』 1. 9. 28; 플루타르코스: 『테세우스』 12; 베르길리우스의 『아이네이스』 7. 750에 대한 세르비우스.

2] 알렉산드리아의 헤파이스티온: 5.; 디오도로스 시켈로스: 4. 55-66. 2; 휘기누스: 『신화집』 26; 유스티누스: 42. 2; 타키투스: 『연대기』 6. 34.

3] 디오도로스 시켈로스: 4. 55; 에우리피데스 『메데이아』의 '가설'에 대한 고전 주석자; 휘기누스: 『시적 천문학』 36.

4] 에우리피데스의 『메데이아』 10에 대한 고전 주석자; 아폴로니오스 로디오스에 대한 고전 주석자 : 4. 814.

5] 헤로도토스: 『역사』 7. 197.

6] 아폴로니오스 로디오스에 대한 고전 주석자: 1. 185.

＊

1. 앗티케 지역에서 데메테르를 대지의 여신으로 숭배하는 것이, 메데이아의 아테나이 체류 이야기를 낳았다(97. b 참고). 비슷한 숭배가 테바이, 텟살리아, 소아시아에도 있었기에, 메데이아의 이 지역들 방문 이야기가 나왔을 것이다. 그러나 마루비족Marrubians은 아마도 리비아에서 이탈리아로 이주해 갔을 것이다. 리비아의 프쉴리족Psylli은 뱀으로 부리는 마법에 능숙했다(플리니우스:『자연 탐구』 7. 2). 메데이아가 엘뤼시온 평원을 다스렸다는 이야기는 이해할 만하다. 회춘의 가마솥을 주재하는 여신으로서 그녀는 영웅들에게 한 번 더 지상에서 살 기회를 줄 수 있었다(31. c 참고). 헬레네('달')는 그녀의 여러 호칭 가운데 하나일 터이다(159. 1 참고).

2. 영웅시대에 오르코메노스의 왕은 그의 통치가 끝날 때 라퓌스티온 산 정상으로 이끌려가 제물로 바쳐진 것으로 보인다. 이때 왕은 '라퓌스티오스의 제우스Laphystian Zeus'의 사제이기도 한데, 이 자리는 모계 승계의 미뉘에스 씨족에서 대물림됐다. 페르시아 전쟁 때까지도, 이 씨족의 장은 자신을 제물로 바친다고 했을 때조차도 공회당에서 부르면 소환에 응했다고 헤로도토스는 전했다. 아무도 그에게 소환에 복종해야 한다고 강제하지 않았음에도 그랬다. 이를 두고 헤로도토스는, 보통 때는 대리인이 그를 대신했지만 역병이나 가뭄과 같은 국가적 재앙이 일어나면 본인이 직접 가야 한다는 의무감을 느끼는 것 같다고 설명했다.

이아손과 앙카이오스의 죽음은 일종의 교훈담으로, 지나친 명예와 번영, 또는 자부심의 위험을 강조하고 있다. 그러나 앙카이오스는 자신의 도시에서 멧돼지의 엄니에 깊은 상처를 입고 당당하게 죽지만(18. 7 참고), 이아손은 벨레로폰테스Bellerophontes(75. f 참고)와 오이디푸스(105. k 참고)와 같이 사람들의 미움을 받으면서 이 도시에서 저 도시로 떠돌다 결국 사고로 죽었다. 이아손이 다스린 이스트미아에서는 왕을 파르마코스로 삼아 절벽 너머로 던지는 관습이 있었다. 그러나 바다 위에서 기다리던 배가 그를 구조하고 추방해서 불운하고 이름 없는 거지로 살게 했다(89. 6과 98. 7 참고).

3. 아이작 뉴턴 경이, 필자가 아는 한 처음으로, 황도 12궁과 아르고 호항해 사이의 연관성을 지적했다. 아르고 호의 전설은 아무래도 알렉산드리아에서 황도 12궁의 영향을 받았을 것이다. 양자리는 프릭소스, 황소자리는 아이에테스, '하늘 위 쌍둥이'는 디오스쿠로이, 사자자리는 레아, 천칭자리는 알키노오스, 물병자리는 아이기나, 궁수자리는 헤라클레스, 처녀자리는 메데이아와 연결된다. 그리고 염소자리는 호색한의 상징으로 렘노스 섬의 사랑 나누기를 기록했다. 이집트의 황도 12궁을 활용하면, 비어 있는 조각들이 채워진다. 뱀자리는 전갈자리가 되고, 갱생의 상징인 투구풍뎅이자리는 게자리를 말한다.

11

트로이아 전쟁

158
트로이아 건설

트로이아 건설을 두고 이런 이야기가 전해지고 있다. 대기근이 들어, 크레테 사람의 3분의 1이 스카만드로스 왕자의 지휘 아래 새로운 식민지를 건설하려고 출발했다. 이들은 프뤼기아에 도착해 하막시토스 시에서 멀지 않은 바닷가에 숙영지를 세웠다.[1] 그 옆에는 높은 산이 있었는데, 이들은 그것을 제우스의 크레테 집을 기려 이다라는 이름을 붙였다. 이때 아폴론은 땅에서 태어난 적들이 야음을 틈타 공격하는 곳에 정착하라고 이들에게 조언했다. 이날 밤, 한 무리의 굶주린 들쥐 떼가 천막 안으로 몰려와 활시위와 방패 가죽끈 등 크레테인들 무구의 먹을 수 있는 부분은 모두 야금야금 갉아 먹었다. 스카만드로스는 아폴론 신의 말을 좇아 이곳에 정착할 것으로 명하고, '스민테우스의 아폴론'의 신전을 지어 바쳤다. (그 주위로 스민티온 시가 금방 자라났다.) 그리고 님프 이다이아와 결혼해 테우크로스를 자식으로 얻었다. 크레테인들은 아폴론 신의 도움을 받아 그곳 주변에 사는 베브뤼케스족을 물리쳤다. 그러나 이 전투에서 스카만드로스는 크산토스 강으로 뛰어들었고, 그 뒤로 그의 이름을 따라 이를 스카만드로스 강이라 부른다. 테우크로스가 그의 자리를 이었다. 이 크레테 출신 정착자들은 그의 이름을 따라 테우크리아족이라 불렸다. 그런데 어떤 이는 테우크로스 본인이 크레테 이주민들을 이끌었으며, 프뤼기아에서 다르다노스의 환영을 받았다고 전한다. 다르다노스가 그에게 딸을 아내로 주고 자기 백성도 테우크리아족이라 불렀다는 것이다.[2]

b. 아테나이인들은 완전히 다른 이야기를 전한다. 테우크리아족은 크레테에서 온 것이 아니라면서, 테우크로스라는 사람은 트로이스 시구 소속으로 아테나이에서 프뤼기아로 이주했다고 기록한다. 그리고 이 테우크로스가 프뤼기아에서, 제우스와 플레이아데스 자매의 하나인 엘렉트라가 낳은 아들인 다르다노스와 아르카디아 토박이인 페네오스를 기꺼이 받아들였다고 전한다. 위의 이야기와 정반대이다. 이런 전승을 뒷받침하기 위해 에리크토니오스가 아테나이와 테우크리아 양쪽의 왕실 계보에 등장한다는 주장까지 펼친다.[3] 아테나이인들은 다음과 같이 계속 설명을 이어간다. 다르다노스는 팔라스의 딸인 크뤼세와 결혼해 이다이오스와 데이마스를 자식으로 얻었다. 이들은 한동안 함께 아틀라스가 세운 아르카디아의 왕국을 다스렸지만, '데우칼리온 대홍수'의 재앙 탓에 헤어져야 했다. 데이마스는 아르카디아에 남았지만, 이다이오스는 아버지 다르다노스와 함께 사모트라케로 가서 그곳을 식민지로 개척했다. 그때부터 이 섬을 다르다니아라고 불렀다. 앞서 크뤼세는 자신의 지참금으로 '위대한 신들'의 신성한 조각상들을 다르다노스에게 가져왔다. 그녀는 이 신들의 여사제였다. 이제 다르다노스는 이들에 대한 숭배를 사모트라케에 도입했으며, 그러면서도 신들의 진짜 이름은 비밀에 부쳤다. 다르다노스는 필요한 의례를 거행하기 위해 살리 사제단을 설치했는데, 그 의례는 크레테의 쿠레테스가 거행했던 것과 동일했다.[4]

c. 다르다노스는 형제 이아시온의 죽음으로 인한 깊은 슬픔에 뗏목을 저

어 홀로 바다 건너 트로아스 지역으로 갔다. 뗏목은 바람 넣은 가죽으로 만들었으며, 돌 네 개를 바닥짐으로 삼아 균형을 잡았다. 테우크로스는 그를 따뜻하게 맞이했으며, 이웃 부족들을 제압하는 걸 도와준다면 왕국의 일부를 나눠주고 바테이아 공주를 아내로 주겠다고 했다. 어떤 이는 바테이아가 테우크로스의 고모라고 전하며, 다른 이들은 그의 딸이라고 한다.[5]

d. 다르다노스는 아테라는 작은 언덕 위에 도시를 건설하려 했다. 그 언덕 아래로 펼쳐진 평원에는 지금 트로이아 또는 일리온이 서 있다. 그러나 '프뤼기아의 아폴론'의 신탁이 그곳 주민들에게 불행한 일이 끊임없이 벌어질 것이라 경고했기에, 그는 이다 산의 조금 더 낮은 비탈에 도시를 짓고 다르다니아라 이름 붙였다.[6] 테우크로스가 죽고 난 다음 다르다노스는 왕국의 나머지도 이어받았고, 전체 왕국에 자기 이름을 붙였다. 그리고 세력을 확장해 많은 아시아 지역 나라들을 복속했다. 트라케와 그 너머까지 이주민을 보내 식민지를 개척하기도 했다.[7]

e. 그러는 동안, 다르다노스의 막내아들 이다이오스가 신성한 조각상들을 들고 그를 따라 트로아스로 넘어왔다. 다르다노스는 이를 통해 자기 백성들에게 '사모트라케의 비밀 의식'을 가르칠 수 있었다. 이런 신탁이 나왔다. 그가 세우려는 도시는 아내가 지참금으로 가져온 조각상들이 아테나 여신의 보호 아래 있는 한 천하무적의 도시가 될 것이라 확약한 것이다.[8] 그의 무덤은 지금도 트로이아 안의 다르다니아 구역에 남아 있다. 다르다니아는 나중에 일리온 및 트로스와 합쳐져 단일 도시가 되었다. 이다이오스는 이다이아 산맥에 정착했는데, 누구는 이 산맥의 이름이 그에게서 왔다고 전한다. 그는 거기에 프뤼기아의 '신들의 어머니' 숭배와 이 여신을 위한 비밀 의식을 도입했다.[9]

f. 로마 쪽의 전승은 다른 이야기를 전한다. 이아시온은 튀르레니아족의

왕자 코뤼토스의 아들이라 한다. 그리고 이아시온의 쌍둥이 형제가 다르다노스인데, 그는 제우스가 코뤼토스의 아내 엘렉트라를 통해 낳은 자식이다. 두 사람은 이 신성한 조각상들을 절반씩 나눈 다음, [이탈리아] 에트루리아에서 각각 이주의 길을 떠났다. 이아시온은 사모트라케로, 다르다노스는 트로아스로 갔다. 튀르레니아족을 다시 바다로 몰아내려는 베브뤼케스족과 맞서 싸우는 동안, 다르다노스는 투구도 잃고 군대가 궁지에 몰리는 등 어려움을 겪었지만 기어코 전세를 역전했다. 그는 승리를 거둔 뒤 전투가 벌어진 곳에 코뤼토스라는 이름의 도시를 건설했다. 자신의 아버지뿐 아니라 자신의 투구(코뤼스)를 기념하려 그렇게 이름 지었다.[10]

g. 이다이오스한테는 에리크토니오스와 일로스 또는 자퀸토스라는 두 형이 있었다. 이다이아라는 딸을 두었는데, 그녀는 나중에 피네우스의 두 번째 아내가 된다. 에리크토니오스는 다르다노스의 왕국을 이어받았으며, 시모에이스의 딸인 아스튀오케와 결혼해 트로스를 자식으로 얻었다.[11] 에리크토니오스는 크레테의 왕도 겸했는데, 지상에서 가장 번성한 사람이 됐다. 암말을 3,000마리나 가지고 있었는데, 보레아스가 사랑에 빠질 만큼 훌륭했다. 트로스는 아버지 에리크토니오스의 자리를 이어받았고, 트로이아뿐 아니라 트로아스 지역에 자신의 이름을 붙였다. 스카만드로스의 딸인 칼리로에를 아내로 얻어, 클레오파트라 2세와 일로스 2세, 앗사라코스, 가뉘메데스를 자식으로 얻었다.[12]

h. 그러는 동안, 에리크토니오스의 형제 일로스는 프뤼기아로 떠났다. 거기에서 일로스는 마침 열리고 있던 제전에 참가해 레슬링 종목에서 우승했고, 상으로 남녀 젊은이 50명씩을 받았다. 이때 프뤼기아의 왕이 그에게 얼룩배기 암소를 한 마리 주면서 암소가 처음 앉는 땅에 도시를 지으라고 조언했다. 일로스는 암소를 따라 갔고, 암소는 아테 동산에 이르자마자 자리

에 앉았다. 이에 그는 거기에 일리온이라는 도시를 건설했지만, 아버지 다르다노스가 예전에 받았던 신탁의 경고가 있어 요새를 짓지는 않았다. 하지만 어떤 이는 일로스가 따라 간 것은 자신의 뮈시아 암소들 가운데 하나이며, 아폴론이 도시를 지으라고 지시했다고 전한다. 그러나 다른 이들은 일리온은 로크리스에서 온 이주민들이 지었다고 주장한다. 고향에 있는 프리코니스 산의 이름을 트로이아의 퀴메 산에 붙였다고 한다.[13]

i. 일로스는 사방으로 도시의 경계를 결정한 다음, '전능한 제우스'에게 신의 신호를 보내 달라 기도했다. 다음 날 아침, 그는 자신의 천막 앞에 나무로 된 물건 하나가 웃자란 풀들에 가린 채 반쯤 땅에 묻혀 있는 것을 발견했다. 이것이 그 유명한 팔라디온인데, 다리 없는 조각상으로 높이는 3큐빗[약 150센티미터]에 이르렀다. 아테나가 죽은 리비아 소꿉친구 팔라스를 애도해 만든 것이다. 아테나는 친구 이름을 자기 이름에 붙이기도 했다. 팔라스는 오른손으로 창을 위로 치켜들었으며, 왼손은 실을 감는 물렛가락을 쥔 모습이었다. 가슴은 아이기스가 감싸고 있었다. 아테나는 애초에 이 조각상을 올림포스의 제우스 왕좌 옆에 세웠고, 조각상은 거기서 커다란 명성을 얻게 됐다. 그러나 일로스의 증조할머니인 플레이아데스 자매 엘렉트라가 제우스에게 겁탈을 당하면서 손으로 만져 이를 더럽히자, 아테나는 화가 나서 조각상을 그녀와 함께 땅으로 내던져 버렸다.[14]

j. '스민테우스의 아폴론'은 이때 일로스에게 조언했다. "하늘에서 떨어진 여신을 잘 지키도록 하라. 그러면 너의 도시도 잘 지킬 수 있을 것이다. 여신이 가는 곳이면 어디든 제국이 될 것이다!" 그에 따라 일로스는 조각상을 모시기 위해 성채에 신전을 새로 지었다.[15]

k. 어떤 이는 조각상이 여신의 선물로 천상에서 내려오기 전에 이미 신전이 서 있었다고 전한다. 조각상은 당시 아직 완공되지 않았던 지붕 쪽으

로 떨어졌으며, 정확히 제자리에 내려앉은 모습으로 발견됐다.[16] 다른 이들은 엘렉트라가 팔라디온을 제우스를 통해 낳은 아들 다르다노스에게 주었다고 주장한다. 그가 죽고 다르다니아에서 일리온으로 옮겨졌다는 것이다.[17] 또 다른 이들은 조각상이 천상에서 아테나이로 떨어졌으며, 아테나이 사람 테우크로스가 이를 트로아스로 가져왔다고 주장한다. 다른 이야기도 있다. 어떤 이들은 아테나이와 트로이아에 각각 하나씩 팔라디온이 두 개 있었다고 믿는다. 올륌피아의 제우스 조각상을 인도 상아로 깎아 만든 것처럼, 트로이아 쪽은 펠롭스의 뼈로 조각한 것이라 한다. 그게 아니면, 세상에는 더 많은 팔라디온이 있는데 이들 모두 똑같이 천상에서 떨어졌으며, 이들 가운데 하나인 사모트라케의 조각상을 이다이오스가 트로아스로 가져왔다고 전한다.[18] 로마에서는 지금도 '베스타를 모시는 처녀 무리College of Vestals'가 진짜 팔라디온이라 알려져 있는 조각상을 지키고 있다. 조각상을 직접 본 사람은 누구든 벌을 받았다. 조각상이 트로이아에 있을 때의 일이다. 언젠가 불이 났다는 소리에 일로스는 조각상을 구하려고 달려갔는데, 그 일로 눈이 멀고 말았다. 그는 나중에 아테나 여신을 달래 겨우 시력을 되찾을 수 있었다.[19]

l. 아드라스토스의 딸인 에우뤼디케는 일로스에게 라오메돈을 자식으로 낳아 주었다. 테미스테라는 딸도 낳았는데, 테미스테는 프뤼기아의 카퓌스와 결혼했으며, 누구는 앙키세스의 어머니가 되었다고 전한다.[20] 라오메돈은 스트뤼모와 함께 다섯 아들을 두었다. 스트뤼모는 스카만드로스와 레우킵페 또는 제욱십페 또는 토오사의 딸이다. 라오메돈의 다섯 아들은 티토노스, 람포스, 클뤼티오스, 히케타온, 포다르케스 등이다. 여기에 헤시오네, 킬라, 아스튀오케 등 세 딸도 슬하에 두었다. 라오메돈은 이 밖에 혼외자로 양치기 님프 칼뤼베를 통해 쌍둥이를 두기도 했다. 유명한 트로이아의 성

벽을 쌓기로 결정한 것도 라오메돈이었다. 커다란 행운이 뒤따라 아폴론과 포세이돈의 노역까지 받을 수 있었다. 자신에 대한 반란을 일으키자, 제우스가 이들에게 그곳에 가서 날품팔이 노동을 하라고 명했던 것이다. 포세이돈이 돌을 쌓고 있는 동안 아폴론은 뤼라를 연주하고 라오메돈의 양 떼를 돌봤다. 렐레게스족의 아이아코스는 포세이돈의 일을 도왔다. 그러나 라오메돈은 품삯을 속여 두 신의 커다란 노여움을 사고 말았다. 이 때문에 그와 그의 모든 아들들은, 지금은 프리아모스라 부르는 포다르케스만 빼고, 헤라클레스의 트로이아 약탈 때 한꺼번에 죽임을 당했다.[21]

m. 헤라클레스는 프리아모스에게 선선히 트로이아의 왕좌를 넘겨주었다. 그는 트로이아에 재앙이 닥친 것이 신들의 분노가 아니라 불운한 자리 때문이라 생각했다. 이에 프리아모스는 조카들 가운데 하나를 델포이로 보내 여사제 퓌티아에게 아테 동산에 아직도 저주가 내려져 있는지 물었다. 그런데 아폴론 신의 남자 사제인, 오트리아스의 아들 판토오스가 너무나 아름다워 프리아모스의 조카는 그와 사랑에 빠지고 말았다. 이에 자신의 임무를 망각한 채 그를 데리고 트로이아로 돌아왔다. 프리아모스는 화가 났지만 조카를 벌할 마음까지는 없었다. 신탁소에 끼친 피해에 대해 보상하고자 그는 판토오스를 아폴론 신의 사제로 임명했다. 그는 여사제 퓌티아에게 다시 신탁을 청하기가 어려워 그냥 같은 자리에 트로이아를 다시 세웠다. 프리아모스의 첫 번째 아내는 예언가 메롭스의 딸인 아리스베였다. 그녀가 자식으로 아이사코스를 낳았을 때, 그는 아리스베를 휘르타코스의 아내로 주었다. 그녀는 이 결혼으로 휘르타키데스인 아시오스와 니소스를 낳았다.[22]

n. 여기 나오는 아이사코스는 자신의 외할아버지 메롭스에게 해몽하는 법을 배웠다. 그는 또 케브렌 강의 딸 아스테로페에게 보여 준 깊은 사랑으

로 유명하다. 그녀가 죽었을 때, 그는 따라서 죽겠다면서 바다 절벽에서 여러 번 뛰어내렸다. 마침내 신들이 그를 불쌍히 여겨, 더 품위 있게 소원대로 할 수 있도록 그를 물속으로 뛰어드는 새로 만들어 주었다.[23]

o. 프리아모스의 두 번째 아내 헤카베는, 로마인들은 그녀를 헤쿠바라 부르는데, 뒤마스와 님프 에우노에의 딸이다. 누구는 그녀가 킷세오스와 텔레클레이아, 또는 산가리오스 강과 메토페, 이것도 아니면 크산토스의 딸인 글라우킵페의 딸이라 한다.[24] 프리아모스는 아들 50명을 두었는데, 헤카베가 이들 가운데 열아홉 명을 낳았다. 나머지는 첩의 자식들이다. 50명의 자식들은 모두 가까이 붙어 있는, 윤이 나는 돌로 지은 방에 기거했다. 프리아모스의 열두 딸은, 같은 안마당의 반대편에 각자의 남편과 함께 살았다.[25] 헤카베의 맏아들은 헥토르로, 어떤 이는 그를 아폴론의 아들이라 말한다. 그녀는 다음으로 파리스를 낳았다. 이어서 크레우사, 라오디케, 폴뤽세네를 낳았고, 또 데이포보스, 헬레노스, 캇산드라, 팜몬, 폴리테스, 안티포스, 힙포노오스, 폴뤼도로스를 자식으로 두었다. 그러나 트로일로스는 확실히 아폴론을 통해 낳은 자식이다.[26]

p. 헤카베의 어린 자식들 가운데 캇산드라와 헬레노스는 쌍둥이었다. '튐브라의 아폴론'[1)]의 성역에서 열린 이들의 생일잔치에, 이들은 뛰어노느라 피곤해져 구석에서 잠이 들었다. 그런데 부모는 깜빡하고 아이들을 그곳에 그냥 둔 채 포도주에 흥건히 취해 비틀거리면서 집으로 돌아왔다. 헤카베가 신전으로 돌아와 보니, 신성한 뱀들이 아이들의 귀를 핥고 있었다. 헤카베가 놀라 비명을 지르자 뱀들은 즉시 쌓아 놓은 월계수 나뭇가지 속으로 사라

---

1) 튐브라의 아폴론Thymbraean Apollo: 트로이아에서 가까운 튐브라 마을에는 큰 아폴론 신전이 있었다고 한다. 옆에 흐르는 강 이름을 붙여 '튐브라이오스의 아폴론Apollo Thymbraios'이라고도 하며, 트로이아 전쟁 이야기에 자주 등장한다. 아킬레우스도 이 신전에서 살해됐다(164. k 참고).

졌다. 그런데 그 뒤로 캇산드라와 헬레노스는 예언의 힘을 갖게 됐다.[27]

q. 그 일에 대한 다른 설명도 있다. 어느 날 캇산드라는 신전에서 잠이 들었는데, 아폴론이 나타나 자신과 함께 동침한다면 예언의 기술을 가르쳐 주겠다고 약속했다. 캇산드라는 그의 선물을 받고 난 다음 다시 흥정을 시작했다. 아폴론은 키스 한 번만 해달라 간청했고, 그녀가 그렇게 하자 그녀의 입 안에 침을 뱉었다. 이로 인해 아무도 그녀의 예언을 믿지 않게 됐다.[28]

r. 프리아모스는 몇 년 동안 이어진 신중한 통치 끝에 부와 권력에 있어 트로이아를 예전의 수준까지 올려놓았다. 이에 그는 평의회를 소집해 자신의 누이 헤시오네의 일을 의논했다. 예전에 아이아키다이인 텔라몬이 그녀를 그리스로 납치해 갔다. 그는 무력을 사용하길 원했지만, 평의회는 먼저 설득을 해봐야 한다고 권했다. 이에 그의 동서 안테노르와 사촌 앙키세스가 그리스로 가서 텔라몬의 궁정에 모인 그리스인들에게 트로이아의 요구를 알렸다. 하지만 멸시만 받을 뿐이었다. 이 사건이 트로이아 전쟁의 주요 원인이다.[29] 캇산드라는 이미 이때 그 전쟁의 비극적인 결말에 대해 예언했다. 프리아모스는 나쁜 소문을 막고자 캇산드라를 성채의 피라미드처럼 생긴 건물에 가두었다. 그리고 여자 간수에게 그녀가 내놓은 모든 예언의 말을 자신에게 알리라 명했다.[30]

1] 스트라본: 『지리학』 13. 1. 48.

2] 베르길리우스의 『아이네이스』 3. 108에 대한 세르비오스; 스트라본: 같은 곳; 체체스: 『뤼코프론에 관하여』 1302.

3] 아폴로도로스: 『비블리오테카』 3. 12. 1; 베르길리우스의 『아이네이스』 3. 167에 대한 세르비오스; 스트라본: 같은 곳.

4] 할리카르낫소스의 디오뉘시오스: 『고대 로마사』 1. 61과 2. 70-71; 호메로스의 『일리아스』에 대한 에우스타티오스 1204; 코논: 『이야기』 21; 베르길리우스의 『아이네이스』 8. 285에 대한 세르비오스.

5] 아폴로도로스: 3. 12. 1; 뤼코프론: 72 ff., 체체스의 논평과 함께; 호메로스의 『일리아스』 20. 215에 대한 고전 주석자; 베르길리우스의 『아이네이스』 3. 167에 대한 세르비오스; 체체스: 『뤼코프론에 관하여』 29.

6] 체체스: 같은 곳; 디오도로스 시켈로스: 5. 48; 스트라본: 『글조각』 50; 호메로스의 『일리아스』 20. 215 ff.

7] 아폴로도로스: 같은 곳; 세르비오스: 같은 곳; 디오도로스 시켈로스: 같은 곳.

8] 스트라본: 같은 곳; 할리카르낫소스의 디오뉘시오스: 1. 61; 호메로스의 『일리아스』에 대한 에우스타티오스 1204; 코논: 『이야기』 21; 베르길리우스의 『아이네이스』 2. 166에 대한 세르비오스.

9] 체체스: 『뤼코프론에 관하여』 72; 할리카르낫소스의 디오뉘시오스: 같은 곳.

10] 세르비오스: 같은 곳; 7. 207과 3. 15.

11] 아폴로도로스: 3. 12. 2와 3. 15. 3; 할리카르낫소스의 디오뉘시오스: 1. 50. 3.

12] 호메로스: 『일리아스』 20. 220 ff.; 할리카르낫소스의 디오뉘시오스: 1. 62; 아폴로도로스: 3. 12. 2.

13] 아폴로도로스: 3. 12. 3; 체체스: 『뤼코프론에 관하여』 29; 람프사코스의 레세스, 체체스의 인용: 같은 곳; 핀다로스: 『올륌피아 제전 송가』 8. 30 ff., 고전 주석자와 함께; 스트라본: 13. 1. 3과 3. 3.

14] 오비디우스: 『로마의 축제들』 6. 420 ff.; 아폴로도로스: 같은 곳.

15] 오비디우스: 같은 곳; 아폴로도로스: 같은 곳.

16] 딕튀스 크레텐시스: 5. 5.

17] 에우리피데스의 『포이니케 여인들』 1136에 대한 고전 주석자; 할리카르낫소스의 디오뉘시오스: 1. 61; 베르길리우스의 『아이네이스』 2. 166에 대한 세르비오스.

18] 알렉산드리아의 클레멘스: 『프로트렙티콘』 4. 47; 세르비오스: 같은 곳; 페레퀴데스, 체체스의 인용: 『뤼코프론에 관하여』 355; 『어원 대사전』 '팔라디온' 항목 649-650.

19] 데르퀼로스: 『도시의 건설』 1, 플루타르코스의 인용: 『영웅전』 17.

20] 아폴로도로스: 3. 12. 2와 3.

21] 아폴로도로스: 2. 59; 2. 6. 4와 3. 12. 3; 호메로스의 『일리아스』 3. 250에 대한 고전 주석자; 호메로스: 『일리아스』 6. 23-26; 21. 446과 7. 542; 호라티우스: 『서정시』 3. 3. 21; 핀다로스: 『올륌피아 제전 송가』 8. 41, 고전 주석자와 함께; 디오도로스 시켈로스: 4. 32.

22] 베르길리우스의 『아이네이스』 2. 319에 대한 세르비오스; 아폴로도로스: 3. 12. 5; 호메로스: 『일리아스』 2. 831과 837; 베르길리우스: 『아이네이스』 9. 176-177.

23] 베르길리우스의 『아이네이스』 5. 128에 대한 세르비오스; 아폴로도로스: 같은 곳; 오비디우스: 『변신 이야기』 11. 755-795.

24] 페레퀴데스, 호메로스의 『일리아스』 16. 718와 관련해 고전 주석자가 인용; 그리고 에우리피데스의 『헤카베』 32와 관련해; 아테니온, 호메로스의 같은 곳과 관련해 고전 주석자가 인용; 아폴로도로스: 같은 곳.

25] 호메로스: 『일리아스』 24. 495-497과 6. 242-250.

26] 스테시코로스, 체체스의 인용: 『뤼코프론에 관하여』 266; 아폴로도로스: 같은 곳.

27] 안티클레이데스, 호메로스의 『일리아스』 7. 44와 관련해 고전 주석자가 인용.

28] 휘기누스: 『신화집』 93; 아폴로도로스: 3. 12. 5; 베르길리우스의 『아이네이스』 2. 247에 대한 세르비오스.

29] 베누와: 『트로이아 이야기』 385와 3187 ff.; 『트로이아 포위 또는 전투』 349 ff.와 385; 체체스: 『뤼코프론에 관하여』 340; 다레스: 5; 베르길리우스의 『아이네이스』 3. 80에 대한 세르비오스.

30] 아이스퀼로스: 『아가멤논』 1210; 체체스: 『뤼코프론의 알렉산드라의 가설』; 『뤼코프론에 관하여』 29와 350.

*

1. 트로이아는 헬레스폰토스 해협의 입구에, 그것도 물이 잘 드는 평원에 자리 잡고 있었다. 이에 청동기 시대 동서 교역의 중심지로 성장했지만, 사방으로 외침에 시달려야 했다. 그리스, 크레테, 프뤼기아인들이 각각 자

기녜가 이 도시를 건설했다고 주장하는데, 이 주장들이 서로 양립하기 어려운 것도 아니다. 고전기까지 트로이아는 여러 차례 파괴되고 다시 세워지기를 반복했다. 모두 열 번의 트로이아가 있었고, 호메로스가 다룬 도시는 일곱 번째다. 호메로스가 관련된 트로이아는 세 부족이 연합해 세운 것으로 보인다. 트로이아족, 일리온족, 다르다니아족 등이 그들이다. 청동기 시대에는 이런 일이 흔했다.

2. '스민테우스의 아폴론'은 크레테 쪽을 가리킨다. 스민토스sminthos는 '쥐'를 뜻하는 크레테 말이기 때문이다. 쥐는 크놋소스(90. 3 참고)뿐 아니라 [팔레스타인 서남해안, 성경의 블레셋인] 필리스티아Philistia(「사무엘상」 4장 4절), 포키스(파우사니아스: 10. 12. 5)에서도 신성한 동물이었다. 그리고 아테나이의 펠라스고이족과 트라케인들은 다산을 가져다주는 북풍의 신, 에리크토니오스를 똑같이 숭배했다(48. 3 참고). 그러나 아테나이인들이 트로이아를 건설했다고 하는 주장은 정치적 선전에 불과할 가능성이 크다. 아폴론 신전에 잡아 두었다는 흰 쥐는 역병뿐 아니라 갑작스러운 쥐 떼의 습격도 예방하기 위한 것이었다. 아일리아노스(『동물의 본성』 12. 5와 41)와 아리스토텔레스(『동물 탐구』 6. 370)도 쥐 떼 습격을 언급한 바 있다. 다르다노스는 뤼디아(136. g 참고) 또는 사모트라케 출신의 튀르레니아족Tyrrhenians일 수 있다. 그러나 세르비오스는 그가 에트루리아에서 왔다고 기록함으로써 실수를 저질렀다. 튀르레니아족은 트로이아 전쟁 한참 뒤에 에트루리아에 정착했다. 크레테 말인 '자킨토스Zacinthus'가 트로이아의 왕실 계보에 등장하는데, 이는 오뒷세우스의 왕국에 속한 섬의 이름이기도 하다. 이는 그가 트로이아 쪽에 상속권을 주장했음을 암시한다.

3. 로마에서는 팔라디온Palladium을 도시에 행운을 가져다주는 존재로 여겨 '베스타를 섬기는 처녀들Vestal Virgins'이 지켰으며, 이탈리아 신화학자들

에게도 엄청나게 중요한 존재였다. 그들은 아이네이아스가 트로이아에서 이를 구해(파우사니아스: 2. 23. 5), 이탈리아로 가져왔다고 주장했다. 이는 아마도 참돌고래 엄니로 만들었을 것이다(108. 5 참고). '팔라디온'은 돌 또는 다른 숭배 대상물을 뜻하며, 테스피아이Thespiae에서 그랬듯 이를 가운데 두고 특정 씨족의 소녀들이 돌면서 춤을 추었다(120. a 참고). 또는 젊은 남자들이 그 주위에서 뛰어올랐다. 팔라스pallas는 남성과 여성의 구분 없이 사용했다. 로마의 살리 사제단²⁾도 뛰어오르는 사제들 집단이었다. 이런 숭배의 대상물이 부족의 번영을 가져다준다고 믿고, 또 도둑맞거나 훼손되지 않도록 열심히 지키게 되면서, 사람들은 팔라디아palladia가 팔타palta('하늘에서 떨어진 물건')를 뜻한다고 생각하게 됐다. 팔타는 하늘에서 내려다 볼 수 있어야 했다. 이에 로마에서 테르미노스의 신성한 뇌석thunder-stone을 윱퍼테르 신전³⁾의 구멍 난 지붕 아래 모셨다. 이 때문에 트로이아에서도 신전 지붕이 열려 있었다.

4. 운석 숭배는 고대의 거석에 대한 숭배로 쉽게 확장됐다. 거석은 원래 장례를 위한 것이었지만, 이런 사실은 망각됐다. 그런 다음 거석에서 돌 조각상으로, 돌 조각상에서 나무 또는 상아 조각상으로 숭배 대상이 넘어가는 것은 한두 걸음이면 충분하다. 그러나 하늘에서 방패가 떨어졌다는 대목은 더 많은 설명이 필요하다. 이런 방패로는 마르스의 안킬레⁴⁾(오비디우스:『로마의 축제들』3. 259-273)가 제일 유명하다. 팔타 가운데 실제 하늘에서

2) 살리 사제단College of Salii: 매년 3월 도시를 행진하는 사제단으로, 젊은이 열두 명으로 구성되었다.

3) 윱퍼테르의 신전: '최고로 위대한 윱퍼테르의 신전Temple of Jupiter Optimus Maximus(또는 Temple of Jupiter Capitolinus)'을 말하는 것으로 보인다. 로마의 일곱 언덕 가운데 하나인 카피톨리노 언덕Capitoline Hill에 있었으며, 여러 차례 파괴와 재건이 반복됐다. 지금은 흔적만 전해 실제 지붕이 뚫려 있었는지 확인이 어렵다.

4) 안킬레ancile: 그리스의 아레스에 해당하는 로마 신 마르스Mars가 로마 수호의 상징으로 전설상의 로마 2대 왕 누마 폼필리우스Numa Pompilius에게 주었다는 성스러운 방패이다.

떨어진 것은 운석이 유일할 터인데, 처음에는 운석을 나무를 쪼개기도 하는 번개의 원천이라 믿었다. 다음으로 신석기 시대 돌도끼를 벼락으로 착각했다. 이런 돌도끼가 최근 뮈케나이의 아시네Asine 성역에서 발굴됐다. 청동기 시대 초기의 청동 도끼 또는 절굿공이도 벼락으로 착각했는데, 에페소스에서 퀴벨레의 절굿공이가 그런 것이다(「사도행전」 19장 35절)[5] 그런데 방패도 천둥의 도구였다. 헬레네스 도래 이전 시대, 비를 뿌리게 하는 사람들, 즉 기우제를 지내는 무당은 바람이 일어나는 소리를 흉내 내려 울림판자를 빙빙 돌림으로써 폭풍을 불렀다. 그리고 천둥소리를 흉내 내려 방패를 두드렸다. 수소 가죽을 팽팽하게 당겨 만든 커다란 방패를 머리가 둘 달린 북채로 두드렸다. 이탈리아 중부 아나니Anagni의 돋을새김에 나오는 살리 사제들도 이런 북채를 들고 있다. 울림판자에서 계속 소리가 나게 하려면, 아이들이 바람개비로 그렇게 하듯이, 8자 모양으로 빙빙 돌려야 한다. 번개를 흉내 내기 위해 사용한 횃불도 같은 방식으로 돌렸을 것으로 보이는데, 기우제에 쓰는 방패도 8자 모양으로 만들어 북채 두 개로 양쪽을 계속 두드렸을 것이다. 현전하는 크레테의 도상에 '천둥의 정령'이 8자 모양의 방패 모습으로 내려오는 장면이 그려져 있는 것도 이 때문이다. 고대의 방패를 마침내 팔타라고 숭배한 것도 결국은 이 때문이다. 뮈케나이의 아크로폴리스에서 출토된 색칠한 서회안 평판이 있는데, 그 살색을 보면 천둥의 정령은 남신이 아니라 여신이다. 그리고 근처에서 발굴된 금반지에는, 하늘에서 내려오는 방패가 새겨져 있는데, 그 성별은 표시되어 있지 않다.

5. 캇산드라와 귀를 핥는 뱀들 이야기는 멜람푸스의 신화(122. c 참고)를,

---

5) 「사도행전」 19장에는 "……큰 아데미와 제우스에게서 내려온 우상……"이라는 대목이 나온다. 다시 말해, 아나톨리아의 풍요의 신 퀴벨레Cybele가 아니라 '아데미(아르테미스)'로 나온다.

아폴론이 그녀의 입에 침을 뱉는 것은 글라우코스의 신화(90. f 참고)를 떠올리게 한다. 그녀가 갇혔다는 감옥은 아마도 벌집 모양의 무덤으로, 그녀는 거기 묻혀 있는 영웅의 이름으로 예언을 내놓았을 것이다(43. 2와 154. 1 참고).

6. 프리아모스의 아들로 해몽하는 법을 배운 아이사코스Aesacus의 이름은 도금양 가지를 뜻한다. 그리스에서는 연회에서 이를 사람들 사이에 돌려 뽑히면 노래를 부르거나 짓게 했다. 도금양은 죽음의 나무였기에(101. 1과 109. 4 참고), 이렇게 불렸던 시는 원래 영웅을 위한 제례에서 만들어진 예언적 성격의 노래였을 것이다. 물속으로 뛰어드는 새diving bird는 앗티케에서 아테나 여신에게 신성했으며, 왕이 파르마코스로 물에 빠져 죽는 것과 관련이 있다(94. 1 참고). 스카만드로스가 크산토스 강으로 뛰어들었다는 대목은, 이와 비슷하게 선왕을 강물에 빠뜨려 죽이는 트로이아 관습을 지칭하는 게 분명하다(108. 3 참고). 죽은 왕의 혼령은 그곳에 와서 목욕하는 소녀들을 임신시킬 수도 있다고 여겼다(137. 3 참고). 같은 운명을 겪은 것으로 보이는 탄탈로스는 크산토스의 딸과 결혼했다(108. b 참고).

7. 프리아모스는 아들을 쉰 명 두었고, 이들 가운데 열아홉 명이 적출이다. 이는 트로이아에서 왕의 통치 기간이 '메톤 주기metonic cycle'에 따라 19년이었음을 암시한다. 크레테(138. 5 참고)와 아르카디아(38. 2 참고)와 같이 왕과 후계자가 나눠 갖는 태음월 100개 주기가 아니었다는 얘기다. 그의 열두 딸은 아마도 1년 열두 달 각각의 수호신이었을 것이다.

8. 트로이아 성벽을 쌓는 일에 있어 아이아코스의 참여가 갖는 중요성을 간과해선 곤란하다. 아폴론은 예전에 트로이아가 함락될 때 아이아코스의 첫째와 넷째 후손이 그곳에 있을 것이라 예언한 적이 있다(66. i 참고). 그리고 아이아코스가 지은 성벽 부분만 깨질 것이라 했다(핀다로스: 「퓌티아 제전 송가」 8. 39-46). 안드로마케는 헥토르에게 성벽의 서쪽 막벽인 "무화과나무

근처"가 적들이 가장 힘을 덜 들이고 공격할 수 있는 지점이라고 상기시켰다(호메로스: 『일리아스』 6. 431-439). 그러면서 이렇게 말했다. "두 아이아스를 따르는 가장 용맹한 병사들이 이미 세 번이나 성벽을 깨뜨리려 했습니다. 아마도 어떤 예언가가 이 비밀을 그들에게 알려 주었거나, 그들 자신의 정령이 그렇게 하도록 시킨 것 같아요." 되르펠트[6]의 트로이아 발굴을 통해, 이유는 알 수 없으나 실제로 성벽의 이 부분이 가장 약했음이 확인됐다. 그러나 두 아이아스 또는 '아이아코스의 후손들Aeacans'은 성벽의 약점을 알려 줄 점쟁이가 따로 필요하지 않았을 수도 있다. 폴뤼비오스가 지적했듯이, '아이아코스'가 오푼티아 로크리스Opuntian Locris에 있는 작은 아이아스의 도시에서 왔다고 한다면 그렇다는 것이다. 로크리스는 호메로스의 트로이아에 일리온족 구성원을 보냈으며 트로이아의 여사제를 지명하는 특권을 누린 것으로 보인다(168. 2 참고). 로크리스는 헬레네스 도래 이전의 렐레게스족이 살던 곳으로, 모계 승계 관습과 함께 가모장제적 정치 기구도 있었다(136. 4 참고). 렐레게스족의 또 다른 갈래가, 아마 로크리스인들의 후손으로 보이는데, 트로아스 지역의 페다소스에 살았다. 그들의 공주 가운데 하나인 라오토에가 트로이아로 와서 프리아모스의 자식을 낳기도 했다(호메로스: 『일리아스』 21. 86). 로크리스의 여사제들이 기꺼이 나서 팔라디온을 몰래 로크리스로 빼내 줌으로써 그리스 군의 트로이아 함락을 도와주었을 수 있다(168. 4 참고).

9. 테우크로스 하나는 스카만드로스의 아들이고, 다른 테우크로스는 아이아코스의 손자이자 프리아모스의 누이인 헤시오네의 아들로 나온다(137.

---

6) 빌헬름 되르펠트Wilhelm Dörpfeld: 1853-1940. 독일 고고학자로, 전설로만 이해됐던 트로이아를 실제 발굴한 것으로 유명하다.

2 참고). 이에 트로이아에서 테우크리아족 구성원은 렐레게스족, 또는 아이아코스의 후손들, 또는 일리온족과 동일시할 수 있다. 다른 두 구성원 가운데 하나는 뤼디아족, 또는 다르다니아족, 또는 튀르레니아족이며, 마지막 구성원은 트로이아족 또는 프뤼기아 족일 수 있다.

159
파리스와 헬레네

레다의 아름다운 딸인 헬레네는 양아버지 튄다레오스의 스파르테 궁전에서 자라 성숙한 여인이 됐다. 그리스의 모든 왕자들이 화려한 선물을 듬뿍 가지고 와서, 또는 자신을 대신해 친척을 보내, 그녀에게 구혼했다. 디오메데스가 테바이에서 막 승리를 거두고 거기로 갔지만, 이미 아이아스, 테우크로스, 필록테테스, 이도메네우스, 파트로클로스, 메네스테우스 등을 비롯해 다른 이들이 스파르테에 가득했다. 오뒷세우스도 구혼 대열에 동참했지만, 구혼에 성공할 가능성이 조금도 없음을 알고 있었기에 빈손으로 왔다. 그녀가 결국은 메넬라오스 왕자에게 보내질 것임을 알고 있었던 것이다. 헬레네의 오라비인 디오스쿠로이는 동생이 아테나이의 메네스테우스와 결혼하길 원했지만, 메넬라오스는 아카이아에서 가장 큰 부자인 데다 튄다레오스의 강력한 사위 아가멤논이 동생을 대신해 와 있었다.[1]

b. 튄다레오스는 어떤 구혼자도 돌려보내지 않았지만 그들이 내민 선물도 받지 않았다. 어느 한 사람을 선택하면 나머지와 사이가 틀어질까 걱정했기 때문이다. 오뒷세우스가 어느 날 그에게 물었다. "다툼을 피할 방법을 알려 준다면, 그 대가로 제가 이카리오스의 딸인 페넬로페와 결혼할 수 있

게 도와주시겠습니까?" 틴다레오스는 즉시 답했다. "당연히 그렇게 하겠소." 오뒷세우스는 말을 이었다. "제가 드리는 도움말은 이러합니다. 모든 헬레네의 구혼자들에게 맹세하도록 시키십시오. 어느 한 사람이 헬레네의 남편이라는 행운을 누릴 터인데, 다른 누군가가 그의 행운을 시기한다면 이에 맞서 그녀의 남편을 지킬 것이라고 말입니다." 틴다레오스는 그것이 현명한 대처법이라는 데 동의했다. 말 한 마리를 제물로 바치고 이를 조각낸 다음, 그는 구혼자들을 피가 흐르는 제물 앞에 서도록 하고 오뒷세우스가 미리 만들어 놓은 맹세의 말을 따라 하게 했다. 모든 맹세가 끝나고 말조각들을 모아 거기에 묻었는데, 지금도 그곳을 '말 무덤'이라 부른다.

c. 틴다레오스가 헬레네의 남편을 선택했는지, 아니면 그녀가 직접 그에게 화관을 씌워 줌으로써 자신의 뜻을 표시했는지 말이 엇갈린다.[2] 어쨌든 그녀는 메넬라오스와 결혼했고, 메넬라오스는 틴다레오스가 죽고 아내의 오라비인 디오스쿠로이가 신이 된 다음 스파르테의 왕이 됐다. 그러나 이들의 결혼은 실패할 운명이었다. 몇 년 전에 신들에게 제물을 바치는 동안 틴다레오스는 어리석게도 아프로디테를 빠뜨렸다. 여신은 그 앙갚음으로 틴다레오스의 세 딸 모두 간통으로 악명을 떨치게 하겠다고 맹세했다. 아가멤논의 아내인 클뤼타임네스트라, 티만드라, 그리고 헬레네가 그들이다.[3]

d. 메넬라오스는 헬레네와 함께 딸 하나를 두고, 헤르미오네라고 이름지었다. 아들로는 아이티올라스와 마라피오스, 플레이스테네스를 슬하에 두었다. 마리피오스와 관련해, 페르시아의 마라피온 가문이 그의 혈통이라는 주장도 있다. 아이톨리아의 여자 노예인 피에리스가 나중에 메넬라오스에게 쌍둥이 혼외자를 낳아 주었다. 이름은 니코스트라토스와 메가펜테스이다.[4]

e. 가끔씩 묻는다. 제우스와 테미스[1]는 왜 트로이아 전쟁을 계획했을까? 유럽과 아시아를 전쟁에 휩쓸어 넣었다면서 헬레네를 유명하게 만들기 위함이었을까? 아니면 반인반신 종족에게 영광과 명예를 주고, 동시에 너무 많은 사람이 '어머니 대지'의 표면을 짓누르고 있어 이들 가운데 일부를 솎아 내기 위함이었을까? 신들이 이를 계획한 이유는 여전히 이해하기 어렵지만, 불화의 신 에리스가 황금 사과를 던졌을 때는 이미 이런 결정이 내려져 있었다. 에리스는 당시 "가장 아름다운 이에게"라고 쓰인 황금 사과를 펠레우스와 테티스의 결혼식 한가운데 던져 넣었다. '전능한 제우스'는 당시 헤라와 아테나, 아프로디테 사이에 벌어진 분쟁에 대해 판결을 내리지 않고, 헤르메스를 시켜 이 여신들을 이다 산으로 이끌어 가도록 했다. 그곳에 있는 프리아모스의 잃어버린 아들 파리스에게 중재자 역할을 맡긴 것이다.[5]

f. 파리스가 태어나기 직전, 헤카베는 장작더미를 낳는 꿈을 꿨다. 그런데 거기에서 수많은 불을 뿜는 뱀들이 꿈틀거리면서 쏟아져 나왔다. 화마가 트로이아 도시와 이다 산의 숲을 모두 삼키는 광경을 보고 비명을 지르며 잠에서 깨었다. 프리아모스는 즉시 아들이자 예언가인 아이사코스에게 물었다. 아들은 이렇게 말했다. "이제 태어날 아이로 인해 우리나라가 폐허가 될 것입니다! 왕이시여, 그 아이를 없앨 것을 간청 드립니다."[6]

g. 며칠 뒤, 아이사코스는 한층 더 목소리를 높였다. "오늘 아이를 낳은 트로이아 왕실의 여인은 반드시 잡아 죽여야 합니다! 그녀의 자식과 함께 없애야 합니다!" 이에 프리아모스는 자신의 누이 킬라를 그녀의 아기 무닙포스와 함께 죽이고, 트로스의 신성한 구역에 이들을 함께 묻었다. 아이는

---

1) 테미스Themis: 티탄 여신으로 율법의 신이며, 메티스에 이어 제우스의 두 번째 아내가 됐다. 정의의 신 디케의 어머니이다. 여기서는 트로이아 전쟁이 율법 또는 정의와 무슨 관련이 있는가 하고 묻는 것으로 보인다.

이날 아침에 태어났는데, 그녀가 튀모이테스와 몰래 함께해 가지게 된 아이였다. 이날 헤카베가 해가 떨어지기 전에 아들을 낳았지만, 프리아모스는 이 모자는 죽이지 않았다. 아폴론의 여사제 헤로필레를 비롯해 다른 여러 예언자들이 헤카베에게 최소한 아기라도 죽여야 한다고 재촉했다. 그녀는 자신이 나서서 그렇게 할 수는 없었다. 결국 프리아모스는 이들에게 설득을 당했고, 자신의 소몰이꾼 대장인 아겔라오스라는 사람을 불러와 이 일을 맡겼다. 아겔라오스는 밧줄이나 칼을 쓰기엔 마음이 여린 사람이라 아기를 이다 산에 내버렸다. 거기서 아기는 암곰의 젖을 빨았다. 소몰이꾼 아겔라오스가 닷새 뒤에 돌아와 이런 모습을 보고 깜짝 놀랐으며, 어쩔 수 없이 젖먹이를 집으로 데리고 와서 새로 태어난 자기 자식과 함께 키웠다. 아기를 자루에 넣어 왔기에 이름은 '파리스'라고 지었다.[7] 그는 왕의 명령을 따랐다는 증거로 개의 혀를 프리아모스에게 보여 주었다. 그러나 누구는 헤카베가 소몰이꾼에게 뇌물을 줘서 파리스를 죽이지 않고 프리아모스에게 비밀로 하도록 했다고 전한다.[8]

h. 파리스의 고귀한 혈통은 출중한 아름다움과 지능, 힘을 통해 금방 드러났다. 이제 막 아이 티를 벗어났을 뿐인데, 소도둑 무리를 무찌르고 예전에 도둑 맞았던 암소들까지 되찾아왔다. 이에 알렉산드로스라는 별명을 얻었다.[9] 이때는 노예와 다를 것이 없는 신분임에도, 오이네우스 강의 딸이자 샘의 님프인 오이노네는 파리스를 자신의 연인으로 선택했다. 그녀는 레아 여신한테서 예언술을 배웠다. 또 아폴론 신이 라오메돈의 소몰이꾼으로 일할 적에 그에게서 의술도 배웠다. 파리스와 오이노네는 가축 떼를 몰고 나가 함께 사냥을 하곤 했다. 그는 그녀의 이름을 너도밤나무와 포플러 껍질에 새겼다.[10] 파리스는 아겔라오스의 황소들끼리 소싸움 붙이는 일을 몹시 즐겼다. 이긴 놈에게 꽃으로 만든 관을, 진 놈에게 짚으로 지은 관을 각각

씌워 주었다. 황소 한 마리가 연전연승을 거두자, 파리스는 이놈을 끌고 이 웃 소 떼의 제일 센 놈들을 찾아다녔다. 소싸움을 붙여 상대를 모두 물리쳤 다. 마침내 그는 자기 황소를 이길 수 있는 놈이 나타나면 황금 관을 두 뿔 에 씌워 주겠다고 선언하기에 이르렀다. 이에 아레스는 장난으로 스스로 황소로 변신해 승리를 거두었다. 파리스는 당연한 듯이 선선히 황금 관을 아레스에게 내주었고, 이를 지켜보던 올림포스 신들은 놀라면서도 흐뭇하 게 여겼다. 제우스가 세 여신 사이의 다툼을 중재할 사람으로 파리스를 고 른 것도 이 일 때문이다.[11]

i. 파리스는 이다 산의 제일 높은 봉우리 가르가로스에서 소 떼를 돌보고 있었다. 이때 헤르메스가 헤라, 아테나, 아프로디테와 함께 나타나 황금 사 과와 제우스의 메시지를 전했다. "파리스야, 너는 잘생긴 만큼이나 마음의 일에도 지혜롭기에, 제우스께서 너에게 이 여신들 가운데 누가 제일 아름 다운지 판결하라 명했다."

파리스는 머뭇거리면서 사과를 받았다. "어떻게 저와 같은 소몰이꾼이 신들의 아름다움에 대해 판결할 수 있겠습니까?" 그는 울먹이듯 말했다. "저로서는 이 사과를 셋으로 나눌 수밖에 없을 것 같습니다."

"아니다. 아니다. 너는 '전능한 제우스'의 명령에 따라야 한다." 헤르메스 는 급히 답했다. "나 또한 너에게 어떤 도움말도 줄 수 없다. 타고난 네 능 력으로 결정해야 한다!"

"어쩔 수가 없네요." 파리스는 한숨을 쉬었다. "먼저 판결에서 진 분들이 저에게 성을 내지 않기를 간청합니다. 저는 고작 인간일 뿐입니다. 가장 어 리석은 실수를 저지르는 그런 존재입니다."

세 여신은 모두 그의 결정을 따르겠다고 동의했다.

"이분들을 그냥 이대로 보고 판단하면 되나요?" 파리스는 헤르메스에게 물었다. "아니면 나체까지 봐야 합니까?"

"시합의 규칙도 네가 결정해야 한다." 헤르메스는 조심스럽게 미소 지으며 이렇게 답했다.

"그렇다면 죄송스럽지만 이분들이 옷을 벗어 주실 수 있을까요?"

헤르메스는 여신들에게 그렇게 하라고 이야기하고, 자신은 예의 바르게 뒤돌아섰다.

j. 아프로디테는 금방 준비를 끝냈지만, 아테나는 그녀가 유명한 마법의 허리 장식 띠도 풀어야 한다고 고집했다. 장식 띠를 걸치고 있으면 누구든 상대를 사랑에 빠지게 하므로, 아프로디테에게 부당한 이점을 준다고 했다. "알았어." 아프로디테는 독기 어린 얼굴로 답했다. "나는 그렇게 하겠지만, 너도 네 투구를 벗어야 해. 투구가 없으면 너는 끔찍해 보일 뿐이야."

"이제 여신들께서 괜찮으시다면, 제가 한 분씩 뵙도록 하겠습니다." 파리스는 이렇게 선언했다. "불필요한 논란으로 자칫 주의가 산만해질 수 있으니까요. 헤라 여신님께 여쭙니다. 이리로 와주세요. 다른 두 여신께서는 잠시 자리를 비켜 주시겠습니까?"

"양심에 어긋나지 않게 평가하도록 하라." 헤라는 천천히 돌아서면서 참으로 훌륭한 몸매를 드러내 보였다. "이것 하나도 기억하도록 하거라. 만약 내가 가장 아름답다고 판결한다면, 너는 모든 아시아의 주인일 뿐 아니라 세상 제일의 부자가 될 것이다. 내가 그리 만들어 주겠다."[12]

"여신이여, 저는 재물에 흔들이지 않습니다. …… 아주 좋습니다. 감사합니다. 이제 봐야 할 것은 모두 봤습니다. 이리 오시죠. 아테나 여신님!"

k. "여기 왔다." 아테나 여신은 성큼성큼 걸어와서 이렇게 말했다. "듣거라, 파리스야. 네게 남들만큼 상식이 있어 나에게 그 상을 준다면, 너는 모든 전투에서 승리하게 될 것이다. 또 세상에서 제일 잘생기고 제일 현명한

남자로 만들어 주겠다."

"저는 군인이 아니라 천한 소몰이꾼일 뿐입니다." 파리스는 답했다. "더구나 지금 뤼디아와 프뤼기아 전체가 평화를 누리고 있음을 여신께서도 잘 아실 겁니다. 프리아모스 왕의 통치가 굳건합니다. 그러나 여신께서 황금 사과를 달라 하시는 뜻을 잘 알기에 공정하게 심사숙고할 것임을 약속드립니다. 이제 신께서는 옷과 투구를 갖추셔도 됩니다. 아프로디테 여신께서는 준비가 되셨나요?"

l. 아프로디테가 주저주저하면서 옆걸음으로 다가왔다. 그런데 여신이 너무 가깝게 거의 닿을 정도로 다가와 파리스가 얼굴을 붉혔다.

"부디 주의를 기울여 나를 봐 주거라. 무엇 하나 빠뜨리지 말고 …… 그런데 너를 보자마자 내가 이렇게 혼잣말을 했단다. '세상에나, 저기 프뤼기아에서 제일 잘생긴 청년이 있구나! 어쩌다 저 청년은 멍청한 소 떼를 돌보면서 여기 야생의 땅에서 인생을 낭비하고 있을까?' 정말, 파리스야. 왜 그러고 있느냐? 왜 도시로 가서 문명의 삶을 살지 않느냐? 스파르테의 헬레네와 같은 여인과 결혼한다고 해서 잃을 것이 무엇이냐? 그녀는 나만큼이나 아름답고, 나보다 덜 열정적이지도 않단다. 일단 너희 둘이 만난다면, 그녀는 너의 연인이 되고자 자기 집과 가족, 모든 것을 버릴 것이라고 내가 확신한다. 니도 분명 헬레네에 대해 들어보지 않았느냐?"

"여신이시여, 그 여인 이야기는 처음 들었습니다. 더 말씀해 주시면 감사하겠습니다."

m. "헬레네는 아름다우면서도 우아하단다. 백조의 알에서 태어났지. 그녀는 제우스를 자신의 아버지라 부를 수도 있고, 사냥과 씨름을 사랑하며, 어릴 적에 그 아이 때문에 전쟁도 한 차례 벌어졌단다. 그녀가 어른이 되고 나서, 그리스의 모든 왕자들이 그녀에게 구혼했지. 지금 그녀는 상왕 아가

멤논의 동생 메넬라오스와 결혼해 있지만, 전혀 문제될 게 없단다. 너는 원한다면 언제든 그녀를 가질 수 있다."

"그녀가 이미 결혼을 했다면, 어떻게 그게 가능하겠습니까?"

"세상에나! 너는 참으로 순박하구나. 내가 신으로서 맡은 임무가 이런 종류의 일이라는 것을 들어보지 못했느냐? 나중에 내 아들 에로스를 안내자로 삼아 그리스로 여행을 떠나거라. 일단 스파르테에 도착하면, 헬레네는 너와 사랑에 푹 빠져 정신을 차리지 못할 것이다. 에로스와 내가 그렇게 만들겠다."

"정녕 그렇게 하겠다고 맹세하실 수 있으십니까?" 파리스는 흥분해 이렇게 물었다.

아프로디테는 엄숙하게 맹세했고, 파리스는 두 번 생각하지 않고 그녀에게 황금 사과를 수여했다.

이 판단으로 파리스는 헤라와 아테나 여신 양쪽의 꾹꾹 눌러 단단해진 미움을 사게 됐다. 두 여신은 트로이아를 멸망시킬 계획을 짜려 함께 팔짱을 끼고 자리를 떠났다. 그러는 동안 아프로디테는 외설스러운 미소를 지으면서 한쪽에 서서 어떻게 하면 자기 약속을 가장 잘 지킬 수 있을까 곰곰이 생각했다.[13]

n. 이런 일이 있고 머지않아 프리아모스는 하인들을 보내 아겔라오스의 소 떼에서 황소 한 마리를 몰아오게 했다. 매년 죽은 아들을 기려 추모 제전을 열었는데, 제전의 부상으로 삼을 참이었다. 하인들이 하필이면 매번 황소 싸움에서 이긴 놈을 고르자, 파리스는 갑자기 자신도 추모 제전에 참가하고 싶다는 욕심에 사로잡혔다. 아겔라오스가 그를 말리며 나섰다. "너는 그동안 황소 싸움을 그렇게나 많이 벌이지 않았더냐. 무엇을 더 하겠다고 그러느냐?" 파리스는 고집을 피웠고, 결국 아겔라오스는 그와 함께 트로

이아까지 갔다.

o. 트로이아에는 특별한 관습이 있었으니, 전차 경주로 여섯 바퀴를 모두 돌고 나면, 권투 경기에 참여하는 자들은 왕이 보는 앞에서 경기를 펼쳤다. 파리스는 여기에 출전하기로 결심했고, 아겔라오스의 간청도 물리치고 경기장으로 뛰어들었다. 그는 기술이 아니라 순전히 용기로 최종 우승을 차지했다. 달리기 종목에서도 맨 먼저 결승점을 통과했다. 이에 약이 바짝 오른 프리아모스의 아들들이 다른 종목으로 도전해 왔다. 그러나 이는 파리스를 세 번째 우승자로 만들 뿐이었다. 이들은 남들 앞에서 패배한 것이 창피해 파리스를 죽이기로 마음먹고, 경기장의 모든 출입구에 무장한 호위대를 배치했다. 그러는 동안 헥토르와 데이포보스가 칼을 들고 그를 공격했다. 파리스는 피신하려 제우스의 제단을 향해 뛰었고, 아겔라오스는 프리아모스 왕에게 달려가 소리를 질렀다. "왕이시여, 저 젊은이는 왕께서 예전에 잃어버린 아들입니다!" 프리아모스는 즉시 아내 헤카베를 불렀고, 소몰이꾼이 아기 파리스가 손에 쥐고 있던 딸랑이를 내보이자 헤카베는 자식이 맞다고 확인했다. 파리스는 당당하게 궁전으로 돌아올 수 있었고, 프리아모스는 신들에게 제물을 바치고 큰 연회를 열어 아들의 귀환을 함께 축하했다. 그러나 아폴론의 사제들은 이 소식을 듣자마자 파리스를 즉시 죽여야 한다고 신언했다. 그렇게 하지 않으면 트로이아가 멸망한다고 했다. 이런 이야기를 전해 듣고, 프리아모스는 이렇게 답했다. "내 훌륭한 아들이 죽는 것보다 트로이아가 망하는 게 더 낫다!"[14]

p. 파리스의 결혼한 형제들은 머지않아 그도 아내를 얻어야 한다고 권했다. 그럴 때마다 파리스는 아프로디테가 좋은 아내를 골라줄 것이라 믿는다면서 이를 물리쳤다. 그러면서 매일같이 여신에게 기도를 올렸다. 평화적인 제안이 거절당함에 따라 또다시 평의회가 열려 헤시오네의 구출 문제를

논의했다. 이때 파리스는 왕께서 잘 훈련된 대규모 함대를 마련해 준다면 자신이 원정대를 이끌겠다고 자원했다. 그러면서 그는 영악하게 이렇게 덧붙였다. 만약 헤시오네를 데려오지 못한다면, 몸값을 받을 수 있도록 헤시오네와 같은 지위의 그리스 공주를 납치해 올 수도 있을 것이라 말했다. 당연히 그의 마음속에는 몰래 스파르테로 가서 헬레네를 데려오겠다는 계획이 서 있었다.[15]

q. 바로 그날, 뜻밖에도 헬레네의 남편인 메넬라오스가 트로이아에 도착해 뤼코스와 키마이로스의 무덤이 어디에 있는지 물었다. 이들은 프로메테우스가 아틀라스의 딸 켈라이노를 통해 얻은 아들들이다. 그의 말로, 지금 스파르테에 역병이 번져 델포이 신탁소를 찾아가 보니 이들에게 영웅의 제물을 바쳐야 한다는 신탁이 나왔다는 것이다. 파리스는 메넬라오스를 환대하면서 호의를 베풀어 스파르테에서 자신을 정화해 달라고 간청했다. 자신이 최근에 사고로 안테노르의 어린 아들 안테오스를 장난감 칼로 죽인 일이 있었다고 설명했다. 메넬라오스가 그러겠다고 하자, 파리스는 아프로디테의 조언에 따라 텍톤의 아들 페레클로스에게 예전에 프리아모스가 자신에게 주겠다고 약속했던 함대를 구성하는 일을 맡겼다. 기함旗艦에 붙이는 선수상船首像은 작은 에로스를 안고 있는 아프로디테 조각상을 달도록 했다. 파리스의 사촌으로 앙키세스의 아들인 아이네이아스가 동행하기로 했다.[16] 캇산드라는 머리를 풀어헤친 채 이번 항해가 가져올 대참사를 예언했고, 캇산드라의 쌍둥이인 헬레노스도 마찬가지였다. 그러나 프리아모스는 자기 자식들의 예언에 전혀 주목하지 않았다. 심지어 오이노네까지 이번 항해가 파멸을 가져올 것이라며 말렸지만, 파리스는 눈물을 흘리며 그녀에게 작별 키스를 했다. 그녀는 말했다. "혹시라도 부상을 입는다면 내게 오거라. 오직 나만 너를 치료할 수 있다."[17]

r. 출항한 함대는 아프로디테가 보내 준 순풍을 타고 금방 스파르테에 도착했다. 메넬라오스는 아흐레 동안 잔치를 베풀어 파리스를 대접했다. 연회에서 파리스는 헬레네에게 트로이아에서 가져왔다면서 선물을 건넸다. 그의 빤히 쳐다보는 눈길과 깊은 한숨, 대담한 신호에 헬레네는 무척이나 당황했다. 파리스는 헬레네의 포도주잔을 들어 그녀가 마셨던 가장자리 부분에 자기 입술을 가져다 댔다. 한 번은 그녀가 앉는 식탁 위에 "사랑해요, 헬레네!"라는 글이 포도주로 적혀 있기도 했다. 헬레네는 자신이 파리스의 연정을 부추기고 있다고 메넬라오스가 의심할까 봐 무서워졌다. 그러나 그는 둔감한 사람이었고, 아무것도 모른 채 쾌활하게 크레테로 배를 타고 떠났다. 거기서 할아버지 카트레우스의 장례식이 열렸던 것이다. 자기가 없는 동안 손님들을 잘 대접하고 왕국도 맡아 달라면서 그녀를 두고 혼자 떠났다.[18]

s. 헬레네는 바로 그날 밤 파리스와 눈이 맞아 함께 달아났으며, 처음 다다른 항구에서 사랑으로 자신을 그에게 주었다. 그 항구는 크라나에 섬에 있다. 크라나에 맞은편, 본토에는 '맺어 주는 아프로디테'의 전당이 서 있는데, 이는 파리스가 이번 일을 기념해 세운 것이다.[19] 어떤 이는 헬레네가 그의 구애를 거절했으며, 그가 사냥하러 나온 헬레네를 강제로 납치했다고 기록했다. 또는 스파르테에 기습 공격을 가해서, 또는 아프로디테의 도움을 받아 남편 메넬라오스로 변신해 그녀를 납치했다고도 했다. 하지만 이들은 모두 거짓이다. 헬레네는 당시 아홉 살에 불과한 딸 헤르미오네를 버리고 떠났다. 그렇지만 아들 플레이스테네스와 궁전에 비장된 보물의 상당 부분은 가지고 갔다. 아폴론 신전에서 3탈란톤 가치의 황금도 훔쳐 갔다. 이와 함께 시녀 다섯도 데려갔는데, 이들 가운데 둘은 이전에 왕족이었다. 테세우스의 어머니 아이트라와 페이리토오스의 누이 테이사디에가 그들이다.[20]

t. 이들이 트로이아를 향하는 동안, 헤라가 보낸 거대한 폭풍이 파리스

일행을 퀴프로스 섬까지 밀어 보냈다. 이에 그는 시돈으로 배를 몰았고, 그 곳 왕의 환대를 받았다. 왕에게 그리스 세계에 대해 알려 주던 와중에, 파리스는 신의를 저버리고 왕을 죽이고 잔치가 벌어지던 곳을 약탈했다. 화려한 약탈품을 배에 싣는 동안 시돈 병사들이 그를 공격했다. 피비린내 나는 전투를 치르고 배 두 척을 잃었지만, 파리스는 끝내 이를 물리치고 무사히 바다로 빠져나왔다. 파리스는 메넬라오스의 추적이 두려워, 몇 달 동안 포이니케와 퀴프로스, 이집트 등지에 머물렀다. 그리고 마침내 트로이아로 돌아왔고, 그는 헬레네와 결혼식을 올렸다.[21] 트로이아인들은 그녀를 환영했다. 신에 견줄 만한 아름다움에 넋을 잃었기 때문이다. 그리고 어느 날 트로이아의 성채에서 돌 하나가 발견됐는데, 다른 돌에 비비면 거기서 피가 흘러 떨어졌다. 헬레네는 이것이 강력한 미약이 될 것임을 알아보고, 이를 활용해 파리스의 열정이 계속 불타오르도록 만들었다. 이윽고 파리스뿐 아니라 모든 트로이아 사람들이 그녀와 사랑에 빠졌다. 프리아모스도 그녀를 결코 돌려보내지 않겠다고 맹세했다.[22]

u. 이번 일에 대한 완전히 다른 설명도 있다. 헤르메스가 제우스의 명에 따라 헬레네를 훔쳐 이집트의 프로테우스 왕에게 맡겼다는 것이다. 그러는 동안 트로이아의 파리스한테는 헤라가 (누구 말로는 프로테우스가) 구름으로 빚어낸 헬레네의 환영을 보냈다는 것이다. 오직 양쪽의 분쟁을 촉발하려는 의도에서 그렇게 했다.[23]

v. 이집트의 사제들도 역시 있음직하지 않은 이야기를 전한다. 트로이아 함대가 폭풍을 만나 항로를 벗어났고, 파리스는 나일 강의 카노포스 입구에 있는 염전에 상륙했다. 거기에는 지금도 헤라클레스 신전이 서 있는데, 도망 노예의 안식처가 되고 있다. 노예들은 이곳에 도착해 자신을 신에게 바치고 몸에 어떤 신성한 표시를 받는다. 파리스의 하인들도 그곳으로 달

아났으며, 사제들의 보호 아래로 들어가자마자 파리스가 헬레네를 납치했다고 고발했다. 카노포스 항의 책임자는 이를 전해 듣고 멤피스에 있는 프로테우스 왕에게 보고했다. 프로테우스 왕은 파리스를 체포해 데려오라 명했다. 헬레네와 그가 훔친 보물도 함께 가져오게 했다. 면밀한 조사 끝에, 프로테우스는 파리스를 추방하고, 헬레네와 보물은 이를 되찾으러 온 메넬라오스에게 넘겨주었다. 멤피스에는 '손님 아프로디테'의 신전이 지금도 남아 있다. 이는 헬레네가 바친 것으로 전해진다.

헬레네는 파리스에게 세 아들을 낳아 주었다. 이름은 부노모스, 아가노스, 이다이오스인데, 모두 어릴 적에 트로이아에서 지붕이 무너져 한꺼번에 죽었다. 헬레네라고 부른 딸도 하나 있었다.[24] 파리스는 님프 오이노네와 함께 코뤼토스라는 나이를 조금 먹은 아들을 두었다. 오이노네는 헬레네를 질투해 이 아들을 그리스 군에 길잡이로 보냈다.[25]

1] 아폴로도로스: 『비블리오테카』 3. 10. 8; 휘기누스: 『신화집』 81; 오비디우스: 『헤로이데스』 17. 104; 헤시오도스: 『여인들의 목록』, 『글조각』 68, 192 ff., 에블린 화이트 편집.

2] 헤시오도스: 같은 곳; 아폴로도로스: 3. 10. 9; 파우사니아스: 『그리스 여행기』 3. 20. 9; 휘기누스: 『신화집』 78.

3] 스테시코로스, 에우리피데스의 『오레스테스』 249와 관련해 고전 주석가가 인용; 휘기누스: 같은 곳; 아폴로도로스: 3. 11. 2.

4] 호메로스: 『오뒷세이아』 4. 12-14; 호메로스의 『일리아스』 3. 175에 대한 고전 주석자; 『퀴프리아』, 에우리피데스의 『안드로마케』 898와 관련해 고전 주석자가 인용; 파우사니아스: 2. 18. 5.

5] 『퀴프리아』, 프로클로스의 인용: 『명문집』 1; 아폴로도로스: 『요약집』 3. 1-2; 『퀴프리아』, 호메로스의 『일리아스』 1. 5와 관련해 고전 주석자가 인용.

6] 아폴로도로스: 3. 12. 5; 휘기누스: 『신화집』 91; 체체스: 『뤼코프론에 관하여』 86; 핀다로스: 『승리의 노래 조각』 8, 544-546, 센디스 편집.

7] 체체스: 『뤼코프론에 관하여』 224와 314; 베르길리우스의 『아이네이스』 2. 32에 대한 세르비오스; 파우사니아스: 10. 12. 3; 에우리피데스의 『안드로마케』 294와 『아울리스의 이피게네이아』 1285에 대한 고전 주석자; 아폴로도로스: 같은 곳; 휘기누스: 『신화집』 91; 콘라트 폰 뷔르츠부르크: 『트로이아 전쟁』 422 ff.와 546 ff.

8] 딕튀스 크레텐시스: 3; 로린슨: 『트로이아의 파괴』.

9] 아폴로도로스: 같은 곳; 오비디우스: 『헤로이데스』 16. 51-52와 359-6c.

10] 오비디우스: 『헤로이데스』 5. 12-30과 139; 체체스: 『뤼코프론에 관하여』 57; 아폴로도로스: 3. 12. 6.

11] 『트로이아의 대가』 159; 로린슨: 『트로이아의 파괴』.

12] 오비디우스: 『헤로이데스』16. 71-73과 5. 35-36; 루키아노스: 『신들의 대화』20; 휘기누스: 『신화집』92.

13] 휘기누스: 같은 곳; 오비디우스: 『헤로이데스』16. 149-152; 루키아노스: 같은 곳.

14] 로린슨: 『트로이아의 파괴』; 휘기누스: 『신화집』91; 베르길리우스의 『아이네이스』5. 370에 대한 세르비오스; 오비디우스: 『헤로이데스』16. 92와 361-362.

15] 다레스: 4-8; 로린슨: 같은 곳.

16] 체체스: 『뤼코프론에 관하여』132; 『퀴프리아』, 프로클로스의 인용: 『명문집』1; 호메로스: 『일리아스』5. 59 ff.; 아폴로도로스: 『요약집』3. 2; 오비디우스: 『헤로이데스』16. 115-116.

17] 『퀴프리아』, 프로클로스의 인용: 같은 곳; 오비디우스: 『헤로이데스』16. 119 ff.와 45 ff.; 아폴로도로스: 『요약집』3. 12. 6.

18] 오비디우스: 『헤로이데스』16. 21-23; 17. 74 ff.; 83과 155 ff.; 아폴로도로스: 『요약집』3. 3; 『퀴프리아』, 프로클로스의 인용: 같은 곳.

19] 오비디우스: 『헤로이데스』16. 259-262; 『퀴프리아』, 프로클로스의 인용: 같은 곳; 파우사니아스: 3. 22. 2; 아폴로도로스: 같은 곳; 호메로스: 『일리아스』3. 445.

20] 베르길리우스의 『아이네이스』1. 655에 대한 세르비오스; 호메로스에 대한 에우스타티오스, 1946; 아폴로도로스: 같은 곳; 『퀴프리아』, 프로클로스의 인용: 같은 곳; 다레스: 10; 체체스: 『뤼코프론에 관하여』132 ff.; 휘기누스: 『신화집』92.

21] 호메로스: 『오뒷세이아』4. 227-230; 프로클로스: 『명문집』1; 딕튀스 크레텐시스: 1. 5; 아폴로도로스: 『요약집』3. 4; 체체스: 『뤼코프론에 관하여』132 ff.

22] 베르길리우스의 『아이네이스』2. 33에 대한 세르비오스.

23] 아폴로도로스: 『요약집』3. 5; 에우리피데스: 『엘렉트라』128과 『헬레네』31 ff.; 베르길리우스의 『아이네이스』1. 655와 2. 595에 대한 세르비오스; 스테시코로스, 체체스의 인용: 『뤼코프론에 관하여』113.

24] 헤로도토스: 『역사』2. 112-115; 딕튀스 크레텐시스: 5. 5; 체체스: 『뤼코프론에 관하여』851; 알렉산드리아의 헤파이스티온: 4.

25] 코논: 『이야기』22; 체체스: 『뤼코프론에 관하여』57 ff.

*

1. 헬레네가 트로이아에 간 적이 없고 트로이아 전쟁은 "오직 환영" 때문에 벌어졌다는 이야기는, 기원전 6세기 시칠리아 시인인 스테시코로스한테서 나온 것으로 전해진다. 그는 헬레네를 아주 부정적으로 묘사하는 시를 쓰고 나서 눈이 멀었고, 나중에 죽은 헬레네의 노여움을 사서 그렇게 됐다는 것을 알게 됐다(164. m 참고). 이에 그의 이전 작품을 취소하는 개영시 palinode를 썼는데, 이렇게 시작한다. "이 이야기는 거짓이 아니다. 여러분이 자리가 잘 갖춰진 저 배를 타고 가지 않았다고 해도, 트로이아의 탑들을 직접 보지 못했다 해도." 이렇게 세상에 열변을 토함으로써 그는 시력을 회복했다(플라톤: 『파이드로스』243a; 파우사니아스: 3. 19. 11). 파리스가, 또는 그에 앞

서 테세우스가 헬레네를 납치한 것은 무엇을 의미하는지 명확하지 않다. '헬레네'는 스파르테의 달의 여신 이름이었고, 말을 제물로 바친 다음(81. 4 참고) 그녀와 결혼함으로써 메넬라오스는 왕이 됐다. 그런데 파리스는 왕위를 빼앗은 것도 아니었다. 물론 트로이아인들이 스파르테를 침략해 여자 상속자와 궁전의 보물을 빼앗아 갔을 가능성은 있다. 헤시오네의 이야기가 암시하듯이, 그리스의 트로이아 약탈에 대한 보복으로 그렇게 했을 것이다. 그런데 테세우스의 헬레네는 아마도 피와 살이 있는 실제 인간이지만(103. 4 참고), 트로이아의 헬레네는, 애초 스테시코로스가 주장했듯이, 정말로 "오직 환영"이었을 가능성이 훨씬 더 많다.

2. 이런 상황은 므네스테레스 테스 헬레네스mnēstēres tēs Helenēs('헬레네의 구혼자들')가 실제로는 므네스테레스 투 헬레스폰투mnēstēres tou hellēspontou('헬레스폰토스를 잊지 않고 있던 사람들')임을 암시한다. 그리고 왕들이 피가 흐르는 말 조각들 앞에서 했던 엄숙한 맹세는, 이 국가 연합의 구성원이라면 누구든 헬레스폰토스 해협을 항해할 권리를 가지며 이를 상호 지원하겠다는 내용이었을 가능성이 있다. 여기서 제물로 바쳤던 말은 바다의 신인 포세이돈에게 신성한 짐승이며, 왕들은 원정의 주요 후원자였을 터이다. 왕들은 트로이아인들과 그들의 아시아 동맹들의 저항을 돌파해야 했다(148. 10; 160. 1과 162. 3 참고). 어쨌든, 헬레스폰토스에는 그들 자신의 그리스 여신 헬레Helle의 이름이 들어 있었다. 그런데 사실 헬레네 이야기는 북부 시리아의 고대 항구도시 우가리트Ugarit의 서사시 「케레트Keret」에서 왔다. 거기에선 케레트의 합법적인 아내 후라이Huray를 우듬Udm이 납치해 간다.

3. 파리스의 탄생은 아이올로스(43. c 참고), 펠리아스(68. d 참고), 오이디푸스(105. a 참고), 이아손(148. b 참고) 등의 신화적 패턴을 그대로 따라간다. 그는 익숙한 새해의 아이이며, 소몰이꾼 아겔라오스의 아들이 그의 쌍둥이다.

그가 프리아모스의 아들 50명을 달리기 경주에서 이기는 것도 역시 익숙한 장면이다(53. 3과 60. m 참고). '오이노네Oenone'는 이런 경우 그가 획득했던 공주의 호칭이었던 것으로 보인다(53. 3; 60. 4; 98. 7; 160. d 참고).

파리스는 사실 세 여신들 가운데 가장 아름다운 이에게 사과를 주지 않았다. 이 이야기는 헤라클레스가 헤스페리데스에게 사과나무 가지를 받는 장면의 도상을 보고 잘못 추론한 결과이다(133. 4 참고). 헤스페리데스는 나체의 님프-여신으로 셋이 함께 짝을 이뤄 나왔다. 헤브론Hebron의 아다노스Adanus가 가나안의 '만물의 어머니'로부터 불사의 존재라는 선물을 받는 장면일 수 있으며, 올림피아에서 달리기 경주의 승자가 상을 받는 장면일 수도 있다(53. 7 참고). 여기에서는 헤르메스의 존재가 이를 증명한다. 그는 '영혼의 인도자Conductor of Souls'로서 그를 '엘뤼시온 평원'으로 데려간다.

4. 기원전 14세기, 이집트와 포이니케는 케프티우Keftiu, 즉 '바다의 사람들'의 반복되는 침략에 시달렸다. 트로이아인들이 침략에서 주도적인 역할을 했던 것으로 보인다. 팔레스타인에 거점을 확보한 부족들 가운데 기르가스족Girgashites(「창세기」 10장 16절)도 있었다. 이들은 트로아스 지역의 게르기스Gergis 또는 게르기티온Gergithium에서 온 테우크리아족Teucria이다(호메로스: 『일리아스』 8. 304; 헤로도토스: 5. 122와 7. 43; 리비우스: 38. 39). 프리아모스와 앙키세스는 구약성서에 피람Piram과 아키시Achish(「여호수아」 10장 3절과 「사무엘상」 27장 2절)로 등장한다. 그리고 파레즈Pharez라고, 인종적으로 뒤섞인 유다족의 선조가 있는데, 그는 어머니의 자궁 안에서 자기 쌍둥이와 싸움을 벌였다(「창세기」 38장 29절). 바로 그가 파리스인 것으로 보인다. 트로이아의 성채에서 발견된 헬레네의 '피 흘리는 돌'은 거기서 프리아모스의 조카 무닙포스Munippus를 처형했다는 것으로 설명이 된다. 즉 파리스는 매년 아이를 제물로 바침으로써 여왕의 배우자로 계속 남아 있었다는 것이다. [장난

감 칼로 죽였다고 나오는] 안테오스('꽃이 핀')도 비슷한 희생자이다. 그의 이름은 '봄의 디오뉘소스'(85. 2 참고)의 호칭이었고, 삶의 한창 때에 죽임을 당한 다른 불운한 왕자들이 이런 호칭을 받았다. 클레오메네스Cleomenes가 죽여 가죽을 벗긴 포세이돈의 아들도 이 왕자들 가운데 하나이다(필로스테파누스: 『글조각』 8). 클레오비스Cleobis가 우물에 빠뜨려 죽인 할리카르낫소스의 안테오스도 이런 경우다(파르테니오스: 『에로티카』 14).

5. 킬라Cilla는, 이름이 '당나귀뼈로 만든 점치는 주사위'를 뜻하는데(헤쉬키오스, '킬라이Cillae' 항목), 트로이아 성채의 여신인 아테나임이 분명하다. 이 여신은 주사위를 이용한 예언술을 발명했고(17. 3 참고), 무닙포스의 죽음을 관장했다.

160
아울리스 항으로 1차 집결하다

파리스가 헬레네를 자신의 아내로 삼겠다고 결심했을 때, 메넬라오스의 분노에 대가를 지불해야 할 것이라고는 예상하지 못했다. 크레테인들이 제우스의 이름으로 포이니케에서 에우로페를 납치해 왔을 때, 자기 행동에 책임을 지라는 말을 들었던가? 아르고 호 선원들이 콜키스에서 메데이아를 납치해 왔을 때, 대가를 지불하라는 말을 들었던가? 아테나이인들이 크레테의 아리아드네를 납치해 간 것은 어땠는가? 트라케인들이 아테나이의 오레이튀이아를 납치한 것은 또 어땠는가?1) 하지만 이번엔 경우가 달랐다. 헤라는 전령 이리스를 크레테로 날아가게 해, 둘이 눈이 맞아 달아났다는 소식을 전했다. 메넬라오스는 서둘러 뮈케나이로 가서 형인 아가멤논에게 즉시 군대를 소집하고 트로이아 원정대를 이끌어 달라고 간청했다.

b. 아가멤논은 이에 동의하면서도 먼저 트로이아에 사절단을 보내 헬레네의 반환과 메넬라오스가 입은 손해에 대한 보상을 요구하겠다고 했다. 물론 사절단은 빈손으로 돌아왔다. 프리아모스는 전혀 모르는 일이라 했다. 실제 파리스는 아직도 지중해 남쪽 바다에 머물고 있었다. 그러면서 프리아모스는 헤시오네의 강탈과 관련해 예전에 자신의 사절단이 어떤 대접

을 받았는지 되물었다. 메넬라오스는 말의 피 흘리는 조각 앞에서 맹세를 했던 모든 왕자들에게 전령을 보내, 파리스의 행동은 그리스 전체에 대한 모욕이라 역설했다. 이번 범죄를 본보기로 삼아 응징하지 않는다면 앞으로 누구든 자기 아내의 안전을 걱정해야 할 것이라고도 했다. 메넬라오스는 필로스에서 노년의 네스토르를 데려와 함께 그리스 본토 전역을 돌아다니면서 원정대의 장수들을 끌어 모았다.[2]

c. 아가멤논은 동생 메넬라오스, 나우플리오스의 아들 팔라메데스와 함께 이타케를 찾아갔다. 거기 있는 오뒷세우스에게 원정대 동참을 설득했으나 결코 쉬운 일이 아니었다. 오뒷세우스는 라에르테스의 아들로 통하지만, 시쉬포스가 유명한 도둑 아우톨뤼코스의 딸인 안티클레이아를 통해 몰래 낳은 아들이다. 아이가 태어난 직후 외할아버지인 아우톨뤼코스가 이타케 섬으로 왔다. 도착 당일 그는 저녁을 마치고 아기를 자기 무릎에 올려놓고 얼렀다. 안티클레이아가 말했다. "아버지, 아이 이름을 지어 주세요." 아우톨뤼코스는 대답했다. "나는 그동안 살면서 수많은 왕자들의 반감을 샀다. 그러니 이 손자를 오뒷세우스라 이름 짓겠다. '화난 사람'이란 뜻이다. 이 아이는 내게 앙심을 품은 자들에게 희생될 것이기 때문이다. 그런데 아이가 나중에 파르낫소스 산에 와서 나를 책망한다면 손자에게 내 재산의 일부를 떼 주고 그의 화를 달래 주겠다." 오뒷세우스는 어른이 되자마자 예상대로 아우톨뤼코스를 찾아갔다. 하지만 그는 외삼촌들과 함께 사냥을 나갔다가 멧돼지 엄니에 넓적다리를 깊게 베여 죽을 때까지 남을 흉터를 얻었다. 아우톨뤼코스는 그를 잘 돌봐주었고, 그는 약속받은 선물을 가득 싣고 이타케로 돌아왔다.[3]

d. 오뒷세우스는 페넬로페와 결혼했다. 그녀는 이카리오스와 나이아데스의 하나인 페리보이아의 딸이다. 어떤 이는 이 결혼이 이카리오스의 형

제인 튄다레오스가 힘을 쓴 결과라고 전한다. 튄다레오스가 스파르테의 '아페타' 거리를 달리는 구혼자들의 경주에서 그가 이기도록 해주었다는 것이다. 페넬로페는 이전에 아르나이아 또는 아르나키아라고 불렸는데, 나우플리오스가 그녀 아버지의 명에 따라 바다에 집어던졌지만 보라색 줄무늬의 오리 떼가 나타나 그녀를 물 위로 끌어 올려 해변까지 끌고 왔다. 이런 기이한 일에 보고 이카리오스와 페리보이아는 마음이 누그러졌다. 그리고 아르나이아는 '오리'를 뜻하는 새 이름 페넬로페를 얻었다.[4]

e. 이카리오스는 오뒷세우스에게 페넬로페를 아내로 준 다음, 그에게 스파르테에 머물도록 부탁했지만 거절당했다. 이에 그는 신랑 신부를 태운 전차를 뒤따라가서 딸에게 뒤에 남으라고 애원했다. 그때까지 참고 있던 오뒷세우스는 고개를 돌려 페넬로페에게 말했다. "당신의 자유 의지로 이타케까지 가든지, 당신 아버지를 더 좋아한다면 나 없이 여기 남도록 하시오!" 페넬로페는 베일을 내리는 것으로 대답을 대신했다. 이카리오스는 오뒷세우스가 자신의 권리를 행사하고 있음을 깨닫고, 딸을 그대로 보내 주었다. 그리고 겸손의 신Modesty의 조각상을 세웠다. 이는 지금도 스파르테 시에서 약 4마일[6.4킬로미터] 떨어진 곳에 서 있다. 바로 거기서 그 일이 벌어졌다.[5]

f. 오뒷세우스는 언젠가 신탁의 경고를 받은 적 있다. "네가 트로이아로 간다면, 20년이 지난 다음에야 돌아올 것이다. 그것도 홀로 거지꼴을 하고 올 것이다." 이에 그는 실성한 사람처럼 행동했다. 아가멤논과 메넬라오스, 팔라메데스가 이타케에 도착하니 그는 밭을 갈고 있었다. 그런데 그는 달걀 반쪽 모양으로 된 가난한 농부의 모직 모자를 쓴 채로 당나귀와 수소를 한 멍에에 매어 쟁기를 끌게 했다. 앞으로 나가면서 어깨 뒤로 밭에 소금을 뿌리기까지 했다. 오뒷세우스가 손님들을 못 알아보는 척하자 팔라메데스

는 페넬로페의 품에서 아기 텔레마코스를 낚아채 당나귀와 수소 바로 앞 땅바닥에 내려놓았다. 오뒷세우스는 자기 외아들이 짐승에 밟혀 죽지 않게 급히 고삐를 당겼다. 이는 자신이 제정신임을 시인한 것이 됐고, 이제는 원정대에 합류하지 않을 수 없었다.[6]

g. 메넬라오스와 오뒷세우스는 아가멤논의 전령 탈튀비오스와 함께 퀴프로스 섬으로 갔다. 거기에는 또 다른 헬레네 구혼자인 키뉘라스 왕이 살았다. 왕은 이들에게 아가멤논을 위한 선물로 가슴막이를 내놓으면서 배 50척을 보내겠다고 맹세했다. 그는 약속을 지켰지만, 진짜 배는 한 척뿐이고 나머지 49척은 작게 흙으로 빚은 것들이었다. 선원 자리도 인형으로 채워져 있었다. 선장이 그리스 해안에 이르러 이 배들을 바다에 띄웠다. 아가멤논은 아폴론 신에게 이런 속임수에 벌을 내려 달라고 기도했고, 이에 아폴론이 키뉘라스 왕을 죽였다고 전해진다. 거기에 50명에 이르는 그의 딸들도 바다로 뛰어들어 할퀴온이 됐다고 한다. 그러나 사실은 이와 다르다. 키뉘라스는 나중에 자기 딸 스뮈르네와 근친상간을 저질렀다는 것을 알고 스스로 목숨을 끊었다.[7]

h. 아폴론 신의 사제인 칼카스는 트로이아 출신의 변절자로, 펠레우스의 일곱 번째 아들인 젊은 아킬레우스의 도움이 없다면 트로이아를 함락시킬 수 없을 것이라 예언했다. 아킬레우스의 어머니 테티스는 몸의 죽게 마련인 부분을 태워 없앤다고 하면서 아킬레우스의 다른 형제들을 모두 소멸시켰다. 아버지 펠레우스가 그를 불에서 급히 꺼내지 않았다면 아킬레우스도 같은 방식으로 소멸될 뻔했다. 그의 까맣게 탄 발목뼈는 땅에서 파낸 기가스 다뮈소스의 뼈로 대신했다. 그러나 어떤 이는 테티스가 아들을 스튁스 강에 집어넣었다고 전한다. 그래서 손으로 아기를 쥐고 있던 뒤꿈치 부분만 불사의 힘을 갖지 못하게 됐다는 것이다.[8]

i. 테티스가 펠레우스를 버리고 떠나자, 그는 아기를 켄타우로스 케이론에게 맡겼다. 케이론은 아이를 펠리온 산에서 키웠으며, 용맹함을 북돋우려 사자와 멧돼지의 내장은 물론 곰의 골수도 먹였다. 재빠르게 달릴 수 있도록 벌집과 새끼 사슴의 골수를 먹였다는 이야기도 있다. 케이론은 그에게 말타기와 사냥, 피리 불기, 부상 치료법 등을 가르쳤다. 무사 칼리오페는 연회에서 노래하는 법을 가르쳤다. 그는 겨우 여섯 살에 처음으로 멧돼지를 죽였고, 그다음부터는 언제나 사냥한 멧돼지와 사자를 끌고 케이론의 동굴로 돌아오곤 했다. 아테나와 아르테미스는 경이로운 눈으로 금발의 소년을 지켜봤다. 소년은 아주 빠른 발을 갖고 있어, 사냥개 없이도 달아나는 수사슴을 따라잡아 죽일 수 있었다.[9]

j. 테티스는 자기 아들이 원정에 합류한다면 다시는 트로이아에서 돌아오지 못할 것임을 알고 있었다. 그는 거기에서 영광을 얻고 일찍 죽거나, 아니면 집에서 영광은 없지만 장수를 누릴 운명이었기 때문이다. 그녀는 아들을 소녀로 변장하게 해 스퀴로스의 왕 뤼코메데스에게 맡겼다. 아킬레우스는 그곳 궁전에서 케르퀴세라 또는 아잇사 또는 퓌르라라는 이름으로 살았으며, 뤼코메데스의 딸 데이다메이아와 선을 넘기도 했다. 둘은 퓌르로스라는 아들을 얻었는데, 나중에 네오프톨레모스라 불렀다. 그러나 어떤 이는 네오프톨레모스는 아킬레우스와 이피게네이아의 아들이라 전한다.[10]

k. 오뒷세우스와 네스토르, 아이아스는 스퀴로스 섬으로 가서 아킬레우스를 데려오라는 명을 받았다. 그가 거기 숨어 있다는 소문이 돌았던 것이다. 뤼코메데스 왕은 이들에게 궁전을 수색할 수 있도록 했지만, 오뒷세우스가 아니었다면 결코 찾아내지 못했을 것이다. 오뒷세우스는 넓은 방에 선물을 무더기로 쌓아 두었다. 대부분이 보석과 장식 허리끈, 수를 놓은 옷과 같은 것이었다. 그리고 궁정의 숙녀들에게 맘껏 골라 보라 했다. 그런 다

음 오뒷세우스는 궁전 밖에서 일제히 나팔을 불고 무기 부딪히는 소리를 내도록 따로 지시했다. 그러자 소녀들 가운데 하나가 웃통을 벗어젖히더니 미리 선물들 사이에 끼워 둔 방패와 창을 움켜쥐고 뛰어나왔다. 그가 바로 아킬레우스였고, 그는 자신의 뮈르미돈족을 이끌고 트로이아로 가겠다고 약속했다.[11]

l. 일부 권위자들은 이를 공상적인 이야기일 뿐이라 무시한다. 그러면서 네스토르와 오뒷세우스가 모병을 위해 여러 곳을 순회하다 프티아에 도착 했으며, 거기에서 펠레우스에게 환대를 받았다고 전한다. 이때 펠레우스가 당시 열다섯 살인 아킬레우스가 트로이아로 떠나는 것을 기꺼이 허락했다 고 한다. 다만 아뮌토르와 클레오불레의 아들인 포이닉스 밑에서 가르침을 받아야 한다는 조건을 달았다. 테티스도 아들에게 아름다운 무늬가 새겨진 상자를 주었다. 상자 안에는 먼 길 가는 데 필요한 튜닉과 바람막이 망토, 두꺼운 깔개가 들어 있었다.[12] 여기 나오는 포이닉스는 예전에 아버지의 첩 인 프티아가 그에게 겁탈을 당했다고 고발한 일이 있었다. 아버지 아뮌토 르는 아들의 눈을 멀게 하고 그에게 후사가 없을 것이라 저주를 내렸다. 고 발이 사실이든 아니든, 실제 그에게는 후사가 없었다. 그는 프티아로 달아 났고, 그를 맞이한 펠레우스는 케이론을 설득해 그의 시력을 되찾아 주도 록 했을 뿐 아니라 이웃한 돌로피아족의 왕으로 임명했다. 포이닉스는 이 에 아킬레우스의 보호자가 되겠다고 자원했고, 아킬레우스는 그를 아주 잘 따랐다. 다만 누구는 포이닉스의 실명은 진짜로 시력을 잃은 게 아니라 성 적 무능력의 비유일 뿐이라 주장한다. 그가 아킬레우스의 두 번째 아버지 가 되도록 함으로써 펠레우스가 그 저주를 풀어 주었다고 덧붙인다.[13]

m. 아킬레우스에게는 결코 헤어질 수 없는 동료가 있었다. 그의 사촌 파 트로클로스로, 나이로는 그보다 많지만 그만큼 강하지도, 재빠르지도, 가문

이 좋지도 않다. 파트로클로스의 아버지는 오푸스의 메노이티오스라고도 하고, 아이아코스라는 말도 있다. 어머니는 여러 이름이 거론된다. 아카스토스의 딸인 스테넬레, 페레스의 딸인 페리오피스, 펠레우스의 딸인 폴뤼멜레, 악토르의 딸인 필로멜레 등이다.[14] 그는 예전에 주사위 놀이를 하다 벌어진 다툼에서 암피다마스의 아들 클레이토뉘모스 또는 아이아네스를 죽인 다음 여기 펠레우스의 궁정으로 도망쳐 왔다.[15]

n. 그리스 함대가 아울리스에 집결했다. 이곳은 에우보이아 해협 안에 있어 외적으로부터 비교적 안전했다. 이때 크레테의 사절단이 찾아왔다. 아가멤논이 자신과 최고 지휘권을 공유한다면, 크레테의 이도메네우스 왕도 배 100척[1]을 트로이아로 보내겠다는 것이었다. 아가멤논은 이를 수락했다. 이도메네우스는 데우칼리온의 아들로, 헬레네 구혼자 가운데 하나였다. 그는 준수한 외모로 유명했고, 미노스의 혼외자 가운데 하나라고 소문이 난, 몰로스의 아들 메리오네스를 부관으로 데려왔다. 그의 방패에는 수탉 그림이 있었는데, 헬리오스의 후손이기 때문이다. 멧돼지의 엄니로 장식한 투구도 썼다.[16] 이렇게 해서 트로이아 원정은 크레테-헬레네스 합동의 대규모 계획이 됐다. 헬레네스의 육군은 아가멤논이 오뒷세우스와 팔라메데스, 디오메데스의 도움을 받아 지휘했다. 헬레네스의 함대는 아킬레우스가 큰 아이아스와 포이닉스의 도움을 받아 지휘했다.[17]

o. 아가멤논은 여러 조언 가운데 퓔로스의 왕 네스토르의 말을 가장 존중했다. 그의 지혜는 따라올 사람이 없었고, 그의 웅변은 꿀보다 더 달콤했다. 그는 3세대에 걸쳐 다스려 왔고, 노령임에도 용맹한 전사였고, 기병과 보병 전술에 있어 아테나이 왕 메네스테우스를 능가하는 지휘관이었다. 그

---

1) 호메로스의 『일리아스』 2권 652행에는 80척으로 나온다.

의 정확한 판단은 오뒷세우스의 그것과 다르지 않아, 이 둘은 언제나 전쟁 수행의 성공에 있어 필요한 동일한 방책을 내놓았다.[18]

p. 큰 아이아스는 텔라몬과 페리보이아의 아들로 살라미스 섬에서 왔다. 그는 용기와 힘, 용모에 있어 오직 아킬레우스에게만 미치지 못했다. 그는 경쟁자들보다 머리와 어깨만큼 키가 더 컸으며, 일곱 마리의 황소 가죽으로 만든 튼튼한 방패를 들고 다녔다. 그의 신체는 겨드랑이에 있는 약점을 빼면 상처를 입힐 수 없었다. 누구는 목에 약점이 있으며 이는 헤라클레스가 그에게 내린 마법 때문이라고 한다.[19] 그가 배에 오를 때, 아버지 텔라몬은 헤어지면서 이렇게 조언했다. "오직 정복에만 마음을 집중하도록 하거라. 신들의 도움이 언제나 함께 하길 빈다." 아이아스는 자만하여 이렇게 말했다. "신들의 도움이 있다면 어떤 겁쟁이나 바보도 영광을 얻을 수 있습니다. 저는 그런 것이 없더라도 영광을 얻을 수 있어요." 이런 오만한 말과 행동 탓에 그는 신들의 노여움을 샀다. 한번은 전장에서 아테나 여신이 그를 응원하자, 그는 뒤쪽으로 이렇게 소리쳤다. "여신이시여, 저쪽으로 가셔도 됩니다. 다른 그리스인들을 격려해 주세요. 제가 있는 곳은 어떤 적도 뚫지 못합니다!"[20] 아이아스의 배다른 형제인 테우크로스는 텔라몬과 헤시오네의 혼외자 아들로 그리스 군에서 최고의 활잡이였는데, 보통 아이아스의 방패 뒤에서 씨우곤 했다. 또 이이가 지기 어머니에게 달려가듯이 매번 형이 머물고 있는 곳으로 돌아가 쉬었다.[21]

q. 작은 아이아스는 로크리스인으로 오일레우스와 에리오피스의 아들이다. 키는 작지만 그리스 군대 전체에서 창던지기로 그를 따라올 사람이 없었으며, 아킬레우스 다음으로 제일 재빨랐다. 그는 큰 아이아스 전투조의 세 번째 구성원이었으며, 아마로 만든 몸통 갑옷을 입고 길들인 뱀을 데리고 다녀 누구나 쉽게 알아볼 수 있었다. 뱀은 사람 키보다 길었고, 그가 가

는 곳마다 개처럼 따라다녔다.[22] 그의 배다른 형제인 메돈은 오일레우스와 님프 레네의 혼외자 아들로, 퓔라케에서 왔다. 거기에서는 에리오피스의 오라비를 죽여 추방됐다.[23]

r. 디오메데스는 튀데우스와 데이퓔레의 아들로 아르고스에서 왔다. 그는 에피고노이로, 다른 두 에피고노이도 함께 왔다. 하나는 카파네우스의 아들인 스테넬로스이고, 다른 하나는 메키스테우스의 아들로 아르고 호 선원인 에우뤼알로스이다. 그는 헬레네를 진심으로 사랑했기에, 파리스가 그녀를 납치한 일을 자신에 대한 모욕으로 받아들였다.[24]

s. 틀레폴레모스는 아르고스인으로, 헤라클레스의 아들이다. 그는 로도스 섬에서 배 아홉 척을 가져왔다.[25]

t. 아울리스 항을 떠나기 전, 그리스 함대는 델로스의 왕 아니오스에게서 곡식과 포도주, 다른 군수품을 받았다. 그는 아폴론이 스타퓔로스와 크뤼소테미스의 딸인 로이오한테서 몰래 얻은 자식이다. 스타퓔로스는 딸 로이오가 잉태한 사실을 알고 상자에 가둬 물에 떠내려 보냈다. 그러나 상자는 에우보이아 섬 해안에 무사히 닿았고, 거기서 아들을 낳았다. 그녀는 아이 때문에 겪은 괴로움을 생각해 아니오스라 이름 지었다. 아폴론은 그를 델로스 섬의 예언하는 사제-왕으로 삼았다. 그러나 어떤 이는 로이오의 상자가 곧장 델로스 섬으로 흘러갔다고 전한다.[26]

u. 아니오스는 아내 도립페와 함께 엘라이스, 스페르모, 오이노 등 세 딸을 두었다. 이 셋을 묶어 '포도주 빚는 이들'로 불렀다. 아들로는 안드로스의 왕인 안드론을 두었는데, 아폴론은 그에게 조짐을 읽는 법을 가르쳤다. 아니오스는 자신이 아폴론의 사제임에도, 세 딸인 포도주 빚는 이들을 디오뉘소스에게 바쳤다. 가족이 다른 신의 보호도 받기를 바라는 마음에서 그렇게 했다. 디오뉘소스는 보답으로 맏딸 엘라이스에게 자기에게 기도한

다음 만지면 무엇이든 기름으로 변하게 하는 힘을 주었다. 스페르모가 만지는 것은 곡물로, 오이노가 만지는 것은 포도주로 변하게 했다.[27] 아니오스는 이런 까닭에 그리스 함대에 양식을 쉽게 제공할 수 있었다. 그런데 아가멤논은 이에 만족하지 않았다. 그는 메넬라오스와 오뒷세우스를 델로스로 보내, 아니오스 왕에게 원정길에 포도주 빚는 이들을 데려갈 수 있겠느냐고 물었다. 아니오스가 이를 거절하면서 메넬라오스에게 트로이아는 오직 10년째 되는 해에 함락될 것이라는 신들의 뜻을 전해 주었다. "모두들 여기 델로스에 그때까지 그냥 머무르는 것은 어떻습니까?" 그는 진심을 담아 제안했다. "제 딸들이 열 번째 해가 될 때까지 여러분들에게 먹을거리와 마실 거리를 제공할 것입니다. 그 뒤에, 필요하다면, 제 딸들도 여러분들과 함께 트로이아로 갈 수 있겠지요." 그러나 이들에게는 아가멤논의 엄한 명령이 있었다. "무조건 딸들을 내게 데려오라. 아니오스가 동의하든 말든 상관없다!" 오뒷세우스는 포도주 빚는 이들을 밧줄로 묶어 강제로 자신의 배에 태웠다.[28] 이 셋은 탈출해, 둘은 에우보이아 섬으로 달아났고, 나머지 하나는 안드로스로 갔다. 아가멤논이 배를 보내 추적하고, 내놓지 않으면 전쟁도 불사하겠다고 위협했다. 셋 모두 항복했다. 하지만 디오뉘소스에게 기도했고, 신은 이들을 비둘기로 변신시켰다. 그래서 오늘날까지 델로스에서는 비둘기를 엄격히 보호한다.[29]

v. 아가멤논은 아울리스 항에서 제우스와 아폴론에게 제물을 바치고 있는데, 피처럼 붉은 반점이 있는 파란 뱀이 제단 바로 밑에서 쏜살같이 기어나오더니 옆에 우뚝 서 있는 플라타너스로 똑바로 올라갔다. 맨 꼭대기 가지에 있는 참새 둥지 안에는 새끼 여덟 마리와 어미 새가 있었다. 뱀은 이들을 모두 먹어 치운 다음 나뭇가지를 칭칭 감았는데, 제우스가 이놈을 돌로 바꿔 버렸다. 칼카스는 이를 두고 아니오스의 예언을 뒷받침하는 전조

라고 설명했다. 트로이아는 함락될 것이지만, 반드시 9년이 지나야 그럴 것이라고 했다. 함대가 출항할 때 제우스는 그들의 오른쪽에 번개를 던져 그들의 용기를 북돋아 주었다.[30]

w. 어떤 이는 그리스 군대가 아가멤논이 오뒷세우스에게 합류를 설득하는 데 성공하고 한 달 뒤 아울리스를 출발했다고 전한다. 칼카스가 마음의 눈으로 트로이아로 가는 항로를 알려 주었다. 다른 이들은 오이노네가 자기 아들 코뤼토스를 보내 이들을 안내해 주었다고 전한다.[31] 세 번째 설명이 더 많은 지지를 받고 있는데, 그리스 군대가 항로 안내인이 없이 항해해 엉뚱하게 뮈시아로 갔다고 전한다. 그리스 군대는 그곳이 트로아스 지역이라 착각했고, 상륙해 그 나라를 유린했다. 텔레포스 왕이 반격에 나서 이들을 몰아냈는데, 이 과정에서 용감한 테르산드로스가 죽임을 당했다. 그는 테바이 폴뤼네이케스의 아들로, 홀로 자기 자리를 지키며 버티다 죽임을 당했다. 이에 아킬레우스와 파트로클로스가 쇄도했으며, 이들을 보고 텔레포스는 뒤로 돌아 카이코스 강의 둑길을 따라 달아났다. 앞서 그리스 군대는 아울리스 항에서 디오뉘소스에게 제물을 바쳤지만, 뮈시아인들은 그동안 디오뉘소스에게 소홀했다. 이에 대한 벌로 텔레포스는 땅에서 갑자기 솟아난 포도나무에 다리가 걸려 넘어졌고 아킬레우스는 그 유명한 창으로 그의 넓적다리에 부상을 입혔다. 이 창은 오직 아킬레우스만 휘두를 수 있으며, 케이론이 그의 아버지 펠레우스에게 준 선물이었다.[32]

x. 테르산드로스는 뮈시아의 엘라이아에 묻혔다. 거기엔 지금도 그에게 바친 영웅의 전당이 남아 있다. 그가 이끌던 보이오티아인들에 대한 지휘권은 처음 페넬레오스에게 넘어갔으나, 그가 텔레포스의 아들 에우뤼퓔로스에게 죽임을 당하자 다음으로 테르산드로스의 아들 티사메노스에게 넘어갔다. 그는 아버지가 죽었을 때는 아직 나이가 어렸지만, 이제는 어른

으로 성장해 있었다. 그러나 어떤 이는 테르산드로스가 죽지 않았고, '목마' 안에 숨었던 사람들 가운데 하나라고 잘못 주장하고 있다.[33]

y. 그리스 군대는 다시 한번 바다로 나갔다. 이에 앞서 스뮈르나 부근 이오니아 온천에서 상처를 씻어 냈다. 지금은 그곳을 '아가멤논의 욕탕'이라 부른다. 하지만 헤라가 일으킨 거친 폭풍 탓에 이들의 배가 흩어졌고, 선장들은 각각 자기 나라로 돌아가지 않을 수 없었다. 이때 아킬레우스는 스퀴로스 섬에 상륙해 정식으로 데이다메이아와 결혼식을 올렸다.[34] 어떤 이는 트로이아의 함락은 헬레네가 납치되고 20년 뒤에 벌어진 일이라 주장한다. 왜냐하면 그리스 군대의 이런 잘못된 출발은 두 번째 해에 벌어진 일이고, 이들이 다시 출항한 것은 8년이 지난 뒤였기 때문이라고 설명한다. 그러나 스파르테의 헬레니온에서 열린 전쟁 회의는 이들이 뮈시아에서 물러난 바로 그해에 열렸을 가능성이 아주 크다. 이때까지도 그들은 자신들을 트로이아로 이끌어 줄 유능한 뱃길 안내인이 없어 커다란 곤란을 겪었다고 전해진다.[35]

z. 그러는 동안 텔레포스의 상처는 곪은 채 낫지 않았고, 아폴론은 오직 상처의 원인을 통해서만 치료가 가능하다고 일러 주었다. 이에 그는 탄원하는 사람처럼 넝마를 입은 채 뮈케나이의 아가멤논을 찾아갔다. 그리고 클뤼타임네스트라의 조언에 따라 그의 요람에서 아기 오레스테스를 낚아채고 소리쳤다. "나를 치료해 주지 않는다면 당신 아들을 죽이겠소!" 그런데 아가멤논은 이미 신탁의 경고를 들어 놓은 게 있었다. 그리스인은 텔레포스의 도움이 없다면 트로이아를 함락시킬 수 없다는 것이다. 따라서 아가멤논은 함대를 트로이아로 안내해 준다면 기꺼이 그를 도와주겠다고 약속했다. 텔레포스가 동의하자, 아킬레우스는 아가멤논의 요청에 따라 자기 창에서 약간의 녹을 벗겨 내 그의 상처에 바름으로써 상처를 치료해 주었

다. 자신이 발견한 아킬레오스achilleos 약초도 상처에 발라 효과를 보았다.[36]
텔레포스는 나중에 원정대에 직접 참여하는 것은 거부했다. 히에라 또는
아스튀오케라고도 불리는 아내 라오디케가 프리아모스의 딸이라는 이유를
댔다. 대신 그는 그리스인들에게 항로를 설명해 주었으며, 칼카스는 점을
쳐서 그의 말이 정확하다는 것을 확인했다.[37]

1] 헤로도토스: 『역사』 1. 1-4; 오비디우스: 『헤로이데스』 16. 341-350.

2] 헤로도토스: 1. 3; 『퀴프리아』, 프로클로스의 인용: 『명문집』 1; 아폴로도로스: 『요약집』 3. 6.

3] 휘기누스: 『신화집』 95; 호메로스: 『오뒷세이아』 24. 115-119와 19. 399-466; 아폴로도로스: 『요약집』 3. 12; 베르길리우스의 『아이네이스』 6. 529에 대한 세르비오스.

4] 아폴로도로스: 『비블리오테카』 3. 10. 6과 9; 파우사니아스: 『그리스 여행기』 3. 12. 2; 체체스: 『뤼코프론에 관하여』 792; 디뒤모스, 호메로스와 관련해 에우스타티오스의 인용, 1422.

5] 파우사니아스: 3. 20. 2.

6] 휘기누스: 같은 곳; 베르길리우스의 『아이네이스』 2. 81에 대한 세르비오스; 체체스: 『뤼코프론에 관하여』 818; 아폴로도로스: 『요약집』 3. 7.

7] 아폴로도로스: 『요약집』 3. 9; 호메로스의 『일리아스』 11. 20에 대한 에우스타티오스; 논노스: 『디오뉘소스 이야기』 13. 451; 휘기누스: 『신화집』 242.

8] 아폴로도로스: 3. 13. 8; 알렉산드리아의 헤파이스티온: 6.; 뤼코프론: 『알렉산드리아』 178 ff., 고전 주석자와 함께; 호메로스의 『일리아스』 16. 37에 대한 고전 주석자; 아리스토파네스의 『구름』 1068에 대한 고전 주석자; 아폴로니오스 로디오스에 대한 고전 주석자: 4. 816.

9] 베르길리우스의 『아이네이스』 6. 57에 대한 세르비오스; 풀겐티우스: 『신화』 3. 7; 아폴로도로스: 3. 13. 6; 필로스트라토스: 『영웅담』 20. 2와 19. 2; 『오르페우스의 아르고 호 선원들 이야기』 392 ff.; 스타티우스: 『아킬레이스』 1. 269 ff.; 호메로스: 『일리아스』 11. 831-832; 핀다로스: 「네메아 제전 송가」 3. 43 ff.

10] 아폴로도로스: 3. 13. 8; 호메로스: 『일리아스』 9. 410 ff.; 알렉산드리아의 헤파이스티온: 1; 체체스: 『뤼코프론에 관하여』 183.

11] 아폴로도로스: 같은 곳; 호메로스의 『일리아스』 19. 332에 대한 고전 주석자; 오비디우스: 『변신 이야기』 13. 162 ff.; 휘기누스: 『신화집』 96.

12] 호메로스: 『일리아스』 9. 769 ff.; 438 ff.와 16. 298.

13] 아폴로도로스: 같은 곳; 체체스: 『뤼코프론에 관하여』 421; 호메로스: 『일리아스』 9. 447 ff.와 485.

14] 호메로스: 『일리아스』 11. 786-787; 핀다로스: 「올륌피아 제전 송가」 9. 69-70; 헤시오도스, 호메로스의 『일리아스』 1. 337과 관련해 에우스타티오스가 인용; 아폴로도로스: 같은 곳; 휘기누스: 『신화집』 97; 아폴로니오스 로디오스에 대한 고전 주석자: 4. 816.

15] 아폴로도로스: 같은 곳; 스트라본: 9. 4. 2.

16] 아폴로도로스: 3. 3. 1; 필로스트라토스: 『영웅담』 7; 디오도로스 시켈로스: 5. 79; 휘기누스: 『신화집』 81; 파우사니아스: 5. 23. 5; 호메로스: 『일리아스』 10. 61 ff.

17] 딕튀스 크레텐시스: 1. 16; 아폴로도로스: 『요약집』 3. 6.

18] 호메로스: 『일리아스』 2. 21와 1. 247-252; 4. 310 ff.; 2. 553-555; 『오뒷세이아』 3. 244와 126-129.

19] 호메로스: 『일리아스』 17. 279-280과 3. 226-227; 소포클레스: 『아이아스』 576과 833, 고전 주석자와 함께; 호메로스의 『일리아스』 23. 821에 대한 고전 주석자; 체체스: 『뤼코프론에 관하여』 455 ff.

20] 소포클레스: 『아이아스』 762-777.

21] 호메로스: 『일리아스』 8. 266-272.

22] 호메로스: 『일리아스』 13. 697; 2. 527-530; 14. 520과 13. 701 ff.; 휘기누스: 『신화집』 97; 필로스트라토스: 『영웅담』 8. 1.

23] 호메로스: 『일리아스』 2. 728과 13. 694-697.

24] 아폴로도로스: 1. 8. 5; 휘기누스: 같은 곳; 호메로스: 『일리아스』 2. 564-566.

25] 호메로스: 『일리아스』 2. 653-654; 휘기누스: 같은 곳.

26] 딕튀스 크레텐시스: 1. 23; 베르길리우스의 『아이네이스』 3. 80에 대한 세르비오스; 디오도로스 시켈로스: 5. 62; 체체스: 『뤼코프론에 관하여』 570.

27] 체체스: 같은 곳; 아폴로도로스: 『요약집』 3. 10; 오비디우스: 『변신 이야기』 13. 650 ff.; 세르비오스; 같은 곳.

28] 스테시코로스, 호메로스의 『오뒷세이아』 6. 164와 관련해 고전 주석자가 인용; 체체스: 『뤼코프론에 관하여』 583; 세르비오스: 같은 곳; 페레퀴데스, 체체스가 인용: 『뤼코프론에 관하여』 570.

29] 오비디우스: 『변신 이야기』 643-674; 세르비오스: 같은 곳.

30] 아폴로도로스: 『요약집』 3. 15; 호메로스: 『일리아스』 2. 303-353; 오비디우스: 『변신 이야기』 12. 13-23.

31] 호메로스: 『오뒷세이아』 24. 118-119와 『일리아스』 1. 71; 체체스: 『뤼코프론에 관하여』 57 ff.

32] 아폴로도로스: 『요약집』 3. 17; 핀다로스: 「올륌피아 제전 송가」 9. 70 ff.; 체체스: 『뤼코프론에 관하여』 206과 209; 호메로스의 『일리아스』 1. 59에 대한 고전 주석자; 호메로스: 『일리아스』 16. 140-144.

33] 파우사니아스: 9. 5. 7-8; 베르길리우스: 『아이네이스』 2. 261.

34] 필로스트라토스: 『영웅담』 3. 35; 아폴로도로스: 『요약집』 3. 18; 『퀴프리아』, 프로클로스의 인용: 『명문집』 1.

35] 호메로스: 『일리아스』 24. 765; 아폴로도로스: 같은 곳; 파우사니아스: 3. 12. 5.

36] 아폴로도로스: 『요약집』 3. 19-20; 휘기누스: 『신화집』 101; 플리니우스: 『자연 탐구』 25. 19.

37] 휘기누스: 같은 곳; 필로스트라토스: 『영웅담』 2. 18; 호메로스의 『오뒷세이아』 1. 520에 대한 고전 주석자; 아폴로도로스: 『요약집』 3. 20.

*

1. 기원전 1400년경 크놋소스가 함락된 이후, 제해권을 둘러싼 다툼이 동부 지중해에서 벌어졌다. 헬레네 납치 이전에 벌어진 여러 침략에 대한 헤로도토스의 설명은 이를 반영한 것이며, 요하네스 말랄라스도 이를 뒷받침한다(58. 4 참고). 파리스의 시돈Sidon 침략(159. t 참고)과 아가멤논 병사들의 뮈시아 침략에 대한 아폴로도로스의 기록도 이런 제해권 다툼이 반영된 것이다. 그리스의 국제 교역 야망에서 트로이아 연합이 가장 큰 장애였다. 이에 뮈케나이의 상왕은 연맹을 규합하고 크레테의 그리스인 영주들도 끌어들여 트로이아에 대한 전면 공격을 준비했다. 트로이아 포위 공격이 아니라, 이렇게 벌어진 해전이 실제로 아마 9년 또는 10년 동안 계속됐을 것이다.

2. 오뒷세우스가 이끄는 이타케Ithaca, 사메Same, 둘리키온Dulichium, 자퀸토스Zacynthus 섬 주민들도 아가멤논의 연맹에 합류했지만, 독립적 지위를 갖고 있었다. 아킬레우스가 이끄는 남부 텟살리아인들도 그렇고, 두 아이아스가 이끄는 로크리스와 살라미스 섬 주민들도 그랬다. 이 대장들은 서로 어울리지 않는 조합이었고, 아가멤논은 오직 계략을 통해 이들 사이의 갈등을 풀어갈 수 있었다. 이때 아가멤논은 자신의 펠로폰네소스 심복인 스파르테의 메넬라오스와 아르고스의 디오메데스, 퓔로스의 네스토르의 충성스러운 지원을 받았다. 아이아스가 올륌포스 신들에게 기도하는 것을 거부하고 제우스한테서 태어난 아테나를 모욕한 대목은, 무신론에 대한 증거라고 잘못 전해져 왔다. 그보다 이는 그의 종교적 보수주의를 기록한 것이다. 아이아키다이Aeacidae는 렐레게스족Lelegians 혈통으로 헬레네스 도래 이전의 여신을 숭배했다(158. 8과 168. 2 참고).

3. 테바이와 아테나이인들은 전쟁에 참여하지 않은 것으로 보인다. 비록 '배들의 목록'[2]에 아테나이 군대가 언급돼 있지만, 막상 트로이아 전쟁에서는 기억할 만한 역할을 한 게 없다. 아테나이 왕 메네스테우스Menestheus의 동참을 강조해 온 것은, 나중에 아테나이가 흑해 해안을 따라 세력을 확장한 것을 정당화하기 위함이다(162. 3 참고). 오뒷세우스는 그리스 신화에서 열쇠가 되는 인물이다. 그가 코린토스 태양신의 딸에게서 태어났으며 옛날 방식으로 달리기 경주에서 이겨 페넬로페를 아내로 얻었지만, 그는 처가 거주라는 오래된 규칙을 깼다. 자기가 페넬로페의 집으로 가는 게 아니라 아내가 자기 왕국으로 와야 한다고 고집을 피웠다(137. 4 참고). 그리고 자기

---

2) 배들의 목록Catalogue of Ships: 『일리아스』 2권에 트로이아 전쟁에 참여하는 각국의 지휘관 등을 나열한 목록이다.

아버지 시쉬포스(67. 2 참고)와 크레테의 키뉘라스Cinyras(18. 5 참고)와 같이, 그는 자기 임기가 끝났음에도 죽는 것을 거부했다. 바로 이것이 『오뒷세이아』의 주요 알레고리이다(170. 1과 171. 3 참고). 게다가 오뒷세우스는 처음으로 적절하지 않은 육체적 특징을 갖고 있다는 캐릭터이다. 다리는 몸통에 견줘 짧았으며, 그래서 "섰을 때보다 앉았을 때 더 고귀해 보였다." 넓적다리의 흉터는 죽음이라는 멧돼지 숭배 왕들의 책무에서 벗어났다는 표시로 읽어야 한다(18. 3과 151. 2 참고).

4. 오뒷세우스가 실성한 척한 것은, 왕의 마땅한 책무를 짊어지지 않으려는 그의 태도와 매끄럽게 이어지기는 하지만 그 의미가 잘못 전달된 것으로 보인다. 그가 벌인 일은 이번에 자신이 소환된 전쟁이 아무 소용이 없음을 예언적으로 보여 주는 것이었다. 그가 쓴 원뿔 모양의 모자는 신들의 비밀을 알려 주는 예언자를 의미하며, 이를 쓰고 위아래 방향으로 밭을 갈았다. 쟁기를 연결한 수소와 당나귀는 제우스와 크로노스, 또는 여름과 겨울을 의미한다. 소금을 뿌린 각각의 고랑은 1년씩 세월을 낭비할 것이라는 뜻이다. 역시 예언의 힘을 갖고 있는 팔라메데스(52. 6 참고)는 이에 텔레마코스를 가져다 밭을 갈고 있는 짐승들 앞에 가져다 둠으로써 쟁기를 멈추도록 했다. 열 번째 고랑에 아이를 가져다 두었을 것임에 틀림없다. 그럼으로써 텔레마코스Telemachus의 이름이 뜻하는 '결정적인 전투'가 그때 벌어질 것임을 보여 준 것이다.

5. 아킬레우스는 더욱 보수적인 캐릭터로, 태양 영웅에 걸맞게 여인들 사이에 숨었다(『하얀 여신』 212쪽). 그는 태양의 신이 춘분점을 지나 그의 어머니인 밤의 여신의 보호를 벗어나는 네 번째 달에 무장을 했다. 크레테에서는 소년들을 스코티오이scotioi('어둠의 자식들')라 불렀으며(27. 2 참고), 그동안에는 여인들의 구역에서 살아야 했고 여사제-어머니는 소년들에게 무

기와 자유를 금지했다(121. 5 참고). 『마비노기온』에서도 귀디온Gwydion(오딘 Odin 또는 워덴Woden 신)이 비슷한 경우에 오뒷세이아가 아킬레우스에게 무기를 들게 하는 책략을 사용한다. 다른 태양 영웅인 루 로 기페스Llew Llaw Gyffes 가 그의 어머니 아리안로드Arianrhod의 영향력에서 벗어나도록 하기 위해 이런 책략을 쓴 것이다. 귀디온은 성 밖에서 전투가 벌어지는 소리를 나게 해서, 그녀가 겁을 먹고 루 로에게 칼과 방패를 건네주게 만들었다. 웨일스 쪽이 아마도 이 신화의 더 오래된 판본일 것이다.[3] 아르고스인은 네 번째 달의 첫날에 소녀 옷을 입은 소년들과 남자들 옷을 입은 여인들 사이의 싸움으로 이 신화를 극화했다. 이런 축제를 휘브리스티카Hybristica('부끄러운 행동')라고 불렀다. 이런 관습과 관련해 다음과 같은 역사적 근거를 내세웠다. 기원전 5세기 초에 아르고스 군대가 완패를 당한 상황에서, 여류 시인 텔레실라Telesilla가 여인들 무리와 함께 스파르테의 클레오메네스Cleomenes 왕으로부터 아르고스를 어렵게 지켜냈다는 것이다(플루타르코스: 『여인의 미덕에 관하여』 4). 파트로클로스가 부적절하게도 가부장제적인 이름('아버지의 영광')을 갖고 있어, 그는 한때 포이닉스('피처럼 붉은') 다시 말해 모계 계승 체제에서 아킬레우스의 쌍둥이이자 후계자였을 수 있다.

6. 트로이아 이전에 모든 그리스 군대의 지도자들은 신성한 왕이었다. 작은 아이아스는 길들인 뱀을 전쟁터에 가져갔을 리가 없다. 그는 신탁의 영웅이 될 때까지 그런 것을 갖지 못했다. 이도메네우스의 멧돼지 엄니 투구는 원래 후계자가 썼을 것이다(18. 7 참고). 크레테와 뮈케나이 문명의 발굴 유물들 가운데 실제 이런 투구가 여럿 있다. 그의 방패에 수탉 그

---

3) 웨일스 신화가 더 오래된 것이라는 필자의 언급은 이해하기 힘든 대목이다. 『마비노기온』은 12-13세기에 중세 웨일스어로 그 이전의 구비 전승을 편집한 것이다.

림이 있었다는 대목과 관련해, 수탉은 태양에 신성하고 '제우스 벨카노스 Velchanos'를 의미하는데, 호메로스 시에 나중에 추가된 부분임이 틀림없다. 가축용 암탉은 기원전 6세기 이후에야 그리스에 들어왔기 때문이다. 본래 의장은 수컷 자고새였을 것으로 보인다(92. 1 참고). 이렇게 크고 무거운 방패는 황소 가죽을 함께 기워서 만들었으며, 끝 쪽은 둥글고 허리 쪽은 잘록한 8자 모양으로 의례에서 사용했다. 방패는 턱에서 발목까지 몸 전체를 가릴 수 있는 크기였다. 스퀴로스, 프티아, 엘리스 등지에서 아킬레우스 숭배가 있었던 것(파우사니아스: 6. 23. 3)을 보면, 아킬레우스('입술이 없는')는 신탁의 영웅들이 갖는 일반적인 호칭이었던 것으로 보인다.

7. 스타퓔로스Staphylus('포도송이')와 크뤼소테미스Chrysothemis('황금 질서')의 딸인 로이오Roeo('석류')는 상자에 담겨 델로스로 왔다고 했는데, 초승달 모양의 배를 타고 오는, 익숙한 다산의 여신이다. 로이오는 또한 자신의 손녀딸인 '포도주 빚는 이들'처럼 세 모습이 한 짝을 이뤄 등장한다. 포도주 빚는 이들의 이름은 각각 '올리브 기름', '곡물', '포도주'를 뜻한다. 이들의 어머니가 도립페Dorippe('선물 암말')라는 것은, 로이오가 암말 머리를 한 데메테르였음을 암시한다(16. 5 참고). 로이오 숭배는 컵이 세 개 달린 케르노스[4]에 지금도 흔적이 남아 있다. 그리스 정교회 사제들은 축성을 위해 기름과 곡식, 포도주를 교회로 가져올 때, 이들을 여기에 담아 들여온다. 같은 유형의 케르노스가 최근 [크레테 남부] 쿠마사Koumasa의 초기 미노아 문명 무덤에서 발굴됐다. 포도주 빚는 이들은 아리아드네의 고손녀로, 크레테에서 델로스로 왔음이 틀림없다(27. 8 참고).

8. 그리스 군대가 트로이아로 가는 항로를 몰라 어려움을 겪었다는 대

---

4) 케르노스kernos: 발 하나에 작은 컵이 여러 개 달린 고대의 오지그릇.

목은 메넬라오스가 쉽게 거기로 갔다는 대목과 정면으로 모순된다. 아마도 원래 전설에는 트로이아의 아프로디테가 그들의 기억을 흐리게 만드는 주문을 걸었다고 했을 것이다. 아프로디테는 나중에 귀환하는 함대도 그렇게 흩어지게 만들었다(169. 1 참고).

9. 아킬레우스가 창으로 입은 상처를 다루는 장면은 고대의 동종요법 원리에 바탕을 두고 있다. '독은 독으로 치료한다'는 원리이다. 이는 멜람푸스가 거세용 칼에서 긁어낸 녹을 사용해 이피클로스를 치료하는 것을 떠올리게 한다(72. e 참고).

10. 마이나데스는 도기 그림에서 가끔씩 씨줄과 날줄이 엮인 패턴으로 사다리처럼 보이는 문신을 팔다리에 한 모습으로 등장한다. 만약 그들이 삼림지대 술잔치를 벌이기 위한 위장의 방편으로 얼굴에도 비슷한 문신을 했다면, 페넬로페('얼굴을 거미줄로 덮은')의 이름이 제대로 설명된다. 이때 페넬로페는 주신제를 벌이는 산악 여신의 호칭인 것이다. 문신이 아니었다면, 그녀는 자신의 주신제에서 그물을 뒤집어썼을 것이다. 딕튄나와 브리튼 섬의 여신 고다Goda도 그렇게 했다(89. 2와 3 참고). 페넬로페가 오뒷세우스가 없는 사이, 모든 구혼자들과 문란하게 함께 동침한 뒤에 목신 판을 낳았다는 이야기는(161. 1 참고) 헬레네스 도래 이전의 성적인 주신제의 전승을 기록한 것이다. 페넬로페의 오리는, 백조의 경우와 마찬가지로, 아마도 스파르테의 토템 새를 말하는 것으로 보인다(62. 3-4 참고).

11. 주석자들은 이제껏 칼카스Calchas의 새 둥지가 플라타너스 위에 자리 잡고 있고 뱀이 이를 잡아먹은 까닭을 정확히 설명하는 데 있어 별 고생을 하지 않았다. 그러나 뱀은 매년 허물을 벗음으로써 새로 태어나며, 플라타너스도 그렇다는 사실을 기억해야 한다. 이로 인해 이 둘은 갱생을 상징했다. 이에 따라 칼카스는 뱀에게 잡아먹히는 새가 각각 한 달이 아니라 한

해를 의미한다는 것을 알고 있었다. 비록 나중에 아폴론이 이를 제 것으로 만들었지만, 플라타너스는 크레테와 스파르테에서 여신에게 신성한 나무였다(58. 3 참고). 그 이파리가 축복을 주려 손가락을 편 녹색 손을 닮았기 때문이다. 고대의 작은 여신 조각상은 종종 이런 몸짓을 하고 있다. 뱀의 파란 반점은 제우스가 이 뱀을 보낸 것임을 보여 주었다. 제우스는 하늘의 신으로서 파랗게 빛나는 구름에 둘러싸여 있다. 키뉘라스의 장난감 배는 아마도 죽은 왕자들 옆에 테라코타 배를 묻었던 관습을 반영한 것으로 보인다. 죽은 왕자들은 이 배를 타고 다른 세상으로 갔으며, 이런 퀴프로스 관습은 이집트에서 넘어왔다.

12. 할퀴온 새로 변했다는 키뉘라스Cinyras의 딸 50명은 아프로디테의 여사제단이었을 것이다. 여신의 호칭 가운데 하나가 '알퀴오네'였는데, 이는 '막아 내는 여왕'을 뜻한다. 할퀴온 새, 즉 물총새는 이 여신에게 신성하며, 고요함의 전조였다(45. 2 참고).

161
아울리스 항으로 2차 집결하다

칼카스는 레우킵페와 테오노에의 오라비로, 아버지 테스토르한테서 예언술을 배웠다. 어느 날 테오노에가 트로이아 부근 해안을 따라 걷고 있는데 카리아의 해적에게 납치돼 이카로스 왕의 정부가 됐다. 테스토르는 즉시 딸을 되찾으려 출항했지만, 카리아 해안에서 배가 난파해 이카로스의 감옥에 갇혔다. 레우킵페는 이런 슬픈 일이 일어났을 때 겨우 아이였지만, 여러 해가 흐른 뒤 아버지와 언니의 소식을 구하러 델포이에 갔다. 여사제 퓌티아는 그녀에게 아폴론의 남자 사제로 변장하고 카리아로 가서 그들을 찾으라고 조언했다. 레우킵페는 그 뜻을 받들어 머리를 박박 깎고 이카로스 왕의 궁정을 찾아갔다. 그러나 테오노에는 그녀의 변장을 꿰뚫어보지 못하고 그녀와 사랑에 빠져 호위병에게 일렀다. "저기 젊은 사제를 내 침실로 데려 오거라." 레우킵페도 테오노에를 알아보지 못했고, 사기꾼이라며 죽임을 당할까 두려워 그녀의 요구를 거절했다. 이에 화가 난 테오노에는, 궁전 하인들에게 사제를 죽임으로써 신성모독을 범하게 할 수는 없어, 외국 죄수 가운데 하나를 골라 그를 죽이도록 명령하고 칼 한 자루를 보냈다.

b. 그런데 이런 일을 할 죄수로 테스토르가 뽑혔다. 그는 레우킵페가 간

혀 있는 침실로 들어가서, 칼을 보여 주면서 자신의 절망적인 상황을 설명했다. "사제님, 저는 당신을 죽이지 않겠습니다. 저 또한 아폴론 신을 따르기에 차라리 제 목숨을 거두려 합니다. 다만 먼저 제 이름을 알려드리려 합니다. 저는 테스토르입니다. 아르고 호 선원인 이드몬의 아들이며 트로이아의 사제입니다." 그가 칼을 들어 제 가슴에 꽂으려는 순간, 레우킵페는 칼을 옆으로 쳐냈다. "아버지, 아버지!" 그녀는 절규했다. "저, 레우킵페예요! 아버지의 딸, 레우킵페예요. 칼을 거두세요. 그 칼은 이카로스 왕의 추악한 첩에게 써야 합니다. 저를 따라 오세요!" 이들은 서둘러 자수 장식 가득한 테오노에의 방으로 갔다. "이런 음탕한 것아!" 레우킵페는 테스토르에 앞서 방으로 뛰어들면서 이렇게 소리를 질렀다. "이제 이드몬의 아들이자 내 아버지인 테스토르의 손에 죽을 준비를 하라!" 이번엔 테오노에가 절규할 차례였다. "아버지, 아버지!" 이들 셋은 한참 동안 기쁨의 눈물을 흘렸고, 아폴론 신에게 감사했다. 이카로스 왕은 선물까지 챙겨 주면서 이들을 모두 집으로 보내 주었다.[1]

c. 프리아모스 왕은 헬레네를 돌려보내라는 아가멤논의 요구를 거절한 다음 아폴론의 사제인, 테스트로의 아들 칼카스를 델포이의 여사제 퓌티아에게 보내 신탁을 청했다. 여사제 퓌티아는 트로이아의 함락과 프리아모스 가문의 완전한 몰락을 예언하고, 칼카스에게 그리스 군대에 합류하고 그들이 승리를 거둘 때까지 포위 공격을 멈추지 않게 만들라 명령했다. 이에 칼카스는 아킬레우스와 맺은 우의를 지키겠다고 맹세하고, 그를 아가멤논에게 데려갔다. 앞서 아킬레우스는 칼카스를 자기 집에 묵도록 해주었고, 이때 두 사람은 친구가 됐다.[2]

d. 그리스 함대가 아울리스 항구에 2차로 집결했지만, 며칠 동안 바람 탓에 출항할 수 없었다. 칼카스는 아가멤논이 가장 아름다운 딸을 아르테미

스에게 제물로 바치지 않는다면 출항하지 못할 것이라 예언했다. 아르테미스가 이처럼 성을 내고 있던 이유는 지금도 말이 엇갈린다. 어떤 이는 아가멤논이 먼 거리에서 수사슴에게 화살을 날리면서 이렇게 떠벌렸다고 전한다. "아르테미스 여신도 나만큼 활을 쏘지는 못했을 것이다." 그게 아니라 그가 여신의 신성한 염소를 죽였다는 말도 있고, 그 해에 자신의 왕국에서 태어난 가장 아름다운 생명을 여신에게 바치겠다고 맹세했는데 그게 하필이면 이피게네이아였다는 말도 있다. 그의 아버지 아트레우스가 당연히 올려야 했던 황금 새끼 양을 바치지 않았다고도 한다.[3] 어쨌든 아가멤논은 예상했던 대로 그렇게 하기를 거부했다. 클뤼타임네스트라가 결코 이피게네이아를 보내지 않을 것이라는 이유를 댔다. 그러자 그리스 군대는 이렇게 맹세했다. "그렇게 계속 고집을 피운다면 우리들은 그를 대신해 팔라메데스와 동맹을 맺겠다." 오뒷세우스도 분노한 척하면서 배를 타고 집으로 돌아갈 채비를 했다. 이에 메넬라오스가 중재자로 나서 오뒷세우스와 탈튀비오스가 이피게네이아를 아울리스 항구로 데려올 것을 제안했다. 아킬레우스가 예전에 [1차 집결 당시] 뮈시아에서 이룩한 승리에 대한 보상으로 이피게네이아를 그와 결혼시킬 것이라는 핑계를 대라고 했다. 아가멤논은 이런 책략에 동의했지만, 즉시 클뤼타임네스트라에게 오뒷세우스를 믿지 말라는 비밀 전갈을 보냈다. 그러나 메넬라오스는 이를 중간에 가로챘고, 그녀는 속임수에 넘어가 이피게네이아를 아울리스로 보냈다.[4]

e. 아킬레우스는 자기 이름이 악용됐음을 알고 이피게네이아를 보호하겠다고 약속했다. 그러나 그녀는 고귀하게도 그리스의 영광을 위해 죽겠다고 스스로 나섰고, 불평 한마디 없이 제물용 도끼에 자기 목을 내놓았다. 어떤 이는 아르테미스가 도끼가 떨어지는 순간에 아슬아슬하게 그녀를 구해 타우리케인들의 땅으로 데려갔다고 전한다. 대신 제단에는 암사슴, 또는 암

곰, 또는 노파를 올려놓았다. 다른 이들은 큰 천둥소리가 울려오고, 아르테미스의 명령과 클뤼타임네스트라의 애원으로 아킬레우스가 끼어들어 이피게네이아를 구해 내 스퀴티아로 보냈다고 전한다. 그게 아니면 그가 그녀와 결혼했고 데이다메이아가 아니라 그녀가 네오프톨레모스를 낳았다고 덧붙인다.[5]

f. 이피게네이아가 죽었든 또는 목숨을 부지했든, 북동쪽에서 불어오는 강풍이 그쳤고, 함대는 마침내 출항했다. 그리스 군은 먼저 레스보스 섬에 닿았고, 거기서 오뒷세우스는 필로멜레이데스 왕과 씨름 경기를 했다. 필로멜레이데스 왕은 손님이 오면 언제나 자기와 씨름을 해야 한다고 강요했던 것이다. 그리스인들이 큰 소리로 응원하는 가운데, 오뒷세우스는 왕을 집어던져 창피를 주었다. 다음으로 그리스 군은 트로이아가 바로 보이는 테네도스 섬에 상륙했다. 그곳을 다스리는 테네스는 퀴크노스가 라오메돈의 딸인 프로클레이아와 결혼해 낳은 아들이라 알려졌지만, 아폴론 신을 자기 아버지라 부를 수 있었다.

g. 여기 나오는 퀴크노스는 포세이돈과 칼뤼케 또는 하르팔레의 아들이며, 콜로나이를 다스렸다. 어머니는 그를 몰래 낳아 해안가에 내다 버렸다. 어부들이 백조 한 마리가 날아와 아기를 달래는 모습을 보고 그를 발견했다.[6] 프로클레이아가 죽은 다음, 퀴크노스는 트라가소스의 딸인 필로노메와 결혼했다. 그녀는 전처의 자식인 테네스와 사랑에 빠져 그를 유혹했으나 실패했고, 이에 앙심을 품고 그가 자신을 겁탈하려 했다고 모함했다. 그녀는 아울로스를 연주하는 몰포스를 증인으로 내세웠으며, 퀴크노스는 이들의 말을 믿고 테네스와 그의 누이 헤미테아를 상자에 가둬 바다에 던져 버렸다. 이들은 테네도스 섬의 해변까지 흘러갔다. 그 섬은 그때까지 '하얀 이마'을 뜻하는 레우코프뤼스라고 불리고 있었다.[7] 나중에 퀴크노스는 진

실을 알게 됐고, 이에 위증한 몰포스는 돌로 쳐 죽이게 하고, 아내 필로노메는 산 채로 매장했다. 테네스가 테네도스 섬에 살고 있다는 소식을 듣고, 거기로 달려가 아들에게 자신의 실수를 인정했다. 하지만 테네스는 이를 용서하지 않고 퀴크노스의 배를 묶어 둔 밧줄을 도끼로 내리쳐 잘랐다. 이에 "테네도스 섬에서 도끼로 잘라냈다"라는 표현은 분노에 찬 거부를 뜻하는 속담이 됐다. 그래도 마지막에 테네스가 화를 풀어 퀴크노스는 테네도스 섬에서 아들과 가까운 곳에 정착했다.[8]

h. 테티스는 앞서 아들인 아킬레우스에게 아폴론의 아들을 하나라도 죽이면 아폴론의 손에 죽임을 당할 것이라고 경고했다. 므네몬이라는 이름의 하인이 동행했는데, 그에게 이를 상기시키는 것이 그의 유일한 임무였다. 그러나 아킬레우스는 테네스가 해안가 절벽 위에서 그리스 함대를 향해 커다란 바위를 집어던지는 것을 보고, 해안까지 헤엄쳐 가서 아무 생각 없이 그의 심장을 꿰뚫었다. 이에 그리스 군대는 상륙해 테네도스 섬을 약탈했다. 그런 다음에야 아킬레우스는 자신이 무슨 일을 벌였는지 깨달았고, 므네몬이 테티스의 경고를 상기시키는 일을 제대로 해내지 못했다 하여 그를 사형에 처했다. 그가 테네스를 묻은 곳에는 지금도 그의 전당이 서 있다. 여기에는 아울로스 연주자가 들어갈 수 없으며, 아킬레우스의 이름을 언급하는 것도 금지된다.[9] 아킬레우스는 또한 퀴크노스도 죽였는데, 그의 유일한 약점인 머리에 한 번 강타를 먹였던 것이다. 그리고 헤미테아를 추적했지만, 그녀는 한 마리 암사슴처럼 달아났다. 만약 대지가 그녀를 삼키지 않았다면 따라잡혀 겁탈을 당했을 것이다. 아킬레우스가 아가멤논과 처음으로 말다툼을 벌인 곳도 테네도스 섬이었다. 나중에 뒤늦게 생각나서 자기를 원정대에 합류하도록 했다면서 아가멤논을 비난했기 때문이다.[10]

i. 팔라메데스는 테네도스 승전에 대한 감사의 뜻으로 황소 100마리의

제물을 '스민테우스의 아폴론'에게 바쳤다. 그러나 제물을 바치는 와중에 물뱀이 제단으로 다가와 이름 높은 활잡이 필록테테스의 다리를 물었다. 연고도 찜질도 소용이 없었다. 상처에는 고약한 냄새가 진동했고 필록테테스의 신음이 워낙 커서 군대가 더 이상 그와 함께 있을 수 없었다. 아가멤논은 어쩔 수 없이 오뒷세우스에게 명해 그를 렘노스 섬의 인적 없는 해변에 내려 주게 했다. 그는 거기서 새를 쏘아 잡아먹으면서 몇 년 동안 목숨을 부지했다. 그리고 메돈이 그의 군대 지휘권을 이어받았다.[11]

j. 다른 설명도 있다. 그 사고는 렘노스에서 떨어진 작은 섬인 크뤼세에서 일어났으며, 그 뒤로 그 섬은 바다 밑으로 사라졌다고 한다. 거기서 님프 크뤼세가 필록테테스와 사랑에 빠졌으나, 그가 그녀의 구애를 거절하면서 이런 일이 벌어졌다는 것이다. 그가 땅에 파묻힌 '아테나 크뤼세'의 제단에서 흙을 치우는 동안, 님프는 독사를 자극해 그를 물도록 했다. 그게 아니라면 아테나 신전을 지키던 뱀이 그가 너무 가까이 다가오자 물어 버렸다고 전한다.[12]

k. 세 번째 설명도 있다. 필록테테스는 바로 그곳 렘노스 섬에서 헤라가 보낸 뱀에 물렸다고 전한다. 이는 그가 헤라클레스를 장례 지낼 때 감히 장작더미에 불을 붙인 것에 대해 벌을 내린 것이다. 당시 필록테테스는 이아손이 아테나 여신에게 바친 제단을 넋을 잃고 바라보며, 속으로 헤라클레스에게 비슷한 제단을 바칠 계획을 세우고 있었다.[13]

l. 네 번째 설명은 필록테테스가 '튐브라이아의 아폴론' 신전에 있는 트로일로스의 무덤을 보며 감탄하고 있는 동안 뱀에게 물렸다고 전한다.[14] 다섯 번째 설명은 그가 헤라클레스의 독을 바른 화살에 부상을 입었다는 것이다. 앞서 헤라클레스는 그에게 자기 태운 재가 묻힌 곳을 발설하지 않겠다고 맹세하도록 했다. 그런데 그리스 군대는 헤라클레스의 화살을 사용하

지 않으면 트로이아를 무너뜨릴 수 없다는 것을 알고 필록테테스를 찾아갔다. 그도 처음에는 헤라클레스에 대해 아는 것이 없다고 버텼지만, 결국 오이타 산에서 벌어진 일을 자세히 털어놓고 말았다. 이에 그리스 군대는 헤라클레스의 무덤이 어디 있는지 거듭거듭 물었다. 필록테테스는 답변을 거부했으나, 그들은 더욱 집요해질 뿐이었다. 이에 그는 그곳으로 가서 말없이 땅을 발로 굴렀다. 나중에 그가 트로이아 전쟁에 참전하러 그 무덤 앞을 지나칠 때, 헤라클레스의 화살 가운데 하나가 화살 통에서 튀어나와 그의 발을 찔렀다. 신에게 맹세한 비밀은 말이 아니라 신호나 몸짓으로도 누설해선 안 된다는 경고였다.[15]

1] 휘기누스: 『신화집』 190.

2] 베누와: 『트로이아 이야기』.

3] 알렉산드리아의 헤파이스티온: 6, 포티오스의 인용 483; 에우리피데스: 『타우리케의 이피게네이아』; 아폴로도로스: 『요약집』 3. 21.

4] 알렉산드리아의 헤파이스티온: 같은 곳; 에우리피데스: 같은 곳; 아폴로도로스: 『요약집』 3. 22; 딕튀스 크레텐시스: 1. 20.

5] 에우리피데스: 『아울리스의 이피게네이아』; 소포클레스: 『엘렉트라』 574; 아폴로도로스: 『비블리오테카』 같은 곳; 딕튀스 크레텐시스: 1. 19; 체체스: 『뤼코프론에 관하여』 183.

6] 호메로스: 『오뒷세이아』 4. 342-344; 아폴로도로스: 『요약집』 3. 23-24; 파우사니아스: 『그리스 여행기』 10. 14. 2; 휘기누스: 『신화집』 157; 핀다로스의 『올륌피아 제전 송가』 2. 147에 대한 고전 주석자; 체체스: 『뤼코프론에 관하여』 232-233.

7] 아폴로도로스: 『요약집』 3. 24; 파우사니아스: 같은 곳; 체체스: 같은 곳.

8] 아폴로도로스: 『요약집』 3. 25; 파우사니아스: 10. 14. 2; 체체스: 같은 곳.

9] 체체스: 같은 곳; 플루타르코스: 『그리스인에 관한 물음』 28.

10] 체체스: 같은 곳; 아폴로도로스: 『요약집』 3. 31; 『퀴프리아』, 프로클로스의 인용: 『명문집』 1.

11] 딕튀스 크레텐시스: 2. 14; 『퀴프리아』, 프로클로스의 인용: 같은 곳; 아폴로도로스: 『요약집』 3. 27; 호메로스: 『일리아스』 2. 727.

12] 파우사니아스: 8. 33. 2; 체체스: 『뤼코프론에 관하여』 911; 소포클레스: 『필록테테스』 1327; 필로스트라토스: 『이미지들』 17; 에우스타티오스: 『호메로스에 관하여』 330.

13] 휘기누스: 『신화집』 102; 소포클레스의 『필록테테스』에 대한 고전 주석자, 2, 193, 266.

14] 필로스트라토스: 같은 곳.

15] 베르길리우스의 『아이네이스』 3. 402에 대한 세르비오스.

✳

1. 휘기누스는 현전하지 않는 희극에서 테스토르Thestor와 그의 딸들 이야기를 이끌어 냈다. 이런 희극은 그리스 극작가들의 연극적 기교가 최고조에 달했음을 보여 준다. 그러나 신화적으로는 아무런 가치가 없다.

2. '입다Jephthah의 딸' 신화(169. 5 참고)의 한 판본이, 아가멤논이 아울리스 항구에서 마법으로 역풍을 불게 했다는 죄를 씌워 여사제를 제물로 바쳤다는 이야기와 혼동을 불러일으킨 것으로 보인다. 프랜시스 드레이크[1]도 같은 혐의로 그의 선원 가운데 하나를 교수형에 처한 적이 있다. 전통적으로 여인을 제물로 바치지 않았기에, 아가멤논의 독단적인 행동은 고국에서 보수적인 사람들을 무척 불쾌하게 만들었을 것으로 보인다. 아르테미스가 이피게네이아를 타우리케인들에게 보냈다고 하는데, 그들은 크림 반도에 살았으며 아르테미스를 남자 살해자로 숭배했다. 아가멤논의 아들 오레스테스도 그들의 손아귀에 떨어졌다(116. e 참고).

3. 오뒷세우스가 필로멜레이데스Philomeleides 왕과 씨름 시합을 벌이는 것은 익숙한 도상에서 이끌어 낸 이야기일 것이다. 도상에는 선왕이 의례적 시합에서 새 왕에게 패배를 당하고 사과나무 가지를 받는 장면이 그려져 있었을 것이다(53. b 참고). 필로멜레이데스 왕의 이름은 '사과 님프에게 소중한'을 뜻한다.

4. 아킬레우스는 두 번째 퀴크노스를 죽였으며(162. f 참고), 헤레클레스는 세 번째를 죽였고(143. g 참고) 네 번째를 죽이려 했으나 제우스가 이를 막았다(133. d 참고). 퀴크노스Cycnus라는 이름은 백조가 이 왕들의 영혼을 '북쪽의 낙원'으로 데려간다는 것을 암시한다. 아폴론은 고대 미술 작품에서 휘

---

1) 프랜시스 드레이크Francis Drake: 16세기 영국 제독으로 스페인 무적함대를 무찔렀다.

페르보레오이의 땅을 방문하기 위해 백조의 등을 타거나 또는 백조가 끄는 전차를 탄 모습으로 등장하기도 한다(오페르베크:『그리스 예술신화』). 이 모습은 그의 대리인이 매년 한여름에 죽는다는 것을 얌전하게 묘사한 것이다. 노래하는 백조는 북극권에 있는 번식지를 향해 북쪽으로 날아가는데, 트럼펫 두 개와 비슷한 소리를 내면서 날아간다. 이 때문에 파우사니아스는 백조가 무사 여신들의 기예에 조예가 깊다고 말했다(i. 30. 3). "백조는 죽기 전에 노래를 부른다"고 했는데, 신성한 왕의 영혼은 음악 소리에 맞춰 먼 곳으로 떠났다.

5. 필록테테스가 뱀에 물리는 이야기는 지역적으로 다양한 판본이 내려온다. 그 이야기가 비롯된 도상이 널리 퍼져 있었기 때문일 것이다. 그는 테네도스, 렘노스, 에우보이아, 또는 다른 많은 헬라스 국가에서 신성한 왕이었다. 그 왕은 여신의 제단 옆에서 독 묻는 화살에 발이 찔렸다(126. 3; 154. h; 164. j; 166. e 참고).

6. 헤라클레스만 그 무덤이 비밀에 부쳐진 건 아니다. 이는 코린토스 지협 쪽에선 일반적 관행이며(67. j 참고), 초기 히브리인들 사이에서도 그랬던 것으로 보인다(「신명기」 34장 6절).

7. 테네스가 바위를 던지는 장면은, 태양의 영웅이 태양의 바위를 하늘 꼭대기까지 밀어 올리는 흔한 도상에 대한 잘못된 해석에서 비롯된 것일 수 있다(67. 2 참고). 크레테의 태양의 영웅인 탈로스도 역시 접근하는 배에 바위를 집어던졌다(154. h 참고). 이 도상에 함께 나오는 배들은 단순히 크레테 또는 테네도스가 해양 강국임을 나타내는 것일 터이다.

162
9년 동안 이어진 전쟁

그리스 군대가 어느 시점에 프리아모스 왕에게 사절을 보내 헬레네와 메넬라오스의 재물을 돌려 달라고 요구했는지는 여전히 말이 엇갈린다. 어떤 이는 원정대가 트로아스 지역에 상륙한 직후라고 하고, 다른 이들은 함대가 아울리스 항구에 집결하기 전이라고 전한다. 그러나 메넬라오스, 오뒷세우스, 팔라메데스로 구성된 사절단이 테네도스에서 출발해 트로이아로 갔다는 대목에서는 대부분의 의견이 일치한다.[1] 그러나 트로이아인들은 헬레네를 지키기로 굳게 결심한 상태였다. 사절단은 안테노르의 집에 머물렀는데, 그가 부끄러운 행위를 금하지 않았다면 트로이아인들은 사절단을 모두 죽였을 것이다.[2]

b. 그리스 군대는 트로이아의 고집에 화가 났고, 테네도스 섬에서 출항해 트로이아가 보이는 해변에 배를 댔다. 트로이아 병사들은 즉시 해안으로 몰려 내려와 비 오듯 돌을 던지며 침략자들을 몰아내려 했다. 모두가 멈칫했고, 심지어 아킬레우스도 테티스가 처음 상륙하는 사람이 처음 죽을 것이라고 경고를 받아 다른 사람들처럼 주저했다. 그런데 프로테실라오스가 해안에 뛰어내려 많은 트로이아인들을 죽였다. 그리고 헥토르의 일격에

목숨을 잃었다. 그를 죽인 게 에우포르보스였거나 또는 아이네이아스의 친구 아카테스였을 수도 있다.[3]

c. 이렇게 죽은 프로테실라오스는 필록테테스의 삼촌이며, 멜람푸스가 발기불능을 치료해 준 이피클로스의 아들이다. 그는 원래 이름이 이올라오스였으나 죽었을 때의 상황에 따라 새로운 이름으로 불리게 됐다.[4] 그는 엘라이오스 시 부근 트라케의 케르소네소스에 묻혔으며, 거기에선 지금도 신으로 경배를 받는다. 그의 성역 안에는 님프들이 심은 느릅나무들이 높이 자라나 그의 무덤에 그늘을 드리우고 있다. 바다 건너 트로이아 쪽을 바라보는 나뭇가지들은 나뭇잎이 일찍 자랐지만, 금방 잎이 떨어진다. 반대쪽 나뭇잎은 겨울에도 푸른빛을 잃지 않는다. 느릅나무가 높이 자라 위쪽 가지에서 트로이아 성벽을 내려다볼 수 있게 되면, 그 나무는 시들어 죽었다. 그리고 어린 묘목이 다시 뿌리에서 솟아난다.[5]

d. 프로테실라오스의 아내 라오다메이아는 아카스토스의 딸로(누구는 그의 아내를 멜레아그로스의 딸인 폴뤼도라라고 전한다), 남편이 트로이아로 떠나자마자 그를 너무도 그리워해 놋쇠 또는 밀랍으로 그의 조각상을 만들어 자신의 침대에 뉘었다. 그러나 이는 별 위로가 되지 못했다. 남편이 죽었다는 소식이 전해지자, 그녀는 자신을 불쌍히 여겨 단 세 시간이라도 좋으니 그를 한 번 더 보내 달라고 신들에게 간청했다. '전능한 제우스'는 라오다메이아의 요청을 들어주었고, 헤르메스는 프로테실라오스의 혼령을 타르타로스에서 데려와 그 조각상에 불어넣었다. 프로테실라오스는 조각상의 입을 통해 말을 하면서 아내에게 늦지 않게 자신을 따라오라 명했고, 예정된 세 시간이 흐르자마자 그녀는 그의 품 안에서 스스로를 찔렀다.[6] 다른 이들은 라오다메이아의 아버지 아카스토스가 그녀를 강제로 재혼시키려 했지만, 그녀는 밤마다 프로테실라오스의 조각상과 지냈다고 전한다. 그러던 어

느 날 하인이 새벽 제물로 바친 사과를 가져오다 침실 문틈으로 들여다보니, 그녀가 애인으로 보이는 남자를 껴안고 있었다. 하인은 뛰어가 주인에게 이를 고했고, 방문을 부수고 들어간 아카스토스는 딸이 무엇을 안고 있는지 알게 됐다. 아카스토스는 딸이 죽은 남편을 그리워하면서 자신을 고문하는 것을 두고만 볼 수 없어, 조각상을 불에 태워 버리라 명했다. 그러나 라오다메이아는 그 불길 속으로 몸을 던져 조각상과 함께 재가 됐다.[7]

e. 다른 전승도 있다. 프로테실라오스는 트로이아 전쟁에서 끝까지 살아남아 귀환하는 배에 올랐다. 그는 프리아모스 왕의 누이 아이틸라를 포로로 함께 데려왔는데, 돌아오는 길에 마케도니아 반도의 펠레네 시에 상륙했다. 그런데 그가 물을 찾아 뭍으로 들어간 사이에 아이틸라가 다른 포로 여인들을 규합해 배에 불을 놓았다. 이에 그는 어쩔 수 없이 펠레네에 남게 됐고, 스키오네 시를 건설했다. 하지만 이는 잘못이다. 아이틸라는 아스튀오케 및 다른 동료 포로들과 함께 이탈리아의 나우아이토스 강 옆에서 배에 불을 질렀다. 이 강의 이름이 '배 불태우기'를 뜻한다. 그리고 프로테실라오스는 이들을 포로로 끌고 간 사람들 가운데 하나가 아니었다.[8]

f. 아킬레우스는 그리스 군대에서 두 번째로 트로이아 해안에 상륙했다. 바로 뒤로 그의 뮈르미돈 군대가 따랐으며, 돌멩이를 정확히 던져 포세이돈의 아들 퀴크노스를 죽였다. 이에 트로이아인들은 대열이 깨지면서 자기 도시로 달아났고, 그러는 동안 남은 그리스 군대가 상륙해 달아나는 병사들을 잔혹하게 죽였다. 다른 설명으로, 아킬레우스는 프로테실라오스의 운명에 유념해 제일 마지막에 상륙했으며, 엄청난 도약으로 배에서 뛰어내려 그가 착지한 자리에서 샘물이 솟아났다고 한다. 이어 벌어진 전투에서 천하무적의 퀴크노스는 100명 이상의 그리스 군대를 죽였지만, 아킬레우스를 피할 순 없었다. 아킬레우스는 칼과 창을 쓴 공격이 실패하자 칼자루로

그의 얼굴을 맹렬하게 두들겼다. 이에 퀴크노스는 뒤로 밀리다 돌멩이에 걸려 넘어졌고, 아킬레우스는 가슴에 올라타 그의 투구 끈으로 목을 졸라 죽였다. 하지만 포세이돈은 그의 정령을 백조로 만들어 멀리 날아가게 했다. 그러고 나서 그리스 군대는 트로이아를 포위하고 배를 끌어 방책 뒤에 올려놓았다.[9]

g. 트로일로스가 스무 살이 될 때까지 살아남았다면 트로이아는 함락되지 않을 운명이었다. 어떤 이는 아킬레우스가 그와 함께 전투를 벌이다 그와 사랑에 빠졌다고 전한다. 그는 이렇게 말했다. "항복해 내 품에 안긴다면 너를 살려주겠다!" 트로일로스는 '튐브라이아의 아폴론' 신전 안으로 달아났다. 그러나 아킬레우스는 신의 분노를 상관하지 않았으며, 트로일로스가 계속 수줍어하자 신전의 제단에서 그의 목을 베었다. 나중에 자신도 바로 이곳에서 죽음을 맞이할 터였다.[10] 다른 이들은 아킬레우스가 신전 구역 안에서 말을 훈련시키던 트로일로스를 창으로 꿰었다고 전한다. 또는 비둘기 선물을 준다고 하면서 그를 밖으로 꾀어냈으며, 그는 갈비뼈가 부러지고 얼굴이 검붉게 변해 죽었다고 한다. 아킬레우스가 곰과 같은 방식으로 그와 사랑을 나누다 그렇게 됐다는 것이다. 또 다른 설명으로 트로일로스가 멤논이 죽은 다음 복수하겠다면서 성문을 열고 그리스 군대 쪽으로 달려들다 아킬레우스와 마주쳐 죽임을 당했다고 전해진다. 또는 그가 이때 사로잡혀 아킬레우스의 명령에 따라 사람들 앞에서 냉혹하게 살해당했다고 한다. 그때는 그도 거무스레한 안색에 수염이 흘러내릴 정도로 나이를 먹어 아킬레우스의 연정을 불러일으킬 수 없었다. 그가 어떻게 죽게 됐든 상관없이 그의 죽음은 아킬레우스로 인한 것이었다. 트로이아인들은 헥토르가 죽었을 때만큼 비통해하며 그를 애도했다.[11]

h. 트로일로스는 칼카스의 아름다운 딸 브리세이스를 사랑했다고 전해

진다. 아버지는 트로이아를 떠나면서 딸을 그곳에 남겨 두었지만, 그녀는 아버지의 변절에 아무런 역할을 하지 않았기에 계속 정중한 대우를 받았다. 칼카스는 트로이아가 반드시 멸망할 것임을 알았기에, 아가멤논을 설득해 프리아모스에게 딸을 보내 주도록 요청하게 만들었다. 그렇게 하지 않으면 전쟁 노예가 될 것이 뻔했기 때문이다. 프리아모스는 선선히 그의 요청을 받아들여 아들 여럿이 호위하도록 해 브리세이스를 그리스 진영으로 보냈다. 그녀는 예전에 트로일로스에게 영원한 신의를 맹세했지만, 브리세이스의 연정은 금방 아르고스의 디오메데스로 옮겨 갔다. 디오메데스도 그녀와 열정적인 사랑에 빠졌고, 트로일로스가 전장에 나타날 때마다 그를 죽이기 위해 최선을 다했다.[12]

i. 어느 야간 공격에서 아킬레우스는 뤼카온을 기습해 사로잡았다. 당시 그는 아버지 프리아모스의 과수원에서 전차 난간으로 쓸 무화과나무 새순을 자르고 있었다. 파트로클로스는 뤼카온을 렘노스 섬으로 끌고 가 이아손의 아들이자 그리스 군대에 포도주를 공급하는 에우네오스 왕에게 팔았다. 은으로 된 포이니케산 큰 사발을 그 값으로 받아 갔다. 나중에 임브로스의 에에티온이 몸값을 낸 덕분에 그는 트로이아로 돌아갈 수 있었지만, 열이틀 뒤 아킬레우스의 손에 죽임을 당했다.[13]

j. 언젠가 아킬레우스는 자원자들을 이끌고 트로이아 주변 농촌 지역을 유린했다. 이다 산에서 그는 소 떼를 몰던 다르다니아의 아이네이아스를 만났고, 그가 달아나자 숲이 우거진 산비탈까지 추적했다. 아킬레우스는 소몰이꾼들과 프리아모스의 아들 메스토르를 죽이고 소 떼를 약탈했다. 아이네이아스가 피신해 있던 뤼르넷소스 시도 약탈했다. 에우에노스 왕의 아들인 뮈네스와 에피스트로포스가 이 싸움에서 죽었다. 그러나 아이네이아스는 제우스가 그곳을 탈출할 수 있게 도왔다. 뮈네스의 아내인 또 다

른 브리세이스는 포로로 붙잡혔으며, 그녀의 아버지 브리세오스는 스스로 목을 맸다.[14]

k. 아이네이아스는 파리스의 헬레네 납치를 묵인했지만, 전쟁이 시작되고 몇 년 동안 중립을 지켰다. 그는 여신 아프로디테가 트로스의 손자인 앙키세스를 통해 낳은 아들로, 사촌 프리아모스가 자신을 업신여겨 무척 화가 나 있었다.[15] 그렇지만 아킬레우스의 도발적인 기습 공격에 마침내 다르다니아인들은 트로이아 진영에 합류할 수밖에 없었다. 아이네이아스는 뛰어난 전사라는 것을 증명해 보였고 아킬레우스조차 그를 폄하하지 못했다. 헥토르가 트로이아인들의 손이라면, 아이네이아스는 그들의 영혼이었다. 그의 어머니인 아프로디테 여신이 종종 전투에서 아들을 도왔고, 한 번은 디오메데스가 던진 돌이 그의 엉덩이를 부쉈지만 여신이 그를 죽음에서 구하기도 했다. 디오메데스가 창으로 손목을 찔러 여신까지 다치게 하자, 아폴론이 아이네이아스를 전장에서 빼내 레토와 아르테미스한테 데려가 치료받도록 했다. 또 한 번은 포세이돈이 그의 목숨을 구해 주었다. 포세이돈은 비록 트로이아인들에게 적대적이었지만, 결정된 운명을 존중했고 아이네이아스의 혈통이 결국 트로이아를 다스릴 것임을 알고 있었기 때문이다.[16]

l. 아킬레우스는 트로이아와 연맹을 맺은 도시들을 차례로 장악해 갔다. 레스보스, 포카이아, 콜로폰, 스뮈르나, 클라조메나이, 퀴메, 아이기알로스, 테노스, 아드라뮛티온, 디데, 엔디온, 린나이온, 콜로네, 뤼르넷소스, 안탄드로스 등이 그의 수중에 떨어졌다. 휘포플라키아의 테바이도 떨어졌는데, 이곳은 헥토르의 아내 안드로마케의 아버지인 또 다른 에에티온과 그의 동료인 포데스가 킬리키아인들을 다스리고 있었다. 아킬레우스는 에에티온을 그의 일곱 아들과 함께 죽였다. 다만 그의 주검은 훼손하지 않고 빠짐없이 무장을 갖추도록 하고 불에 태웠다. 그가 쌓아 올린 무덤 주변에는 산의 님

프들이 느릅나무를 심어 숲을 이뤘다.[17] 포로 가운데는 아스튀노메 또는 크 뤼세이스도 있는데, 그녀는 스민토스 섬의 아폴론 사제 크뤼세스의 딸이다. 어떤 이는 아스튀노메를 에에티온의 아내라 하고, 다른 이들은 크뤼세스가 그녀를 보호하기 위해 또는 아르테미스의 제례에 참석하도록 뤼르넷소스 로 보냈다고 전한다. 전리품을 나눠줄 때 크뤼세이스는 아가멤논의 차지가 됐고, 브리세이스는 아킬레우스의 몫이 됐다. 아킬레우스는 휘포플라키아 의 테바이에서 준마 페다소스도 빼앗았고, 자신의 불사의 말들과 함께 전 차를 끌게 했다.[18]

m. 큰 아이아스는 배를 타고 트라케의 케르소네소스로 가서 뤼카온의 피를 나눈 형제 폴뤼도로스를 사로잡았다. 이들의 어머니는 라오토에다. 그리고 테우트라니아에서 테우트라스 왕을 죽였으며, 엄청난 전리품도 챙겼다. 거기엔 테크멧사 공주도 포함돼 있었으며, 그는 그녀를 첩으로 삼 았다.[19]

n. 전쟁이 10년째 되어 갈 시점에, 그리스 군대는 소아시아 해안 지대 약탈을 삼가고 병력을 트로이아 앞에 집중했다. 트로이아인들도 이에 맞 서 자신의 동맹들을 불러들여 전열을 강화했다. 아이네이아스와 안테노르 의 두 아들이 이끄는 다르다니아인들, 트라케의 키코네스인들, 파이오니아 인들, 파플라고니아인들, 뮈시아인들, 프뤼기아인들, 마이오니아인들, 키리 아인들, 뤼키아인들이 모여들었다. 사르페돈이 뤼키아인들을 이끌었다. 그 는 벨레로폰테스의 딸인 라오다메이아가 제우스와 함께해 낳은 아들이다. 다음은 그의 이야기이다. 라오다메이아의 오라비인 이산드로스와 힙폴로 코스가 왕국을 두고 다툼을 벌였다. 이에 아이의 가슴 위에 걸어 놓은 황금 반지의 구멍을 화살로 꿰뚫는 사람이 왕이 되도록 하자는 제안이 나왔다. 양쪽은 흥분해 상대편의 자식을 과녁으로 삼겠다고 고집했다. 그러나 라오

다메이아는 오라비들이 상대편 아이를 죽이는 일을 막았다. 자신의 아들 사르페돈의 목에 반지를 매어 내주겠다고 나선 것이다. 오라비들은 그녀의 고귀한 희생 정신에 충격을 받았고, 둘이 함께 왕좌에 대한 욕심을 버리고 이를 조카인 사르페돈에게 양보하기로 뜻을 모았다. 이에 따라 지금은 그가 힙폴로코스의 아들인 글라우코스와 함께 공동 왕으로서 나라를 다스리고 있다.[20]

o. 아가멤논은 오뒷세우스를 트라케로 보내 식량을 약탈해 오게 한 적이 있었다. 그러나 오뒷세우스는 빈손으로 돌아왔고, 나우플리오스의 아들인 팔라메데스가 게으르고 겁이 많다면서 그를 나무랐다. 오뒷세우스는 소리를 질렀다. "내 잘못이 아니다. 곡식이 어디에도 없었다. 아가멤논이 나 대신 너를 보냈다고 해도 마찬가지였을 것이다." 팔라메데스는 즉시 출항했고 머지않아 배 가득히 곡물을 싣고 돌아왔다.[21]

p. 오뒷세우스는 며칠 동안 비뚤어진 생각을 거듭했다. 그리고 마침내 자기 명예에 상처를 입힌 팔라메데스에게 앙갚음을 할 묘책을 찾아냈다. 그는 먼저 아가멤논에게 이런 전갈을 보냈다. "신들이 제 꿈에 나타나 누가 배신의 음모를 꾸미고 있다고 경고했습니다. 군영을 하루 낮밤 동안 다른 곳으로 옮겨야 합니다." 아가멤논이 즉시 그렇게 하라 명하자 오뒷세우스는 팔라메데스가 천막을 쳤던 자리에 몰래 황금 한 자루를 땅속에 묻었다. 그리고 프뤼기아 포로에게 강요해 프리아모스가 팔라메데스에게 보내는 것처럼 꾸민 편지 한 통을 쓰게 했다. 거기에는 이런 내용이 들어갔다. "그리스 군영을 배신하겠다면서 요구한 황금은 지난번에 보냈다." 오뒷세우스는 포로에게 편지를 팔라메데스한테 가져다주라고 명령한 다음, 군영 밖에서 이를 전달하러 가는 포로를 붙잡아 곧장 죽였다. 다음 날 군대가 이전 자리로 돌아왔을 때 누군가 포로의 주검을 발견하고 문제의 편지를 아가

멤논에게 가져갔다. 팔라메데스는 심문을 받았고, 흥분해 프리아모스 또는 다른 누구한테서도 황금을 받은 적이 없다고 주장했다. 오뒷세우스는 그의 천막을 수색해 보자고 제안했다. 황금이 나왔고, 모든 그리스 병사들이 반역자라면서 팔라메데스를 돌로 쳐 죽였다.[22]

q. 어떤 이는 아가멤논과 오뒷세우스, 디오메데스가 모두 함께 이 음모에 연루돼 있다고 전한다. 이들이 합동으로 거짓 편지를 프뤼기아 포로에게 받아쓰게 한 다음, 하인을 돈으로 매수해 황금과 함께 편지를 팔라메데스의 침대 아래 숨겼다는 것이다. 팔라메데스는 돌로 쳐 죽일 곳으로 끌려가면서 큰 소리로 외쳤다. "진실이여, 나보다 먼저 죽은 너를 애도하노라!"[23]

r. 다른 이들은, 오뒷세우스와 디오메데스가 깊은 우물 안에서 보물을 발견한 척하면서 팔라메데스에게 밧줄을 타고 내려가게 한 다음 커다란 돌을 그의 머리 위로 떨어뜨렸다고 전한다. 그게 아니면 함께 잠깐 낚시 여행을 가서 그를 물에 빠뜨려 죽였다고 한다. 이와 달리 파리스가 화살로 그를 죽였다는 주장도 있다. 그의 죽은 장소조차 트로이아의 콜로나이, 또는 게라이스토스, 또는 테네도스 섬 등 말이 서로 엇갈린다. 그러나 그의 영웅 전당은 지금 레스보스 섬의 메튐나 부근에 있다.[24]

s. 팔라메데스는 주사위를 발명했기에 주위 동료들이 무척 고마워했다. 동료들은 트로이아로 가기 전에 주사위를 가지고 즐거운 시간을 보냈다. 팔라메데스는 처음 만든 주사위를 아르고스에 있는 튀케의 신전에 바쳤다. 그러나 많은 사람들이 그의 뛰어난 지혜를 질투했다. 그는 주사위 외에도 등대와 저울, 측량 기구, 원반, 알파벳을 발명했으며 효과적으로 보초병을 배치하는 방법도 창안했다.[25]

t. 나우플리오스는 아들이 살해됐다는 소식을 전해 듣고 배를 타고 트로이아로 건너가 보상을 요구했다. 그러나 아가멤논은 이를 거부했다. 그는

오뒷세우스의 공범이었고 그리스군의 모든 장수들이 자신에게 보내는 신뢰에 흠집을 내고 싶지 않았던 것이다. 이에 나우플리오스는 살아남은 아들 오이악스와 함께 그리스로 돌아왔으며, 팔라메데스를 죽인 자들의 아내들에게 각각 거짓 소식을 전했다. "당신의 남편이 트로이아 첩을 데려오는데 여왕 자리까지 그녀에게 넘기려 합니다." 절망에 빠진 아내들 가운데 일부는 스스로 목숨을 끊었다. 다른 이들은 간통을 했다. 아가멤논의 아내 클뤼타임네스트라가 아이기스토스와 어울린 것에도 작용을 했다. 디오메데스의 아내 아이기알레이아는 스테넬로스의 아들인 코메테스와 어울렸고, 이도메네우스의 아내 메다는 레우코스라는 사람을 불러들였다.[26]

1] 『퀴프리아』, 프로클로스의 인용: 『명문집』 1; 체체스: 『안테-호메리카』 154 ff.; 호메로스의 『일리아스』 3. 206에 대한 고전 주석자.

2] 딕튀스 크레텐시스: 1. 4; 아폴로도로스: 『요약집』 3. 28-29; 호메로스: 『일리아스』 3. 207.

3] 아폴로도로스: 『요약집』 3. 29-30; 휘기누스: 『신화집』 103; 에우스타티오스: 『호메로스에 관하여』 325와 326.

4] 휘기누스: 같은 곳; 에우스타티오스: 『호메로스에 관하여』 245.

5] 파우사니아스: 『그리스 여행기』 1. 34. 2; 체체스: 『뤼코프론에 관하여』 532-533; 필로스트라토스: 『영웅담』 3. 1; 코인토스 스뮈르나이우스: 『포스트-호메리카』 7. 408 ff.; 플리니우스: 『자연 탐구』 16. 88.

6] 휘기누스: 『신화집』 103과 104; 『퀴프리아』, 파우사니아스의 인용: 4. 2. 5; 오비디우스: 『헤로이데스』 13. 152; 에우스타티오스: 『호메로스에 관하여』 325; 아폴로도로스: 『요약집』 3. 30; 베르길리우스의 『아이네이스』 6. 447에 대한 세르비오스.

7] 에우스타티오스: 『호메로스에 관하여』, 같은 곳; 휘기누스: 『신화집』 104.

8] 코논: 『이야기』 13; 아폴로도로스: 『요약집』, 체체스의 인용: 『뤼코프론에 관하여』 941; 스트라본: 『지리학』 6. 1. 12.

9] 아폴로도로스: 『요약집』 3. 31; 체체스: 『뤼코프론에 관하여』 245; 오비디우스: 『변신 이야기』 12. 70-145.

10] 제1 바티칸 신화학자: 210; 체체스: 『뤼코프론에 관하여』 307.

11] 호메로스의 『일리아스』 24. 251에 대한 에우스타티오스, 1348; 베르길리우스의 『아이네이스』 1. 478에 대한 세르비오스; 딕튀스 크레텐시스: 4. 9; 체체스: 같은 곳.

12] 베누와: 『트로이아 이야기』.

13] 아폴로도로스: 『요약집』 3. 32; 호메로스: 『일리아스』 21. 34 ff.와 85-86; 23. 740-747과 7. 467-468.

14] 아폴로도로스: 『요약집』 3. 32; 호메로스: 『일리아스』 2. 690-693; 20. 89 ff.와 188 ff.; 호메로스의 『일리아스』 3. 58에 대한 에우스타티오스; 호메로스의 『일리아스』 1. 184에 대한 고전 주석자; 『퀴프리아』, 프로클로스의 인용: 『명문집』 1; 딕튀스 크레텐시스: 2. 17.

15] 휘기누스: 『신화집』 115; 호메로스: 『일리아스』 13. 460. ff.와 20. 181 ff.; 헤시오도스: 『신들의 계보』 1007.

16] 호메로스: 『일리아스』 5. 305 ff.; 20. 178 ff.와 585 ff.; 필로스트라토스: 『영웅담』 13.

17) 호메로스: 『일리아스』 9. 328-329; 6. 395-397; 17. 575-577과 6. 413-428; 아폴로도로스: 『요약집』 3. 33.

18) 딕튀스 크레텐시스: 2. 17; 호메로스: 『일리아스』 1. 366 ff.와 16. 149-154; 호메로스에 대한 에우스타티오스 77, 118, 119.

19) 딕튀스 크레텐시스: 2. 18; 소포클레스: 『아이아스』 210; 호라티우스: 『서정시』 2. 4. 5.

20) 헤라클레이데스 폰티코스: 『호메로스의 알레고리』 424-425; 호메로스: 『일리아스』 6. 196 ff.; 아폴로도로스: 『요약집』 3. 34-35; 호메로스에 대한 에우스타티오스 894.

21) 『퀴프리아』, 프로클로스의 인용: 같은 곳; 베르길리우스의 『아이네이스』 2. 81에 대한 세르비오스.

22) 아폴로도로스: 『요약집』 3. 8; 휘기누스: 『신화집』 105.

23) 에우리피데스의 『오레스테스』 432에 대한 고전 주석자; 필로스트라토스: 『영웅담』 10.

24) 딕튀스 크레텐시스: 2. 15; 『퀴프리아』, 파우사니아스의 인용: 10. 31. 1; 체체스: 『뤼코프론에 관하여』 384 ff.와 1097; 다레스: 28.

25) 파우사니아스: 10. 31. 1과 2. 20. 3; 필로스트라토스: 같은 곳; 에우리피데스의 『오레스테스』 432에 대한 고전 주석자; 베르길리우스의 『아이네이스』 2. 81에 대한 세르비오스; 체체스: 『뤼코프론에 관하여』 384.

26) 아폴로도로스: 『요약집』 6. 8-9; 체체스: 『뤼코프론에 관하여』 384 ff.; 호메로스에 대한 에우스타티오스 24.; 딕튀스 크레텐시스: 6. 2.

＊

1. 『일리아스』는 트로이아 포위 공격의 10년째 되는 해에 벌어진 일만을 차례로 다루고 있다. 신화학자들은 그에 앞서 벌어진 일들을 각각 다른 순서로 배열하고 있다. 아폴로도로스(『요약집』 3. 32-33)를 보면 ① 아킬레우스는 트로일로스Troilus를 죽이고 ② 뤼카온Lycaon을 사로잡고 ③ 아이네이아스의 소 떼를 약탈하고 ④ 그러고 나서 많은 도시를 점령했다. 『퀴프리아』(프로클로스의 인용: 『명문집』 1)를 보면, 트로이아 공격에 실패한 그리스 군대는 ① 먼저 그 부근 농촌 지역과 도시들을 초토화하고 ② 아프로디테와 테티스는 아킬레우스와 헬레네가 만나게 돕고 ③ 그리스 군대가 집으로 돌아가겠다고 결정했으나 아킬레우스가 이를 저지했으며, 아킬레우스가 아이네이아스의 소 떼를 몰아오고, 많은 도시를 약탈하고, 트로일로스를 죽였다. ④ 이어 파트로클로스Patroclus가 뤼카온을 렘노스 섬에서 팔았고 ⑤ 전리품을 나눠 가졌으며, ⑥ 팔라메데스가 돌에 맞아 죽었다.

2. 체체스(『뤼코프론에 관하여』 307)를 보면, 트로일로스는 멤논과 헥토르보다 오래 살았다. 프뤼기아의 다레스도 비슷하게 전하고 있다. 트로일로스는 헥토르에 이어 트로이아 군대를 지휘했지만(다레스: 30), 나중에 전차를 끄는 말 가운데 하나가 부상을 입는 바람에 아킬레우스에게 따라잡혀 죽임을 당했다. 아킬레우스는 트로일로스의 주검을 끌고 가려 했다가 멤논에게 부상을 입었다. 이에 멤논도 죽었다. 트로이아 군대는 도시 안으로 달아났고, 프리아모스는 트로일로스와 멤논을 위한 장엄한 장례식을 열었다(다레스: 33).

3. 트로이아 전쟁은 역사적 사건이며, 직접적 원인이 무엇이든 이는 무역 전쟁이었다. 당시 트로이아는 엄청난 이득을 가져오는 흑해 교역을 장악하고 있었다. 금, 은, 철, 진사辰砂, 선박용 목재, 아마, 대마, 말린 생선, 기름, 중국산 옥을 교역했다. 일단 트로이아가 함락되자, 그리스인들은 동쪽 교역로를 따라 식민지들을 건설할 수 있었고, 이들은 소아시아와 시칠리아의 식민지만큼이나 성장했다. 나중에 아테나이는 선도적 해양 강국으로서 흑해 교역을 통해 가장 많은 이득을 챙겼다. 무엇보다 싼 곡물에서 많은 이윤을 남겼다. 실제 기원전 405년 아이고스포타모이에서 헬레스폰토스 입구를 지키는 함대를 잃음으로써 아테나이는 몰락했고 오래 지속된 펠로폰네소스 전쟁이 끝났다.[1] 따라서 아가멤논과 프리아모스 사이의 지속적인 협상은 헬레네의 송환보다는 헬레스폰토스에 들어갈 수 있는 그리스의 권리를 회복하는 일을 더 많이 다뤘을 것이다.

4. 그리스 군대는 트라케와 소아시아 해안 지대를 지속적으로 공격함으

---

1) 아이고스포타모이Aegospotami는 헬레스폰토스 해협으로 흘러 들어가는 작은 강이며, 여기에서 스파르테 장군 뤼산데르Lysander가 아테나이 쪽에 결정적인 패배를 안겼다. 이 전투로 펠로폰네소스 전쟁이 대단원의 막을 내렸다.

로써 트로이아에 대한 마지막 일격을 준비했을 가능성이 있다. 이 공격으로 트로이아 동맹의 해군력에 심각한 손상을 입혔을 것이다. 이와 함께 그리스 쪽은 스카만도로스 강의 입구에 설치한 군영을 굳게 유지함으로써 트로이아가 지중해 교역을 통해 물자를 공급받지 못하도록 막았을 가능성도 있다. 그렇게 하면 그곳 평원에서 매년 열렸던 '동서 교역 마당'이 막힌다. 그러나 『일리아스』는 트로이아가 해상 교역로의 반대편인 도시 너머 내륙 쪽과 연락선이 끊어지지 않았음을 분명하게 보여 주고 있다. 완벽한 포위 공격은 아니었다는 이야기다. 물론 아킬레우스가 그렇게 하려는 동안 트로이아 쪽은 낮에는 내륙으로 연결되는 '다르다니아 쪽 성문'을 감히 나오지 않았다(『일리아스』 5. 789). 반면, 그리스 쪽 세탁부는 성벽에서 화살이 날아올 수 있는 거리의 샘터에서는 두려워 빨래를 하지 않으려 했다(『일리아스』 22. 156). 전체적으로 트로이아 쪽은 물자 보충과 병력 증강이 비교적 자유로웠다. 특히, 트로이아는 세스토스Sestos와 아비도스Abydos를 장악하고 있어, 이를 통해 트라케와 긴밀하게 연결돼 있었다. 그리스 군대가 이다 산의 소 떼 약탈과 프리아모스의 무화과나무 과수원 침입을 그토록 큰 목소리로 자랑하는 것은, 이들이 내륙 깊숙이 거의 들어가지 않았음을 암시한다. 뤼카온의 전차에 쓸 무화과나무 새순은 아마도 전차를 아프로디테의 보호 아래 두려고 일부러 찾은 것으로 보인다. 크놋소스에서 발굴된, 트로이아 전쟁 이전에 제작된 서판에는, "붉게 칠한 퀴도니아 전차"가 많았다는 언급이 등장한다. 전차에는 "목수는 갖가지 일을 했다"고 뭉뚱그려 말하면서도, 유독 전차 난간에 쓰는 나무의 종류는 특정돼 있다. 언제나 무화과나무이다. 그런데 무화과나무는 크레테와 트로이아인들이 구할 수 있는 다른 수많은 나무들에 견주어 전차 난간용으로 적합한 나무가 아니었다.

5. 아가멤논은 소모전을 펼쳤고, 헥토르도 교역 단절로 트로이아의 전쟁 물자가 고갈됐다고 말하면서 상대의 소모전이 성공했음을 인정했다(『일리아스』17. 225와 18. 287-292). 파플라고니아, 트라케, 뮈시아 쪽은 상인이 아니라 물건 만드는 사람들이었으며, 그리스인들과 직접 거래를 할 준비가 되어 있었다. 뤼키아인들만이 유일하게 교역 위주라서 트로이아의 운명에 대해 많은 걱정을 한 것으로 보인다. 이들은 남동쪽에서 물자를 수입했는데, 트로이아가 그들의 북쪽 교역로를 안전하게 지켜 주었기 때문이다. 실제 트로이아가 함락되자 소아시아 지역의 교역은 아가멤논의 동맹인 로도스 섬이 독점했고, 뤼키아는 몰락했다.

6. 여자, 탄원자, 동맹을 냉혹하게 다루는 대목들은 『일리아스』가 청동기 시대 신화가 아님을 상기시킨다. 크놋소스가 함락되고(39. 7과 89. 1 참고) 그 결과로 팍스 크레텐시스[크레타의 평화pax Cretensis]가 사라졌다. 이는 크레테의 바다-여신이 크레테의 영향권 안에 있는 모든 나라들에 부과한 질서였다. 옛 질서가 무너지면서 새로운 철기 시대의 도덕관이 생겨났다. 이는 정복을 일삼는 폭군의 도덕관이다. 그는 작은 제우스였고, 신은 마땅히 자제해야 한다는 도덕률은 존재하지도 않았다. 이피게네이아를 제물로 바치고, 오뒷세우스는 팔라메데스에게 지저분하게 앙갚음을 하고, 뤼카온을 은 사발 하나에 팔아 버리며, 아킬레우스는 수치심도 없이 트로일로스를 뒤쫓아 갔으며 강제로 브리세이스와 크뤼세이스를 첩으로 삼았다. 이들은 모두 야만적인 영웅담의 전형이다. 팔라메데스는 아가멤논과 오뒷세우스, 디오메데스의 사악한 공모에 무고하게 희생됐다고 보는 것이 적절하다. 그는 아르골리스에 뿌리를 내렸던 크레테 문화를 대변하기 때문이다. 그가 발명했다고 하는 것들은 모두 크레테에서 유래했다. 그가 우물에서 살해됐다는 이야기는, "진실이여, 나보다 먼저 죽은 너를 애도하노라!"라고 했던 말과,

진실이 우물과 흔히 연결되었던 사정에서 비롯된 것으로 보인다. 팔라메데스는 '고대의 지혜'을 뜻하며, 신탁의 영웅이었다. 팔라메데스에 해당하는 렘노스 섬의 헤파이스토스도 그런 신탁의 영웅이었다. 그의 발명품을 보면 그는 토트 또는 헤르메스이다(17. g 참고). 주사위는 카드와 동일한 역사를 갖고 있다. 이것들은 원래 신탁을 받는 수단이었지만, 나중에 운수에 맡기는 노름의 도구가 됐다(17. 3 참고).

7. 느릅나무는 나무 달력에는 포함되지 않지만(53. 3 참고) 주로 디오뉘소스 숭배와 연결된다. 그리스인들은 포도나무를 키울 때 느릅나무 묘목에 대고 모양을 만들었기 때문이다. 그런데 님프들이 프로테실라오스Protesilaus와 에에티온Eëtion의 무덤을 둘러 느릅나무를 심었다고 하는 대목은, 아마도 그 나뭇잎과 껍질을 외상 치료제로 쓸 목적이었던 것으로 보인다(플리니우스: 『자연 탐구』 24. 33). 많은 부상을 입고 죽은 왕자의 무덤에서 자란 나무라면 약효가 훨씬 더 좋을 것이라 생각했다.

8. 라오다메이아Laodameia가 남편 프로테실라오스의 조각상에 그릇되게 집착하는 장면은 아마도 신성한 결혼식을 담은 도상에서 비롯됐을 것이다. 일부 힛타이트 결혼 인장에는 바닥에 엎드린 왕이 무척 딱딱한 모습으로 조각돼 있어 마치 조각상처럼 보인다. 하인이 사과를 가져오고 아카스토스가 갑자기 들이닥치는 대목은, 그 도상에 여왕이 후계자인 애인을 위해 지금의 왕을 배신하고 후계자는 그의 영혼이 담긴 운명의 사과를 잘라 내는 장면이 실려 있었음을 암시한다. 아일랜드 전설의 쿠 훌린, 데크타이어Dechtire, 쿠로이도 이런 장면을 연출했다.

브리세이스Briseis(목적격: 브리세이다Briseida)는 크뤼세스Chryses, 또는 크뤼세스의 딸인 크뤼세이스Chryseis와 혼동을 일으켰다. 크뤼세이스는 아가멤논에게 혼외자를 낳아준 여인이다(116. h 참고). 크리세이스Criseis(목적격: 크리세이다Criseida)의 중세 시대 라틴 전설은 활발하게 발전해, 헨리슨[2]의 「크레세이드의 서약Testament of Cresseid」과 셰익스피어의 『트로일로스와 크레시다Troilus and Cressida』를 낳았다.

9. 테우트라니아Teuthrania는 문어를 뜻하는 테우티스teuthis를 따라 그렇게 불렸을 것이며, 문어는 크레테의 여신에게 신성하다(81. 1 참고). 테크멧사Tecmessa('정해 주는 여인')는 이 여신의 최고위 여사제였다.

사르페돈Sarpedon 신화는 여러 가지가 뒤섞여 있지만, 각 요소들은 모두 익히 보아 온 것이다. 뤼키아 왕국은 다른 글라우코스의 삼촌인 다른 사르페돈이 건설했다. 이들은 그리스 말을 하는 크레테인들로, 아카이아족에 의해 바다 건너로 밀려난 아이올리스 또는 펠라스고이 혈통이다. 이는 이중 왕국으로 모계 승계를 했으며, 무엇보다 달의 여신을 모시는 여사제의 호칭이 라오다메이아Laodameia('사람들을 길들이는 이')였다. 그곳의 신성한 왕은 의례에서 '암말에서 태어난' 것으로 보이며(81. 4와 167. 2 참고), 힙폴로코스Hippolochus의 이름이 바로 이런 뜻이다. 이산드로스Isander('공정한 남자')는 그의 후계자 역할을 했다. 사르페돈의 이름('나무 궤짝 안에서 크게 기뻐하는')은 매년 '새해의 아이'가 배를 타고 도래하는 것을 지칭하는 것으로 보인다. 여기 나오는 아이는 섭정으로, 힙폴로코스는 자신의 왕위를 단 하루 동안 아이에게 물려준다. 그다음에 아이는 크레테의 글라우코스처럼 꿀단지에 빠뜨려 죽이거나(71. d 참고), 코린토스 지협의 글라우코스처럼 전차 충돌로 죽이거나(90. 1 참고), 아타마스의 아들인 레아르코스처럼 하루 동안 죽었다 다시 살아난 힙폴로코스에 의해 화살에 꿰뚫린다(70. 5 참고).

10. 중세의 활잡이들은 사격술 시험으로 자기 아들 머리에 올려놓은 사

---

2) 로버트 핸리슨Robert Henryson: 15세기 활동한 스코틀랜드의 시인.

과, 또는 아들이 쓴 모자에 고정된 동전을 화살로 맞춰야 했다. 활잡이 길드는 (『마녀의 망치*Malleus Maleficarum*』와 『로빈 후드 이야기*The Little Geste of Robin Hood*』에서 나오는 것처럼) 잉글랜드와 켈트족 게르만 양쪽에서 모두 이교도적인 마녀 숭배 성향을 갖고 있었다. 잉글랜드에서 이 시험은 [로빈 후드의 연인인] 수도녀 마리안Maid Marian의 '서방'을 선택하기 위해 진행한 것으로 보인다. 시험의 승자는 그녀와 결혼함으로써 '그린우드의 주인'인 로빈 후드가 됐다. 북부 유럽의 마녀 숭배는 에게 해의 신석기 시대 종교와 유사점이 상당히 많기에, 뤼키아인들은 반지를 소년의 가슴이 아니라 머리 위에 올려 두었을 가능성도 있다. 그리고 이는 황금 뱀을 의미했을 수 있다(119. 4 참고). 소년이 손으로 들고 있던 도끼의 구멍이었을 수도 있다. 오뒷세우스도 아내 페넬로페를 구혼자들한테서 되찾을 때 도끼 구멍을 관통하게 화살을 쐈다(171. h 참고). 신화학자들은 아마도 왕위를 노리는 후보자에게 요구된 활쏘기 시험을 섭정을 제물로 바치는 일과 혼동한 것으로 보인다.

11. 아이튈라Aethylla는 '불붙은 목재'를 뜻한다. 매년 배를 불태우는 의례는 스키오네Scione 전설에서 비롯된 것일 수 있다.

프로테실라오스Protesilaus('사람들 가운데 첫째')는 왕의 호칭으로 무척 흔했고, 따라서 당연히 여러 도시가 그의 무덤을 갖고 있다고 주장했을 것이다.

163
아킬레우스의 분노

이제 겨울이 끝나가고 있었다. 문명화된 나라들은 겨울에 전투를 벌이지 않았다. 이에 그리스 군대는 숙영지를 늘리거나 활쏘기를 연마하면서 시간을 보냈다. 가끔씩 이들은 중립지대인 '튐브라이아의 아폴론' 신전에서 트로이아의 주요 인물을 마주치곤 했다. 그리고 언젠가 헤카베가 거기서 제물을 바치고 있는 동안 아킬레우스는 같은 일로 거기 들렀다가 그녀의 딸 폴뤽세네와 지독한 사랑에 빠졌다. 그는 그때는 아무 말도 하지 못했지만, 고통 속에서 자신의 처소로 돌아온 다음 인정 많은 아우토메돈을 헥토르에게 보내 어떤 조건이면 자신이 폴뤽세네와 결혼할 수 있는지 물었다. 헥토르는 이렇게 답했다. "그리스 군대의 숙영지의 비밀 정보를 프리아모스 왕에게 넘긴다면, 그날 그녀는 그의 것이 될 것이다." 아킬레우스는 헥토르가 제시한 조건을 받아들일 의향이 충분했지만, 만약 숙영지 정보를 넘기지 못한다면 대신 자신의 사촌인 큰 아이아스와 아테나이의 플레이스테네스의 아들들을 죽이겠다고 맹세해야 한다는 이야기를 전해 듣고 어렵게 마음을 접었다.[1]

b. 봄이 왔고, 전투가 재개됐다. 첫 교전에서 아킬레우스는 헥토르를 찾

아다녔다. 주의 깊게 살피던 헬레노스가 그의 손을 화살로 꿰뚫어 물러나게 만들었다. 아폴론이 사랑의 선물로 준 상아 활을 가지고 쏜 화살이었다. 사실 제우스가 몸소 이 화살을 인도했다. 앞서 제우스는 트로이아인들의 고통을 덜어 주기로 결심했다. 연이은 기습과 그에 따른 일부 아시아 국가들의 동맹 탈퇴로, 트로이아 쪽의 기세가 크게 꺾여 있었기 때문이다. 이에 제우스는 그리스 군대에 역병을 퍼뜨리고 이번처럼 아킬레우스를 그의 동료 장수들에게서 떼어 놓았다.[2] 그리고 크뤼세스가 크뤼세이스의 몸값을 지불하기 위해 왔을 때, 제우스는 아가멤논을 꾀어 상스러운 말로 그를 쫓아내게 만들었다. 크뤼세스는 아폴론에게 기도했고, 아폴론은 앙심을 품은 채 정박한 배들 부근에서 자리를 잡고 매일같이 그리스 군대 쪽으로 치명적인 화살을 날렸다. 비록 (공교롭게도) 왕과 왕자는 아무런 고통이 없었지만, 병사가 수백 명 죽었다. 열흘째 되는 날, 칼카스는 신이 개입해 있다고 알렸다. 그의 간청에 따라 아가멤논은 마지못해 크뤼세이스를 그녀의 아버지에게 회유하는 선물과 함께 돌려보냈다. 그런데 아가멤논은 아킬레우스한테서 브리세이스를 빼앗아 옴으로써 자신의 손실을 만회했다. 그녀는 이전에 아킬레우스에게 할당됐던 여인이다. 그 결과, 아킬레우스는 발끈하여 더는 전투에 나가지 않겠다고 선언했다. 그의 어머니 테티스도 분개해 제우스를 찾아갔고, 제우스는 아들을 위해 그녀의 바람을 들어주겠다고 약속했다. 하지만 누구는 폴뤽세네의 아버지인 프리아모스를 향해 자신의 선의를 보여 주려 전투에서 빠졌다고 전한다.[3]

c. 트로이아인들은 아킬레우스와 그의 뮈르미돈 군대가 전장에서 뒤로 빠졌다는 것을 알게 되자, 힘을 모아 맹렬한 반격에 나섰다. 아가멤논은 놀라 휴전협정을 승인하고, 그동안 파리스와 메넬라오스가 헬레네와 도둑맞은 재물의 소유권을 두고 결투를 벌이도록 했다. 그러나 둘의 결투는 어떤

결정도 내놓지 못했다. 파리스가 결투에서 패배하려 하자 아프로디테가 마법의 안개로 그를 둘러싸 트로이아로 데려갔기 때문이다. 그러자 헤라는 아테나를 내려 보내, 뤼카온의 아들인 판다로스로 하여금 메넬라오스에게 화살을 쏘게 만듦으로써 휴전협정을 깨뜨리게 했다. 아테나는 이렇게 하는 것과 동시에 디오메데스로 하여금 판다로스를 죽이고 아이네이아스와 그의 어머니 아프로디테에게 부상을 입히도록 부추겼다. 힙폴로코스의 아들인 글라우코스가 디오메데스와 맞섰지만, 두 사람은 그들의 아버지를 묶어 주었던 깊은 우정을 떠올리고 정중하게 무기를 교환했다.4]

d. 헥토르는 아킬레우스에게 일대일 결투를 벌이자며 도전했다. 아킬레우스가 자신은 이제 전쟁에서 손을 뗐다는 말을 전해 오자, 그리스인들은 그를 대신해 큰 아이아스를 내보냈다. 두 투사는 해 질 녘까지 멈추지 않고 싸웠으며, 전령이 이들을 떼어 놓자 숨을 헐떡이면서 상대편의 무예와 용맹을 서로 칭송했다. 아이아스는 헥토르에게 훌륭한 자주색 수대baldric를 선물했는데, 나중에 헥토르는 여기에 매달려 끌려 다니다 죽음에 이르게 된다. 그리고 헥토르는 아이아스에게 은장식이 박힌 칼을 선물했는데, 나중에 아이아스는 이것으로 자살하게 된다.5]

e. 양쪽이 휴전에 동의하자, 그리스 군대는 죽은 자들을 위해 긴 무덤을 만들고 그 주위로 벽을 둘렀다. 벽 너머로는 깊은 도랑을 팠다. 그러나 이들은 트로이아인들을 지원하는 신들을 달래는 일을 빠뜨렸다. 다시 전투가 시작됐을 때, 이들은 적들에게 밀려 도랑을 건너고 벽 뒤로 피신해야 했다. 그날 밤 트로이아인들은 그리스 배들 가까이 숙영지를 구축했다.6]

f. 아가멤논은 전세가 불리해지자 포이닉스, 아이아스, 오뒷세우스에 전령을 두 명 추가해 아킬레우스를 달래러 보냈다. 만약 다시 싸움에 나서기만 하면 그에게 셀 수 없이 많은 선물을 주고 브리세이스도 돌려보내겠다

고 했다. (이들은 그녀가 여전히 처녀라고 맹세까지 하려 했다.) 이 지점에서, 크뤼세스가 얼마 전에 자기 딸로 원래 아가멤논의 몫이었던 크뤼세이스를 그리스 진영으로 돌려보냈다는 것을 짚어 두어야 한다. 그녀가 아가멤논에게 좋은 대우를 받았으며 계속 그와 함께 있겠다고 고집을 부렸던 것이다. 그녀는 이때 홀몸이 아니었고, 나중에 크뤼세스 2세를 낳았다. 아이의 아버지가 누구인지는 의심스럽다. 아킬레우스는 즐거운 미소로 사절단을 맞이했으나, 이들의 제안을 거절하면서 다음 날 아침 배를 타고 집으로 돌아가야 한다고 선언했다.7)

g. 이날 밤 삼경 무렵 달이 높이 떴다. 오뒷세우스와 디오메데스는 아테나가 보내 준 행운의 조짐에 용기를 얻어 트로이아 전열에 기습 공격하기로 결심했다. 그들의 오른편에 왜가리가 보였던 것이다. 이들은 우연히 순찰 중이던 에우멜로스의 아들인 돌론과 맞닥뜨렸다. 그를 제압하고 강제로 정보를 캐낸 다음 그의 목울대를 끊었다. 오뒷세우스는 돌론의 흰담비 가죽 모자와 늑대 가죽 망토, 활과 창을 능수버들 수풀에 숨기고 서둘러 디오메데스와 함께 트로이아 전열의 오른쪽 옆구리로 다가갔다. 그곳에 트라케의 레소스가 숙영하고 있음을 알고 있었기 때문이다. 레소스가 누구인지는 여러 이야기가 있는데, 무사 에우테르페 또는 칼리오페가 에이오네우스 또는 아레스 또는 스트뤼몬과 함께 어울려 낳은 아들이라 한다. 이들은 잠자던 레소스와 그의 열두 동료들을 소리 없이 죽인 다음, 그의 기막히게 훌륭한 말들도 끌고 갔다. 말들은 눈처럼 희고 바람보다 재빨랐다. 그리고 능수버들 수풀에 숨겨 두었던 전리품까지 되찾아 아군 진영으로 돌아왔다. 레소스의 말들을 잡아 온 일은 더할 나위 없이 중요했다.8) 이 말들이 일단 트로이아의 사료를 먹고 스카만드로스 강의 물을 마신다면 트로이아는 난공불락일 것이라는 신탁의 예언이 있었는데, 이놈들이 이제 그렇게 하지 못

하게 됐다. 트라케인들은 잠에서 깨어나 레소스 왕이 죽고 그의 말까지 없어진 것을 알게 됐다. 이들은 두려움에 달아났고, 그리스 군대는 이들을 거의 전부 죽였다.[9]

h. 하지만 다음 날 벌어진 격렬한 전투에서 아가멤논과 디오메데스, 오뒷세우스, 에우뤼필로스, 그리고 군의관 마카온이 모두 부상을 입었다. 그리스 병사들은 도망쳤고, 헥토르는 그리스 군영의 벽을 깨뜨려 돌파구를 만들었다.[10] 그는 아폴론 신의 격려를 받아 그리스 배를 향해 밀고 들어갔으며, 포세이돈이 양쪽 아이아스와 이도메네우스에게 도움을 주었음에도 불구하고 그리스 쪽 전열을 깨뜨려 뚫었다. 바로 이때, 트로이아를 아주 싫어하는 헤라는 아프로디테의 장식 허리띠를 빌려 제우스가 와서 자기와 동침하게 만들었다. 포세이돈이 그리스 쪽에 유리하게 전세를 뒤집을 수 있도록 하려는 책략이었다. 그러나 제우스는 금방 자신이 속임수에 넘어갔음을 간파하고 (아이아스가 던진 큰 돌에 맞아 목숨을 잃어가던) 헥토르를 되살려내고, 포세이돈에게 전장을 떠나라 명하면서 트로이아 병사들의 사기까지 되찾아 주었다. 트로이아 병사들은 다시 진격에 나섰고, 메돈은 코프레우스의 아들인 페리페테스와 다른 많은 투사들을 죽였다.[11]

i. 심지어 큰 아이아스도 어쩔 수 없이 물러나야 했다. 아킬레우스는 멀리 트로이아 병사들이 선미에 놓은 불에 프로테실라오스 배에서 불길이 치솟는 것을 보고, 이제까지의 분함을 잊고 뮈르미돈 병사들을 소집해 파트로클로스를 돕도록 서둘러 보냈다. 파트로클로스는 프로테실라오스의 배 주변에 모여 있던 트로이아 병사들을 향해 창을 던졌는데, 마침 파이오니아의 왕인 퓌라이크메스를 꿰뚫었다. 이에 트로이아 병사들은 그를 아킬레우스로 착각해 모두 달아났다. 파트로클로스는 불을 끄고 최소한 배의 뱃머리는 구해 냈다. 이 과정에서 사르페돈도 죽였다. 공동 왕인 글라우코스

가 자신의 뤼키아 병사들을 재결집해 사르페돈의 주검이라도 지키려 했지만, 제우스는 파트로클로스가 트로이아 병사를 모두 물리치도록 놔두었다. 헥토르가 먼저 물러났는데 아이아스한테서 심각한 부상을 입었기 때문이다.

j. 그리스 병사들은 죽은 사르페돈에게서 무장을 벗겨냈지만, 제우스의 명에 따라 아폴론은 그 주검을 구해 내 매장할 준비를 했다. 이에 '잠과 죽음의 신'은 그의 주검을 고향인 뤼키아로 운반해 갔다. 그러는 동안 파트로클로스는 패주하는 적을 더욱 휘몰아쳤고, 만약 아폴론 신의 방해가 없었다면 혼자 힘으로 트로이아를 함락시켰을지도 모른다. 아폴론이 성벽에 올라서서 기어오르는 파트로클로스를 세 번이나 방패로 밀쳤던 것이다. 해가 떨어질 때까지 전투는 이어졌고, 아폴론은 이윽고 두꺼운 안개에 둘러싸인 채 파트로클로스의 등 뒤로 다가가 그의 어깨뼈 사이에 날쌔게 일격을 가했다. 파트로클로스의 눈동자가 튀어나오고, 투구가 날아가 버리고, 창은 산산이 부서져 흩어지고, 방패는 땅바닥에 떨어졌다. 아폴론은 잔인하게도 그의 몸통 갑옷 끈을 풀었다. 판토오스의 아들인 에우포르보스는 파트로클로스가 궁지에 몰린 것으로 보고, 마음 놓고 덤벼들어 그에게 부상을 입혔다. 그가 비틀거리면서 물러나자 이제 막 전장으로 돌아온 헥토르가 일격에 그를 죽였다.[12]

k. 메넬라오스는 즉시 달려가 에우포르보스를 죽였다. 그런데 그는 수백 년 뒤 철학자 피타고라스로 환생했다는 이야기가 있다. 메넬라오스는 전리품을 챙겨 자기 처소로 거들먹거리며 돌아갔다. 그러면서 헥토르가 파트로클로스의 빌려 입고 나온 무장을 벗겨 가도록 그냥 놔두었다. 나중에 메넬라오스와 큰 아이아스는 다시 전장을 함께 나가 파트로클로스의 주검을 땅거미가 질 때까지 지키다 겨우 배로 운반해 올 수 있었다. 아킬레우스는 이

소식을 듣고 비탄에 무릎이 꺾였으며 땅바닥을 뒹굴며 오열했다.[3]

l. 테티스는 아들의 처소로 귀중한 주석 정강이받이가 포함된 새로운 갑옷 한 벌을 가져왔다. 헤파이스토스가 서둘러 벼려 낸 것이다. 아킬레우스는 새 갑옷을 갖춰 입고, 아가멤논과 화해하고 파트로클로스에 대한 복수를 하기 위해 전장으로 나갔다. (아가멤논은 더럽혀지지 않은 브리세이스를 그에게 돌려보내면서, 욕정 때문이 아니라 화가 나서 그녀를 데려간 것이라 맹세했다.)[4] 어느 누구도 그의 분노에 맞설 수 없었다. 트로이아 병사들은 전열이 무너져 스카만드로스 강까지 달아났다. 아킬레우스는 거기서 이들을 두 무리로 갈라 친 다음, 한쪽은 평원 너머 도시까지 몰아갔고 반대쪽은 강의 굽은 곳으로 몰아넣었다. 강의 신은 맹렬히 그에게 달려들었지만, 헤파이스토스가 아킬레우스의 편을 들어 거센 불길로 강물을 말려 버렸다. 살아남은 트로이아 병사들은 도시로 돌아왔지만, 두려움에 떠는 사슴 떼 같았다.[5]

m. 아킬레우스는 마침내 헥토르와 조우해 일대일 전투를 벌였다. 양쪽은 물러나며 서로 놀란 눈으로 바라봤다. 헥토르는 옆으로 돌아 성벽을 따라 달리기 시작했다. 그는 이렇게 하면 오랫동안 몸을 쓰지 않은 아킬레우스가 헐떡이게 될 것이라 기대했다. 그러나 이는 그의 오산이었다. 아킬레우스는 그를 추격해 성벽을 세 바퀴 돌았고, 헥토르가 형제들의 도움을 받으려 성문에 달린 대피소로 다가갈 때마다 따라붙어 이를 저지했다. 마침내 헥토르는 멈춰 버티고 섰지만, 아킬레우스가 달려들어 가슴을 꿰뚫었다. 헥토르는 죽어 가면서 몸값을 줄 테니 매장을 위해 자기 주검을 트로이아로 보내 달라 간청했지만, 아킬레우스는 이를 거부했다. 아킬레우스는 헥토르의 갑옷을 벗겨 낸 다음, 발꿈치 힘줄 안쪽 살을 째고, 가죽 끈으로 꿰어 전차에 묶었다. 그리고 발리오스, 크산토스, 페다소스에 채찍질을 했다. 헥토르의 주검은 느린 구보로 그리스 배들이 있는 곳으로 끌려갔다. 헥토르

의 검은색 머리채는 풀어져 한쪽으로 흘렀고, 뒤로 먼지 구름이 뿌옇게 일었다. 어떤 이는 아킬레우스가, 아이아스가 예전에 준 수대로 전차에 매달아, 헥토르의 주검을 끌고 성벽을 세 번 돌았다고 전한다.[16]

n. 이제 아킬레우스는 파트로클로스를 땅에 묻었다. 다섯 그리스 왕자들을 이다 산으로 보내 그의 장례식에 쓸 장작을 구해 오도록 했다. 아킬레우스는 말 여러 마리와 파트로클로스의 아홉 사냥개 가운데 두 마리뿐 아니라 고귀한 혈통의 트로이아 포로 열두 명을 장작더미 위에 제물로 올렸다. 열두 포로 가운데 프리아모스의 아들도 여럿 포함됐으며, 모두 목의 울대를 끊었다. 그는 심지어 헥토르의 주검을 아홉 마리 사냥개 가운데 남겨 놓은 놈들에게 던지려 했다. 아프로디테가 그를 말렸다. 파트로클로스를 기리는 장례 제전에서 디오메데스가 전차 경주에서 이겼으며, 에페이오스는 비겁했음에도 권투 경기에서 우승했고, 아이아스와 오뒷세우스는 씨름 시합에서 비겼다.[17]

o. 아킬레우스는 여전히 비탄에 사로잡혀 매일 새벽 헥토르의 주검을 끌고 파트로클로스의 무덤을 세 바퀴씩 돌았다. 그러는 동안 아폴론은 그의 주검을 썩거나 찢어지지 않게 보호했다. 결국 제우스의 명령에 따라 헤르메스는 야음을 틈타 프리아모스를 이끌어 그리스 군영으로 데려왔고, 아킬레우스를 설득해 몸값을 받도록 했다.[18] 이때 프리아모스는 아킬레우스를 향해 다시없을 관대함을 보여 주었다. 처소에 도착해 보니 아킬레우스는 잠들어 있었고 그래서 그를 손쉽게 죽일 수도 있었던 것이다. 약속한 몸값은 헥토르의 몸무게에 해당하는 황금이었다. 이에 따라 그리스 병사들은 성벽 밖으로 저울을 설치해, 한쪽에는 주검을 올려놓고 다른 쪽에 트로이아 병사들이 황금을 쌓아 올리게 했다. 프리아모스는 모든 황금 주괴와 장신구를 쌓아 올렸지만, 거대한 몸집의 헥토르는 꿈쩍도 하지 않았다. 성벽

위에서 이를 내려 보던 폴뤽세네는 조금이라도 도움이 되고자 자신의 팔찌를 아래로 던졌다. 아킬레우스는 그녀의 행동에 감탄해 프리아모스에게 말했다. "헥토르와 폴뤽세네를 기꺼이 맞바꾸겠소. 당신의 황금은 그냥 가지고 가시오. 그녀를 아내로 내게 주시오. 그리고 만약 당신이 헬레네를 메넬라오스에게 돌려준다면, 당신의 백성과 우리들 사이에 평화가 되돌아오도록 하겠다고 약속하오." 사실 프리아모스는 헥토르의 몸값으로 그만큼의 황금을 내주는 것에 불만이 없었다. 대신 아킬레우스가 그리스인들을 헬레네 없이 되돌아가도록 설득해 준다면 폴뤽세네를 대가 없이 그냥 내주겠다고 약속했다. 아킬레우스는 할 수 있는 일을 해보겠다고 대답했으며, 프리아모스는 아들의 주검을 찾아갔다. 헥토르의 장례식에는 엄청난 소리가 천지를 흔들었다. 트로이아인들은 큰 소리로 울부짖었고, 그리스인들은 야유와 고함소리로 트로이아 만가를 덮으려 했기 때문이다. 하늘을 나는 새들도 소음에 놀라 땅에 떨어질 정도였다.[9]

p. 신탁의 명령에 따라, 헥토르의 뼈는 결국 보이오티아의 테바이로 건너갔다. 지금도 그곳 오이디푸스의 샘터 옆에 그의 무덤이 남아 있다. 어떤 이는 그 신탁이 아래와 같았다고 전한다.

"귀 기울여 듣거라, 너희 테바이 사람들아. 너희 카드모스의 도시에 사는 사람들아.
너희들 땅이 번성하고 부유하며 비난받지 않고자 원한다면,
프리아모스의 아들, 헥토르의 뼈를 너희들 도시로 가져오라.
지금은 아시아가 이를 가지고 있다. 제우스가 그에 대한 숭배를 도울 것이다."

다른 이들은 역병이 그리스를 황폐하게 만들 때, 아폴론이 헥토르의 뼈

를 트로이아 전쟁에 참전하지 않은 유명한 그리스 도시에서 다시 장사지내라고 명했다고 전한다.[20]

q. 완전히 다른 전승으로, 헥토르는 아폴론의 아들이며 아마조네스의 펜테실레이아가 그를 죽였다고 한다.[21]

1] 딕튀스 크레텐시스: 3. 1-3.

2] 알렉산드리아의 헤파이스티온: 6.; 딕튀스 크레텐시스: 3. 6; 『퀴프리아』, 프로클로스의 인용; 『명문집』 1.

3] 호메로스: 『일리아스』 1; 딕튀스 크레텐시스: 2. 30; 제1 바티칸 신화학자: 211.

4] 호메로스: 『일리아스』 3.; 4. 1-129; 5. 1-417; 6. 119-236.

5] 아테나이오스: 『현자들의 식탁』 1. 8; 로린슨: 『트로이아의 파괴』; 호메로스: 『일리아스』 7. 66-132; 휘기누스: 『신화집』 112.

6] 호메로스: 『일리아스』 7. 436-450과 8.

7] 딕튀스 크레텐시스: 2. 47; 휘기누스: 『신화집』 121; 호메로스: 『일리아스』 9.

8] 베르길리우스의 『아이네이스』 1. 473에 대한 세르비오스; 아폴로도로스: 『비블리오테카』 1. 3. 4; 호메로스: 『일리아스』 10.

9] 세르비오스: 같은 곳; 딕튀스 크레텐시스: 2. 45-46.

10] 호메로스: 『일리아스』 11과 12.

11] 호메로스: 『일리아스』 12-14.

12] 딕튀스 크레텐시스: 2. 43; 호메로스: 『일리아스』 16.

13] 휘기누스: 『신화집』 112; 필로스트라토스: 『튀아나의 아폴로니오스의 생애』 1. 1과 『영웅담』 19. 4; 파우사니아스: 『그리스 여행기』 2. 17. 3; 호메로스: 『일리아스』 17.

14] 딕튀스 크레텐시스: 2. 48-52; 호메로스: 『일리아스』 18-19.

15] 호메로스: 『일리아스』 21.

16] 호메로스: 『일리아스』 22.

17] 휘기누스: 같은 곳; 베르길리우스: 『아이네이스』 1. 487; 딕튀스 크레텐시스: 3. 12-14; 호메로스: 『일리아스』 23.

18] 호메로스: 『일리아스』 24.

19] 베르길리우스의 『아이네이스』 1. 491에 대한 세르비오스; 로린슨: 『트로이아의 파괴』; 다레스: 27; 딕튀스 크레텐시스: 3. 16과 27.

20] 파우사니아스: 9. 18. 4; 체체스: 『뤼코프론에 관하여』 1194.

21] 스테시코로스, 체체스의 인용: 『뤼코프론에 관하여』 266; 알렉산드리아의 헤파이스티온: 6., 포티오스의 인용 487.

*

1. 프로클로스(『명문집』 99. 19-20)를 보면, 호메로스Homerus는 '인질'보다는 '눈이 먼'을 뜻한다. 지금도 대체로 이렇게 번역한다. 음유시인은 맹인

들의 자연스러운 직분이었다. 실명과 영감은 종종 짝을 이뤘기 때문이다 (105. h 참고). 진짜 호메로스의 정체를 둘러싼 논란은 2,500년 동안 이어져 왔다. 가장 오래된 전승으로, 그는 [에게 해의 섬] 키오스 출신의 이오니아 사람이라고 하는데 타당해 보인다. '눈먼 사람의 아들들'을 뜻하는 호메리다이Homeridae라는 씨족은 전승되는 호메로스의 시를 암송했으며, 나중에 길드가 됐다(핀다로스의 「네메아 제전 송가」 2. 1에 대한 고전 주석자). 이들은 본부를 델로스 섬에 두었는데, 이곳은 이오니아 세계의 중심이었다. 호메로스 자신도 여기에서 암송을 했다고 전해진다(「호메로스 찬가」 3. 165-173). 『일리아스』의 일부는 기원전 10세기까지 거슬러 올라간다. 작품의 소재는 그보다 300년 전에 벌어진 일이다. 기원전 6세기에 이르러 제멋대로 하는 암송 탓에 『일리아스』의 텍스트는 점차 훼손되어 갔다. 이에 아테나이의 참주인 페이시스트라토스는 공식적인 교정본 작성을 명하고, 저명한 학자들 네 명에게 이를 맡겼다. 이들은 이 임무를 잘 수행한 것으로 보인다. 하지만 호메로스는 도시 간 분쟁에서 최고의 권위를 인정받고 있었기에, 페이시스트라토스의 적들은 그가 정치적 목적으로 일부 내용을 훼손했다고 비난했다(스트라본: 9. 1. 10).

2. 전체 24장에 이르는 『일리아스』는 '아킬레우스의 분노The Warth of Achilles'라고 하는 시가 한 편에서 출발해 대서사시로 성장했다. 원래 그 시가는 아마 하룻밤 안에 암송할 수 있는 분량이었으며, 포로로 붙잡은 공주의 분배를 둘러싼 아킬레우스와 아가멤논의 다툼을 다뤘을 것이다. 『일리아스』가 기원전 750년경 처음 나온 이래로 중심 사건들이 근본적으로 편집됐을 가능성은 거의 없어 보인다. 그렇지만 둘의 다툼은 정말로 볼썽사나울 뿐만 아니라, 그리스 장수들의 행동은 하나같이 잔혹하고 기만적이며 파렴치하다. 반면 트로이아 쪽은 너무나 훌륭하게 행동하는데, 이를 보면

저자가 어느 편에 공감하고 있는지 자명하다. 저자는 미노스 궁정시인의 유산을 물려받은 사람으로서, 자신의 정신적 고향을 북쪽에서 내려온 야만적인 침략자들의 숙영지 모닥불 옆이 아니라, 이미 사라진 크놋소스와 뮈케나이의 영광 안에서 찾았다.

호메로스는 자신의 새로운 지배자들의 삶을 충실하게 묘사했다. 그들은 이미 부족의 여자 상속인과 결혼함으로써 고대의 종교적 호칭까지 빼앗은 상태였다. 호메로스는 겉으로 그들을 신과 같으며 지혜롭고 고귀하다고 말했지만, 속으로 깊이 경멸하고 있었다. 그들은 칼로 살고, 칼로 죽었다. 사랑과 우정, 신의, 또는 평화의 예술을 업신여겼다. 그들은 맹세를 할 때 내세우는 신의 이름에 신경조차 쓰지 않았기에, 호메로스는 그들 앞에서 올림포스 신들이 탐욕스럽고 음흉하며 걸핏하면 싸우고 음탕하며 비겁하다고 감히 농담을 했다. 그는 아시아의 '위대한 여신'을 비밀스럽게 숭배하는 사람임에 분명했다. (그리스인들은 이번 전쟁에서 이 여신을 욕보였다.) 만약 그렇지 않았다면 그는 자칫 불경한 철면피로 치부됐을 것이다. 프리아모스의 궁전 안에서 가족들이 서로 아끼며 사는 모습을 묘사할 때마다 그의 따뜻하고 고결한 본성이 반짝거렸다. 호메로스는 아킬레우스의 이야기를 풀어가면서 바빌로니아의 『길가메시 서사시』에 의지했다. 아킬레우스는 길가메시, 테티스는 닌순Ninsun, 파트로클로스Patrochus는 엔키두에 해당한다.

3. 아킬레우스가 파트로클로스가 죽었다는 소식에 병적인 반응을 보이는 것을 보고 호메로스는 틀림없이 충격을 받았을 것이다. 그러나 그는 장례식의 야만성을 가짜 영웅의 언어로 덮어 주었다. 자신의 지배자들이 풍자의 날카로움을 이해하지 못할 것이라 확신했기 때문이다. 어떤 측면에서 호메로스는 [19세기 초 스페인 화가] 고야를 앞질렀다고 할 수 있다. 고야가 그린 스페인 왕실의 캐리커처 초상화는 너무나 화려해 풍자의 대상이 된

왕족들은 똑같이 닮았다면서 이를 선선히 받아들였다. 그러나 『일리아스』의 풍자는 나중에 호메리다이의 필요에 따라 다소 무디어졌다. 이들은 자신들이 의탁한 델로스 섬에서 섬기는 신들의 심기를 살펴야 했던 것이다. 그래서 헬레네스 진영의 여러 신들과 대조적으로 최소한 아폴론과 아르테미스는 트로이아인들을 지원하면서 신중하면서도 품위 있게 행동했다고 묘사해야 했다. 그리스 도시의 정부 당국이 『일리아스』를 국가적 서사시로서 수용하면서 어느 누구도 이제부터는 올림포스 신들의 종교를 진지하게 여기지 않게 됐다는 엉뚱한 결과가 빚어졌다. 그리고 그리스의 도덕관은 언제나 야만적인[1] 상태로 남게 됐다. 그래도 크레테의 비교 숭배가 사라지지 않았고 비교 전수자들이 입문자들에게 선행의 증명을 요구하던 몇몇 곳은 예외였다. '위대한 여신'은 당시 공식적으로 제우스 밑에 있었지만, 엘레우시스와 코린토스, 사모트라케에서는 강력한 정신적 영향력을 유지하고 있었다. 이는 동로마의 초기 비잔틴 황제들이 여신 숭배의 비교 의식을 탄압할 때까지 이어졌다. [로마의 풍자 작가] 루키아노스는 호메로스를 사랑했으며 올림포스 신들에 대한 최고의 풍자 작가로서 그를 계승했다. 그도 역시 위대한 여신을 숭배했으며, 히에라폴리스에서 처음 자른 자기 머리카락을 이 여신에게 바쳤다.

4. 헥토르의 유골을 트로이아에서 테바이로 가져갔다고 하지만, 트로이아 전쟁이 발발하기 전에 '헥토르'는 테바이에서 신성한 왕을 부르는 호칭이었다. 그도 통치 기간이 끝나면 동일한 운명을 겪었다. 부서진 채 달리는 전차에 매달려 끌려갈 운명이었다. 글라우코스(71. a 참고), 힙폴뤼토스(101.

---

1) 원문은 '야만적인barbarous'이다. 이는 '저속한', '잔인한'의 뜻도 있지만, 그리스인들이 이민족을 야만인barbarian이라 했던 것에서 저자는 일부러 이 단어를 사용한 듯하다.

g 참고), 오이노마오스(109. g 참고), 압데로스(130. b 참고)가 그랬다. '아킬레우스'도 사람 이름보다는 호칭이기에, 그 전투는 '오이디푸스의 양'이라는 현전하지 않는 테바이 영웅담에서 빌려온 것일 수 있다. 그 영웅담에서 공동 왕은 왕위를 두고 싸움을 벌인다(106. 2 참고).

164
아킬레우스의 죽음

아마조네스의 여왕 펜테실레이아는 오트레레와 아레스의 딸로, 에리뉘에스에 쫓겨 트로이아로 피신해 와 있었다. 사고로 자신의 자매인 힙폴뤼테를 쏬기 때문이다. (그녀의 이름이 글라우케 또는 멜라닙페라고 하는 사람도 있다.) 사냥 도중에 그랬거나, 아테나이인들의 말처럼 테세우스와 파이드라의 결혼 뒤에 벌어진 전투에서 그랬다. 그녀는 프리아모스에게 정화를 받은 다음, 트로이아 전쟁에 참전해 많은 그리스 병사를 물리치는 커다란 전과를 올렸다. 마카온도 그녀가 처리했다(는 말이 있다). 마카온은 텔레포스의 아들인 에우뤼퓔로스의 손에 죽었다는 게 더 일반적인 설명이다.[1] 그녀는 여러 차례 전장에서 아킬레우스를 몰아냈다. 심지어 어떤 이는 그녀가 그를 죽였으며, 제우스가 테티스의 간청을 받아들여 그를 되살려 냈고, 마침내 그가 그녀를 찔러 죽였다고 전한다. 그리고 그는 그녀의 죽은 몸과 사랑에 빠져 그 자리에서 곧장 시간屍姦을 저질렀다고 덧붙인다.[2] 그가 나중에 자원자들에게 펜테실레이아를 묻어 주라고 시킬 때, 아이톨리아 사람 아그리오스의 아들인 테르시테스는 야유를 보내면서 아킬레우스의 추잡하고 비뚤어진 욕정을 비난했다. 그는 트로이아에 와 있는 그리스 병사들 가운데 가장 못생겼으며, 그녀가 죽어갈 때 창으로 눈을 도려내기도 했던 사람이다. 아킬레우스는 돌아서 테르시테스를 강하게 후려쳤는데, 테르시테스는 이빨이 모두 부서지고 혼령은 곧바로 타르타로스로 내려갔다.[3]

b. 그리스인들은 이번 일에 크게 분개했고, 테르시테스의 사촌인 디오메데스는 아킬레우스에 대한 경멸을 보여 주기 위해 펜테실레이아의 주검의 발을 잡고 질질 끌고 가서 스카만드로스 강에 던져 버렸다. 하지만 그녀의 주검은 거기서 구해져 정성을 다해 강기슭에 매장됐다. 어떤 이는 아킬레우스가 그렇게 했다고 하고, 다른 이들은 트로이아인들이 했다고 전한다. 아킬레우스는 레스보스 섬으로 배를 타고 건너가 아폴론과 아르테미스 그리고 레토에게 제물을 바쳤다. 그리고 테르시테스에게 깊은 앙심을 품고 있는 오뒷세우스가 그의 살해를 정화해 주었다. 올륌피아에 있는 제우스의 왕좌에는 아킬레우스가 죽어 가는 펜테실레이아를 부축하는 모습이 새겨져 있다.[4] 그녀의 유모인 아마조네스족의 클레테는 힙폴뤼테의 죽음 이후 그녀가 트로이아로 달아났다는 말을 듣고 그녀를 따르고자 길을 나섰다. 그러나 역풍이 불어 이탈리아로 밀려갔고, 거기 정착해 클레테 시를 건설했다.[5]

c. 프리아모스 왕은 줄곧 자신의 배다른 형제인 앗시리아의 티토노스에게 에티오피아에서 낳은 그의 아들 멤논을 트로이아로 보내 달라고 설득해 왔다. 멤논을 보내 주면 황금 포도나무를 주겠다고 했다.[6] 티토노스가 앗시리아로 이주해 가서 수사를 건설했을 때 당시 아이에 불과했던 멤논도 아버지를 따라 떠났지만, 지금도 에티오피아에는 멤논의 궁전이라고 하는 것이 남아 있다. 수사는 요즘 보통 '멤논의 도시'라 부른다. 그곳 주민들은 멤논의 어머니인 킷시아를 따라 킷시아족이라 부른다. 그의 궁전은 페르시아인들이 활약하던 시대까지 아크로폴리스 위에 서 있었다.[7]

d. 티토노스는 앗시리아의 테우타모스 왕을 위해 페르시아 지역의 한 주

를 다스렸다. 테우타모스 왕은 멤논에게 에티오피아 병사 1,000명과 수사 병사 1,000명, 전차 200대를 지휘하도록 했다. 프뤼기아에는 지금도 거칠지만 똑바로 뻗은 길이 남아 있는데, 대략 15마일[24킬로미터]마다 길옆에 숙영지가 갖춰져 있다. 멤논은 중간에 끼어 있는 나라들을 모두 복속하면서 이 길을 따라 트로이아로 행군해 갔다. 그는 피부색이 흑단처럼 검었지만 살아 있는 사람 가운데 가장 잘생겼으며, 아킬레우스처럼 헤파이스토스가 벼려 만든 갑옷을 입었다.[8] 누구는 그가 엄청난 규모의 에티오피아와 인도 병사를 이끌고 아르메니아를 거쳐 트로이아로 왔다고 전한다. 그리고 그의 명령에 따라 시돈 사람인 팔라스가 다른 원정대를 이끌고 포이니케에서 배를 타고 건너오도록 했다. 이들이 로도스 섬에 상륙했을 때 그리스 편인 그곳 주민들은 팔라스에게 대놓고 물었다. "나리, 트로이아의 파리스와 고국의 적이라 공표했던 이들을 돕는 게 부끄럽지 않으십니까?" 포이니케 뱃사람들은 자기들의 행선지가 어디인지 이때 처음 알게 됐다. 이에 반역자라면서 돌을 던져 팔라스를 죽이고, 그가 가져왔던 재물과 전쟁 군수품을 자기들끼리 나눠 가진 다음 이알뤼소스와 카메이로스에 정착했다.[9]

e. 그러는 동안 멤논은 트로이아에서 그리스 장수들을 여럿 죽였다. 네스토르의 아들인 안틸로코스도 자기 아버지를 구하려다 그에게 당했다. 당시 파리스가 네스토르의 전차를 끄는 말들 가운데 하나를 활로 맞혔는데, 다른 말들도 겁을 먹고 날뛰는 상황이었다.[10] 안틸로코스가 태어났을 때 어머니 아낙시비아 또는 에우뤼디케는 아기를 이다 산에 내다 버렸다. 거기서 암캐가 그에게 젖을 먹였다. 전쟁이 시작될 때 아울리스에서 출항하기엔 너무 어렸기에 그는 몇 년 뒤에야 트로이아로 건너왔다. 네스토르는 아들이 허락도 없이 참전한 것에 불같이 화를 냈고, 아들은 아버지의 화를 풀어 달라고 아킬레우스에게 간청했다. 아킬레우스는 안틸로코스의 호전

적 기질이 마음에 들어 부자 사이를 중재했고, 그의 바람에 따라 네스토르는 아들을 아가멤논에게 소개하기도 했다.[11] 안틸로코스는 트로이아에서 싸우는 그리스 병사들 가운데 가장 젊고, 제일 잘생겼으며, 최고로 재빠르고, 첫째로 용감했다. 네스토르는 에티오피아 사람에게서 아들을 보호해야 한다는 신탁의 경고에 따라 칼리온을 그의 보호자로 임명했지만 아무 소용 없는 일이 됐다.[12] 안틸로코스의 뼈는 그의 친구인 아킬레우스와 파트로클로스의 뼈 옆에 묻혔다. 그는 이들의 영혼과 함께 '아스포델 평원'으로 갔다.[13]

f. 바로 그날, 트로이아인들은 멤논의 에티오피아 병사들 도움으로 그리스 배들을 불태우는 데 거의 성공할 뻔했지만 날이 저물어 물러나야 했다. 전사자들을 불태운 다음, 그리스 병사들은 큰 아이아스를 멤논의 상대로 선택했다. 다음 날 아침 일대일 전투가 벌어지고 있는 와중에 테티스는 군영을 떠나 있던 아킬레우스를 찾아내 안틸로코스가 죽었다는 소식을 알렸다. 아킬레우스는 복수를 위해 서둘러 전장에 돌아갔다. 제우스가 저울을 가져오라 해서 둘의 운명을 저울에 달아 보는 동안,[14] 아킬레우스는 아이아스를 무시하고 그 전투를 자신의 것으로 만들었다. 읍피테르[제우스]가 쥔 저울에서 멤논의 운명을 올려놓은 접시가 내려앉았고, 아킬레우스는 치명적 일격을 가했다. 머지않아 멤논의 검은 머리와 번쩍이는 갑옷은 안틸로코스를 태우는 장작더미 위에 올려졌다.[15]

g. 하지만 어떤 이는 멤논이 텟살리아 병사들의 매복 공격에 당했으며, 그의 에티오피아 병사들이 주검을 불태우고 그 재를 티토노스에게 가져다주었다고 전한다. 그의 재는 지금 아이세포스 강의 입구가 내려다보이는 언덕에 묻혀 있으며, 거기 마을에는 그의 이름이 붙어 있다고 한다.[16] 멤논의 어머니라고 전하는 에오스는 제우스에게 아들을 불사의 존재로 만들어 달라고 애원했다. 남다른 영예도 내려 달라 했다. 그 결과로 수많은 암컷 새

의 환영이, 지금은 이를 멤노니데스라 부르는데, 멤논을 태운 장작더미의 타고 남은 잉걸불과 연기 속에서 생겨났다. 새 떼는 공중으로 날아올라 그 주위를 세 번 돌았다. 새 떼는 네 번째 회전 때 두 무리로 나눠지더니 발톱과 부리로 서로 싸움을 벌였고, 다시 그를 태운 재 속으로 떨어져 장례식에 바치는 제물이 됐다. 멤노니데스는 지금도 태양이 황도 12궁을 모두 꿰뚫어 지날 때 그의 무덤 위에서 서로 싸우다 땅에 떨어진다.[17]

h. 또 다른 전승도 있어, 이 새 떼는 원래 멤논을 따랐던 소녀들이라 한다. 소녀들이 그의 죽음에 너무나 슬퍼하는 것을 보고 신들이 불쌍히 여겨 새 떼로 변신시켰다는 것이다. 이들은 매년 그의 무덤을 찾아왔고, 울부짖으면서 자기 살을 계속 찔러 일부는 죽어 떨어졌다. 헬레스폰토스 사람들은 멤노니데스가 헬로스폰토스 옆에 있는 멤논의 무덤을 찾아올 때면 자기 날개에 아이세포스 강물을 적셔와 무덤 위로 흩뿌린다고 전한다. 그리고 에오스는 매일 아침 아들을 위해 지금도 이슬의 눈물을 흘리고 있다고 한다. 폴뤼그노토스는 멤논이 이 새 떼가 수놓인 망토를 입은 채 자기 경쟁자인 사르페돈과 마주하고 있는 모습을 그림으로 남겼다. 신들도 매년 이 두 사람이 죽은 날에 애도식을 연다고 한다.[18]

i. 다른 이들은 멤논의 유골이 퀴프로스 섬의 파포스로 옮겨졌다가 로도스 섬으로 넘어갔다고 전한다. 그의 누이 히메라 또는 헤메라가 이를 가져가려 거기를 찾아왔다. 팔라스를 상대로 반란을 일으켰던 포이니케인들은, 예전에 자신들이 훔쳐 갔던 재물을 돌려 달라고 하지 않는다면 그녀가 오라비의 유골을 가져가도 좋다고 했다. 이에 그녀는 동의했고, 항아리를 포이니케로 가져와 폴리오키스에 묻은 다음 종적을 감췄다.[19] 또 다른 이들은 멤논의 무덤이 지금도 시리아의 바다스 강 옆에 있는 팔톤 부근에 남아 있다고 전한다. 그의 청동 검은 니코메데이아에 있는 아스클레피오스 신전

벽 위에 걸려 있다. 그리고 이집트에 있는 테바이 시는 거대한 검은 조각상으로 유명하다. 앉은 자세의 돌 조각상인데, 매일 해가 뜰 때 뤼라 줄을 퉁기는 것 같은 소리를 낸다. 그리스 말을 하는 사람들은 모두 이를 멤논이라 부르지만, 이집트인들은 그러지 않는다.[20]

j. 아킬레우스는 이제 트로이아 쪽 전열을 완전히 허물어뜨리고 달아나는 이들을 도시까지 추적했다. 그러나 그가 걸어온 길도 이제는 끝나가고 있었다. 포세이돈과 아폴론은 함께 무엇을 상의하고 있었다. 이들은 퀴크노스와 트로일로스의 죽음에 대해 그 값을 받아 낼 것이라 서약한 상태였다. 또 아킬레우스가 헥토르의 주검 위로 내뱉었던 오만한 말들을 응징하려 했다. 아폴론은 구름으로 자신을 가린 채 '스카이아 성문' 옆에 서서 전투를 벌이는 병사들 사이에서 파리스를 찾아냈다. 그리고 그의 활이 노리는 곳을 옆으로 돌리고, 날아가는 화살이 제 길을 놓치지 않게 했다. 그렇게 화살은 아킬레우스의 몸에서 유일한 약점인 오른쪽 발꿈치에 날아가 박혔다. 그는 고통 속에서 죽었다.[21] 그러나 누구는 아폴론이 파리스와 닮은 모습으로 변신해 직접 아킬레우스에게 화살이 쐈다고 전한다. 아킬레우스의 아들인 네오프톨레모스는 이 설명을 받아들였다. 격렬한 전투가 그의 주검을 둘러싸고 종일 이어졌다. 큰 아이아스는 이 과정에서 글라우코스를 쓰러뜨리고 그의 갑옷을 빼앗아 그리스 진영으로 보냈다. 그리고 적의 한가운데를 뚫고 죽은 아킬레우스를 운반했다. 비처럼 쏟아지는 화살도 그를 막지 못했고, 오뒷세우스가 후위를 맡았다. 그런 다음 제우스가 보낸 폭풍이 이 날 전투를 끝냈다.[22]

k. 아킬레우스가 음모의 희생양이 됐다는 이야기도 내려온다. 프리아모스는 트로이아 포위를 풀어 달라는 조건을 달아 폴뤽세네를 그의 아내로 주었다. 그러나 폴뤽세네는 오라비 트로일로스를 살해한 아킬레우스를 용

서할 수 없었고, 그로 하여금 자기 발목의 약점을 털어놓게 만들었다. 사랑의 증표를 보여 달라고 한다면 여인이 남자에게서 뽑아낼 수 없는 비밀은 세상에 없지 않은가. 폴뤽세네는 아킬레우스에게 신 앞에서 다시 한번 약속해 달라고 졸랐다. 그는 맨발에 무장도 하지 않은 채 '튐브라이아의 아폴론'에게 제물을 바치러 갔다. 이에 데이포보스가 우정을 가장해 그의 가슴을 꼭 껴안고 있는 동안 신상 뒤에 숨어 있던 파리스가 독을 바른 화살로, 누구는 칼이라 하는데, 그의 발꿈치를 찔렀다. 아킬레우스는 죽기 전에 불붙은 제단에서 나무토막을 집어 들고 그에게 거센 공격을 퍼부었으며, 많은 트로이아 병사와 신전의 시종들을 죽였다.[23] 그런데 오뒷세우스와 아이아스, 디오메데스는 아킬레우스가 반역을 꾀한다고 의심해 몰래 그의 뒤를 밟아 신전 밖에 와 있었다. 파리스와 데이포보스가 문에서 나와 자신들을 지나쳐 달려가는 것을 보고 이들은 안으로 들어갔다. 아킬레우스는 이들의 품 안에서 죽으면서 트로이아가 무너지면 폴뤽세네를 자기 무덤에 제물로 바쳐 달라 당부했다. 아이아스는 그의 주검을 어깨에 들쳐 메고 전당을 빠져나왔다. 트로이아 병사들이 이들을 붙잡으려 했지만, 그리스 병사들이 달려 나와 적들을 쫓아내고 배까지 호위해 갔다. 그러나 어떤 이는 당시 트로이아 병사들이 몸싸움에서 이겼으며, 아킬레우스의 주검도 내주지 않았다고 주장한다. 프리아모스가 헥토르를 위해 지불했던 몸값을 돌려받은 다음에 이를 돌려주었다고 덧붙인다.[24]

l. 그리스 병사들은 아킬레우스를 잃고 경악했다. 포세이돈은 테티스를 위로하는 뜻에서 흑해의 섬 하나를 아킬레우스에게 내어주겠다고 약속했다. 그곳의 부족들이 그에게 신이 받는 제물을 영원토록 바칠 것이라고 했다. 네레이데스가 무리를 지어 트로이아로 와서 그녀와 함께 애도했으며, 슬픔에 잠겨 그의 주검을 둘러싸고 섰다. 옆에서 아홉 무사이가 만가를 노

래했다. 이들의 애도는 17일 밤낮으로 이어졌다. 아가멤논과 그의 동료 장수들도 많은 눈물을 흘렸지만, 보통 병사들은 누구도 악명 높은 배반자의 죽음에 대해 진정으로 안타깝게 여기지 않았다. 18일째 되는 날, 아킬레우스의 주검은 장작더미 위에서 불타올랐고, 그의 재는 파트로클로스의 재와 함께 섞어 헤파이스토스가 만든 황금 항아리에 담겼다. 항아리는 테티스가 디오뉘소스한테 받은 결혼 선물이다. 항아리는 헬레스폰토스가 내려다보이는 시가이온의 바다로 튀어나온 땅에 묻혔다. 그리스 병사들은 그 위에 이정표로 우뚝 솟은 돌무더기를 쌓았다.[25] 아킬레이온이라 부르는 이웃한 마을에는 아킬레우스에게 신성한 신전이 지금까지 남아 있으며, 그의 조각상은 여인의 귀걸이를 하고 있다.[26]

m. 아카이아 사람들이 그를 기려 장례 제전을 열었다. 여기서 에우멜로스가 전차 경주에서, 디오메데스가 달리기 경주에서, 아이아스가 원반던지기에서, 테우크로스가 활쏘기 시합에서 각각 우승했다. 그러는 동안 테티스는 아킬레우스의 영혼을 장작더미에서 빼내 레우케로 데려갔다. 이 섬은 사방으로 20펄롱[약 200미터]의 크기로, 숲이 우거져 있고 야생 또는 길들인 짐승으로 가득했다. 이는 다뉴브 강 입구 맞은편에 자리 잡고 있으며, 지금도 그에게 신성한 곳이다. 언젠가 레오뉘모스라는 크로토네 사람이 이웃인 에피제퓌로스의 로크리스 사람들과 싸우다가 가슴에 심한 부상을 입었다. 그는 델포이를 찾아 치료법을 물었는데, 여사제 퓌티아가 답했다. "배를 타고 레우케 섬으로 가거라. 거기서 작은 아이아스가 나타나 너를 치료해 줄 것이다. 너의 적들이 자기들을 위해 싸워 달라고 그의 혼령에게 기도했기 때문이다." 그는 몇 달 뒤 건강한 모습으로 안전하게 돌아왔다. 그러면서 자신을 치료해 준 작은 아이아스뿐 아니라 아킬레우스, 파트로클로스, 안틸로코스, 큰 아이아스도 봤다고 전했다. 지금은 아킬레우스와 결혼한 헬레

네가 나타나 이렇게 말했다. "바라건대, 레오뉘모스야, 헤메라로 배를 타고 가서, 헬레네를 중상하는 자에게 전하거라. 그가 눈이 먼 것은 헬레네를 화나게 했기 때문이라 알리거라." 뱃사람들이 보스포로스에서 올비아를 향해 북쪽으로 나아갈 때면, 종종 물 건너편에서 아킬레우스가 호메로스의 시를 노래하는 소리가 들려온다. 군마의 말발굽 소리와 전사들의 함성, 무기가 맞부딪치는 소리가 들려오는 때도 있다.[27]

n. 아킬레우스는 죽기 얼마 전에 어머니 테티스가 내려 준 꿈에서 헬레네와 처음 동침했다. 너무나 흡족한 경험이었기에 그는 헬레네에게 실제 모습을 트로이아 성벽에서 보여 달라 부탁했다. 그녀는 그렇게 했고, 그는 지독한 사랑에 빠졌다. 아킬레우스는 그녀의 다섯 번째 남편이었기에 크레테에서는 그를 '다섯 번째'를 뜻하는 펨프토스라고 부른다. 지금 그의 앞자리에는 테세우스, 메넬라오스, 파리스, 그리고 마지막으로 데이포보스가 있었다.[28]

o. 그러나 다른 이들은 아킬레우스가 여전히 하데스에게 붙잡혀 있으며, '아스포델 평원'을 거닐면서도 자신의 운명을 한탄하고 있다고 주장한다. 또 다른 이들은 그가 메데이아와 결혼해 '엘뤼시온 평원' 또는 '축복받은 이들의 섬'에서 왕으로 살고 있다고 주장한다.[29]

p. 신탁의 명에 따라 아킬레우스를 위한 전몰 기념비가 올림피아의 고대 연무장에 세워졌다. 거기에서는 저녁 해가 지고 제전이 시작될 때 엘리스의 여인들이 장례 의례를 열어 그를 기린다. 텟살리아 사람들도 '도도나 신탁소'의 명에 따라 매년 아킬레우스에게 제물을 바친다. 그리고 스파르테에서 북쪽으로 가는 길에는 그의 증손자인 프락스가 그를 위해 세운 성역이 있다. 이곳은 일반인의 출입이 금지돼 있지만, 부근의 플라타너스 숲에서 싸우기로 돼 있는 소녀들은 싸움 전에 거기로 들어가 아킬레우스에게 제물을 바칠 수 있다.[30]

1] 코인토스 스뮈르나이우스:『포스트-호메리카』1. 18 ff.; 아폴로도로스:『요약집』5. 1-2; 레스케스:『소 일리아스』, 파우사니아스의 인용: 3. 26. 7.

2] 에우스타티오스:『호메로스에 관하여』1696; 아폴로도로스: 같은 곳; 로린슨:『트로이아의 파괴』.

3] 아폴로도로스:『비블리오테카』1. 8. 6; 호메로스:『일리아스』2. 212 ff., 219에 대한 고전 주석자와 함께; 체체스:『뤼코프론에 관하여』999.

4] 체체스: 같은 곳; 베르길리우스의『아이네이스』1. 495에 대한 세르비오스; 트뤼피오도로스: 37; 밀레토스의 아르크티노스:『아이티오피스』, 프로클로스의 인용:『명문집』2; 파우사니아스:『그리스 여행기』10. 31. 1과 5. 11. 2.

5] 체체스:『뤼코프론에 관하여』995.

6] 베르길리우스의『아이네이스』1. 493에 대한 세르비오스; 아폴로도로스: 3. 12. 4와『요약집』5. 3.

7] 디오도로스 시켈로스:『역사총서』2. 22; 파우사니아스: 1. 42. 2; 헤로도토스:『역사』5. 54; 스트라본:『지리학』15. 3. 2; 아이스퀼로스, 스트라본의 인용: 같은 곳.

8] 디오도로스 시켈로스: 같은 곳; 파우사니아스: 10. 31. 2; 오비디우스:『연가』1. 8. 3-4; 호메로스:『오뒷세이아』11. 522; 아르크티노스, 프로클로스의 인용:『명문집』2.

9] 딕튀스 크레텐시스: 4. 4.

10] 아폴로도로스:『요약집』5. 3; 핀다로스:『퓌티아 제전 송가』6. 28 ff.

11] 아폴로도로스: 1. 9. 9와 3. 10. 8; 호메로스:『오뒷세이아』3. 452; 휘기누스:『신화집』252; 필로스트라토스:『영웅담』3. 2.

12] 호메로스:『오뒷세이아』3. 112; 24. 17과『일리아스』33. 556; 에우스타티오스:『호메로스에 관하여』1697.

13] 호메로스:『오뒷세이아』24. 16과 78; 파우사니아스: 3. 19. 11.

14] 딕튀스 크레텐시스: 4. 5; 코인토스 스뮈르나이우스:『포스트-호메리카』2. 224 ff.; 필로스트라토스:『이미지들』2. 7; 아이스퀼로스:『프쉬코스타시아』, 플루타르코스의 인용:『젊은이는 어떻게 시를 들어야 하는가』2.

15] 딕튀스 크레텐시스: 4. 6; 필로스트라토스:『영웅담』3. 4.

16] 디오도로스 시켈로스: 2. 22; 스트라본: 13. 1. 11.

17] 아폴로도로스: 3. 12. 4; 밀레토스의 아르크티노스:『아이티오피스』, 프로클로스의 인용:『명문집』2; 오비디우스:『변신 이야기』13. 578 ff.

18] 베르길리우스의『아이네이스』1. 755와 493에 대한 세르비오스; 파우사니아스: 10. 31. 2; 아리스토파네스의『구름』622에 대한 고전 주석자.

19] 딕튀스 크레텐시스: 6. 10.

20] 시모니데스, 스트라본의 인용: 15. 3. 2; 파우사니아스: 3. 3. 6과 1. 42. 2.

21] 밀레토스의 아르크티노스:『아이티오피스』, 프로클로스의 인용:『명문집』2; 오비디우스:『변신 이야기』12. 580 ff.; 휘기누스:『신화집』107, 아폴로도로스.『요약집』5. 3.

22] 휘기누스: 같은 곳; 아폴로도로스:『요약집』5. 4; 호메로스:『오뒷세이아』24. 42.

23] 로린슨:『트로이아의 파괴』; 다레스: 34; 딕튀스 크레텐시스: 4. 11; 베르길리우스의『아이네이스』6. 57에 대한 세르비오스; 제2 바티칸 신화학자: 205.

24] 딕튀스 크레텐시스: 4. 10-13; 베르길리우스의『아이네이스』3. 322에 대한 세르비오스; 체체스:『뤼코프론에 관하여』269.

25] 코인토스 스뮈르나이우스: 3. 766-780; 아폴로도로스:『요약집』5. 5; 딕튀스 크레텐시스: 4. 13-14; 체체스:『포스트-호메리카』431-467; 호메로스:『오뒷세이아』24. 43-84.

26] 스트라본: 11. 2. 6; 밀레토스의 아르크티노스:『아이티오피스』, 프로클로스의 인용:『명문집』2; 아폴로도로스: 같은 곳.

27] 파우사니아스: 3. 19. 11; 필로스트라토스:『영웅담』20. 32-40.

28] 체체스:『뤼코프론에 관하여』143과 174; 베르길리우스의『아이네이스』1. 34에 대한 세르비오스.

29) 호메로스: 『오뒷세이아』 11. 471-540; 이비코스, 아폴로니오스 로디오스와 관련해 고전 주석자가 인용: 4. 815; 아폴로도로스: 같은 곳.
30) 필로스트라토스: 『영웅담』 19. 14; 파우사니아스: 6. 23. 2와 3. 20. 8.

*

1. 펜테실레이아Penthesileia는 테세우스와 헤라클레스에게 패배한 아마조네스 가운데 하나였다. 다시 말해, 그리스의 아이올리스족 침략자에게 패배한 아테나 여신의 여사제 투사들 가운데 하나였다(100. 1과 131. 2 참고). 그녀의 패배가 트로이아 무대에 등장한 것은 프리아모스의 연합에 모든 소아시아 민족들이 포함돼 있다고 전해졌기 때문이다. 펜테실레이아는 『일리아스』에 등장하지 않지만, 그녀의 주검에 대한 아킬레우스의 잔학 행위는 특징상 호메로스적이라 할 수 있다. 이와 함께 수많은 다른 고전기 텍스트에 그녀에 대한 언급이 나오고 있어, 페이시스트라토스의 편집자들이 그녀와 관련된 이야기를 빼버렸을 것으로 보인다. 딕튀스 크레텐시스(4. 2-3)는 이야기를 다음과 같이 신식으로 고쳤다. 그녀는 말을 타고 대규모 부대를 앞장서 이끌었는데, 헥토르가 죽는 것을 보고 한 번 더 전쟁에서 빠지려 했다. 이에 파리스가 뇌물로 금과 은을 주면서 붙잡았다. 아킬레우스는 처음 맞붙은 전투에서 펜테실레이아를 창으로 꿰뚫고 머리채를 잡아 안장에서 끌어내렸다. 그녀가 땅바닥에서 죽어 가는 동안 그리스 병사들은 소리를 질렀다. "그 사나운 여편네를 개들에게 던져 버리세요! 여인의 본성을 팔아먹었으니 벌을 받아야지요." 아킬레우스는 영예로운 장례식을 요구했지만, 디오메데스는 주검의 발을 잡고 끌고 가서 스카만드로스 강에 던져 버렸다.

그리스 전설에서 '늙은 유모'는 보통 노파 여신을 의미한다(24. 9. 참고). 펜테실레이아의 유모인 클레테Clete('기원을 받은')도 예외가 아니다.

2. 멤논의 어머니 킷시아Cissia('담쟁이덩굴')는 담쟁이덩굴과 포도나무 술잔치를 관장했던 여신의 초창기 호칭으로 보인다. 이 여신은 그리스와 트라케, 소아시아, 시리아 등지에서 다양한 이름으로 불렸다(168. 3 참고). 그런데 멤논의 '킷시아인들Cissians'은 '수사인들Susians'('백합 사람들')의 변형이며, 백합의 여신인 수산나Susannah 또는 아스타르테Astarte를 기려 이렇게 불렸다. 프리아모스는 아마 앗시리아가 아니라 힛타이트 쪽에 도움을 요청했을 것이다. 힛타이트는 육로뿐 아니라 시리아에서 해로를 통해 증원병을 보냈을 것이다. '멤논'('단호한')은 그리스 왕들의 일반적인 호칭이었으며, '아가멤논'('매우 단호한')으로 강조하기도 했다. 그런데 그것이 여기서는 앗시리아의 아르타크세르크세스Artaxerxes의 호칭인 므네몬Mnemon과 혼동을 일으켰다. 파라오의 이름인 아메노피스Amenophis와 헷갈리기도 했다. [이집트] 테바이에는 아메노피스를 기려 노래하는 조각상이 세워져 있었다. 동이 트면서 첫 햇살이 속이 비어 있는 돌을 데우면 팽창된 내부 공기가 목청 자리의 좁은 구멍을 통해 밀려 나오면서 소리를 냈다.

3. 아킬레우스의 탄생과 성장, 죽음은 신화적 측면에서 고대 펠라스고이족의 신성한 왕이 걸어온 길을 보여 준다. '입술이 없는' 신탁의 영웅이 될 운명을 타고난 것이다. 그의 신화적 적수는 '헥토르'와 '파리스', '아폴론' 등 다양한 이름을 갖고 있다. 여기 킷시아의 아들 멤논도 마찬가지다. 아킬레우스와 멤논의 결투에서 양쪽은 자기 어머니의 지원을 받고 있는데, 그 장면이 '큅셀로스Cypselus의 상자'[1](파우사니아스: 5. 19. 1)와 [스파르테 남쪽 도시] 아뮈클라이Amyclae에 있는 아폴론 신의 왕좌에 조각돼 있었다(파우사니아

---

1) 큅셀로스의 상자Cypselus's Chest: 올륌피아의 헤라 신전에 있었다는 향나무 상자. 1권 18쪽의 각주 16번 참고.

스: 3. 18. 7). 화가 뤼코스Lycus는 이들을 큰 무리 속에 등장시켰고, 아폴로니아Apollonia 주민들은 이를 올림피아에서 바쳤다(파우사니아스: 5. 22. 2). 이 둘은 각각 신성한 왕과 후계자를 의미한다. 아킬레우스는 바다 여신의 아들로서 '커가는 해Waxing Year'의 밝은 정령이며, 멤논은 담쟁이덩굴 여신의 아들로 '기울어가는 해Waning Year'의 어두운 정령이다. 그래서 멤논에게 황금 포도나무는 신성하다. 이들은 동지와 하지에 교대로 상대를 죽인다. 왕은 언제나 발꿈치 부상으로 죽고, 그의 후계자는 칼로 목이 잘린다. 이런 고대적 맥락에서 아킬레우스는 아직 그 이름을 찬탈해 간 아카이아와 도리에이스족 족장들의 비열한 행동으로 더럽혀지지 않았기에, 영웅으로서 광범위하게 숭배를 받았다. 폴뤽세네Polyxena가 교묘하게 발꿈치 약점의 비밀을 알아낸 다음 그를 배신한다는 이야기는 호메로스적이지 않다. 아킬레우스는 이를 통해 정직하다는 평판의 다른 청동기 시대 영웅들과 나란히 서게 된다. 루 로, 쿠 훌린, 삼손 등과 한 무리를 이룬다는 말이다. 아킬레우스와 펜테실레이아의 다툼은, 따라서 그의 아버지 펠레우스와 테티스의 다툼과 동일한 종류의 것일 가능성이 있다(81. k 참고). 헬레네가 레우케 섬에서 전달한 메시지는 시인 스테시코로스에게 보낸 것이다. 레우케는 오늘날 루마니아의 황량한 감옥 섬이 됐다(31. 9와 159. 1 참고).

4. 멤논은 프리아모스를 도우려 동방에서 왔기에 '에오스('새벽')의 아들'로 일컬어졌다. 아버지가 필요했기 때문에 에오스의 연인인 티토노스는 자연스러운 선택으로 보인다(40. c 참고). 동지에 새로 분장한 소녀들끼리 싸움을 벌였다는 오비디우스의 기록이 멤노니데스Memnonides에 대한 더욱 가능성 높은 설명이다. 주검을 태우는 장작더미의 불꽃에서 생겨났다는 설명보다 이쪽이 더 낫다. 그 싸움은 원래 여사제단의 고위직을 둘러싼 것으로, 리비아 방식으로 진행됐을 것이다(8. 1 참고).

5. 아킬레우스는 올림피아에서 신성한 왕으로 하지가 지난 시점에 애도를 받았다. 이때 올림피아 장례 제전이 그를 기려 개최됐다. 그의 후계자는 그곳에서 '크로노스'라 불렸는데, 동지가 지난 시점에 애도를 받았다(138. 4 참고). 이 두 잔치는 영국 제도에서 추수절과 성 스티븐의 날에 각각 해당한다.[2] 지금도 성 스티븐의 날에 농촌 지역에서는 크로노스의 새인 황금 관모의 굴뚝새 죽은 것을 가지고 행진을 하지만, 영국의 멤노니데스는 울새를 위해 "한숨을 짓고 눈물을 흘렸다". 크로노스의 제물인 굴뚝새를 위해 그렇게 하는 게 아니다. 한 번 더, 굴뚝새는 후계자이지 신성한 왕이 아니다.[3]

6. 크레테에 있는 아킬레우스의 영웅 전당은 틀림없이 펠라스고이족 이주민들이 지었을 것이다. 그러나 플라타너스는 크레테의 나무이다. 플라타너스 이파리는 레아의 녹색 손을 의미하기에, 그녀의 다섯 번째 닥틸로스인 아케시다스Acesidas와 동일시하기 위해 아킬레우스를 펨프토스Pemptus('다섯 번째')라고 불렸을 수 있다. 이는 신탁의 새끼손가락과 연결되는데, 헤라클레스가 남성적인 엄지손가락과 연결되는 것과 같은 맥락이다(53. 1 참고).

7. 프리아모스가 티토노스에게 멤논을 보내 달라면서 준 황금 포도나무는, 제우스가 가뉘메데스Ganymedes를 납치해 간 것에 대한 보상으로 예전에 트로스에게 주었던 것으로 보인다(29. b 참고).

---

2) 추수절Lammas은 옛날 8월1일에 해당하고, 성 스티븐의 날St Stephen'Day은 기독교 최초의 순교자인 '스티브'를 기리는 12월 26일에 해당한다. 한편, 영국 제도는 브리튼 섬, 아일랜드, 맨 섬 등을 모두 일컫는다.

3) 여기에서도 신성한 왕과 후계자의 양자 대립 구도가 이어진다. 정리하면, '아킬레우스-신성한 왕-하지-울새' 대 '멤논(크로노스)-후계자-동지-굴뚝새'가 된다.

165
아이아스의 광기

    테티스는 아킬레우스의 무기를 트로이아에서 살아남은 그리스인 가운데 가장 용감한 이에게 상으로 주겠다고 결정했다. 이에 오직 아이아스와 오뒷세우스만이 이를 받겠다고 나설 수 있었다. 두 사람은 용맹을 발휘해 그의 주검도 지켜 냈다.[1] 어떤 이는 아가멤논이 아이아코스 가문 전체를 싫어해 아이아스의 요구를 물리치고 무기를 메넬라오스와 오뒷세우스에게 나눠 주었다고 전한다. 이 두 사람의 선의를 훨씬 더 높게 평가했기 때문이다.[2] 다른 이들은 그가 혼자 결정할 때 받을 비난을 피하고자 남들에게 떠넘겼다고 전한다. 부대 장수들이 모두 모여 비밀 투표로 결정하게 했거나, 또는 크레테와 다른 동맹들이 정하게 했거나, 또는 트로이아 포로들에게 두 사람 가운데 누구에게 더 많은 피해를 입었는지 물어 판가름하게 했다고 한다.[3] 그러나 진실은 다음과 같다. 아이아스와 오뒷세우스가 경쟁적으로 자기 무훈을 자랑하고 있는 동안, 네스토르는 아가멤논에게 트로이아 성벽 아래로 밤에 첩자를 보내 이 문제에 대한 적들의 치우치지 않은 여론을 들어보라고 조언했다. 첩자들은 어린 소녀들이 함께 수다를 떠는 것을 엿들었다. 한 소녀가 억수같이 쏟아지는 화살을 뚫고 전장에서 죽은 아킬레우스를 짊어지고 나왔다면서 아이아스를 칭찬했다. 그러자 다른 소녀는 아테나의 부추김을 받아 이렇게 대꾸했다. "말도 안 돼! 일단 누가 어깨에 주검을 올려 준다면 여자 노예도 그 정도는 할 거야. 그러나 손이 찔렸다면 여자 노예는 무서워 무기를 휘두르지 못할 거야. 우리 공격의 예봉을 맞선 것은 아이아스가 아니라 오뒷세우스였어."[4]

b. 아가멤논은 이에 무기를 오뒷세우스에게 주었다. 만약 아킬레우스가 살아 있다면 당연히 아가멤논과 메넬라오스는 감히 이런 식으로 아이아스를 욕보이지 못했을 것이다. 아킬레우스는 자신의 용맹한 사촌을 깊이 존경했기 때문이다. 이번 다툼을 불러일으킨 것은 다름 아닌 제우스였다.[5]

c. 아이아스는 말문이 막힐 정도로 화가 나서 바로 그날 밤 동료 그리스인들에게 복수하기로 결심했다. 하지만 아테나는 그를 갑작스러운 광기에 빠지게 만들고, 손에 칼을 쥐어 준 채 소 떼와 양 떼들 사이에 풀어 놓았다. 이는 공동 전리품의 일부로 트로이아 농장에서 빼앗아 온 가축이었다. 그는 소와 양을 수없이 죽였고, 살아남은 놈들도 함께 묶어 숙영지로 끌고 와서 가축 잡는 일을 이어 갔다. 다리가 흰 숫양 두 마리를 골라 한 놈은 머리와 혀를 잘라 냈다. 그놈을 아가멤논 또는 메넬라오스라고 착각한 것이다. 그리고 다른 놈은 곧추세워 기둥에 묶어 놓고 말고삐로 매질을 했다. 그러면서 그놈을 배반자 오뒷세우스라고 부르면서 욕설을 퍼부었다.[6]

d. 마침내 제정신이 돌아온 아이아스는 바닥 모를 절망감에 빠져 테크멧사가 낳은 아들 에우뤼사케스를 불렀다. 그는 자기 이름이 유래한 커다란 일곱 겹 방패를 아들에게 주면서 말했다. "나머지 무기는 내가 죽으면 함께 묻도록 해라." 프리아모스의 누이인 헤시오네의 아들로 아이아스의 배다른 형제인 테우크로스는 마침 뮈시아로 가고 없었다. 아이아스는 그를 에우뤼사케스의 보호자로 지정하고 아들을 조부모 텔라몬과 에리보이아가 있는

살라미스 집으로 데려다 주라는 당부를 남겼다. 그런 다음 바다에 몸을 씻고 사람들의 발길이 닿지 않은 땅을 찾아 안전하게 칼을 묻어 둠으로써 아테나의 분노에서 벗어나고자 한다는 말을 테크멧사에게 남기고 길을 나섰다. 죽음을 결심한 것이다.

e. 아이아스는 칼을 땅바닥에 곧추세워 고정했다. 헥토르가 자주색 수대와 맞바꿔서 건넨 바로 그 칼이었다. 제우스에게 자신의 주검을 어디서 찾을 수 있는지 테우크로스에게 전해 달라고, 헤르메스에게 자신의 영혼을 '아스포델 평원'으로 인도해 달라고, 에리뉘에스에게 복수해 달라고 각각 기도했다. 그리고 칼에 몸을 던졌다. 칼은 자기 임무를 거부하고 활 모양으로 휘어지기만 했다. 그는 칼끝을 자신의 약점인 겨드랑이에 밀어 넣음으로써 겨우 성공했는데, 그때는 이미 벌써 먼동이 트고 새벽이 찾아와 있었다.7)

f. 그러는 동안 뮈시아에서 돌아온 테우크로스는 하마터면 그리스 병사들의 손에 잡혀 죽을 뻔했다. 그들은 자기네 가축이 살육당한 것에 분개하고 있었다. 예언자 칼카스도 이번 자살에 대해서는 예언적 경고를 받지 못했다. 그는 테우크로스를 한쪽으로 데려가 아이아스가 아테나 여신의 분노로 광기에 빠져 있으니 그의 처소에 가둬 두라고 조언했다. 아스클레피오스의 아들인 포달레이리오스도 그렇게 하라고 했다. 그는 형제인 마카온이 뛰어난 외과의사인 것만큼이나 뛰어난 내과의사로, 그의 빛나는 눈동자를 보고 제일 먼저 아이아스가 광기에 빠져 있다고 진단했다.8) 그러나 테우크로스는 고개를 가로젓기만 할 뿐이었다. 이미 제우스에게 형제가 죽었다는 소식을 전해 들었기 때문이다. 그는 슬픔에 잠겨 테크멧사와 함께 그의 주검을 찾으러 떠났다.

g. 아이아스는 피 웅덩이 안에 누워 있었고, 테우크로스는 그 처참한 모

습에 경악했다. 살라미스로 돌아가 어떻게 아버지 텔라몬을 대면할 수 있겠는가? 그가 머리카락을 쥐어뜯고 있을 때 메넬라오스가 찾아와 아이아스를 매장해선 안 된다고 했다. 그를 탐욕스러운 솔개와 경건한 독수리에게 넘겨줘야 한다는 것이다. 테우크로스는 자기 볼 일이나 보라며 그를 돌려보내고, 조카에게 주검을 지키게 하고 분노에 차서 아가멤논을 찾아갔다. 에우뤼사케스는 탄원자의 옷을 입고 아버지의 주검을 지켰다. 주검 옆에는 에우뤼사케스와 테우크로스, 테크멧사가 쥐어뜯은 머리카락이 널려 있었다. 테크멧사는 그의 주검을 자신의 예복으로 덮어 주었다. 오뒷세우스는 이어 벌어진 논쟁의 중재에 나서 아가멤논에게 장례식을 허용하라고 강하게 권했다. 테우크로스에게는 장례식 거행을 돕겠다고도 했다. 테우크로스는 오뒷세우스의 호의는 인정했지만 도움은 거절했다. 결국 아가멤논은 칼카스의 조언에 따라, 전장에서 명예롭게 죽은 것처럼 장작더미에 올려 태우는 대신, 아이아스를 자살자의 관에 담아 로이테이온 곶에 매장할 것을 허가했다.[9]

h. 어떤 이는 아이아스와 오뒷세우스 사이 다툼의 진짜 원인은 팔라디온의 소유권이었으며, 그 시점도 트로이아 함락 뒤라고 전한다.[10] 다른 이들은 아이아스가 자살을 한 것이 아니며, 그의 몸은 쇠로도 상처를 낼 수 없기에 트로이아 병사들이 신탁의 도움말에 따라 진흙 덩어리로 그를 죽였다고 전한다. 그러나 이는 이름이 같은 또 다른 아이아스일 수 있다.[11]

i. 나중에 오뒷세우스가 '아스포델 평원'을 방문했을 때, 아이아스의 혼령만이 유일하게 그에게서 멀리 떨어져 있었다. 그 불행한 일은 제우스의 책임이라고 해명했지만, 아이아스는 이를 받아들이지 않았다. 당시 오뒷세우스는 현명하게도 무기를 아킬레우스의 아들 네오프톨레모스에게 이미 전해 준 상태였다. 하지만 나중에 트로이아에 정착한 아이올리스족은 오

뒷세우스가 집으로 귀환하던 중 배가 난파해 무기를 잃어버렸고, 테티스의 도움으로 파도가 이를 로이테이온에 있는 아이아스의 무덤으로 실어 갔다고 전한다. 로마의 하드리아누스 황제 시절, 큰 파도가 일어 그의 무덤이 열린 적이 있었다. 그의 유골은 엄청나게 컸고, 슬개골만 해도 소년들이 5종 경기를 위해 연습할 때 쓰는 원반과 맞먹었다. 황제의 명에 따라, 유골은 즉시 다시 매장됐다.[12]

j. 살라미스 사람들은 아이아스가 죽었을 때 자기들 섬에 새로운 꽃이 생겨났다고 전한다. 빨간 빛이 도는 흰색 꽃으로 백합보다 작으며, 히아신스처럼 아이Ai! 아이Ai!('아아, 아아!')라는 글자가 그려져 있다. 그러나 보통은 그 꽃이 아이아스가 죽으면서 뿌린 피에서 생겨났다고 믿는다. 꽃잎에 그려진 글자가 아이아스 아이아키데스Aias Aiacides, 즉 '아이아스, 아이아코스 가문 사람Ajax the Aeacid'을 의미하기도 하기 때문이다. 살라미스의 장터에는 지금도 흑단 조각상을 모신 아이아스의 사당이 있다. 항구에서 멀지 않은 곳에 큰 바위가 있다. 그 옛날 텔라몬은 거기에 앉아 아들들이 아울리스 항구로 타고 가는 배를 내려다보았다.[13]

k. 테우크로스가 마침내 살라미스로 돌아왔다. 그러나 아버지 텔라몬은 그가 두 번째 등급의 형제 살해를 저질렀다고 고소했다. 문제의 무기에 대한 아이아스의 요구를 끝까지 주장하지 않았기 때문에 이번 일이 벌어졌다는 것이다. 상륙이 금지됐기에 그는 바다 위에서 자기 변론을 했고, 재판관들은 해변에서 이를 들었다. 사실 텔라몬 자신도 예전에 똑같이 이렇게 변론을 펼친 적이 있다. 그때는 그의 아버지 아이아코스가 동생 포코스를 죽였다고 자신을 고소했다. 텔라몬이 당시 유죄 선고를 받고 추방당했듯이, 이번에 테우크로스도 같은 선고를 받았다. 그는 아이아스의 유골은 물론 테크멧사와 에우뤼사케스도 데려오지 않았는데, 이것이 그의 부주의함을

증명한다고 했다. 그는 퀴프로스 섬으로 갔고, 거기서 아폴론의 은혜와 시돈 출신의 벨로스 왕의 허락을 받아 또 다른 살라미스를 건설했다.[14]

ㅣ. 아테나이인들은 아이아스를 자신들에게 이름을 준 여러 영웅들 가운데 하나로 기린다. 또 에우뤼사케스의 아들인 필라이오스가 아테나이 시민이 되면서 살라미스의 주권을 자신들에게 넘겼다고 주장한다.[15]

1] 호메로스: 『오뒷세이아』 11. 543 ff.; 소포클레스의 『아이아스』의 '줄거리'.

2] 휘기누스: 『신화집』 107.

3] 핀다로스: 「네메아 제전 송가」 8. 26 ff.; 오비디우스: 『변신 이야기』 12. 620 ff.; 아폴로도로스: 『요약집』 5. 6; 호메로스의 『오뒷세이아』 11. 547에 대한 고전 주석자.

4] 레스케스: 『소 일리아스』, 아리스토파네스의 『기사』 1056과 관련해 고전 주석자가 인용.

5] 호메로스: 『오뒷세이아』 11. 559-560.

6] 소포클레스: 『아이아스』, '줄거리'와 함께; 제노비오스: 『속담집』 1. 43.

7] 소포클레스: 『아이아스』; 아이스퀼로스, 『아이아스』 833과 『일리아스』 23. 821과 관련해 고전 주석자가 인용; 밀레토스의 아르크티노스: 『아이티오피스』, 핀다로스의 『이스트미아 제전 송가』 3. 53과 관련해 고전 주석자가 인용.

8] 아르크티노스: 『일리온의 함락』, 호메로스의 『일리아스』 13. 515와 관련해 에우스타티오스가 인용.

9] 아폴로도로스: 『요약집』 5. 7; 필로스트라토스: 『영웅담』 13. 7.

10] 딕튀스 크레텐시스: 5. 14-15.

11] 소포클레스의 『아이아스』의 '줄거리'.

12] 호메로스: 『오뒷세이아』 11. 543 ff.; 파우사니아스: 『그리스 여행기』 1. 35. 3; 필로스트라토스: 『영웅담』 1. 2.

13] 파우사니아스: 1. 35. 2-3; 오비디우스: 『변신 이야기』 13. 382 ff.

14] 파우사니아스: 1. 28. 12와 8. 15. 3; 베르길리우스의 『아이네이스』 1. 619에 대한 세르비오스; 핀다로스: 「네메아 제전 송가」 4. 60; 아이스퀼로스: 『페르시아 여인들』 1. 35. 2와 5. 2.

15] 헤로도토스: 『역사』 6. 35; 파우사니아스: 1. 35. 2; 플루타르코스: 『솔론』 11.

＊

1. 여기에는 신화적 요소가 별로 없다. 아이아스는 아마 일부 퀴프로스 도상에 숫양을 기둥에 묶는 모습으로 등장했을 것이다. 이는 그가 미쳐서 그랬던 게 아니라, 크레테에서 퀴프로스로 들어온, 제물을 바치는 형식이었다(39. 2 참고).

2. 호메로스의 히아신스는 파란색 미나리아재비, 즉 휘아킨토스 그라프

타hyacinthos grapta이다. 이는 꽃잎 아래쪽에 고대 그리스 문자 알파와 이오타 AI와 닮은 반점이 있다. 이것도 크레테의 휘아킨토스Hyacinthus에게 신성하다 (21. 8 참고).

3. 하드리아누스 황제에 의해 다시 매장된 아이아스의 유골은, 테세우스의 그것과 마찬가지로(104. i 참고), 아마 훨씬 더 오래된 영웅의 것이었을 터이다. 페이시스트라토스는 아이아스가 앗티케와 연결돼 있다는 말을 이용해, 그동안 메가라가 갖고 있던 살라미스 섬의 주권을 자기네 것이라 주장했다. 그는 이 주장을 뒷받침하려고 호메로스 정본의 일부를 위조했다고(163. 1 참고) 전해진다(『일리아스』 2. 458-559; 아리스토텔레스: 『수사학』 1. 151. 1375b 30; 플루타르코스: 『솔론』 10). 아이아aia는 가이아gaia('대지earth')의 옛날 형태이며 아이아스aias('아이아스Ajax')는 아마 '시골 사람'을 뜻할 것이다.

4. 사람을 칼이 아니라 진흙 덩어리로 죽이는 것은 피의 죄를 회피하는 원시적 방법이다. 따라서 이렇게 다른 아이아스를 죽였다는 대목은 트로이아 적들이 아니라 그의 친척들이 벌인 일임이 틀림없다.

5. 오뒷세우스와 아이아스가 팔라디온의 소유권을 둘러싸고 다퉜다는 이야기는 역사적 측면에서 중요하다. 그런데 소포클레스는 부주의하게도 큰 아이아스와 작은 아이아스를 혼동했다(166. 2 참고).

166
트로이아의 신탁

아킬레우스가 죽자, 그리스 병사들의 사기는 땅에 떨어졌다. 칼카스는 이제 헤라클레스의 활과 화살이 있어야 트로이아를 함락할 수 있다고 예언했다. 이에 따라 오뒷세우스와 디오메데스는 대표단으로 렘노스 섬으로 배를 타고 출발했다. 거기에 있는 필록테테스가 그 활과 화살을 가지고 있었기 때문이다.[1]

b. 어떤 이는 악토르 왕의 양치기이자 돌로피온의 아들인 피마코스가 지난 10년 동안 필록테테스에게 쉴 곳을 제공하고 그의 역겨운 상처를 돌봐 주었다고 전한다. 다른 이들은 필록테테스의 멜리보이아 부대 가운데 일부가 그의 곁에 남아 렘노스 섬에 정착했으며, 그리스 군의 대표단이 도착하기 전에 아스클레피아다이가 이미 렘노스의 흙을 가지고 그를 치료해 주었다고 한다. 그게 아니면 헤파이스토스의 아들인 퓔리오스 또는 펠리오스가 치료해 주었다고 한다. 치료를 마친 필록테테스는 에우네오스 왕을 위해 트로이아 해안의 작은 섬 몇 군데에서 카리아인들을 쫓아내 주었다. 에우네오스 왕은 감사의 뜻으로 렘노스의 아케사 지역을 그에게 주었다.[2] 이런 상황이라 오뒷세우스와 디오메데스는 상처를 치료해 주겠다면서 필록테

스를 설득할 필요가 없었다. 그는 그리스가 전쟁에서 이기고 자신은 영예를 얻고자 자진해 헤라클레스의 활과 화살을 가지고 전쟁터로 향했다. 또 다른 설명도 있는데, 대표단은 그가 상처 탓에 이미 오래전에 죽었음을 알게 됐고, 그의 상속인들을 설득해 화살과 활을 빌렸다고 한다.[3]

c. 그러나 사실은 다음과 같다. 필록테테스는 고통 속에 렘노스 섬에 남아 있었으며, 오뒷세우스의 속임수에 넘어가 활과 화살을 그에게 넘겨주었다. 그러나 디오메데스는 (누가 잘못 말하고 있듯이 네오프톨레모스가 그런 게 아니라) 도둑질에 연루되는 것을 거부하면서 필록테테스에게 자기 물건의 반환을 요구하라고 조언했다. 이때 신이 된 헤라클레스가 개입했다. "필록테테스야, 그들과 함께 트로이아로 가거라. 내가 거기로 너를 치료할 아스클레피아다이 가운데 하나를 보내 주겠다. 트로이아는 내 화살에 두 번째로 함락될 것이다. 너는 모든 그리스인들 가운데 가장 용감한 투사로 뽑힐 것이다. 너는 파리스를 죽일 것이며, 트로이아 약탈에 참여할 것이며, 전리품을 집으로 보낼 것이다. 너의 아비 포이아스를 위해 따로 가장 고귀한 상도 받을 것이다. 그러나 잊지 말거라. 아킬레우스의 아들 네오프톨레모스 없이는 트로이아를 가질 수 없다. 그도 너 없이는 그렇게 하지 못한다!"[4]

d. 필록테테스는 이에 복종했고, 그리스 군영에 도착하자마자 그는 깨끗한 물로 씻고 아폴론 신전에서 잠을 잤다. 잠을 자는 동안 외과의사 마카온이 상처에서 썩은 살을 도려내고, 포도주를 붓고, 약초와 사문석을 붙였다. 어떤 이는 마카온의 형제인 내과의사 포달레이리오스가 이 치료를 책임졌다고 전한다.[5]

e. 필록테테스는 회복되자마자 파리스에게 싸움을 걸어 활쏘기 전투를 벌였다. 그가 쏜 첫 번째 화살은 크게 빗나갔지만, 두 번째는 파리스의 활을 쥔 왼손을 꿰뚫었다. 세 번째는 그의 오른쪽 눈을, 네 번째는 그의 발목

을 정확히 맞춰 치명상을 입혔다. 메넬라오스가 파리스의 끝을 보려 했으나, 그는 절뚝거리면서 용케 전장을 벗어나 트로이아로 돌아갔다. 이날 밤 트로이아인들은 그를 이다 산으로 데려갔고, 파리스는 예전 연인인 님프 오이노네에게 치료해 달라고 애원했다. 그러나 그녀는 헬레네에 대한 깊은 증오 탓에 냉정하게 고개를 가로저으면서 그냥 돌려보냈다. 머지않아 오이노네는 미움이 누그러져 치료약을 바구니에 담아 트로이아로 달려갔지만, 그는 이미 죽어 있었다. 그녀는 슬픔을 견디지 못해 성벽에서 몸을 던졌다. 또는 스스로 목을 맸거나, 그를 태우는 장작더미에 스스로 뛰어들었다. 어떤 쪽이었는지 기억하는 사람이 지금은 없다. 어떤 이는 오이노네가 그 자리에서 파리스를 치료하려 했지만 그녀의 아버지가 이를 금했다면서 그녀를 감싼다. 그녀는 아버지가 집을 나설 때까지 기다려야 했고, 약초를 가져갔을 때는 이미 늦었다는 것이다.[6]

f. 프리아모스의 아들들인 헬레노스와 데이포보스가 이제 헬레네를 아내로 맞이하려 다퉜다. 프리아모스는 전장에서 더 큰 용기를 보여 주었다면서 데이포보스의 손을 들어 주었다. 헬레네는 신들의 주선으로 파리스와 결혼식까지 올렸음에도 자신이 여전히 스파르테의 여왕이며 메넬라오스의 아내라는 것을 잊을 수 없었다. 어느 날 밤, 헬레네는 트로이아를 탈출하려고 흉벽에 밧줄을 묶던 도중 보초병에게 붙잡혔다. 그녀는 데이포보스에게 이끌려갔고, 강제로 그와 결혼해야 했다. 다른 트로이아인들은 이를 무척 역겨워했다. 헬레노스는 즉시 도시를 떠나 아리스베와 함께 살기 위해 이다 산으로 갔다.[7]

g. 오직 헬레노스만 트로이아를 보호하는 비밀 신탁을 알고 있다는 얘기를 칼카스에게 듣고, 아가멤논은 즉시 오뒷세우스를 보내 그를 그리스 군영으로 끌고 오도록 했다. 헬레노스는 때마침 크뤼세스의 손님으로 '튐브

라이아의 아폴론' 신전에 머물고 있었다. 오뒷세우스가 그를 찾아가니, 그는 이미 신탁을 알려 주려 마음먹고 있었다. 다만, 어디 먼 곳에 자신이 안전하게 머물 집을 내달라는 조건을 달았다. 자신은 이미 트로이아를 버렸다면서, 이는 죽음이 두렵기 때문이 아니라고 했다. 자신과 아이네이아스는 파리스가 바로 이곳에서 아킬레우스를 살해함으로써 신전을 더럽힌 것을 그냥 넘어갈 수 없다고 했다. 더구나 신전의 아폴론 신에게 아무런 사죄도 하지 않은 것은 도저히 참을 수 없다고 했다.[8]

h. "알겠소. 다만 아무것도 감추지 마시오. 그러면 내가 당신의 목숨과 안전을 보장하겠소." 오뒷세우스가 말했다.

"신탁은 간단하면서도 명확합니다." 헬레노스는 답을 이어 갔다. "트로이아는 이번 여름에 함락될 것입니다. 만약 펠롭스의 유골을 당신네 군영에 가져오고, 만약 네오프톨레모스가 전장에 나서고, 만약 아테나의 팔라디온을 성채에서 훔쳐 온다면, 그렇게 될 것입니다. 팔라디온이 거기 남아 있는 한 성벽은 깨지지 않을 것이기 때문입니다."[9]

아가멤논은 즉시 피사로 사람을 보내 펠롭스의 어깨뼈를 가져오게 했다. 그러는 동안 오뒷세우스와 포이닉스, 디오메데스는 스퀴로스 섬으로 배를 타고 가서 뤼코메데스를 설득해 네오프톨레모스를 트로이아로 보내도록 했다. 누구는 그가 당시 겨우 열두 살이었다고 전한다. 그가 도착하자 아킬레우스의 혼령이 그 앞에 나타났다. 그는 곧장 회의와 전쟁 양쪽에서 두각을 나타냈다. 오뒷세우스는 기쁜 마음으로 아킬레우스의 무기를 그에게 넘겨주었다.[10]

i. 텔레포스의 아들인 에우뤼퓔로스가 이맘때 뮈시아 병사들을 이끌고 와 트로이아에 힘을 보탰다. 앞서 프리아모스는 그가 온다면 그의 어머니 아스튀오케에게 황금 포도나무를 준다고 했고, 이번에 그를 캇산드라와 약

혼시켰다. 에우뤼퓔로스는 자신이 흔들림 없는 투사임을 증명했고, 외과 의사 마카온을 죽였다. 이 일로 인해 페르가모스에 있는 아스클레피오스의 성역에선 모든 일을 텔레포스를 기리는 찬가를 부르면서 시작하면서도, 그의 아들 에우뤼퓔로스의 이름은 어떤 경우에도 입 밖에 내지 못하게 한다. 마카온의 유골은 네스토르가 퓔로스로 가져갔으며, 환자들은 게라네이아에 있는 성역에서 치료를 받는다. 화환을 두른 그의 청동상은 '장미'라고 부르는 신성한 장소를 내려다보고 있다. 에우뤼퓔로스는 네오프톨레모스에게 죽임을 당했다.[11]

j. 트로이아가 함락되기 직전, 프리아모스는 아들들 사이에 불화가 심해지자 아가멤논과 평화 협상을 벌이도록 안테노르를 보냈다. 그리스 군영에 도착하자마자 안테노르는 데이포보스에 대한 증오로 팔라디온과 도시에 대한 비밀을 오뒷세우스에게 넘겨주기로 했다. 그는 왕의 자리와 프리아모스가 가진 재물의 절반을 대가로 요구했다. 그는 아가멤논에게 아이네이아스한테서도 도움을 받을 수 있을 것이라 말했다.[12]

k. 이들은 함께 특별한 계획을 짜냈다. 오뒷세우스는 계획의 이행을 위해 디오메데스에게 자신을 무자비하게 매질해 달라 부탁했다. 이에 그는 피투성이에 지저분한 넝마를 걸친 차림새로 도망 노예로 변장해 트로이아로 들어갈 수 있었다. 오직 헬레네만 그의 변장을 꿰뚫어 봤지만, 그녀가 따로 물어봐도 그는 애매하게 답하면서 얼버무렸다. 그녀는 자기 집으로 오라고 했고, 그도 이를 거절할 수는 없었다. 헬레네는 집에서 그가 씻고 기름을 바르고 멋진 예복을 갖춰 입도록 했다. 당연히 그의 정체가 분명하게 드러났다. 헬레네는 그를 트로이아인들에게 팔아넘기지 않겠다고 엄숙하게 맹세했다. 사실 그동안 그녀는 오직 헤카베에게만 속마음을 털어놓고 있었다. 대신 그가 무슨 계획을 갖고 있는지 알려 달라고 했다. 헬레네는 자신이

이제 트로이아의 포로일 뿐이라면서, 집으로 돌아가고 싶다고 했다. 바로 이때 헤카베가 방으로 들어왔다. 오뒷세우스는 즉시 그녀의 발밑에 매달려 두려움에 눈물을 흘리면서 자신 정체를 밖에 알리지 말아 달라고 간청했다. 놀랍게도 그녀는 그리 하겠다고 했다. 그는 헤카베의 안내를 받아 서둘러 빠져나왔고, 많은 정보를 가지고 무사히 친구들 곁으로 돌아왔다. 그러면서 성문을 지키는 트로이아 병사들을 수없이 죽였다고 떠벌였다.[13]

l. 어떤 이는 오뒷세우스가 이때 혼자 힘으로 팔라디온을 훔쳐 왔다고 전한다. 다른 이들은 아테나가 자신이 제일 아끼는 오뒷세우스와 디오메데스를 선택해 그 임무를 맡겼다고 전한다. 이들은 좁은 진흙투성이의 도랑 길을 통해 성채로 기어오른 다음, 잠들어 있는 보초병들을 죽이고 함께 조각상을 가져왔다. 이때 안테노르의 아내인 여사제 테아노가 자진해 이를 내주었다.[14] 그러나 일반적인 설명은 다음과 같다. 디오메데스는 준비한 사다리가 짧아 오뒷세우스의 어깨를 밟고 성벽을 기어올랐으며, 혼자 트로이아로 들어갔다. 그는 팔라디온을 품에 안고 되돌아 나왔고, 이 둘은 그리스 군영을 향해 출발했다. 보름달 아래 나란히 걷거나 뛰었다. 그런데 오뒷세우스는 공훈을 독차지하고 싶었다. 그는 일부러 디오메데스 뒤로 처졌다. 디오메데스는 끈으로 조각상을 묶어 어깨에 메고 있었다. 만약 칼 그림자가 디오메데스의 눈에 띄지 않았다면 오뒷세우스는 분명 그를 살해했을 것이다. 달이 아직 하늘에 낮게 걸려 있었던 것이다. 그는 돌아서 칼을 뽑아 오뒷세우스의 칼을 쳐냈고, 그의 손을 묶은 다음 발로 차고 주먹으로 때리면서 배 쪽으로 몰아갔다. 억지로 무슨 행동을 하고 있는 사람에게 종종 '디오메데스의 강요'라는 표현을 쓰는 것은 이 때문이다.[15]

m. 로마인들은 오뒷세우스와 디오메데스가 단지 공개 전시된 팔라디온 복제품을 가져왔을 뿐이라고 거짓으로 주장한다. 그러면서 아이네이아스

가 트로이아가 함락될 때 진품을 구해 냈으며, 남몰래 다른 신성한 물건과 함께 안전하게 이탈리아로 가져왔다고 덧붙인다.[16]

1] 아폴로도로스:『요약집』5. 8; 체체스:『뤼코프론에 관하여』911; 소포클레스:『필록테테스』1. ff.

2] 휘기누스:『신화집』102; 에우스타티오스:『호메로스에 관하여』330; 알렉산드리아의 헤파이스티온: 6., 포티오스의 인용 409; 필로스트라토스:『영웅담』5.

3] 알렉산드리아의 헤파이스티온: 5., 포티오스의 인용 486; 파우사니아스:『그리스 여행기』1. 22. 6.

4] 아폴로도로스: 같은 곳; 필로스트라토스: 같은 곳과『필록테테스』915. ff.와 1409 ff.

5] 오르페우스와 디오뉘시오스, 체체스의 인용:『뤼코프론에 관하여』911; 아폴로도로스: 같은 곳.

6] 체체스:『뤼코프론에 관하여』61-62; 64와 911; 레스케스:『소 일리아스』; 아폴로도로스:『비블리오테카』3. 12. 6.

7] 아폴로도로스:『요약집』5. 9; 체체스:『뤼코프론에 관하여』143과 168; 에우리피데스:『트로이아 여인들』955-960; 베르길리우스의『아이네이스』2. 166에 대한 세르비오스.

8] 아폴로도로스:『요약집』5. 9-10; 소포클레스:『필록테테스』606; 오르페우스, 체체스의 인용:『뤼코프론에 관하여』911; 딕튀스 크레텐시스: 4. 18.

9] 소포클레스:『필록테테스』1337-1342; 아폴로도로스: 같은 곳; 체체스: 같은 곳.

10] 아폴로도로스:『요약집』5. 11; 파우사니아스: 5. 13. 3; 호메로스:『오뒷세이아』11. 506 ff.; 필로스트라토스:『이미지들』2; 코인토스 스뮈르나이우스:『포스트-호메리카』6. 57-113과 7. 169-430; 로린슨:『트로이아의 파괴』; 레스케스: 같은 곳.

11] 호메로스의『오뒷세이아』11. 520에 대한 고전 주석자; 딕튀스 크레텐시스: 4. 14;『소 일리아스』, 파우사니아스의 인용: 3. 26. 7; 아폴로도로스:『요약집』5. 12.

12] 딕튀스 크레텐시스: 6. 22와 5. 8.

13] 에우리피데스:『헤카베』239-250; 호메로스:『오뒷세이아』4. 242 ff.; 레스케스: 같은 곳.

14] 아폴로도로스:『요약집』5. 13; 소포클레스:『글조각』367; 베르길리우스의『아이네이스』2. 166에 대한 세르비오스; 호메로스의『일리아스』6. 311에 대한 고전 주석자; 수이다스, '팔라디온' 항목; 요하네스 말랄라스:『연대기』5. 109, 딘도르프 편집; 딕튀스 크레텐시스: 5. 5와 8.

15] 코논:『이야기』34; 세르비오스: 같은 곳.

16] 할리카르낫소스의 디오뉘시오스:『고대 로마사』1. 68 ff.; 오비디우스:『로마의 축제들』6. 434.

*

1. 이 모든 이야기는 쓸데 없는 로맨스 또는 드라마일 뿐이다. 다만 팔라디온 도둑질, 오뒷세우스의 정체를 주위에 알리지 않은 헤카베의 이상한 행동(168. 5 참고), 발목에 입은 부상으로 인한 파리스의 죽음(92. 10; 126. 3; 164. j 참고)은 예외이다. 펠롭스의 어깨뼈는 아마도 참돌고래 엄니였을 것이다(109. 5 참고). 필록테테스와 관련한 여러 설명 가운데 필록테테스가 독으

로 죽었으며, 그것도 휘드라의 피를 적셨던 헤라클레스 화살의 독으로 그렇게 됐다는 것이 아마도 가장 오래된 설명일 것이다(162.1 참고).

2. 파우사니아스는 이렇게 전한다(5. 13. 3). "그리스인들이 트로이아에서 돌아올 때, 펠롭스의 어깨뼈를 가져오던 배가 폭풍을 만나 에우보이아 부근에서 가라앉았다. 여러 해가 지난 다음, 에레트리아의 어부인 다마르메노스('돛의 정복자')가 그물로 이 뼈를 끌어올렸다. 뼈가 너무나 컸기에, 어부는 이를 모래 속에 숨겨 놓고 델포이 신탁소를 찾아가 누구의 뼈인지, 또 이를 어떻게 해야 하는지 물었다. 앞서 아폴론은 엘리스 사절단이 역병을 물리칠 방법을 묻기 위해 같은 날 도착하도록 사전에 조정해 두었다. 여사제 퓌티아는 엘리스 사절단에 이렇게 답했다. '펠롭스의 어깨뼈를 다시 되찾으면 된다.' 어부한테는 이렇게 말했다. '그 뼈를 저 사절단에 주거라.' 엘리스인들은 어부에게 후한 대가를 주었을 뿐 아니라, 집안 대대로 그 뼈를 지키도록 했다. 내가 엘리스를 방문했을 때, 그 뼈는 더 이상 보이지 않았다. 오랜 세월이 흘렀고 바다 밑에 있었던 영향까지 겹쳐, 필시 예전에 썩어 없어졌을 것이다."

167
트로이아 목마

아테나 여신은 헤르메스의 아들인 프릴리스에게 영감을 줘 목마를 이용하면 트로이아 안으로 들어갈 수 있을 것이라는 제안을 내놓게 했다. 파노페우스의 아들로 파르낫소스 산에서 온 포키스 사람인 에페이오스가 자원해 아테나의 감독 아래 목마를 하나 만들었다. 물론 오뒷세우스는 나중에 이 계책이 모두 자기한테서 나왔다고 주장했다.[1]

b. 에페이오스는 그리스 본토 남동부의 퀴클라데스Cyclades에서 트로이아로 배 30척을 끌고 왔다. 그는 카르테아에 있는 아폴론 신전의 프리즈[1]에 나오는 것처럼, '아트레우스 가문'에서 물을 길어 나르는 직분을 맡았다. 그는 기량이 뛰어난 권투 선수이고, 신기에 가까운 기술의 장인이었지만, 타고난 겁쟁이였다. 이는 그의 아버지 잘못에 대해 신이 내린 벌이었다. 파노페우스는 암피트뤼온이 타피오스족한테서 빼앗은 전리품을 중간에서 빼먹지 않겠다고 아테나 여신의 이름으로 맹세하고도 이를 지키지 않았다. 에페이오스의 소심함은 속담에도 등장할 정도였다.[2]

---

1) 프리즈frieze: 그림이나 조각을 건축물이나 도기에 띠 모양으로 장식한 것.

c. 그는 전나무 널빤지로 거대하면서도 속이 빈 목마를 만들었다. 한쪽 옆구리에 작은 문을 달았고, 다른 쪽에는 이를 아테나에게 봉헌하는 커다란 글씨를 새겼다. "집으로 안전하게 돌아갈 것을 고대하며, 그리스인이 이 제물을 여신에게 바칩니다."[3] 오뒷세우스는 그리스 병사 가운데 가장 용감한 이들이 설득해, 완전 무장을 하고 밧줄 사다리로 올라가 작은 문을 통해 목마의 배 안으로 들어가도록 했다. 이들의 숫자는 여러 이야기가 있는데, 23, 또는 30 이상, 또는 50, 또는 터무니없게도 3,000명이라고 한다. 메넬라오스, 오뒷세우스, 디오메데스, 스테넬로스, 아카마스, 토아스, 네오프톨레모스가 이들과 함께했다. 달래고, 겁주고, 돈으로 꼬셔, 에페이오스도 거기 끼이게 했다. 그는 제일 마지막에 올라가 사다리를 끌어 올리고 문을 닫았다. 에페이오스 혼자만 문의 작동법을 알았기에, 그가 자물통 옆에 앉았다.[4]

d. 해가 떨어지고, 아가멤논 휘하의 그리스 병사들은 오뒷세우스의 지시에 따라 움직였다. 먼저 숙영지를 불태우고 바다로 나간 다음 저녁까지 테네도스 섬과 칼뤼드니아 제도에서 기다렸다. 오직 오뒷세우스의 친사촌이자 아우톨뤼코스의 손자인 시논만 병사들이 돌아올 때를 알리는 신호의 봉화를 위해 뒤에 남았다.[5]

e. 동이 트고 트로이아 정찰병들은 그리스 쪽 숙영지가 잿더미로 변했고 병사들이 해변에 거대한 목마만 남겨둔 채 떠나 버린 것을 확인했다. 이들의 보고를 받고 프리아모스와 그의 아들 몇몇은 함께 이를 확인하러 직접 나왔다. 의아해하면서 이를 지켜보고 서 있는데, 튀모이테스가 처음으로 침묵을 깼다. "이는 아테나 여신에게 바치는 선물이니, 트로이아로 가져가 성채에 끌어 올려 두는 건 어떻겠습니까?" 카퓌스는 소리를 질렀다. "절대로 그렇게 해서는 안 됩니다! 아테나 여신은 오래전부터 그리스 편입니다. 즉시 불에 태우거나, 깨뜨려 말의 배 안에 무엇이 들었는지 확인해 봐야

합니다." 그러나 프리아모스는 이렇게 선언했다. "튀모이테스가 옳다. 굴림판 위에 올려 도시로 끌어와야 한다. 누구도 아테나 여신의 것을 훼손해선 안 된다." 목마가 너무 커서 트로이아 성문을 통과할 수 없었다. 성벽을 깨뜨렸는데도 네 번이나 끼어서 꼼짝을 하지 않았다. 트로이아인들은 많은 고생 끝에 겨우 이를 성채로 끌어 올릴 수 있었다. 그래도 최소한 그들 뒤의 깨뜨린 성벽을 보수할 정도로는 조심했다. 캇산드라가 목마에는 무장한 병사들이 타고 있다고 공언함으로써 또 한 번 격론이 일었다. 더구나 안테노르의 아들인 예언자 라오코온도 똑같이 말했다. 일부에선 그를 앙키세스의 형제라 하지만 이는 잘못이다. 그는 이렇게 소리를 질렀다. "여러분은 모두 바보들이오! 그리스 사람은 선물을 준다고 해도 결코 믿어서는 안 됩니다!" 그가 창을 던져 목마의 옆구리를 맞추니 창이 떨려 목마 안에 있는 무기들이 서로 부딪치며 소리를 냈다. 환호와 함성이 일어났다. "불태워라! 성벽 너머로 던져버려라!" 그러나 프리아모스의 지지자들은 "그대로 두라!"고 외치며 이에 맞섰다.[6]

f. 논쟁은 시논이 도착하면서 중단됐다. 트로이아 병사 둘이 그를 묶어 데려온 것이다. 그는 심문을 받고 오뒷세우스가 오래전부터 자신을 죽이려 했다고 진술했다. 자기가 팔라메데스 살해의 비밀을 알고 있기 때문에 그랬다는 것이다. 그는 그리스 병사들이 진심으로 전쟁에 신물이 났고 몇 달 전부터 떠나려 했지만 나쁜 날씨가 그치질 않아 그동안 발이 묶여 있었다고 말했다. 그런데 아폴론이 그들에게, 아울리스 항구에서 늦어질 때 그렇게 했듯이, 이번에도 피로 바람의 신들을 달래야 한다고 충고했다고 전했다. "그 결과로," 시논은 말을 이었다. "칼카스를 앞으로 끌어내 제물로 바칠 사람이 누구인지 물었습니다. 칼카스는 답변을 피하더니 열흘 동안 두문불출했어요. 틀림없이 오뒷세우스가 그에게 뇌물을 주었을 것인데, 그는

이윽고 회의장에 나와 저를 지명했습니다. 자리에 있는 모든 사람들이 이 판정을 환영했습니다. 자신이 희생양으로 선택되지 않은 것에 안도했지요. 그리고 저에게는 족쇄가 채워졌습니다. 그러나 순풍이 일기 시작해 제 동료들은 서둘러 자기 배를 바다에 띄웠습니다. 이런 혼란 속에서 저는 겨우 탈출에 성공했습니다."

g. 프리아모스는 이런 속임수에 넘어가 시논을 탄원자로 받아들였으며 그의 족쇄도 풀어 주게 했다. 그는 친절하게 물었다. "이제 이 목마에 대해 말해 달라." 시논은 이렇게 설명했다. 그리스인들이 그동안 아테나 여신의 지원에 의지해 왔는데, 이제 여신이 이를 거둬 갔다. 오뒷세우스와 디오메데스가 자신의 신전에서 팔라디온을 훔쳐 갔기 때문이다. 이들이 그것을 군영으로 가져오자마자 신상은 세 번이나 불길에 휩싸였고 여신이 분노했다는 증거로 팔다리에서 땀이 흘렀다. 이에 칼카스는 아가멤논에게 지금은 집으로 돌아가고 좋은 조짐이 보일 때 그리스에서 새로 원정대를 꾸리자고 조언했다. 그러면서 아테나를 달래는 선물로 목마를 남겨 두기로 했다. 프리아모스는 물었다. "왜 저렇게 크게 지었느냐?" 시논은 오뒷세우스의 지시대로 이렇게 답했다. "트로이아인들이 도시로 가지고 들어가지 못하게 하려고 그렇게 했습니다. 칼카스가 예언하기를 만약 트로이아 사람들이 이 신상을 멸시한다면 아테나가 도시를 폐허로 만들 것이지만, 일단 이것이 트로이아 안으로 들어간다면 트로이아는 아시아의 모든 무력을 결집해 그리스를 침략하고 뮈케나이를 정복할 힘을 갖게 될 것이라 했습니다."[기]

h. "모두 거짓말입니다!" 라오코온은 소리를 질렀다. "들어보니 이는 모두 오뒷세우스가 지어낸 말인 것 같습니다. 프리아모스 왕이여, 그의 말을 믿지 마세요!" 그러면서 이렇게 덧붙였다. "부디, 왕이시여, 제가 포세이돈에게 황소를 제물로 바칠 수 있게 허락해 주십시오. 제가 돌아올 때, 이 목

마가 잿더미로 변해 있기를 간절히 희망합니다." 이 대목에서 트로이아인들이 9년 전에 포세이돈 사제를 돌로 쳐서 죽였으며, 전쟁이 끝날 때까지 그 자리를 비워 두기로 결정했다는 점을 짚어 둬야 한다. 이제 그들은 제비뽑기를 통해 포세이돈을 달랠 사람으로 라오코온을 뽑아 놓은 상태였다. 그런데 그는 이미 '튐브라이아의 아폴론'의 사제였으며, 독신 서약에도 불구하고 결혼하고 아이까지 낳음으로써 아폴론을 화나게 만들었다. 더구나 신상이 보는 데서 그의 아내 안티오페와 동침함으로써 신을 더욱 성나게 했다.[8]

i. 라오코온은 물러나 제물을 고르고 제단을 준비했다. 그러나 트로이아의 몰락이 다가오고 있음을 경고하고자 아폴론은 두 마리 거대한 바다뱀을 보냈다. 그 이름은 포르케스와 카리보이아 또는 쿠릿시아 또는 페리보이아로, 테네도스 섬과 칼뤼드니아 제도에서 트로이아로 쇄도해 왔다.[9]

이놈들은 쏜살같이 해변에 올라, 곧장 라오코온의 쌍둥이 아들 안티파스와 튐브라이오스의, 누구는 멜란토스라 하는데, 팔다리를 휘감아 으스러뜨려 죽였다. 라오코온이 쌍둥이를 구하러 달려왔지만, 그 자신마저도 비참하게 죽임을 당했다. 그런 다음 뱀은 성채 위로 미끄러져 올라갔고, 한 놈이 아테나의 발을 휘감는 동안 다른 놈은 그녀의 아이기스 뒤로 숨었다. 하지만 어떤 이는 라오코온의 아들 가운데 하나만 죽임을 당했으며, 포세이돈의 제단 옆이 아니라 '튐브라이아의 아폴론' 신전에서 죽었다고 전한다. 다른 이들은 라오코온은 죽음을 피했다고 전한다.[10]

j. 이런 끔찍한 징후로 트로이아인들은 시논이 진실을 말하고 있다고 확신했다. 프리아모스는 라오코온이 아폴론을 모욕해서 그런 게 아니라, 목마에 창을 던져서 벌을 받았다고 엉뚱하게 추정했다. 그는 즉시 목마를 아테나에게 바쳤고, 아이네이아스의 추종자들이 놀라 이다 산의 자기들 거처로 물러갔는데도 프리아모스의 거의 모든 트로이아인들은 잔치를 열어 떠들

썩하게 놀면서 승리를 축하했다. 여인들은 강기슭에서 꽃을 꺾어와 목마의 갈기에 화환을 씌우고 발굽 주변에는 장미를 카펫처럼 펼쳤다.[11]

k. 그러는 동안 목마의 배 안에서 그리스인들은 공포에 떨었다. 에페이오스는 공포에 완전히 사로잡혀 소리 죽여 눈물을 흘렸다. 오직 네오프톨레모스만 감정을 겉으로 드러내지 않았다. 라오코온이 던진 창의 창날이 널빤지를 뚫고 그의 머리 가까이 튀어나왔을 때조차도 흔들리지 않았다. 시간이 흘러 그는 지휘를 맡고 있는 오뒷세우스의 옆구리를 쿡 찌르면서 공격을 명령하라 재촉했다. 그러면서 자기는 긴 창과 칼을 단단히 움켜쥐었다. 그러나 오뒷세우스는 공격을 허락하지 않았다. 밤이 되자 헬레네가 궁전 밖으로 산책을 나와, 목마 주변을 세 차례 돌면서 그 옆구리를 쓰다듬었다. 그리고 함께 있던 데이포보스를 즐겁게 해주려는 것처럼 꾸미면서 그들의 아내 말투를 차례로 흉내 내 목마 속에 숨어 있는 그리스 병사들을 놀렸다. 메넬라오스와 디오메데스는 목마의 한가운데 오뒷세우스 옆에 쪼그리고 앉아 있었는데, 밖에서 자기 이름을 부르자 뛰쳐나가려 했다. 오뒷세우스가 이를 제지했다. 그리고 안티엘로스가 밖에서 부르는 소리에 대답을 하려는 것을 보고, 오뒷세우스가 손으로 그의 입을 틀어막았다. 누구는 그의 목을 졸라 죽였다고 전한다.[12]

l. 그날 밤 트로이아인들은 떠들썩한 잔치에 녹초가 돼 깊게 잠들었고, 개 짖는 소리조차 정적을 깨뜨리지 못했다. 그러나 헬레네는 잠들지 않았고, 그리스 병사들에게 보내는 신호로 자기 방에 불을 밝혔다. 한밤중, 그해의 일곱 번째 보름달이 뜨기 직전이었다. 시논은 도시에서 살금살금 빠져나와 아킬레우스의 무덤 위에서 봉홧불을 밝혔다. 안테노르는 횃불을 휘저었다.[13]

아가멤논은 배의 갑판 위 불통에 담아둔 소나무 부스러기에 불을 밝혀

이 신호들에 호응했다. 그의 배는 해변에서 화살을 쏴 닿는 거리의 서너 곱절밖에 떨어져 있지 않았다. 아가멤논의 신호에 전 함대가 해변으로 배를 몰았다. 안테노르는 조심스럽게 목마로 다가가 낮은 목소리로 모든 것이 양호하다고 보고했고, 오뒷세우스는 에페이오스에게 목마의 문을 열라고 명령했다.[4]

m. 포르테오스의 아들인 에키온이 제일 먼저 그냥 뛰어내리다 목이 부러져 죽었다. 나머지는 에페이오스가 마련한 밧줄 사다리를 타고 내려갔다. 일부는 도시 밖의 병사들을 들이려 성문을 열기 위해 뛰어갔고, 다른 이들은 성채와 궁전의 졸고 있는 보초병들을 칼로 베었다. 그러나 메넬라오스는 오직 헬레네만 생각했기에 그녀의 집으로 곧장 달려갔다.[5]

1) 휘기누스: 『신화집』 108; 체체스: 『뤼코프론에 관하여』 219 ff.; 아폴로도로스: 『요약집』 5. 14.

2) 에우리피데스: 『트로이아 여인들』 10; 딕튀스 크레텐시스: 1. 17; 스테시코로스, 호메로스에 대한 에우스타티오스에서 인용 1323; 아테나이오스: 『현자들의 식탁』 10. 457; 호메로스: 『일리아스』 23. 665; 체체스: 『뤼코프론에 관하여』 930; 헤쉬키오스, '에페이오스' 항목.

3) 호메로스: 『오뒷세이아』 8. 493; 아폴로도로스: 『요약집』 5. 14-15.

4) 체체스: 같은 곳과 『포스트호메리카』 641-650; 코인토스 스뮈르나이오스: 『포스트-호메리카』 12. 314-335; 아폴로도로스: 『요약집』 5. 14; 『소 일리아스』, 아폴로도로스의 인용: 같은 곳; 휘기누스: 같은 곳.

5) 아폴로도로스: 『요약집』 5. 14-15; 체체스: 『뤼코프론에 관하여』 344.

6) 베르길리우스: 『아이네이스』 2. 13-249; 레스케스: 『소 일리아스』; 체체스: 『뤼코프론에 관하여』 347; 아폴로도로스: 『요약집』 5. 16-17; 휘기누스: 『신화집』 135.

7) 베르길리우스: 같은 곳.

8) 에우포리온, 베르길리우스의 『아이네이스』 2. 201과 관련해 세르비오스가 인용; 휘기누스: 같은 곳; 베르길리우스: 같은 곳.

9) 아폴로도로스: 『요약집』 5. 18; 휘기누스: 같은 곳; 체체스: 같은 곳; 뤼시마코스, 베르길리우스의 『아이네이스』 2. 211에 대한 세르비오스의 인용.

10) 테산드로스, 베르길리우스의 『아이네이스』 같은 곳과 관련해 세르비오스가 인용; 휘기누스: 같은 곳; 코인토스 스뮈르나이오스: 『포스트-호메리카』 12. 444-497; 밀레토스의 아르크티노스: 『일리온의 함락』; 체체스: 같은 곳; 베르길리우스: 같은 곳.

11) 호메로스: 『오뒷세이아』 8. 504 ff.; 아폴로도로스: 『요약집』 5. 16-17; 밀레토스의 아르크티노스: 같은 곳; 레스케스: 같은 곳; 트뤼피오도로스: 『트로이아 함락』 316 ff.와 340-344.

12) 호메로스: 『오뒷세이아』 11. 523-532와 4. 271-289; 트뤼피오도로스: 『트로이아 함락』 463-490.

13) 트뤼피오도로스: 『트로이아 함락』 487-521; 베르길리우스의 『아이네이스』 2. 255에 대한 세르비오스; 레스케스: 같은 곳, 체체스의 인용: 『뤼코프론에 관하여』 344; 아폴로도로스: 『요약집』 5. 19.

14) 베르길리우스: 『아이네이스』 2, 256 ff.; 휘기누스: 『신화집』 108; 아폴로도로스: 『요약집』 5, 20; 체체스: 『뤼코프론에 관하여』 340.
15) 아폴로도로스: 같은 곳.

*

1. 고전기의 호메로스 주석자들은 목마 이야기가 불만스러웠다. 그들은 다른 의견을 다양하게 내놓았다. 그리스 병사들이 성벽을 깨기 위해 말 모양의 기구를 사용했다고 하거나(파우사니아스: 1. 23. 10), 안테노르가 말 그림이 그려진 뒷문을 통해 그리스 병사들을 트로이아로 들어오게 했다고 주장했다. 또는 말 표시를 사용해 어둠과 혼란 속에서 그리스 병사를 적들로부터 구분했다고도 하고, 또는 트로이아가 배반을 당했을 때 신탁이 말 표시가 그려진 집은 약탈하지 말라고 금지했고 이에 안테노르 등은 목숨을 부지했다고 전했다. 트로이아가 기병 작전으로 함락됐거나, 그리스 병사들이 자기 진지를 불태운 다음 힙피오스Hippius('말의') 산 뒤에 숨었다는 설명도 있다.

2. 전쟁에서는 바퀴 달린 목조탑을 이용해 트로이아에 공격을 퍼부었을 가능성이 아주 높다. 불화살에 대한 방비로 탑을 물에 적신 말가죽으로 덮었을 것이다. 이런 공격은 성벽에서 약하다고 소문이 난 쪽에 집중됐을 것이다. 아이아코스가 지었다는 서쪽 막벽 말이다(158. 8 참고). 그러나 이는 트로이아 전쟁의 장수들이 말의 '배' 안에 숨었다는 전설을 전혀 설명하지 못한다. 아마도 [호메로스의 시를 암송했던] 호메리다이Homeridae가 이제는 이해되지 않는 도상을 설명하기 위해 이런 이야기를 창작했을 것이다. 도상에는 성벽으로 둘러싸인 도시, 여왕, 엄숙한 집회, 그리고 신성한 왕이 머리를 앞으로 해서 암말에서 새로 태어나는 장면이 그려져 있었을 것이다. 암말

은 트로이아(48. 3 참고)뿐 아니라 아이아키다이Aeacidae(81. 4 참고)에게도 신성한 짐승이었다. 나무로 만든 암소가 미노스와 파시파에의 신성한 결혼식을 도왔듯이(88. e 참고), 이들은 전나무, 즉 탄생의 나무(51. 5 참고)로 만든 암말을 의식에 사용했을 수 있다. 오뒷세우스와 안티엘로스Antielus 사이의 대립은 아마도 자궁 안에서 다투는 쌍둥이를 보여 주는 도상에서 추론한 것은 아닐까(73. 2 참고)?

3. 라오코온의 아들, 또는 아들들 이야기는 헤라클레스가 목을 졸라 죽인 두 마리 뱀 이야기를 떠올리게 한다(119. 2 참고). 어떤 판본을 보면 이들의 죽음이 아폴론의 전당에서 일어났고, 라오코온 자신은 암피트뤼온과 같이 해를 입지 않고 탈출했다. 사실, 여기 뱀들은 그들에게 예언의 힘을 주려고 단순히 소년들의 귀를 닦아 주고 있었을 터이다. '안티파스'는 '예언자', 즉 신을 '대신해 말하는 사람'을 뜻하는 것으로 보인다.

4. 신들의 차원에서 보면 이번 전쟁은 트로이아의 바다 여신인 아프로디테와 그리스의 바다 남신 포세이돈 사이에 벌어진 셈이다(169. 1 참고). 이 때문에 프리아모스는 포세이돈의 사제들을 탄압했다.

5. 조각상이 땀을 흘린다는 이야기는 '트로이아 함락' 이후 계속 되풀이되는 소재였다. 로마의 신들은 나중에 이를 경고의 신호로 사용했고, 그 자리를 대신한 가톨릭 성인들도 그렇게 했다.

6. 초기 영웅담에 에페이오스는 용맹하기로 명성이 높아 역설적이게도 허풍쟁이한테 그의 이름이 붙었다. 허풍쟁이와 겁쟁이 사이는 한 걸음밖에 떨어져 있지 않다(88. 10 참고).

168
트로이아 약탈

　오뒷세우스는 저항하지 않는 자는 모두 살려 준다고 사전에 헤카베와 헬레네에게 약속을 한 것으로 보인다. 그러나 그리스 병사들은 달빛 비치는 거리로 조용히 쏟아져 들어가서 아무런 방비도 없는 집에 침입해 잠들어 있는 트로이아인들의 목울대를 끊었다. 헤카베는 딸들과 함께 '안뜰의 제우스'에게 바친 제단 옆 오래된 월계수나무 아래로 피신했다. 거기서 그녀는 프라이모스가 싸움판에 뛰어들지 못하도록 막았다. "왕이시여, 저희랑 같이 있으세요." 그녀는 애원했다. "여기는 안전합니다. 왕께서는 전투를 벌이기엔 너무 늙고 허약하세요." 프리아모스는 마지못해 아내의 말에 따랐다. 그런데 바로 이들의 눈앞에서 아들 폴리테스가 바짝 뒤쫓던 그리스 병사들에게 찔려 쓰러졌다.[1] 프리아모스는 아들에게 죽음의 일격을 날린 네오프톨레모스를 저주하면서 그에게 창을 던졌으나 아무 소용이 없었다. 그는 아들 폴리테스의 피로 흥건한 제단의 계단에서 질질 끌려 나왔고, 자기 궁전의 문지방에서 잔인하게 살해당했다. 네오프톨레모스는 자식의 의무를 기억하고 그의 주검을 시가이온 곳에 있는 아킬레우스의 무덤까지 끌고 갔다. 프리아모스는 거기에서 머리도 없이 땅에 묻히지도 못한 채 썩

어 갔다.[2]

b. 그러는 동안 오뒷세우스와 메넬라오스는 데이포보스의 집으로 향했다. 거기에서 다른 어느 전투보다 더 피비린내 나는 싸움이 벌어졌고, 아테나 여신의 도움이 있었기에 이길 수 있었다. 두 사람 가운데 누가 데이포보스를 죽였는지는 말이 엇갈린다. 심지어 누구는 헬레네 자신이 등 뒤에서 그에게 칼을 꽂았다고 전한다. 이 행동과 그녀의 드러난 맨가슴을 보고, 메넬라오스의 결심이 약해졌다. 그는 이전에 "그녀를 죽이고 말겠다!"고 맹세까지 했는데 금방 달라졌다. 그는 쥐었던 칼을 집어던지고 그녀를 안전한 배로 데리고 갔다. 데이포보스의 주검은 끔찍하게 짓이겨졌지만, 나중에 아이네이아스는 로이테이온 갑에 그를 위한 기념비를 세웠다.[3]

오뒷세우스는 안테노르의 아들 가운데 하나인 글라우코스가 그리스 병사 한 무리에게 붙잡힐 듯 쫓겨 거리 아래로 달아나는 것으로 봤다. 그는 이를 멈추게 했고, 동시에 글라우코스의 형제로 심하게 부상을 입은 헬리카온도 구출했다. 메넬라오스는 이와 별도로 안테노르의 집 대문에 표범 가죽을 걸어 두었다. 이 집은 살려 두라는 표시였다.[4] 안테노르와 그의 아내 테아노, 그리고 네 아들은 자기네 물건을 챙겨 자유롭게 떠나도록 해주었다. 며칠 뒤 이들은 메넬라오스의 배를 타고 떠났으며, 처음 퀴레네를 찾았다가 트라케로 옮겨 갔고 마지막으로 아드리아 해의 헤네티카에 정착했다.[5] 헤네티카라는 이름은 안테노르가 파플라고니아의 에네테 난민을 이끌었던 데서 비롯됐다. 앞서 에네테의 퓔라이메네스 왕은 트로이아 전쟁에서 죽었다. 그는 이들을 이끌고 북부 이탈리아 평원의 에우가네이족과 전쟁을 벌여 승리했다. 이들이 상륙한 항구와 주변 지역은 '신 트로이아'라는 이름이 붙었으며, 이들은 오늘날 베네치아인으로 알려져 있다. 안테노르는 또 파두아 시도 건설했다고 전해진다.[6]

c. 로마인들의 설명으로, 그리스 병사들은 안테노르 가문 외에 또 한 가문도 살려 두었는데, 바로 아이네이아스 집안이다. 앞서 그도 안테노르와 마찬가지로 헬레네를 넘겨주고 정의로운 평화 협정을 체결해야 한다고 강하게 주장했다. 아가멤논은 그가 덕망 있는 앙키세스를 어깨에 짊어지고 옆을 보지 않고 오직 다르다니아 성문을 향해 달려가는 것으로 보고, 저렇게 효성스러운 아들은 괴롭히지 말라고 명했다. 하지만 어떤 이는 도시가 함락될 때 아이네이아스는 프뤼기아에 가 있었다고 전한다.⁷⁾ 다른 이들은 그가 마지막까지 트로이아 방어 전쟁을 펼쳤고, 페르가모스의 성채로 물러나 두 번째로 용맹하게 맞섰다고 전한다. 그러고 나서 그는 야음을 틈타 자기 부하들을 먼저 이다 산으로 보내고, 자신은 가족들과 재물, 그리고 신성한 조각상을 챙겨 이들을 따라갔다. 그는 그리스인 쪽에서 제시한 좋은 조건에 따라 트라케의 펠레네로 이주했으며, 거기에서 또는 아르카디아의 오르코메노스에서 죽었다. 그러나 로마인들은 그가 여기저기를 방랑하다 마침내 라티움에 이르렀고, 라비니움 시를 건설했다고 주장한다. 그리고 전장에서 죽어 천상으로 갔다고 덧붙인다. 이것들은 모두 꾸며 낸 이야기일 뿐이다. 진실은 네오프톨레모스가 그리스의 가장 영예로운 전리품으로서 그를 포로로 삼아 자기 배에 태워 갔다는 것이다. 몸값을 받고자 함이었고, 시간이 흐른 뒤 다르다니아인들이 몸값을 치렀다.⁸⁾

d. 헬리카온의 아내 라오디케는, 누구는 텔레포스의 아내가 그렇게 했다고 하지만, 아테나이의 아카마스와 동침한 적이 있다. 그가 10년 전 디오메데스의 사절로 트로이아로 왔을 때였다. 그녀는 남몰래 무니토스라는 아들을 낳았고, 헬레네의 여자 노예 아이트라가 아이를 키웠다. 아이트라는 테세우스의 어머니이고, 따라서 아기의 증조할머니가 되는 셈이다. 트로이아가 함락될 때 라오디케는 트로스의 성역에 있는 킬라와 무닙포스의 무덤

옆에 서 있었는데, 갑자기 땅이 입을 딱 벌리더니 사람들이 지켜보는 앞에서 그녀를 그냥 집어삼켰다.[9]

e. 아이트라는 혼란 속에서 무니토스와 함께 그리스 군영으로 달아났다. 거기에 아카마스와 데모폰은 그녀가 자신들이 오래전에 잃어버린 할머니라는 것을 금방 알아봤다. 앞서 이들은 싸워서 할머니를 구출하거나 몸값을 내서 구해 내겠다고 맹세한 바 있다. 데모폰은 즉시 아가멤논에게 달려가 그녀를 포로인 페이리토오스의 누이와 함께 본국으로 돌려보낼 수 있게 해달라고 요청했다. 아테나이의 메네스테우스가 이들의 간청에 힘을 보탰으며 헬레네도 아이트라를 미워했기에 아가멤논은 이를 허락했다. 헬레네는 종종 그녀의 머리 위에 발을 올려놓거나 머리채를 끌어당길 정도로 그녀를 싫어했다. 그런데 아가멤논은 그렇게 하려면 데모폰과 아카마스가 다른 전리품은 포기해야 한다는 조건을 달았다. 불행하게도 아카마스가 집으로 가는 뱃길에 트라케에 상륙했을 때 그가 데려가던 무니토스는 뱀에 물려 죽었다.[10]

f. 트로이아에서 학살이 시작되자마자 캇산드라는 아테나 신전으로 달아나 도둑맞은 팔라디온을 대신하고 있던 나무 신상을 끌어안았다. 작은 아이아스가 그녀를 찾아내 끌어내려 했지만, 그녀는 신상을 단단히 껴안고 놓지 않았다. 이에 어쩔 수 없이 그녀를 신상과 함께 끌고 나와야 했다. 그는 그녀를 첩으로 삼았다. 모든 트로이아 여인들이 이렇게 첩으로 끌려가는 운명이었다. 그런데 아가멤논은 자신의 무훈에 대한 특별한 보상으로 캇산드라를 원했고, 오뒷세우스는 그를 돕고자 아이아스가 전당에서 캇산드라를 겁탈했다는 말을 퍼뜨렸다. 이 때문에 신상의 눈동자가 공포에 질린 듯이 하늘을 향해 올라가 있다고 했다.[11] 이렇게 해서 캇산드라는 아가멤논의 차지가 됐고, 반면 아이아스는 모든 병사들의 미움을 받게 됐다. 나중에 그리스 병사들이 출항할 때, 칼카스는 지휘자 회의에서 아테나의 여

사제를 욕보인 것에 대해 여신을 달래야 한다고 경고했다. 오뒷세우스는 아가멤논을 기쁘게 해주려 아이아스를 돌로 쳐 죽일 것을 제안했다. 그러나 그는 아테나의 제단에 있는 성역으로 달아남으로써 위기를 모면했고, 그는 거기서 오뒷세우스가 평소와 같이 거짓말을 하고 있다고 엄숙히 맹세했다. 더구나 캇산드라 자신도 강간을 당했다고 하지 않았다. 그래도 칼카스의 예언을 무시할 수는 없었다. 아이아스는 이에 강제로 신상을 가져온 것에 대해 깊이 후회하고 있다면서 스스로 속죄하겠다고 나섰다. 그러나 죽음이 그의 길을 가로막았다. 그가 탄 배가 그리스로 돌아가는 길에 귀라이아 바위에서 난파했다. 그는 헤엄쳐 간신히 해변 앞까지 갔지만, 포세이돈이 삼지창으로 바위를 쪼개는 바람에 익사하고 말았다. 누구는 아테나가 제우스한테서 빌린 벼락으로 내리쳐 그를 죽였다고 전한다. 테티스는 뮈코노스 섬에 그의 주검을 묻어 주었으며, 그를 아끼는 동포들은 1년 내내 검은 옷을 입었다. 지금도 매년 선물을 가득 실은 배를 검정색 돛을 달아 바다에 띄운 다음에 불에 태워 그를 기린다.[12]

g. 아테나의 분노는 그다음으로 오푼티아 로크리스의 땅을 향했다. 델포이 신탁은 아이아스가 다스리던 신민들에게 앞으로 1,000년 동안 매년 두 소녀를 트로이아로 보내지 않는다면 기아와 역병에서 벗어나지 못할 것이라고 경고했다. 로크리스의 '백 개의 가문'은 이후 자기네의 고귀함을 보여주기 위해 이 짐을 짊어져 왔다. 먼저 제비뽑기로 소녀를 선택한 다음, 한밤중에 몰래, 그것도 매번 계절을 달리해 로이테이온의 돌출부에 소녀들을 상륙시켰다. 거기 지리를 잘 알고 아테나의 성역까지 이들을 몰래 데려갈 수 있는 친척들이 소녀들과 함께 갔다. 만약 트로이아인들이 이 소녀들을 잡으면, 돌로 쳐서 죽였다. 자기 땅을 더럽혔다 하여 주검을 불에 태우고 재를 바다에 뿌렸다. 그러나 일단 전당 안으로 들어가면 이들은 안전했

다. 소녀들은 머리를 깎고, 노예의 옷 한 벌을 받고, 다음 두 소녀가 와서 교대해 줄 때까지 신전의 천한 일로 하루하루를 보냈다. 여러 해 전에 트라리아인들이 트로이아를 함락하고 바로 그 신전 안에서 로크리스 여사제를 죽인 일이 있었다. 이에 로크리스인들은 자신들의 오랜 속죄를 이제는 끝내도 된다고 결정하고 더 이상 소녀들을 보내지 않았다. 그러나 기아와 역병이 찾아왔고, 이에 그들은 서둘러 오래된 관습을 재개했다. 속죄의 기간은 이제야 끝나가고 있다. 소녀들은 이제 지하 통로를 통해 아테나의 성역으로 들어간다. 통로의 비밀 입구는 성벽에서 멀리 떨어져 있으며, 반대편 끝은 오뒷세우스와 디오메데스가 팔라디온을 훔칠 때 사용했던 진흙투성이 도랑길로 이어진다. 트로이아인들은 어떻게 소녀들이 성역에 들어갈 수 있는지 전혀 모른다. 교대조가 어느 날 밤에 도착할지도 새까맣게 모른다. 이에 우연이 아니라면 소녀들이 잡히는 일은 거의 일어나지 않는다.[13]

h. 아가멤논의 부하들은 트로이아인들을 학살하고 약탈하고 불태웠다. 약탈품을 나누어 가지고, 흔적만 겨우 남을 정도로 성벽도 완전히 파괴했다. 그리고 신들에게 전번제를 올렸다. 지휘자 회의에서는 아직 아기에 불과한 헥토르의 아들 아스튀아낙스 혹은 스카만드리오스를 어떻게 할지 잠시 동안 논쟁이 벌어졌다. 오뒷세우스가 프리아모스 후손들에 대한 체계적인 절멸을 제안하자, 칼가스가 만약 아이를 살려두면 그가 자신의 부모와 고향 도시의 복수에 성공할 것이라고 예언함으로써 소년의 운명을 결정지었다. 모두 아기 살해에 나서기를 꺼렸지만, 오뒷세우스는 기꺼이 나서 성벽 위에서 아래로 던졌다.[14] 그러나 어떤 이는 네오프톨레모스가 죽은 헥토르의 아내 안드로마케의 품에서 아이를 낚아채 한쪽 다리를 잡고 머리 위로 빙빙 돌리다가 저 아래 바위로 내팽개쳤다고 전한다. 지휘자 회의의 결정을 미리 내다보고 그런 것이다. 앞서 안드로마케는 전리품 분배에서 네

오프톨레모스의 몫으로 떨어졌다.[15] 다른 이들은 오뒷세우스가 칼카스의 예언을 들려주고 신들에게 잔인한 의례를 허락해 달라 기도하는 모습을 보이자 아스튀아낙스가 스스로 성벽에서 뛰어내렸다고 전한다.[16]

i. 지휘자 회의는 폴뤽세네의 운명을 두고 논의했다. 아킬레우스는 죽으면서 그녀를 자기 무덤 위에서 제물로 바쳐 달라 요청한 바 있다. 최근에는 네오프톨레모스와 다른 장수들의 꿈에 나타나 자신의 요구를 들어주지 않으면 역풍을 일으켜 함대를 트로이아에 묶어 둘 것이라 위협하기도 했다. 무덤에서 불평하는 목소리까지 들려왔다. "나한테 전리품이 하나도 없는 건 불공평하다!" 그리고 황금 갑옷을 입은 혼령이 로이테이온의 돌출부에 나타나 소리를 질렀다. "그리스 병사들이여, 어디로 가는가? 내 무덤은 아무런 영예도 받지 못하고 쓸쓸히 버려져 있다."[17]

j. 칼카스는 이제 폴뤽세네를 아킬레우스에게 주지 않으면 안 된다고 선언했다. 그가 그녀를 사랑하기 때문이라고 했다. 그러나 아가멤논은 이미 피는 충분히 흘렸다면서 동의하지 않았다. 전사뿐 아니라 늙은이와 어린아이까지 아킬레우스의 복수를 위해 너무 많이 죽었다고 했다. 그리고 아무리 유명하다 하더라도, 죽은 사람은 살아 있는 여인에 대한 권리를 즐길 수 없다고 주장했다. 그런데 데모폰과 아카마스는 전리품 분배에서 자기네 정당한 몫을 제대로 받지 못해 불만이 컸다. 이들은 아가멤논이 오직 폴뤽세네의 언니 캇산드라의 기분에 맞춰 주려고, 그래서 그녀가 더 기꺼이 자신의 품에 안기도록 하려고 저렇게 말한다고 시끄럽게 떠들었다. 이들은 물었다. "어느 쪽이 더 존중받아야 합니까? 아킬레우스의 칼입니까, 캇산드라의 침대입니까?" 감정이 고조되자, 오뒷세우스가 끼어들어 아가멤논에게 양보하라고 설득했다.[18]

k. 지휘자 회의는 이에 오뒷세우스에게 폴뤽세네를 데려오라고 지시하

고, 네오프톨레모스를 불러 사제의 직무를 수행하도록 했다. 그녀는 모든 병사들이 지켜보는 가운데 아킬레우스의 무덤 위에서 제물로 바쳐졌다. 그리고 병사들은 서둘러 그녀를 영예로운 장례식과 함께 땅에 묻었다. 그러자 즉시 순풍이 일기 시작했다.[19] 그러나 어떤 이들은 그리스 함대가 이미 트라케에 도착한 다음에 아킬레우스의 혼령이 나타나 역풍을 불게 하겠다면서 위협했으며, 폴뤽세네도 거기서 제물로 바쳐졌다고 전한다.[20] 다른 이들은 그녀가 트로이아가 함락되기 전에 자진해서 아킬레우스의 무덤으로 갔다고 기록했다. 거기서 칼끝에 몸을 던졌고, 그럼으로써 그에게 지은 죄를 갚았다고 했다.[21]

l. 프리아모스는 라오토에를 통해 폴뤼도로스라는 아들을 두었는데, 막내인 데다 그가 가장 사랑하는 자식이었다. 아킬레우스가 이 아이를 죽였지만, 같은 이름의 다른 왕자는 살아남았다. 이 아이는 프리아모스가 헤카베를 통해 얻은 아들로, 안전을 위해 트라케의 케르소네소스로 보내졌기 때문이다. 아이는 거기서 폴륌네스토르 왕의 아내이자 아이의 고모인 일리오나의 손에 자랐다. 일리오나는 폴뤼도로스를 친자식인 것처럼 해서 폴륌네스토르와 낳은 데이필로스의 형제로 키웠다. 그런데 아가멤논은 오뒷세우스의 프리아모스 가문 절멸 정책에 따라 폴륌네스토르 왕에게 사자를 보내 폴뤼도로스를 없애 준다면 황금 지참금과 함께 엘렉트라를 아내로 주겠다고 약속했다. 폴륌네스토르는 뇌물의 유혹에 넘어갔지만, 보호를 맹세했던 아이를 직접 죽일 수는 없었다. 이에 그는 사자가 보는 앞에서 자기 아들 데이필로스를 대신 죽였고, 사자는 그렇게 속아서 돌아갔다. 폴뤼도로스는 자신의 출생의 비밀을 몰랐지만, 자기 때문에 일리오나가 폴륌네스토르와 소원해졌음을 알아챘다. 이에 그는 델포이로 가서 여사제 퓌티아에게 물었다. "무엇 때문에 저희 부모님이 괴로워하시나요?" 여사제는 답했다.

"그런 사소한 질문을 하러 온 것을 보니, 너의 도시는 잿더미가 되고, 너의 아버지는 잔인하게 살해당하고, 너의 어머니는 노예가 된 것을 모르는 모양이구나?" 그는 키워 준 부모가 죽었다는 말로 생각해 급히 트라케로 되돌아갔지만, 보모와 도시는 멀쩡했다. "아폴론 신도 실수를 하는가 봐요?" 그는 의아할 뿐이었다. 일리오나는 진실을 얘기해 주었고, 그는 폴륌네스토르가 황금과 또 다른 여왕을 준다는 약속에 자기 외아들을 죽였다는 것에 분개했다. 이에 폴륌네스토르의 눈을 멀게 한 다음 찔러 죽였다.[22]

m. 다른 이들은 폴륌네스토르가 폴뤼도로스를 내놓지 않는다면 무자비한 침공을 받게 될 것이라는 그리스인들의 위협에 굴복했다고 전한다. 그리스인들은 소년을 자기 군영으로 데려가 아이를 헬레네와 맞교환하자고 트로이아에 제안했다. 프리아모스가 이를 거부하자, 아가멤논은 소년을 트로이아 성벽 아래서 돌을 던져 죽이도록 했다. 그리고 소년의 주검을 이런 전갈과 함께 헬레네에게 보냈다. "이를 프리아모스에게 보여 주시오. 그에게 자신의 결정을 후회하지 않는지 물어보시오." 이는 원한만 낳을 잔인한 행동이었다. 프리아모스는 헬레네가 아프로디테의 보호 아래 있는 동안 결코 그녀를 내주지 않겠다고 굳게 서약했기 때문이다. 더구나 그는 부유한 안탄드로스 시를 폴뤼도로스의 몸값으로 내줄 준비까지 하고 있었다.[23]

n. 오뒷세우스는 전리품으로 헤카베를 얻었고, 그녀를 트라케의 케르소네소스로 데려갔다. 그녀는 거기에서 오뒷세우스와 다른 그리스인들이 야만적일 뿐 아니라 신의를 밥 먹듯 깬다고 거침없이 맹렬히 비난했다. 그리스인들은 헤카베를 죽이는 것 외에는 다른 방법이 없었다. 그녀의 정령은 헤카테를 따라다니는 무서운 검정 암캐의 모습으로 바다로 뛰어들어 헬레스폰토스를 향해 헤엄쳐 멀어져 갔다. 이에 그녀를 묻은 곳을 '암캐 무덤'이라 부른다.[24] 다른 판본을 보면 헤카베는 폴뤽세네가 제물로 바쳐진 다음

에 해안가로 밀려온 폴뤼도로스의 주검을 발견했다. 자식 교육의 비용으로 프리아모스가 준 황금을 차지하려 폴륌네스토르가 아이를 죽인 것이다. 그녀는 트로이아의 폐허 밑에 숨겨 둔 보물의 비밀을 알려 주겠다면서 폴륌네스토르를 불렀다. 그가 두 아들과 함께 찾아오자, 가슴에서 단검을 꺼내 두 아들을 찔러 죽이고 폴륌네스토르의 눈을 도려냈다. 아가멤논은 노령에 큰 불행까지 겪었다는 이유로 그녀를 용서했다. 트라케의 귀족들은 화살과 돌로 헤카베에게 복수하려 했지만, 그녀가 마이라라는 이름의 암캐로 변신해 이리저리 뛰면서 기분 나쁘게 긴 소리로 울어대자 당황해 물러갔다.[25]

o. 어떤 이는 안테노르가 예전 트로이아의 폐허 위에 새로운 트로이아 왕국을 건설했다고 전한다. 다른 이들은 아스튀아낙스가 살아남아 그리스인들이 떠난 다음 트로이아의 왕이 됐다고 한다. 그가 안테노르와 그의 동맹들에게 쫓겨났을 때 아이네이아스가 그를 다시 왕좌에 앉혔다. 하지만 결국 예언에 나온 대로 아이네이아스의 아들인 아스카니오스가 그의 뒤를 이었다. 어찌 됐든 트로이아는 이후 예전 영화로운 시절의 그림자로 남았을 뿐이다.[26]

1] 아폴로도로스: 『요약집』 5. 21; 에우리피데스: 『헤카베』 23; 베르길리우스: 『아이네이스』 2. 506-557.

2] 레스케스: 『소 일리아스』, 파우사니아스의 인용: 10. 27. 1; 베르길리우스: 같은 곳; 아폴로도로스: 같은 곳; 에우리피데스: 『트로이아 여인들』 16-17.

3] 호메로스: 『오뒷세이아』 8. 517-520; 아폴로도로스: 『요약집』 5. 22; 휘기누스: 『신화집』 240; 파우사니아스: 『그리스 여행기』 5. 18. 1; 레스케스: 『소 일리아스』, 아리스토파네스의 『뤼시스트라타』 155와 관련해 고전 주석자가 인용; 베르길리우스: 『아이네이스』 6. 494 ff.; 딕튀스 크레텐시스: 5. 12.

4] 아폴로도로스: 『요약집』 5. 21; 호메로스: 『일리아스』 3. 123; 레스케스: 『소 일리아스』, 파우사니아스의 인용: 10. 26. 3; 베르길리우스의 『아이네이스』 1. 246에 대한 세르비오스; 소포클레스: 『트로이아 함락』, 스트라본의 인용: 13. 1. 53.

5] 파우사니아스: 10. 27. 2; 핀다로스: 『퓌티아 제전 송가』 5. 82 ff.; 베르길리우스의 『아이네이스』 1. 246에 대한 세르비오스; 스트라본: 『지리학』 13. 1. 53.

6] 리비우스: 『로마 건국사』 1. 1; 베르길리우스의 『아이네이스』 1. 246에 대한 세르비오스.

7] 리비우스: 같은 곳; 아폴로도로스: 『요약집』 5. 21; 할리카르낫소스의 디오뉘시오스: 『고대 로마사』 1. 48.

8] 할리카르낫소스의 디오뉘시오스: 1. 48, 49, 64; 아일리아노스: 『다양한 역사』 3. 22; 휘기누스: 『신화집』 254; 스트라본: 13. 608; 파우사니아스: 8. 12. 5; 베르길리우스: 『아이네이스』, 여러 곳; 플루타르코스: 『로물루스』 3; 리비우스: 『로마 건국사』 1. 2;; 레스케스: 『소 일리아스』, 체체스의 인용: 『뤼코프론에 관하여』 1268.

9] 휘기누스: 『신화집』 101; 호메로스: 『일리아스』 3. 123-124; 체체스: 『뤼코프론에 관하여』 495 ff.와 314; 아폴로도로스: 『요약집』 5. 23.

10] 에우리피데스의 『트로이아 여인들』 31에 대한 고전 주석자; 아폴로도로스: 『요약집』 5. 22; 레스케스: 『소 일리아스』, 파우사니아스의 인용: 10. 25. 3; 휘기누스: 『신화집』 243; 파우사니아스: 5. 19. 1; 디온 크뤼소토모스: 『연설』 11. 1. 179, 딘도르프 편집; 체체스: 『뤼코프론에 관하여』 495; 파르테니오스: 『에로티카』 16.

11] 밀레토스의 아르크티노스: 『일리온의 함락』; 베르길리우스: 『아이네이스』 2. 406; 아폴로도로스: 같은 곳; 호메로스의 『일리아스』 13. 66에 대한 고전 주석자.

12] 체체스: 『뤼코프론에 관하여』 365; 아폴로도로스: 『요약집』 5. 23; 파우사니아스: 10. 31. 1; 1. 15. 3과 10. 26. 1; 호메로스: 『오뒷세이아』 4. 99.

13] 휘기누스: 『신화집』 116; 호메로스의 『일리아스』 13. 66에 대한 고전 주석자; 뤼코프론: 1141-1173, 체체스의 '주석'과 함께; 폴뤼비오스: 12. 5; 플루타르코스: 『신들의 복수가 늦는 이유』 12; 스트라본: 13. 1. 40; 아일리아노스: 『다양한 역사』, 글조각 47; 아이네이아스 탁티코스: 31. 24.

14] 호메로스: 『일리아스』 6. 402; 아폴로도로스: 같은 곳; 에우리피데스: 『트로이아 여인들』 719 ff.; 휘기누스: 『신화집』 109; 베르길리우스의 『아이네이스』 2. 457에 대한 세르비오스; 트뤼피오도로스: 『트로이아 함락』 644-646.

15] 아폴로도로스: 같은 곳; 레스케스: 『소 일리아스』, 체체스의 인용: 『뤼코프론에 관하여』 1268; 파우사니아스: 10. 25. 4.

16] 세네카: 『트로아데스』 524 ff.와 1063 ff.

17] 베르길리우스의 『아이네이스』 3. 322에 대한 세르비오스; 체체스: 『뤼코프론에 관하여』 323; 코인토스 스뮈르나이우스: 『포스트-호메리카』 14. 210-328; 에우리피데스: 『헤카베』 107 ff.

18] 베르길리우스의 『아이네이스』에 대한 세르비오스: 같은 곳; 에우리피데스: 같은 곳.

19] 에우리피데스: 『헤카베』 218 ff.와 521-582.

20] 오비디우스: 『변신 이야기』 13. 439 ff.; 파우사니아스: 10. 25. 4.

21] 필로스트라토스: 『영웅담』 19. 11.

22] 호메로스: 『일리아스』 22. 48과 20. 407 ff.; 휘기누스: 같은 곳과 240.

23] 딕튀스 크레텐시스: 2. 18, 22, 27; 베르길리우스의 『아이네이스』 3. 6에 대한 세르비오스.

24] 아폴로도로스: 같은 곳; 휘기누스: 『신화집』 111; 딕튀스 크레텐시스: 5. 16; 체체스: 『뤼코프론에 관하여』 1176.

25] 에우리피데스: 『헤카베』; 오비디우스: 『변신 이야기』 13. 536 ff.

26] 딕튀스 크레텐시스: 5. 17; 아바스, 베르길리우스의 『아이네이스』 9. 264와 관련해 세르비오스가 인용; 리비우스: 1. 1.

*

1. 오뒷세우스가 안테노르Antenor와 칼카스와 같은 변절자를 사려 깊게 대우하는 대목은 정직한 동료인 팔라메데스와 큰 아이아스, 디오메데스를 배신하는 장면과 뚜렷한 대조를 이룬다. 그의 태도는 또한 아스튀아낙스

와 폴뤼도로스, 폴뤽세네를 야만적으로 다루는 장면과 역시 뚜렷하게 대조된다. 율리우스 카이사르와 아우구스투스가 자신들을 아이네이아스의 혈통이라 주장했기 때문에, 그 속에 들어 있는 풍자적 의미가 현대의 독자들에게 전달되지 못하게 된 것이다. 사실 아이네이아스도 오뒷세우스가 살려 보낸 또 다른 배반자에 불과했지만, 로마에서는 경건함과 효성의 본보기로 통했다. 헤카베가 오뒷세우스와 그의 동료들을 비난해 망신을 주었다고 했는데, 그 정확한 표현이 전해지지 않는 게 안타깝다. 이는 호메로스의 진짜 감정을 표현한 것임에 틀림없다. 그녀가 크레테의 헤카테인 마이라 또는 바다 암캐 스퀼라로 변신했다(16. 2; 91. 2; 170. t 참고)는 대목은 호메로스가 그녀의 악담이 타당하다고 생각했음을 암시한다. 야만과 거짓 위에 건설된 왕국은 결코 번영할 수 없다는 것이다. 마이라는 하늘에 있는 스퀼라의 표상으로 작은개자리를 지칭했다. 이 별이 뜨면 앗티케의 마라톤에서 인간 제물을 바쳤다. 가장 유명한 희생자는 이카리오스 왕이었다(79. 1 참고). 오뒷세우스는 그의 딸과 결혼했으며, 원래 신화에서는 오뒷세우스도 그와 같은 운명이었을 터이다(159. b 참고).

2. 로크리스 소녀들 이야기는 진짜임이 잘 증명돼 있지만, 그리스 역사에서 가장 이상한 대목 가운데 하나다. 작은 아이아스가 캇산드라를 겁탈했다는 주장은 평판 높은 신화학자들이 오뒷세우스의 거짓말로 일축해 버렸다. 로크리스 소녀들은 속죄 때문이 아니라 시민적 긍지를 갖고 트로이아로 간 것이 분명하다. 아이네이아스 탁티코스의 설명을 신뢰한다면, 원래 트로이아인들이 먼저 이들을 쫓아내려 했다. 참고로 탁티코스는 도시에 비밀 출입구를 만들 때 어떤 위험이 따르는지 논의하면서 이 이야기를 들려주었다. 이런 설명은 소녀들이 들어가다 붙잡히면 "이 땅을 더럽히는 존재"로, 어떻게든 들어가면 노예로 취급했다는 이야기와 매끄럽게 연결된다. 작

은 아이아스는 로크리스의 오일레우스Oileus의 아들로, 아가멤논이 죽인 트로이아 전사도 그 이름을 갖고 있다(『일리아스』 11. 9. 3). 이 이름은 '일로스Ilus'의 초기 형태이며, 로크리스인들, 즉 헬레네스 도래 이전의 렐레게스족Leleges은 예전에 프리아모스의 일리온Ilium의 일부를 식민지로 삼았던 것으로 보인다(아리스토텔레스: 『글조각』 560; 할리카르낫소스의 디오뉘시오스: 1. 17; 스트라본: 13. 1. 3과 3. 3). 이들은 그때까지 퀴메Cyme라 불리던 산에 로크리스의 파리코네스Phricones 산 이름을 붙였으며, 아테나 여신에게 할당된 인원을 여사제로 보내는 권리를 대대로 누렸다(158. 8 참고). 이들은 트로이아 전쟁이 끝나고 한참 뒤까지 이런 권리를 행사했다. 도시는 이제 정치적 영향력을 잃었으며, 단순히 감상적인 순례 장소에 불과한 곳이 됐지만 계속 여사제를 보낸 것이다. 당연히 트로이아인들은 이를 지극히 혐오했고, 소녀들을 타고난 적으로 여겼다.

3. 1,000년 동안 효력이 유지될 것이라는 저주는 기원전 264년에 끝났다. 이는 델로스 섬에서 (따라서 호메로스가) 트로이아 전쟁이 일어났다고 적시한 시점과 부합한다. 에라토스테네스가 이를 100년 뒤라고 계산한 것은 잠시 접어 두자. 오뒷세우스의 비밀 도랑이 트로이아 유적에서 최근 발견됐고, 월터 리프Walter Leaf는 『트로이아: 지리적 차원의 호메로스 연구*Troy: A Study in Homeric Geography*』(1912, 126-144쪽)에서 이를 자세히 묘사하고 있다. 그런데 테아노Theano는 왜 반역자traitress가 돼 팔라디온을 선선히 내주었을까? 아마도 그녀가 로크리스 사람이었기 때문일 것이다. 테아노는 에피제퓌로스의 로크리스의 유명한 여류 시인의 이름이기도 하다. 그녀는 프리아모스의 반 로크리스 무역 정책에 동의하지 않았거나, 또는 트로이아가 함락될 것임을 알았기에 조각상이 아가멤논에게 약탈당하지 않도록 안전한 곳으로 옮기려 했다. 호메로스는 그녀를 트라케의 킷세오스의 딸이라고 했

는데, 트라케에는 압데라라는 로크리스 식민지가 있었다(130. c 참고). 하지만 테아노는 로크리스인이었기에 모계 쪽으로 혈통을 따졌을 터이며(폴뤼비오스: 12. 5. 6), 아마도 성姓은 아테나 여신을 기려 킷세이스Cisseis('담쟁이덩굴 여인')였을 것이다. 아테나 여신의 주요 축제는 담쟁이덩굴 달에 열렸다(52. 3 참고).

4. 소포클레스는 자신의 『아이아스』에 대한 '줄거리'에서 트로이아 함락 이후 오뒷세우스와 아이아스가 팔라디온을 둘러싸고 다툼을 벌였다고 언급했다. 그런데 큰 아이아스는 이미 자살을 했으니, 이는 작은 아이아스임에 틀림없다. 이에 디오메데스가 아니라 작은 아이아스가 팔라디온을 가져오려 오뒷세우스를 이끌고 도랑을 기어 올라갔을 것이라는 추정이 가능하다. 이때 그의 동포인 테아노가 이를 묵인해 주었을 것이다. 오뒷세우스가 여사제 폭행으로 작은 아이아스를 고발한 대목도, 그가 테아노의 도움을 받아 조각상을 옮기는데 로크리스 이외 지역 출신의 여사제가 이를 붙잡고 놓아 주질 않아 그렇게 했을 가능성이 있다. 나중에 아이아스는 자신의 잘못을 인정하면서도 그 상황에서 최선을 다해 정중하게 행동했다고 설명했을 것이다. 이런 사건이 실제 일어났다면 그 뒤 몇백 년 동안 로크리스 소녀들이 트로이아의 여사제로 오는 것을 막으려 했던 트로이아인들의 행동은 타당하다. 아테나가 벼락으로 내리쳐 간단하게 그에게 벌을 내렸음에도 계속 들어오는 로크리스 소녀들을 두고 아이아스가 지은 죄를 갚으려 한 것이라고 한 트로이아인들의 묘사도 타당하고, 소녀들을 천하게 취급한 것도 타당하다. 오뒷세우스는 성채로 들어가는 작은 아이아스와 동행하겠다고 고집했을 가능성이 높다. 자기 신민인 자퀸토스인들에게 이름을 준 조상인 자퀸토스가 고대 트로이아 왕들 가운데 하나였다는 이유를 댔을 것이다.

5. 이런 사정은 오뒷세우스가 도시에 첩자로 들어왔을 때 헤카베가 트로

이아인들에게 그의 정체를 밝혀 신고하지 못한 것 역시 설명해 준다. 그녀도 [테아노와 마찬가지로] '킷세오스의 딸'로 그려진다. 그렇다면 그녀도 트라케 출신의 로크리스인이었고, 아이아스가 팔라디온을 가져가도록 묵인했던 것일까? 헤카베는 오뒷세우스를 따로 아낄 이유가 없었고, 오직 그가 그녀의 정체를 트로이아인들에게 밝히는 것을 막기 위해 그의 탈출을 도와주었다고 볼 수밖에 없다. 오뒷세우스는 거의 틀림없이 조용히 지하 배수로를 통해 도시를 빠져나갔으며, 그가 떠벌리는 것처럼 "트로이아 병사들을 수없이 죽인 다음" 성문으로 나가지 않았다. 짐작건대 그는 늙은 헤카베를 전리품 분배에서 자기 몫으로 요구했을 것인데, 이는 팔라디온 사건의 결정적인 증인인 그녀의 입을 막고 싶었기 때문일 것이다. 그녀는 죽기 전에 모든 것을 폭로했을 것으로 보인다.[1]

6. 트로이아 전쟁의 주요한 원인 가운데 하나(158. r과 160. b 참고)는 텔라몬이 프리아모스의 누이 헤시오네를 납치해 간 일이다. 헤시오네는 큰 아이아스의 어머니이고, 따라서 작은 아이아스한테도 친척이 된다. 이는 프리아모스와 그리스 쪽 로크리스인들 사이의 오래된 마찰의 원인이 됐다. 트로이아 쪽에 커다란 손실을 입힌 파트로클로스도 로크리스인이며, 압데로스의 형제로 그려졌다.

아스튀아낙스Astyanax의 이름('도시의 왕')과 그의 죽음에 대한 토론의 엄숙함은, 이 이야기가 새 도시를 신에게 봉헌할 때 아이를 제물로 바치는 장면이 담겨 있는 도상에 바탕을 두고 있음을 암시한다. 이는 지중해 동부 지

---

1) 이번 장의 해설은 각 인물의 행동 가운데 이해하기 어려운 장면에 초점을 맞춰 출신 지역과 종교적 배경 등을 바탕으로 추측하고 있다. 그동안의 해설과 분위기가 사뭇 다르다. 170장 해설의 『오뒷세이아』 작가에 대한 추정 장면은 더욱 그러하다.

역의 고대 관습이었다(『열왕기상』 16장 34절).[2]

7. 아가멤논의 동맹들은 트로이아 전쟁 승리의 열매를 오랫동안 즐기지는 못했다. 기원전 1100-1050년, 도리에이스족 침략자들이 펠로폰네소스에서 뮈케나이 문명을 압도했고, 이로써 암흑기가 시작됐다. 이오니아족은 도리에이스족에 밀려 소아시아로 이주해 넘어갔고, 한두 세기가 흐른 뒤 그곳에서 문화 부흥을 시작했다. 이렇게 부흥한 문화는 호메로스에 굳건히 바탕을 두고 있었다.

8. 아이네이아스의 방랑은 그리스가 아니라 로마 신화에 속한다. 그래서 여기서는 다루지 않았다.

---

2) "그 시대에 벧엘 사람 히엘이 여리고를 건축하였는데 그가 그 터를 쌓을 때에 맏아들 아비람을 잃었고 그 성문을 세울 때에 막내 아들 스굽을 잃었으니……."

169
귀환

"즉시 돛을 올립시다. 지금 미풍이 불고 있습니다." 메넬라오스가 말했다. "아니다, 아니다. 먼저 아테나 여신에게 제물을 바쳐야 한다." 아가멤논이 답했다. "우리는 아테나 여신에게 빚진 게 아무것도 없습니다! 아테나 여신은 그렇게 오랫동안 트로이아 성채를 지켜 주었습니다." 메넬라오스는 형에게 말했다. 형제는 사이가 틀어진 채 헤어졌고, 다시는 서로 만나지 못했다. 아가멤논과 디오메데스, 네스토르는 귀환하는 항해가 순조로웠던 반면, 메넬라오스는 아테나가 보낸 폭풍에 거의 다섯 척 빼고 모든 배를 잃었다. 이들은 크레테까지 바람에 밀려갔으며, 거기에서 그는 바다를 건너 이집트로 갔고, 집으로 돌아오지 못하고 남쪽 바다에서 8년을 보내야 했다. 그는 퀴프로스, 포이니케, 에티오피아, 리비아를 방문했으며, 그곳 왕자들은 그를 환대하고 화려한 선물도 많이 주었다. 마침내 그는 파로스에 도착했고, 그곳 님프 에이도테아는 그에게 자기 아버지이자 예언자인 바다의 신 프로테우스를 붙잡아 집으로 돌아갈 방법을 물어보라고 조언했다. 오직 프로테우스만 지금의 나쁜 마법을 깨고 남쪽에서 불어오는 미풍을 얻는 방법을 알려 줄 수 있다고 했다.

메넬라오스는 부하 셋과 함께 님프의 말을 따라 해변에서 냄새가 고약한 물개 가죽을 뒤집어쓰고 누워 기다렸다. 이윽고 한낮이 되자 프로테우스를 따르는 수백 마리 물개 떼가 해변으로 올라왔고, 이들은 그 속에 뒤섞일 수 있었다. 조금 뒤, 프로테우스도 나타나더니 물개들 사이에서 잠이 들었다. 메넬라오스 일행은 그를 덮쳤고, 그가 사자, 뱀, 흑표범, 멧돼지, 흐르는 물, 잎이 무성한 나무로 잇달아 변신했음에도 그를 꽉 붙잡고 예언을 내놓으라고 윽박질렀다. 그는 마침내 아가멤논이 살해당했으며, 메넬라오스는 한 번 더 이집트를 찾아가 황소 100마리를 제물로 바쳐 신들을 달래야 한다고 알려 주었다. 그는 당연히 이 말을 따랐고, 이집트의 강 옆에 아가멤논을 위한 전몰 기념비를 올리자마자 순풍이 불기 시작했다. 그는 헬레네와 함께 스파르테에 도착했으며, 바로 그날 오레스테스는 살해된 아가멤논의 복수를 했다.[1]

b. 수없이 많은 배들이 비록 중요한 장수를 태우고 있지는 않았지만 에우보이아 해안에서 난파해 가라앉았다. 나우플리오스가 카파레우스 산에 봉화를 밝혀 파가사이아 만의 안전지대로 이들을 인도하는 것처럼 꾀었기 때문이다. 이런 범죄를 제우스가 알게 됐고, 나우플리오스는 몇 년 뒤 이런 거짓 봉화로 인해 최후를 맞이하게 된다.[2]

c. 암필로코스, 칼카스, 포달레이리오스를 포함한 몇몇은 육로로 콜로폰으로 갔다. 칼카스는 자신이 예전에 예언한 대로 거기에서 죽었다. 그는 자신보다 더 지혜로운 예언자를 만나면 죽을 것이라 했는데, 상대는 다름 아닌 아폴론이 테이레시아스의 딸인 만토와 함께 낳은 아들 몹소스였다. 열매가 달린 야생 무화과나무가 콜로폰에 있었는데, 몹소스에게 무안을 주려고 시비를 걸었다. "존경하는 분이여, 혹시 이 나무에서 무화과를 얼마나 수확할지 정확하게 말씀해 주실 수 있나요?" 몹소스는 속된 계산이 아

니라 마음의 눈을 믿는 사람이기에 눈을 지그시 감더니 이렇게 답했다. "확실합니다. 먼저 무화과 1만 개를 거두고, 그다음에 정확히 재면 아이기나의 부셸(약 2되)만큼의 무화과를 수확하겠습니다. 아, 그러고도 무화과 한 알이 남겠네요." 칼카스는 한 개가 남는다는 말에 깔보며 웃었지만, 무화과를 따고 보니 몹소스의 예측이 정확했다. "수천 개를 헤아리는 일 말고, 작은 양을 다뤄 보시죠, 존경하는 분이여," 몹소스는 이제 불쾌한 미소를 지으면서 말했다. "저기 새끼를 밴 암퇘지의 볼록 튀어나온 배 안에는 새끼가 몇 마리 들어 있는지 말씀해 주시겠습니까? 그리고 암수는 각각 몇 마리일까요? 또 언제 나올까요?"

"새끼는 여덟 마리에 모두 수놈일 것입니다. 암퇘지는 아흐레 안에 새끼를 낳을 것입니다." 칼카스는 되는 대로 답했다. 자기 말이 틀리다는 것이 탄로 나기 전에 거기를 떠날 수 있기만 바랐다. "제 의견은 다릅니다." 몹소스는 다시 눈을 감으면서 말했다. "제 짐작으로 새끼는 세 마리이고, 수놈은 하나뿐입니다. 이놈들이 태어날 시간은 내일 정오입니다. 일각도 빠르거나 늦지 않을 것입니다." 몹소스는 이번에도 옳았고, 칼카스는 상심으로 죽었다. 동료들은 그를 노티온에 묻었다.[3]

d. 소심한 포달레이리오스는 어디에 정착해야 하는지 예언 능력이 있는 친구들에게 물어보는 대신 델포이의 여사제 퓌티아에게 조언을 청했다. 여사제는 그에게 짜증을 내면서 하늘이 땅으로 떨어져도 해를 입지 않은 곳이면 어디든 가라고 답했다. 많은 생각 끝에 그는 카리아의 시르노스라 부르는 곳을 선택했다. 그곳은 산이 빙 둘러싸고 있어, 푸른 창공이 혹시라도 아틀라스의 어깨에서 미끄러져 떨어진다고 해도 산의 정상들이 이를 받아 지탱할 수 있을 것이라고 생각했다. 이탈리아인들은 다우니아의 드리온 산에 포달레이리오스에게 바치는 영웅의 전당을 지었다. 그 산의 정상에서

칼카스의 혼령이 지금도 꿈을 풀어 신탁을 내린다.[4]

e. 몹소스와 암필로코스 사이에 분쟁이 일어났다. 이들은 합동으로 킬리키아에 말로스 시를 건설했는데, 암필로코스가 자기 도시인 암필로키아의 아르고스로 돌아가면서 이제는 몹소스 혼자서 도시를 다스리게 됐다. 암필로코스는 아르고스에서 돌아가는 사정이 마음에 들지 않아, 열두 달 뒤에 예전 권력을 되찾을 것이라 기대하면서 말로스로 되돌아왔다. 그러나 몹소스는 무뚝뚝하게 그에게 즉시 돌아가라고 했다. 당황한 말로스 사람들이 이런 분쟁은 일대일 결투로 결판을 내야 한다고 제안했다. 그런데 두 사람은 싸우다 서로를 죽이고 말았다. 장례용 장작더미를 나눠 쌓았기에 몹소스와 암필로코스는 화장되는 동안에는 꼴사납게 서로를 노려보지는 못했다. 그런데 두 사람의 혼령은 나중에 어찌된 연유인지 서로 우정이 깊어져 예언도 공동으로 내렸다. 요즘은 이들의 신탁이 델포이의 아폴론보다 더 낫다는 평판이 돈다. 모든 질문은 밀랍 서판에 적어 올리고, 대답은 꿈을 통해 내려 준다. 그 값도 구리 두 조각으로 엄청 싸다.[5]

f. 네오프톨레모스는 신들과 아버지의 혼령에게 제물을 바치자마자 집으로 배를 타고 출발했다. 그는 친구 헬레노스가 준 예언의 도움으로 몰롯시아로 간 덕분에 메넬라오스와 이도메네우스를 붙잡았던 거대한 폭풍을 피할 수 있었다. 그는 포이닉스 왕을 주인 다음, 자기 어머니를 헬레노스와 결혼시켰다. 헬레노스는 몰롯시아인들의 왕이 돼 새로운 수도를 건설했다. 여기 일을 마무리하고 네오프톨레모스는 마침내 이올코스로 돌아갔다.[6] 거기서 그는 아카스토스의 아들들에게 빼앗겼던 할아버지 펠레우스의 왕국을 계승했다.[7] 그러나 헬레노스의 충고에 따라 승리를 즐기고만 있지 않았다. 그는 배를 불태우고 에페이로스에 있는 '도도나 신탁소' 부근의 팜브로티스 호수를 향해 내륙으로 진군했다. 그는 거기서 먼 친척들 무리의 환영

을 받았다. 그들은 창을 땅에 박아 넣고 반대 손잡이 쪽 끝으로 떠받친 담요 아래에서 야영을 하고 있었다. 네오프톨레모스는 헬레노스의 말을 기억해 냈다. "쇠로 기초를 박고, 나무로 벽을 삼고, 모직으로 지붕을 이은 집을 찾게 되면, 진군을 멈추고 신들에게 제물을 바친 다음 도시를 건설하세요!" 여기에서 그는 안드로마케를 통해 아들 둘을 더 얻었는데, 이름은 피엘로스와 페르가모스이다.

g. 그의 최후는 결코 명예롭지 못했다. 그는 델포이로 가서 아버지 아킬레우스의 죽음에 대한 보상을 요구했다. 아폴론이 트로이아의 자기 신전 안에서 파리스로 변장해 화살을 쏴 아버지를 죽였다는 이야기가 있었기 때문이다. 여사제 퓌티아가 차갑게 그런 일이 없었다고 부인하자, 그는 전당을 약탈하고 불을 질렀다. 그다음 스파르테로 가서 메넬라오스에게 따져 물었다. 메넬라오스가 트로이아 전쟁 전에 헤르미오네를 자신과 약혼시켰음에도, 그녀의 할아버지 튄다레오스가 손녀를 아가멤논의 아들인 오레스테스에게 주었다고 주장했다. 지금 오레스테스는 에리뉘에스에게 쫓겨 다니면서 신의 저주를 받고 있으니, 헤르미오네가 자신의 아내가 되는 것이 유일하게 공정한 길이라고 주장했다. 오레스테스의 항의에도 불구하고 스파르테인들은 그의 항변을 받아들였으며, 스파르테에서 결혼식이 열렸다. 하지만 헤르미오네는 자식을 낳지 못했기에 네오프톨레모스는 델포이로 다시 갔다. 그는 아폴론이 새로 짓기로 결정했지만 아직은 검게 그을린 채로 남아 있는 성역 안으로 들어가서, 왜 이런 것이냐고 물었다.

h. 신탁은 그에게 신을 달래는 제물을 바치라고 명했다. 그가 그렇게 하는 동안 제단에서 오레스테스를 만났다. 오레스테스는 당장 그를 죽이려 했지만, 아폴론이 네오프톨레모스가 다른 사람한테서 바로 그날 죽임을 당할 것임을 내다보고 이를 막았다. 당시 델포이에서 신에게 바치는 제물의

살코기는 언제나 신전 하인들의 몫으로 돌아갔다. 그러나 네오프톨레모스는 이런 관행을 알지 못했다. 이에 자기가 도살한 암소들의 두툼한 살덩어리를 하인들이 자기 눈앞에서 가져가는 것을 보고 힘으로 이를 막으려 했다. "아킬레우스의 골칫덩이 아들을 없애 버리자!" 여사제 퓌티아가 짧게 말했다. 이에 포키스의 마카이레우스라는 사람이 제물용 칼을 가지고 네오프톨레모스를 베었다.

"그를 새로 짓는 성역의 문지방 밑에 묻도록 해라." 여사제는 명했다. "그는 유명한 전사였고, 그의 혼령이 어떤 외침이든 성역을 지켜줄 것이다. 그가 아폴론을 모욕한 것을 진정으로 뉘우친다면 자신과 같은 영웅들을 기리는 행진과 제물을 관장하도록 해주어라."

그러나 누구는 오레스테스가 그 살인을 부추겼다고 전한다.[8]

i. 아테나이의 데모폰은 아테나이로 귀환하는 길에 트라케에 들렀다. 이때 그곳 비살타이족 공주인 퓔리스가 그와 사랑에 빠졌다. 그는 그녀와 결혼하고 왕이 됐다. 그가 트라케에 싫증이 나서 다시 여행을 떠나려 하자 퓔리스는 그를 붙잡기 위해 할 수 있는 것이 아무것도 없었다. "나는 아테나이로 돌아가 내 어머니께 인사를 올려야 한다. 어머니를 못 뵌 게 11년이 됐다." 데모폰은 말했다. "그런 일은 왕위를 받기 전에 미리 생각을 했어야죠." 퓔리스는 눈물을 흘리며 말했다. "몇 달 이상 자리를 비우는 것은 법률에도 어긋납니다." 데모폰은 올림포스 신들의 이름을 모두 걸고 그 해가 끝날 때까지는 돌아오겠다고 맹세했다. 그러나 퓔리스는 그가 거짓말을 하고 있다는 것을 알았다. 그녀는 엔네오도스라는 항구까지 따라가 거기서 작은 상자를 주었다. "여기 안에는 부적이 들어 있습니다." 퓔리스는 말했다. "제게 돌아오겠다는 희망을 모두 버렸을 때 이를 열어 보세요."

j. 데모폰은 아테나이로 갈 생각이 없었다. 그는 퀴프로스를 향해 남동쪽

방향으로 방향을 틀었고, 거기 정착했다. 한 해가 저물었을 때 퓔리스는 '어머니 레아'의 이름으로 그에게 저주를 내린 다음 독약을 마시고 죽었다. 바로 그 시각에 데모폰은 궁금증이 일어 작은 상자를 열어 보았다. 그리고 그는 상자 안에 들어 있는 것을 보자마자 미쳐 버렸다. 그게 무엇이었는지 누가 알겠는가? 그는 극심한 공포에 사로잡혀 말에 뛰어올라 마구 달렸다. 칼의 평평한 면으로 말의 머리를 마구 때리는 바람에 달리던 말이 비틀거리면서 쓰러졌다. 그는 칼을 놓쳤고, 허공을 날아간 칼은 칼끝을 위로 향한 채 땅에 박혔다. 데모폰 자신도 말의 머리 너머로 날아갔는데, 하필이면 그 칼 위로 떨어졌다. 칼은 제 일을 했다.

퓔리스라고 같은 이름의 다른 트라케 공주 이야기도 있다. 그녀는 데모폰의 형제 아카마스와 사랑에 빠졌다. 폭풍이 불어 트로이아에서 돌아오는 길이 늦어지자 그녀는 슬픔에 겨워 아몬드 나무로 변했다. 이 두 공주를 사람들은 가끔씩 혼동한다.[9]

k. 디오메데스는, 아가멤논을 비롯한 다른 사람들과 마찬가지로, 아프로디테가 앙심을 품으면 어떻게 되는지 직접 체험했다. 그는 먼저 뤼키아 해안에서 배가 난파했고, 거기 뤼코스 왕은 그를 아레스에게 제물로 바치려 했다. 다행히 칼리로에 공주의 도움을 받아 탈출할 수 있었다. 아르고스에 도착해 보니 자기 아내 아이기알레이아가 나우플리오스의 꼬임에 빠져 코메테스와 간통을 저지르고 있었다. 누구는 그 상대가 힙폴뤼토스라 전한다. 그는 코린토스로 돌아갔고, 거기에서 할아버지인 오이네우스가 반란을 진압하는 데 도움이 필요하다는 소식을 들었다. 이에 그는 아이톨리아로 배를 타고 넘어가 할아버지가 왕위에 다시 굳건히 앉도록 해주었다. 그러나 어떤 이는 디오메데스가 트로이아 전쟁 훨씬 전에 아르고스에서 쫓겨났다고 전한다. 에피고노이의 테바이 군사작전 성공 뒤 귀환했을 때 쫓겨났다

는 것이다. 그리고 나중에 아가멤논이 그가 자신의 왕국을 되찾도록 도와주었다고 덧붙인다.[10] 그는 여생을 이탈리아의 다우니아에서 보냈다. 거기에서 다우노스 왕의 딸인 에우입페와 결혼했으며, 브룬디시온을 비롯해 많은 유명한 도시를 건설했다. 다우노스가 질투에 사로잡혀 그를 살해한 것도 아마 이 때문이었을 것이다. 다우노스는 그를 지금은 디오메데스의 섬이라 불리는 섬들 가운데 한 곳에 묻었다. 다른 설명도 있는데, 그는 신들의 마법으로 갑자기 사라졌으며 그의 동료들도 온순하고 선량한 새로 바뀌었다고 한다. 그 새들은 지금도 이 섬들에 둥지를 틀고 산다. 디오메데스의 황금 갑옷은 아풀리아의 루케리아에 아테나의 사제들이 보관하고 있다. 베네치아와 남부 이탈리아 전역에서는 그를 신으로 숭배한다.[11]

l. 나우플리오스는 이도메네우스의 아내인 메다도 꾀어 신의를 저버리게 만들었다. 그녀는 레우코스라는 사람을 자신의 연인으로 삼았지만, 그는 머지않아 그녀와 이도메네우스의 딸인 클레이시튀라를 궁전에서 쫓아냈다. 나중에는 피신해 있던 신전 안에서 두 사람을 살해하기까지 했다. 레우코스는 그다음에 도시 열 곳을 꾀어 적법한 왕에 대한 충성을 거두게 하고 본인이 왕좌를 차지했다. 이도메네우스는 크레테로 가는 길에 폭풍에 사로잡히자 처음 만나는 사람을 포세이돈에게 바치겠다고 서약했다. 그런데 하필이면 그 사람이 자기 아들이었다. 누구는 자기 딸들 가운데 하나였다고 한다. 그가 자신의 서약을 실현하려는 순간 무서운 역병이 나라를 찾아와 희생 제례를 중단시켰다. 이에 레우코스에게는 이도메네우스를 추방할 좋은 구실이 생겼다. 이도메네우스는 칼라브리아의 살렌티네 지역으로 이주했고, 거기에서 생을 마감했다.[12]

m. 결국 그리스인들 가운데 집으로 돌아간 사람은 몇몇에 불과했다. 그렇게 돌아간 사람들도 괴로운 일만 자신을 기다리고 있었다. 필록테테스

는 텟살리아의 자기 도시 멜리보이아에서 반란자들에게 쫓겨나 남부 이탈리아로 달아났다. 거기서 그는 크로톤 부근에 페텔리아와 크리밋사를 건설했으며, 자신을 따르는 이들 일부를 보내 아이게스테스가 시칠리아의 아이게스타를 요새화하는 일을 돕도록 했다. 그는 자신의 유명한 활을 크리밋사에 있는 '미친 아폴론'의 성역에서 신께 바쳤다. 그는 죽어서는 쉬바리스 강 옆에 묻혔다.[13]

n. 구네오스는 역풍을 만나 리비아에 있는 퀴닙스 강까지 밀려갔고, 거기에 정착했다. 페이딥포스는 코스 사람들과 함께 처음엔 안드로스로, 그다음엔 퀴프로스로 갔다. 거기에는 이미 아가페노르가 정착해 있었다. 메네스테우스는 아테나이의 통치권을 되찾지 못하고 멜로스의 비어 있는 왕위를 넘겨받았다. 그러나 누구는 그가 트로이아 전쟁에서 죽었다고 전한다. 엘페노르를 따르는 이들은 에페이로스 해안에서 배가 난파했으며, 아폴로니아를 차지했다. 프로테실라오스를 따르는 이들은 트라케의 케르소네소스에 있는 펠레네 부근에 자리를 잡았다. 틀레폴레모스의 로도스인들은 이베리아 제도 가운데 한 곳에 자리를 잡았으며, 그 일부는 거기에서 다시 서쪽을 향해해 이탈리아에 닿았고 야만적인 루카니아인들과 벌인 전쟁에서 필록테테스의 도움을 받았다.[14] 이제 오뒷세우스의 방랑 이야기는 24번의 밤 동안 이어질 호메로스적 여흥이 됐다.

o. 오직 네스토르만 안전하고 건강한 모습으로 퓔로스의 집에 돌아왔다. 그는 언제나 공정하고, 신중하며, 너그럽고, 정중하며, 신들에게 공손했다. 그는 퓔로스에서 전쟁 걱정도 없이, 용감하고 영특한 아들들에 둘러싸여 행복한 만년을 보냈다. '전능한 제우스'가 그렇게 하도록 명했기 때문이다.[15]

1] 아폴로도로스: 『요약집』 6. 1; 호메로스: 『오뒷세이아』 3. 130 ff.와 4. 77-592; 하기아스, 프로클로스의 인용(『그리스 서사시 글조각』 53, 킨켈 편집)

2] 아폴로도로스: 『비블리오테카』 2. 1. 5와 『요약집』 6. 11; 에우리피데스: 『헬레네』 766 ff.와 1126 ff.; 휘기누스: 『신화집』 116; 베르길리우스의 『아이네이스』 11. 260에 대한 세르비오스.

3] 아폴로도로스: 『요약집』 6. 2-4; 스트라본: 『지리학』 14. 1. 27, 헤시오도스, 소포클레스, 페레퀴데스를 인용하며; 체체스: 『뤼코프론에 관하여』 427과 980.

4] 아폴로도로스: 『요약집』 6. 18; 파우사니아스: 『그리스 여행기』 3. 26. 7; 비잔티움의 스테파누스, '쉬르나' 항목; 스트라본: 6. 3. 9; 체체스: 『뤼코프론에 관하여』 1047.

5] 아폴로도로스: 3. 7. 7과 『요약집』 6. 19; 체체스: 『뤼코프론에 관하여』 440-442; 스트라본: 14. 5. 16; 파우사니아스: 1. 34. 3; 루키아노스: 『알렉산드로스』 19; 플루타르코스: 『신탁이 침묵하는 이유』 45; 키케로: 『예언에 관하여』 1. 40. 88; 디오 카시우스: 72. 7.

6] 아폴로도로스: 『요약집』 6. 12와 13; 하기아스: 같은 곳; 베르길리우스의 『아이네이스』 2. 166에 대한 세르비오스; 호메로스의 『오뒷세이아』 3. 188에 대한 고전 주석자.

7] 딕튀스 크레텐시스: 6. 7-9.

8] 호메로스: 『오뒷세이아』 4. 1-9; 아폴로도로스: 『요약집』 6. 13-14; 에우리피데스: 『안드로마케』 891-1085와 『오레스테스』 1649, 고전 주석자와 함께; 휘기누스: 『신화집』 123; 호메로스의 『오뒷세이아』 4. 3에 대한 에우스타티오스; 에우리피데스의 『안드로마케』 32와 51에 대한 고전 주석자; 오비디우스: 『헤로이데스』 8. 31 ff.; 『소포클레스의 글조각』 2. 441 ff., 피어슨 편집; 파우사니아스: 10. 7. 1과 10. 24. 4-5; 핀다로스: 『네메아 제전 송가』 7. 50-70, 고전 주석자와 함께; 베르길리우스: 『아이네이스』 3. 330; 스트라본: 9. 3. 9.

9] 아폴로도로스: 『요약집』 5. 16; 체체스: 『뤼코프론에 관하여』 495; 루키아노스: 『춤에 관하여』 40; 휘기누스: 『신화집』 59; 베르길리우스의 『시선』 5. 10에 대한 세르비오스.

10] 플루타르코스: 『영웅전』 23; 딕튀스 크레텐시스: 6. 2; 체체스: 『뤼코프론에 관하여』 609; 베르길리우스의 『아이네이스』 8. 9에 대한 세르비오스; 휘기누스: 『신화집』 175; 아폴로도로스: 1. 8. 6; 파우사니아스: 3. 25. 2.

11] 파우사니아스: 1. 11; 베르길리우스의 『아이네이스』 8. 9와 11. 246에 대한 세르비오스; 체체스: 『뤼코프론에 관하여』 602과 618; 스트라본: 6. 3. 8-9; 핀다로스의 『네메아 제전 송가』 10. 12에 대한 고전 주석자; 스퀼락스: 6.

12] 아폴로도로스: 『요약집』 6. 10; 체체스: 『뤼코프론에 관하여』 384-386; 베르길리우스의 『아이네이스』 3. 121과 11. 264에 대한 세르비오스; 제1 바티칸 신화학자: 195; 제2 바티칸 신화학자: 210; 베르길리우스: 『아이네이스』 121 ff.와 400 ff.

13] 체체스: 『뤼코프론에 관하여』 911, 아폴로도로스의 『요약집』을 인용하며; 호메로스: 『일리아스』 2. 717 ff.; 스트라본: 6. 1. 3; 아리스토텔레스: 『진기한 일』 107.

14] 체체스: 『뤼코프론에 관하여』 911; 파우사니아스: 1. 17. 6.

15] 호메로스: 『오뒷세이아』 4. 209; 파우사니아스: 4. 3. 4; 휘기누스: 『신화집』 10.

*

1. 신화학자들은 아프로디테가 그리스 병사들에 맞서 싸웠다고 그렸다. 사랑의 여신으로서 파리스의 헬레네 납치를 뒷받침했기 때문이다. 그러나 아프로디테는 바다의 여신이기도 하다. 트로이아인들은 포세이돈이 후원하는 무역 연합을 무찌르기 위해 바로 그녀에게 기도했다. 그리고 전쟁의

승자들의 안전한 귀환을 막기 위해 아테나와 포세이돈이 일으켰다고 하는 폭풍도 처음에는 그녀가 벌인 일이라고 했을 것이 틀림없다. 아무튼, 이런 앙갚음으로 인해, 이탈리아, 리비아, 퀴프로스를 비롯한 여러 나라의 수많은 도시는 트로이아에서 집으로 돌아가다 배가 난파한 영웅들이 자기 도시를 건설했다고 주장할 수 있게 됐다. 도리에이스족의 그리스 침략으로 쫓겨난 난민들이 도시를 건설했다고 하는 것보다 훨씬 더 모양새가 좋았다.

2. 신전의 문지방 아래 젊은 전사를 묻는 것은 널리 퍼진 관행이었다. 네오프톨레모스가 델포이의 오래된 전당을 불태워 버렸기에, 여사제 퓌티아는 그 폐허 위에 새로 건물을 지었을 때 자연스럽게 그를 이렇게 매장할 제물로 선택한 것이다. 이전에 문지방을 지키던 수호신은 아가메데스와 트로포니오스였다(84. b 참고).

3. 레아는 데모폰이 받은 작은 상자에 들어 있던 물건에 마법의 힘을 부여했을 것이다. 레아는 판도라라고도 불렸으며, 따라서 이번 신화는 에피메테우스의 아내인 판도라가 어떻게 하다 심술의 상자를 열었는지(39. j 참고)에 대한 초창기 판본일 수 있다. 여인들의 신비를 엿보거나 캐묻는 남자들에게 주는 경고로, 기존 판도라 이야기의 반대 방향인 셈이다. '몹소스 Mopsus'는 기원전 8세기 킬리키아에서 왕의 호칭이었다.

4. 디오메데스를 따르는 이들이 변신했다는 새들은 "선량하다"고 묘사됐는데, 잔혹한 이웃 새들, 즉 세이레네스와 구분하기 위해 그렇게 적시했을 것이다(154. d와 3; 170. 7 참고).

5. 마이안드로스Maeander('사람을 찾고 있는')도 이도메네우스Idomeneus와 같은 서약을 했다. 그는 페시노스를 공격할 때 자신에게 제일 먼저 축하의 말을 하는 사람을 제물로 바치겠다고 '천상의 여왕'에게 서약했다. 그러나 자기 아들 아르켈라오스Archelaus('백성의 통치자')가 바로 그렇게 했다. 마이안드

로스는 아들을 죽인 다음 깊이 후회하면서 강물에 몸을 던졌다(플루타르코스: 『강에 관하여』 9. 1). 같은 신화의 더 익숙한 판본은 「사사기」 11장 30절 이하에 나온다. 거기에는 입다가 전쟁에서 이긴다면 누구를 태워 여호와에게 바치겠다고 했는데 그게 자신의 딸이었다. 이 여러 판본은 이도메네우스가 포세이돈이 아니라 아프로디테에게 남자 제물을 바치겠다고 서약했음을 암시한다. 마이안드로스도 천상의 여왕에게 그렇게 했고, 입다도 틀림없이 아나타 여신에게 그렇게 했을 것이다. 아나타는 자신의 성스러운 유대 산에서 그런 불에 구운 제물을 요구했다. 전쟁에서 승리한 것에 대한 감사의 뜻으로 왕자를 제물로 바치는 일은 정말로 한때 일반적인 관행이었던 것으로 보인다. 만약 백성들이 항의하지 않았다면, 사울 왕도 믹마스 부근에서 승리한 뒤 아들 요나단을 죽였을 것이다. 이도메네우스는 제물을 바치려다 제지를 당했는데, 아브라함도 모리아 산에서 그랬고, 아타마스도 라퓌스티온 산에서 그랬다(70. d 참고). 이는 이런 관습이 더 이상 천상을 즐겁게 만들지 않는다는 경고였다. 입다 이야기와 이도메네우스 서약에 대한 제1 바티칸 신화학자의 설명에서는 왕자가 공주로 바뀌었다. 이는 영웅담 특유의 가모장제 거부에서 비롯됐다.

6. 메넬라오스가 남부 지중해에서 방랑했다는 대목은 아카이아족의 해적질과 식빈시 선설 시노를 표현한 것이다. 조기 뤼디아 역사가인 크산토스의 기록을 보면 아스칼론Ascalon이라는 포이니케 도시는 아스칼로스Ascalus('갈지 않은')가 건설했다. 그는 펠롭스의 형제이며, 따라서 메넬라오스의 방계 조상이다. 또다시 여호수아가 기원전 13세기 가나안을 정복했을 때 기베온 남자들이 그리스인 차림새를 하고 여호수아에게 와서 탄원했다. 자신들은 원래 가나안 사람들이 아니라 바다 건너에서 온 히비테스Hivites, 즉 아카이아족이라는 것이다. (기베온Gibeon과 관련해, 70인역 성서의 한 텍스트에

는 아가본Agabon이라 했으며, 이는 아스투 아카이본Astu Achaivon, 즉 '아카이아족의 도시'를 뜻한다.) 여호수아는 신성한 숲과 신성한 물을 관리하는 사람으로서 그들의 권리를 인정해 주었다(「여호수아」 9장). [「여호수아」 9장의] 9절을 보면 이들은 여호수아에게 케프티우Keftiu라는 고대의 해양 부족 연맹을 상기시키는 것으로 보인다. 이들은 크놋소스의 미노스가 주도했으며, 아카이아족과 아브라함의 백성들 양쪽 모두 한때 여기에 속했다. 아브라함은 휙소스 왕들과 함께 나일 강 삼각주에 왔고, 자신의 누이 사라를 '파라오'에게 아내로 주었다고 했다. 여기서 파라오는 파로스Pharos의 크놋소스 통치자를 의미한다. 당시 그곳은 전체 연합에서 제일 중요한 교역 거점이었다. 그러나 메넬라오스의 시대에 크놋소스는 이미 폐허로 변해 있었다. 연합은 해적 떼에 불과했으며 '피아리Piari 전투'에서 이집트 군대에 패배했다(기원전 1229년). "나는 그들을 사냥감 새처럼 덫을 놓아 잡았다. 그들을 해변으로 끌고 와서 한 곳에 몰아넣고 바닥에 엎드리게 했다. 그들의 배와 물건은 모두 바다 속으로 가라앉았다." 이제 파로스는 더 이상 고대 세계의 최대 항구가 아니었고, 물개들의 번식지로 전락했다. 바다 속 재앙으로 항구는 바닷속으로 가라앉았으며(39. 2 참고), 고전기 초기의 국제무역은 밀레토스가 관리하는 수출입 항구인 나우크라티스Naucratis를 통해 이루어졌다(25. 6 참고).

7. 메넬라오스가 프로테우스와 대결을 벌이는 대목은 익숙한 신화가 퇴화된 형태이다. 물개의 여신인 테티스는 프로테우스로 남성화됐으며, 메넬라오스는 펠레우스와 사뭇 달랐다. 펠레우스는 물개 가죽을 벗을 때까지 기다렸고, 사랑을 나누는 것처럼 신과 뒤엉켰다(81. 1-3 참고). 그런데 메넬라오스는 물개 가죽을 변장의 수단으로 이용했고, 자기를 돕도록 세 사람을 데려갔고, 붙잡은 포로를 상대로 오직 신탁의 대답만을 요구했다. 프로테우스는 재빠르게 변신을 거듭했다. 테티스가 펠레우스한테 그렇게 했고,

디오뉘소스-자그레우스도 티탄 신족의 위협을 받았을 때 그렇게 했다. 참고로, 디오뉘소스는 파로스와도 관련이 있다(27. 7 참고). 그의 변신에 대한 호메로스의 목록은 뒤죽박죽이다. 두세 계절이 구분 없이 포개져 있다. 사자와 멧돼지는 한 해를 두 계절로 나눌 때 각각을 명확히 지칭한다(69. 1 참고). 황소와 사자, 바다뱀은 한 해를 세 계절로 나눌 때 각각을 지칭한다(27. 4와 123. 1 참고). 흑표범은 디오뉘소스에게 신성하다(27. 4 참고). 그리고 "잎이 무성한 나무" 대목은 페리클뤼메노스의 이야기와 유사한데, 아마도 각 달의 신성한 나무들을 지칭하는 것으로 보인다(53. 3과 139. 1 참고). 프로테우스의 둔갑술은 이야기에 허구적 재미를 더하지만, 신탁의 맥락에는 완전히 엉뚱하다. 다만 진짜 이야기가 다음과 같다면 다르게 볼 수 있다. 즉, 크레테 방식으로 섭정을 매년 죽이면서 이어왔던 8년간의 통치가 끝난 다음, 메넬라오스가 이집트 강의 옆에 건설된 정착지에서 신탁의 영웅이 됐다고 하면 매끄러워진다(112. 3 참고).

170
오뒷세우스의 방랑

　오뒷세우스는 드디어 트로이아에서 출항했지만, 이타케로 돌아가기 전에 또 다른 10년 동안 방랑을 해야 한다는 것을 확실히 알고 있었다. 그는 먼저 키코네스족의 이스마로스 시에 닿았고, 기습 공격으로 그곳을 장악했다. 도시를 약탈하면서 그는 아폴론의 사제인 마론만 살려주었다. 마론은 감사의 뜻으로 그에게 달콤한 포도주 몇 항아리를 내놓았다. 그러나 내륙 쪽 키코네스족은 불타는 도시 위로 연기가 피어오르는 것을 보고, 전열을 정비해 해변에서 술을 마시고 있는 그리스 병사들을 향해 돌격해 내려왔다. 그리스 병사들은 사방으로 흩어졌고, 오뒷세우스는 많은 손실 끝에 겨우 병사들을 규합해 다시 배를 띄울 수 있었다. 이때 북동쪽에서 사나운 돌풍이 불어, 그는 에게 해를 건너 퀴테라 섬까지 밀려갔다.[1] 사흘이 지나자 폭풍이 잦아들었고, 그는 말레아 곶을 돌아 북쪽의 이타케로 가려 했다. 그러나 이전보다 더욱 거칠게 새로 바람이 일었다. 위험천만한 아흐레가 흐른 뒤, 로토스 먹는 이들이 사는 리비아 땅이 눈에 들어왔다. 로토스는 가운데 씨가 없는, 샤프란 색깔의 과일이다. 콩 정도의 크기에 송이로 자라며, 달콤하고 몸에 좋다. 다만, 이를 맛보는 사람은 고향에 대한 모든 기억을 잃어버리게 된다. 일부 여행자들은 이를 일종의 사과라고 하면서 독한 사과주를 빚을 수 있다고 전한다. 오뒷세우스는 마실 물을 얻기 위해 배를 붙였고, 병사 셋을 정찰대로 들여보냈다. 이들은 원주민들이 건넨 로토스를 먹고 자기들 임무를 잊어버렸다. 얼마 뒤, 오뒷세우스는 구조대를 이끌고 이들을 찾아 들어갔다. 그 자신도 로토스를 먹어 보라는 유혹을 받았지만 자제했다. 그는 이탈한 병사들을 힘으로 끌고 돌아와 족쇄를 채우고, 더 이상의 소동 없이 배를 타고 떠났다.[2]

b. 다음으로 그는 비옥하고 숲이 우거져 있는 섬에 닿았다. 거기에는 오직 셀 수 없이 많은 야생 염소만이 살고 있었고, 일부를 화살로 잡아 식량으로 삼았다. 그는 그곳에 모든 함대를 상륙하게 했지만 한 척을 남겨 반대편 해안을 탐사하도록 명했다. 머지않아 그 땅은 사납고 야만적인 퀴클로페스가 사는 곳임을 알게 됐다. 그들은 각자 이마 한가운데에 빛나는 커다랗고 둥근 눈을 갖고 있어 그렇게 불렸다. 조상들은 제우스를 위해 대장장이로 일했지만, 지금 그들은 기술을 모두 잊어버리고 그냥 양치기로만 살아가고 있었다. 법과 의회, 배, 시장, 농경 지식은 전혀 없었다. 그들은 또 서로 뚱한 사이로 각자 멀찍이 떨어져 바위투성이 언덕에 쑥 들어가 있는 동굴에 살았다. 커다란 돌로 벽을 두른 가축우리 너머로, 입구에 월계수가 걸려 있는 동굴이 보였다. 오뒷세우스와 그의 부하들은 거기로 들어갔지만, 그곳이 폴뤼페모스라는 퀴클롭스의 집이라는 것을 모르고 있었다. 이놈은 포세이돈과 님프 토오사의 거인족 아들로 사람 고기를 아주 좋아했다. 그리스 병사들은 커다란 불까지 피우고 편히 쉬었다. 동굴 뒤쪽 우리에 갇혀 있는 새끼 염소를 발견해 이를 잡아 배부르게 먹었다. 벽에 걸린 바구니에 담겨 있던 치즈도 꺼내 흥거운 잔치에 보탰다. 저녁이 다가오자 폴뤼페모스가 돌아왔다. 그는 양 떼를 동굴 안으로 몰아넣고 자기 뒤 동굴 입구를

큰 돌판으로 막았다. 돌판이 어찌나 큰지 수소 40마리가 끌어당긴다 해도 꿈쩍도 하지 않을 정도였다. 그는 손님이 와 있다는 것을 눈치 채지 못하고, 자리에 앉아 암양과 염소의 젖을 짰다. 머지않아 그는 젖통에서 눈을 떼서 동굴 안쪽을 둘러보다 오뒷세우스와 그의 부하들이 화로 주변에 비스듬히 누워 있는 것을 발견했다. 그는 무뚝뚝하게 무슨 일로 자기 동굴에서 왔느냐고 물었다. 오뒷세우스는 이렇게 답했다. "친절한 분이여, 저희는 트로이아 전쟁을 끝내고 집으로 돌아가는 그리스인들입니다. 부디 신들에 대한 의무를 잊지 마시고 저희를 환대해 주시기 바랍니다." 폴뤼페모스는 대답 대신에 콧방귀를 뀌더니 뱃사람 둘의 다리를 움켜쥐고 바닥에 내리쳐 머리를 깼다. 그런 다음 날 것으로 주검을 먹어 치우더니 산에 사는 사자처럼 뼈를 쥐고 으르렁거렸다.

c. 오뒷세우스는 새벽이 오기 전까지 피의 복수를 하려 했지만, 감히 그렇게 할 수 없었다. 오직 폴뤼페모스만 입구의 돌덩이를 옮길 힘을 갖고 있었기 때문이다. 그는 폴뤼페모스가 무섭게 코를 골면서 자는 동안 두 손으로 머리를 움켜잡고 탈출 계획을 짜면서 밤을 지새웠다. 그 괴물은 아침으로 또 다른 두 뱃사람의 머리를 내리쳐 죽였다. 그러고 나서 그는 조용히 염소 떼를 몰아 밖으로 나가더니 똑같은 돌판으로 동굴 입구를 막아 버렸다. 오뒷세우스는 초록색 올리브나무로 된 말뚝을 가져다 한쪽 끝을 뾰족하게 깎고 불에 그슬려 단단하게 만든 다음, 이를 똥 더미 아래 숨겼다. 그날 저녁 퀴클롭스는 돌아와 열두 뱃사람 가운데 또다시 둘을 먹어 치웠다. 이에 오뒷세우스는 담쟁이덩굴 나무로 된 사발에 도수가 센 포도주를 담아 공손하게 그에게 건넸다. 키코네스족의 이스마로스에서 마론한테서 받은 술이었다. 다행스럽게도 그는 동굴로 오면서 포도주가 가득 든 가죽 부대도 가지고 왔던 것이다. 폴뤼페모스는 탐욕스럽게 술을 마시더니 더 달라

했다. 그는 살면서 버터우유보다 독한 것은 처음 맛봤던 것이다. 그는 거들 먹거리면서 오뒷세우스에게 그의 이름을 물었다. "제 이름은 우데이스입니다." 오뒷세우스는 대답했다. "모든 사람이 저를 편하게 그렇게 부릅니다." 그런데 우데이스는 '누구도 아니다'를 뜻했다. "너는 마지막에 먹어 주마, 우데이스야." 폴뤼페모스는 이렇게 약속했다.

d. 퀴클롭스는 물로 희석하지 않은 포도주를 마신 탓에 쉽게 취해 곯아떨어졌다. 오뒷세우스와 살아남은 부하들은 곧장 말뚝을 잉걸불 안에 쑤셔 넣어 달궜고, 이것을 그의 하나뿐인 눈에 찔러 넣고 비틀었다. 오뒷세우스는, 배의 뼈대가 되는 재목에 빗장을 찔러 넣을 구멍을 뚫을 때 그렇게 하듯, 온힘을 다해 위에서 말뚝을 내리눌렀다. 눈에서 쉬익 소리가 났고, 폴뤼페모스는 동굴이 떠나갈 듯 비명을 질렀다. 이에 멀거나 가깝거나 그의 이웃들이 모두 무슨 일이 있었는지 알아보려고 달려왔다.

"내 눈이 멀었고, 끔찍하게 아파! 우데이스의 잘못이야." 그는 고함을 질렀다.

"불쌍한 놈." 그의 이웃들은 답했다. "네 놈 말처럼 누구 잘못도 아니라면, 열병에 정신 나간 게 틀림없어. 네 아버지 포세이돈에게 병을 낫게 해달라고 기도나 하고, 이제 그만 입 좀 다물어!"

그들은 투덜기리면서 흩어졌다. 폴뤼페모스는 손으로 더듬어 동굴 입구를 찾은 다음 돌판을 치우고 서서, 달아나려는 그리스인들을 붙잡으려 양손을 휘저었다. 그러나 오뒷세우스는 낭창낭창한 가는 가지를 구해 부하들을 하나씩 숫양의 배 아래에 묶었다. 양 세 마리씩 짝을 지어, 무게를 고르게 분산하면서 가운데 놈에게 묶었다. 그 자신은 무리의 우두머리인 커다란 숫양을 골라 그 아래로 들어가 웅크리면서 손가락과 발가락으로 양털을 꽉 움켜쥐었다.

e. 폴뤼페모스는 새벽을 맞아 양 떼를 목초지로 내보냈다. 거기 위에 누가 타고 있는 건 아닌지 확인하기 위해, 양의 등을 부드럽게 쓰다듬으면서 내보냈다. 아래에 오뒷세우스가 매달려 있는 숫양 차례가 되자, 그는 잠시 지체하면서 슬픈 목소리로 이렇게 물었다. "사랑하는 숫양아, 오늘은 왜 평소처럼 앞장서 나가질 않느냐? 네가 나의 불운을 측은하게 여기는 것이냐?" 그러면서 그는 그 숫양마저 내보냈다.

f. 오뒷세우스는 이렇게 부하들의 생명을 구했을 뿐 아니라, 살찐 숫양도 여러 마리 배로 몰아갈 수 있었다. 그는 재빨리 배를 띄웠고, 병사들이 노를 쥐고 저어 나가자 오뒷세우스는 참지 못하고 큰 소리로 빈정대는 작별 인사를 던졌다. 폴뤼페모스는 그 답으로 커다란 바위를 집어던졌는데 배 바로 앞쪽에 떨어졌다. 그렇게 생긴 파도로 배가 다시 한번 해변으로 밀려갈 뻔했다. 오뒷세우스는 웃으면서 이렇게 소리를 질렀다. "누가 네 눈을 멀게 했느냐 묻거든, 우데이스가 아니라 이타케의 오뒷세우스라고 답해 줘라!" 화가 머리끝까지 난 퀴클롭스는 큰 소리로 포세이돈에게 기도를 올렸다. "아버지, 저놈 오뒷세우스가 집으로 돌아갈 운명이라면, 온갖 고생을 하고, 부하들을 모두 잃고, 외국 배를 겨우 빌려 타고 돌아가게 해주세요. 고향집의 문지방에도 괴로운 일이 산처럼 쌓여 있게 해주세요!" 그는 훨씬 더 큰 바위 하나를 또 던졌다. 이번에 바위는 배의 선미 가까이 떨어졌고, 그렇게 해서 일어난 파도가 배를 밀어줘 다른 부하들이 자신을 기다리는 섬으로 더 빨리 갈 수 있었다. 그러나 포세이돈은 폴뤼페모스의 기도를 들었고, 그 복수를 해주겠다고 약속했다.[3]

g. 오뒷세우스는 이제 북쪽으로 방향을 잡았고, 머지않아 '바람의 관리인'인 아이올로스가 사는 작은 섬에 도착했다. 그는 손님을 맞아 한 달 내내 극진히 대접했고, 마지막 날에 바람을 담은 주머니를 주었다. 은으로 된

줄로 자루 목을 단단히 동여매 둘 동안에는 모든 일이 잘 풀릴 것이라 전했다. 그러나 온화한 서풍의 신은 잡아서 자루에 넣어 두질 못했다면서 아쉬워했다. 서풍을 부릴 수 있으면 함대를 몰아 이오니아 해 건너 이타케로 쉽게 갈 수 있었을 것이기 때문이다. 그래도 오뒷세우스가 무슨 이유로든 경로를 바꿀 필요가 있으면 다른 바람들을 하나씩 차례로 풀어 주면 된다고 설명했다. 이윽고, 저기 오뒷세우스의 궁전 굴뚝에서 연기가 피어오르는 것이 보였다. 그는 때마침 긴 항해에 지쳐 잠이 들었다. 그런데 귀향의 순간을 고대하던 부하들이 그 안에 포도주가 들어 있을 것 같다면서 주머니의 끈을 풀었다. 여러 바람의 신들이 쏟아져 나와, 한 덩어리로 오뒷세우스의 배를 앞세워 자기네 집로 돌아갔다. 이윽고 잠에서 깬 오뒷세우스는 자신이 아이올로스의 섬에 되돌아와 있다는 것을 알게 됐다. 그는 사과를 거듭하면서 한 번 더 도와 달라고 간청했지만, 이번에는 노를 저어 가라는 말만 들었다. 서풍의 신은 조금도 내줄 수 없다고 했다. "신들이 가로막고 있는 사람은 나도 도와줄 수 없소." 아이올로스는 이렇게 한마디 하고 그의 면전에서 문을 쾅하고 닫았다.[4]

h. 이레 동안 항해 끝에 오뒷세우스는 라모스 왕이 다스리는 라이스트뤼고네스족의 땅에 도착했다. 어떤 이는 이곳이 시칠리아 섬의 북서쪽에 있다고 전한다. 다른 이들은 이달리아의 포르미아이 부근이라 하는데, 실제 포르미아이의 이름 높은 '라미아 가문'은 자신들이 라모스 왕의 후손이라 한다. 이는 믿을 만한데, 그런 말이 널리 내려오지 않는다면 누가 식인족의 후손이라는 것을 인정하겠는가?[5] 라이스트뤼고네스족의 땅은 밤과 아침이 아주 가까워 해 질 녘에 양 떼를 몰고 집으로 돌아가는 양치기가 새벽에 양 떼를 몰고 나가는 동료와 마주쳐 인사를 나눌 정도이다. 오뒷세우스 함대의 선장들은 좁은 입구를 빼면 가파른 절벽으로 둘러싸여 있는 텔레퓔로스

항구로 용감하게 들어갔고, 계곡을 감고 올라가는 수레 길 근처의 해안에 배를 붙였다. 오뒷세우스 자신은 정찰병 세 명을 뭍으로 들여보낸 다음 조심스럽게 자기 배를 항구 바깥에 있는 바위에 밧줄로 묶었다. 정찰병들은 수레 길을 따라 올라가다, 샘터에서 물을 긷는 한 소녀를 만났다. 소녀는 라이스트뤼고네스의 족장인 안티파테스의 딸이었고, 자기 집으로 이들을 이끌어 갔다. 하지만 한 무리 야만인들이 이들을 무자비하게 공격해, 하나를 붙잡아서 솥에 넣고자 죽였다. 다른 두 정찰병은 온힘을 다해 달아났지만, 야만인들은 이들을 추적하는 대신 절벽 꼭대기로 올라가 폭포처럼 돌을 던져 배에 구멍을 내고 부숴 배를 타고 떠나지 못하게 막았다. 그런 다음 해변으로 내려가 어쩔 줄 몰라 하는 선원들을 죽여 잡아먹었다. 오뒷세우스는 바위에 매어 둔 밧줄을 칼로 내리쳐 끊고 자기 부하들에게 필사적으로 노를 젓도록 했다.[6]

i. 그는 이제 한 척밖에 남지 않은 배를 동쪽으로 똑바로 몰아갔다. 그리고 긴 항해 끝에 '새벽의 섬'인 아이아이아에 도착했다. 이곳은 여신 키르케가 다스리는 곳으로, 그녀는 헬리오스와 페르세의 딸이며 따라서 콜키스의 사악한 왕 아이에테스의 누이가 된다. 키르케는 마법에 능했고, 인간들에 대한 애정이 거의 없었다. 누가 남아서 배를 지키고, 누가 섬 내부를 정찰할 것인지 제비뽑기를 했는데, 오뒷세우스의 동무인 에우륄로코스가 병사 22명을 데리고 섬에 들어가는 것으로 결정됐다. 그는 아이아이아가 떡갈나무를 비롯해 여러 나무들로 우거져 있음을 알게 됐고, 그 가운데 널찍한 공터에 자리 잡고 있는 키르케의 궁전을 발견했다. 늑대와 사자들이 어슬렁거리면서 돌아다녔지만 에우륄로코스 일행들을 공격하지 않고 대신 뒷다리로 똑바로 일어서서 애정을 표현하듯 몸을 비벼 댔다. 누구든 이 짐승들을 사람으로 볼 수 있을 정도였는데, 사실 이들은 정말 사람이었다. 키

르케의 마법으로 그렇게 변했던 것이다.

j. 키르케는 궁전에 앉아 베틀 소리에 맞춰 노래를 하고 있었다. 에우륄로코스의 병사들이 "이봐요!"라고 인사를 하자, 미소를 지으며 밖으로 나와 이들 모두에게 식사 초대를 했다. 병사들은 기뻐하며 궁전으로 들어갔지만, 에우륄로코스는 함정이 아닐까 의심해 뒤에 남아 조심스럽게 창문을 통해 안을 엿봤다. 여신은 굶주린 뱃사람들 앞에 치즈와 보리, 꿀, 포도주를 내와 산처럼 쌓았다. 그러나 이는 약을 탄 음식이었고, 이들이 먹기 시작하자마자 그녀는 자기 지팡이로 이들의 어깨를 때려 모두 돼지로 바꿔 버렸다. 그런 다음 그녀는 당연한 듯 돼지우리 쪽문을 열고 도토리와 산딸나무 열매를 몇 줌 진흙 바닥에 뿌린 다음 이들을 그 속에 몰아넣었다.

k. 에우륄로코스는 돌아와 울면서 그동안 벌어진 일을 오뒷세우스에게 전했다. 이에 그는 머릿속에 아무 정해진 계획도 없이 이들을 구출하겠다는 생각에 칼을 틀어쥐고 달려갔다. 그런데 놀랍게도 그의 앞에 헤르메스 신이 나타나 공손히 인사를 건네더니, 키르케의 마법에 맞설 부적을 주었다. 이는 향기가 강하고 뿌리가 검은 흰 꽃으로 이름이 몰뤼였다. 오직 신들만이 이를 알아보고 캐낼 수 있다. 오뒷세우스는 선물을 감사히 받고 가던 길을 계속 갔다. 이윽고 그도 키르케의 환대를 받았다. 그가 약을 탄 음식을 믹는 동안 그녀는 지팡이를 들고 그의 어깨를 내리쳤다. "돼지우리로 가서 네 동무들과 함께 있거라." 그녀는 명령했다. 그러나 오뒷세우스는 그녀 몰래 몰뤼 꽃의 향기를 맡고 있어 마법에 걸리지 않았고, 손에 칼을 뽑아들고 뛰어올랐다. 키르케는 그의 발 아래로 쓰러져 눈물을 흘리며 말했다. "살려만 주시면, 제 침실을 나눠 드리고 아이아이아도 함께 다스리게 해드리겠습니다!" 마녀는 연인의 피를 몰래 뽑아내 작은 주머니에 담는 방법으로 그의 기력을 빼앗아 죽일 수 있다. 오뒷세우스도 이를 잘 알고 있어, 키

르케에게 앞으로 자신에게 악행을 저지르지 않겠다고 엄숙하게 맹세하도록 시켰다. 그녀는 축복받은 신들의 이름으로 이렇게 맹세한 다음, 따뜻한 목욕물과 황금 잔의 포도주, 침착한 하녀가 시중을 드는 맛있는 만찬을 차례로 내왔다. 자주색 침대보를 덮은 침대에서 그와 함께 밤을 보낼 준비도 마쳤다. 그런데 오뒷세우스는 그녀의 유혹적인 구애에 반응을 보이지 않았다. 그녀가 그의 동료들뿐 아니라 그녀의 마법에 걸린 다른 뱃사람들도 모두 풀어 주겠다고 동의한 뒤에야 마음을 열었다. 일단 일이 이렇게 되자 그는 기쁜 마음으로 아이아이아에 머물렀으며, 그녀는 세 아들로 아그리오스, 라티노스, 텔레고노스를 낳았다.[7]

l. 오뒷세우스는 다시 귀향길에 오르고 싶었다. 키르케도 그를 놓아 주겠다고 마음을 먹었다. 그러나 그는 먼저 타르타로스를 방문해 거기 있는 예언가 테이레시아스를 찾아봐야 했다. 만약 자신이 이타케에 도착한다면 어떤 운명이 기다리고 있는지, 그 뒤에는 어떠할지 그의 예언을 들어봐야 했다. "북풍의 신의 도움을 받아 계속 달리세요." 키르케는 말했다. "그러면 '큰바다'와 '페르세포네의 숲'에 다다를 겁니다. 검은색 포플러와 오래된 버드나무가 있어 금방 알아볼 수 있어요. 플레게톤 강과 코퀴토스 강이 아케론으로 흘러 들어가는 지점에 구덩이를 파고 하데스와 페르세포네에게 어린 숫양과 검은 암양을 제물로 바치세요. 그 제물은 제가 챙겨드리겠습니다. 제물의 피가 구덩이로 흘러들게 놔두세요. 그리고 테이레시아스가 도착하길 기다리면서 당신의 칼로 다른 혼령들을 모두 쫓아 버리세요. 그가 원하는 만큼 마실 수 있게 한 다음 그의 조언을 귀담아들으세요."

m. 오뒷세우스는 그의 부하들을 강제로 배에 태웠다. 누가 안락한 아이아이아를 떠나 하데스의 땅으로 항해하려 하겠는가? 키르케는 순풍을 불게 해주었고, 바람은 이들을 재빨리 날려 보내 큰바다와 저 멀리 세상의 잃

어버린 경계에 이르게 했다. 그곳 '영원한 땅거미'의 시민들인 킴메리오이족은 안개에 갇혀 어떻게 해도 태양의 신을 만날 수 없었다. 페르세포네의 숲을 발견하자, 오뒷세우스는 상륙해 키르케가 알려 준 그대로 했다. 구덩이 앞에 나타난 첫 번째 혼령은 엘페노르의 혼령이었다. 오뒷세우스의 선원 가운데 하나로, 바로 며칠 전 키르케의 궁전 지붕에서 술에 취해 잠을 자던 도중 잠이 덜 깬 상태로 내려오다 난간 너머로 떨어져 목숨을 잃었다. 오뒷세우스는 너무 서둘러 아이아이아를 떠나오는 바람에 엘페노르의 부재를 이제껏 알지 못했다. 그에게는 제대로 장례식을 열어 묻어 주겠다고 약속했다. "생각해 보면 배를 타고 온 나보다 걸어서 온 네가 더 빨랐구나!" 그는 감탄해 말했다. 엘페노르가 아무리 불쌍하게 간청해도 오뒷세우스는 그에게 한 모금의 피도 주지 않았다.

n. 온갖 혼령들이 구덩이 주변으로 남녀노소 할 것 없이 구름처럼 모여들었다. 이들 가운데는 오뒷세우스의 어머니 안티클레이아도 있었지만, 그는 테이레시아스가 피를 마실 때까지 기다리라 했다. 마침내 테이레시아스가 나타나 고마워하면서 피를 핥아먹었다. 그리고 그는 오뒷세우스에게 바로 다음 뱃길에 시칠리아가 보이거든 부하들을 엄하게 단속해야 한다고 경고했다. 그렇게 하지 않으면 그들이 태양의 티탄 신인 휘페리온의 소 떼를 훔치려 할 것이기 때문이다. 이타케에서는 커다란 고통이 기다리고 있으니 마음의 준비를 하라고 했다. 그리고 거기에서 그의 재산을 탕진하고 있는 악당들을 응징할 수는 있지만, 그의 여정은 그래도 끝나지 않을 것이라고 일렀다. 그는 배를 젓는 노를 어깨에 메고 내륙으로 들어가야 하며, 아무도 고기에 소금을 치지 않고 노를 보고 곡식을 까부르는 키라고 하는 곳까지 가야 한다고 했다. 거기 도착해 포세이돈에게 제물을 바치면, 이타케에 다시 돌아가 윤택한 노년을 보낼 수 있다고 일렀다. 마지막에 죽음이 바다

에서 그를 찾아올 것이라는 말도 빼놓지 않았다.

o. 오뒷세우스는 테이레시아스에게 감사하다는 말과 함께 이타케에 돌아가면 검은 암양을 한 마리 더 잡아 그 피를 올리겠다고 약속했다. 그런 다음 그는 마침내 자기 어머니가 갈증을 풀게 허락했다. 그녀는 집안 소식을 더 전해 주었지만, 며느리의 구혼자들에 대해서는 신중하게 입을 다물었다. 그녀가 작별 인사를 하자 수많은 왕비와 공주의 혼령들이 피를 핥기 위해 구름처럼 모여들었다. 오뒷세우스는 안티오페, 이오카스테, 클로리스, 페로, 레다, 이피메데이아, 파이드라, 프로크리스, 아리아드네, 마이라, 클뤼메네, 에리퓔레 등과 같은 유명한 인물들을 만날 수 있어 무척 즐거웠다.

p. 그는 다음으로 예전 전우들을 대접했다. 아가멤논은 그에게 이타케에 몰래 상륙하라고 조언했다. 아킬레우스는 네오프톨레모스의 큰 업적을 전해 듣고 기뻐했다. 큰 아이아스는 여전히 그를 용서하지 않아 부루퉁하게 큰 걸음으로 멀리 가버렸다. 오뒷세우스는 미노스가 재판을 하고, 오리온이 사냥을 하고, 탄탈로스와 시쉬포스가 고통을 받는 모습도 구경했다. 그리고 헤라클레스는 그의 과업이 길어진 것을 위로해 주었다. 이 경우, 그의 망령이었을 수도 있다. 헤라클레스는 불사의 신들과 편안히 잔치를 즐기고 있기 때문이다.[8]

q. 오뒷세우스는 아이아이아 섬으로 안전하게 배를 타고 돌아갔다. 그는 엘페노르의 주검을 매장하고 그의 노를 묘비로 삼아 무덤 위에 박았다. 키르케는 들떠서 그에게 인사했다. "하데스의 땅을 다녀왔다니, 정말로 대단한 배짱입니다!" 이렇게도 말했다. "사람은 오직 한 번만 죽게 마련인데, 당신께서는 두 번 죽게 됐습니다!" 그녀는 다음에 '세이레네스의 섬'을 통과해야 한다고 경고했다. 이들은 아름다운 목소리로 주변에 항해하는 모든 사람들을 마법에 빠뜨렸다. 이들은 아켈로오스 강의 자식들로, 누구는 포

르퀴스의 자식이라 하는데, 어머니는 무사 테르프시코라이거나 포르타온의 딸인 스테로페이다. 이들은 소녀의 얼굴을 하고 있지만 새의 다리와 깃털을 가지고 있으며, 이런 기이한 모습을 설명하기 위해 여러 이야기가 전해 온다. 이를테면 이들은 하데스가 코레를 납치해 갔을 때 그녀와 함께 놀고 있었다고 한다. 데메테르는 위기에 빠진 딸을 도와주지 않은 것에 화가 나서 이들에게 날개를 주면서 말했다. "썩 물러가라. 온 세상을 뒤져서라도 내 딸을 찾아내거라!" 또는 아프로디테가 이들을 새로 바꿔 버렸다고 한다. 이들이 오만하여 자기네 처녀성을 신들이나 남자들에게 주지 않으려 했기 때문이었다. 그래도 이들은 더 이상 날지 못했다. 무사이가 음악 경연에서 이들을 이긴 다음 날개 깃털을 빼앗아 자기네 승리의 관을 만들어 버렸기 때문이다. 이제 이들은 목초지에 앉아 노래하는데, 그 주변에는 자기들에게 이끌려와 죽음에 이른 뱃사람들의 뼈가 수북하게 쌓여 있다. "벌꿀 밀랍으로 부하들의 귀를 막으세요." 키르케는 충고했다. "그리고 만약 당신이 그들의 노랫소리를 듣고 싶다면 뱃사람들이 당신의 손과 발을 돛대에 묶도록 하고, 아무리 심한 말로 위협해도 풀어 주지 않겠다고 맹세하게 하세요." 오뒷세우스가 작별 인사를 하자 키르케는 그에게 닥칠 다른 여러 위험들에 대해서도 알려 주었다. *그*가 배를 타고 떠나자 한 번 더 순풍이 불었다.

r. 배가 '세이레네스의 땅'에 접근하자 오뒷세우스는 키르케의 조언에 따랐다. 세이레네스가 달콤하게 노래를 부르면서 그에게 지상에서 일어날 모든 일을 내다볼 수 있는 힘을 주겠다고 약속했다. 이에 그는 부하들에게 소리를 질러 즉시 풀어 주지 않으면 죽이겠다고 위협했다. 그러나 부하들은 그의 이전 명령에 복종해 그를 돛대에 더 단단하게 묶을 뿐이었다. 이렇게 안전하게 위험지대를 벗어났고, 세이레네스는 분을 참지 못하고 자살했다.[9]

s. 어떤 이들은 세이레네스가 둘뿐이었다고 믿고 있다. 다른 이들은 셋이었다면서, 이름이 파르테노페, 레우코시아, 리게이아라고 전한다. 또는 페이시노에, 아글라오페, 텔크세페이아이거나 그게 아니면 아글라오포노스, 텔크시오페, 몰페라고 한다. 다른 이들은 넷이라면서, 그 이름이 텔레스, 라이드네, 텔크시오페, 몰페라고 주장한다.[10]

t. 오뒷세우스는 다음으로 위험한 두 절벽 사이를 통과해야 했다. 한쪽에는 스퀼라가 있고 다른 쪽에는 카립디스가 살고 있었다. 카립디스는 '어머니 대지'와 포세이돈의 딸로, 탐욕스러운 여인이라 제우스가 벼락으로 내리쳐 바다로 내던졌으며, 지금은 하루에 세 번씩 엄청나게 많은 바닷물을 삼켰다가 곧장 다시 뿜어낸다. 스퀼라는 한때 '헤카테 크라타이이스[1]'의 아름다운 딸이었다. 아버지는 포르퀴스 또는 포르바스라 한다. 에키드나가 튀폰, 또는 트리톤, 또는 튀르레니오스와 함께 낳은 딸이라는 말도 있다. 그런데 스퀼라는 아름다운 여인에서 무서운 머리 여섯 개와 다리 열두 개를 가진 개를 닮은 괴물로 바뀌었다. 바다의 신인 글라우코스가 그녀를 사랑하는 것을 질투해 키르케가 그렇게 만들었다는 말도 있고, 포세이돈의 사랑에 암피트리테가 그랬다는 말도 있다. 그녀는 뱃사람들을 붙잡아 뼈를 부수고 천천히 삼켰다. 스퀼라한테 정말로 이상한 것은 그녀가 내는 소리다. 갓 태어난 강아지가 낑낑거리는 소리보다 더 작다. 오뒷세우스는 카립디스한테서 벗어나고자 조금 방향을 틀었지만 스퀼라에게 너무 가까이 접근하게 되어 버렸다. 스퀼라는 뱃전에 기대 그의 유능한 선원 여섯을 하나씩 입에 물고 낚아채 재빨리 바위 위로 끌고 갔다. 그리고 거기서 느긋하게 이들

---

1) 헤카테 크라타이이스Hecate Crataeis: '크라타이이스'가 헤카테의 별칭이라고도 하고, 양쪽 가운데 어느 한 쪽이 스퀼라의 어머니라는 주장이 병존한다.

을 먹어 치웠다. 이들은 비명을 지르면서 오뒷세우스에게 손을 뻗었지만, 그는 감히 구할 생각도 못하고 계속 배를 몰았다.[11]

u. 오뒷세우스는 이렇게 위험한 항로를 택한 것은 '떠도는 또는 부딪치는 바위들'을 피하기 위해서였다. 오직 아르고 호만 이들 사이를 통과하는 데 성공했을 뿐이다. 하지만 그는 이것들이 지금은 해저에 뿌리를 내리고 있다는 것을 몰랐다. 금방 시칠리아 섬이 그의 눈에 들어왔다. 거기엔 태양의 티탄 신인 휘페리온이, 어떤 이는 헬리오스라 부르지만, 눈이 부실 정도로 훌륭한 소 떼를 초원에서 기르고 있었다. 소 떼는 일곱 무리였고, 각각 50마리씩이었다. 튼실한 양 떼도 따로 크게 무리를 짓고 있었다. 오뒷세우스는 부하들에게 키르케가 챙겨 준 식량에 만족하고 저기 암소는 단 한 마리도 훔치지 않겠다고 엄숙하게 맹세하도록 했다. 그런 다음 이들은 상륙해 배를 뭍에 끌어 올려 두었다. 그러나 남풍의 신이 30일 동안 연달아 찾아와 발이 묶였고, 식량이 문제가 됐다. 뱃사람들이 매일 사냥하고 낚시를 했지만, 성공하는 경우가 드물었다. 마침내 에우륄로코스는 너무 배가 고파 동료들을 옆으로 데리고 가서 소를 잡아먹자고 설득했다. 그는 서둘러 덧붙이길 이타케에 돌아가자마자 휘페리온에게 훌륭한 신전을 지어 바치면 별 일 없을 것이라 했다. 이들은 오뒷세우스가 잠이 들 때까지 기다렸고, 암소 몇 마리를 붙잡아 도축해 넓적다리뼈와 기름을 신들에게 제물로 올린 다음 훌륭한 쇠고기를 구워 푸짐하게 먹었다.

v. 오뒷세우스는 잠에서 깨어 그동안 무슨 일이 벌어졌는지 알고 경악했다. 휘페리온도 자기 딸이자 소몰이꾼들의 대장인 람페티아에게서 그 이야기를 듣고 마찬가지 반응을 보였다. 휘페리온은 제우스에게 투덜거렸고, 제우스는 이들이 다시 배를 띄운 것을 보고 갑작스레 서쪽에서 불어오는 폭풍을 보내 돛대를 부러뜨려 키잡이 위로 떨어지게 했다. 갑판에 벼락도 던

졌다. 오뒷세우스의 배는 부서져 침몰했고, 오뒷세우스를 빼고 나머지는 모두 물에 빠져 죽었다. 그는 용케도 물에 떠 있던 돛대와 용골을 생가죽 받침줄로 함께 묶어 임시로 배를 만들었고, 거기 기어올라 걸터앉았다. 그러나 남쪽에서 불어오는 돌풍이 일어났고, 그의 배는 카륍디스의 소용돌이로 빨려 들어갔다. 오뒷세우스가 절벽에 자라고 있는 야생 무화과나무 줄기를 움켜쥐고 매달려 있는 동안 소용돌이는 돛대와 용골을 집어삼키더니 다시 토해 냈다. 이에 그는 다시 한번 돛대와 용골에 기어올라, 손으로 물을 저어 그곳을 벗어났다. 아흐레 동안 표류한 끝에 그는 오귀기아 섬의 해변에 닿았다. 이는 테티스의 딸인 칼륍소가 사는 곳이다. 그녀의 아버지는 오케아노스인데, 네레우스 또는 아틀라스일 수도 있다.[12]

w. 칼륍소의 거대한 동굴은 오리나무, 검은 포플러, 사이프러스가 들어찬 덤불숲 속에 자리를 잡고 있었다. 이 나무들의 가지 위에는 뿔 달린 부엉이, 매, 시끄럽게 지저귀는 가마우지가 앉아 있었다. 동굴 입구에는 포도나무 한 그루가 위로 감겨 있었으며, 옆에 있는 목초지에는 네 줄기 깨끗한 시냇물이 흐르고 파슬리와 붓꽃이 빽빽하게 자라고 있었다. 사랑스러운 칼륍소는 해변으로 밀려온 오뒷세우스를 환대하면서, 충분한 먹을거리와 취할 거리를 챙겨 주었다. 그리고 자신의 부드러운 침대도 나눠 주었다. 그녀는 말했다. "만약 나와 함께 머문다면, 그대는 불사의 존재가 되고 영원한 젊음을 즐기게 될 것이다." 누구는 그에게 쌍둥이 나우시토오스와 나우시노오스뿐 아니라 라티노스를 낳아 준 것이 키르케가 아니라 칼륍소였다고 전한다.

x. 칼륍소는 오뒷세우스를 7년 동안 오귀기아 섬에 붙잡아 두었다. 또는 5년만 그랬다. 그러는 동안 그녀는 그가 이타케를 잊어버릴 수 있게 노력했다. 그러나 그는 금방 그녀의 품이 지겨워졌으며, 실의에 빠져 저 건너 바다

를 보면서 해변에 앉아 있곤 했다. 마침내 포세이돈이 없는 틈을 타서, 제우스는 헤르메스를 칼립소에게 보내 오뒷세우스를 풀어 주라 명했다. 그녀는 이를 따를 수밖에 없었다. 이에 칼립소는 그에게 뗏목을 지으라고 했다. 그녀는 나중에 거기에 곡식 자루와 포도주와 물로 채운 가죽 부대, 말린 고기 등 식량도 충분히 실어 주게 된다. 오뒷세우스는 함정이 아닌가 의심했지만, 칼립소는 스튁스 강의 이름으로 그를 속이는 게 아니라고 맹세했다. 그러면서 그에게 도끼와 자귀, 나사송곳을 비롯해 필요한 도구도 모두 빌려주었다. 그는 더 이상 뭐라 하지 않고, 즉석에서 나무줄기 20개를 한데 묶어 뗏목을 만들었다. 그는 굴림판으로 굴려 뗏목을 바다에 띄우고 칼립소에게 작별의 입맞춤을 했다. 그리고 순풍을 받으며 먼 바다로 나아갔다.

y. 포세이돈은 절친한 친구인 에티오피아인들을 방문한 다음, 날개 달린 전차를 타고 바다를 건너 집으로 돌아가고 있었다. 그러다 갑자기 뗏목이 눈에 띄었다. 즉시 큰 파도를 일으켜 뗏목을 뒤집고, 오뒷세우스를 바다에 빠뜨렸다. 그는 입고 있던 화려한 예복 탓에 깊은 바다 속으로 계속 가라앉아 가슴이 터질 지경이었다. 그러나 그는 힘 좋은 수영 선수이기도 해서 예복을 벗고 수면까지 올라왔으며 다시 뗏목에 기어오를 수 있었다. 아타마스의 아내이자 예전에 이노라 불렸던 여신 레우코테아가 그를 불쌍히 여겨 갈매기로 변신하고 그의 곁에 내려앉았다. 그녀는 부리에 면사포를 물고 있었는데, 오뒷세우스에게 다시 바다로 빠지기 전에 허리에 이를 두르라고 일렀다. 면사포가 그를 구해 줄 것이라고 약속했다. 그는 그러길 주저했지만, 또 다른 파도가 뗏목을 산산이 부서뜨리자 면사포를 두르고 헤엄을 쳐서 그곳을 벗어났다. 포세이돈은 이미 에우보이아 부근에 있는 자신의 수중 궁궐에 돌아온 상태라, 아테나가 바람을 보내 오뒷세우스 앞길의 파도를 잠재웠다. 그리고 이틀 뒤 그는 완전히 탈진한 채 당시엔 파이아케스족

이 차지하고 있던 드레파네 섬의 해변에 도착했다. 그는 시냇가 옆에 있는 잡목 숲에 쉴 곳을 찾아 눕고, 마른 나뭇잎으로 제 몸을 덮은 다음 곧장 깊은 잠에 빠졌다.[13]

z. 다음 날 아침, 사랑스러운 나우시카아가 아마포 빨래를 위해 시냇가로 왔다. 그녀는 알키노오스 왕과 아레테 여왕의 딸로, 이 부부도 예전에 한 번 이아손과 메데이아에게 이런 친절을 베푼 적이 있었다. 나우시카아는 빨래를 끝내고 시녀들과 공놀이를 했다. 우연히 공이 튀어 물속에 빠졌고, 오뒷세우스는 비명 소리에 놀라 잠을 깼다. 그는 옷이 없어 벌거벗고 있었기에 잎이 달린 올리브 나뭇가지로 몸을 가린 채 앞으로 조심스럽게 나아가 달콤한 말로 나우시카아에게 자기 사정을 설명했다. 이에 그녀는 예의 바르게 그를 보호하면서 궁전으로 데려갔다. 알키노오스는 오뒷세우스에게 많은 선물을 주었고, 그의 모험 이야기를 듣고 난 다음 좋은 배를 내줘 그를 이타케까지 보내 주었다. 그를 데려간 병사들은 이타케 섬을 잘 알고 있어 포르퀴스라는 한적한 곳에 닻을 내렸다. 병사들은 깊이 잠들어 있는 오뒷세우스를 깨우지 않기로 하고, 그를 해변으로 옮겨 모래 위에 부드럽게 뉘었다. 알키노오스의 선물은 가까이 있는 나무 아래 쌓아 두었다. 그러나 포세이돈은 오뒷세우스에게 이런 친절을 베푼 파이아케스족에 엄청나게 화가 나서 귀환하는 배를 손바닥으로 내려치고 배와 선원을 모두 돌로 바꿔 버렸다. 알키노오스는 즉시 세심하게 고른 황소 열두 마리를 포세이돈에게 제물로 바쳤다. 포세이돈이 그 사이에 있는 거대한 산을 무너뜨려 섬의 두 항구를 파괴하겠다고 위협했기 때문이다. 누구는 포세이돈이 자기가 말한 대로 했다고 전한다. "앞으로는 손님을 환대하지 말라고 우리를 가르치고 있구나!" 알키노오스는 아레테에게 비참한 어조로 말했다.[14]

1] 호메로스: 『오뒷세이아』 9. 39-66.

2] 아폴로도로스: 『요약집』 7. 2-3; 호메로스: 『오뒷세이아』 9. 82-104; 헤로도토스: 『역사』 4. 177; 플리니우스: 『자연 탐구』 13. 32; 휘기누스: 『신화집』 125.

3] 호메로스: 『오뒷세이아』 9. 105-542; 휘기누스: 같은 곳; 에우리피데스: 『퀴클롭스』; 아폴로도로스: 『요약집』 7. 4-9.

4] 호메로스: 『오뒷세이아』 10. 1-76; 휘기누스: 같은 곳; 오비디우스: 『변신 이야기』 14. 223-232.

5] 투퀴디데스: 『펠로폰네소스 전쟁사』 1. 2; 플리니우스: 『자연 탐구』 3. 5. 9와 8. 14; 체체스: 『뤼코프론에 관하여』 662와 956; 실리우스 이탈리쿠스: 7. 410과 14. 126; 키케로: 『앗티쿠스 탄핵』 2. 13; 호라티우스: 『서정시』 3. 17.

6] 호메로스: 『오뒷세이아』 10. 30-132; 휘기누스: 같은 곳; 아폴로도로스: 『요약집』 7. 12; 오비디우스: 『변신 이야기』 14. 233-244.

7] 호메로스: 『오뒷세이아』 10. 133-574와 12. 1-2; 휘기누스: 같은 곳; 오비디우스: 『변신 이야기』 14. 246-404; 헤시오도스: 『신들의 계보』 1011-1014; 호메로스의 『오뒷세이아』 16. 118에 대한 에우스타티오스.

8] 호메로스: 『오뒷세이아』 11.; 휘기누스: 같은 곳; 아폴로도로스: 『요약집』 7. 17.

9] 호메로스: 『오뒷세이아』 12.; 아폴로도로스: 『요약집』 7. 19; 아폴로니오스 로디오스: 『아르고 호 이야기』 4. 898; 아일리아노스 『동물의 본성』 17. 23; 오비디우스: 『변신 이야기』 5. 552-562; 파우사니아스: 『그리스 여행기』 9. 34. 3; 휘기누스: 『신화집』 125와 141; 소포클레스: 『오뒷세우스, 글조각』 861, 피어슨 편집.

10] 플루타르코스: 『심포시아카』 9. 14. 6; 호메로스의 『오뒷세이아』 12. 39에 대한 고전 주석자; 휘기누스: 『신화집』 같은 곳과 '서문'; 체체스: 『뤼코프론에 관하여』 712; 호메로스의 『오뒷세이아』 12. 167에 대한 에우스타티오스.

11] 베르길리우스의 『아이네이스』 3. 420에 대한 세르비오스; 아폴로도로스: 『요약집』 7. 21; 호메로스: 『오뒷세이아』 12. 73-126과 222-259; 휘기누스: 『신화집』 125, 199와 '서문'; 아폴로니오스 로디오스: 4. 828, 고전 주석자와 함께; 호메로스에 대한 에우스타티오스 1714; 체체스: 『뤼코프론에 관하여』 45와 650; 오비디우스: 『변신 이야기』 13. 732 ff.와 906 ff.

12] 호메로스: 『오뒷세이아』 12. 127-453; 아폴로도로스: 『비블리오테카』 1. 2. 7과 『요약집』 7. 22-23; 헤시오도스: 『신들의 계보』 359.

13] 호메로스: 『오뒷세이아』 5. 13-493과 7. 243-266; 휘기누스: 『신화집』 125; 헤시오도스: 『신들의 계보』 1111 ff.; 아폴로니오스 로디오스에 대한 고전 주석자: 3. 200; 호메로스의 『오뒷세이아』 16. 118에 대한 에우스타티오스; 아폴로도로스: 『요약집』 7. 24.

14] 호메로스: 『오뒷세이아』 13. 1-187; 아폴로도로스: 『요약집』 7. 25; 휘기누스: 같은 곳.

＊

1. 아폴로도로스는 "어떤 이는 『오뒷세이아』를 시칠리아 주변을 도는 항해에 대한 묘사로 이해한다"고 기록했다(『요약집』 7. 29).[2] 새뮤얼 버틀러 Samuel Butler는 독자적으로 동일한 견해에 도달했으며, 나우시카아Nausicaa를

---

2) "오뒷세우스는 일설에 따르면 리비아 주위를, 일설에 따르면 시켈리아 주위를, 또 다른 일설에 따르면 오케아노스 또는 튀레니아 해 주위를 떠돌아다녔다고 한다."(『원전으로 읽는 그리스 신화』, 아폴로도로스 지음, 천병희 옮김, '요약' 7장 1절) 원문의 『요약집』 7. 29'은 『요약집』 7. 1'의 오기로 보인다.

『오뒷세이아』를 지은 여성 작가의 자화상으로 읽었다. 이 작가는 에뤽스 지역의 젊고 재능 있는 시칠리아 귀족 여인이라고 했다. 버틀러는 자신의 「'오뒷세이아'의 여성 작가Authoress of the Odyssey」에서 작품 속에 궁정 가정사에 대한 상세한 지식이 배어 있다는 점을 이런 주장의 근거로 제시했다. 그에 견주어 뱃일이나 목축일에 대해선 개략적 지식만 보여 줄 뿐이라는 것이다. 그러면서 "여성적 관심사의 우위"를 강조했다. 또한, 버틀러는 작가가 여성이었기에 오뒷세우스가 먼저 과거의 유명한 여인들과 대화를 나누고 나서 유명한 남자들과 대화하는 장면이 연출됐다고 지적했다. 오뒷세우스가 파이아케스족에게 행한 작별 연설에서, 반대 방향이 아니라, "이들이 계속 자기 아내와 자식들을 즐겁게 해주기를"이라고 기원하는 장면도 같은 맥락이라고 주장했다(『오뒷세이아』 13. 44-45).[3] 헬레네가 목마의 옆구리를 쓰다듬으면서 안에 있는 남자들을 놀리는 대목도 마찬가지다(167. k 참고). 버틀러의 견해에 이의를 제기하기 쉽지 않다. 『오뒷세이아』의 무겁지 않고, 해학적이며, 순박하고, 활달한 붓놀림은 거의 확실히 여성의 솜씨다. 그런데 나우시카아는 서로 다른 두 전설을 결합하고 자기 고향 시칠리아에 맞게 지역화했다. 이 전설들 모두 그녀가 발명한 것은 아닌데, 하나는 절반은 역사적 사실에 기반한 오뒷세우스의 귀환이며, 다른 하나는 또 다른 영웅의 우의적인 모험이다. 이때 다른 영웅은 울륏세스Ulysses라고 불러 보자. 그는 오뒷세우스의 할아버지 시쉬포스(67. 2 참고)와 마찬가지로 자신의 통치 기간이 끝났음에도 죽지 않으려 했다. 오뒷세우스 전설에는 ① 이스마

---

3) "한편 그대들은 이곳에 머물며 결혼한 아내와 자식들을 즐겁게 해주기를! 신들께서는 부디 그대들에게 온갖 좋은 것을 베풀어주시고"(『오뒷세이아』 천병희 옮김) 저자는 남성 작가라면 여인들에게 남편을 즐겁게 해주라고 기원했을 것이라고 말하는 것이다. 원래 기원은 상대편이 무엇인가 해주기를 바라는 행위이다.

로스Ismarus에 대한 공격, ② 남서쪽 멀리 그를 보내 버린 폭풍, ③ 시칠리아와 이탈리아 항로를 통한 귀환, ④ 드레파네Drepane(즉 코르푸 섬)에서 일어난 배의 침몰, ⑤ 그리고 마지막에 구혼자들에 대한 복수 등이 차례로 들어 있었을 것이다. 이를 제외한 모든, 또는 거의 모든 사건은 울릿세스 이야기에 속한다. ① 로토스의 땅, ② 퀴클롭스의 동굴, ③ 텔레퓔로스Telepylus의 항구, ④ 아이아이아Aeaea 섬, ⑤'페르세포네의 숲', ⑥ '세이레네스의 땅', ⑦ 오귀기아Ogygia섬, ⑧ 스퀼라와 카륍디스, ⑨ "깊은 바다", ⑩ 심지어 '포르퀴스의 만'까지 전부 울릿세스가 모면했던 죽음에 대한 메타포들이다. 오뒷세우스가 늙은 헤카베를 처형한 일도 이런 죽음의 모면에 집어넣을 수 있다. 그녀는 작은개자리인 마이라로도 알려져 있으며, 이카리오스의 승계자를 그녀에게 제물로 바쳐야 했다(168. 1 참고).

2. 스퀼락스(「주항周航」10)와 헤로도토스(4. 77)는 모두 '로토스 먹는 이들'을 가모장제 사회인 긴다네스Gindanes 부근의 서부 리비아에 사는 종족으로 알고 있었다. 그들의 주요 산물은 맛좋고 영향이 풍부한 코르디아 뮉사cordia myxa였는데, 이는 달콤하고 끈적거리는 과일로 포도처럼 송이로 열매가 맺혔으며 압착해 곡물과 함께 섞어 먹었다(플리니우스:『자연 탐구』13. 32; 테오프라스토스:『식물의 역사』4. 3. 1). 언젠가 카르타고를 향해 진군하는 군대에게 이를 먹인 적도 있다. 코르디아 뮉사는 계속 람누스 지쥐포스rhamnus zizyphus와 혼동을 불러일으켰다. 이는 일종의 야생 능금으로, 신맛의 사과주를 만든다. 부드러운 씨가 아니라 단단한 씨가 들어 있다. 로토스를 먹으면 망각에 빠진다는 대목은, 보통 그 술의 좋은 효험 때문에 나온 이야기라고 한다. 그러나 로토스-먹기는 로토스-마시기와 같은 게 아니다. 신성한 왕이 '무정한 미인the Belle Dame Sans Merci'이 건넨 사과를 맛보는 것은, 그녀가 부과한 죽음을 받아들이는 것과 동일하다(33. 7과 133. 4 참고). 이에 신중한 울릿

세스는 창백한 왕들과 전사들이 사과 때문에 지하 세계에서 고통받고 있음을 잘 알고 있기에, 람누스 맛보기를 거절했을 터이다. 스코틀랜드의 마녀 숭배 발라드에서 '시인 토마스Thomas the Rhymer'는 '엘파임의 여왕Queen of Elphame'이 보여 주는 낙원의 사과를 건드리지 말라는 경고를 받는다.

3. 퀴클롭스의 동굴은 확실히 죽음의 장소이며, 오뒷세우스의 무리는 열세 명으로 구성돼 있다. 원시시대 왕은 이 숫자와 같은 열세 달 동안 통치했다. 외눈박이 폴뤼페모스Polyphemus는 종종 그 어머니가 마녀라고 하는데, 유럽 전역의 민간 설화에 두루 등장하며, 그 기원을 카우카소스까지 거슬러 올라갈 수 있다. 그러나 동료 열두 명은 오직 『오뒷세이아』에만 등장한다. 카우카소스의 이야기가 어떤 의미를 갖고 있든, [영국의 고고학자] A. B. 쿡은 자신의 『제우스』(302-323쪽)에서 퀴클롭스의 눈이 그리스에서 태양의 표상이었음을 보여 주었다. 그런데 오뒷세우스가 자기 동료들처럼 잡아먹히지 않기 위해 폴뤼페모스의 눈을 멀게 했을 때도 태양의 신은 계속 빛났다. 오직 인신 제물을 요구하는 바알, 또는 몰록, 또는 테수프, 또는 폴뤼페모스('유명한')의 눈만 멀게 되고, 신성한 왕은 의기양양하게 숫양들을 훔쳐 떠났다. 카우카소스 이야기의 목가적인 배경이 『오뒷세이아』에도 유지되고, 이야기 속의 사람 잡아먹는 괴물이 외눈박이로 나오기에, 그를 헬레네스 도래 이전의 퀴클로페스 가운데 하나라고 착각할 수 있었다. 원래 퀴클로페스는 유명한 대장장이들로, 그 문화가 시칠리아까지 퍼져 있었다. 그리고 이들은 아마 씨족의 표식으로 이마 가운데 눈 모양의 문신이 있었을 것이다(3. 2 참고).

4. 텔레퓔로스Telepylus는 '멀리 떨어져 있는 지옥의 문'을 뜻한다. 이는 유럽의 북쪽 맨 끝에 있고 '백야의 땅'이며, 거기에서는 들어오는 양치기가 나가는 양치기에게 인사를 한다. 이렇게 추운 지방, 즉 "북풍의 신 너머 뒤

쪽"에서 '떠도는 또는 부딪치는 바위들,' 다시 말해 부빙이 떠내려 온 것이다(151. 1 참고). 킴메리오이족Cimmerioi도 거기 산다. 이들은 한낮에도 태양을 보지 못하지만, 6월이면 한밤에도 해가 떠 있어 이를 벌충한다. 헤라클레스가 하데스와 싸움을 벌인 곳은 아마 텔레퓔로스였을 것이다(139. 1 참고). 만약 그렇다면 이 싸움은 그가 휘페르보레오이족을 방문하는 동안에 벌어졌을 터이다(125. 1 참고). 라이스트뤼고네스족('매우 냉혹한 종족의')은 아마도 노르웨이의 피오르드 거주민들을 지칭하는 듯하다. 호박 상인들은 [덴마크 동쪽] 보른홀름 섬과 발트 해의 남쪽 해안 지역을 방문할 때 이들의 야만적 해동에 대해 경고를 받곤 했다.

5. 아이아이아('울부짖는')는 전형적인 죽음의 섬으로, 거기에는 익숙한 죽음의 여신이 떠돌면서 노래를 한다. 아르고 호 전설에는 그곳이 아드리아 해의 머리 쪽에 있다고 나온다. 아마도 폴라Pola 부근의 로시니 섬Lussin일 수 있다(148. 9 참고). 키르케Circe는 '매'를 뜻하며, 그녀는 콜키스에 묘지가 있다. 거기에는 버드나무가 심어져 있고, 헤카테에게 신성한 장소이다. 남자들이 짐승으로 변신했다는 대목은 윤회의 교리를 암시하지만, 돼지는 특히 죽음의 여신에게 신성한 짐승이다. 그녀는 돼지에게 크로노스의 산딸나무 열매를 먹이는데, 이는 죽은 자들의 빨간 음식이다. 따라서 이들은 아마 그냥 혼령들일 것이다(24. 11과 33. 7 참고). 헤르메스의 몰뤼moly가 무엇을 말하는지 문법학자들은 결정을 짓지 못했다. 체체스(『뤼코프론에 관하여』 679)를 보면, 약제사들은 이것을 '야생 루타rue'라고 했다. 그러나 『오뒷세이아』의 묘사는 이것이 야생 시클라멘cyclamen임을 암시한다. 이는 발견하기가 어렵고, 흰 꽃잎에 어두운 색의 알뿌리를 갖고 있으며, 향기가 매우 달콤하다. 고전기 후기의 작가들은 '몰뤼'라는 이름을 노란 꽃이 피는 일종의 마늘에 가져다붙이면서, 이는 (양파와 해총, 그리고 진짜 마늘이 그렇게 하듯이) 달이 차

오를 때가 아니라 기울어질 때 자라며, 따라서 헤카테가 부리는 달의 마법을 막는 힘이 있다고 믿었다. 바빌로니아의 영웅인 마르두크는 바다의 여신인 티아마트의 유독한 냄새에 대한 해독제로 신들의 약초에 코를 대고 냄새를 맡았다. 그러나 서사시에 그 종류가 특정돼 있지는 않다(35. 5 참고).

6. 페르세포네의 검정 포플러 나무 숲은 서쪽 끝의 타르타로스 안에 있고, 오뒷세우스는 거기로 "내려가지" 않았다. 반면, 헤라클레스(134. c 참고), 아이네이아스, 그리고 단테는 거기로 내려갔다. 키르케는 그렇게 했다고 짐작했지만, 그렇게 하지 않은 것이다(31. a 참고). 플레게톤Phlegethon, 코퀴토스Cocytus, 아케론Acheron 강은 당연히 '지하의 지옥'에 속한다. 하지만 『오뒷세이아』의 여성 작가는 지리 지식이 부족했고, 서풍·남풍·북풍의 신을 마구잡이로 불러냈다. 오뒷세우스는 동풍을 타고 오귀기아와 '페르세포네의 숲'으로 가야 했다. 텔레퓔로스와 아이아이아로 갈 때는 남풍을 타고 가야 했다. 오뒷세우스가 동쪽으로 똑바로 배를 몰아 아이아이아로 갔다고 했는데, 작가는 그곳을 오리온과 티토노스가 죽은 '새벽의 섬'이라 하면서 이를 정당화했다. 따져 보면 뮈케나이의 벌집 모양의 무덤은 입구가 동쪽을 향한다. 그리고 키르케가 헬리오스의 딸이니까, 에오스('새벽')는 그녀의 고모가 된다.

7. 세이레네스(154. 3 참고)는 장례 기념물에 조각됐는데, 뤼라 음악에 맞춰 만가를 부르는 죽음의 천사의 모습을 하고 있다. 사람들은 이들이 이처럼 그 영웅을 애도만 하는 것이 아니라 그에 대해 관능적인 속셈도 갖고 있다고 봤다. 때때로 이들을 하르퓌이아이처럼 맹금류로 그리기도 했다. 영혼은 새의 모습을 하고 날아간다고 믿었기 때문인데, 맹금류로서 날아가는 영혼을 붙잡으려 기다린다는 것이다. 비록 포르퀴스의 딸들이고, 따라서 하르퓌이아이와 친사촌 사이지만, 이들은 지하나 동굴에 살지 않고, 아이아이

아 또는 오귀기아를 닮은 푸르고 음산한 섬에 살았다. 이들은 특히 바람 없는 한낮에 위험한 존재였는데, 이는 일사병과 시에스타 악몽의 시간이다. 이들을 아켈로오스 강의 딸들이라고도 하므로, 이들의 섬은 원래 아켈로오스 강의 입구에 있는 에키나데스 제도 가운데 하나였을 수 있다(142. 3 참고). 시칠리아인들은 이들이 시칠리아 펠로로스 곶(지금의 파로Faro)에 있었다고 주장했다. 라틴인들[4]은 나폴리 부근의 세이레네스Sirenuse 제도 또는 카프리 섬Capri 쪽이라 주장했다(스트라본: 1. 12, 이 책 154. d와 3 참고).

8. 또 하나 음산한 섬의 이름인 '오귀기아'는, '오케아노스Oceanus'와 같은 단어인 것 같다. 오겐Ogen은 이들의 중간 형태이다. 그리고 칼립소Calypso('숨겨진' 또는 '숨기는 사람')는 또 다른 죽음의 여신인데, 그녀의 동굴을 오리나무가 둘러싸고 있다는 점이 이를 분명하게 보여 준다. 오리나무는 죽음 신 크로노스 또는 브란에게 신성하다. 그 나뭇가지에는 죽음의 남신의 가마우지 또는 까마귀(98. 3 참고), 그리고 죽음의 여신의 뿔이 난 부엉이와 매가 앉아 있다. 파슬리는 애도의 표상이며(106. 3 참고), 붓꽃은 죽음의 꽃이었다(85. 1 참고). 그녀는 오뒷세우스에게 영원한 청춘을 약속했지만, 그는 영웅의 불멸이 아니라 삶을 원했다.

9. 포르퀴스 또는 헤카테의 딸인 스퀼라Scylla('발기발기 찢는 여인')와 카립디스Charybdis('아래로 빨아들이는 이')는 모두 파괴적인 바다 여신의 호칭이다. 이들의 이름이 멧시나 해협의 양편 바위와 해류에 붙기는 했지만, 그렇게만 한정해서는 곤란하다(16. 2와 91. 2 참고). 갈매기로 등장하는 레우코테아Leucothea(70. 4 참고)는 조난 사고를 애도하는 바다 여신이었다(45. 2 참고). 크

---

4) 여기서 라틴인들Latins은 전체 '이탈리아인'이 아니라, 로마가 있는 라티움 지역Latium 사람을 지칭하는 듯하다.

레테의 바다 여신도 역시 문어로 표현되고(81. 1 참고), 스퀼라가 오뒷세우스의 배에서 선원들을 물어가는 것을 보면, 인도와 교역을 하던 크레테인들은 선원을 잡아채 간다면서 무서워한 적도 지역의 커다란 생명체에 대해 알고 있었던 것 같다. 일찍이 지중해에서는 이런 존재가 전혀 알려져 있지 않았다. 스퀼라가 내는 소리에 대한 묘사는 별 것 아닌 것 같지만, 신화적 의미에서 엄청나게 중요하다. 이런 묘사를 통해 스퀼라는 브리튼 섬 전설에 나오는 '혼령 사냥개 무리' 또는 '가브리엘의 암캐들'과 동일시된다. 이는 하얗고 귀가 붉은 죽음의 사냥개로, 저주받은 자들의 영혼을 추적한다. 이놈들은 고대 이집트의 사냥개로 아누비스Anubis에게 신성하며, 이비자Iviza 섬에서 사육됐다. 그런데 이놈들은 사냥감을 쫓을 때 "냄새를 맡는" 소리를 내는데, 이게 강아지가 낑낑거리는 소리 또는 흑기러기가 철새로 날아가면서 내는 소리와 비슷하다(『하얀 여신』411쪽 참고).

10. 오뒷세우스가 키코네스족Cicones과 소규모 접전을 벌인 사건과 파이아케스족Phaeacians의 땅에 도착한 것 사이에 일어난 사건들 가운데 딱 두 가지만 아홉 번에 걸쳐 죽음을 거부한 일과 무관한 것으로 보인다. 즉 아이올로스의 섬을 방문한 일과 휘페리온의 소 떼 훔치기가 그 두 가지이다. 그러나 아이올로스의 책임 아래 있는 바람들은 죽은 이들의 정령이었다(43. 5 참고). 그리고 휘페리온의 소 떼는 헤라클레스가 열 번째 과업에서 훔친 놈들이다. 이는 본질적으로 지옥 약탈을 의미한다(132. 1 참고). 오뒷세우스가 이번 약탈에서 잘못한 게 없다고 주장하는 것은 별 의미가 없다. 그의 외할아버지인 아우톨뤼코스Autolycus(160. c 참고)도 태양의 소 떼를 훔쳤다고 인정하지 않았다(67. c 참고).

11. 오뒷세우스의 이름은 '화가 난'을 뜻하며 붉은 얼굴의 신성한 왕을 상징한다(27. 12 참고). 그는 로마에서 '울륏세스Ulysses' 또는 '울릭세스Ulixes'

라 불렸는데, 이는 아마도 오울로스oulos('상처')와 이스케아ischea('넓적다리')에서 만들어진 단어일 것이다. 이는 멧돼지의 엄니로 입은 상처와 연결되고, 늙은 유모는 그가 이타케로 돌아왔을 때 이를 알아봤다(160. c와 171. g 참고). 멧돼지 엄니로 넓적다리에 상처를 입는 것은 왕의 죽음에 있어 일반적인 형식이었다. 그러나 오뒷세우스는 왠지 상처를 입고도 죽지 않았다(18. 7과 151. 2 참고).

171
오뒷세우스의 귀향

잠에서 깬 오뒷세우스는 한동안 자기 고향 땅을 알아보지 못했다. 아테나가 화려한 모습으로 왜곡해 두었기 때문이다. 머지않아 아테나가 양치는 소년으로 변장하고 찾아와 그의 긴 거짓말을 들어 주었다. 오뒷세우스는 자신이 크레테 사람이고, 이도메네우스의 아들을 죽인 다음 시돈 사람의 배를 타고 북쪽으로 달아났으며, 어쩔 수 없이 여기 해변에 내려야 했다고 거짓말을 했다. "그런데 여기는 무슨 섬이냐?" 그는 물었다. 아테나는 웃으면서 오뒷세우스의 뺨을 어루만졌다. "너는 정말로 굉장한 거짓말쟁이구나!" 그녀는 말했다. "사실을 몰랐더라면 나도 쉽게 속아 넘어갔을 것이다. 오히려 네가 내 변장을 꿰뚫어보지 못한 게 놀랍구나. 나는 아테나다. 파이아케스 사람들이 내 지시에 따라 너를 여기 내려 주었다. 너를 조금 더 일찍 집으로 데려오지 않은 것이 후회스럽구나. 그러나 나도 너를 대놓고 도와줌으로써 삼촌인 포세이돈의 기분을 상하게 할 수는 없었다." 그녀는 그가 파이아케스 가마솥과 삼발이, 자주색 망토, 황금 잔을 동굴 속 안전한 곳에 숨겨 두는 것을 도와준 다음, 그를 남들이 알아볼 수 없게 변신시켰다. 피부는 시들어 축 늘어지게 했고, 붉은 머리카락은 숱이 적은 백발로 만들었으며, 지저분한 넝마를 입혔다. 아테나는 궁전의 충직한 늙은 돼지치기인 에우마이오스의 오두막으로 가는 길도 알려 주었다. 사실, 아테나는 이제 막 스파르테에서 온 참이었다. 텔레마코스가 거기 스파르테로 가서 최근에 이집트에서 돌아온 메넬라오스에게 오뒷세우스의 소식을 물었던 것이다.

이 대목에서 다음 설명이 필요하다. 오뒷세우스가 죽었다고 생각해, 100명 하고도 열두 명의 무례한 젊은 왕자들이 그의 아내 페넬로페에게 구혼을 하고 있었다. 이들은 이곳 이타케와 둘리키온, 사모스, 자퀸토스 등 왕국을 구성하는 여러 섬의 왕자들이었다. 이들은 각자 그녀와 결혼하고 왕좌를 차지할 욕심에 텔레마코스가 스파르테에서 돌아오면 그를 죽이기로 자기들끼리 작당을 해둔 상태였다.[1]

b. 그들이 처음 자기들 사이에서 구혼자를 결정하라고 요구했을 때, 페넬로페는 오뒷세우스가 여전히 살아 있는 게 분명하다고 선언했다. 믿을 수 있는 신탁이 그의 귀향을 예언했기 때문이라고 했다. 나중에 이들이 거세게 몰아붙이자, 그녀는 시아버지인 늙은 라에르테스가 죽을 때를 대비해 수의를 짜놓아야 하니 그것이 완성되면 곧장 결정을 내리겠다고 약속했다. 그녀는 이 일로 3년을 넘게 보냈다. 낮에는 천을 짜고 밤에는 이를 다시 풀었던 것인데, 마침내 구혼자들에게 이 책략이 발각되고 말았다. 오뒷세우스의 궁전은 언제나 이들로 들끓었다. 이들은 그의 포도주를 마시고, 그의 돼지와 양, 소를 잡아먹고, 하녀들을 유혹하는 등 장난치고 놀면서 시간을 보냈다.[2]

c. 돼지치기 에우마이오스는 오뒷세우스를 친절하게 맞이했지만, 그는 이번에도 자기 정체를 숨겼다. 다만, 신들에게 맹세하면서 오뒷세우스가 살아 있으며, 집으로 돌아오고 있다고 전했다. 텔레마코스는 이 무렵 예정보다 빨리 이타케에 상륙해 그를 살해하려는 구혼자들의 음모를 피했다. 스

파르테에서 아테나가 서둘러 이타케로 돌아가라고 한 덕분이다. 그는 곧장 에우마이오스의 오두막으로 왔다. 오뒷세우스는 또 한 번 자신의 정체를 드러내지 않았는데, 아테나가 이를 허락하고 마법을 써서 그를 원래 모습으로 되돌려 주었다. 아버지와 아들이 서로를 알아보는 감동적인 장면이 펼쳐졌다. 그러나 오뒷세우스는 여전히 에우마이오스에게 이를 비밀로 했으며, 텔레마코스한테도 페넬로페에게 알리지 못하게 했다.

d. 오뒷세우스는 한 번 더 거지로 위장을 하고 구혼자들을 몰래 살펴보러 갔다. 그는 가는 길에 자신의 염소치기 멜란테오스와 마주쳤다. 그는 불손하게도 오뒷세우스를 조롱하고 엉덩이에 발길질까지 했다. 오뒷세우스는 곧바로 혼내 주지 않고 참았다. 그가 자기 궁전의 안마당에 이르러 보니 늙은 아르고스가 있었다. 한때 유명한 사냥개였지만, 지금은 똥더미 위에 늘어져 있고, 옴에 걸려 털도 빠졌으며, 들끓는 벼룩으로 신음하고 있었다. 아르고스는 오뒷세우스를 알아보고 살갗이 벗겨진 짧은 꼬리를 흔들었고, 찢어진 귀가 아래로 축 늘어졌다. 오뒷세우스는 아르고스가 마지막 숨을 내쉬자 몰래 눈물을 훔쳤다.[3]

e. 에우마이오스는 오뒷세우스를 연회장으로 데려갔고, 거기에서 텔레마코스는 그가 누구인지 모르는 척하면서 손님으로 환대했다. 이윽고 아테나가 나타났는데 오뒷세우스를 빼고는 누구한테도 보이거나 들리지 않았다. 여신은 구혼자들이 어떤 사람인지 알아보기 위해 연회장을 돌아다니면서 그들에게 먹다 남은 것을 구걸해 보라고 그에게 일렀다. 그는 그렇게 했고, 그들이 탐욕스러운 만큼이나 인색하다는 것을 알게 됐다. 전체 무리 가운데 가장 파렴치한 이타케의 안티노오스는 화를 내면서 발 받침대를 집어 던지기까지 했다. (오뒷세우스는 그에게 자신의 모험과 관련해 완전히 다른 이야기를 들려주었다.) 오뒷세우스는 멍이 든 어깨를 어루만지면서 다른 구혼자들

에게 호소했고, 이들도 안티노오스가 그에게 심한 행동을 했다고 인정했다. 페넬로페는 하녀가 이런 일을 알려오자 분개했다. 그녀는 혹시 연락 끊긴 남편에 대한 소식을 들을 수 있을까 해서 그 거지를 데려오라 했다. 오뒷세우스는 그날 저녁에 다시 와서 그녀가 알고 싶은 것은 무엇이든 얘기해 주겠다고 약속했다.[4]

f. 그러는 동안 건장한 몸집의 이타케 거지로 별명이 '이로스'라고 하는 놈이 현관에서부터 오뒷세우스를 내쫓으려 따라다녔다. 그놈은 여신 이리스처럼 누구든 시키기만 하면 심부름을 하기에 이런 별명이 붙었다. 그가 꿈쩍도 하지 않자 이로스는 권투를 하자면서 싸움을 걸었다. 안티노오스는 맘껏 웃고는 이긴 사람에게 염소 해기스[요리의 한 종류]를 주고, 구혼자들 무리에도 끼워 주겠다고 했다. 오뒷세우스는 누더기 옷을 걷어 올려 허리끈 밑에 끼워 넣고 이로스를 향해 싸울 자세를 잡았다. 이 불한당은 그의 튀어나온 근육을 보고 움찔했지만, 구혼자들의 조롱에 달아날 수도 없었다. 오뒷세우스는 그를 주먹 한 방에 떨어뜨렸는데, 혹시라도 그놈이 죽어 괜한 주목을 끌지 않도록 조심했다. 구혼자들은 박수를 치며 이로스를 비웃었고 서로 말다툼도 벌였다. 이들은 저녁 연회에 자리를 잡고 앉아 페넬로페를 위해 건배했다. 이때 그녀가 구혼자들에게 결혼 선물을 받겠다면서 연회장에 들어왔기 때문이다. (그녀는 확실한 선택을 할 의향이 전혀 없었나.) 그리고 해가 지고 그들은 각자 묵는 곳으로 흩어졌다.[5]

g. 오뒷세우스는 연회장 벽에 걸려 있는 창을 모두 떼어내 무기고에 쌓아 두라고 텔레마코스에게 지시하고, 페넬로페를 찾아갔다. 그녀는 그를 알아보지 못했으며, 그는 그녀에게 최근에 오뒷세우스를 만났다면서 장황하고도 상세한 이야기를 늘어놓았다. 오뒷세우스가 도도나에 있는 제우스의 신탁소를 찾아갔으며, 조만간 이타케에 돌아올 것이라고 전했다. 페넬로페

는 귀를 기울여 그의 말을 듣고, 오뒷세우스의 늙은 유모인 에우뤼클레이아에게 명해 그의 발을 씻겨 주게 했다. 에우뤼클레이아는 금방 그의 넓적다리에 있는 흉터를 알아보고, 기쁨과 놀라움에 눈물을 흘렸다. 이에 그는 늙은 유모의 쪼글쪼글한 목을 부여잡고 아무 말도 하지 말라고 쉿 소리를 냈다. 페넬로페는 이런 광경을 놓치고 말았다. 아테나가 그녀의 주의를 딴 데로 돌린 탓이다.[6]

h. 다음 날, 또다시 연회가 시작됐다. 구혼자 가운데 하나인 사메의 아겔라오스는 텔레마코스에게 어머니를 설득할 수 없는지 물었다. 이에 페넬로페는 도끼 구멍 열두 개를 화살 하나로 꿰뚫는 오뒷세우스의 무용을 따라 할 수 있는 구혼자라면 누구든 받아들일 준비가 됐다고 선언했다. 도끼의 두꺼운 쪽을 도랑에 묻어 일렬로 똑바로 세웠다. 그녀는 그들에게 써야 할 활을 보여 주었다. 이는 오뒷세우스가 25년 전에 이피토스에게서 받은 것인데, 양 300마리와 이를 지키던 양치기를 이타케에서 훔쳐가자 이에 항의하러 멧세니아에 갔을 때 얻었다. 그전에 이 활은 이피토스의 아버지인 에우뤼토스의 소유였다. 에우뤼토스는 아폴론에게서 직접 활쏘기를 배웠지만, 헤라클레스에게 활쏘기 시합에서 지고 죽임을 당했다. 일부 구혼자들이 활시위를 얹으려 시도했지만 구부리지 못했다. 짐승 기름으로 부드럽게 했지만 마찬가지였다. 이에 다음 날 한 번 더 시도해 보자는 결정이 났다. 텔레마코스가 제일 성공에 가깝게 갔지만, 오뒷세우스의 경고 신호를 받아 활을 내려놓았다. 그러자 오뒷세우스는 항의와 저속한 모욕이 쏟아지는 와중에 앞으로 나섰다. 이 무렵 텔레마코스는 페넬로페에게 방에 돌아가 계시라고 할 수밖에 없었다. 오뒷세우스는 활을 움켜쥐더니 손쉽게 활시위를 얹고 모두가 들을 수 있게 활시위를 악기처럼 튕겼다. 그는 조심스럽게 조준해 화살 한 대를 날렸고, 이는 도끼 구멍 열두 개를 한 번에 꿰뚫었다. 그

러는 동안 텔레마코스는 재빨리 그곳을 빠져나갔다가 칼과 창을 들고 돌아왔다. 오뒷세우스는 마침내 안티노오스의 목을 화살로 꿰뚫음으로써 자신이 누구인지 당당히 밝혔다.

i. 구혼자들은 자리를 박차고 일어나 벽으로 달려갔다. 그러나 평상시 걸려 있던 창은 거기 하나도 없었다. 에우뤼마코스는 자비를 베풀어 달라 빌었고, 오뒷세우스가 이를 거절하자 칼을 빼들어 달려들었다. 이에 화살 하나가 그의 간에 날아가 꽂혔고, 그는 쓰러져 죽어 갔다. 격렬한 싸움이 뒤따랐다. 구혼자들은 칼을 휘두르며 필사적으로 덤볐고, 오뒷세우스는 활을 빼면 아무런 무기도 없었다. 그래도 연회장의 주요 출입구 앞에 버티고 서서 이들에 대적했다. 텔레마코스는 무기고로 달려가, 방패와 창, 투구를 가지고 돌아왔다. 이에 아버지뿐 아니라 그 옆에 버티고 서 있는 충직한 두 하인 에우마이오스와 필로이티오스가 무장을 할 수 있었다. 오뒷세우스가 화살을 쏴 떨어뜨린 구혼자들이 산더미를 이뤘지만, 사실 그도 화살이 거의 떨어지고 있었다. 멜란테오스는 연회장의 옆문으로 구혼자들에게 무기를 몰래 가져다주었는데, 두 번째 무기고로 갈 때 붙잡혀 꽁꽁 묶이는 바람에 몇 사람 더 무장시키지도 못했다. 살육은 계속됐다. 아테나는 제비로 변신을 해 구혼자와 그 지지자들이 모두 죽임을 당할 때까지 연회장 주변을 지저귀면시 날아다녔다. 오뒷세우스는 전령 메돈과 가인 페미오스 두 사람은 살려 두었다. 이들은 실제 큰 잘못을 저지르지는 않았고, 그 맡은 역할이 신성불가침이었기 때문이다. 그는 잠시 쉬면서 에우뤼클레이아에게 궁전의 여인들 가운데 몇 명이나 지금까지 자신에게 충실한지 물었다. 유모는 전투가 벌어지는 동안 여인들을 그들 구역에 가둬 두고 있었다. 유모는 답했다. "주인님, 열두 명만 자기 이름을 더럽혔습니다." 그는 죄지은 하녀들을 불러낸 다음 물과 걸레로 연회장의 피를 씻어 내게 시켰다. 이들이 일을 끝

내자, 오뒷세우스는 한 줄로 그들의 목을 매달았다. 하녀들은 잠시 버둥거리더니 금방 축 늘어졌다. 나중에 에우마이오스와 필로이티오스는 멜란테오스의 코, 귀, 손, 다리, 생식기를 잘라 개 떼에게 던져 주었다.[7]

j. 오뒷세우스는 마침내 페넬로페와 재결합했으며, 그의 아버지 라에르테스도 찾아갔다. 그는 이들에게 자신의 갖가지 모험담을 들려주었는데, 이번에는 숨기거나 거짓말을 하지 않았다. 안티노오스와 다른 죽은 구혼자들의 친척들이 반란을 일으켜 몰려왔는데, 오뒷세우스가 수적인 열세인 것을 보고 늙은 라에스테스도 단호하게 싸움에 뛰어들었다. 적들에게 유리한 형세였지만, 아테나가 개입해 양쪽이 휴전하게 만들었다.[8] 반란 세력은 이에 합동으로 오뒷세우스를 상대로 법적 소송을 제기하면서 재판관으로 에페이로스 제도의 왕인 네오프톨레모스를 지명했다. 오뒷세우스는 그의 판결을 받아들이기로 동의했고, 네오프톨레모스는 그가 자기 왕국을 떠나 10년 동안 돌아오지 말아야 한다고 판결했다. 죽은 구혼자의 상속자들한테는 그가 떠나 있는 동안 오뒷세우스 집안의 재물을 탕진한 것에 대해 보상하라는 명이 떨어졌다. 보상금은 지금의 왕인 텔레마코스에게 주라고 했다.[9]

k. 아직 포세이돈을 달래는 일이 남아 있었다. 오뒷세우스는 테이레시아스가 가르쳐준 대로 노를 어깨에 둘러멘 채로 걸어서 에페이로스의 산악 지대로 들어갔다. 그가 테스프로티스에 이르자, 그곳 주민이 소리를 질렀다. "이방인이여, 이 봄에 무슨 일로 키를 들고 다니는가?" 오뒷세우스는 즉시 숫양과 황소, 멧돼지를 포세이돈에게 제물로 바쳤고, 신의 용서를 받았다.[10] 그는 아직 이타케로 돌아갈 수 없어 테스프로티스의 여왕인 칼리디케와 결혼했다. 그는 브뤼게스족과 벌어진 전쟁에서 아레스의 지도 아래 그녀의 군대를 지휘했다. 이 전쟁은 아폴론이 나서 휴전하게 만들었다.

9년 뒤, 오뒷세우스와 칼리디케가 낳은 아들 폴뤼포이테스가 테스프로티스 왕국을 이어받았고, 오뒷세우스는 이타케 집으로 돌아갔다. 이제 이타케는 페넬로페가 그들의 어린 아들 폴리포르티스의 이름으로 다스리고 있었다. 이는 텔레마코스가 어떤 신탁으로 인해 케팔레니아로 추방을 당했기 때문이다. 신탁은 이러했다. "오뒷세우스야, 네 아들이 너를 죽일 것이다!" 이타케에서 죽음은 바다에서 오뒷세우스를 찾아왔다. 테이레시아스가 예언한 그대로였다. 키르케가 낳은 그의 아들 텔레고노스가 아버지를 찾아 배를 타고 왔다. 그는 이타케를 (코르퀴라로 착각해서) 습격했고, 오뒷세우스는 이를 물리치려 출격했다. 텔레고노스는 오뒷세우스를 해안가에서 죽였다. 노랑가오리의 가시를 달아 놓은 창으로 치명상을 입혔다. 필요한 추방 기간이 끝나고, 텔레고노스는 페넬로페와 결혼했다. 텔레마코스는 그 뒤 키르케와 결혼했다. 이렇게 해서 한 집안의 양쪽 가지는 단단하게 결합됐다.[1]

l. 어떤 이들은 페넬로페가 오뒷세우스에게 정조를 지키지 않았다고 주장한다. 이들은 그녀가 둘리키온의 암피노모스와 어울렸다고 비난한다. 또는 모든 구혼자들과 차례로 그렇게 했다고 비난한다. 그리고 이런 결합이 낳은 열매가 괴상한 신 판이라고 덧붙인다. 오뒷세우스는 판을 보고 수치스러워 이이톨리아로 떠나 버렸으며, 떠나기 전에 페넬로페를 만티네이아에 있는 그녀의 아버지 이카리오스에게 보내 버렸다. 지금도 그녀의 무덤이 그곳에 남아 있다. 다른 이들은 그녀가 헤르메스와 결합해 판을 낳았고, 오뒷세우스는 아이톨리아의 토아스 왕의 딸과 결혼해 막내아들 레온토포노스를 얻었으며 윤택하게 살다 늙어 죽었다고 전한다.[2]

1] 호메로스: 『오뒷세이아』 13. 187 ff.와 16. 245-253; 아폴로도로스: 『요약집』 7. 26-30.

2] 호메로스: 『오뒷세이아』 19. 136-158과 14. 80-109; 휘기누스: 『신화집』 126; 아폴로도로스: 『요약집』 7. 31.

3] 호메로스: 『오뒷세이아』 14-16; 아폴로도로스: 『요약집』 7. 32.

4] 호메로스: 『오뒷세이아』 17; 아폴로도로스: 같은 곳.

5] 호메로스: 『오뒷세이아』 18.

6] 호메로스: 『오뒷세이아』 19.

7] 호메로스: 『오뒷세이아』 20-22; 휘기누스: 같은 곳; 아폴로도로스: 『요약집』 7. 33.

8] 호메로스: 『오뒷세이아』 22-24.

9] 플루타르코스: 『그리스인에 관한 물음』 14.

10] 호메로스: 『오뒷세이아』 11. 119-131; 아폴로도로스: 『요약집』 7. 34.

11] 아폴로도로스: 같은 곳; 퀴레네의 에우감몬, 프로클로스의 인용: 『그리스 서사시 글조각』 57 ff., 킨켈 편집; 휘기누스: 『신화집』 127; 파우사니아스: 『그리스 여행기』 8. 12. 6; 호메로스의 『오뒷세이아』 11. 134에 대한 고전 주석자; 호메로스의 『오뒷세이아』 11. 133에 대한 에우스타티오스; 파르테니오스: 『사랑 이야기』 3; 체체스: 『뤼코프론에 관하여』 794; 딕튀스 크레텐시스: 6. 4 ff.; 베르길리우스의 『아이네이스』 2. 44에 대한 세르비오스; 『소포클레스의 글조각 모음』 2. 105 ff., 피어슨 편집.

12] 세르비오스: 같은 곳; 파우사니아스: 8. 12. 5 ff.; 키케로: 『신들의 본성에 관하여』 3. 22. 56; 체체스: 『뤼코프론에 관하여』 772, 사모스인 두리스를 인용하며.

＊

1. 오뒷세우스가 구혼자들을 습격해 살해하는 대목은 울륏세스의 알레고리에 속한다. 신성한 왕이 통치 기간이 끝났음에도 죽지 않으려 한 또 하나의 사례이다. 다시 말해, 그가 후계자를 정하기 위해 개최한 활쏘기 시합에 개입해(135. 1 참고) 모든 후보자를 죽인 것이다. 왕위 후보자가 치러야 하는 활쏘기 시험에는 소년의 머리 위에 올려놓은 반지를 화살로 꿰뚫는 원시적 형태도 있던 것으로 보인다(162. 10 참고).

2. 페넬로페가 오뒷세우스의 긴 부재 기간에 남편에 대한 정조를 지키지 않았다고 직접적으로 암시한 구절은 『오뒷세이아』에 한 군데도 없다. 다만, 작품의 18. 281-283에 그녀는 교태로 구혼자들의 마음을 호려 그들에게서 선물을 우려냈고, 둘리키온Dulichium의 암피노모스Amphinomus에 대한 확실한 선호를 내비쳤다(『오뒷세이아』 16. 394-398). 오뒷세우스도 그녀를 깊게 신뢰하지 않아 경쟁자들을 죽인 다음에야 자신의 정체를 밝혔다. 그의 어

머니인 안티클레이아Anticleia는 구혼자들에 대해 한마디도 하지 않았을 때 무엇을 숨기는 모습이었다(『오뒷세이아』 11. 180 ff.). 페넬로페가 헤르메스와, 그게 아니라면 모든 구혼자들과 어울려 판을 낳았다는 고대의 전승은 '여신 페넬로페'와 그녀의 원시적 봄 주신제를 지칭하는 것 같다(26. 2 참고). 그녀가 바람을 피워 오뒷세우스에게 망신을 주고 결국 만티네이아로 돌아갔다고 하는 또 하나의 고대 전승은 오래된 처가 거주 관습을 거슬러 그녀를 억지로 이타케로 데려온 그의 거만한 모습을 떠올리게 한다(160. e 참고). 그러나 여성 작가 나우시카아Nausicaa는 페넬로페를 하얗게 칠하면서 이 이야기를 자신의 방식대로 풀어 갔다. 그녀는 자신이 그 속에서 태어난 가부장제 체제를 받아들였으며, 『일리아스』에 나오는 쓰라린 풍자보다는 부드러운 역설을 더 좋아했다. 이제 여신의 자리에는 '전능한 제우스'가 대신 앉았다. 왕들은 더 이상 여신을 기려 제물로 바쳐지지 않았다. 그리고 신화의 시대가 끝났다. 좋다! 이런 세상이 나우시카아에게 그렇게 많이 불편하지 않다. 그녀는 여전히 온순한 하녀들과 농담도 하고 공놀이도 할 수 있다. 기분 나쁘게 하는 애들이 있으면 머리채를 잡아당기고, 늙은 에우뤼클레이아Eurycleia의 옛날이야기를 듣고, 아버지 알키노오스Alcinous도 맘대로 주무를 수 있다.

3. 이렇게 『오뒷세이아』는 라에르테스, 오뒷세우스, 텔레마코스와 함께 막을 내린다. 이들은 가부장제 남자 영웅들의 '한 짝을 이루는 세 모습'이며, 제우스한테서 태어난 아테나의 보살핌을 받고, 적들에게 승리를 거둔다. 그러는 동안 시중을 들던 하녀들은 신중하지 못했다는 이유로 한 줄로 목이 매달린다. 이는 나우시카아가 결혼 시장의 위엄을 떨어뜨린다는 이유로 결혼 전에 남자와 어울리는 일에 반대하고 있음을 보여 준다.

오뒷세우스의 마지막 모습은 다른 신화학자들이 보존했다. 오뒷세우스는 테스프로티스Thesprotis로, 텔레마코스는 케팔레니아Cephallenia로 추방당한다. 반면, 페넬로페는 자기 아들 폴리포르티스Poliporthis의 이름으로 나라를 다스리면서 만족스럽게 궁전에 머문다. 아직 테이레시아스의 예언이 남아 있으니, 당연히 실현돼야 한다. 오뒷세우스는 존경받고 수다스러운 네스토르처럼 나이를 먹어 편안히 죽지는 않을 터이다. 자신이 폐지했다고 생각했던 그 전통적 방식으로 죽음이 그를 내려쳤다. '새해의 아이'가 돌고래 등을 타고 와서 노랑가오리Sting-ray 창으로 그를 찔러 죽였다. 예전에 똑같은 운명이 로도스 섬의 카트레우스Catreus에게 엄습했다. 그의 아들 알타이메네스Althaemenes가 해변에서 사고로 카트레우스를 창으로 찔렀다(93. 2 참고). 노랑가오리 창은 폴뤼네시아인들도 사용했는데, 찔린 상처에 염증을 일으킨다. 그리스인과 로마인들은 이를 불치의 상처라 생각했다(아일리아노스: 『동물의 본성』 1. 56). 노랑가오리(트뤼곤 파스티나카trygon pastinaca)는 지중해에서 흔한 생물이다. 헤라클레스가 이것에 부상을 입었다는 말이 있다(123. 2 참고).

4. 텔레마코스가 키르케와, 텔레고노스가 페넬로페와 결혼했다는 대목은 얼핏 보면 당혹스럽다. 제임스 프레이저(『아폴로도로스』 2. 303쪽, Leob)는 이런 근친상간으로 보이는 결합을 일부다처 사회에서 왕이 어머니를 빼고 아버지의 모든 첩들을 물려받는 규칙과 연결 지었다(「사무엘하」 16장 21절 이하). 그러나 그리스에서는 일부다처제가 전혀 없었으며, 텔레마코스도 텔레고노스도 일부다처제와 무관했다. 오이디푸스('부풀어 오른 발목을 지니고 태어난')도 '새해의 아이'로서 아버지를 죽이고 홀로 된 어머니 이오카스테와 결혼했지만(105. e 참고), 마찬가지로 무관하다. 헤라클레스의 아들인 휠로스도 새어머니 이올레와 결혼하지만(145. e 참고), 마찬가지로 무관하다. 이들은 모두 단지 오래된 신화적 방식으로 '구세대의 왕'을 죽이고 그 자리를 계승했을 뿐이며, 그래서 그의 아들이라 불린 것이다. 이런 사정은 텔레마코

스가 활시위를 얹으려 했던 이유를 설명해 준다. 만약 그가 활시위를 얹었다면 그는 페넬로페를 자신의 아내로 삼았을 것이다. 그런데 오뒷세우스가 그에게 눈살을 찌푸렸고, 이에 그는 멈췄다. 이는 울릿세스 전설에 남아 있던 세부사항으로, 무비판적으로 『오뒷세이아』에 수용됐다.

5. 오뒷세우스가 붉은 머리카락을 갖고 있다는 것이 신화적으로 중요할지 모른다(133. 8 참고). 혹은 그의 짧은 다리와 마찬가지로 신화와 무관한 개인적 특성일 수도 있다. 어쩌면 나우시카아가 오뒷세우스로 그려 냈던 어떤 시칠리아 모험가의 머리카락이 붉은색이었을지 모른다. 신화적 중요성이 있는지 없는지, 누가 알겠는가? 물론 아우톨뤼코스Autolycus는 그가 태어날 때 '화가 난 이'라고 이름을 지어 주었고(160. c 참고), 붉은 머리카락은 전통적으로 화를 잘 내는 기질과 연결된다. 가면무도회에서 하듯 서사시라는 가면을 썼지만, 『오뒷세이아』는 최초의 그리스 소설이다. 이에 따라 신화와 어디서 어떻게 관련되는지 아무런 책임을 지지 않는다. 필자는 『호메로스의 딸Homer's Daughter』(1955)이라는 소설에서 『오뒷세이아』의 창작이 어떤 상황 속에서 진행됐을지를 살펴본 적이 있다.

그리스 신화의 매력

"우리는 모두 그리스인이다. 우리의 법률, 우리의 문학, 우리의 종교, 우리의 예술은 모두 그리스에 그 뿌리를 두고 있다." 영국의 낭만파 시인 셸리Percy Bysshe Shelley(1792-1822)가 그의 마지막 작품이 된 극시 「헬라스Hellas」(1822)의 서문에 남긴 유명한 문구이다. 그는 서구의 문인들과 더불어 그리스 독립 전쟁(1821-1829)을 지원하기 위한 기금을 마련하고자 이탈리아 피사에 머물던 중 즉흥적으로 이 극시를 썼는데, 앞의 문구를 통해 그리스 문명과 이를 수용한 로마 문명이 오늘날 서구 문명에 끼친 막대한 영향을 강조하고자 했다. 흔히 그리스를 유럽의 정신적 고향이라 일컫는 이유가 바로 이 영향에 있다. 그리스 신화는 고대 그리스인들의 종교로서 그리스 문명의 한 축을 이루기도 한다.

'神話'란 한자어는 말 그대로는 '신들의 이야기'이지만, 신화는 신들뿐만 아니라, 영웅들에 대한 이야기이기도 하다. 그리스에서 신화는 제우스를 비롯한 올림포스의 12신에 대한 이야기일 뿐만 아니라, 헤라클레스, 아킬레우스 등 신과 인간 사이에서 태어난 영웅들의 이야기이기도 하다. 그리고 고대 그리스에서는 신들뿐만 아니라 이름난 인간 영웅들이 가톨릭 전통의 성인들과 비슷하게 수호신으로서 그리스인들의 숭배를 받았다.

　신화 중 가장 잘 알려지고 친숙한 신화가 바로 그리스 신화이다. 신화 중의 신화인 것이다. 이에 걸맞게 전문가들의 연구도 끊임없이 폭넓게 이루어지고 있다. 입에서 입으로 3,000년이 넘게 전승된 그리스 신화의 생명력은 어디에서 비롯할까? 필자는 그리스 신화의 다양성, 보편성, 그리고 가변성에 그 이유가 있다고 본다. 그리스 신화는 신들과 인간 영웅들에 대한 다양한 이야기를 유연하게 바꿔 가면서, 이를 통해 인간의 원초적 감정과 무의식의 세계를 보여주며, 인생의 보편적 단면을 보여준다. 그래서 아리스토텔레스는 『시학』에서, 신화를 담은 고대 그리스 작가들의 창작물인 시詩가 철학처럼 보편성을 갖는다고 했다.

　그리스인들이 입에서 입으로 전한 신들과 영웅들의 이야기는 기원전 8세기쯤 포이니케로부터 수입된 알파벳을 통해 기록되기 시작했다. 이 기록은 서사시 작가인 호메로스와 헤시오도스에서 시작한다. 그리스 최고最古의 서사시인 호메로스의 『일리아스』, 『오뒷세이아』는 트로이아 전쟁과 그 후 귀향 이야기를 담고 있는데, 그 배경은 구전된 신들의 이야기로 가득하다. 호메로스와 더불어 양대 서사시 작가인 헤시오도스는 『신들의 계보』를 통해 본격적으로 신화를 체계화한다. 역사가 헤로도토스는 호메로스와 헤시오도스가 그리스인들을 위해 신들의 계보를 만들고, 신들에게 이름을 붙이고 그들에게 역할을 분담하며 신들의 모습을 그리스인들에게 말해 주었다고 설명한다. 이 두 서사시 작가의 작품과 구전된 신화는 그리스 비극작가들의 소재이기도 하다. 그리스 서사시, 비극은 전래의 그리스 신화를 소재로 스토리가 구성된다. 특히 호메로스의 서사시는 학교 교육의 핵심을 이뤘고, 플라톤은 호메로스를 '그리스의 교사'라고 높이 평가했다.

그리스 신화는 다양하다

그리스 신화의 큰 특징 중의 하나는 다양성이다. 제우스의 형제들과 자녀들로 대변되는 올림포스 12신들 외에도 신들은 수없이 많이 있다. 바다, 강, 샘, 나무, 산 등 자연 전체가 신으로 가득 차 있었다. 그리스인들이 숭배하는 신들도 지역마다 다양해서, 그리스인들의 신앙은 다신교polytheism이다. 호메로스의 서사시에 분명하게 보이는 이런 다신교의 외형은 본질적으로 기독교가 도래하기 전까지 그리스 전역에서 이어졌다. 플라톤과 아리스토텔레스 같은 철학자들과 사상가들 쪽에서는 일신교monotheism로 옮겨가는 경향을 보이기도 했지만, 옛 신들은 계속해서 그리스 사회를 지배했다.

그리스인들의 신들은 태어나서 자란다. 그들은 인간의 모습이다. 얼굴도 차림새도 인간과 비슷하며, 말과 행동도 인간과 다름없다. 인간처럼 태어나기도 한다. 죽지는 않는다. 그래서 신들을 '불사자不死者'라고 하고, 인간은 이와 대조로 죽을 수밖에 없는 존재, '가사자可死者'라고 한다. 신들은 인간이 갖지 못하는 막강한 힘, 미래에 대한 예언력을 갖고 있다. 그러나 신들과 인간들의 왕인 제우스조차도 운명을 바꿀 수 없기 때문에 전능하지만은 않다.

헤로도토스는 서사시인들이 신들에게 영역을 나눠주었다고 말했다. 하늘의 천체와 지상의 자연물을 상징하는 초기의 신들과 달리, 제우스의 형제, 그의 아들, 딸들은 인간 사회의 각 영역과 인간의 감정을 맡는다. 인간 삶에 필요한 공간, 식량, 생사의 영역은 제우스 및 그의 남매가 맡는다. 헤스티아(화로), 데메테르(곡물), 헤라(출산, 결혼), 하데스(지하, 죽음), 포세이돈(바다, 지진), 제우스(기후, 가정, 정의). 제우스의 아들, 딸들은 다양한 기술의 영역과 인간 감정을 맡는다. 아프로디테(사랑, 미), 아폴론(예언, 치료와 정화,

음악), 아르테미스(순결, 사냥), 아테나(전쟁, 직조, 지혜), 헤르메스(전령, 여행자, 상인), 아레스(살육), 헤파이스토스(대장장이), 디오뉘소스(포도주, 연극). 후대의 신들로 갈수록 신들의 영역이 인간 사회의 영역처럼 세분화되고 전문화된다.

신앙을 가진 현대인들이 그렇듯이, 그리스인들의 일상생활은 신의 숭배를 중심으로 이루어졌다. 신의 이름으로 제전, 축제 등 각종 행사를 거행했다. 신전을 지어 신상을 안치하고 제물을 바치며 도시의 안녕과 개인의 복을 빌었다. 그리스 도시 가운데 델포이는 특히 아폴론 신의 신탁으로 유명했다. 정치 지도자로서 아테네의 황금기를 이끌었던 페리클레스는 아테네가 일년 내내 축제로 가득하다고 전했다. 특히, 이른 봄에는 시골과 도시에서 지난해에 담근 포도주를 시음하며 디오뉘소스 축제를 열고, 비극 및 희극 경연을 개최했다. 그리고 늦여름 아테네에서는 긴 행렬이 도시 외곽의 성문을 출발하여 아크로폴리스 언덕의 파르테논 신전까지 이어지며, 아테나 여신에게 직물을 바치고 운동경기와 음악 경연이 이루어졌다. 제전은 그리스 전역에서 열렸고, 종교 행사의 주요 부분이었다. 가장 유명한 4대 제전으로는 제우스를 기려 펠로폰네소스 반도에서 열린 올림피아 제전과 네메아 제전, 아폴론을 기려 델포이에서 열린 퓌티아 제전, 포세이돈을 기려 코린토스 근처에서 열린 이스트미아 제전이 있다. 정치의 영역에서도 고위 관직에 나서는 사람은 부모에 대한 효도와 국가에 대한 의무 이행뿐만 아니라 대대로 내려온 신들을 제대로 모시는지 신앙 검증을 거쳐야 했다.

그리스 신화는 고대부터 널리 활용되었다. 고대 그리스의 서사시, 비극, 철학, 예술과 밀접하게 연결되면서 끊임없이 모습을 바꿔 갔다. 입으로 전해 내려오던 신화를 호메로스, 헤시오도스 등은 서사시로 기록을 남겼고, 비극 시인들은 전승된 신화를 비극 작품으로 각색하여 무대에 올렸다. 철학자들은 신화에 대한 성찰을 통해 신화에 대한 비극 작가들의 작업을 이어갔다.

그리스인들은 기원전 6세기부터 소아시아 밀레토스의 철학자들을 중심으로 세계에 대한 보다 합리적인 설명을 추구하기 시작했다. 주변 지역과의 교역을 통해 전래의 신화에 담겨 있는 세계관이 무너지자, 그들은 세계에 대한 합리적인 설명을 추구했다. 기원전 6세기의 철학자 크세노파네스는 신과 인간의 닮은 모습을 공격한다. 신화에 대한 플라톤의 입장은 이중적이다. 그는 전통 신화를 담은 호메로스의 서사시가 이성 대신 감정을 부추긴다는 이유로, 아동 교육에 좋지 않은 영향을 준다는 이유로 가차없이 비판하지만, 정작 기존의 신화를 차용하거나 새로 신화를 만들어내면서 자신의 어려운 철학 이론을 설명하고자 했다. 그의 제자인 아리스토텔레스에 와서는 신이 변화하지 않으면서 모든 변화의 근원이 된다는 '부동의 원동자'란 이름으로 불리면서 일신론적 경향을 띤다. 이 신은 인격화된 신에서 벗어나 순수 사유의 존재, 이성 자체이다. 인간은 신의 이 이성을 나눠 갖고 있지만, 신체와 이에 따른 욕망의 지배를 받고 있다. 그래서 아리스토텔레스는 이성의 힘으로써 인간 욕망을 적절하게 조절함으로써 인간다움을 유지하고, 행복한 삶의 길을 열 수 있다고 주장한다.

신화에는 구약의 「창세기」에서처럼 세계 및 인간의 창조와 인간 삶이 그려져 있다. 신화는 그저 재밌는 옛날이야기에 그치지 않고, 이에 더해 세계에 대한 적절한 이해를 통해 어떻게 살아야 하는지를 우리에게 가르쳐 준다. 신화는 철학과 마찬가지로 세계와 인간에 대한 근본적인 원리를 탐구하는 것이다. 그래서 신화는 철학 이전의 철학이라고 말할 수 있다. 우리를 둘러싼 세계와 인간 삶의 조건을 제대로 이해하고, 이를 바탕으로 어떻게 삶의 자세를 갖춰야 할지를 가르쳐준다. 그리스인들은 비록 인격화된 신들의 이름이지만 천체에 이름을 붙이고 자연 세계의 여러 현상들을 이해하고 자 했다. 태양계 행성들의 이름이 모두 그리스 신들의 이름이란 점은 잘 알려져 있다. 제우스 이름을 딴 목성Jupiter의 주요 위성들마저 제우스의 연인들의 이름을 땄고, 목성 탐사선은 남편의 바람기를 잡는 헤라 여신의 로마식 표기인 유노Juno이다. 1970년대 달 탐사선은 왜 '아폴로'인가? 달의 여신인 아르테미스와 쌍둥이이기에 남매를 보러 찾아간다는 의미일 것이다. 수많은 별자리에도 그리스 신화의 내용이 담겨 있다. 물리적인 자연 세계에 대한 이해는 이제 천체의 이름으로만 남아 있지만, 신화는 그밖의 다양한 신들과 인간 영웅들의 이야기를 통해 인생의 다양한 측면을 표현하며, 인생을 제대로 이해하는 데 길잡이가 된다. 신화는 그 점에서 철학의 종착지인 윤리학이다.

그리스 신화는 보편적이다

그리스 신화는 시공을 초월한다. 인간과 세계를 이해하는 데 없어서는 안 될 원초적 자료로서 우리 인간의 상상력의 지평을 넓혀 준다. 그 내용이 풍부하고 다양하며, 신들의 계보와 역할 분담에서 보듯 체계적이면서도, 그 내용은 끊임없이 변화 과정을 겪는다. 끊임없이 반복되며 확대되고, 로마를 거치면서 변용되고 문학과 예술작품에서 재생산되며, 오늘날 유럽 문화의 뿌리를 형성하면서 그 생명력을 과시한다.

로마인들은 기원전 2세기 중반부터 그리스를 지배하기 시작했지만, 그리스 문명에 동화되었다. 로마 작가들은 앞장서서 그리스 신화와 문학을 라틴어로 다시 쓰면서 계승했다. 고스란히 수용된 그리스 신들은 이름만 라틴어로 바뀌었고, 그리스 신들은 로마 곳곳에 조각으로 복제되거나 프레스코화로 자리 잡았다. 아울러 로마는 수용한 그리스 문명을 세계에 널리 퍼뜨리는 전파자의 역할을 했다. 기독교 세계에서 이교도로서 배척을 받으면서도 고대 그리스 신들은 고전과 조형 예술을 통해 살아남았다. 또한 기독교 교리를 합리화하기 위해 문학적으로 탈바꿈하기도 했다. 그 대표적인 예가 단테(1265-1321)의 『신곡』이다. 그는 이 작품에서 기독교 도덕을 바탕으로 지옥, 연옥, 천국을 차례로 묘사하면서 카론, 미노스, 케르베로스 등 그리스 신화에 등장하는 존재들을 수없이 가져다 탈바꿈시키고 있다.

'문예부흥'을 일컫는 르네상스는 고대 그리스·로마 문화의 부활을 뜻한다. 이 시기에 학자들은 기독교 중심의 신학에서 벗어나 그리스·로마 문학 및 예술을 통해 인간을 이해하고자 했다. 인쇄술 발명의 덕택으로, 많은 고전들이 편집되고, 각국의 언어로 번역되면서 고대 그리스의 문학과 예술이 되살아났다. 학자들은 고전들을 번역하고 해설하는 폭넓은 작업을 펼쳤고, 이를 통해 그리스 신화도 다시 빛을 누리게 되었다.

그리스 신화는 로마를 거쳐 세계로 퍼져나갔다. 유럽 각국의 박물관에 전시되어 있는 고대 그리스의 유물뿐만 아니라 유럽의 공원이나 분수대, 건물에 수없이 장식되어 있는 그리스 신들을 제대로 보는 것뿐만 아니라, 후대의 문학 작품을 제대로 이해하려면 그리스 신화를 배경 지식으로 갖춰야 한다. 아울러 그리스 신화는 상상력과 창조의 밑거름이다. 'nihil ex nihilo.' 무(無)에서는 아무것도 나올 수 없다. 그리스 신화를 모델로 삼아 상상력을 발휘하여 새로운 작품을 창작할 수 있는 좋은 계기를 가질 수 있을 것이다.

신화는 가변적이다

신화는 역사적 사실이 아니다. 그렇다고 완전히 허구인 것도 아니다. 신화를 어떻게 이해해야 할까? 오늘날 그리스 신화를 두고 다양한 해석이 이루어지고 있다. 철학자는 신화를 비판하면서도 플라톤처럼 이해하기 쉬운 신화의 사례로써 어려운 철학적 내용을 전달하는 데 가져다 쓴다. 인류학자, 역사가들은 실증적 차원에서 신화에 등장하는 영웅들이 실제 역사적 인물이고 특히 왕권 계승과 관련되었다는 시각을 갖는다. 심지어는 제우스도 크레타 섬의 왕이었으며, 그의 무덤까지 있다는 이야기가 있다. 이런 주장은 기원전 4세기의 그리스 신화학자 에우헤메로스의 이름을 따서 유히머리즘(euhemerism)이라 불린다. 이에 따르면 신화는 실제 인물과 역사적 사건에 대한 설명이다. 심리학자, 특히 정신분석학자들은 인간 내면의 욕망, 성적인 충동을 신화의 등장 인물을 빌려 설명한다. 프레이저 등의 19세기의 신화학자들은 그리스 신화를 자연 현상이나 식물의 순환 과정의 시각에서 해석한다. 신화는, 나아가 그리스 신화는 이렇듯 역사적, 심리적, 도덕적인 차원에서 다양한 해석이 가능하다. 그래서 다양한 영역의 학자들, 작가들이 역사적 사건과 자연현상, 인간 심리, 알레고리를 통해 신화의 숨은 뜻을 찾아내려 한다. 그레이브스의 『그리스 신화』에는 신과 영웅의 이야기뿐만 아니라, 신화에 대한 이런 다양한 해석들이 함께 들어 있다는 장점을 갖추고 있다. 아울러 부록에 그가 출처로 인용한 저술들을 따로 실어놓은 데에서 보듯이, 그의 책은 신화의 다양한 출처를 확인할 수 있는 장점도 겸비하고 있다.

『그리스 신화*The Greek Myths*』는 그가 평론과 분석과 설명을 곁들여 1955년에 출간한 책이다. 그가 작가적 상상력을 발휘하여 재구성한 그리스 신화이다. 그리스 로마의 문헌에 인용된 신화의 내용을 시인의 언어로 풀어서 이야기해 준다. 이 이야기 속에 그는 『하얀 여신』 등 자신의 이전 저술에서 논의된 모계 사회의 종교에 바탕을 두고 이야기의 기원과 의미를 풀어준다. 그의 독창적인 해석이 바탕에 깔고 있는 가설은 많은 고전 학자들의 비판에 부딪혔지만, 신화에 대한 해석이 다양하고, 새로울 수 있으며, 신화가 인간 삶의 다양한 영역에 퍼져 있음을 보여주었다.

신화가 담긴 고대 그리스 · 로마 문헌들을 일일이 언급하며, 수많은 신들과 영웅들이 다양한 방식으로 풍부하게 서술되었다는 점이 이 책의 특징이다. 이 책은 신들과 영웅들의 이야기로 양분된다. 신들의 이야기에서는 천지 창조와 인간 창조(1-5장), 신들의 전쟁(6-7, 35장)과 올림포스 주요 신들을 다룬다(8-27장). 영웅들의 이야기에서는 대표적인 지역 영웅들(테세우스: 94-104장, 헤라클레스: 118-147장, 이아손: 148-157장)의 업적과 트로이아 전쟁의 영웅들(아킬레우스와 오뒷세우스: 158-171장)을 다룬다.

2023년 여름

김진성

옮긴이의 글

신화를 좋아했다. 만화책으로 읽고, 신화집으로 읽고, 드디어 고대 그리스 비극 원전까지 두루 찾아 살폈다. 왜 거듭 신화를 찾아갔을까. 이야기는 재미있었고 나는 때로 신화 속 누군가가 돼 울고 웃었다. 세상살이에 필요한 지혜도 알알이 빛났다. 나름의 질서를 갖춘 하나의 독립된 세계를 탐험하는 일이었기에, 우리의 지금 여기를 살피는 도구가 돼주었다.

이 책을 우리말로 옮기는 데 오래 걸렸다. 반년을 넘어 1년 가까이 매달렸다. 당연히 옮긴이의 부족함 탓이다. 그래도 그리스 신화를 체계적으로 살피고 공부하는 좋은 기회가 됐다. 넓고 깊은 고통의 강을 건너는 데도 도움을 줬다.

그리스 신화를 이처럼 체계적으로 정리한 책을 찾기 어렵다. 더 깊이 공부하려는 독자에게는 훌륭한 출발점이 될 것으로 믿는다. 아래는 독자의 독서 체험이 더욱 풍성해지길 바라는 마음에서 옮긴이가 드리는 몇 가지 당부사항이다.

1. 지은이는 주로 해설 부분에서 참고하라고 둥근 괄호 안에 장과 절을

표시해 두고 있다. '(45. 2 참고)'은 45장 2절을 찾아보라는 말이다. 지은이의 손가락을 따라 거기까지 찾아간다면 독서의 흐름이 깨질 수 있다. 책이 묵직하니 앞길이 멀어 보이기도 한다. 하지만 되도록 지은이의 안내를 따라 참고 항목을 찾아볼 것을 권한다. 해설이 훨씬 더 풍부해지고, 그리스 신화 전체를 입체적으로 이해하는 힘을 기를 수 있을 것이다. 옮긴이도 이를 직접 체험했다. 물론 모두 찾아가 본 것은 아니지만, 되도록 찾아갔고, 그 과정에서 원문의 몇몇 오류도 찾아 바로잡을 수 있었다.

이 책의 가장 큰 장점은, 신화를 평면적인 이야기의 단순한 총합이 아니라 입체적으로 이해하게 한다는 점이다. 신화의 여러 이야기 가닥이 어떻게 서로 얽혀 가는지, 왜 비슷한 패턴은 반복되는지 의문을 가지게 만든다. 우리의 신화 공부는 그렇게 한 걸음씩 앞으로 나아간다.

2. 왜 항상 그리스 신화에선 쌍둥이 왕자들이 태어날까? 왜 항상 아이를 산에 내다버리고, 또 양치기는 이를 주워 기를까? 왜 항상 왕들은 전차에 매달려 끌려다니다 죽을까? 제우스의 바람기에 주목할 게 아니라, 왕들의 출생과 죽음에 주목할 필요가 있다.

그리스 신화에 수없이 등장하는 쌍둥이들을 모아놓고 보면 새로운 의미가 만들어진다. 신화 읽기는 새로운 질문이 떠오를수록 깊어진다.

3. 현재 우리나라의 그리스 신화 읽기는 '족보'에 너무 많은 무게를 두는 건 아닐까. 어느 신은 누구와 누구 사이에서 태어났고, 누구와 형제자매가 되며, 어떤 자식을 두고 있는지, 정성을 기울여 살핀다. 물론 신들의 족보를 꿰뚫고 있으면 보다 체계적으로 이해할 수 있다. 수많은 신들이 등장하는 만큼 필요한 과정일 것이다. 출간된 대부분의 신화 서적은 가계도를 뒤에

부록으로 싣고 있다.

하지만 우리의 신화 읽기가 족보를 배워 익히는 데 멈춘다면 많은 것을 놓칠 위험이 있다. 물론 초창기 신화에서 신들의 가계도는 중요한 의미를 가진다. 우주를 설명하는 하나의 훌륭한 가설이기 때문이리라. 그러나 중반부를 넘어가면서 의미가 점차 줄어든다. 신과 인간의 관계로, 드디어 인간과 인간의 관계로 중심이 이동한다. 소포클레스의 비극은 결국 운명에 맞선 인간의 이야기가 아닌가.

4. 이 책에는 몇 장의 지도가 실려 있다. 본문을 읽으면서 계속 지도를 찾아보는 노력은 생각보다 더 많은 대가를 줄 것이라 믿는다. 그리스 신화는 족보보다 지도가 더 중요할 수 있다. 주변 바다와 지역, 도시, 강, 산의 이름을 익히면 신화를 보는 눈이 훨씬 밝아진다. 부끄럽지만 옮긴이도 이번에 비로소 올림포스와 올림피아를 구분할 수 있었다. 올림포스를 찾아보고 백두산을 떠올리는 게 옮긴이 혼자뿐일까.

5. 지도와 함께 참고문헌도 되도록 찾아보길 권한다. 그리스 고전의 번역본이 많이 출간돼 있지만 두루 갖춘 독자는 많지 않다. 그래도 혹시 『일리아스』와 『오뒷세이아』가 있다면 옆에 두면서 펼쳐보는, 조금 느린 독서는 어떠한가. 『변신 이야기』나 고대 그리스 비극 작품집까지 꺼내 본다면 말 그대로 성찬이다. 예전에 따로 읽을 때 그렇게 팍팍하던 『일리아스』가 손에 익기 시작한다. 독서는 눈과 엉덩이로 하는 것이지만 책장을 넘기는 손으로도 할 수도 있다.

6. 이 책의 또 하나 중요한 성취는 그리스 신화와 수메르, 이집트, 히브리

(이스라엘), 아일랜드, 북유럽 신화를 꾸준히 비교하고 있다는 점이다. 그리스 신화의 많은 대목이 지금의 중동에서 넘어간 것이니 뿌리를 더듬어 보는 것일 수 있다. 기독교 구약 성경과 비교하는 대목도 마찬가지다.

우리는 지금도 그리스 신화라는 안경을 쓰고 중동의 신화를 살핀다. 근대화 이후 서양의 눈으로 세계를 바라보는 데 익숙해진 탓인데, 어쩌면 본래 이들은 거대한 한 덩어리일지도 모른다.

언젠가 중국 등 동아시아와 남미 원주민 등의 신화도 함께 식탁에 벌려 놓으면 더 풍부한 성찬이 될 것이다. 학문의 권력이 한쪽으로 쏠리지 않는 날이 오기를 기다린다.

7. 지은이는 인류학과 고고학 연구의 성과를 바탕으로 가부장제, 가모장제를 구분하면서 그리스 신화의 큰 변화를 포착해 낸다. 이는 남신god과 여신goddess의 구분으로 이어진다. 이에 필자의 취지를 좇아 '남신'이라는 표현을 자주 사용했다. 남자 사제와 여사제도 분명하게 구분해 읽어야 한다. 참고로, 여사제라고 하면 우리네 무당에 해당할 것이다.

8. 이번 작업을 통해 신화 읽기의 새로운 요령 하나를 찾았다. 신화 속 문장의 주이는 당연히 신이다. 디오뉘소스가 인도를 정복했다고 한다면, 알렉산더 대왕의 인도 전역戰役을 일컫는 것일 수 있다. 그런데 포도나무가 인도를 정복한 것은 아닐까. 주어를 바꿔보면 새로운 시야가 열린다. 포도나무의 전파를 이렇게 표현한 것이라면 신화는 세상의 변화와 역사를 설명하고 이해하는 하나의 훌륭한 방식이 된다. 신이 벌인 일은, 인간이 벌인 일일 수 있다. 사물의 움직임을 포착한 것일지 모른다. 주체의 변화!

9. 이 책은 '위험한' 주장들을 많이 담고 있다. 그래서 더욱 흥미롭다. 융 심리학에 대한 가벼운 무시(서문 후반부 참고), '오이디푸스 콤플렉스'에 대한 반론(105. 2 참고), 『오뒷세이아』의 저자가 귀족 여인일 것이라는 추리(170. 1 참고) 등은 다소 충격적이다. 이에 지은이의 주장을 '이설'이라 평가하는 경우도 있지만, 이런 주장을 접하는 독자는 즐거울 따름이다. 길지 않은 설명인데 묵직한 한 방이 날아온다. 문체도 살아 펄떡인다.

10. 책의 해설을 따라가 보면 '낭만'이 깨지는 경우가 있다. 어른들을 위한 그리스 신화라고 할까. 남편을 대신해 죽은 알케스티스의 신화는 순장의 풍속일 뿐일지 모른다. 테세우스는 왜 아리아드네를 버렸을까.

깨알 재미가 곳곳에 숨어 있다. 미노타우로스의 제물은 왜 9년마다 바칠까. 중반을 넘어가면 명쾌해진다. 가운뎃손가락은 왜 욕이 됐을까. 군대 행진은 왜 왼발부터 출발할까. 그리고 크레테의 미궁은 크레테에만 있던 게 아니었다.

오뒷세우스가 늙은 사냥개 아르고스를 만나 눈물을 흘리는 장면이 있다(171장). 이 책 전체를 통틀어, 유일하게 현대적 감수성을 느끼게 하는 문장이었다. 신화 속 영웅 가운데 처음으로 눈물을 보인 것 같다. 드디어 신의 시대가 끝나고 인간의 시대가 시작되는 지점일 수도 있겠다.

다만 실제 출전은 본문만큼 극적이지는 않다. "지금 그 개는 오뒷세우스가 와 있음을 알아차리고 꼬리치며 두 귀를 내렸으나 주인에게 더 가까이 다가갈 힘이 없었다. 오뒷세우스는 에우마이오스에게 쉽게 들키지 않으려고 시선을 돌려 눈물을 닦으며 … 이십 년 만에 주인 오뒷세우스를 다시 보는 바로 그 순간 검은 죽음의 운명이 그 개를 덮쳤다."(『오뒷세이아』 17권 301-305, 326-327행, 천병희 옮김).

더 명확하고 매끄럽게 옮길 수 있었다. 더 많은 정보를 전달할 수 있었다. 옮긴이의 부족함에 독자들에게 죄송할 따름이다. 옮기는 과정에서 원문의 일부 오류를 바로잡았다.

2023년 여름

안우현

찾아보기

이름의 의미가 대부분 불분명하다. 이탤릭체로 된 이름은 비非헬레네스 신화의 인물이다. 숫자와 기호는 쪽수가 아니라 문단을 나타낸다.

⟨ㄱ⟩

가뉘메데스Ganymedes - 가누에스타이ganuesthai 와 메데아medea에서 유래, 남자다움에 기뻐하는rejoicing in virility, 29 여러 곳; 40. c; 81. l; 137. c; 152. a; 164. 7
▷트로스의 아들son of Tros, 158. g

가라Gara, 1. 5

가라노스Garanus - 두루미 신Crane, 132. n,6

가라마스Garamas - 여신 카르의 백성people of the Goddess Car, 3. c,3; 90. b

가브리엘Gabriel, 31. 3

가스테로케이레스Gasterocheires - 손이 있는 불룩한 배bellies with hands, 23. 2; 73. b,3

갈라타Galata - 갈리아Gaul, 또는 [아나톨리아 고대 국가] 갈라티아의Galatian, 132. j

갈라테이아Galatea - 유유처럼 흰milk white, 65 여러 곳

갈란티스Galanthis, Galanthias, Galen - 족제비weasel, 118. g,h,5

개의 별Dog-star - 오르트로스Orthrus, 시리우스Sirius

갤러해드Galahad, 95. 5

거인족Giants - 4. a; 35 여러 곳; 36. a; 37. 1; 145. i; 152. b

게라이스토스Geraestus - 유서 깊은venerable, 91. g,3

게뤼오네우스Geryones[또는 게뤼온Geryon] - geranon(?), 두루미crane, 31. 6; 34. a; 127. 2; 132 여러 곳; 134. 8; 139. d

게일릿사Geilissa - 미소 짓는 이smiler, 113. a,j,4

겔라노르Gelanor - 웃음보laughter, 60. e

겔로노스Gelonus - 웃는laughing, 132. v

계절의 여신Seasons, 11. a; 12. a,4; 13. a,e

고다이바Godiva, 레이디 고다이바Lady Godiva, 89. 3

고데Gode, 고다Goda, 18. 1; 89. 3; 160. 10

고르게Gorge - 단호한grim, 142. a

고르고네스Gorgones[또는 Gorgons, 단수형 고르곤Gorgon] - 소름끼치는 이들grim ones, 9. b,5; 33 여러 곳; 39. d; 50. 3; 73. f, h,5,9; 81. 9; 131. m; 132. f,3; 140. b,1

고르고포네Gorgophone - 고르곤 죽음Gorgon-death, 73. t; 74 여러 곳

고르고피스Gorgopis - 단호한 얼굴의grim-faced, 70. 7

고르디아스Gordias[또는 Gordius] - grudios(?), 중얼거리는muttering, 또는 꿀꿀거리는grunting, 83 여러 곳

고르튀스Gortys - grotys(?), 큰 동굴의of the cavern, 또는 '암소'를 뜻하는 크레테 말인 카르텐Carten에서 유래, 88. h,7

곡Gog, 131. 7

골고스Golgos - gorgos(?), 단호한grim, 18. k

귀게스Gyges - gegenes, 땅에서 태어난earth-born, 3. b,1

그라스Gras - grasos(?), 염소처럼 웃는smelling like a goat, 117. g

그라이아이Graeae - 백발인 이들grey ones, 33 여러 곳; 38. 10; 73. g,i,9

그라티온Gration - 할퀴는 이scratcher, 33. g

글라우케Glauce - 부엉이owl, 81. c,e; 156 여러 곳; 164. a

글라우코스Glaucus - 회녹색grey-green
　▷미노스의 아들son of Minos, 50. f,i; 90 여러 곳; 101. k,1; 162. q
　▷바다신sea-god, 170. t
　▷사르페돈의 조카nephew of Sarpedon, 162. 9
　▷시쉬포스의 아들son of Sisyphus, 42. 2; 67. a; 71 여러 곳; 74. a,5; 90. 7; 101. 1; 155. i; 162. 9
　▷안테돈의 아들son of Anthedon, 90. j,7
　▷힙폴로코스의 아들son of Hippolochus, 162. n; 163. c, i; 164. j; 168. b

글라우키아Glaucia - 회녹색grey-green, 137. n,t,3

글라우킵페Glaucippe - 회색 암말grey mare, 158. o

글레노스Glenus - 경탄wonder, 142. l

금빛 머리카락의 니암Niamh of the Golden Hair, 83. 6

길가메시Gilgamesh, 4. 2; 41. 3; 90. 4; 118. 2; 122. 3; 124. 2; 132. 1; 142. 3

〈ㄴ〉

나르카이오스Narcaeus - 감각을 잃게 하는 benumbing, 110. b,1

나르킷소스Narcissus - 감각을 잃게 하는 benumbing, 또는 마취성의narcotic, 21. 8; 26. d; 85 여러 곳

나우시테오스Nausitheus - 바다의 여신을 모시고 있는in the service of the sea-goddess, 98. f,m

나우시노오스Nausinous - 교활한 뱃사람cunning sailor, 170. w

나우시카아Nausicaa - 배를 불태우는 이burner of ships, 170. z,1; 171. 2,3,5

나우시토오스Nausithous - 사나운 뱃사람 impetuous sailor
　▷오뒷세우스의 아들, 170. w
　▷파이아케스족의 왕, 146. i

나우크라테Naucrate - 배의 여주인ship mistress, 92. d,5

나우플리오스Nauplius - 항해사navigator, 60. o; 93. c; 111. f; 112. f, h; 141. c; 148. i; 160. c, d; 162. t; 169 여러 곳

나우피아다메Naupiadame - 배를 쫓는 이pursuer of ships, 127. a

나이아데스Naiads - 물의 님프water-nymphs, 60. b; 82 여러 곳; 111. g

나일 강Nile, R. - 133. k

네레우스Nereus - 물에 젖은 이wet one, 33. a,g,2; 133. d,e,5; 141. f

네레이데스Nereides[또는 Nereids] - 물에 젖은 이들the wet ones, 4. b; 33 여러 곳; 73. j; 81. l,1; 98. j; 154. k; 164. l

네레이스Nereis - 물에 젖은 이wet one, 16, 1; 33. 2

네르갈Nergal, 1. 3

네메시스Nemesis - 당연한 법령due enactment, 또는 신적인 복수divine vengeance, 4. a; 7. 3; 16. 6; 32 여러 곳; 62 여러 곳

네메아Nemea, 숲속 빈터의of the glade, 123. c

네브로포노스Nebrophonus - 새끼 염소의 죽음 death of a kid, 149. c

네스토르Nestor - *neostoreus*(?), 새롭게 말하는 newly speaking, 27. 5; 67. j; 68. f; 74. k; 80. c, g; 102. c; 135. c; 139 여러 곳; 160 여러 곳; 164. e; 165. a; 166. i; 169 여러 곳

네아이라Neaera - 손아래의the younger, 141. a,b

네옵톨레모스Neoptolemus - 새로운 전쟁new war, 81. s,t; 117. b; 161. e; 164. j; 165. i; 166 여러 곳; 167 여러 곳; 168 여러 곳; 169 여러 곳; 170. p; 171. j

네이스Neis - 물의 님프water-nymph, 64. a

네이트Neith, 8. 1; 39. 2; 61. 1; 73. 6; 114. 4; 131. 3; 133. 10; 141. 1; 154. 5;

네팔리온Nephalion - 술 취하지 않은sober, 131. e

네펠레Nephele - 구름cloud, 63. d; 70 여러 곳; 126. b

네프튀스Nephthys, 31. 3; 42. 1; 123. 3; 138. 1

넬레우스Neleus - 무자비한ruthless, 7. 3; 67. j,3; 68. d,e,f,3; 72. b; 77. b; 94. c; 135. c; 138. b,m; 139 여러 곳; 140. a; 148. 11

넷소스Nessus - *neossus*(?), 어린 새 또는 동물young bird or animal, 126. d; 142 여러 곳; 145 여러 곳

노락스Norax - *norops*(?), 너무 밝아 쳐다볼 수 없는 얼굴을 한with face too bright to look at, 132. d,5

노른 세 자매Norns, Three, 6. 4

노미아Nomia - 풀을 뜯는 가축grazer, 17. j

노미오스Nomius - 짐승 떼의 보호자guardian of the flocks, 82. d

노아Noah, 27. 6; 38. 3; 39. 2; 123. 1; 154. 12

뉘사Nysa - 절뚝거리는lame, 27. b

테우스Nycteus - 밤의of the night, 76. a; 154. a

티모스Nyctimus - 밤의of the night, 38. b; 108. c

니니브Ninib, 1. 3

니소스Nisus - 빛남brightness, 또는 이주민 emigrant, 67. 1; 91 여러 곳; 92. 4; 94. c,d,e; 95. 5; 110. d

▷휘르타코스의 아들son of Hyrtacus, 158. m

니오베Niobe - 눈에 덮인snowy, 1. 3; 76. c; 77 여러 곳; 108. b,g,i,1,9; 118. f

니코스트라테Nicostrate - 승리한 군대victorious army, 132. o

니코스트라토스Nicostratus - 승리한 군대 victorious army, 117. c; 159. d

니킵페Nicippe - 정복하는 암말conquering mare, 24. b; 110. c; 118. d

〈ㄷ〉

다나에Danaé - 재판하는 여인she who judges, 또는 바짝 마른parched, 42. 4; 43. 2; 60. 3; 73 여러 곳; 93. 1; 146. 4

다나이데스Danaides[또는 Danaids], 16. e; 54. 1; 60 여러 곳; 68. 1; 124. b,3

다나오스Danaus - 단Dan, 재판관judge, 또는 다나에의 아들son of Danaé, 1. 2; 53. 3; 56. 3; 60 여러 곳; 73. a; 109. b; 124. b; 146. 4

다르다노스Dardanus - *dar-daio*에서 온 듯(?), 태워 버리는 이burner-up, 24. a; 48. e; 158 여러 곳

다마르메노스Damarmenus - 돛의 정복자subduer of sails, 166. 2

다마센Damasen - 진압하는 사람subduer, 90. 8

다뮈소스Damysus - 정복자conqueror, 81. r; 160. h

다스퀼로스Dascylus - 작은 가리키는 것little

pointer, 131. e,h,9; 151. c

다우노스Daunus - 잠자는 이sleeper, 169. k

다윗David, 82. 4; 110. 2

다이달로스Daedalus - 빛나는bright, 또는 교묘하게 만든cunningly wrought, 18. 3; 81. h; 82. j; 88. e. f,1,7; 92 여러 곳; 94. b; 96. 1,3; 98. k,r,u,3,5; 122. c

다포이네Daphoene - 피 흘리는 이bloody one, 21. 6

다포이넷사Daphoenissa - 피 흘리는 이bloody one, 51. 2

다프네Daphne - 월계수laurel, 21. k,l,6; 107. c,1

다프니스Daphnis - 월계수laurel, 17. j,5; 51. b,2; 136. e

닥틸로이Dactyles[또는 Dactyls, 단수형 Dactyl] - 손가락fingers, 53 여러 곳; 131. 9; 132. 4; 164. 6

단Dan, 60. 3

담 키나Dam-kina, 60. 3; 93. 1; 146. 4

담나메네우스Damnameneus - 밀어넣는 것, 이를테면 망치compeller, i. e. hammer, 53. c,2

데르케토Derceto(그리스어 아님), 89. 2; 154. 6

데르퀴노스Dercynus - *decreynus*, 눈을 뜨고 잠자는 sleeping with open eyes, 132. k

데릴라Delilah, 91. 1; 145. 4

데메테르Demeter - 보리의 어머니barley-mother, 7. a,8; 14. b,4; 16. f,5,6; 24 여러 곳; 31. 6; 33. 4; 51. e; 60. f; 72. 4; 81. d; 85. 1; 88. 9; 94. f; 96. i; 97. 2; 102. f; 108. c,h,5,6; 121. 3; 134 여러 곳; 143. 1; 154. 1; 157. 1; 170. q

▷레르네의Lernaean, 124. b

▷암말 머리의Mare-headed, 16. 5; 19. 2; 46. 3; 48. 2; 75. 3; 108. 5

▷에리뉘에스Erinyes[또는 Erinnyes] - 분노the fury, 16. 6

▷에우로페Europe - 얼굴이 넓적한broadfaced, 51. i

▷엘레우시스의Eleusinian, 140. a

▷지하의Subterrene, 28. h

데모낫사Demonassa - 백성의 여왕queen of the people, 145. f

데모포온Demophoón - 사람들의 빛light of the people, 24. d,e,10; 100. h; 101. a; 114. l

데모폰Demophon - 사람들의 목소리voice of the

people, 86. 1; 131. 11; 146. b; 168. e,j; 169 여
러 곳
데스몬테스Desmontes - *desmentes*, 감옥의 간수
gaoler, 43. c,d,f
데스포이나Despoena - 여주인mistress, 16. f,5
데우칼리온Deucalion - 새 포도주의 뱃사람new-
wine sailor
▷미노스의 아들son of Minos, 98. 3; 100. h;
104. f
▷이도메네우스의 아버지father of Idomeneus,
160. n
▷퓌르라의 남편husband of Pyrrha, 27. 6; 38
여러 곳; 39. 2
데이노Deino - 끔찍한terrible, 33. c,5
데이노스Deinus - 끔찍한terrible, 130. a
데이다메이아Deidameia - 약탈품 획득자taker of
spoil, 53. 7; 102. c; 160. j,y
데이마스Deimas - 무서운fearful, 158. b
데이마코스Deimachus - 전투 약탈품battle spoil,
137. h,n
데이모스Deimus - 무서운fearful, 18. a
데이아네이라Deianeira - 약탈품을 함께 묶는 이
stringer-together of spoil, 118. 2; 134. c; 138. c;
142 여러 곳; 144. a; 145 여러 곳
데이오네Deione - 약탈의 여왕queen of spoil, 88. b
데이오네우스Deioneus - 약탈의 여왕의 아들son of
the queen of spoil, 63. 1; 96. c
데이온Deion - 약탈자despoiler, 148. i
데이포보스Deiphobus - 약탈자를 겁내는scaring
the spoiler, 135. c; 158. o; 159. o; 164. k; 166.
f; 167. k; 168. b
데이퓔라Deipyla, 또는 데이퓔레Deipyle - 적대적
인 관문hostile gates, 106. a,c; 160. r
데이필로스Deiphilus - 약탈을 사랑하는 이lover of
spoil, 149. c; 168. l
데일레온Deileon - 약탈품을 가져가는 사자spoil-
taking lion, 151. d
데크타이어Dechtire, 162. 8
덱사메노스Dexamenus - 환대하는 사람entertainer,
127. f; 131. b,c [; 138. b]
덴드리테스Dendrites - 나무 젊은이tree youth, 27. 2
덴마크의 오기에르Ogier le Damois, 103. 1

델리아데스Deliades - 델로스 아폴론의 아들son of
Delian Apollo, 75. a
델퓌네Delphyne - 자궁womb, 21. a,3; 36 여러 곳
델피노스Delphinus - 돌고래dolphin, 16. b,1
도금양Myrtle - 님프nymphs, 82. c,d,2
도로스Dorus - 선물gift, 21. i; 43. b,1; 64. c; 88.
a,1
도리스Doris - 풍부한bountiful, 33. a,2
도립페Dorippe - 선물 암말gift mare, 160. u,7
돌로피온Dolophion - 교활한 토종 뱀cunning
native snake, 166. b
돌론Dolon - 올가미 놓는 이ensnarer, 163. g
뒤마스Dymas - *dynamis*(?), 강력한powerful, 158. o
뒤사울레스Dysaules - 불운한 집안의of the unlucky
house, 24. e
뒤스폰테우스Dysponteus - 거친 바다rough sea,
109. c
드라파우디Drapaudi, 135. 1
드뤼아데스Dryads - 떡갈나무 님프oak-nymphs,
82. i; 86. 2
드뤼아스Dryas - 떡갈나무oak, 27. e,3; 46. c,d,2
드뤼오페Dryope - 딱따구리, 21. j; 26. 5; 56. 2;
150. b,1
드뤼옵스Dryops - 떡갈나무 얼굴oak face, 21. 7;
143 여러 곳
디나Dinah, 60. 3
디다이온Didaeon - 경험이 많은experienced, 135. b
디르케Dirce - *dicre*, 갈라진 틈cleft, 또는 두 개의
double, 68. 2; 76 여러 곳; 135. e
디아Dia - 하늘의of the sky, 63. a,1,2; 102. a,3;
143. c
디아나Diana, 7. 1
디아르무이드Diarmuid, 18. 7
디아스Dias - 빛나는bright, 110. c
디오네Dione - 신적인 여왕divine queen, 1. d; 7. 1;
11. b,2; 14. b,4; 108. b
디오뉘소스Dionysius - 절름발이 신lame god, 14
여러 곳; 18. e,8; 27 여러 곳; 28. d,2,3; 30. 3;
35. e,h,1; 38. h,3; 70. g,h,4; 72. g,5; 76. b; 79.
a,2; 82. k; 83 여러 곳; 86. b; 87. a; 88. 7; 90.
b; 98. n,o,s,w,6,9; 110. b; 123. 1; 126. b; 134.
b,2,4; 136. j; 142. a; 148. 6; 160. u

▷구원자Saviour, 124. b

▷브로미오스Bromius - 격노한raging, 27. 7,9

▷사바지오스Sabazius - 산산이 부서뜨리는 이 breaker in pieces, 27. 7,9

▷습지의of the Marshes, 99. c

▷크레테의Cretan, 98. 6

▷플루토토테스Plutodotes - 재물을 주는 이 giver of wealth, 129. 1,2

디오도로스Diodorus - 제우스의 선물gift of Zeus, 133. i

디오메데스Diomedes - 아르고스의 신과 같이 교활한god-like cunning of Argos, 70. 1; 109. f; 159. a; 160. n,r,2; 162 여러 곳; 163 여러 곳; 164 여러 곳; 166 여러 곳; 167 여러 곳; 168 여러 곳; 169 여러 곳

▷(이아손Jason), 148 여러 곳; 152. 1

▷트라케의 왕King of Thrace, 82. c; 121. 4; 130 여러 곳; 134. 8; 153. e

디오스쿠로이Dioscuri - 제우스의 아들들sons of Zeus, 74 여러 곳; 103. a,b; 112. c; 113. 7; 114. 4; 116. e; 150. a; 159 여러 곳

디오클레스Diocles - 제우스의 영광glory of Zeus, 24. l,5

디케Dice - 자연법natural law, 또는 정의justice, 32. 1

딕튀스Dictys - 그물net, 73. c,o,p

딕튄나Dictynna - 어망을 가진 여인she of the fishing-nets, 89. b,2,4; 154. 6; 160. 10

딜란Dylan, 105. 1

〈ㄹ〉

라Ra, 41. 3; 42. 4; 117. 1

라다만튀스Rhadamanthys - *rhabdomantis*(?), 낭창낭창한 가지로 점치는 남자he who divines with a wand, 31. 6; 58. c; 66. i,4; 88 여러 곳; 119. g; 146. f

라돈Ladon - 껴안는 남자he who embraces, 33. b,f,1; 66. a; 133 여러 곳

라로스Rarus - 유산된 아이abortive child, 또는 자궁womb, 24. m,8

라마Rama, 135. 1

라모스Lamus - 꿀꺽꿀꺽 삼키는 이gulper, 또는 대식가glutton, 136. g; 170. h

라미아Lamia - 게걸들린gluttonous, 또는 음탕한lecherous, 61 여러 곳; 72. 4; 135. 3

라반Laban, 67. 1

라브다코스Labdacus - *lampadōn aces*(?), 햇불의 도움help of torches, 105. a,1

라브뤼아다이Labryadae - 양날 도끼를 든 이들men of the axe, 51. 2

라비코스Labicus - 허리띠를 한girdled, 90. g

라에르테스Laertes - 개미ant, 67. c; 148. i; 160 여러 곳; 171 여러 곳

라엘랍스Laelaps - 허리케인hurricane, 89. f,g,h; 118. b

라오노메Laonome - 사람들의 법률law of the people, 138. d

라오다메이아Laodameia - 사람들을 길들이는 이 tamer of people

▷오레스테스의 유모nurse of Orestes, 113. a

▷프로테실라오스의 아내wife of Protesilaus, 162. d,n,8,9 [원문에는 이를 구분하지 않았지만, 162. n,9에 나오는 '사르페돈의 어머니'는 동명이인이다]

라오디케Laodice - 사람들의 정의justice of the people, 112. d; 141. g; 158. o; 160. z; 168. d

라오메돈Laomedon - 백성의 통치자ruler of the people, 13. c; 29. 1; 81. e; 131. 11; 136. g; 137 여러 곳; 141. g; 149. f; 152. d; 153. e; 158. l

라오코온Laocoön - 통찰력이 뛰어난very perceptive, 167 여러 곳

라오토에Laothoë - 굴러떨어지는 돌rushing stone, 158. 8; 162. m; 168. l

라이오스Laius - leios(?), 소떼를 가진having cattle, 76. c; 105 여러 곳; 110. g,h

라이코스Rhaecus - 부서뜨리는 이breaker, 80. f

라케다이몬Lacedaemon - 호수의 악령lake demon, 125. c,3

라케시스Lachesis - 길이 재는 이measurer, 10 여러 곳; 42. c; 60. 2

라코네Lacone - 호수의 숙녀lady of the lake, 125. 3

라키니오스Lacinius - 들쭉날쭉한jagged, 132. t

라키오스Rhacius - 누더기가 된ragged, 107. i

cunning, 104. g; 160. j,k; 166. h

뤼코스Lycus - 늑대wolf, 76. a; 88. d; 94 여러 곳;
122. c; 131. e,h; 135. e; 151. c; 159. q; 169. k

뤼코테르세스Lycotherses - 여름 늑대summer wolf,
59. d

뤼쿠르고스Lycurgus - 늑대의 소행wolf work, 27.
e,3; 50. f; 71. 1; 106. g; 141. a
▷네메아의of Nemea, 149. e

뤼크노스Lychnus - 등불lamp, 25. 1

뤽타이아Lyctaea - lycotheia(?), 신성한 암늑대
divine she-wolf, 91. g

륑케우스Lynceus - 스라소니의 날카로운 눈을 가
진sharp-eyed as a lynx, 60. k,m,4,7; 74 여러 곳;
80. c; 103. b,c; 148. i

리간토나Rigantona - 위대한 여왕great queen, 26. 9

리귀스Ligys - 날카로운 목소리shrill, 132. k

리노스Linos - 아마포 실linen thread, 108. b

리노스Linus - 아마flax, 또는 아마로 만든 리라 줄
▷아르고스 사람of Argos, 147 여러 곳
▷오이아그로스의 아들son of Oeagrus, 147. b,4
▷이스메니오스의 아들son of Ismenius, 24. 5;
119. g,3; 147. a

리르Llyr, 73. 2

리뷔에Libya - 떨어지는 비dripping rain, 56. d,2,3;
58. a,2; 82. b,c; 154. e

리안논Rhiannon, 27. 9; 154. 3

리어Lear, 73. 2

리카스Lichas - 가파른 절벽sheer cliff, 117. d; 145.
b,d

리큄니오스Licymnius - lichymnios, 키질할 때 부르
는 찬가hymn at winnowing time, 118. b; 140. a;
144. a; 145. d; 146 여러 곳

리튀에르세스Lityerses, 7. 1; 24. 5; 136. e

린다Linda - 아마포 실로 묶는 이binder with linen
thread, 42. 4; 54. 1; 60. 2

릴리트Lilith - 삑 소리 내는 부엉이scritch-owl, 55. 1

릴림Lilim - 릴리트의 자식들children of Lilith, 55. 1

림몬Rimmon, 27. 10

〈ㅁ〉

마그네스Magnes - 마그네시아 사람Magnesian,

147. b,4

마네로스Maneros, 1. 1; 136. e; 147. c,1

마라토스Marathus - [향이 강한] 회향풀fennel,
104. c,3

마라톤Marathon - marathron(?), 회향풀fennel, 94.
b; 104. c; 156. b,4

마라피오스Maraphius - marathrius(?), 회향풀의of
the fennel, 159. d

마로Maro - maris(?), 3파인트[액량 단위]의 액량a
liquid measure of three pints, 170 여러 곳

마르두크Marduk, 1. 1; 4. 5; 7. 5; 35. 5; 71. 1;
73. 7; 92. 3; 103. 1,2; 137. 2; 170. 5

마르마라낙스Marmaranax - 대리석 왕marble king,
109. 4

마르막스Marmax - marmaranex, 대리석 왕marble
king, 109. e,8

마르쉬아스Marsyas - marnamai에서 온 듯(?), 싸우
는 이battler, 21. e,f,5; 83. g

마르스Mars, 27. 12; 158. 4

마르페시아Marpesia - 잡아채는 이snatcher, 131.
c,d

마르펫사Marpessa - 잡아채는 이snatcher, 21. k,7;
74. a,e,3

마리안Marian, 131. 3; 162. 10

마리암네Mariamne, 131. 3; 151. 3

마리엔나Marienna - 하늘의 높으신 결실의 어머니
high fruitful mother of heaven, 131. 3; 151. 3

마이나데스Maenades 또는 마이나스Maenads - 미
친 여인들madwomen, 21. 6; 26. 1,2; 27 여러
곳; 28. d,e,f,2; 41. 1; 44. a; 153. 4; 160. 10

마이라Maera - 반짝이는glistening, 79 여러 곳;
168. n. 1; 170. 1

마이아Maia - 할머니grandmother, 17. a,c

마이안드로스Maeander - 사람을 찾고 있는
searching for a man, 169. 5

마카레오스Macareus - 행복한happy, 43. h,4

마카리아Macaria - 신의 축복을 받은blessed, 120.
3; 141. 1; 142. l; 146. b

마카온Machaon - 랜싯[양날의 끝이 뾰족한 의료
용 칼]lancet, 50. i; 163. h; 164. a; 165. f; 166.
d, i

마카이레우스Machaereus - 푸주한butcher, 169. h

마크리스Macris - 키가 큰tall, 또는 멀리 떨어진far off, 27. b,2; 82. e; 146. i; 148. 6; 154 여러 곳; 155. h

만테Mante - 여자 예언가prophetess, 77. a

만토Manto - 여자 예언가prophetess, 107. c,i; 169. c

만투Manthu, 39. 8

말리스Malis - 약간 하얀whitish, 136. g

메가라Megara - 신탁의 동굴oracular cave, 122 여러 곳; 135. a,e

메가레우스Megareus - 신탁 동굴의of the oracular cave, 91. e; 94. e; 110. d,f

메가로스Megarus - 동굴cave, 또는 바위의 갈라진 틈cleft of rock, 38. e

메가메데Megamede - 엄청난 교활함great cunning, 120. b

메가이라Megaera - 원한grudge, 6. a; 31. g; 115. 2

메가펜테스Megapenthes - 커다란 슬픔great grief, 73. q,s; 117. c; 159. d

메게라Megera - 사랑스럽게 지나가는passing lovely, 122. a

메네데모스Menedemus - 사람들을 견디는 withstanding the people, 127. d

메네스테우스Menestheus - 신적인 힘divine strength, 99. e; 104 여러 곳; 131. 11; 157. a; 160. o,3; 168. e; 169. n

메넬라오스Menelaus - 사람들의 힘might of the people, 31. a; 74. k; 93. c; 111. f,j; 112 여러 곳; 114 여러 곳; 116. n,2; 117. c, 5; 146. 6; 159 여러 곳; 160 여러 곳; 161. d; 162 여러 곳; 163 여러 곳; 165 여러 곳; 166 여러 곳; 167 여러 곳; 168 여러 곳; 169 여러 곳; 171. a

메노디케Menodice - 힘의 올바름right of might, 143. a

메노스Menos - 달moon, 52. 1

메노이케우스Menoeceus - 집의 힘strength of the house, 105. i,4; 106. j; 121. a

메노이테스Menoetes - 도전하는 운명defying fate, 132. d,4; 134. d,1

메노이티오스Menoetius - 도전하는 운명defying fate, 또는 무너진 힘ruined strength, 39. a,c,11; 130. c; 134. d; 145. k; 160. m

메니아Menja, 154. 1

메다Meda - 교활한cunning, 143. b; 162. t; 169. l

메데이아Medea - 교활한cunning, 67. d; 92. m,8; 95 여러 곳; 97 여러 곳; 98. a; 135. e; 148. 6; 152 여러 곳; 153 여러 곳; 154 여러 곳; 155 여러 곳; 156 여러 곳; 157 여러 곳; 160. a; 164. o

메데이오스Medeius - 교활한cunning, 148. 2
　▷ 일명 폴뤽세노스Polyxenus, 156. e; 157. a,b

메돈Medon - 통치자ruler, 117. b; 160. q; 161. i; 163. h; 171. I

메두사Medusa - 교활한cunning, 9. a; 33. b,3,4; 50. e; 73 여러 곳; 75. 3; 132. l,4; 134. c

메두스Medus - 교활한cunning, 97. c

메로페Merope - 말을 잘하는eloquent, 또는 꿀벌 먹는 이bee-eater, 41. a,b; 67. a,h,j,4; 92. a; 108. f

메롭스Merops - 말을 잘하는eloquent, 또는 꿀벌 먹는 이bee-eater, 108. c; 158. m,n

메르메로스Mermerus - 고생으로 야윈care-laden, 156. e,f

메리오네스Meriones - 지급받은 몫share of payment, 160. n

메브Maeve, 111. 1

메스토르Mestor - 조언 주는 이counsellor, 162. j

메키스테우스Mecisteus - 가장 위대한greatest, 148. i; 160. r

메타네이라Metaneira - 처녀들과 사는 여인she who lives among maidens, 24. d,e,5

메타르메Metharme - 변신change, 65. a,1

메타폰토스Metapontus - 해외의oversea, 43. e,g

메토페Metope - 메토페돈metopedon, 머리부터 거꾸로headlong, 또는 메타폰metapon, 맨앞 forefront, 66. a; 154. a,1; 158. o

메티스Metis - 조언counsel, 1. d; 4. a; 7. d; 9 여러 곳; 86. 1

메티아두사Metiadusa - 애처롭게 많이 조언하는 distressingly full of counsel, 94. b

메티온Metion - 숙고하는 이deliberator, 94 여러 곳

멘토르Mentor - *menetos*(?), 참을성 있는patient, 146. c

멜라네오스Melaneus - 검은 것black one, 14. a,1; 144. b

멜라니오스Melanius - 검은black, 135. a

멜라니온Melanion - 검은 원주민black native
　▷아탈란테의 남편, 80. k,l,4
　▷프릭소스의 아들, 151. f
멜라닙페Melanippe - 검은 암말black mare, 43. c,2;
　100. 2; 131. e,g; 164. a
멜라닙포스Melanippus - 검은 종마black stallion,
　72. 5; 96. c; 106. b,j,4
멜라스Melas - 검은black, 144. a
멜라이니스Melaenis - 검은 이black one, 18. 4
멜란테오스Melantheus, 또는 멜란토스Melanthus -
　꽃을 든with blossoms, 또는 가무잡잡한swarthy,
　171. d,i
멜람푸스Melampus - 검은 발black foot, 40. b; 68.
　f; 72 여러 곳; 126. e; 148. i
멜레아그로스Meleagros[또는 Meleager] - 뿔닭
　guinea fowl, 45. a; 74. a,i; 80 여러 곳; 134. c;
　141. d; 142. a,1; 148. i; 152. i; 155. i; 162. d
멜리보이아Meliboëa - 달콤한 울음sweet cry, 77. b
멜리세우스Melisseus - 벌꿀 사람honey-man, 7. 3
멜리아Melia - 물푸레나무ash-tree, 57. a,1
멜리아이Meliae - 물푸레나무 님프ash-nymphs, 6.
　4; 32. 3; 86. 2
멜리케르테스Melicertes - 멜리크레테스melicretes,
　달콤한 힘sweet power, 42. c; 67. 1; 70 여러 곳;
　71. a,4; 90. 7; 92. 7; 96. d,3; 109. 5; 110. 2;
　122. 2; 156. 2,3,
멜카르트Melkarth, 72. 3; 92. 7; 122. 2; 156. 2
멤논Memnon - 단호한resolute, 91. 5; 162. g,2;
　164 여러 곳
멧투스 쿠르티우스Mettus Curtius, 105. 4
모세Moses, 88. 6; 99. 1; 105. 1
모이라Moera - 몫share, 또는 운명fate, 98. 8
모이라이Moerae - 운명의 여신Fates 참고
모트Mot, 73. 2
목소스Moxus, 89. 2
몰로르코스Molorchus - 나무 심는 이tree-planter,
　123. d,f,h
몰로스Molus - 전쟁의 고역toil of war, 138. a;
　160. n
몰로크Moloch, 70. 5; 77. 2; 92. 7; 110. 2; 170. 3
몰리오네Molione - 몰리(마법 풀)의 여왕queen of
　the moly, 또는 전사warrior, 138. a,f,6

몰리오네스Moliones - 전사들warriors, 138 여러
　곳, 139. e,f
몰리오니다이Molionidae[또는 몰리오니데스
　Molionides] - 전사 여왕의 아들들sons of the
　warrior queen, 138. b
몰파디아Molpadia - 죽음의 노래death song, 100.
　e,f
몰포스Molpus - 선율melody, 161. g
몹소스Mopsus - moschos(?), 송아지calf
　▷라피타이족, 51. g,8; 73. i; 78. b; 89. 2; 107.
　i; 131. o,5; 148. i; 149. h; 154. f,6
　▷테이레시아스의 손자, 154. 6; 169 여러 곳
무니토스Munitus - 한쪽 방패single shield, 168. e
무닙포스Munippus - 외톨이 씨말solitary stallion,
　159. g,4,5; 168. d
무사이Muses - 산의 여신들mountain-goddesses,
　13. a,4; 17. 3; 21. f,o; 28. e,f; 37. c,1; 59. b;
　75. b; 81. l; 82. e; 95. c; 105. e,z; 126. g; 132.
　o; 147. c; 154. d,3; 161. 4; 164. l; 170. q
무사이오스Musaeus - 무사이의of the Muses, 134. a
물푸레나무 님프Ash-nymphs - 멜리아이Meliae 참고
뭄미Mummi, 36. 2
뮈그돈Mygdon - amygdalon(?), [편도나무 열매의
　핵, 먹는] 아몬드almond, 131. e
뮈네스Mynes - 변명excuse, 162. j
뮈르멕스Myrmex - 개미ant, 66. g,2; 81. 9
뮈르미돈Myrmidon - 개미ant, 66. g
뮈르토Myrto, 뮈르테아Myrtea, 뮈르토잇사
　Myrtoessa - 바다 여신sea-goddess, 109. l,6
뮈르틸로스Myrtilus - 도금양myrtle, 71. b; 109 여
　러 곳; 111. c
뮈리네Myrine - 바다 여신sea-goddess, 131 여러
　곳; 149. 1; 151. 3
뮈스켈로스Myscelus - 작은 쥐little mouse, 132. t
뮌돈Myndon - 벙어리의dumb, 136. f
뮐레스Myles - 방앗간mill, 125. c
므네모쉬네Mnemosyne - 기억memory, 13. a
므네몬Mnemon - 주의 깊은mindful, 161. h
므네시마케Mnesimache - 전투를 마음에 간직한
　mindful of battle, 127. f; 138. c
미카엘Michael, 4. 3; 92. 9
미노스Minos - meinos osia(?), 달의 창조물the moon's

creature

▷뤼카스토스의 아들son of Lycastus, 88. 5

▷제우스의 아들son of Zeus, 29. 3; 30. 1; 31. b; 58. c; 66. i,4; 87. 2; 88 여러 곳; 89 여러 곳; 90 여러 곳; 91 여러 곳; 92 여러 곳; 98 여러 곳; 110. d,h; 129. a; 136. e; 160. n; 167. 2; 169. 6; 170. p

미노타우로스Minotaur - 미노스의 황소Minos bull, 88. e,f; 91. 4; 98 여러 곳; 129. a

미뉘아스Minyas - 달의 남자moon-man, 27. g; 70. 9; 148. j,8; 154. 12

미다스Midas - *mita*, 씨앗seed, 21. h; 83 여러 곳

미데아Midea - *medeia*, 교활한cunning, 118. b

미마스Mimas - 흉내mimicry, 35. e,4

미트라Mitra, 7. 6; 132. 5

민테Minthe - 민트 풀mint, 31. d,6

밀레토스Miletus - *milteias*(?), 붉은 황토로 칠한 painted with red ochre, 21. i; 88. b,2,4

멜리테Melite - 주의attention, 95. a; 146. i

〈ㅂ〉

바루나Varuna, 3. 1; 7. 6; 132. 5

바알Baal, 30. 4; 60. 1; 170. 3

바우보Baubo - 달래는 이soother, 24. d,9

바우키스Baucis - 지나치게 겸손한over-modest, 41. 5

바테이아Bateia - 딸기나무의of the bramble, 158. c

바톤Baton - 블랙베리blackberry, 106. k,5

박케Bacche - 격심한raging, 27. b

반바Banbha, 24. 3

발리오스Balius - 얼룩의piebald, 81. m,4; 163. m

밤의 여신Night, 2. b,2; 4. a; 10. a; 33. 7; 137. o

밧토스Battus - 혀가 묶인tongue-tied, 82. 1

백 개의 손을 가진 이들Hundred-handed Ones, 3. c; 6. b; 7. e,5,7; 131. 2

베로에Beroe - *pheroé*(?), 알을 가져오는 암컷she who brings eggs, 18. k

벤테시퀴메Benthesicyme - 깊은 곳의 물결wave of the deep, 16. b,1; 47. c

벨Bel, 1. 3; 4. 5; 60. 1; 73. 7; 103. 1,2

벨레로폰Bellerophon - *beleëphoron*(?), 몸에 지닌 화

살bearing darts, 67. 4; 70. 2; 73. 5; 75 여러 곳; 95. d

벨로스Belus - 바알baal, 주인lord, 56. b,3; 58. a; 60 여러 곳; 61. a; 65. a; 165. k

벨릴리Belili, 4. 5; 60. 1; 86. 2

벨카누스Velchanus - *helcein*에서 온 듯(?), [다리를] 질질 끄는 왕the king who drags [his foot], 92. 1

벨티스Beltis, 1. 3

보레아스Boreas - 북풍의 신North Wind 또는 게걸스레 먹는devouring, 1. a,2; 12. 5; 25. 5; 47. c,4; 48 여러 곳; 63. 3; 96. 6; 109. d; 137. m,o,5; 138. 5; 150. j,4; 154. e

보르모스Bormus - 구슬픈plaintive, 150. e,f,1

보리모스Borimus, 150. e,1

보이오토스Boeotus - 가축지기herdsman, 43 여러 곳

복수의 여신(들)Furies - 에리뉘에스 참고

부노모스Bunomus - 황소가 풀을 뜯는ox-grazing, 159. v

부노스Bunus - 언덕hill, 156. b

부데이아Budeia - 수소의 여신goddess of oxen, 121. a

부시리스Busiris - 오시리스의 무덤grave of Osiris, 132. f; 133. k; 134. 6

부쥐게Buzyge - 수소에 멍에 매는 이Ox yoker, 121. a

부테스Butes - 소몰이꾼herdsman, 18. k; 46. a,3; 47. a,b,1,4; 50. 5; 102. c; 132. q; 148. i; 154. d

북풍의 신North Wind - 보레아스Boreas 참고

불카누스Vulcan, 23. 2; 92. 1

브란Bran, 6. 2; 28. 1,6; 50. 1; 57. 1; 120. 1; 134. 1; 138. 4; 146. 2; 170. 8

브란웬Branwen, 25. 5

브란코스Branchus - 목이 쉰hoarse, 96. j,5

브로미에Bromie - 으르렁거리는roaring, 27. b

브로테아스Broteas - 피비린내 나는gory, 108 여러 곳

브론테스Brontes - 천둥thunder, 3. b,2; 21. d; 22. d,5

브리기트Brigit, 21. 4; 23. 1

브리모Brimo - 격노한 이raging one, 24. 6; 105. 1; 150. 1

브리모스Brimus - 격노한 이raging one, 24. 6; 150. 1

83. 2; 89. 2; 123. 3; 133. 8; 138. 1

시바Shiva, 135. 1

시쉬포스Sisyphus - *se-sophos*(?), 매우 현명한very wise, 41. e; 67 여러 곳; 68. b,2; 70. h,9; 71. b; 75. a,3; 96. d; 105. 7; 108. 2; 155. i; 156. d; 160. c; 170. p

시인 토마스Thomas the Rhymer, 170. 2

시칼로스Sicalus - 조용한silent, 135. e

시퀴온Sicyon - 오이cucumber, 94. b

시타Sita, 135. 1

시퓔로스Sipylus, 108. g; 131. o

신Sin, 1. 3

신들의 어머니Mother of the Gods, 131. n,4; 136. f; 158. e

실레노스Silenus - 달의 남자moon-man, 17. 2,4; 27. b; 35. h; 83 여러 곳; 126. b,3

실로스Sillus - 야유하는 이jeerer, 136. c

심술쟁이[재앙]Spites, 15. 1; 39. j [; 136. 2]

〈ㅇ〉

아가노스Aganus - 온화한gentle, 159. v

아가닙페Aganippe - 관대하게 죽이는 암말mare who kills mercifully, 73. c

아가메데Agamede - 매우 교활한very cunning, 138. 6

아가메데스Agamedes- 매우 교활한very cunning, 51. i; 84. b; 121. f; 169. 2

아가멤논Agamemnon - 매우 단호한very resolute, 92. 4; 93. c; 111. f,j,n; 112 여러 곳; 131. 11; 159. a,m; 160 여러 곳; 161 여러 곳; 162 여러 곳; 163 여러 곳; 164. e; 165 여러 곳; 166 여러 곳; 167 여러 곳; 168 여러 곳; 169 여러 곳; 170. p

아가우에Agave - 고귀한high-born, 27. f,9; 59. d

아가튀르소스Agathyrsus - 매우 격노한much raging, 132. v

아가페노르Agapenor - 매우 고통스러운much distress, 169. n

아게노르Agenor - 매우 남자다운very manly, 56. b,3; 57. a,1; 58 여러 곳; 60. 3; 73. 1; 142. 5; 150. j

아겔라오스Agelaus - 소몰이꾼herdsman, 136. g; 159 여러 곳; 171. h

아귀이에우스Agyieus - 거리의 남자he of the street, 51. b

아그라울로스Agraulos - 시골 사람rustic one, 25. d,f,4

아그레오스Agreus - 사나운wild, 82. d

아그리오스Agrius - 사나운wild(켄타우로스), 35. g; 126. b; 164. a; 170. k

아그리오페Agriope - 야만적인 얼굴savage face, 28. b,4

아글라오스Aglaus - 화려한splendid, 111. g

아글라우로스Aglauros - 이슬 맺힘dewfall, 25 여러 곳

아글라이아Aglaia - 빛나는bright, 73. a; 105. 5

아나킴Anakim, 88. 3; 117. 3

아나타Anatha, 9. 4; 41. 4; 61. 1; 82. 4; 98. 7; 114. 4; 133. 10; 141. 1; 169. 5

아낙사고라스Anaxagoras - 시장 장터의 왕king of the market-place, 72. k

아낙산드리데스Anaxandrides - 왕다운 남자의 아들son of the kingly man, 117. d,7

아낙소Anaxo - 여왕queen, 104. i; 118. a

아낙스Anax - 왕king, 88. b,3

아낙시비아Anaxibia - 여왕의 힘queenly strength, 111. f; 또는 에우뤼디케Eurydice, 164. e

아누Anu, 6. 6

아누비스Anubis, 17. 2; 31. 3; 34. 1; 170. 9

아니오스Anius - 괴로운troublous, 88. h; 160. t,u,v

아니케토스Anicetus - 정복할 수 없는unconquerable, 145. i

아닙페Anippe - 여왕 같은 암말queenly mare, 133. k

아다노스Adanus - 도토리의 남자he of the acorns, 1. d; 159. 3

아담Adam, 4. 3; 28. 6; 51. 2; 145. 5; 146. 2

아도니스Adonis - 주인lord, 18. h,i,j,2,6,7; 25. 5,11; 27. 10; 58. d; 77. 2; 101. g; 126. 1; 132. 4; 136. 1; 141. 3

아뒴노스Adymnus - [해와 달이] 지지 않는 unsetting, 89. d,9

아드라스테이아Adrasteia - 벗어날 수 없는 inescapable, 7. b,3; 32. 3

아드라스토스Adrastus - 자기 자리에 서 있는 남자

he who stands his ground, 102. c; 106 여러 곳;
107. b,c; 138. g; 158. l

아드메테Admete- 길들여지지 않은untamed, 131.
a,j,1,3

아드메토스Admetus - 길들여지지 않은untamed,
10. b; 21. n,7; 69 여러 곳; 80. c; 130. b; 148. i;
155. j

아라크네Arachne - 거미spider, 25. h,6

아레네Arene - 남자 같은man-like, 74. c

아레스Ares - 남자 전쟁의 신male warrior, 1. 3;
12. c,2; 15. b; 18. b,c,d,j; 19 여러 곳; 35. d;
37. b,d,3; 40. b; 46a; 48. d; 58. g; 59. a,e; 67. g;
70. m; 80. l,1; 102. e; 106. j,1; 109. b,d; 130. a;
133. d; 139. b,1; 143. g; 151. f,4; 152. h,i; 159.
h; 164. a

▷콜키스의Colchian, 148. g

아레스타나스Aresthanas - 기도의 힘strength of
prayer, 50. d

아레이아Areia - 호전적인warlike, 88. b

아레테Aréte[또는 Arete] - 이루 말할 수 없는
unspeakable, 154 여러 곳; 170. z

아레투사Arethusa - ardusa, 물 주는 이the waterer,
22. a; 82. g [; 147. b]

아론Arawn, 108. 8

아루루Aruru, 4. 2,5; 39. 8

아르게스Arges[원문은 Arge로 나온다] - 빛남
brightness, 3. b,2; 22. d

아르게오스Argeus - 빛나는bright, 151. f

아르게이오스Argeius - 하얗게 된whited, 110. c;
144. a

아르고 호Argonauts, 28. b; 70. e; 126. f; 128. b;
133. f; 134. 6; 137. e; 148 여러 곳; 149 여러
곳; 150 여러 곳; 151 여러 곳; 152 여러 곳; 153
여러 곳; 154 여러 곳; 155 여러 곳; 156 여러 곳

아르고스Argus - 빛나는bright
▷메데이아의 아들son of Medea, 156. e
▷[오뒷세우스의] 사냥개hound, 171. d
▷테스피아이 사람the Thespian[아르고 호를 지
은 이], 148. h,i; 152. i
▷파놉테스Panoptes - 100개의 눈을 가진the
bright one, all eyes, 33. e; 56. a

아르기오페Argiope - 빛나는 얼굴bright face, 58.

a,2; 96. j,5; 141. e

아르나이아Arnaea - 암양ewe, 160. d

아르나키아Arnacia - 양가죽sheepskin, 160. d

아르네Arne - 암양 새끼ewe-lamb, 43 여러 곳; 91.
a; 148. b

아르달로스Ardalus - 지저분한dirty, 95. c

아르메노스Armenus - 결합union, 154. l

아르시노에Arsinoë - 남자 마음의male-minded
▷미뉘아스의 딸daughter of Minyas, 27. g
▷오레스테스의 유모nurse of Orestes, 113. a
▷페게우스의 딸daughter of Phegeus, 107. f,g

아르십페Arsippe - arsipous(?), 다리를 올리는 여
인she who raises the foot, 27. g

아르주나Arjuna, 135. 1

아르카스Arcas - 곰bear, 64. c; 132. r

아르케모로스Archemorus - 처음 죽은 자beginner
of doom 또는 본래의 올리브 줄기Original olive-
stock, 106. h,3

아르켈라오스Archelaus - 백성의 통치자ruler of the
people, 117. g; 169. 5

아르키아스Archias - 걸출한eminent, 142. g

아르키텔레스Architeles - 전권대사plenipotentiary,
142. g

아르킵페Archippe - 지배적인 암말dominant mare,
110. c

아르테미스Artemis - 물의 높은 원천high source of
water, 14 여러 곳; 21. b,d; 22 여러 곳; 37. c;
41. d,e,4; 43. c; 50. 4; 69. 2; 72. i; 77. a,b; 80
여러 곳; 81. 9; 89. a,2; 98. s,u,7; 100. 2; 101.
b,k,l; 108. k; 111. c; 116 여러 곳; 117. 2; 125
여러 곳; 126. 1; 142. a,l; 145. j; 161. d
▷고명한Famous, 121. c,e
▷고양이Cat, 36. a
▷구원자Saviour, 98. x; 134. g
▷늑대의Wolfish, 114. h
▷딕튄나Dictynna- 그물의of the net, 116. c
▷라프리아Laphria - 약탈하는despoiling, 22. 6;
89. b,4
▷뤼고데스마Lygodesma - 버드나무로 묶인
bound with willows, 116. l
▷매달린 여신the Hanged One, 88. 10; 91. 3;
98. 5

▷메타폰티나Metapontina, 43. e

▷브라우론의Brauronian, [22. 4;] 116. 5

▷사로니스의Saronian, 101. g

▷설득 잘하는Persuasive, 60. k

▷스튐팔로스의Stymphalian, 128. d

▷아나이이티스Anäeitis - 금성의of the planet Venus, 116. j

▷아리키아의Arician, 101. l

▷아파이아Aphaea - 어둡지 않은not dark, 89. 4

▷알페이아Alpheia - 희끄무레한whitish, 22. 2

▷암사슴the Hind, 125. 1,3

▷야생의 숙녀Lady of the Wild Things, 22. 1,6

▷에페소스의Ephesian, 22. 1; 100. g; 116. 5; 131. d,3,5

▷에일레이튀이아Eileithyia - 산통을 겪는 여인을 돕기 위해 온 신she who comes to the aid of women in childbed, 15. a,1

▷엘라피오스Elaphios - 암사슴 같은hindlike, 125. 1

▷여자 사냥꾼the Huntress, 110. d

▷오르토시아스의Orthosian, 141. h

▷오르티아Orthia - 꼿꼿한upright, 103. b; 116 c,k,l,4

▷올륌포스의Olympian, 22. 1

▷카뤼아티스Caryatis - 호두의of the walnut, 86. b

▷카리아Caria, 57. 2

▷코르닥스Cordax - [선정적인] 밧줄 춤의of the rope dance, 109. p

▷퀴도니아의Cydonian, 109. i

▷타우로폴레Tauropole - 황소 사냥꾼bull-killer, 116. c,i,j; 131. c

▷타우리케의Taurian, 100. 1; 116. b,c,j; 117. a

▷토안테아Thoantea- 토아스의of Thoas, 116. c

▷트리다리아Tridaria - 제비뽑기를 세 번 정해주는 이threefold assigner of lots, 72. 5

▷트리비아Trivia - 세 갈래 길의of the three ways, 116. c

▷호수의 아가씨Lady of the Lake, 89. b

▷휘아킨트로포스Hyacinthropos - 휘아킨토스의 유모, 91. 3

▷휘페르보레이오이의Hyperborean, 155. d,e

아리델라Aridela - 매우 분명한 사람the very manifest one, 98. s,5

아리스베Arisbe - *aristo*와 *baino*에서 온 듯(?), 제일 잘 여행하는 여인she who travels best, 158. m; 166. f

아리스타이오스Aristaeus - 최고의the best, 21. i; 28. c; 82 여러 곳; 154. b

아리스테오스Aristeus - 아리스타이오스Aristaeus 참고

아리스토Aristo - 좋은good, 117. d,7

아리스토메네스Aristomenes - 최고의 힘best strength, 74. o; 146. 6

아리스팁페Aristippe - 암말들 가운데 최고best of mares, 27. g

아리아Aria - 떡갈나무oak tree, 21. i,7

아리아드네Ariadne - 아리아그네ariagne, 가장 순수한most pure 또는 보리 풍작을 주는 높은 어머니high fruitful mother of the barley, 27. i,8; 38. h,3; 79. 2; 88. h. 10; 90. a,b,1; 92. 12; 98 여러 곳; 101. d; 104. 4; 114. 6; 160. a; 170. o

아리온Arion - 당당한 원주민lofty native. 16. f,5; 33. 4; 75. 3; 106. l; 138. g,7

▷밀레토스의 왕King of Miletus, 137. l

▷음악가The Musician, 87 여러 곳

아립페Arrhippe - 최고의 암말best of mares, 136. b

아마뤼케우스Amarynceus - 재빠르게 날아감swift darting, 138. a,b,5; 139. e,f

아마조네스Amazones[또는 Amazons] - 달의 여인들moon-women, 27. d; 39. 5,6; 75. d; 100 여러 곳; 131 여러 곳; 132. f; 134. 2; 151. d,e; 152. j; 164 여러 곳

아마타온Amathaon, 103. 1; 108. 8; 148. f

아말테이아Amaltheia - 다정한tender, 7. b,3,4; 26. b; 30. 3; 108. e; 142. d

아메이니오스Ameinius - 멈추지 않는unpausing, 85. b,1

아뮈모네Amymone - 떳떳한blameless, 16. e,5; 60. g,o

아뮈코스Amycus - 크게 고함치는loudly bellowing, 131. e,h; 150 여러 곳; 151. c

아뮈클라스Amyclas - 매우 정욕적인very lustful, 77. b; 125. c

아뮈타온Amythaon - 말할 수 없을 정도로 위대한 unspeakably great, 112. b; 138. m

아뮌토르Amyntor - 방어자defender, 142. e; 143. i; 160. l

아바스Abas - 도마뱀lizard, 24. e,9; 72. 3; 73. a

아벤크Avanc, 148. 5

아브라함Abraham, 169. 5,6

아서 왕Arthur, King, 31. 3; 82. 2; 95. 5; 98. 3; 103. 1; 154. 3

아소포스 강Asopus, R. - *asiapaos*(?), 침묵하지 않는 never silent, 66 여러 곳; 67. f,i,,4; 76. b; 81. d; 109. b; 151. d

아슈타로트Ashtaroth, 11. 1

아슈타르Ashtar, 30. 4

아스빈Asvins, 16. 6

아스카니오스Ascanius - 천막이 없는tentless, 168. o

아스칼라포스Ascalaphus - 귀가 짧은 부엉이short-eared owl, 24. j,l,12; 134. d
▷오르코메노스 사람, 148. i

아스칼로스Ascalus, [밭을] 갈지 않은untilled, 169. 6

아스클레피오스Asclepius - 끊임없이 온화한 unceasingly gentle, 3. b; 21. i,n,9; 41. d,3; 50 여러 곳; 51. g; 74. b,k; 90. 4; 101. k,m; 133. 11; 140. a; 166. i
▷아그니타스Agnitas - 정화하는 이purifier, 50. h
▷코튈라이아의Cotylaean - 손의 움푹 들어간 부분hollow-of-the-hand, 140. d,1

아스타르테Astarte, 56. 2; 58. 2; 68. 4; 73. 7; 164. 2

아스테로데이아Asterodeia - 태양의 여신goddess of the sun, 152. c

아스테로페Asterope - 태양의 얼굴sun-face, 109. b; 158. n

아스테리에Asterië - 별이 빛나는 하늘의of the starry sky, 또는 태양의of the sun, 88. 1; 109. b,3; 130. a

아스테리오스Asterius, 아스테리온Asterion - 별이 빛나는 하늘의of the starry sky, 또는 태양의of the sun
▷거인족giant, 88 여러 곳: [미노타우로스의 이름] 98. c,2
▷작은 아스테리오스the Lesser, 89. a
▷코메테스의 아들son of Cometes, 148. i

아스테리온 강Asterion, R. - 태양의of the sun, 16. e

아스튀노메Astynome - 도시의 입법자lawgiver of the city, 162. l

아스튀다메이아Astydameia - 도시의 조련사tamer of cities, 110. c; 138. h; 142. e; 143. i

아스튀오카Astyocha, 아스튀오케Astyoche - 도시의 소유자possessor of the city, 110. g; 141. g; 142. e; 158. g,l; 160. z; 162. e; 166. i

아스튀팔라이아Astypalaea - 고대 도시ancient city, 137. p

아스트라바코스Astrabacus - 확실히 보는 치료 sure-sighted remedy, 116. l

아스트라이오스Astraeus - 별이 빛나는starry, 40. b,2

아스튀아낙스Astyanax, 또는 스카만드리오스 Scamandrius - 도시의 왕king of the city, 168 여러 곳

아시오스Asius - 진흙투성이의miry, 158. m

아에돈Aëdon - 나이팅게일, 108. g

아에로페Aerope - 하늘의 얼굴sky face, 93. a,c; 111. c,e,f,3,4; 140. b

아우게Auge - 광채radiance, 141 여러 곳

아우게이아스Augeias - 밝은 빛살bright ray, 90. 3; 122. c; 127 여러 곳; 134. 9; 138 여러 곳; 139. e; 141. b; 148. i; 152. b,d

아우토노에Autonoë - 자신의 마음을 갖고 있는 with a mind of her own, 82. e

아우토메돈Automedon - 독립한 통치자independent ruler, 16. a

아우토메두사Automedusa - 스스로 교활한cunning itself, 110. e

아우톨뤼코스Autolycus - 진짜 늑대very wolf, 17. j; 67. b,c,1; 119. f; 135. b; 151. d; 160. c; 167. d; 170. 10; 171. 5

아우톨뤼테Autolyte - 우르르 도망침stampede, 43. g

아욱소Auxo - 커짐increase, 13. 3

아위-마리Ay-Mari, 131. 3; 151. 3

아이가이오스 강Aegaeus, R. - 염소 같은goatish, 146. i

아이가이온Aegaeon - 염소 같은goatish, 3. 1; 132. h

아이게스타Aegesta- 즐거운 염소pleasing goat, 137. g

아이게스테스Aegestes, 또는 아케스테스Acestes -
즐거운 숫염소pleasing he-goat, 137. g; 169. m

아이게우스Aegeus - 염소 같은goatish, 88. d; 90. h;
94 여러 곳; 95 여러 곳; 97 여러 곳; 98. a,d,v,7;
99. a; 152. d; 156. e; 157. a

아이게이아Aegeia - 빛나는bright, 106. a,c

아이귑토스Aegyptus - *supine*(?), 숫염소he-goat,
56. 3; 60 여러 곳

아이글레Aegle - 눈부신 빛dazzling light, 33. d; 98. n

아이글레이스Aegleis - 빛나는bright, 91. g

아이기나Aegina - 염소의 힘goat strength, 66. b,1;
67. f; 138. b

아이기미오스Aegimius- *aigiminos*(?), 숫염소의 역
할을 하는acting the part of a he-goat, 78. a;
143. d,3; 146. d,e

아이기스토스Aegisthus - 염소의 힘goat strength,
111 여러 곳; 113 여러 곳; 114. a,c,m; 116. 1;
117. a; 162. t

아이기알레우스Aegialeus - 해변의of the seashore,
107. b,c

아이기알레이아Aegialeia - 해변의of the seashore,
162. t; 169. k

아이네오스Aeneus - 칭찬할 만한praiseworthy,
149. f

아이네이아스Aeneas - 칭찬할 만한praiseworthy,
18. g,3; 50. 2; 51. 6; 98. 3; 103. 1; 158. 3;
159. q; 162 여러 곳; 163. c; 166. j,m; 167. j;
168 여러 곳

아이도네우스Aidoneus - 하데스Hades, 103. e

아이도스Aedos - 부끄러움shame, 32. 1

아이사코스Aesacus - 도금양 가지, 158. m,n,6;
159. f,g

아이손Aeson - *aesymnaon*(?), 통치자ruler, 68. e,f;
148. a,b,e; 155. a,h

아이스쿨라피오스Aesculapius - *ex aesculeo apiens*(?),
식용 떡갈나무에 달려 있는hanging from an
esculent oak, 50. i,2

아이아네스Aeanes - 피곤한wearisome, 160. m

아이아스, 작은Ajax, Little - 160. p,2,6; 163. h;
164. m; 165. 5; 168 여러 곳

아이아스, 큰Ajax, Great - 대지의of the earth, 66. i;
81. e; 110. e; 137. i; 159. a; 160. k,n,p,2; 162.

m; 163 여러 곳; 164 여러 곳; 165 여러 곳; 168
여러 곳; 170. p

아이아코스Aeacus - 슬퍼하는bewailing, 또는 땅
에서 태어난earth-born, 31. b; 66 여러 곳; 81.
a,b,c,1; 88. i; 91. a,f; 92. j; 94. e; 96. g; 112. b;
158. l,8,9; 165. a,k; 167. 2

아이에테스Aeëtes - 힘센mighty, 또는 독수리eagle,
70. l; 129. 1; 148 여러 곳; 152 여러 곳; 153.
a,b; 154 여러 곳; 157. b; 170. i

아이올로스Aeolus - 대지 파괴자earth destroyer,
1. 3; 26. 1; 43 여러 곳; 45. a,b,2; 67. e; 68. a;
148. a; 170. g,10

아이크마고라스Aechmagoras - 장터의 호전적인
정령warlike spirit of the market-place, 141. i

아이톨로스Aetolus - 파괴의 원인cause of
destruction, 64. c,3

아이틸라Aethylla - 불붙은 목재kindling timber,
162. e,11

아이트라Aethra - 밝은 하늘bright sky, 95 여러 곳;
97. b; 104. e; 159. s; 168. d,e

아이티오스Aetius - 창시자originator, 95. b,6

아이티올라스Aethiolas - 불로 파괴된destroyed by
fire, 159. d

아일로포스Aellopus- 폭풍 발storm foot, 150. j

아일리노스Aelinus- 만가dirge, 110. c

아잇사Aissa - 날쌘swift, 160. j

아잔Azan - 제우스의 땅land of Zeus, 64. c

아제오스Azeus - 전당의 시종temple servant, 121. f

아카데모스Academus - 조용한 구역의of a silent
district, 104. b

아카르난Acarnan - 엉겅퀴thistle, 107. g

아카마스Acamas - 지치지 않는unwearying, 86. a;
101. a; 131. 11; 167. c; 168. d,e,j; 169. j

아카스토스Acastus - *acatastatos*(?), 불안정한
unstable, 80. b; 81 여러 곳; 148. i; 155 여러 곳;
162. d,8; 169. f

아카이오스Achaeus - 비탄에 잠긴 사람griever, 43.
b,1; 44. a

아카칼리스Acacallis - 성벽이 없는without walls,
90. a,b,2

아카테스Achates - 마노agate, 162. b

아카트Aqhat, 41. 4

아케시다스Acesidas - 이다 산에서 피하는 이 averter from Mt Ida, 53. b; 164. 6

아켈로오스 강Achelous, R. - 슬픔을 몰아내 버리는 남자he who drives away grief?, 7. 4; 67. 4; 107. e; 127. 2; 134. 8; 142 여러 곳; 170. q,7

아켈로이스Achelois - 고통을 쫓아버리는 여인she who drives away pain, 142. 3

아크리시오스Acrisius - 그릇된 판단ill-judgement, 21. 8; 38. 8; 69. 1; 72. g; 73 여러 곳; 81. 7; 109. c; 148. i

아크몬Acmon - 모루anvil, 또는 절굿공이pestle, 53. c; 136. c

아키두사Acidusa - 가시 돋친 존재barbed being, 137. t

아키시Achish, 159. 4

아킬레우스Achilles - 입술이 없는lipless, 31. c; 81. r,s,1; 126. g,2; 138. 4; 157. c; 160 여러 곳; 162 여러 곳; 163 여러 곳; 164 여러 곳; 165. a,b; 166. a,g; 168. j,k,l; 169. g; 170. p

아타마스Athamas - 높은 곳의 수확하는 이reaper on high, 24. 3; 27. a; 70 여러 곳; 151. f; 157. d; 169. 5

아타뷔리오스Atabyrius (그리스어 아님), 67. 1; 93. 1

아탈란테Atalante[또는 Atalanta] - 흔들리지 않는 unswaying, 80 여러 곳: 141. d; 148. i; 152. i

아테나Athene - *Anatha*의 도치, 수메르어 - 천상의 여왕Queen of Heaven, 4. b; 8 여러 곳; 9. d,1,2,4,5,6; 16. c,d,e,3,4; 17. 3; 18. l; 19. b; 21. e,9; 22. 7; 23. 1; 25 여러 곳; 30. b; 33. b,5; 35. b; 50. e,2,3,6,7; 58. g; 66. g; 70. 7; 73. f,h; 75. c,3; 89. 4; 97. 4; 105. g; 106. j; 114. b,m,n,2,4; 115 여러 곳; 116. h,i,1; 119. a; 124. d; 128. 1; 134. c,g; 139. b,e,1; 141. b,c,1; 142. 1; 143. g; 145. h; 148. h; 158. e,i,k; 159 여러 곳; 160. p; 165. c; 167 여러 곳; 168. f,g,2; 170 여러 곳; 171 여러 곳

▷나르카이아Narcaea - 마비시키는benumbing, 110. b,1

▷라프리아Laphria - 약탈자despoiler, 9. 2

▷무기를 채워주는Girder-on-of-Arms, 121. e,5

▷스키라스Sciras - 햇빛 가리개의of the parasol, 96. i

▷아파투리아Apaturia - 속임수의 보호자 guardian of deceits, 95. d

▷어머니Mother, 138. g,6

▷염소 같은Goatish, 50. 6

▷온가Onga(포이니케 말), 58. f

▷응분의 대가를 주는of the Just Deserts, 140. d

▷이토네Itone - 버드나무의of the willow, 88. 7

▷전쟁을 좋아하는Warlike, 115. a

▷코로니스Coronis - 갈가마귀raven 또는 까마귀crow의, 25. 5

▷콜로카시아Colocasia - 붉은 수련의of the red water-lily, 111. h

▷크뤼세Chryse - 황금의golden, 161. j

▷폴리아스Polias - 도시의of the city, 47. 4; 48. b,1

아튀스Atys - *atchyes*의 축약형, 운이 나쁜luckless, 136. g

아튐니오스Atymnius - 영웅의 칭송에도 만족할 줄 모르는insatiate of heroic praise, 88. b; 89. 9

아트레우스Atreus - 두려움을 모르는fearless, 106. 2; 109. q; 111 여러 곳; 112. a,b,e,g; 117. a. 2; 118. a; 146. d; 161. d

아트로포스Atropos - 피할 수 없는 여인she who cannot be turned, 10 여러 곳; 60. 2; 66. k

아틀라스Atlas - 도전하는 또는 고통받는 남자he who dares, or suffers, l. d; 7. d,e; 33. d,7; 39 여러 곳; 41. e; 73. i; 77. 1; 108. b,4; 125. 1; 130. a; 133 여러 곳

아파레우스Aphareus - 옷을 입지 않은unclothed, 74. b,c,g,k; 94. f; 141. f[; 148. i]

아파이아Aphaea - 어둡지 않은not dark, 또는 사라진 이vanisher, 89. b,4

아페모쉬네Apemosyne - 모름unknowingness, 93 여러 곳

아페산토스Apesantus - 반대하는 이를 풀어놓는 자he who lets loose against, 123. e,5

아페이다스Apheidas - 호화로운lavish, 141. a

아폴론Apollo - 파괴자destroyer 또는 사과 남자 apple-man, 13. c; 14 여러 곳; 17 여러 곳; 18. j; 20 여러 곳; 22. b; 28. f,3; 40. 3; 42. 1; 43. h; 44. a; 50. c,d,e,4; 51. d,4; 52. 8; 66. i; 69. a,c;

74. e,f; 76. c; 77. a,b; 82. a,b,c,1; 83. g; 84. b; 91. b; 95. h,s; 97. 1; 98. t,u,10; 107. f; 113 J; 114. f,n; 115. 4; 116. a; 135. d,2,3; 137. a; 139. f; 143. f; 154. i; 158 여러 곳; 161 여러 곳; 163. j,p,3; 164. j; 167. j; 169 여러 곳

▷돌고래the Dolphin, 97. a; 99. 2

▷뤼키오스Lycian, 60. 8

▷미친Distraught, 169. m

▷사냥꾼the Hunter, 110. d; 133. l

▷새벽의of the Dawn, 151. b

▷순수한Pure, 82. b

▷스민테우스Smintheus - 쥐의mousy, 14. 2; 21. 3; 90. 3; 158. a,j,2; 161. i

▷출항의of the Embarkations, 149. a

▷킬라스의Cillaean, 109. g,2

▷태양의Solar, 109. 2

▷튐브라의Thymbraean, 158. p; 161. l; 163. a; 164. k; 166. g; 167. h,i

▷퓌톤의Pythian, 28. 3; 99. c; 100. b

▷프뤼기아의Phygian, 158. d

▷하얀 바위의of the White Rock, 89. j

▷휘페르보레이오이의Hyperborean, 21. 3; 113. 7

아프로디테Aphrodite - 거품에서 태어난foam-born, 6. 6; 11 여러 곳; 13. 6; 15. b,1; 18 여러 곳; 19. a; 23. 1; 28. f; 32. 4; 33. 7; 65. a,1; 67. 2; 71. a; 80. l; 83. 1; 91. 2; 92. j; 98. g,k; 101. b,5; 108. f; 126. 1; 137. 5; 152. a,2; 154. d; 159 여러 곳; 162. 4; 163. c,n; 167. 4; 169. 1; 170. q

▷늑대의Wolfish, 81. 9

▷맺어주는Uniter, 159. s

▷멜라이니스Melaenis - 검은 이black, 18. 4

▷물고기the Fish, 36. a

▷손님Stranger, 159. v

▷스코이니스Schoenis - 골풀 바구니의of the rush-basket, 80. 4

▷스코티아Scotia - 어두운 이of darkness, 18. 4

▷승리의Victorious, 60. k

▷에뤼키나Erycina - [히스heath 속의 상록 관목] 히드의of the heather, 18. 3; 132. r

▷에피튐브리아Epitymbria - 무덤의of the tombs, 18. 4

▷에피트라기아Epitragia - 숫염소로 바뀐turned into a he-goat, 98. g

▷우라니아Urania - 산들의 여왕queen of the mountains, 10. c,3 [; 18. 3]

▷운명의 여신의 맏언니Eldest of the Fates, 10. 3; 18. 4

▷코마이토Comaetho - 빛나는 머리카락의 bright-haired, 91. 1

▷퀴프로스의Cyprian, 18. 8

▷템노스의Temnian, 109. g

▷통합Fedefal, 99. d

▷트로이아의Trojan, 160. 8

▷훔쳐보는Peeping, 101. c

아프수Apsu, 36. 2

아피다마스Aphidamas - *amphidamas*(?), 주변 모두를 길들이는taming all about him, 141. a

아피드누스Aphidnus - 뒤로 굽을 때까지 오그라지는shrinking away until he bends backwards, 103. b; 104. e

아피스Apis - 오래전long ago, 56. b; 64. c,3,4; 75. 5

악카Acca - 만드는 여인she who fashions, 141. 1

악코Acco - 만드는 여인she who fashions, 141. 1

악타이오스Actaeus - 해변의of the coast, 25. d

악타이온Actaeon - 해변에 사는 이shore dweller, 22. i,1; 28. 2; 31. 3; 32. 1; 54. b; 82. e,j; 138. 4

악토르Actor - 지도자leader, 81. f,8; 138. a,b; 148. i; 166. b

악티스Actis - 빛줄기beam of light, 42. c,4

안기티아Angitia - 뱀의 여신snake-goddess, 157. a

안눔Annwm, 31. 3

안드로게네이아Androgeneia - 사람들의 어머니 mother of men, 89. a

안드로게우스Androgeus - 대지의 남자man of the earth, 66. h; 90 여러 곳; 91. a,f; 98. a,c,p; 131. i,6

안드로귀네Androgyne - 남자인 여자man-woman, 18. 8

안드로마케Andromache - 남자들의 전투battle of men, 158. 8; 168. h

안드로메다Andromeda - 남자들의 통치자ruler of men, 73 여러 곳; 137. 2

안드로스Andrus - 남자다운manly, 88. h

안드로클레이아Androclea - 남자들의 영광glory of men, 121. c,3

안드로포노스Androphonos - 남자 살해자man-slayer, 18. 4

안드론Andron - 남자의 방man's apartment, 160. u

안키오스Ancius - 골짜기의of the dell, 126. b

안타고라스Antagoras - 장터를 마주보는facing the market-place, 137. q

안타스Anthas - 꽃이 핀flowery, 95. b

안타이오스Antaeus - 기도로 애원한besought with prayers, 53. 3; 109. f; 132. f; 133 여러 곳; 134. 6,8,9

안테노르Antenor - 사람 대신instead of a man, 158. r; 150. q; 162. n; 166. j,l; 167. e,l,1; 168 여러 곳

안테돈Anthedon - 꽃밭에서 기뻐하는rejoicing in flowers, 90. j,7

안테-보르타Ante-vorta, 154. 3

안테아Anthea - 꽃이 핀flowery, 95. 1

안테오스Antheus - 85. 2; 159. q,4

안테이스Antheis - 꽃이 핀(한창 때의)flowery, 91. g

안테이아Anteia - [시간, 장소에서] 앞섬precedence, 70. 2; 73. a; 75. a,e,1

안티고네Antigone - 어머니의 입장에서in place of a mother, 105. k; 106. m

안티노오스Antinous - 적대적인 마음hostile mind, 171 여러 곳

안티비아Antibia - 맞서는 힘confronting strength, 110. c

안티엘로스Antielus - 습지 근처near the marshland, 167. k,2

안티오코스Antiochus - 부딪치는 이driver against, 143. b

안티오페Antiope - 얼굴을 마주하고with face confronting, 43. a; 68. 2; 76 여러 곳; 100 여러 곳; 101. b; 106. 7; 131. e,g; 151. f; 154. a; 167. h; 170. o

안티클레이아Anticleia - 틀린 열쇠false key, 또는 유명한 이를 대신해in place of the famous one, 67. c; 96. a; 160. c; 170. n,o; 171. 2

안티파스Antiphas - [누구]의 이름으로 말하는 speaking in the name of, 167. i,3

안티파테스Antiphates - 대변인spokesmen, 170. h

안티포스Antiphus - 반대되는contrary, 158. o

안티포이노스Antipoenus - 남 대신 받는 처벌 vicarious penalty, 121. c,3

안틸레온Antileon - 사자처럼 용감한bold as a lion, 120. b

안틸로코스Antilochus - 매복하고 누운lying in ambush against, 164. e,f,m

알라스토르Alastor - 복수하는 이avenger, 111. p,5

알랄코메네오스Alalcomeneus - 수호자guardian, 5. a,1

알랄코메네이스Alalcomenïs - 수호자guardian, 5. 1

알레아Alea - 빻는 여인she who grinds, 141. a,1

알레오스Aleus - 빻는 사람grinder, 140. b; 141 여러 곳[; 148. i]

알레인Aleyn, 73. 2

알레테스Aletes - 방랑하는 이wanderer, 113. e; 117. a

알렉산드로스Alexander - 사람들을 물리치는 남자 he who wards off men, 146. c

알렉시로에Alexirrhoë - 흐름을 피하는averting the flow, 136. b,f

알렉시아레스Alexiares - 전쟁을 피하는warding off war, 145. i

알렉토Alecto - 이름 붙일 수 없는unnameable, 6. a; 31. g; 115. 2

알로아다이Aloeides - 타작마당의 아들들children of the threshing floor, 35. 2; 36. 4; 36 여러 곳

알로에우스Aloeus- 타작마당의of the threshing floor, 19. b; 37. a,1

알로페Alope - *alopecodis*, 암여우처럼 교활한sly as a vixen, 49 여러 곳; 96. j,5

알로페코스Alopecus - 여우fox, 116. l,4

알카이데스Alcaides[또는 Alcaids] - 힘센 이의 아들 들sons of the mighty one, 122. a,2

알카이오스Alcaeus - 힘센 이mighty one, 88. h; 118. d,3; 119. b; 131. e; 136. g

알카토오스Alcathous - 사나운 힘impetuous might, 67. 1; 109. e,o; 110. c,d,e,2; 120. c

알케스티스Alcestis - 가정의 힘might of the home, 69 여러 곳; 106. 6; 134. 4,8; 155 여러 곳

알콘Alcon - 힘센mighty, 119. f,4

알퀴오네Alcyone - [폭풍을] 물리치는 여왕, 45 여러 곳; 95. b; 110. c; 125. c; 126. d; 149. 5; 160. 12

알퀴오네우스Alcyoneus - *alceoneus*, 힘센 당나귀 mighty ass, 35. c,4,5; 67. 1; 132. w

알크마이온Alcmaeon - 굉장한 노력mighty endeavour, 85. 1; 107 여러 곳; 113. 6; 115. 4; 137. m

알크메네Alcmena 또는 Alcmene - 달의 힘might of the moon, 또는 격노하여 강력한mighty in wrath 74. 1; 88. i,9; 110. c; 118 여러 곳; 119 여러 곳; 138. d; 145. e,h; 146 여러 곳

알크시온Alxion - 호전적인 토박이war-like native, 109. b

알키노오스Alcinous - 힘센 마음mighty mind, 148. 9; 154 여러 곳; 170. z; 171. 2

알키디케Alcidice - 힘센 정의mighty justice, 68. b

알키메데스Alcimedes - 힘센 교활함mighty cunning, 또는 힘센 생식기mighty genitals, 156. e

알키메돈Alcimedon - 힘센 통치자mighty ruler, 141. i

알키스Alcis - 힘might, 121. c,3

알키토에Alcithoë - 사나운 힘impetuous might, 27. g

알킵페Alcippe - 힘센 암말mighty mare, 19. b,2; 25. 2; 74. e; 92. a; 94. b

알타이메네스Althaemenes - 성장의 힘strength of growth, 93 여러 곳; 171. 3

알타이아Althaea - 마시멜로marshmallow, 80. a,1; 142. a

알페시보이아Alphesiboea - 많은 수소를 몰아오는 bringing many oxen, 58. d,2

알페이오스 강Alpheius, R. - 약간 하얀whitish, 22. g,2

알피토Alphito - 하얀 여신white goddess, 22. 2; 52. 7; 61. 1; 113. 7.

암니소스 님프Amnisian Nymphs - 암사슴의of the she-lambs, 22. f

암몬Ammon - 모래의sandy, 27. b; 51. 1; 97. a,1

암여우 여신Vixen-goddess, 116. 4

암피노메Amphinome - 널리 풀을 뜯는grazing all about, 148. b; 155 여러 곳

암피노모스Amphinomus - 널리 풀을 뜯는grazing all about, 171. l,2

암피다마스Amphidamas - 주변 모두를 길들이는 taming all about him, 108. b; 127. a; 133. k; 160, m

암피마로스Amphimarus - 양손잡이ambidextrous, 147. b

암피아라오스Amphiaraus - 두 번 저주받은doubly cursed, 51. g; 80. c,e,g; 106 여러 곳; 107. a; 148. i

암피온Amphion - 두 땅의 원주민native of two lands, 76. a,b,c,2; 77 여러 곳; 109. j,6

암피트뤼온Amphitryon - 양쪽에서 괴롭히는 harassing on either side, 74. 1; 89. h,i; 111. b; 118 여러 곳; 119 여러 곳; 120. a; 121. d; 122. e; 135. e; 146. g; 167. b

암피트리테Amphitrite - 둘러싸는 제3의 것, 이를테면 바다the third one who encircles, i. e. the sea, 16. b,1,2; 47. c; 87. c; 91. 2; 98. j

암픽튀오니스Amphictyonis - 함께 얽어매는 이 fastener together, 38. 8

암픽튀온Amphictyon - 함께 얽어매는 이fastener together, 24. 5; 38. h,8

암필로코스Amphilochus - 이중 매복double ambush, 51. g,8; 107. d,i; 169. c,e

암핏사Amphissa - 이중의 힘double strength, 43. h

암핏소스Amphissus - 이중의 힘double strength, 21. j

압데로스Abderus - 전투의 아들son of battle, 71. 1; 130. b,c; 168. 6

압쉬르토스Apsyrtus 또는 아이기알레우스 Aegialeus - 쓸려 내려간swept downstream, 148. 9; 152. c; 153 여러 곳

앗사라코스Assaracus - assaros(?), 업신여기는 disdainful, 158. g

앗티스Atthis - actes thea(?), 바위투성이 해변의 여신, 94. f,1

앗티스Attis(그리스어 아님), [18. 3;] 79. 1; 105. 6

앙카이오스Ancaeus - 협곡의of the glen, 18. 7; 80. c,d,g; 148. i; 151. c; 154. i; 157. e,2

앙키노에Anchinoë - 예리한 기지quick wit, 60. a

앙키세스Anchises - 이시스 여신과 함께 사는living

with Isis, 18. f,g,3; 137. g; 158. l,r; 159. 4; 162. k; 168 여러 곳

앙키알레Anchiale - 바다 또는 해안에 가까운close to the sea, or sea-girt, 53. a

야곱Jacob, 37. 2; 39. 8; 67. 1; 92. 2

야누스Janus, 34. 3; 37. 2

야벳Japhet, 39. 2

야트판Yatpan, 41. 4

어머니 대지Mother Earth, 3. a,1; 4. a; 6. a; 7. a,e; 13. 4; 15. a; 20. 2; 21 여러 곳; 25. b,d; 33. d,g; 36. a; 41. d,f; 43. 2; 51. b,f,2,4; 78. 1; 83. 3; 88. b; 99. c; 100. f; 113. g; 115. d; 133. a,b,g,h; 143. g; 154. 3; 170. t

엄숙한 여신들Solemn Ones - (에리뉘에스 참고), 105. k; 115 여러 곳; 117. 1

에게리아Egeria - *aegeiria*, 검은 포플러 나무의of the black poplar, 101. l,1

에나레테Enarete - 덕이 높은virtuous, 43. h,4; 68. a

에나레포로스Enarephorus - 약탈품 획득자spoil winner, 103. b

에날로스Enalus - 바다의 자식child of the sea, 87. c,2

에뉘오Enyo - 호전적인war-like, 33. c,5

에뉘우에스Enyues - 호전적인war-like, 88. h

에라토Erato - 열정적인passionate, 27. b

에레보스Erebus - 덮개 씌운 [웅덩이]the covered [pit], 4. a; 10. a

에레크테우스Erechtheus - 히드 너머로 서둘러 가는 남자he who hastens over the heather, 또는 산 산조각 내는 이shatterer, 25. 2,7; 43. b; 44. b; 46. a,3; 47 여러 곳; 49. a,1,3; 92. a,1; 94. a; 95. 3; 96. i,4; 99. b

에로스Eros - 관능적 사랑erotic love, 2. b; 15 여러 곳; 35. d,1; 152. a,e,2; 159. m,q

에뤼만토스Erymanthus - 제비뽑기로 점치는 divining by lots, 126. a,1

에뤼시크톤Erysichthon - 땅을 가르는 이earth-tearer, 24. b,4

에뤼테이스Erytheis - 심홍색crimson, 33. d

에뤼테이아Erytheia - 붉은 땅red land, 132. d,5

에뤼트로스Erythrus - 붉은red, 88. h,2

에뤽스Eryx - [히스heath 속의 상록 관목] 히드

heather, 18. k; 132. q,6

에르기노스Erginus - 가두는 이confiner, 84. b; 121 여러 곳; 148. i

에리고네Erigone - 불화의 아이child of strife, 또는 많은 자손plentiful offspring, 79 여러 곳; 88. 10; 92. 12, 98. 5; 106. 2; 114. m,n,6; 117. a,b,2

에리뉘에스Erinyes[또는 Erinnyes] - 화난 이angry one, 4. a; 6. a,3; 18. 4; 31. g; 32. 3,4; 33. g; 80. i; 85. 1; 103. e; 105. k,6; 107. d,f; 108. f; 113. f,5,7; 114 여러 곳; 115 여러 곳; 116. a,e,1; 117. 1; 137. m; 164. a; 165. e; 169. g

에리보이아Eriboea - 소 부자rich in cattle, 37. b,d; 98. i

에리스Eris - 불화strife, 12. c,2; 19. a; 81. n,d; 102. c,e; 111. e,2; 159. e

에리오피스Eriopis - 눈이 큰large-eyed, 또는 매우 부자인very rich, 156. e,2; 160. q

에리케파이오스Ericepaius - [히스heath 속의 상록 관목인] 히드를 먹고 사는 이feeder upon heather, 2. b,2

에리크토니오스Erichthonius - 땅 위의 양털wool on the earth, 또는 많은 땅much earth, 또는 히드의 땅에서 온from the land of the heather, 25. c,d,e,1,2; 48. e,3; 50. e,1,6; 105. g; 158. g,h,2

에리파Eripha - 새끼 염소kid, 109. e

에리포스Eriphus - 새끼 염소kid, 27. 2

에리퓔레Eriphyle - 부족 간 불화tribal strife, 106. e; 107 여러 곳; 113. 6; 115. 4; 170. o

에사우Esau, 73. 2

에스문Esmun(셈족어) - 사람들이 머릿속에 떠올리는 남자he whom we evoke, 21. 3; 133. 11.

에아Ea, 6. 6; 39. 8

에아바니Eabani, 4. 2

에에티온Eëtion - 끔찍한 토착민terrible native, 162. i,l,7

에오스Eos - 새벽dawn, 29. c,1; 35. b; 40 여러 곳; 41. b,c,d; 42. a; 89. c,d,f,j; 164. g,h,4; 170. 6

에우네오스Euneus - 침상의of the couch, 100. b; 148. 12; 149. c,e,1; 162. i; 166. b

에우노모스Eunomus - 정돈된orderly, 142. g,4

에우노에Eunoë - 뛰어난 지능good intelligence, 158. o

에우도레Eudore - 너그러운generous, 27. 2

에우레스Eueres - 잘 맞는well-fitted, 141. c

에우로타스Eurotas - 아름다운 흐름fair flowing, 125. c,3

에우로페Europe - 넓은 얼굴broad face[즉, 보름 달], 또는 물기가 촉촉한well watered(아에로페 Aerope), 111. f

▷카드모스의 누이, 58 여러 곳; 88. a; 89. 2; 90. 3; 101. d; 160. a

에우뤼귀에스Eurygyes - 넓게 도는wide-circling, 90. 1

에우뤼노메Eurynome - 널리 방랑하는wide wandering, 또는 널리 다스림wide rule, 1. a,1; 2. 1; 13. a,3; 23. a,1; 33. 1; 40. 2; 47. 2; 48. 1; 66. a,1; 93. 1

에우뤼노모스Eurynomus - 널리 돌아다니는wide wandering, 또는 널리 통치하는wide rule, 142. g

에우뤼다마스Eurydamas - 널리 길들이는wide taming, 148. i

에우뤼디케Eurydice - 넓은 정의wide justice

▷아드라스토스의 딸, 158. l

▷오르페우스의 아내, 28 여러 곳; 33. 1; 82. h, I

▷펠롭스의 딸, 110. c

▷휘아킨토스의 누이, 125. c

에우뤼마코스Eurymachus - 커다란 싸움꾼wide battler, 171 여러 곳

에우뤼메돈Eurymedon - 널리 통치하는wide rule, 1. d; 39. a; 131. e

에우뤼메두사Eurymedusa - 널리 교활한 존재the being of wide cunning, 66. g

에우뤼바투스Eurybatus - 널리 걷는 이wide walker, 136. c

에우뤼비아Eurybia - 넓은 힘wide strength, 33. g,1,2

에우뤼비오스Eurybius - 긴 삶long life, 134. i; 146. c

에우뤼사케스Eurysaces - 커다란 방패broad shield, 165 여러 곳

에우뤼스테네스Eurysthenes - 넓은 힘wide strength, 146. k

에우뤼스테우스Eurystheus - 뒤로 넓게 강하게 밀 어내는forcing strongly back far and wide, 28. 6;
104. j; 110. c; 118. e, 3; 122. e; 123. f, g; 124. a, g; 125. b; 126. d, f; 127. a, d, e; 129 여러 곳; 130. a, c; 131. a, j; 133. f; 134. i; 135. a; 138. d, f, j; 143. b; 146 여러 곳

에우뤼아낫사Euryanassa - 널리 통치하는 여왕 wide-ruling queen, 108. b,j

에우뤼알레Euryale - 널리 돌아다니는wide wandering, 또는 넓은 타작마당의of the broad threshing floor, 33. b,3; 73. f,h

에우뤼알로스Euryalus - 널리 방랑하는 이wide wanderer, 148. i; 160. r

에우뤼클레이아Eurycleia - 널리 퍼진 명성broad fame, 171 여러 곳

에우뤼테미스타Eurythemista - 널리 명령하는wide ordering, 108. b

에우뤼토스Eurytus - 가득 흐르는full-flowing, 35. e; 102. d; 119. f; 135 여러 곳; 136. a,1; 138. a; 144 여러 곳; 171. h

▷아우게이아스의 아들son of Augeias, 138. e

에우뤼토에Eurythoë - 폭넓은 활동의of wide activity, 109. b

에우뤼티온Eurytion - 널리 공경받는widely honoured, 80. c,g; 81. f,p; 102. d,e,2; 126. d; 127. f; 132. a,d

▷켄타우로스, 138. c,1; 142. 5

에우뤼파잇사Euryphaessa - 널리 빛나는wide shining, 42. a,1

에우뤼퓔로스Eurypylus - 넓은 흉갑broad cuirass, 또는 넓은 문wide gate, 72. 5; 134. i; 137. p

▷오뒷세우스의 동료comrade of Odysseus, 170 여러 곳

▷텔레포스의 아들son of Telephus, 160. x; 163. h; 164. a; 166. i

에우뤼로코스Eurylochus - 광범위한 매복extensive ambush, 81. d

에우마이오스Eumaeus - 열심히 노력하는of good endeavour, 24. 7; 171 여러 곳

에우메니데스Eumenides - 자비로운 이들kindly ones, 31. g[; 115. c]

에우멜로스Eumelus - 달콤한 선율sweet melody, 163. g; 164

에우몰포스Eumolpus - 훌륭한 선율good melody,

24. f,l,5,7; 47 여러 곳; 48. c; 100. d; 119. g;
134. a

에우불레Eubule - 좋은 조언good counsel, 97. h,2

에우불레오스Eubuleus - 좋은 조언good counsel,
24. f,7; 96. 2,4; 97. 2

에우아드네Evadne - *euanthe*, 꽃이 활짝 핀
blooming, 69. 2; 74. a; 106. l,6; 155 여러 곳

에우아레테Euarete - 제일 덕이 높은most virtuous,
109. c

에우아이크메Euaechme - 잘생긴 창goodly spear,
110. d

에우안드로스Evander - 사람에게 좋은good for
men, 52. a; 132 여러 곳

에우안테스Euanthes - 꽃이 피는flowering, 27. i,8;
88. h

에우에노스Evenus - 고삐를 틀어쥔controlling the
reins, 74. e,3; 109. f; 162. j

에우입페Euippe - 훌륭한 암말goodly mare, 43.
c,2; 50. g; 169. k

에우입포스Euippus - 잘생긴 종마goodly stallion,
100. d,f

에우테르페Euterpe - 크게 기뻐하는rejoicing well,
163. g

에우팔라모스Eupalamus - 발명가inventor, 94. b

에우페메Eupheme - 종교적 침묵religious silence,
26. d

에우페모스Euphemus - 종교적 침묵religious
silence, 143. a; 148. i; 149. 1; 151. a; 154. g;
155. i

에우포르보스Euphorbus - 좋은 목초지good
pasture, 162. b; 163. j,k

에우프로쉬네Euphrosyne - 큰 기쁨good cheer,
105. h,5

에이도테아Eidothea - 신의 형상divine shape, 169. a

에이뒤이아Eidyia - 많이 아는knowledgeable, 152.
c,d

에이레Eire, 24. 3

에이오네우스Eioneus - 높은 둑이 있는with high
banks, 63. a,1; 102. a,3; 163. g

에일레이튀이아Eileithyia - 산통을 겪는 여인을 돕
기 위해 온 신, 15. a; 118. e,g; 138. o; 141. c

에케노스Echenus - 고삐 잡는 이rein holder, 132. o

에케데모스Echedemus - 사람들을 잡고 있는 남자
he who holds the people, 104. b

에케모스Echemus - *echemythos*, 입이 무거운
taciturn, 146. e

에케토스Echetus - 자산가man of substance, 154. a

에케프론Echephron - 지적 능력을 가진possessed
of intelligence, 132. r

에코Echo - 메아리echo, 26. d; 56. a; 85 여러 곳

에쿨프Ercwlf, 132. 3

에키드나Echidna[또는 Echidne] - 암컷 독사she-
viper, 33. b,e,1; 34 여러 곳; 60. h; 75. b; 96. e;
105. e; 124. a; 132. a; 133. b,l; 170. t

에키온Echion - 독사viper, 17. j,3; 58. g,5; 148. i;
149. b; 167. m

에타나Etana, 29. 2

에테오클레스Eteocles - 진정한 영광true glory, 69.
1; 105. k; 106 여러 곳

에테오클로스Eteoclus - 진정한 영광true glory,
106. f

에파포스Epaphus - 손대기a touching, 56. b,c,3;
133. k

에페세오스Epheseus - 식욕appetite, 100. g

에페이오스Epeius - 계승자successor, 또는 공격자
assaulter, 64. b,3; 89. 10; 109. n; 163. n; 167
여러 곳

에포페우스Epopeus - 모든 것을 보는 남자he who
sees all, 156. 4

에프론Ephron, 88. 3

에피고노이Epigoni - 나중에 태어난 이들[후손들]
those born afterwards, 107 여러 곳; 169. k

에피다우로스Epidaurus - *epidaulos*(?), 텁수룩한
shaggy, 110. c

에피메데스Epimedes - 너무 늦게 생각하는 남자he
who thinks too late, 53. b,1

에피메테우스Epimetheus - 뒤늦은 생각afterthought,
38. c; 39 여러 곳; 169. 3

에피스트로포스Epistrophus - 시침질tacking, 162. j

에피알테스Ephialtes - 올라타는 남자he who leaps
upon, 즉 악몽nightmare, 35. d,3; 37 여러 곳

에피카스테Epicaste - *epicatastre-phomene*의 약한
형태, 뒤집어진upsetting over, 111. p

엔노모스Ennomus - 합법적인lawful, 142. g

엔데이스Endeis - 얽히게 하는 사람entangler, 66.
h; 81. a,1; 96. g

엔돌의 마녀Witch of Endor, 51. 2

엔뒤미온Endymion - 유혹받은 토박이seduced
native, 40. c; 64 여러 곳; 138. m

엔켈라도스Enceladus - 환호하는huzzaing, 35. f, h

엔키두Enkidu, 118. 2; 132. 1; 142. 3

엔텔라Entella - 우세한commanding, 137. g

엘El, 27. 12

엘라이스Elais - 올리브의of the olive, 160. u

엘라테Elate - 전나무fir-tree, 26. 2; 78. 1

엘라토스Elatus - 전나무의of the fir, 또는 우뚝한
lofty, 50. b,5; 78. a,1; 126. c; 148. i

엘라피오스Elaphios - 암사슴 같은hindlike, 125. 1

엘레이오스Eleius - 엘리스 사람the Elean, 127. a,1

엘렉트라Electra - 호박amber
▷바다 님프Ocean-nymph, 33. g,2
▷아가멤논의 딸daughter of Agamemnon, 122.
d,1; 113 여러 곳; 114 여러 곳; 166. i,1; 117.
a,b,5; 168. l
▷오이디푸스의 딸daughter of Oedipus, 59. b
▷코뤼토스의 아내wife of Corythus, 158. f
▷플레이아데스Pleiad, 41. 6; 158. b,i,k

엘렉트뤼오Electryo - 밝게 빛나는beaming, 42. c,4

엘렉트뤼온Electryon - 밝게 빛나는beaming, 118.
a,b

엘뤼모스Elymus - 떨림quiver, 137. g

엘페노르Elpenor - 사람의 희망man's hope
▷엘파임의 여왕Elphame, Queen of, 170. 2
▷오뒷세우스의 동료comrade of Odysseus, 170
여러 곳
▷칼코돈의 아들son of Chalcodon, 104. f

엘페노르Elphenor - 사람의 속임man's deceit, 169. n

엠푸사이Empusae - 침입자forcers-in, 55 여러 곳;
61. a,1; 64. 2

여왕Queens, 138. o,4

여호와Jehovah, 1. 1; 4. 3; 9. 4; 51. 1; 73. 7; 83.
4; 84. 2; 92. 9; 141. 1

염소 판Goat-Pan - 판Pan 참고

오네아이아Oneaea - 쓸 만한serviceable, 87. a

오뒷세우스Odysseus - 화가 난angry, 67. c,2; 123.
2; 132. p; 154. d,11; 159 여러 곳; 160 여러 곳;

161 여러 곳; 162 여러 곳; 163 여러 곳; 164 여
러 곳; 165 여러 곳; 166 여러 곳; 167 여러 곳;
168 여러 곳; 169 여러 곳; 170 여러 곳; 171 여
러 곳

오딘Odin, 6. 4; 35. 4; 150. j

오레스테스Orestes - 산사람mountaineer, 85. 1;
112. d,g,1; 113 여러 곳; 114 여러 곳; 115 여러
곳; 116 여러 곳; 117 여러 곳; 160. z; 169 여러 곳

오레스테우스Orestheus - 산의 여신에게 바쳐진
dedicated to the Mountain-goddess, 38. h,7;
114. k

오레오스Oreus - 산의of the mountain, 126. b

오레이튀이아Oreithyia - 산 위에서 분노하는 여인
she who rages on the mountains, 25. 2; 47. b,c;
48. a,b,1,3,4; 100 여러 곳; 103. 4; 160. a

오르네우스Orneus - orneon, 새bird. 94 여러 곳

오르뉘티온Ornytion - 새 사람bird-man 46. 5; 67.
a; 81. b

오르니스Ornis - 새bird, 128. d

오르세이스Orseis - 불러일으키는 여인she who
stirs up, 43. a

오르실로케Orsiloche - 출산을 유도하는inducing
childbirth, 116. d

오르코메노스Orchomenus - 전투 대오의 힘
strength of the battle rank, 111. g

오르쿠스Orcus - 멧돼지boar, [33. 6;] 123. 2

오르타이아Orthaea - 꼿꼿한upright, 91. g

오르트로스Orthrus - [시간이] 이른early, 34 여러
곳; 105. e; 123. b,1; 132. a,d,3,4

오르페우스Orpheus - ophruoeis(?), 강기슭의of the
river bank, 26. 2; 28 여러 곳; 53. a; 82. i; 83. a;
97. h; 103. 1; 147. b,5,6; 148. i; 149. a; 150. a;
151. a; 153. 4; 154. d,g

오리온Orion - 산 위에 사는 이dweller on the
mountain, 40. b; 41 여러 곳; 50. f; 123. 1,4;
132. 1; 143. a; 170. p

오시리스Osiris, 7. 1; 18. 3,7; 36. 1; 38. 11; 41. 3;
42. 1; 73. 4; 83. 2,3; 116. b,6; 123. 3; 126. 1;
133. 8; 134. 2,4; 138. 1

오월의 여왕Queen of the May, 26. 4

오이네우스Oeneus - 포도주의vinous, 79. a; 80 여
러 곳; 106. b; 112. a; 138. c; 142 여러 곳; 159.

오이네이스Oeneis - 포도주의vinous, 26. b,2

오이노Oeno - 포도주의of wine, 160. u

오이노네Oenone - 포도주의 여왕queen of wine, 159 여러 곳; 160. w; 166. e

오이노마오스Oenomaus - 포도주를 마시고 사나운 impetuous with wine, 53. 7; 71. 1; 109 여러 곳; 116. 5; 143. 2

오이노페Oenope - 포도주 얼굴wine face, 91. e

오이노피온Oenopion - 풍족한 포도주wine in plenty, 27. i,8; 41 여러 곳; 79. a; 88. h; 98. o,1,2; 123. 4

오이디푸스Oedipus - 부은 발swell-foot, 또는 아마도 부풀어 오른 물결의 아이child of the swelling wave, 67. 1; 105 여러 곳; 106. b,2; 114. 1; 163. p

오이발로스Oebalus - *oebalia*에서 온 듯(?), 얼룩덜룩한 양가죽speckled sheepskin, 또는 oecobalos에서 온 듯(?), 집의 문지방threshold of the house, 67. 4; 74. a,b

오이발리데스Oebalides - 문지방의 아들들sons of the threshold, 84. 1

오이신Oisin, 83. 6

오이아그로스Oeagrus - *oea-agrios*, 야생 마가목의of the wild sorb-apple, 28. a,1; 147. b. 4

오이악스Oeax - 배의 키ship's helm, 111. f; 112. h; 114. b, 116. 1; 117. a; 162. t

오이오노스Oeonus - 홀로 전조를 보여주는 새 solitary bird of omen, 140. a

오이클레스Oicles - 고귀한 새noble bird, 137. h,j,m

오이톨리노스Oetolinus - 운이 다한 리노스doomed Linus, 147. a,1

오일레우스Oileus, 또는 힐레오스Hileus - 자애로운gracious(early form of Ilus), 148. i; 151. f; 160. q

오케아노스Oceanus - 재빠른 여왕의of the swift queen, 1. d; 2. a,1; 4. a; 11. b; 32. 4; 132. a,c; 136. c; 170. 8

오퀴페테Ocypete - 재빠른 날개swift wing, 150. j

오토스Otus - 밀치는 남자he who pushes back, 37 여러 곳

오트레레Otrere - 날렵한nimble, 131. b; 164. a

오트리아스Othrias - 충동적인impulsive, 158. m

오티오니아Otionia - 귀 덮개가 있는with the ear-flaps, 47. b,d,2

오펠테스Opheltes - 은인benefactor, 또는 뱀에 감긴wound round by a serpent, 106. g,h,3; 123. f,5

오피스Opis - 경외awe, 41. d,4; 110. e

오피온Ophion - 토박이 뱀native snake, 1. a,b,c,2; 25. 5; 48. 1; 62. 3

옥쉴로스Oxylus - *oxylalus*(?), 재빨리 움켜잡는 quick to seize, 146. k

온Onn, 42. 4

온케Oncë - 배나무pear-tree, 74. 6

온코스Oncus - 갈고리hook, 16. f; 24. d; 138. g

올로스Olus - olesypnos(?), 잠의 파괴자destroyer of sleep, 136. c

올웬Olwen, 148. 4,5

옴팔레Omphale - 배꼽navel, 108. a,9; 131. j; 134. 6; 135. d; 136 여러 곳; 137. a

요나Jonah, 103. 2; 137. 2

요나단Jonathan, 169. 5

요르다네스Jordanes(셈족 낱말), 판단의 강river of judgement, 136. b

요셉Joseph, 75. 1

여호수아Joshua, 133. i; 169. 6

우니알Unial, 118. 2

우다이오스Udaeus - 대지의of the earth, 58. g,5

우라나Urana - 산, 바람, 여름, 사나운 수소의 여왕queen of the mountains, of the winds, of summer, or of wild oxen, 3. 1

우라노스Uranus - 산의 왕king of the mountains, 2. b,2; 3. a,1; 6. a,1,6; 7. a; 11. b; 36. b; 54. a; 88. b

우라니아Urania - 천상의heavenly, 147. b

우리온Urion - 오줌 누는 주민native who makes water, 또는 산에 사는 주민native of the mountains, 41. f,5

울릿세스Ulysses, 또는 울릭세스Ulyxes - 넓적다리에 상처 입은wounded in the thigh, 170 여러 곳; 171 여러 곳

울리쿰미Ullikummi, 6. 6; 36. 4

위대한 여신Great Goddess, 20. 2; 23. 2; 29. 3; 75. 2; 145. 4

▷구네오스Guneus - 기름진 땅fertile land, 138. d; 169. n

▷귀디온Gwydion, 103. 1; 160. 5

▷그론Gronw, 91. 1; 112. 1

▷그위터Gwythur, 73. 2

▷그윈Gwyn, 73. 2

▷푸른 스트리퍼Green Stripper, 56. 2

유노Juno, 118. 2

윱피테르Juppiter, 1. 4; 118. 2; 158. 3

응가메Ngame, 39. 11

이나코스Inachus - 힘 세지고 근육질로 만드는 making strong and sinewy, 16. e; 56. a,d; 57. a,1; 58. 2; 60. g

이노Ino - 강건하게 만드는 여인she who makes sinewy, 24. 3; 27. 6; 51. 5; 70 여러 곳; 96. 6; 156. 3; 170. y

이다스Idas - 이다 산의of Mt Ida, 21. k; 74 여러 곳; 80. c,d,l; 103. b,3; 141. f; 148. i; 151. c

이다이아Idaea - 이다 산의of Mt Ida, 또는 나무가 우거진 산의of a wooded mountain, 150. l; 158. a,g

이다이오스Idaeus - 이다 산의of Mt Ida, 또는 나무가 우거진 산의of a wooded mountain, 158 여러 곳; 159. v

이도메네우스Idomeneus - *idmoneus*(?), 알고 있는 이knowing one, 157. a; 159. a; 160. n,6; 162. t; 163. h; 169. f,l,5; 171. a

이드몬Idmon - 알고 있는knowing, 82. c,1; 148. i; 151. c,2; 161. b

이로스Irus - 이리스의 남성형masculine form of Iris, 171. f

이리스Iris - 무지개rainbow, 15. b; 24. g; 81. j; 123. c; 150. j; 160. a; 171. f

이브Eve, 4. 2,3; 145. 5

이산데르Isander - 공정한impartial, 162. n,9

이슈타르Ishtar, 11. 1; 24. 11; 29. 2; 51. 1; 73. 7; 103. 2; 118. 2

이스메니오스 강Ismenius, R. - 많이 아는knowledgeable, 119. g; 147. a

이스케폴리스Ischepolis - 강한 도시strong city, 110. e,f

이스퀴스Ischys - 힘strength, 50 여러 곳

이시스Isis - 눈물 흘리는 여인she who weeps, 18. 3; 21. 2; 22. 7; 41. 3; 42. 1; 56. b; 68. 4; 73. 4; 83. 2; 89. 2; 123. 3; 134. 4; 138. 1

이아소스Iasus - 치료하는 이healer, 57. a,1; 80. c,j

이아손Jason - 치유하는 사람healer, 58. 5; 68. e; 80. c,g; 98. r; 103. 2; 129. 1; 148 여러 곳; 149 여러 곳; 150 여러 곳; 151 여러 곳; 152 여러 곳; 153 여러 곳; 154 여러 곳; 155 여러 곳; 156 여러 곳; 157 여러 곳; 161. k

이아시오스Iasius - 치료하는 이healer, 24. a,6; 53. b,1; 143. 1

이아시온Iasion - 치료하는 토착민healing native, 24. a; 158 여러 곳

이아오Iao, 2. 2

이아우Iahu - 고귀한 비둘기exalted dove, 1. 1

이악코스Iacchus - 사나운 외침boisterous shout, 24. a

이아페토스Iapetus - 서두르는 이hurrier, 4. b,c; 39. a,2; 56. d; 87. c['87. c'에는 나오질 않는다]

이아퓌스Iapys - 이아페토스Iapetus 참고

이알레비온Ialebion - *ialemobion*(?), 불행한 삶 hapless life, 132. k

이알뤼사Ialysa - 통곡하는 여인wailing woman, 42. 4; 54. 1; 60. 2

이암베Iambe - 다리를 절뚝거리는limping, 24. d,9

이오Io - 달, 7. b,3; 14. b,4; 52. a,2; 56 여러 곳; 57. a; 68. 4; 72. 4; 90. 3; 154. c,1

이오다마Iodama - *iodamalis*(?), 이오의 암송아지 heifer calf of Io, 9. b,6

이오바테스Iobates - 달과 함께 가는 남자he who goes with the moon, 73. a; 75 여러 곳

이오카스테Iocaste - *io-cassitere*(?), 빛나는 달shining moon, 105 여러 곳; 170. o

이옥소스Ioxus - *ioxus*(?), 전투 소음의of battle din, 96. c

이온Ion - 땅의 사람land-man, 또는 토박이native, 43. b,1; 44 여러 곳; 47. g

이올라오스Iolaus - 원주민the people of the land, 또는 평지 바위land-boulder, 92. l; 118. 2; 122. c,g; 124 여러 곳; 127. d; 131. a; 132. s; 133. 11; 135. a; 137. h; 138. d; 139. d; 142. f; 143. g; 145. d,k; 146 여러 곳; 155. i

▷(프로테실라오스Protesilaus), 162. c

이올레Iole - *ioleis*(?) 육지의 짐승 떼and-flock, 144 여러 곳; 145. a,e,2; 146. d; 171. 4

이우카르Iuchar, 24. 3; 132. 5

이우카르바Iucharba, 24. 3; 132. 5

이카디오스Icadius - eicadios, 스무 번째twentieth, 87. c,3

이카로스Icarus(이카리오스Icarius와 같은 의미), 29. 2; 92 여러 곳; 109. 4; 161. a,b

이카리오스Icarius - iocarios, 달의 여신 카르에게 바쳐진dedicated to the Moon-goddess Car, 또는 [에게 해 일부로 터키 쪽] 이카리아 해의of the Icarian Sea

  ▷아테나이인the Athenian, 79 여러 곳; 82. f

  ▷카리아의 왕King of Caria, 168. 1

  ▷페넬로페의 아버지father of Penelope, 74. b; 159. b; 160. d; 170. 1; 171. l

이토노스Itonus - 버드나무 남자willow-man, 9. b,4

이튀스Itys - 버드나무willow, 46. a,c,d; 47. a

이튈로스Itylus - 작은 이튀스little Itys, 108. g

이피게네이아Iphigeneia - 강력한 종족을 보살피는 mothering a strong race, 104. e; 112. d,h,1; 113. a; 114. o; 116 여러 곳; 117 여러 곳; 160. j; 161 여러 곳; 162. 6

이피노에Iphinoë - 강력한 지성mighty intelligence, 72. g,j,4; 91. e; 92. a; 94. b; 110. e

이피메데이아Iphimedeia - 생식기를 강하게 하는 여자she who strengthens the genitals, 37. a,1; 170. o

이피메돈Iphimedon - 힘센 통치자mighty ruler, 146. c

이피보에Iphiboë - 수소의 힘strength of oxen, 127. a

이피아낫사Iphianassa - 힘센 여왕mighty queen, 64. a; 72. g,j,k; 112. d

이피클레스Iphicles - 유명한 힘famous might

  ▷아르고 호 선원Argonaut, 140. c; 148. i[; 155. i]

  ▷암피트뤼온의 아들son of Amphitryon, 74. 1; 80. c,g,h; 104. i; 118 여러 곳; 119 여러 곳; 122. a; 138. c,d

이피클로스Iphiclus - 유명한 힘famous might, 72 여러 곳; 162. c

이피토스Iphitus - 방패의 힘shield strength, 135 여러 곳; 136. a; 140. a; 152. i; 171. h

  ▷에우뤼스테우스의 형제brother of Eurystheus, 148. i

익시온Ixion - 강력한 토박이strong native, 50. 2; 63 여러 곳; 67. 2; 70. a,l; 102. a,f,1,3; 103. e

인드라Indra, 7. 6; 132. 5

일로스Ilus - 군대troop, 또는 힘으로 물리치는 남자he who forces back(오일레우스Oileus), 18. f; 108. a; 109. a; 168. 2

  ▷2세the Younger, 158. i

  ▷에리크토니오스의 형제brother of Erichthonius, 158 여러 곳

일뤼리오스Illyrius - *ill-ouros*(?), 눈을 가늘게 뜬 사나운 황소squinting wild bull, 59. e

일뤼운카Illyunka, 36. 3

일리오나Iliona - 일리움의 여왕queen of Ilium, 188. l

입다Jephtha, 161. 2; 169. 5

〈ㅈ〉

자그레우스Zagreus - 부활한restored to life, 27. 8; 28. 1; 30 여러 곳; 70. 5; 90. 4; 129. 2; 140. 1

자라Zarah, 73. 2

자퀸토스Zacynthus(크레테어) - ?, 158. g,2; 168. 4

잠의 신Sleep, 4. a; 118. c; 137. o; 163. j

전갈 인간들Scorpion-men, 41. 3

제우스Zeus - 빛나는 하늘bright sky, 1. 3; 7 여러 곳; 9 여러 곳; 11. a; 12 여러 곳; 13 여러 곳; 14. a, c,1,5; 16. a; 17. c, f; 20. a; 23. b; 24. c,g; 28. h; 29 여러 곳; 30. a,b,3;; 53. a,5; 56. a; 58. b, c; 62. a; 63. c,2; 66 여러 곳; 68. a,1; 70. 2,6; 73. c; 77. c; 81. j; 88. 9; 89. h; 98. j; 102. a,3; 105. h; 108. c, e; 117. 2; 118 여러 곳; 119 여러 곳; 125. c; 137. o; 138. k; 145. g,h,i; 148. 10; 156. d,4; 160. 11; 163. h; 170. x

  ▷강력한Strong, 95. e,5

  ▷구원자Saviour, 123. d,f

  ▷구제자Reliever, 114. i

  ▷구조자Deliverer, 70. e

  ▷녹색의Green, 138. 4

a,c; 11. 1

카우콘Caucon - 깍깍 우는 동물croaker, 138. h

카이네우스Caeneus - 새로운new, 78 여러 곳; 80.
c; 102. c,e; 143. d,4; 148. k

카이니스Caenis - 새로운new, 78 여러 곳

카이리아스Chaerias - 환영하는 이welcomer, 142. g

카코스Cacus - 나쁜bad, 132. l,m,6; 134. 7,8

카트레우스Catreus - *catarrhoös*, 아래로 흐르는
down-flowing, 90. a,b,1; 93 여러 곳; 111. f;
159. j; 171. 3

카파네우스Capaneus - 전차몰이꾼charioteer, 50. f;
106 여러 곳; 160. r

카파우로스Caphaurus - [의약품 등에 쓰이는] 장뇌
camphor, 154. f,7

카퓌스Capys - 꿀꺽꿀꺽 삼키는 이gulper, 또는 잡
아채는 이snatcher, 137. g; 158. l; 167. e

칸다온Candaon - 빛나는shining, 41. d

칸토스Canthus - 운반용 당나귀pack ass, 148. i;
154. f

칼라이스Calais - 색조가 바뀌는of changeful hue,
48. c; 148. i; 150 여러 곳; 155. i

칼레Cale - 아름다운fair, 13. 3; 105. h

칼렙Caleb, 88. 3

칼로스Calus - 아름다운fair, 92. c

칼뤼베Calybe - 오두막집cabin, 158. l

칼뤼케Calyce - 장미봉우리rosebud, 또는 귀고리
ear-ring, 64. a; 161. g

칼립소Calypso - 숨겨진hidden, 또는 숨기는 사람
hider, 170 여러 곳

칼리Kali, 56. 2

칼리디케Callidice - 공정한 정의fair justice, 171. k

칼리로에Callirrhoë - 아름답게 흐르는fair flowing,
107 여러 곳; 132. a; 158. g; 169. k

칼리스토Callisto - 가장 아름다운fairest, 22. h,4;
72. i

칼리오페Calliope - 아름다운 얼굴fair face, 18. i,7;
28. a; 147. b; 160. i; 163. g

칼리온Chalion - *chaliphron*(?), 생각이 없는
thoughtless, 164. e

칼리폴리스Callipolis - 아름다운 도시fair city, 110.
e,2

칼릴레온Callileon - 잘생긴 사자handsome lion,

11. g

칼카스Calchas - 놋쇠로 만든brazen, 160 여러 곳;
161 여러 곳; 162. h; 163. b; 165 여러 곳; 166.
a,g; 167 여러 곳; 168 여러 곳; 169 여러 곳

칼코돈Chalcodon - 놋쇠 길brazen path, 100. d;
104. f; 137. p

칼키오페Chalciope - 놋쇠 얼굴brazen face, 95. a;
137. p,r; 151. f; 152. c,d,f

캄페Campe - 꼬부라진crooked, 7. e

캇산드라Cassandra - 남자들을 얽어매는 여인she
who entangles men, 90. 5; 112 여러 곳; 158 여
러 곳; 166. i; 167 여러 곳; 168 여러 곳

캇시오페이아Cassiopeia - 계수나무 즙cassia-juice,
73 여러 곳; 88. b

케달리온Cedalion - 뱃사람을 돌보는 남자he who
takes charge of sailors, 41. b

케람보스Cerambus - 집안의 딱정벌레homed
beetle, 38. e,11

케레트Keret, 159. 2

케뤽스Ceryx - 전령herald, 25. d; 47. f

케르Cer - 운명fate, 또는 죽을 운명doom, 82. 6

케르Ker, 1. 5; 57. 2

케르도Cerdo - 이득gain, 또는 족제비weasel, 또는
암여우vixen, 24. 7; 57. a,1; 118. 5

케르베로스Cerberus - *ker berethrou*(?), 구덩이의 악
령demon of the pit, 28. c; 31. a,3,7; 34 여러 곳;
97. c; 103. c; 108. 7; 132. 4; 134 여러 곳; 139.
c; 151. c

케르코페스 형제Cercopes - 꼬리가 달린 얼굴들
faces with tails, 136 여러 곳

케르퀴세라Cercysera - 물렛가락 휘두르는 이
distaff wielder, 160. j

케르퀴온Cercyon - 멧돼지의 꼬리boar's tail, 49.
a,b; 96. j,3,5

케우토뉘모스Ceuthonymus - 숨긴 이름hidden
name, 134. d

케윅스Ceyx - 갈매기sea-mew, 45 여러 곳; 142. g;
143 여러 곳; 144. a; 146. a

케이론Cheiron - 손hand, 43. c; 50. c,e,g,5; 63. d;
81 여러 곳; 82 여러 곳; 126 여러 곳; 133. l;
148. b,e,2; 151. g,5; 156. e; 160. i,l

케이마루스Cheimarrhus - 급류torrent, 75. d,6

케크롭스Cecrops - *cercops*, 꼬리 달린 얼굴face with a tail, 16. c; 24. 4; 25. c,d,5; 38. 1; 43. b; 47. b; 94 여러 곳

케토Ceto - 바다 괴물sea monster, 33. b,g,2,7; 133. b

케팔로스Cephalus - 머리head, 23. 1; 25. d; 40. b,2; 47. b; 89 여러 곳; 118. b

케페우스Cepheus - *cepeus*, 정원사gardener, 60. a; 73 여러 곳; 80. c,d; 140. b,c; 141. a; 148. i

케핏소스 강Cephissus, R. - 정원의 강river of gardens, 16. e; 24. l; 85. a

켄크리아스Cenchrias - 점박이 뱀spotted serpent, 67. 4

켄타우로스Centaurus - 백 개가 넘는one hundred strong, 63. d,3

켄타우로스족Centaurs - (켄타우로스 참고), 7. 7; 50. 5; 63. 3; 81. h,l,4; 92. 10; 102 여러 곳; 126 여러 곳; 134. a,8; 143. 3

켈라이노Celaeno - 가무잡잡한swarthy, 159. q

켈레오스Celeus - 부르는 이caller; 따라서 : 마법사sorcerer 또는 딱따구리woodpecker, 24. e,l,5,10; 47. c; 56. 2

켈미스Celmis - 광석 제련smelting, 53. c,2

켐Chem, 73. 8

코레Core - 처녀maiden, 24 여러 곳; 27. 11; 76. 1; 78. 1; 96. i; 132. s; 134. b; 136. 4; 170. q

코로노스Coronus - 까마귀crow, 또는 갈까마귀raven, 50. 1; 78. a; 143. d; 148. i

코로니스Coronis - 까마귀crow, 또는 갈까마귀raven
▷아스클레피오스의 어머니mother of Ascelpius, 21. i,9; 47. 4; 50. p,m
▷휘아데스the Hyad, 27. 2

코로니아Coronea - 까마귀의of the crows, 70. i

코로이보스Coroebus - 소 등심을 즐기는 이feaster on ox chine, 147. a,3

코루네테스Corunetes - 곤봉을 든 남자cudgel man, 96. a

코뤼반테스Corybantes - 최고조에 이른 춤꾼들crested dancers, 21. i,5; 30. a,1

코뤼토스Corythus - 투구를 쓴helmeted, 141. d; 158. f; 159. v; 160. w

코르델리아Cordelia, 73. 2

코린토스Corinthus - 곤봉을 든 남자club man, 96. b; 148. 6; 156. b,4

코린티오스Corinthius - 곤봉을 든 남자club man, 110. c

코마이토Comaetho - 빛나는 머리카락bright hair, 72. 5; 89. i,7; 91. 1

코메테스Cometes - 머리카락이 긴long-haired, 117. h; 148. i; 162. t; 169. k

코이레Choere - 심다sow, 24. 7

코이오스Coeus - 지능적인intelligent, 1. d; 14. a,2; 133. 3

코칼로스Cocalus - 나선형 조개spiral shell, 92. h,12

코튓토Cotytto(그리스어 아님) 3. 1; 27. 2,3

코프레우스Copreus - 똥 사람dung man, 110. c; 123. g; 127. d,i; 135. e; 163. h

콘Chon, 118. 2

콘니다스Connidas - 이다 산에서 온 빈틈없는 사람knowing man from Mt Ida, 95. f

콧토스Cottus - 코튓토의 아들son of Cotytto, 3. b,1

쿠 훌린Cuchulain, 63. 3; 75. 5; 91. 1; 103. 1; 132. 1; 162. 8; 164. 3

쿠레테스Curetes - 머리카락을 깎은 젊은이들young men who have shaved their hair, 7. c,1,4; 22. 6; 30. a,1,3; 53. b; 90. d; 95. 5; 97. 1; 158. b

쿠로이Curoi, 63. 2; 91. 1; 162. 8

쿠릿시아Curissia - [장례식] 만가dirge, 167. i

쿠마르비Kumarbi, 6. 6; 27. 5

퀴돈Cydon - 영광glory, 90. a

퀴레네Cyrene - 최고의 여왕sovereign queen, 또는 굴레의 여주인mistress of the bridle, 21. i; 82 여러 곳; 130. a; 155. 4

퀴리아낫사Cyrianassa - 족장들의 여왕queen of the chieftains, 72. g

퀴벨레Cybele - 머리카락을 가진 여인she of the hair, 또는 도끼를 가진 여인she with the axe, 18. 3; 21. e,f; 29. 3; 80. l; 158. 4

퀴보수로스Cybosurus - 네모난 양동이square bucket, 110. c

퀴아미테스Cyamites - 콩의 아들son of a bean, 24. l

퀴아토스Cyathus - 포도주 잔wine-cup, 142. h,4

퀴지코스Cyzicus - 고귀한exalted, 82. 4; 149 여러 곳

퀴크노스Cycnus - 백조swan

▷포세이돈의 아들son of Poseidon, 161 여러
곳; 162. f; 164. j

▷아레스의 아들son of Ares, 133. d; 134. 7;
143 여러 곳; 161. 4

▷아폴론의 아들son of Apollo, 123. t,1

퀴크레우스Cychreus - *cichoreus*(?), 꽃상추의of the
endive, 81. c,d,6

퀴클로페스Cyclopes - 동그란 눈을 가진 이ring-
eyed, 3. b,2; 6. a,b; 7. e; 21. n; 22. d; 31. e; 41.
2; 73. b,p,r; 170 여러 곳

퀴티소로스Cytisorus - 토끼풀의 계절clover season,
70. m; 148. 8; 151. f; 152. d,f; 157. d

퀼라라베스Cylarabes - *cyclarabes*(?), 덜거덕거리는
전차 바퀴가 있는with rattling chariot wheels,
112. a; 117. c

퀼레네Cyllene - 비뚤어진 여왕crooked queen, 17.
a,b

퀼레니오스Cyllenius - 비뚤어진 여왕에게 헌신하
는devoted to the crooked queen, 131. 9

퀼로스Chylus - 식물 또는 열매의 즙juice of a
plant, or berry, 50. c,2

크나스Chnas, 58. 1

크라나에Cranaë - 돌이 많은rocky, 94. 1

크라나에크메Cranaechme - 뾰족한 바위rocky
point, 94. 1

크라나오스Cranaus - 바위투성이의rocky, 94. f

크라토스Cratus - 힘strength, 8. 3

크레Q're, 1. 5; 57. 2; 82. 6; 95. 5

크레소스Cresus - 크레테의Cretan, 100. g,1

크레스폰테스Cresphontes - 더 힘센 살해자stronger
slayer, 146. k

크레시다Cressida - *chryseis*, 황금의golden, 162. 8

크레온Creon - 통치자ruler, 105. k; 106. k,l,m,7;
107. i; 118. b,3; 121. c; 122. a; 135. e; 156 여
러 곳

크레우사Creusa - 최고 존재sovereign being

▷나이아스Naiad[나이아데스의 단수형], 82. a

▷이온의 어머니mother of Ion, 43. b; 44. a,1;
47. b

▷프리아모스의 딸daughter of Priam, 158. o

크레이딜라드Creiddylad, 73. 2

크레테Crete - crataie, 강한 또는 통치하는 여신
strong, or ruling, goddess, 88. e,1

크레테우스Creteus - 통치자ruler, 88. 1

크레테우스Cretheus - 통치자ruler, 68. e,f; 70. d;
88. a,1; 148. a

크레테이스Cretheis - 통치자ruler, 70. 2; 81. g,q,5

크로노스Cronus - 까마귀crow, 1. d; 6 여러 곳; 7
여러 곳; 11. b; 12. a; 16. a, f; 25. 4; 28. 1; 30.
a,3; 31. c,2,6; 39. e; 51. k,6; 53. 5,6; 54. a; 57.
1; 84. 2; 105. 5; 108. a; 109. 2; 111. 4; 118. c;
129. 2; 132. e,4,5,6; 134. 1; 138. i, o,4; 139. 1;
151. g; 164. 5; 170. 5,8

크로미아Chromia - 아름답게 꾸며주는 이
embellisher, 64. a

크로토스Crotus - 율동적인 박자rhythmic beat, 26.
d; 126. g

크로토포스Crotopus - 쿵쿵 때리는 다리thumping
foot, 147. a,1

크로톤Croton - 개 진드기dog tick, 132. t

크뤼사오르Chrysaor - 황금의 굽은 칼golden
falchion, 33. b,5; 73. h; 132. a,f,4

크뤼세Chryse - 황금의golden, 158. b; 161. j

크뤼세스Chryses - 황금의golden, 116. h; 131. e;
148. j; 153. 3; 162. l,8; 163. b,f; 166. g

크뤼세이스Chryseis - 황금의golden, 116. h; 162.
l,6,8; 163. b

크뤼소테미스Chrysothemis - 황금 질서golden
order, 112. d,1; 113. e,n,3,7; 160. t,7

크뤼십포스Chrysippus - 황금 말golden horse, 29.
1; 105. e,2; 110 여러 곳; 111. a

크리밋소스 강Crimissus, R. (크레테어) - ?, 137. g

크리슈나Krishna, 92. 10

크리스티노빌의 여황제Empress of Cristinobyl,
148. 5

크산토스Xanthus - 노란yellow, 75. 5; 81. m,4;
130, a; 132. r; 158. o,6

▷강의 신River, 108. b

▷말horse, [130. a;]163. m

크세노클레아Xenoclea - 유명한 손님famous guest,
135. c,d,3

크수토스Xuthus - 참새sparrow, 43 여러 곳; 44. a;
46. 5; 75. 6; 100. d

크수트로스Xisuthros, 38. 4

크테십포스Ctesippus - 말 소유자possessor of
horses, 142. l; 143. i

크테아토스Cteatus - 소유물을 획득하는 남자he
who gains possession, 138. a

크토니아Chthonia - 땅의of the soil, 47. b

크토니오스Chthonius - 땅의of the soil, 58. g,5

클레오다이오스Cleodaeus - 유명한 전사famous
warrior, 136. g

클레오디케Cleodice - 유명한 정의famous justice,
125. c

클레오메네스Cleomenes - 유명한 힘famous
strength, 159. 4

클레오불레Cleobule - 유명한 조언famous counsel,
109. f; 160. l

클레오비스Cleobis - *cleo-bios*, 유명한 삶famous life,
84 여러 곳; 159. 4

클레오테라Cleothera - 고귀한 아름다움noble
beauty, 108. f

클레오파트라Cleopatra - 아버지에 향한 찬미glory
to her father, 45. 2; 48. c; 74. a; 80. d, i; 150. l;
158. g

클레온Cleon - 유명한famous, 110. c

클레올라Cleola - 온통 유명한wholly famous, 111. f

클레올라오스Cleolaus - 유명한 사람들famous
people, 136. g

클레이시튀라Cleisithyra - 문 자물쇠locker of the
door, 169. l

클레이아Cleia - 유명한famous, 27. 2

클레이테Cleite - 명성 있는renowned, 149. f,g

클레이토뉘모스Cleitonymus - 유명한 이름famous
name, 160. m

클레이토스Cleitus - 명성 있는renowned, 40. b

클레테Clete - 선택받은chosen, 또는 기원을 받은
invoked, 164. b,1

클로리스Chloris - 푸르스름한greenish, 68. f; 77.
b; 110. a; 170. o

클로토Clotho - 실 잣는 이spinner, 10 여러 곳; 60.
2; 108. h

클뤼메네Clymene - 유명한 힘famous might, 39. a;

42. d; 80. c; 93. a,c; 109. f; 111. f; 112. f; 170.
o

클뤼메네오스Clymeneus, 또는 클뤼메노스
Clymenus - 유명한 힘famous might, 64. a; 111.
p,5; 121. a; 138. m

클뤼타임네스트라Clytaemnestra - 칭찬한 만한 구
애praiseworthy wooing, 62. c; 74. b; 112 여러
곳; 113 여러 곳; 114 여러 곳; 117. 5; 159. c;
160. z; 161 여러 곳; 162. t

클뤼티아Clytia - 유명한famous, 108. b

클뤼티에Clytië - 유명한famous, 108. f

클뤼티오스Clytius - 유명한famous, 35. e; 135. b;
158. l

클리다노페Chlidanope - 세련된 얼굴delicate face,
82. a

클리오Clio - 선언하는 이proclaimer, 147. b

키뉘라스Cinyras - 구슬픈 울음소리plaintive cry,
18. h,5,7; 65. a,1; 77. 2; 160. g,11,12

키르케Circe - 매falcon, 28. 5; 42. 3; 56. 2; 89. e,5;
132. p; 148. 3,9; 152. b; 153 여러 곳; 154. b;
170 여러 곳; 171. k,4

키르키노스Circinus - 원형의the circular, 92. c,9

키마이라Chimaera - 암염소she-goat, 17. j; 34 여러
곳; 73. 5; 75 여러 곳; 105. e; 123. b,1

키마이로스Chimaerus - he-goat, 159. q

키세이스Cisseis - 담쟁이덩굴 여인ivy woman,
168. 3

키시아Cissia - 담쟁이덩굴ivy, 164. c,2,3

키아데Chiade - 눈송이snowflakes, 77. 1

키오네Chione - 눈의 여왕snowqueen, 47. c; 48. c;
67. b

킨구Kingu, 46. 2; 39. 8

킬라Cilla - 암당나귀, 또는 당나귀 뼈로 만든 주사
위, 158. l; 159. g,5; 168. d

킬로스Cillus, 킬라스Cillas, 켈라스Cellas - 당나귀
ass, 109. g,i,7

킬릭스Cilix - *cillix*(?), 뿔이 비뚤어진 황소an ox
with crooked horns, 58. a,d,1; 88. d

킬후크Kilhwych, 148. 4,5,6; 152. 3

킷세오스Cisseus - 담쟁이덩굴의of the ivy, 158. o;
168. 3,5

religiously born, 146. j

테아노Theano - 여신goddess, 43. e,f; 164. l; 168 여러 곳

테오고네Theogone - 신들의 자식child of the gods, 136. b

테오노Theono - 신의 지혜divine intelligence, 161 여러 곳

테오불레Theobule - 신적인 조언divine counsel, 109. f

테오클뤼메노스Theoclymenus - 신으로서 유명한 famous as a god, 136. b

테오파네Theophane - 여신의 모습appearance of the goddess, 70. l

테오페Theope - 신의 얼굴divine face, 97. h,2

테우멧소스의 암여우Teumessian Vixen, 89. h,8; 116. 4; 118. 5

테우크로스Teucer - *teucter*, 장인artisan, 81. e; 137. l; 158. 9; 159. a; 160. p; 164. m; 165 여러 곳

테우타로스Teutarus - 꾸준한 연습continual practice, 119. f,5

테우타모스Teutamus - 되풀이하는repeating himself, 164. d

테우타미데스Teutamides - 되풀이하는 남자의 아들son of him who repeats himself, 73. p

테우트라스Teuthras - 갑오징어의of the cuttlefish, 141 여러 곳

테이레시아스Teiresias - 표시 보고 기뻐하는 남자he who delights in signs, 25. g; 77. a; 85. a; 105. h,i,j,5,8; 106. j; 107. b,i; 119. e,2; 154. 6; 170 여러 곳; 171. 3

테이사디에Theisadie - *theiazomenai*에서 온 듯(?), 신탁의 소리를 들은oracularly inspired, 159. s

테이아Theia - 신의divine, 1. d; 40. a; 42. a; 88. b; 136. c

테이아스Theias - 점쟁이diviner, 18. h

테이오다마스Theiodamas - 신적인 조련사divine tamer, 143. a,b,1; 150. b

테이오메네스Theiomenes - 신적인 힘divine strength, 143. a

테귀리오스Tegyrius - 벌집 보호자beehive coverer, 47. c,1

테크메사Tecmessa - *tecmairesthai*에서 온 듯(?), [운명을] 정해주는 또는 판정하는 여인she who ordains, or judges, 162. m,9; 165 여러 곳

테튀스Tethys - 처리하는 이disposer, 1. d; 2. a,1; 11. b,2; 33. 2;? 66. 1

테티스Thetis - 처리하는 이disposer, 11. 2; 13. c,1; 16. b,1; 23. a,1; 27. e; 29. 1; 23. a,2; 43. c; 81 여러 곳; 98. j,11; 108. 5; 124. 3,4; 154. k,11; 157. a; 159. e; 160 여러 곳; 161. h; 162. b; 163. b, l; 164 여러 곳; 165. a; 168. f; 169. 7; 170. v

텍타모스Tectamus - 장인craftsman, 88. a,1

텍톤Tecton - 목수carpenter, 159. q

텔라몬Telamon - 고통을 무릅쓰고 떠받치는 남자 he who suffers, supports, or dares; 또한 [어깨에 비스듬히 칼을 차는] 수대(綬帶)baldric, 즉 떠받치는 끈supporting strap, 66. e,i; 80. c,g; 81 여러 곳; 108. 4; 131. a; 137 여러 곳; 158. r; 160. p; 165 여러 곳; 168. 6

텔레고노스Telegonus - 마지막으로 태어난last-born

▷오뒷세우스의 아들son of Odysseus, 170. k; 171 여러 곳

▷프로테우스의 아들son of Proteus, 56. b; 131. i

텔레다모스Teledamus - 훨씬 더 길들여진far-tamer, 112. h

텔레마코스Telemachus - 결정적인 전투decisive battle, 160. f,4; 171 여러 곳

텔레보스Telebus - *telbomai*에서 온 듯, 학대하는 이 ill-treater, 118. f

텔레클레이아Telecleia - 멀리 있는 명성distant fame, 158. o

텔레팟사Telephassa - 멀리 있는 빛나는 이far shiner, 58. a,e,2

텔레포스Telephus - 암사슴[또는 암염소] 젖을 먹는suckled by a doe, 141 여러 곳; 160. w,z; 166. i; 168. d

텔키네스Telchines - 마법에 걸린enchanted, 또는 튀레니아 사람들Tyrrhenians, 42. c; 54 여러 곳; 60. 2; 146. 4

텟살로스Thessalus - 어두운 기도dark prayer, 137. r

▷메데이아의 아들son of Medea, 156. e,f

토로네Torone - 새된 목소리의 여왕shrill queen,

131. 6

토아스Thoas - 사나운impetuous, or nimble
▷2세the Younger, 149. c
▷거인족Giant, 35. g
▷렘노스 섬의the Lemnian, 27. i,6; 88. h; 98. o,12; 116 여러 곳; 149. b
▷칼뤼돈의 왕King of Calydon, 167, c; 171. l
▷테세우스의 부하companion of Theseus, 100. b; 106. g

토오사Thoösa - 사나운 존재impetuous being, 158. l; 170. b

토트Thoth, 17. 2; 36. 2; 52. 6; 82. 3; 128. 4; 133. 3; 162. 6

톡세우스Toxeus - 활잡이archer, 80. a,2; 135. b

투발 카인Tubal Cain, 151. 3

튀데우스Tydeus - 쿵 때리는 이thumper, 106 여러 곳; 160. j

튀레노스Tyrrhenus - 성벽 있는 도시의of the walled city, 136. g

튀로Tyro - 튀로스 사람the Tyrian, 67. e; 68 여러 곳; 148. a

튀르세노스Tyrsenus - 성벽 있는 도시의of the walled city, 136. g

튀모이테스Thymoetes - thymoeides(?), 용기 있는 courageous, 159. g; 167. e

튀에스테스Thyestes - 막자, 절굿공이pestle, 93. c; 106. 2; 110. c, g, h; 111 여러 곳; 112. a,k; 117. a,2; 118. a

튀오네Thyone - 격노한 여왕raging queen, 27. k,2,11

튀케Tyche - 운명[또는 행운]fortune, 32 여러 곳; 142. d; 162. s

튀폰Typhon - 놀라 멍하게 만드는 연기stupefying smoke, 뜨거운 바람hot wind, 또는 허리케인 hurricane, 21. 2; 33. e; 34 여러 곳; 35. 4; 36 여러 곳; 48. 3; 96. e; 105. e; 123. b; 124. a; 132. a; 133. b,l,11; 152. h; 170. t

튄다레오스Tyndareus - 치는 이, 절굿공이pounder, 50. f; 62. a,c; 74 여러 곳; 103. b; 112. a,c,2; 113. a,5; 114 여러 곳; 117. c; 140. c; 159 여러 곳; 160. d; 169. g

튈론Tylon, 또는 튈로스Tylus - 매듭knot, 또는 남근phallus, 90. 8

튐브라이오스Thymbraeus, 또는 멜란토스 Melanthus - 쓴 풀잎의of the bitter herb, 167. i

트라가소스Tragasus - 염소처럼 음탕한lustful as a goat, 161. g

트라시오스Thrasius - 확신하는confident, 133. k

트람벨로스Trambelus - 배의 주인lord of ships, 137. l

트로스Tros - 트로이아의Trojan, 29. a,b,1; 158. g; 164. 7; 168. d

트로이젠Troezen - trion hezomenon의 약한 형태 worn-down form of trion hezomenon, 세 사람이 앉아 있는 [도시][the city] of the three sitters, 95. b,6

트로일로스Troilus - 일리온 출신의 트로이아 사람 Trojan from Ilium, 158. o; 161. l; 162 여러 곳; 164 여러 곳

트로포니오스Trophonius - 판매를 늘리는 이 increaser of sales, 51. i,k,6; 84 여러 곳; 121. f; 169. 2

트리가라노스Trigaranus - 세 마리의 두루미triple crane, 132. 4

트리발로스Triballus - 느긋하게 걷는 이lounger, 136. c

트리아이Thriae - triad, 17. g,3

트리옵스Triops - 세 가지 얼굴의three-faced[또는 눈이 세 개인three-eyed], 146. h,k,4

트리카레논Tricarenon - 세 마리의 두루미triple crane, 132. 4

트리토네Tritone - 세 번째 여왕third queen, 8. 1

트리톤Triton - tritaon, 그녀의 세 번째 날에 있음 being in her third day, 8. 1; 16. b,1; 154. g; 170. t

트립톨레모스Triptolemus - 세 번 대담한thrice daring, 24 여러 곳; 65. d; 116. 6

트몰로스Tmolus(그리스어 아님), 83. g; 108. a,3,10; 136. b,1

틀레폴레모스Tlepolemus- 전투를 견디는battle-enduring, 114. o; 142. e; 143. i; 146. e,h; 160. s; 169. n

티만드라Timandra - 남자의 공경을 받는honoured by man, 159. c

티말코스Timalcus - 공경받는 힘honoured strength, 110. d,f

티모스테네스Timosthenes - 품위의 힘strength of dignity, 146. j

티사메네스Tisamenes - 복수심에 불타는vengeful, 146. k

티사메노스Tisamenus - 복수심에 불타는vengeful
▷ 오레스테스의 아들son of Orestes, 117. h,2
▷ 테르산드로스의 아들son of Thersander, 160. x

티산드로스Tisander - 사람들의 복수자avenger of men, 156. e

티시포네Tisiphone - 복수로 하는 파괴vengeful destruction, 6. a; 31. g; 107. i; 115. 2

티아마트Tiamat, 4. 5; 7. 5; 33. 2; 35. 5; 36. 2; 73. 7; 103. 2; 137. 2; 170. 5

티탄 신족Titans, Titanesses - 주인lords, 1. 3,4; 4. a; 6. a; 7. d,e; 27. a,4; 30. a,b,1,3; 35. a; 39. a; 77. 1; 98. 4; 156. 1

티토노스Tithonus - 낮의 여왕의 동반자partner of the queen of day, 29. 1; 40. c,3; 158. l; 164 여러 곳

티톤Titon - 최고의 숙녀sovereign lady, 40. 3

티튀오스Tityus - tituscomai에서 온 듯(?), 시도하는 이attempter, 21. d,4; 58. 1; 131. 10

티티아스Titias - 시도하는 이attempter, 131. h,9

티퓌스Tiphys - 웅덩이에서 나온from the pool, 148. i; 149. g; 150. c; 151. c,2

팅가Tinga(그리스어 아님) - ?, 133. i

〈ㅍ〉

파가소스Pagasus - 꽉 붙잡고 있는 남자he who holds fast, 51. b

파네스Phanes - [신의 뜻을] 드러내는 이revealer, 2. b,2; 123. 1

파노스Phanus - 횃불torch, 148. i

파노페우스Panopeus - 모든 것을 보는all-viewing, 또는 보름달full moon, 89. i; 98. n; 167. b

파라시오스Phrasius - 말하는 이speaker, 133. k

파레즈Pharez, 73. 2; 159. 4

파르낫소스Parnassus - paluno에서 온 듯(?), 흩뿌리

는 이scatterer, 38. f

파르테노파이오스Parthenopaeus - 꿰뚫린 처녀성의 아들son of a pierced maidenhead, 80. l; 106. d; 141. d,f

파르테노페Parthenope - 처녀의 얼굴maiden face, 141. c

파르테니아Parthenia - 처녀maiden, 109. e

파리스Paris(또는 알렉산드로스Alexander) - 자루wallet, 105. 5; 112. e; 131. 11; 158. o; 159 여러 곳; 160 여러 곳; 162 여러 곳; 163 여러 곳; 164 여러 곳; 166 여러 곳; 169. 1

파리아Paria - 오래된 존재ancient one, 89. [a,]4

파리아이Pariae[파리아의 복수형] - 오래된 존재들ancient ones, 90. 6

파슈트Pasht, 36. 2

파시테아 칼레Pasithea Cale - 모두에게 아름다운 여신goddess beautiful to all, 13. 3; 105. h

파시파에Pasiphaë - 모두를 위해 빛나는 여인she who shines for all, 16. 2; 21. k; 51. h,5; 88 여러 곳; 89. c, e,4,5; 90 여러 곳; 91. 2; 92. d,g,12; 98. c,p; 101. d; 129. a; 167. 2

파에톤Phaëthon - 빛이 나는shining
▷ 에오스의 아들son of Eos, 89. d,9
▷ 헬리오스의 아들son of Helius, 2. b; 28. 5; 29. 1; 42. d,2,3; 71. 1; 75. 3; 89. 9

파우노스Faunus - favonius(?), 은혜를 베푸는 남자he who favours, 56. 2; 132. p

파이드라Phaedra - 빛나는 이bright one, 70. 2; 90. a,b,1; 100. h,2; 101 여러 곳; 103. a; 164. a; 170. o

파이스토스Phaestus - 반짝이도록 만든made to shine, 145. k

파이쉴레Phaesyle - 여과된 빛filtered light, 27. 2

파이아Phaea - 빛나는 이shining one, 96. 2,5

파이악스Phaeax - 빛나는 도착bright arrival, 98. f,m

파이오Phaeo - 어둑한dim, 27. 2

파이오니오스Paeonius - 악에서 구해주는 이deliverer from evil, 53. b

파이톤Phaethon(황소) - 빛이 나는shining, 127. c

파이투사Phaetusa - 빛나는 존재bright being, 42. b

파크톨로스 강Pactolus, R. - 확인하는 파괴assuring

destruction, 108. b

파트로클로스Patroclus - 아버지의 영광glory of the father, 159. a; 160 여러 곳; 163 여러 곳; 164 여러 곳; 168. 6

파포스Paphus - 거품foam, 65. a

판Pan - 초원pasture, 76. e,10[오탈자로, 어디를 가리키는지 알 수 없음]; 17. j,4; 21. c, h,5; 22. d; 26 여러 곳; 36. c; 56. a,2; 108. h; 111. c; 136. i, j; 160. 10; 171. l,2

판다레오스Pandareus - 모든 껍질을 벗기는 남자 he who flays all, 24. b,4; 108 여러 곳

판다로스Pandarus - 모든 껍질을 벗기는 남자he who flays all, 163. c

판도라Pandora - 모두 주는all-giving
▷에레크테우스의 딸daughter of Erechtheus, 47. b,d,2
▷에피메테우스의 아내wife of Epimetheus, 4. 3; 39. h,j,8; 169. 3

판도로스Pandorus - 모든 것을 주는all-giving, 94 여러 곳

판드로소스Pandrosos - 온통 이슬 맺힌all-dewy, 25. d

판디온Pandion - 모든 제우스의 축제[의 사제] [priest of the] All-Zeus festival, 46. a,b; 47. a; 94 여러 곳; 114. l

판크라티스Pancratis - 모든 힘all strength, 37. 1

판토오스Panthous - 언제나 사나운all-impetuous, 158. m; 163. j

팔라메데스Palamedes - 고대의 지혜ancient wisdom, 9. 5; 17. h; 39. 8; 52. a,6; 111. f; 112. f; 116. 1; 160 여러 곳; 161 여러 곳; 162 여러 곳; 167. f; 168. 1

팔라스Pallas - 처녀maiden, 또는 총각youth

팔라스Phalas - 투구의 반짝이는 솟은 부분shining helmet-ridge, 164 여러 곳
▷기가스[거인족]Giant, 9 여러 곳; 35. e,3; 89. c,4
▷뤼카온의 아들son of Lycaon, 99. a
▷테세우스의 배다른 형제half-brother of Theseus, 99. a
▷트리톤의 딸daughter of Triton, 8 여러 곳; 21. 5; 158. i

▷티탄 신족Titan, 8. 3
▷판디온의 아들[아이게우스의 형제], 94. c,d; 95. e; 97. g; 99. a; 158. b

팔라이몬Palaemon - 씨름꾼wrestler, 70. h; 87. 1; 122 여러 곳; 148. i

팔란토스Phalanthus - 대머리의bald, 87. c,2

팔란티다이Pallantids - 팔라스의 아들들sons of Pallas, 99. 3; 105. 7

팔레로스Phalerus - 얼룩진patched, 또는 하얀 줄무늬가 있는streaked with white, 119. f; 131. 11; 148. i

팜몬Pammon - 꽉마인pammaen, 보름달full moon, 158. o

팟살로스Passalus - 익살[또는 재갈]gag, 136. c

페가소스Pegasus - 우물의of the wells, 33. b,4; 67. 4; 73. h; 75 여러 곳

페게우스Phegeus - 먹을 수 있는 떡갈나무esculent oak, 107. e,f,g

페네이오스 강Peneius, R. - 실의of the thread, 21. k,6; 82. a

페넬레오스Peneleos - 유해한 사자baneful lion, 148. i; 160. x

페넬로페Penelope - 거미줄로 얼굴을 덮은with a web over her face, 또는 줄무늬 오리striped duck, 26. b, 2; 159. b; 160 여러 곳; 162. 10; 171 여러 곳

페니아Fenja, 154. 1

페다소스Pedasus - 껑충껑충 달리는 이bounder, 162. l; 163. m

페레더Peredur, 142. 3; 148. 5

페레보이아Phereboea - 소떼를 데려오는 여인she who brings cattle, 98. i,k

페레스Pheres- 나르는 사람bearer, 148. f; 156. e,f

페레우스Pereus - 노예 상인slave dealer, 141. a

페레클로스Phereclus - 영광을 가져오는bringing glory, 98. f; 159. q

페로Pero - 가죽 주머니leather bag, 66. a,1; 72 여러 곳; 170. o

페르가모스Pergamus - 성채citadel, 169. f

페르딕스Perdix - 자고새partridge, [12. 3;] 92. b,1,6

페르세Perse - 파괴destruction, 170. i

페르세스Perses - 파괴자destroyer, 157. b

페르세우스Perseus - 파괴자destroyer, 9. a; 27. j,5; 33. b; 39. d; 73 여러 곳; 111. a; 118. a,d,e,1,5; 137. 2

페르세이스Perseis - 파괴자destroyer, 88. e,6

페르세파타Persephatta - 파괴를 알리는 여인she who tells of destruction, 또는 파괴적인 비둘기destructive dove, 24. 2

페르세포네Persephone - 파괴를 가져오는 이bringer of destruction, 13. a; 14. b,4; 16. f; 18. h,i,j; 24. c,k,l,2; 27. a,k,10,11; 30. a; 31 여러 곳; 51. 7; 67. h; 69. d,3; 85. 1; 94. f; 101. i; 103. c,d,3; 108. c; 121. 3; 124. b,4; 134. d; 149. s; 170. l,6

페리구네Perigune - 굉장한 곡물밭much cornland, 96. c,2,4

페리메데Perimede - 매우 교활한very cunning, 118. b; 148. b

페리메데스Perimedes - 매우 교활한very cunning, 134. i; 146. c

페리보이아Periboea - 소떼에 둘러싸인surrounded by cattle, 81. e; 98. i,k; 105. c,d,j; 110. e; 137. i; 160. p(쿠릿시아Curissia), 167. i

페리에레스Perieres - 참호로 둘러싸인surrounded by entrenchments, 47 여러 곳; 144. b

페리오피스Periopis - 많은 재산을 가진with much wealth, 160. m

페리클뤼메노스Periclymenus - 매우 유명한very famous, 139. c,1; 148. i

페리페테스Periphetes - 악명 높은notorious, 96. a,1; 163. h

페릴라오스Perilaus - 자기 사람들에게 둘러싸인surrounded by his people, 114. m

페몬Pemon - 재앙misery, 96. b

페미오스Phemius - 유명한famous, 171. i

페아리누스Fearinus - 새벽의of the dawn, 57. 1

페이딥포스Pheidippus - 자기 말을 살려주는sparing his horses, 169. n

페이리토오스Peirithous - 빙 도는 남자he who turns around, 78. b; 80. c; 95. 2; 100. b; 101. c; 102 여러 곳; 103 여러 곳; 104. e,1; 113. 3; 126. 2; 132. 1; 134. d; 159. s; 168. e

페테오스Peteos - *peteenos*(?), 깃털이 있는feathered, 104. d

펜테실레이아Penthesileia - 사람들에게 애도하도록 강제하는forcing men to mourn, 163. q; 164 여러 곳

펜테우스Pentheus - 비통grief, 27. f,5,9; 59. c,d

펜틸로스Penthilus - 슬픔 진정제assuager of grief, 87. c; 117. b,g

펠라곤Pelagon - 바다의of the sea, 58. f

펠라스고스Pelasgus - 먼 옛날의ancient, 또는 뱃사람seafarer, 1. d,5; 38. a; 57. a,1; 77. 1

펠레우스Peleus - 진흙의muddy, 16. b,1; 29. 1; 66. f; 70. 2; 80. c,g; 81 여러 곳; 131. a; 137. h; 148. i; 155. i; 159. e; 160 여러 곳; 169. f

펠로로스Pelorus - 괴물 뱀monstrous serpent, 58. g,5

펠로피아Pelopia, 펠로페이아Pelopeia - 진흙 묻은 얼굴muddy face, 111 여러 곳

펠롭스Pelops - 진흙 묻은 얼굴muddy face, 42. 2; 53. 7; 71. b; 77. a,d; 95. b; 108 여러 곳; 109 여러 곳; 110 여러 곳; 111. a; 113. n; 117. f, 5; 118. a; 131. h; 138. i, l, m,4; 143. 2; 158. k; 166. h,1,2; 169. 6

▷아가멤논의 아들, 112. h

펠리아스Pelias - 검푸른black and blue, 47. c; 68 여러 곳; 69. a; 71. a; 82. a; 138. m; 148 여러 곳; 152. 3; 155 여러 곳

펨프레도Pemphredo - 말벌wasp, 33. c,5

펨프토스Pemptus - 다섯 번째, 164. n,6

포다르게Podarge - 빛나는 발bright foot, 81. m

포다르고스Podargus - 빛나는 발bright foot, 130. a,1

포다르케스Podarces - 맨발bear-foot, 137. k; 153. e; 158. l

포달레이리오스Podaleirius - 걷는 길에 백합이 없는, 즉 절망적 죽음without lilies where he treads, i. e. discouraging death, 50. i; 165. f; 166. d; 169. c,d

포데스Podes - *podiaios*(?), 약간만 높은only a foot high, 162. l

포도주 빚는 이들Winegrowers, 160. u,7

포드라Fodhla, 24. 3

포로네우스Phoroneus - 가격을 가져온 사람bringer of a price, 또는 페아리누스fearinus, 봄의of the Spring, 27. 12; 28. 1; 42. 3; 50. 1; 52. a,1,4; 57 여러 곳; 64. c; 77. 1; 118. 5; 134. 1

포르미오Phormio - 뱃사람의 꼬아 만든 외투 seaman's plaited cloak, 74. 1[; 145. 1]

포르바스Phorbas - 무서운fearful, 146. h; 148. i; 170. t

포르케스Porces - *phorces*(?), 운명fate, 167. i

포르퀴스Phorcys - 수돼지boar, 16. b; 33 여러 곳; 73. t; 123. 2; 133. b; 170. q,t, z,1,7,9

포르키데스Phorcides - 암돼지의 자식들sow's children, 33 여러 곳

포르키스Phorcis - 암돼지sow, 24. 7; 33. 5

포르타온Porthaon - 약탈자plunderer, 170. q

포르테오스Portheus - 약탈자sacker, 167. m

포르퓌리온Porphyrion - 짙은 푸른색의 달 남자 dark-blue moon-man, 35. d,3

포보스Phobus - 두려움fear, 18. a; 100. d

포세이돈Poseidon - 포티단potidan, he who gives to drink from the wooded mountain, 7 여러 곳; 9. c; 13. c; 16 여러 곳; 18. d; 19. 2; 25. b,1; 27. 9; 22. b,4; 39. b,7; 43. i; 47. d,e,3; 49. a,b; 54. a; 56. b; 60. g; 66. i; 68. c,2; 70. l; 73. h,j; 75. d; 78. a; 88. b,e,f; 90. 7; 95. b,d,f; 97. 1; 98. i; 99. f; 101. f; 104. k,2; 108. i; 127. 2; 133. g; 137. a; 137. b,e,1; 150. i; 158. l; 162. f; 163. h; 164. l; 167. h,i,4; 168. f; 169. l,1; 170 여러 곳; 171. k
▷에레크테우스Erechtheus, 47. 4

포스트-보르타Post-vorta, 154. 3

포스포로스Phosphorus - 새벽별Morning Star, 40. b,2; 45. a

포이네Poene - 징벌punishment, 147. a,3

포이노다마스Phoenodamas - 살육을 억제하는 이 restrainer of slaughter, 137. b,g,3

포이닉스Phoenix - 야자나무palm-tree, 또는 피처럼 붉은blood-red, 18. h; 58. a,d,2; 88. b,2; 105. 6
▷아뮌토르의 아들son of Amyntor, 160. l,n,5; 163. f; 166. h; 169. f

포이닛사Phoenissa - 피 묻은 이bloody one, 58. 2

포이베Phoebe - 밝은 달bright moon, 1. d; 14. a,2; 51. b; 74. c,p

포이아스Poeas - 양치기grazier, 92. [m,]10; 145. f,2; 148. i; 154. h; 166. c

포코스Phocus - 물개seal, 46. 5; 76. b,c; 81 여러 곳; 165. k

포트니아이Potniae - 강력한 이들powerful ones, 71. 2

포티단Potidan, 127. 2

폴로스Pholus - [반추동물의] 주름위read, 126 여러 곳; 138. 1

폴뤼고노스Polygonus - 자식이 많은with many children, 131. i

폴뤼네이케스Polyneices - 많은 다툼much strife, 69. 1; 74. i; 105. k; 106 여러 곳; 107. d; 160. w

폴뤼데우케스Polydeuces - 엄청 달콤한 포도주 much sweet wine, 62. c,1; 74 여러 곳; 80. c; 84. 1; 103. a,3; 148. i; 150 여러 곳; 155. i

폴뤼덱테스Polydectes - 무척 환영하는much welcoming 73. c,d,e,o,s

폴뤼도라Polydora - 많은 선물many gifts, 74. a; 162. d

폴뤼도로스Polydorus - 많은 선물many gifts
▷라오토에의 아들son of Laothoë, 162. m; 168 여러 곳
▷헤카베의 아들son of Hecabe, 158. o; 168. l

폴뤼메데Polymede - 많은 계략의many-wiled, 148. b

폴뤼멜라Polymela - 많은 노래many songs, 81. f,g

폴뤼멜레Polymele - 많은 노래many songs, 148. b; 155. a; 160. m

폴뤼보스Polybus - 많은 수소many oxen, 105. b,c,d,j

폴뤼부테스Polybutes - 수소 많은 부자rich in oxen, 35. f

폴뤼이도스Polyidus[또는 폴리에이도스Polyeidus] - shape-shifter, 75. b; 90 여러 곳; 141. h

폴뤼카스테Polycaste - *polycassiter*(?), 많은 주석 much tin, 92 여러 곳

폴뤼카온Polycaon - 많이 불타는much burning, 74. n

폴뤼페메Polypheme - 유명한famous, 148. b

폴뤼페모스Polyphemus - 유명한famous
▷아르고 호 선원Argonaut, 148. i; 150 여러 곳

필레몬Philemon - 우호적인 투석 병사friendly slinger, 41. 5

필로노에Philonoë - 상냥한 마음kindly mind, 75. e

필로멜라Philomela - 달콤한 선율sweet melody, 46 여러 곳; 47. a; 94. 1; 95. a

필로멜레Philomele - 달콤한 선율sweet melody, 160. m

필로멜레이데스Philomeleides - 사과-님프에게 소중한dear to the apple-nymphs, 161. f,3

필로이티오스Philoetius - 행복한 숙명happy doom, 171. i

필록테테스Philoctetes - 소유물에 대한 사랑love of possessions, 92. 10; 145 여러 곳; 159. a; 166 여러 곳; 169. m,n

필롤라오스Philolaus - 사람들의 사랑을 받는 이 beloved of the people, 131. e

필뤼라Philyra - [보리수, 참피나무 무리인] 린덴 나무lime-tree, 151. g,5

필연의 여신Necessity, 10. c

핌플레아Pimplea - 채우는 여인she who fills, 136. j

핏테아Pitthea - 소나무 여신pine-goddess, 95. 1

핏테우스Pittheus - 소나무 신pine-god, 95 여러 곳; 101. a; 110. c

핏티오스Pyttius - 묻는 사람inquirer, 138. a

〈ㅎ〉

하데스Hades - 보이지 않는sightless, 7. a,e,5; 13. a; 16. a; 17. 3; 21. n; 24. c,i,j,k,3; 28. c; 30. a; 31 여러 곳; 50. f; 67. g,2; 69. e; 73. g; 101. k; 103. c; 124. b; 134. d,e; 139. b,c,l; 164. o; 170 여러 곳

하르모니아Harmonia - 조화concord, 18. a,9; 24. a; 59 여러 곳; 106. e; 107. a; 131. b

하르모토에Harmothoë - 날카로운 손톱sharp nail, 108. e

하르팔레Harpale - 움켜잡는grasping, 161. g

하르팔뤼케Harpalyce - 먹이를 찾아 날뛰는 암늑대ravening she-wolf, 111. p,5

하르팔뤼코스Harpalycus - 검게 윤이 나는 늑대ravening wolf, 119. f

하르퓌이아이Harpies[단수형 '하르퓌이아Harpy'] - 낚아채가는 이들snatchers, 33. g,5; 108. f; 150. j,2; 170. 7

하르피나Harpina - 매falcon, 109. b

하마드뤼아데스Hamadryads - 떡갈나무 님프들oak-nymphs, 21. j; 60. b

하와Hawwa, 145. 5

하이몬Haemon - 능숙한skilful, 또는 피 흘리게 만드는making bloody, 105. e; 106. m,7

하토르Hathor, 68. 4

할레소스Halesus - 방랑wander, 112. l

할뤼스Halys(그리스어 아님), 28. 1

할리로티오스Halirrhothius - 포효하는 바다roaring sea, 19. b,2; 25. 4

할리스코스Haliscus - 붙잡힌arrested, 122. l

할리아Halia - 바다의of the sea, 42. c,4

할리아르토스Haliartus - 바다의 빵bread of the sea, 70. i

행운의 신Fortune, 32. 1

헤게모네Hegemone - 통달mastery, 13. 3

헤니오케Henioche - 고삐를 쥔 여인she who holds the reins, 96. f

헤라Hera - 여자 보호자protectress, 7. a; 12 여러 곳; 13 여러 곳; 14. c; 21. 3; 23. a, b; 24. 11; 27. a, b,2,5,10; 35. b, d, e; 43. i. 4; 54. a; 51. f; 53. 3; 58. 3; 61. a; 64. 2; 68. d,4; 70. b, d, g; 72. 6; 84, a; 85. b; 97. 4; 105. h,8; 110. a,1; 113. 4; 118 여러 곳; 119 여러 곳; 122. b, e; 123. d; 124. a, g; 128. d; 129. b; 132. d, u; 133. a, c, f,4; 135. e; 137. o; 139. b,1,2; 140. d; 145. g, i; 148. d, e,15; 156. d,2,4; 159 여러 곳; 161. k; 163. h

▷아르고스의Argive, 154. k

▷에리보이아Eriboea, 37 3

▷염소 먹는Goat-eating, 140. d,1

▷헬로티스Hellotis, 58. 3

헤라클레스Heracles - 헤라의 영광glory of Hera

▷구원자Saviour, 35. 3; 103. 5; 104. f; 145. 4

▷닥튈로스the Dactyl, 53. b,1,4; 118. 2; 119. 3; 125. 1; 131. 9; 138. l,4; 145. l

▷도리에이스족의Dorian, 119. 3[; 135. 3]

▷말을 묶는Horsebinder, 121. d,3

▷멜론Melon - 사과의of apples, 125. 1

▷멜카르트Melkarth - 도시의 보호자protector of the city, 70. 5; 96. 3,6; 133. 11

▷부상당한 허벅지의of the Wounded Thigh, 140. 1

▷부파고스Buphagus - 수소 먹는 이ox-eater, 138. h,3

▷빛나는 눈의Bright-eyed, 134. h

▷스퀴타이의Scythian, 132. 6

▷승리자Victor, 137. k

▷알크메네의 아들son of Alcmene, 24. l; 31. 5; 35. 여러 곳; 39. d,1; 51. g; 53. 6; 58. d; 60. 4; 68. f; 69. c,3; 70. d; 74. 1; 75. 3; 93. g; 95. g,h,2; 100. a; 102. b,2; 103. d,e; 104. j; 109. q; 118 여러 곳; 119 여러 곳; 120 여러 곳; 121 여러 곳; 122 여러 곳; 123 여러 곳; 124 여러 곳; 125 여러 곳; 126 여러 곳; 127 여러 곳; 128 여러 곳; 129 여러 곳; 130 여러 곳; 131 여러 곳; 132 여러 곳; 133 여러 곳; 134 여러 곳; 135 여러 곳; 136 여러 곳; 137 여러 곳; 138 여러 곳; 139 여러 곳; 140 여러 곳; 141 여러 곳; 142 여러 곳; 143 여러 곳; 144 여러 곳; 145 여러 곳; 146 여러 곳; 148. i; 149. a,d; 151. 4; 152. j,3,4; 153. e; 154. e; 157. a. 161. k,l,6; 166. c,1; 170. p,4,10

▷오그미오스Ogmius - of the Oghams, 52. 4; 119. 3; 125. 1; 132. 3

▷오피오크토노스Ophioctonus - 뱀을 죽이는 serpent-killing, 145. 4

▷이집트의Egyptian, 118. 2; 135. c

▷이포크토노스Ipoctonus - 벌레를 죽이는grub-killer, 145. k,4

▷재난을 피하는Averter of Ills, 137. k

▷천상의Celestial, 132. 3

▷치료하는the Healer, 148. 12

▷코끝을 자르는Nose-docker, 121. e

▷코르노피온Cornopion - 메뚜기 겁주는 이 locust scarer, 145. k

▷튀로스의Tyrian, 또는 포이니케의Phoenician, 58. d,5; [; 122. 2]; 128. 4; 133. 11; 156. 2

헤라클레이다이Heracleidae[또는 Heraclids] - 헤라클레스의 아들들sons of Heracles, [111. a;] 117. h; 135. 3; 138. n; 146 여러 곳

헤로필레Herophile - 헤라에게 소중한dear to Hera, 135. 3; 159. g

헤로필로스Herophilus - 헤라에게 소중한dear to Hera, 18. d

헤르네Herne, 31. 3

헤르마프로디토스Hermaphroditus, 양성체 hermaphrodite, 18. d,8

헤르메스Hermes - 원추형 돌무덤cairn, 또는 기둥 pillar, 1. 3; 14 여러 곳; 15. b,1; 17 여러 곳; 21. h; 24. h, j; 25. d,4; 26. b,2; 31. a; 41. f; 52. a,6; 62. b; 67. h; 73. 9; 76. 2; 93. b; 109. o; 122. g; 132. p,5; 136. a; 159 여러 곳; 170. k

▷숫양 나르는 이Ram-bearer, 82. 3

▷이집트의Egyptian (제우스의 아들son of Zeus), 56. d

▷지옥의Infernal, 113. g

헤르미오네Hermione - 기둥의 여왕pillar-queen, 114 여러 곳; 117. b,2; 159. d,s; 169. g

헤르세Herse - 이슬을 흩뿌린sprinkled with dew, 25. d,4; 48. 1

헤르켈레Hercele, 118. 2

헤메라Hemera - 낮day, 40. a,3; 164. i

헤미테아Hemithea - 반신의half divine, 161. g,h

헤베Hebe - 젊음youth, 또는 시야에서 사라지는 여자she who removes from sight, 또는 힛타이트 Hittite: 헤파Hepa, 대지의 어머니earth-mother, 12. 2; 29. c; 123. 2; 145. i,3,5

헤쉬코스Hesychus - 침묵하는silent, 115. e

헤스티아Hestia - 화로hearth, 7. a,8; 13. c; 20 여러 곳; 27. k,5; 31. 8

헤스페라Hespera - 해 질 녘evening, 40. a

헤스페레Hespere - 해 질 녘evening, 33. d

헤스페로스Hesperus - 저녁 별evening star, 33. d,7; 133. 2

헤스페리데스Hesperides - 서쪽의 님프들nymphs of the West, 4. a,1; 12. b; 33 여러 곳; 39. d; 133 여러 곳; 142. d, h; 154. e; 159. 3

헤스페리스Hesperis - 저녁evening, 33. d

헤시오네Hesione - 아시아의 여왕queen of Asia, 74. 7; 81. e; 131. i; 137 여러 곳; 158. l,r,9; 157. p; 160. b,p; 165. d; 168. 6

헤카베Hecabe - 멀리 떠나는moving far off, 34. i;

50. 6; 79. 1; 158 여러 곳; 159 여러 곳; 163. a; 164. k,1; 167 여러 곳; 168 여러 곳; 170. 1

헤카이르게Hecaerge - 멀리 떨어져 일어나는working from afar, 110. e

헤카테Hecate - 100개one hundred, 16. a; 24. g, k,12; 28. h,4; 31 여러 곳; 34. 1; 35. e; 37. 1; 38. 7; 42. 3; 50. 6; 55. a,1; 76. 1; 79. 1; 89. 2; 116. c; 117. 1; 118. h,5; 123. 1; 124. 4; 134. 1; 152. c; 168. 1; 170. t

▷젊은the Younger, 117. b

헤칼레Hecale, 헤칼레네Hecalene - 헤카테 셀레네 Hecate Selene가 세월이 흘러 변한 형태, 멀리 쏘는 달the far-shooting moon, 즉 아르테미스, 98. b,7

헤쿠바Hecuba - 헤카베 참고

헤파Hepa, 145. 5

헤파이스토스Hephaestus - *hemeraphaestos*(?), 낮에 빛나는 남자he who shines by day, 9. d; 12. c,2,3; 18 여러 곳; 23 여러 곳; 25. b; 35. e; 39. h,10; 41. c; 42. a; 51. c; 92. m,1,4,7; 98. o,5; 108. c; 109. m,q; 128. b; 132. l; 137. o; 143. f; 163. l; 164. l

헤파투Hepatu, 82. 4; 145. 5

헤피트Hepit, 145. 5

헥토르Hector - 버팀목prop, 또는 머무름stay, 158. o,8; 159. o; 162 여러 곳; 163 여러 곳; 164 여러 곳

헨 웬Hen Wen, 96. 2

헬레Helle - bright, 38. 9,10; 43. 1; 58. 3; 62. 3; 70 여러 곳; 159. 2

헬레네Helen - 달moon, 또는 달의 여신에게 바치는 제물을 담는 바구니basket used for offerings to the Moon-goddess

▷레다의 딸daughter of Leda, 31. c,2; 32. b; 58. 3; 62. a, b, c,3; 74. b, o; 79. 2; 103 여러 곳; 104 여러 곳; 112. c, e; 114 여러 곳; 116. n; 159 여러 곳; 160 여러 곳; 162 여러 곳; 163. c, o; 164 여러 곳; 166 여러 곳; 167 여러 곳; 168 여러 곳; 169 여러 곳; 170. 1

▷파리스의 딸daughter of Paris, 113. e. k; 159. v

▷헬레네 덴드리티스Helen Dendritis - 나무의 헬레네Helen of the trees, 88. 10[이런 항목이 없다]; 105. 4['올리브나무의 헬레네'라고 나올 뿐

이다]; 114. 6

헬레노스Helenus - 달의of the moon, 158. o, p; 159. p; 162. b; 166 여러 곳; 169. f

헬레이오스Heleius - 무사마귀 투성이의warty, 118. b

헬렌Hellen - 빛나는bright, 38. h,9; 43 여러 곳

헬리오스Helius - 태양 신the Sun, 1. 3; 16. e; 18. a; 24. g; 28. d; 35. b; 37. a; 40. a; 42 여러 곳; 67. 2; 70. e,l; 72. i; 80. b; 88. e; 109. 2; 111. e; 118. c; 127. a,1; 132. c,w; 148. 3,9,12; 152. b,3; 154. e,4; 155. 3; 160. n; 170. i,u,6

헬리카온Helicaon - 불타는 태양burning sun, 168. b,d

헬리케Helice - 버드나무willow, 28. 5; 44. b,1; 58. 3

헵타Hepta, 13. 4

호디테스Hodites - 여행자wayfarer, 142. l

호로스Horus, 21. 2,3,10; 41. 3,4; 42. 1; 73. 4; 89. 2; 118. 6; 123. 3; 126. 1; 138. 1

호마도스Homadus - 와자지껄한 소리hubbub, 126. d

호플레스Hoples - 무기를 든 남자weapon man, 95. a

홀레Holle, Frau, 18. 1

후 가딘Hu Gadarn, 148. 5

휘기에이아Hygieia - 건강health, 50. i,2

휘드라Hydra - 물에 사는 생물water creature, 34 여러 곳; 60. h,4; 124 여러 곳; 131. 1; 133. 4; 134. 8; 145. c; 166. 1

휘르미네Hyrmine - 벌집의 웅웅대는 소리murmur of the beehives, 138. b [원문은 '38. b'이다]

휘르타코스Hyrtacus(그리스어 아님), 158. m

휘리아Hyria - 벌집beehive, 123. i

휘리에오스Hyrieus - 벌집의of the beehives, 41. f

휘브리스Hybris - 파렴치shamelessness, 26. b

휘아데스Hyades - 비 뿌리는 이rain-makers, 또는 새끼 돼지piglets, 27. 2; 39. d,1; 41. 6

휘아킨토스Hyacinthus - 히아신스hyacinth, 21. m,8; 85. 2; 91. g,3; 125. c; 165. 2

휘아킨티데스Hyacinthides - 휘아킨토스의 딸들 daughters of Hyacinthus, 91. 3

휘페레노르Hyperenor - 압도하는overbearing[본문에는 '(땅을 뚫고) 나오는 사람'], 58. g,5

휘페레아Hyperea - 머리 위에 있는being overhead, 95. 1

휘페로코스Hyperochus - 남을 능가하는excelling, 109. b

휘페르보레이오이Hyperboreans - 북풍 신 너머의 사람들beyond-the-North-Wind-men, 21. 12; 83. b

휘페름네스트라Hypermnestra - 지나친 구애 excessive wooing, 60. k,m,7

휘페리온Hyperion - 높은 데 사는 이dweller on high, 1. d; 40. a; 41. 2; 42. a,1; 154. 4; 170 여러 곳

휘페립페Hyperippe - 하늘의 암말heavenly mare, 64. a

휠라스Hylas - 삼림의of the woods, 24. 5; 126. f; 137. e; 139. d; 143. a,1; 148. i; 150 여러 곳

휠라이오스Hylaeus - 숲의of the woods, 80. f; 126. b

휠로스Hyllus, 또는 휠레이오스Hylleios - 숲에 사는 사람woodsman, 142. l; 145 여러 곳; 146 여러 곳; 171. 4

휩세우스Hypseus - 높은 이high one, 82. a

휩시퓔레Hypsipyle - 높은 문의of the high gate, 67. 2; 106. g,3; 116. b; 149 여러 곳

휩시퓔론Hypsipylon - 높은 문의of the high gate, 67. c,2

히메라Himera - 갈망longing, 164. i

히메로스Himerus - 갈망longing, 125. c,3

히스토리스Historis - 잘 알고 있는well-informed, 118. g

히에라Hiera - 여사제priestess, 160. z

히즈키야Hezekiah, 111. 3

히케타온Hicetaon - 탄원자suppliant, 158. l

힐라에이라Hilaeira - 빛나는shining, 74. c,p

힐레오스Hileus - 오일레우스 참고

힙타Hipta, 145. 5

힙파소스Hippasus - 말 타는 사람horseman, 27. g,9; 110. c; 144. a

힙팔키모스Hippalcimus, 힙팔크모스Hippalcmus, 힙팔코스Hippalcus - 말의 힘horse strength, 110. c; 148. i

힙페우스Hippeus - 말과 같은horse-like, 120. b

힙포Hippo - 암말mare, 131. c,d

힙포노에Hipponoë - 말의 지혜horse wisdom, 72. g

힙포노오스Hipponous - 말의 지혜horse wisdom, 158. o

힙포다메이아Hippodameia - 말 조련사horse tamer, 73. d, o; 102. c,e,3; 103. a; 109 여러 곳; 110 여러 곳; 143. 2

힙포다모스Hippodamus - 말 조련하는 이horse tamer, 109. c

힙포메네스Hippomenes - 말의 힘horse might, 80. l; 91. e

힙포메돈Hippomedon - 말들의 주인lord of horses. 106. d

힙포코온Hippocoön - 마구간horse stable, 74. b; 103. b; 140 여러 곳

힙포토에Hippothoë - 사나운 암말impetuous mare, 110. c

힙포토오스Hippothous - 사나운 종마impetuous stallion, 49. a,b,1,2; 141. f

힙폴로코스Hippolochus - 암말에서 태어난born from a mare, 162. n,9; 163. c

힙폴뤼테Hippolyte - 우르르 몰려가는 말 떼의of the stampeding horses, 72. 4; 100. c,g; 131 여러 곳; 138. c; 164. a,b

힙폴뤼토스Hippolytus - 우르르 몰려가는 말 떼의 of the stampeding horses
▷기가스[거인족]giant, 35. g,4
▷테세우스의 아들son of Theseus, 42. 2; 50. f; 70. 2; 71. 1; 90. b; 99. a; 100. h,2; 101 여러 곳; 135. c; 169. k

신화학자 및 신화집

그리스 신화를 기록한 작가 및 주석가를 연대순으로 정리했고, 본문에서 참조하고 원문 각주에 수록된 문헌을 기록했다.

호메로스(기원전 8세기경)
『일리아스*Iliad*』
『오뒷세이아*Odyssey*』
『퀴프리아*Cypria*』
「호메로스의 디오뉘소스 찬가*Homeric Hymn to Dionysus*」
「호메로스의 아테나 찬가*Homeric Hymn to Athene*」
「호메로스의 아폴론 찬가*Homeric Hymn to Apollo*」
「호메로스의 아프로디테 찬가*Homeric Hymn to Aphorodite*」
「호메로스의 판 찬가*Homeric Hymn to Pan*」
「호메로스의 헤르메스 찬가*Homeric Hymn to Hermes*」
「호메로스의 헬리오스 찬가*Homeric Hymn to Helius*」

밀레도스의 아르크디노스(기원전 775-741년경)
『아이티오피스*Aethiopis*』
『일리온의 함락*Sack of Ilium*』

레스케스(기원전 8-7세기)
『소 일리아스*Little Iliad*』

헤시오도스(기원전 7세기)
『신들의 계보*Theogony*』
『여인들의 목록*Catalogue of Women*』
『일과 날*Works and Days*』
『헤라클레스의 방패*Shield of Heracles*』
『글조각*Fragment*』

에우멜로스(기원전 7세기)
『글조각*Fragment*』

삽포(기원전 630-570년경)
『글조각*Fragment*』

테오그니스(기원전 6세기)

페레퀴데스(기원전 6세기)
『글조각 모음*Fragments*』
『헤라의 결혼*Marriage of Hera*』

시모니데스(기원전 556-468년경)
『글조각*Fragment*』

헤카타이오스(기원전 550-476년경)
『글조각*Fragment*』

바퀼리데스(기원전 518-451년경)
『우승 축가*Epinicia*』

핀다로스(기원전 518-438년)
『글조각 모음*Fragments*』
「네메아 제전 송가*Nemean Odes*」
「올륌피아 제전 송가*Olympian Odes*」
「이스트미아 제전 송가*Isthmian Odes*」
「퓌티아 제전 송가*Pythian Odes*」

아이스퀼로스(기원전 525-456년)

『밧사리데스*Bassarids*』
『사슬에 묶인 프로메테우스*Prometheus Bound*』
『아가멤논*Agamemnon*』
『에도니아 사람들*The Edonians*』 글조각
『자비로운 여신들*Eumenides*』
『제주를 바치는 여인들*Libation-bearers*』
『테바이를 공격한 일곱 장수*Seven Against Thebes*』
『페르시아 여인들*Persian Women*』
『프로메테우스*Prometheus*』
「탄원하는 여인들*The Suppliants*」
「풀려난 프로메테우스*Prometheus Unbound*」
『프쉬코스타시아*Psychostasia*』

소포클레스(기원전 497-406년)

『귀먹은 사튀로스들*The Deaf Satyrs*』
『소포클레스의 글조각 모음*Fragments of Sophocles*』
『아이아스*Ajax*』
『아타마스*Athamas*』
『안티고네*Antigone*』
『엘렉트라*Electra*』
『오이디푸스 왕*Oedipus Tyrannus*』
『콜로노스의 오이디푸스*Oedipus at Colonus*』
『필록테테스*Philoctetes*』
『테레우스*Tereus*』
『튀로*Tyro*』
『튀에스테스 *Thyestes*』 글조각
『트라키스 여인들*Trachinian Women*』
『트로이아 함락*Capture of Troy*』
『트로일로스*Troilus*』
『추적자들*The Trackers*』 글조각

에우리피데스(기원전 480-406년)

『레소스*Rhesus*』
『메데이아*Medea*』
『멜레아그로스*Meleager*』
『박코스의 여신도들*Bacchae*』
『안드로마케*Andromache*』
『알케스티스*Alcestis*』
『오레스테스*Orestes*』
『엘렉트라*Electra*』
『아울리스의 이피게네이아*Iphigeneia in Aulis*』

『안티오페*Antiope*』 글조각
『이노*Ino*』 글조각
『이온*Ion*』
『제주를 바치는 여인들*Libation Bearers*』
『퀴클롭스*Cyclops*』
『크레타인들 *The Cretans*』 글조각
『크뤼십포스*Chrysippus*』
『타우리케의 이피게네이아*Iphigeneia among the Taurians*』
『탄원하는 여인들*Suppliants*』
『트로이아 여인들*Trojan Women*』
『포이니케 여인들*Phoenician Women*』
『헤라클레스*Heracles*』
『헤라클레스의 광기*Madness of Heracles*』
『헤라클레스의 자식들*Children of Heracles*』
『헤카베*Hecabe*』
『헬레네*Helen*』
『힙폴뤼토스*Hippolytus*』

헤로도토스(기원전 490-430년경)

『역사*Histories*』

투퀴디데스(기원전 460-400년경)

『펠레폰네소스 전쟁사*History of the Peloponnesian War*』

헬라니코스(기원전 5세기 후반 활동)

알키다마스(기원전 375년경 사망)

『오뒷세우스*Odysseus*』

아리스토파네스(기원전 446-386년경)

『개구리*Frogs*』
『기사*Knights*』
『뤼시스트라타*Lysistrata*』
『부(富)의 신*Plutus*』
『벌*Wasps*』
『새*Birds*』
『아카르나이 구역민들*Acarnanians*』
『여인들의 민회*Parliament of Women*』
『평화*Peace*』
『구름*Clouds*』

이소크라테스(기원전 436-338년)
  『축제 연설Panegyric』

크세노폰(기원전 430-354년경)
  『아나바시스(페르시아 원정기)Anabasis』
  『소크라테스 회상Memorabilia』

플라톤(기원전 427-347년)
  『고르기아스Gorgias』
  『국가Republic』
  『메넥세노스Menexenus』
  『크리티아스Critias』
  『크라튈로스Cratylus』
  『티마이오스Timaeus』
  『향연Symposium』
  『파이드로스Phaedrus』
  『정치가The Statesman』

헤라클레이데스 폰티코스(기원전 390-310년경)
  『호메로스의 알레고리Homeric Allegries』

아이스키네스(기원전 389-314년경)
  「티마르코스에 반대한다Against Timarchus」

데모스테네스(기원전 384-322년)
  『아리스토크라테스 탄핵Against Aristocrates』

아리스토텔레스(기원전 384-322년)
  『니코마코스 윤리학Nicomacean Ethics』
  『봇티아이오이인들의 정치체제Constitutions of
  Bottiaeans』
  『시학Poetics』
  『형이상학Metaphysics』
  『수사학Rhetoric』
  『글조각Fragment』
  『진기한 일Mirabilia』

테오프라스토스(기원전 371-287년경)
  『식물의 역사History of Plants』
  『날씨 신호Wheater Signs』

필로코로스(기원전 340-261년경)
  『글조각Fragment』

뤼코프론(기원전 4세기)
  『캇산드라Cassandra』
  『알렉산드라Alexandra』

팔라이파토스(기원전 4-3세기)
  『믿을 수 없는 이야기Incredible Stories』

아라토스(기원전 315-240년경)
  『현상Phenomena』

테온(기원전 315-240년경)
  『아라토스에 관하여On Aratus』

칼리마코스(기원전 310-240년)
  『데메테르 찬가Hymn to Demeter』
  『델로스 찬가Hymn to Delos』
  『새에 관하여On Birds』글조각
  『아르테미스 찬가Hymn to Artemis』
  『아폴론 찬가Hymn to Apollo』
  『제우스 찬가Hymn to Zeus』
  『팔라스의 목욕The Bathing of Pallas』
  『헤칼레Hecale』

테오크리토스(기원전 300-260년경)
  『전원시Idylls』

에라토스테네스(기원전 276-195년)
  『카타스테리스모이Catasterismoi』

플라우투스(기원전 254-184년경)
  『암피트뤼오Amphitryo』
  「프세우돌루스Pseudolus」

아폴로니오스 로디오스(기원전 3세기)
  『아르고 호 이야기Argonautica』

카뤼스티오스의 안티고노스(기원전 3세기)
  『놀라운 것에 대한 설명Account of Marvellous
  Things』

폴뤼비오스(기원전 200-118년)
　『역사*Histories*』

키오스의 스큅노스(기원전 185년경 활동)

니칸드로스(기원전 2세기)
　『테리아카*Theriaca*』

모스코스(기원전 2세기)
　『전원시*Idyll*』

아폴로도로스(기원전 180-120년)
　『비블리오테카*Bibliotheca*』
　『요약집*Epitome*』

바로(기원전 116-27년)
　『나라 문제에 관하여*On Country Matters*』
　『라틴어에 관하여*On the Latin Languages*』

가다라의 멜레아그로스(기원전 1세기)
　『경구*Epigrams*』

디오도로스 시켈로스(기원전 1세기)
　『역사총서*Bibliotheca Historica*』

파르테니오스(기원전 73년 이후 사망)
　『에로티카*Erotica*』

키케로(기원전 106-43년)
　『노년에 관하여*On Old Age*』
　『신들의 본성에 관하여*On the Nature of Gods*』
　『앗티쿠스 탄핵*Against Atticus*』
　『연설에 관하여*On Oratory*』
　『예언에 관하여*On Divination*』
　『투스쿨룸 대화*Tusculan Debates*』
　『플라코스 변호*Defence of Flaccus*』

루크레티우스(기원전 99-44년경)
　『사물의 본성에 관하여*De rerum natura*』

베르길리우스(기원전 70-19년)
　『농경시*Georgics*』

『아이네이스*Aeneid*』
『시선詩選*Eclogues*』
『키리스*Ciris*』

호라티우스(기원전 65-8년)
　『비방시*Epodes*』
　『서간시*Epistles*』
　『서정시*Odes*』
　『시학*Art of Poetry*』
　『풍자시*Satires*』

스트라본(기원전 64-24년경)
　『지리학*Geographica*』
　『글조각*Fragment*』

휘기누스(기원전 64-기원후 17년)
　『신화집*Fabulae*』
　『시적 천문학*Poetic Astronomy*』

코논(기원전 63-기원후 14년)
　『이야기*Narrations*』

할리카르낫소스의 디오뉘시오스(기원전 60-기원후 7
　년경)
　『고대 로마사*Roman Antiquities*』
　『지형 묘사*Desciption of the Earth*』

리비우스(기원전 59-기원후 17년경)
　『로마 건국사*Ab urbe condita*』

오비디우스(기원전 43-기원후 17년)
　『로마의 축제들*Fasti*』
　『변신 이야기*Metamorphoses*』
　『비가*Tristia*』
　『사랑의 치유*Remedies of Love*』
　『사랑의 기술*Art of Love*』
　『연가*Amores*』
　『이비스*Ibis*』
　『헤로이데스*Heroides*』
　『흑해에서 보낸 편지*Pontic Epistles*』

게르마니쿠스 카이사르(기원전 15년-기원후 19년)
『아라토스의「현상」에 관하여On Aratus's Phenomena』

세네카(기원전 4년-기원후 65년)
『엘렉트라Electra』
『자연의 문제Natural Questions』
「튀에스테스Thyestes」
『트로아데스Troades』
『휩폴뤼투스Hyppolytus』

요세푸스(1세기)
『유대인들의 전쟁Jewish Wars』
『아피온에 반대하며Against Apion』

발레리우스 막시무스(1세기)

플리니우스(23-79년)
『자연 탐구Natural History』

페르시우스(34-62년)
『풍자시Satires』

발레리우스 플라쿠스(90년경 사망)
『아르고나우티카Argonautica』

성聖 클레멘스 1세(35-99년)
『설교Homilies』

루카누스(39-65년)
『파르살리아Pharsalia』

디온 크뤼소토모스(40-115년경)
『연설Orations』

스타티우스(45-96년)
『아킬레이스Achilleid』
『테바이스Thebais』

플루타르코스(46-119년경)
『강에 관하여On Rivers』
『그리스인에 관한 물음Greek Questions』

『노인이 나랏일에 참견해야 하는지에 관하여 On Whether an Aged Man ought to Meddle in State Affairs』
『달의 표면에 나타나는 얼굴The Face on the Orb of the Moon』
『데메티리오스Demetrius』
『로마인에 관한 물음Roman Questions』
『로물루스와 테세우스 비교Romulus and Theseus Compared』
『뤼산드로스Lysander』
『망명에 관하여On Exile』
『미노스Minos』
『사랑에 관하여On Love』
『세르토리우스Sertorius』
『소크라테스의 신령에 관하여On Socrates's Demon』
『솔론Solon』
『술자리 문제Convivial Questions』
『신들의 복수가 늦는 이유On the Slowness of Divine Vengeance』
『신탁이 침묵하는 이유Why Oracles are silent』
『심포시아카Symposiacs』
『아기스Agis』
『아마토리우스Amatorius』
『아폴로니우스에게 주는 위로Consolation to Apollonius』
『알키비아데스Alcibiades』
『어느 동물이 더 재주가 좋은가?Which Animals are Craftier?』
『여인의 미덕에 관하여On the Virtues of Women』
『영웅전Paralle Stories』
『이시스와 오시리스에 관하여On Isis and Osiris』
『일곱 현인의 만찬Banquet of the Seven Wise Men』
『클레오메네스Cleomenes』
『키몬Cimon』
『테세우스Theseus』
『펠로피다스의 생애Life of Pelopidas』
『퓌르로스Pyrrhus』
「퓌티아의 신탁에 관하여On the Pythian Oracles」
『포키온Phocion』
『헤로도토스의 악의에 관하여On the Malice of Herodotus』

『톡사리스(우정론)*Toxaris*』
『할퀴온*Halcyon*』
『헤라클레스*Heracles*』
『희생에 관하여*On Sacrifices*』

힙폴뤼토스(170-235년경)
　『이단 반박*Refutation of All Heresies*』

디오게네스 라에르티오스(3세기)
　『유명한 철학자들의 생애와 사상*Lives and Opinions of Eminent Philosophers*』

유스티누스(3세기)

롱기노스(213-273년경)
　『숭고에 관하여*De Sublimitate*』

포르퓌리오스 (234-305년)
　『님프의 동굴에 관하여*Concering the Caves of the Nymphs*』
　『채식주의에 관하여*On vegetarianism*』
　『호메로스의 「일리아스」에 관련된 문제들 *Questions Relevant to Homer's Iliad*』

락탄티우스(250-325년경)
　『오비디우스의 「변신 이야기」에 나온 이야기들 *Stories from Ovid's Metamorphoses*』

에우세비우스(263-339년)
　『복음 준비*Preparation for the Gospel*』
　『연대기*Chronicles*』

트뤼피오도로스(3-4세기)
　『트로이아 함락*Sack of Troy*』

아르노비오스(4세기초)
　『이교도들에 반대하여*Against the Pagans*』

페스투스(4세기)

아비에누스(4세기)
　『해변*Ora Maritima*』

셉티무스(4세기)
　『크레타의 딕튀스의 트로이아 전쟁 연대기*Dictys of Crete, chronicle of the Trojan War*』

피르미쿠스 마테르누스(4세기)
　『불경한 종교의 오류에 관하여*Concering the Errors of Propane Religions*』

코인토스 스뮈르나이우스(4세기 후반)
　『포스트-호메리카*Posthomerica*』

람프리디오스(4세기 후반-5세기초)
　「헬리오가불루스의 생애*Life of Heliogabulus*」

리바니오스(314-392년)

아우렐리우스 빅토르(320-390년경)
　『로마 종족의 기원에 관하여*On the Origins of the Roman Race*』

히에로뉘모스(342/347-420년)
　『요비니아누스에 반대하여*Against Jovinianus*』

아우구스티누스(354-430년)
　『신국론*On the City of God*』

논노스(5세기)
　『디오뉘소스 이야기*Dionysica*』

마크로비오스(400년경 활동)
　『사투르날리아*Saturnalia*』

요하네스 말랄라스(491-578년)
　『연대기*Chronicles*』

풀겐티우스(5-6세기)
　『신화*Mythologicon*』

프로코피오스(500-566년경)
　『반달전쟁에 관하여*On the Vandal War*』

비잔티움의 스테파누스(6세기)
　『에트니카*Ethnica*』

『글조각Fragment』

세비야의 이시도루스(560-636년경)
　『어원Origins』

수이다스(10세기)
　『수다Souda』

베누와(12세기)
　『트로이아 이야기Roman de Troie』

체체스(1110-1180년경)
　『뤼코프론에 관하여On Lycophron』
　『뤼코프론의 알렉산드라의 가설Hypothesis of
　Lycophron's Alexandra』
　『안테-호메리카Antehomerica』
　『역사History』
　『킬리아데스Chiliades』

에우스타티오스(1115-1195년)
　『디오뉘소스에 관하여On Dionysus』
　『호메로스에 관하여On Homer』

콘라트 폰 뷔르츠부르크(13세기 후반)
　『트로이아 전쟁Der trojanische Krieg』

에라스무스(1466-1536년)
　『격언집Chiliades』

로린슨(1690-1755년)
　『트로이아의 파괴Excidium Troiae』

뮐러(1797-1840년)
　「도리에이스인들Dorians」

베스터만(1806-1869년)
　『그리스 신화: 부록 이야기Mythographi Graeci:
　Appendix Narrationum』

W. H. 로셔(1845-1923년)
　『그리스와 로마 신화 사전Lexikon der griechischen
　und römischen Mytologie』

작자 미상
　『그리스 마법 파피루스Papyri Graecae Magicae』
　『그리스 비문 모음Inscriptiones Graecae』
　『그리스 서사시 글조각 모음Greek Epic Fragments』
　(Kinkel 편집)
　『그리스 역사 글조각 모음Fragmenta Historicorum
　Graecorum』
　『그리스 희극 글조각 모음Fragments of Greek
　Comedy』(Meinecke 편집)
　『바티칸 요약집Vatican Epitome』
　『어원 대사전Etymologicum Magnum』
　『오르페우스의 아르고 호 선원들 이야기
　Argonautica Orphica』(5-6세기)
　『오르페우스 찬가Orphic Hymn』
　『오르페우스교 글조각 모음Orphic Fragments』
　(Kern 편집)
　『옥쉬륑코스 파퓌로스Oxyrhynchus Papyri』
　「지옥 항해Voyage Below」
　「카론Charon」
　「파로스 대리석Parian Marble」
　『파로스 섬 연대기Parian Chronicle』
　『트로이아의 대가Trojanska Priča』
　『트로이아 포위 또는 전투The Seege or Batayle of
　Troye』
　『팔라틴 선집Palatine Anthology』
　「페텔리아에서 발견된 오르페우스교 서판Petelia
　Orphic Tablet」
　『호메로스와 헤시오도스의 경쟁Contest of Homer
　and Hesiod』

지도

〈그리스 세계〉
〈본문에 나오는 지명〉
〈부분 확대〉

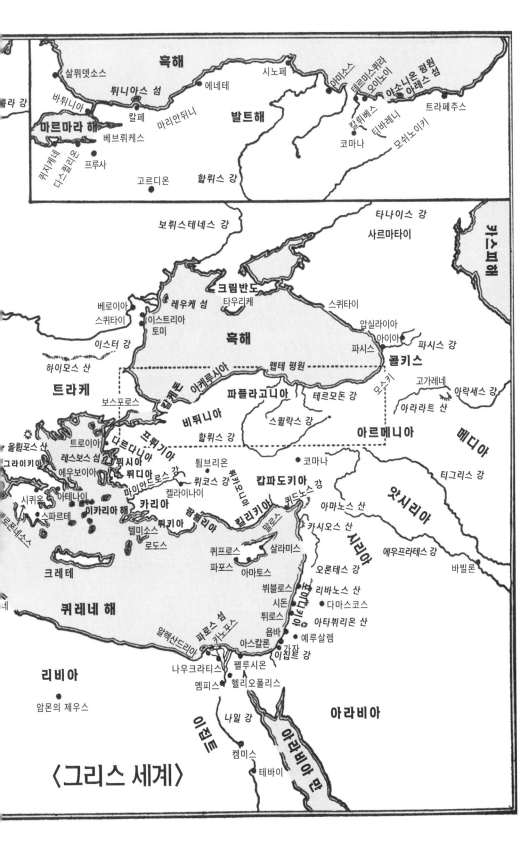

〈그리스 세계〉

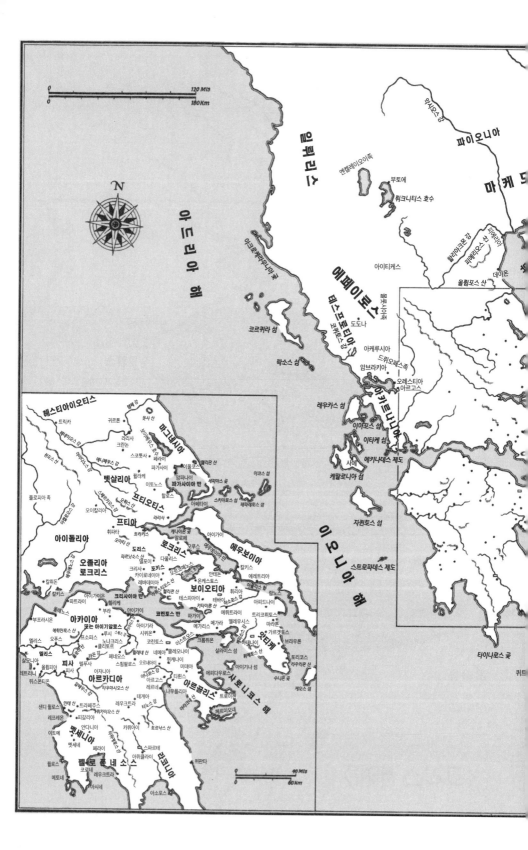

지도 범례 (지명)

스케일: 120 Mls / 180 Km

일뤼리스

파이오니아

마케도

아드리아 해

엔켈레이오이족
부토에
뤼크니티스 호수

아이티케스

할리아크몬 강
파에뤼오스 산
피에리아
데이온
올륌포스 산

에페이로스
테스프로티아
코퀴토스 강

도도나
아케루시아
드뤼오페스족
암브라키아
오레스티아
아르고스

코르퀴라 섬

팍소스 섬

아
카
르
나
니
아

레우카스 섬
이아포스 섬
이타케 섬
사메
에키나데스 제도
케팔로니아 섬

자퀸토스 섬

이오니아 해

스트로파데스 제도

타이나론스 곶

퀴트

헤스티아이오티스

트리카
페네이오스 강
귀르톤
옷사 산
라리사
크란논
에니페우스 강
스코투사
페라이
클리온 산
파가사이
이올코스

핀도스 산

마그네시아

텟살리아

필라케
이토노스

프티오티스
오르타이
스페르케이오스 강
라리사

돌로피아 족

아이톨리아

오졸리아 로크리스

오이티 산
오이칼리아
프티아
휘파타
오이타 산
트라키스
파르낫소스 산
델포이
크리사
카이로네이아
레바데이아

도리스
다울리스

게라이온 곶
알로페
아이기온
오푸스
로크리스
오포이스
에우보이아

아이가이
칼키스

오르코메노스
안테돈
에레트리아
포키스
테스피아이

칼리돈
나우팍토스
플레이우론
아이기온
부라
헬리케
아이기라
펠레네
시퀴온

보이오티아
할리아르토스
테바이
타나그라
아울리스
아피드나이
마라톤
브라우론
가르겟토스
토리코스
라우리온 산
수니온 곶
케오스 섬

크리사이온 만
파가이
코린토스 만
아카이아
또는 아이기알로스
부프라시온
엘리스
엘리스
피사
올림피아
뤼스폰티오스

에뤼만토스 산
노나크리스
클리토르
라돈 강
텔푸사
스팀팔로스
오르코메노스
만티네이아
테게아
스테니클라로스
오이칼리아
피갈리아
카뤼아이

아르카디아
메세니아
이트메
멧세네
페라이
이토메 산
퓔로스
펠로폰네소스
코로네
레우크트라
아바나
아시네

아르골리스
네메아
클레오나이
오르네아이
미데아
아르고스
레르나
테게아
탁소스 강

크롬뮈온
살라미스 섬
엘레우시스
메가라
아테나이
팔레론
아이기나
아이기나 섬

메가리케
앗티케
펜텔리콘 산

에피다우로스
트로이젠
헤르미오네

사로니코스 해

라코니아
스파르테
아뮈클라이
카린타

크네이온
타위게토스 산
타이게토스 산
리카이온 산
파르논 산
에우로타스 강
나우플리아
티륀스

앗티케

40 Mls / 60 Km

흑해

헤브로스 강

트라케

살뮈뎃소스

트라케의 보스포로스

이스마로스 산
압데라   키코네스족
                 소네

프로폰티스

프로콘네소스
아르크톤네소스
(곰 섬)

퀴지코스

판가이온 산
브로미온   타소스 섬
                사모트라케 섬
악테
아토스 산   임브로스 섬
키미노스그라   렘노스 섬   셰스토스 튀니아
토로네   뮈리네   엘라이오스 페르코테
                              시가이온   아뷔도스
                              콜로나이

다르다니아

트로이아
스카만드로스 강

프뤼기아

테네도스 섬   이다 산   뤼르넷소스
                                   크뤼사
                        앗소스
                              아드라뮛티온   뮈시아
                   안팃사
                   레스보스 섬   테우트라니아
                        뮈틸레네   페르가몬
                                  카이코스 강
                                  엘라이아
스퀴로스 섬   키오스 섬   그뤼네이온
                                      퀴메
에게 해   키오스
              이오니아
                                시퓔로스 산   사르데이스   마이오니아
                        스뮈르나 튀르라   단뒤모스 산
오카 산   클라조메나이   트몰로스 산
게라이스토스   위리아   테오스 클라로스   뤼디아 카위스트로스 강
                        콜로폰   노티온
                                      에페소스   뉘사
             사모스 섬   마이안드로스 강
안드로스 섬   테노스 섬   프리에네
             이카리아 섬   카 리 아
케오스 섬   라트모스 산
세리포스 섬   뮈코노스 섬   밀레토스
         델로스 섬   파트모스 섬
시프노스 섬 파로스 섬   레로스 섬
         낙소스 섬 칼림노스 섬   할리카르낫소스
멜로스 섬   아모르고스 섬
         이오스 섬   코스 섬
                   아스튀팔라이아 섬   니쉬로스 섬 텔로스 이알뤼소스
             테라 섬   카메이로스 로도스
                   아나페 섬   로도스 섬
                                      아타뷔리오스 산 린도스

크레테 해

아스튀팔라이아 곶

디아 섬
퀴도니아   밀레토스   카르파토스 섬
타라   크놋소스
         크레테   딕테 산
파이스토스 이다 산 고르튀나
              히에라퓌트나

⟨본문에 나오는 지명⟩

헤스티아이오티스

트릭카

귀르톤

템페 강

옷사 산

마그네시아

페네이오스 강

라리사

크란논

보이베이스 호수

에니페우스 강

스코톳사

페라이

펠리온 산

이올코스

이코스 섬

핀도스 산

아피다노스 강

텟살리아

필라케

파가사이

이토노스

파가사이아 만

암파나이

세피아스 곶

돌로피아 족

에우리포스 강

프티오티스

오이칼리아

스페르케이오스 강

오트뤼스 산

할로스

아페타이

스키아토스 섬

페파레토스 섬

아이톨리아

프티아

라리사

휘파타

오이타 산

트라키스

케나이온 곶

알로페

아이가이

에우보이아 만

에우보이아

도리스

파르낫소스 산

로크리스

오푸스

오졸리아 로크리스

델포이

다울리스

안테돈

칼리스

칼리돈

크리사

포키스

오르코메노스

온케스토스

에레트리아

칼키스

카이로네이아

레바데이아

파라포타미오스 산

헬리콘 산

보이오티아

휘리아

아울리스 항

람노스

파트라이

아이가이온

헬리케

테스피아이

테바이

키타이론 산

아소포스 강

아피드나이

트리코뤼토스

올레노스

부라

이이기아이

크리사이아 만

파가이

엘뤼트라이

엘레우시스

마라톤

가르겟토스

부프라시온

아카이아

또는 아이기알로스

아이기라

코린토스 만

메가리스

메가라

브라우론

에뤼만토스 산

루시

시퀴온

이스트모스

그룹뮈온

옷티케

엘리스

오푸스

프소피스

노나크리스

아이라

코린토스

클레오나이

휘메토스 산

토리코스

살모니아

플리우스

클레이토르

라돈 강

퀼레네 산

네메아

뮈케나이

미데아

살라미스 섬

아이기나 섬

라우리온 산

레트리니

뒤스폰티온

올림피아

피사

텔푸사

아자니아

페네오스

스튐팔로스

오르네아이

이나코스 강

티륀스

에피다우로스

수니온 곶

케오스 섬

피사

아르카디아

타우마시오스 산

아르고스

레르네

나우플리아

아르골리스

트로이젠

사로니코스 해

샌디 퓔로스

민테 산

트라페주스

레우크트라

테게아

타노스 강

아르켸

헤르미오네

레프레온

뤼카이오스 산

피갈리아

카뤼아이

토르낙스 산

아소포스

이토메

안다니아

멧세니아

티퀘토스 산

스파르테

페라이

라퀘니아

퀴판타

퓔로스

멧세네

펠로폰네소스

아위클라이

메토네

코로네

레우크트라

아시네

아소포스

40 Mls

60 Km

그리스 신화 2 영웅의 시대

1판 1쇄 발행 2023년 7월 25일

지은이 | 로버트 그레이브스
옮긴이 | 안우현
감수·해제 | 김진성

펴낸이 | 조영남
펴낸곳 | 알렙

출판등록 | 2009년 11월 19일 제313-2010-132호
주소 | 경기도 고양시 일산서구 중앙로 1455 대우시티프라자 715호

전자우편 | alephbook@naver.com
전화 | 031-913-2018
팩스 | 031-913-2019

ISBN 979-11-89333-66-9 (04210)
        979-11-89333-64-5 (전2권)